멜란히톤과 부처

이은선

서울대학교(B.S.), 서울대학교대학원(M.E.), 총신대학교(M.Div., Ph.D.)에서 공부했으며, 지금은 안양신학대학교 기독교문화학과 교수, 교목실장으로 있다. 저서로는 「칼빈의 신학적 정치윤리」, 「신학을 배우려는 젊은이들에게: 신학교수가 들려주는 91가지 조언」, 역서로는 「속사도교부들」(공역), 「영국의 복음주의 1730-1980」, 「16세기 맥락에서 본 진정한 칼뱅신학」, 「종교 개혁 후 개혁주의 교의학」, 「기독교강요」(지식을만드는지식 고전선집 565) 등이 있다.

최윤배

한국항공대학교(B.E.), 연세대학교대학원(M.E.), 장로회신학대학교 신학대학원(M.Div., Th.M.), De Theologische Universiteit van de Gereformeerde Kerken in Nederland(Drs.), De Theologische Universiteit van de Christelijke Gereformeerde Kerken in Nederland(Dr. theol.)에서 공부했으며, 지금은 장로회신학대학교 조직신학 부교수, 한국칼빈학회 명예회장, 한국복음주의조직신학회 부회장, 한국개혁신학회 부회장으로 있다. 저서로는 「그리스도론 입문」, 「성령론 입문」 등이 있다.

기독교고전총서 17

멜란히톤과 부처

옮긴이	이은선·최윤배
초판인쇄	2011. 1. 17.
초판발행	2011. 2. 1.
표지디자인	송원철
펴낸곳	두란노아카데미
등록번호	제 302-2007-00008호
주소	서울시 용산구 서빙고동 95번지
영업부	02-2078-3333　FAX 080-749-3705
편집부	02-2078-3478
홈페이지	http://www.duranno.com
이메일	academy@duranno.com

ISBN　978-89-6491-017-7　04230
　　　　978-89-6491-000-9　04230(세트)

두란노아카데미는 두란노의 '목회 전문' 브랜드입니다.

:::기독교
고전총서 **17**

멜란히톤과 부처

이은선·최윤배 옮김

Melanchthon and Bucer

3⁰th 두란노아카데미

발간사 PUBLISHER'S PREFACE

먼저 두란노서원이 창립 30주년을 맞이하면서, '기독교고전총서' 20권을 발간할 수 있도록 허락하신 하나님께 감사드립니다.

실용 음악을 하기 위해서는 고전 음악부터 공부한다고 합니다. 운동선수들이 화려한 개인기를 발휘하기 위해서도 수천 혹은 수만 번 기본기를 먼저 연습해야 하지 않습니까? 목회나 신학도 마찬가지입니다. 현대를 풍미하는 최첨단의 신학은 기독교 고전에 대한 깊은 탐구로부터 시작되며, 21세기를 살아가는 성도의 마음을 이끄는 목회와 설교 역시 고전으로부터 중요한 통찰력을 얻을 수 있습니다. 바로 여기에 '기독교고전총서' 발간의 의미가 있습니다.

두란노서원은 지난 30년간, 크게 네 가지의 주제를 놓치지 않으며 기독교 출판에 앞장섰습니다. 첫째는 '성경적'입니다. 지난 30년 동안 두란노가 많은 책을 출판했지만, 성경의 정신에 입각한 출판을 목표로 했습니다. 둘째는 '복음적'입니다. 두란노는 지금까지 성경에 근거한 복음주의적 신학을 포기한 적이 없습니다. 셋째는 '초교파적'입니다. 한국 교회 안에 다양한 교단이 있지만, 두란노는 교단과 교파를 초월하여 교회가 하나님의 나라를 바라볼 수 있도록 돕기 위해 노력했습니다. 넷째는 '국제적'입니다. 두란노서원은 문화적이고 국제적인 측면에서 세상과의 접촉을 시도했습니다.

두란노서원이 창립 30주년을 맞이하면서 '기독교고전총서'를 발간하는 것은 위에서 언급한 네 가지 주제를 더욱 확고히 하는 기초 작업 가운데 하나입니다. 기독교 고전에는 교파가 있을 수 없고, 가장 성경적이면서도 가장 복음적인 신학을 우리는 기독교 고전에서 배울 수 있습니다. 또한 각 시대마다 교회가 어떻게 세상과 소통하려 노력했는지를 알게 되어, 우리 시대의 목회를 위한 귀한 통찰력을 얻을 수 있습니다. '기독교고전총서'의 발간이라는 기념비적인 사업이 가져다주는 이러한 유익은 단지 두란노 안에만 머무는 것이 아니라, 한국 교회 전반에 넓게 확산되리라 확신합니다.

　'기독교고전총서'를 번역하기 위해 한국교회사학회 교수님들이 수고하셨습니다. 문장 하나하나, 단어 하나하나를 가장 적절한 우리말로 옮기기 위해 노력해 준 번역자들에게 이 자리를 빌려 감사를 전합니다.

두란노서원 원장

5

한국어판 서문 General Editor's Preface

중세 사상가인 베르나르 드 샤르트르는 "거인들의 어깨 위에 올라서서, 그들의 위대한 선조들보다 더 멀리까지 바라볼 수 있었다"고 말했다. 또한 피에르 드 블루아도 "우리는 거인들의 어깨 위에 올라앉은 난쟁이와 비슷한 처지에 있으며, 그들 덕분에 그들보다 더 멀리까지 바라볼 수 있다. 우리는 고대인들의 저작을 연구함으로써 그들의 세련된 사상을 되살리고, 그들을 시간에 의한 망각과 인간의 무관심으로부터 구출해 낼 수 있다"고 말했다. 우리는 고전들을 연구함으로써 거인들의 어깨 위에 있는 난쟁이처럼 더 멀리 바라볼 수 있을 것이다.

'기독교고전총서'는 오래 전부터 구상되었으나 이제야 결실을 보게 되었다. 처음에는 40권 정도의 기독교 고전 전집을 구상하였으며, 모두 그리스어나 라틴어 등 그 저작의 원문에서 번역하려고 구상하였다. 그러나 그것은 아직 힘에 겨운 일이어서 우선 'The Library of Christian Classics'을 대본으로 하여 번역하기로 결정하였다. 이는 초대 교회 시대로부터 종교 개혁 시대까지의 고전들을 모두 26권에 편집한 것이다.

우리는 이 중 여섯 권은 제외하기로 결정하였다. 우리가 제외시킨 것은 제4, 18, 20, 21, 23, 26권이다. 제4권의 제목은 *Cyril of Jerusalem and Nemesius of Emesa*로, 예루살렘의 키릴로스의 교리 문답과 에메사의 네메시오스의 '인간 본질론'을 담고 있다. 제18권의 제목은 *Luther: Letters of Spiritual Counsel*로, 루터의 영적 상담의 서신들을 담고 있다. 제26권의 제목은 *English Reformers*로, 영국 종교 개혁자들의 저작을 담고 있다. 이들 고전들은 그 저작들이 중요하지 않아서가 아니라 이미 단행본으로 널리 보급되어 있기 때문에 이번 전집에서는 제외시키기로 결정하였다. 제20권과 제21권은 칼뱅의 「기독교 강요」로, 매우 중요한 저작이긴 하지만 이미 우리말로 많이 번역 출판되어 있기 때문에 제외시키기로 결정하였다. 또한 제23권은 칼뱅의 「성경 주석」으로, 이 역시 소중한 저작이긴 하지만 이미 우리말로 번역 출판되어 있어서 제외시키기로 결정하였다. 영어 전집에서 아우구스티누스의 「신국론」이나 오리게네스의 「원리론」이나 루터의 「3대 논문」을 제외시킨 것도 마찬가지 이유다.

　'기독교고전총서'의 제1권은 사도적 교부들의 저작들과 이레나이우스의 「이단 반박」을 담고 있다. 제2권은 알렉산드리아의 클레멘스와 오리게네스의 저서들을 담고 있다. 제3권은 아타나시오스와 나지안조스의 그레고리오스와 니사의 그레고리오스의 저작들과 함께, 아리우스와 네스토리오스의 서신들과 「칼케돈 신조」를 포함하여 초대 교회 총회들의 결정들을 담고 있다. 제4권은 테르툴리아누스, 키프리아누스, 암브로시우스, 히에로니무스 등 라틴 교부들의 저작들을 담고 있다. 제5권은 「독백」, 「자유 의지론」, 「선의 본성」 등 아우구스티누스의 초기 저서들을, 제6권은 아우구스티누스의 「고백록」과 「신앙 편람」을, 제7권은 「삼위일체론」과 「영과 문자」 등 아우구스티누스의 후기 저서들을 담고 있다. 제8권은 동방 교회의 금욕주의를 다루고 있는데, 사막 교부들의 말씀이 있다.

　제9~13권까지는 중세 교회의 저작들을 담고 있다. 제9권은 초기 중세 신학들을 담고 있는데, 레렝스의 빈켄티우스의 저작, 라드베르와 라트랑의 성찬론 논쟁, 그레고리우스 대교황의 「욥기 주석」, 비드의 「영국 교회사」 등이 있다. 제10권은 스콜라 신학을 다루고 있으며, 캔터베리의 안셀름, 피에르 아벨라르, 피에트로 롬바르도, 보나벤투라, 던스 스코투스, 오컴의 윌리엄 등의 저작들을 담고 있다. 제11권은 중세 신학의 대표자라고 할 수 있는 아퀴나스의 「신학대전」을 담고 있다. 제12권은 중세 신비주의를 다루고 있는데, 클레르보의 베르나르, 생 빅토르의 위그, 아시시의 프란체스코, 에크하르트, 독일 신학, 쿠사의 니콜라우스 등등의 저작들이 있다. 제13권은 위클리프, 총회주의자들, 후스, 에라스무스 등 종교 개혁 선구자들의 저작들을 담고 있다.

제14~20권까지는 종교 개혁자들의 저작들을 담고 있다. 제14권은 루터의 「로마서 강의」를 담고 있다. 제15권은 루터의 초기 저작들 중 「히브리서에 대한 강의」, 「스콜라 신학에 반대하는 논쟁」, 「하이델베르크 논제」, 「라토무스에 대한 대답」 등이 있다. 제16권은 자유 의지와 구원에 대한 루터와 에라스무스의 논쟁을 다루고 있는데, 에라스무스의 「자유 의지론」과 루터의 「의지의 속박론」이 있다. 제17권은 멜란히톤의 「신학총론」과 부처의 「그리스도 왕국론」을 담고 있다. 제18권은 칼뱅의 신학적 저작들을 담고 있는데, 「제네바 신앙 고백」, 「제네바 교회 교리 문답」, 「성만찬에 관한 신앙고백」, 「예정에 관한 논제들」, 「사돌레토에 대한 대답」 등의 저작들이 있다. 제19권은 츠빙글리와 불링거의 저작들을 담고 있는데, 츠빙글리의 「하나님 말씀의 명료성과 확실성」, 「청소년 교육」, 「세례」, 「주의 만찬론」, 「신앙의 주해」와 불링거의 「거룩한 보편적 교회」가 게재되어 있다. 제20권은 급진적 종교 개혁자들의 저작들을 담고 있는데, 후터파의 연대기, 뮌처, 뎅크, 프랑크, 슈벵크펠트, 호프만, 메노 시몬스, 후안 데 발데의 저작들이 있다.

이 전집은 기독교 고전들에서 가장 중요한 부분을 발췌하여 훌륭하게 번역한 것이다. 또한 세계적인 전문가들이 각 저작들에 대해 명료한 해설을 해 주고 있으며, 학문적 논의들도 심도 있게 다루고 있다. 독자들은 이 전집에서 기독교 사상의 진수들을 접하게 될 것이다. 이 전집이 신학도들과 뜻있는 평신도들의 신앙을 강화시키고 신학을 심화시키며 삶을 성숙시키는 데 크게 기여하리라 믿는다. 이 전집의 출판을 흔쾌히 허락해 준 하용조 목사님과 이 전집을 출판하기 위해 수고를 아끼지 않은 두란노서원의 관계자들과 번역에 참여해 준 모든 번역자들에게 심심한 감사를 드린다.

이양호
'기독교고전총서' 편집위원회 위원장

두란노아카데미가 두란노서원 창립 30주년을 맞아 총 20권의 '기독교고전총서'를 발간하는 실로 눈부신 일을 해냈다. 두란노가 주동이 되어 한국교회사학회 교수들이 전공에 따라 번역에 참여하여 이루어 놓은 결실인데, 한국교회사학회는 우리나라 신학대학교와 각 대학교 신학과 교수들이 대거 참여한 기관이기에 한국 교회 전체의 참여로 이루어졌다는 또 다른 하나의 의미가 있다.

'기독교고전총서'는 초대, 중세, 그리고 종교 개혁 시대까지의 저명한 신학 고전들을 망라한다. 각 시대의 신학적 특색들과, 그리스도의 교회가 시대마다 당면한 문제가 무엇이었으며, 어떻게 교회를 지키고 복음을 전파하며 정통을 수호하였는지에 대한 변증과 주장과 해석의 가장 기본적인 문제들이 무엇이었는지를 확인하는 기회가 될 것이다.

두란노아카데미의 이번 '기독교고전총서' 간행은 그런 보화(寶貨)가 반드시 한국 교회 도처 서가에 꽂혀 그 신학적 수준을 세계 최선의 것으로 치솟게 하고자 한 사명감에서 착수한 것으로, 우리들로서는 그 고전들을 회자(膾炙)할 수 있음이 천행이 아닐 수 없다. 이는 한국 교회 역사에 또 다른 기념비를 세운 일이라 여겨 충심으로 찬하하여 마지아니한다.

민경배 백석대학교 석좌 교수

1962년부터 한 권 한 권 사기 시작해서 나는 'The Library of Christian Classics' 전집 (26권)을 다 소장하게 되었고 가장 애지중지한다.

26권을 살 때마다 나는 책 뒷면에 나의 이름과 책을 산 곳과 날짜와 가격을 적곤 했는데, *Augustine: Earlier Writings*과 *Christology of the Later Fathers*는 1962년 6월 21일 총신에서 각각 485원에, *Early Christian Fathers*는 1965년 미국 웨스트민스터 신학교에서 5달러에 사서, 평생 교회사를 연구하면서 그 어느 책들보다 자주 이 전집을 읽으면서 참고하곤 했다. 특히 제일 처음 사서 읽게 된 *Augustine: Earlier Writings*는 나의 학문적인 삶에 큰 영향을 미쳤다. 한철하 교수님의 가르침을 따라 영문으로 읽으면서 아우구스티누스의 진솔하고 처절한 고백과 기도에 매료되었고, 믿는 것을 이해하려는 신학 활동에 공감하게 되었고, 세상과 교회와 하나님 나라를 바라보는 폭넓은 우주적인 안목에 깊은 감동을 받았다. 그리고 아우구스티누스를 전공하기에 이르렀는데 그것이 나의 삶과 사역에 얼마나 큰 축복이 되었는지 모른다.

이번에 두란노서원이 'The Library of Christian Classics'의 26권 중 20권을 선별해서 번역한 '기독교고전총서'를 출간하게 됨을 진심으로 축하하며 많은 사람들이 이 고전을 읽고, 삶과 사역이 보다 건강하고 아름답고 풍요롭게 되기를 바란다.

김명혁 강변교회 원로 목사, 한국복음주의협의회 회장

옛것을 버리고 새것만 추구하는 세대에서 온고지신(溫故知新) 즉, 옛것을 연구하여 새로운 지식이나 도리를 찾아내는 일이 얼마나 중요한 것인지를, 학문을 사랑하고 진리를 탐구하는 이들이라면 누구나 이해할 것이다.

세기를 넘어 두고두고 읽히고 사랑받는 고전은 시간뿐 아니라 국경을 뛰어넘어 공간을 초월하여 읽히고 인용되는 책들로 영원한 진리의 진수를 맛보게 한다. '기독교고전총서'의 번역자들은 그 시대의 신학자나 신학의 맥을 바르게 이해하는 학자들로 구성되어 있어 그 책들의 질에 걸맞은 높은 수준의 용어 선택과 표현을 했다. 이것

은 우리에게 또 한 번 감격을 주는 것이다. 영어로 번역된 고전들을 다시 우리말로 번역함으로 원저자의 의도가 왜곡될 수도 있겠으나 'The Library of Christian Classics'과 같은 기독교 고전의 권위 있는 영역본을 번역함으로 오히려 그 이해의 폭을 더 넓게 했다 할 수 있을 것이다.

지금은 얕은 물에서 물장난이나 하듯 쉽고 재미있고 편리한 것만 찾는 시대이지만, 날마다 생수의 강물을 마시고 그 깊은 샘에서 길어온 물을 마시려는 목회자, 신학생, 평신도 리더, 그리고 그 누구라도 꼭 한 번 이 고전들을 읽어보도록 추천한다.

이종윤 서울교회 담임 목사, 한국장로교총연합회 대표 회장

'기독교 고전'이라 불리는 책들은 기독교의 2000년 역사와 함께해 왔다. 한국의 기독교 역사의 연수(年數)가 유럽의 연수와 비교할 수 없이 짧지만, 이미 세계 기독교 역사의 한 획을 그을 정도로 영향력이 강한 한국 기독교가 '고전'이라 일컬어지는 책들을 출간한다는 것은 큰 의미가 있다.

기독교는 가난한 자를 부하게 하고 묶이고 포로 된 자를 자유롭게 하는 '생명'인데, 지금 우리는 세상에서 오명을 뒤집어쓰고 있다. 이것은 우리의 잘못으로 책임이 우리에게 있다. 이 오명을 벗어버리기 위해서는, 우리 안에서 철저한 자성과 회개와 갱신이 일어나야 한다. 이것은 오직 주의 성령으로, 주의 말씀으로만 가능하다. 시간이 흘러도 여전히 깊은 고전의 메시지를, 하나님 앞과 교회 안에서, 개인의 삶의 터에서 깊게 묵상하고, 묵상한 그것을 삶의 영역에서 진실하게 드러낸다면 분명히 우리는 변할 것이고, 우리 기독교는 새로워져서 세상을 변화시킬 능력을 가진 생명이 될 것이다. 나는 분명 이렇게 소망하고 기대한다.

오늘의 교회를 갱신시키고, 오늘의 교인들을 영적으로 신학적으로 성숙시키는 일에 크게 기여하는 고전시리즈가 될 것을 필자는 분명히 확신한다.

김홍기 감리교신학대학교 총장

역사상 존재했던 다양한 배경의 성도들이 하나님과 관계를 맺고, 그 영혼의 깨달음과 하나님을 향한 갈망과 예배를 뭉뚱그려 놓은 것이 기독교 고전이다. '고전'이라는 칭호를 얻은 이유는 그만큼 통찰력이 깊고, 영성이 준수하며, 시대를 초월하는 내구성이 있기 때문인데, 예수 그리스도의 충만한 분량에 이르기 위해 지속적으로 영성을 계발해야 하는 목회자나 신학생이나 성도는 끊임없이 영성을 살찌울 수 있는 영양분을 공급받아야 한다. 영성 훈련이라면 보통 기도회나 성령 은사를 체험할 만한 집회 참석을 상상하지만 그것이 영성 훈련의 핵심이 아니다. 구름떼같이 허다한 증인들이 하나님과 관계를 맺어온 고전 문헌들을 살펴보면서 자신들의 신학과 예배와 경건 생활을 살펴보고 계발하는 것이다.

이에 '기독교고전총서' 우리말 번역을 진심으로 환영하는 바이다. 지금 시대에 최고의 실력을 갖춘 번역가들이 각고의 노력으로 번역한 이 글들이 한국 성도들의 영성 개발에 큰 공헌이 될 줄로 확신한다. 바라건대 목회자들뿐 아니라 일반 성도들도 더욱 고전에 쉽게 친근해질 수 있게 되기를 소망한다.

피영민 강남중앙침례교회 담임 목사

기독교는 2천 년 역사를 이어오면서 풍성한 영적 광맥을 축적하고 있다. 그 가운데 하나가 기독교 고전 문헌이다. 이는 시대가 변하고 사람이 바뀐다 해도, 각 세대가 캐내어 활용해야 할 값진 보물이요 유업이다.

그럼에도 이런 문헌이 대부분 그리스어나 라틴어 같은 고전어로 쓰였거나 외국어로만 번역되어 있는 것이 오늘의 우리 현실이어서 신학 대학에서 훈련받은 사람조차도 기독교 고전에 손쉽게 접근하기 어려운 형편이었다.

그런데 이 '기독교고전총서'는 초기 기독교 교부로부터 시작하여 16세기 종교 개혁자에 이르기까지 대표적인 기독교 저작들을 대부분 포함하고 있다는 점과, 두란노 아카데미 편집부와 한국교회사학회가 협력하여 이루어 낸 결실이라는 점에서 누구도 그 권위를 의심치 않으리라 여겨진다. 번역은 창작 이상의 산통과 노고가 필요한 작업이기에, 교회사 교수들이 합심하여 기독교 고전들을 한국어로 살려 낸 이 시리즈는 한국 교회사에 길이 기억될 역작이라 생각한다.

위대한 신앙 선배들의 그리스도의 복음을 향한 뜨거운 가슴과 깊은 이해가 독자들에게 전달되어 풍요로운 영성을 체험하는 가운데 놀라운 영적 부흥이 일어나기를 소망하며, 많은 분들에게 추천하고 싶다.

목창균 전 서울신학대학교 총장

고전의 가치를 인정하는 기독교가 중요하게 여기는 '고전 중의 고전'은 단연 성경이다. 기독교는 성경을 하나님의 말씀으로 믿는데, 하나님께서 교회에 선물로 주신 보물은 성경 외에 다양한 고전들 속에도 담겨 있다. 기독교 역사 2천 년 동안, 하나님의 일꾼으로 세움 받은 분들이 기록해 놓은 고전은 기독교의 보화다. 기독교 고전은 우리의 믿음과 경건이 한층 성숙해지는 계기를 제공하고 신학적 수준을 한 단계 높이며 신앙을 성숙하게 하는 좋은 자양분이 될 것이다. 기록된 하나님의 말씀인 성경이 기독교 역사를 거쳐 오면서 각 시대마다 어떻게 해석되고 적용되었는지를 이 고전에서 살펴볼 수 있다.

이번에 출판되는 '기독교고전총서'를 보다 많은 성도들이 읽음으로써, 성경을 각자의 삶에 어떻게 적용시킬 수 있는지를 배우게 되기를 바란다. 아무쪼록 '기독교고전총서'의 출판으로 말미암아, 한국 교회가 기독교 고전의 귀중함을 새롭게 깨달아 기독교의 근원으로 돌아가려는 움직임이 강하게 일어나기를 바라며, 기쁜 마음으로 이 책을 추천한다.

장영일 장로회신학대학교 총장

일러두기

'기독교고전총서'(전20권)는 미국 Westminster John Knox Press(Louisville · LONDON)에서 출간된 'Library of the Christian Classics'에서 19권, 그리스어에서 1권을 '한국교회사학회'의 각 분야 전문 교수들이 번역하였다.

1. 맞춤법 및 부호 사용 원칙

맞춤법의 경우, 기본적으로 '국립국어원'의 원칙을 따랐다.

본문의 성경 인용의 경우, '개역개정'을 기본으로 하고 그 외에는 인용 출처를 밝혔으며 사역에는 작은따옴표(' ')로 표시하였다.

국내 단행본, 정기간행물의 경우에는 낫표(「 」)를, 외서의 경우에는 이탤릭체를, 논문에는 큰따옴표(" ")를 하였다.

라틴어의 경우, 이탤릭체로 표시하였다.

강조 문구는 작은따옴표(' ')로 표시하였다.

원서에서 사용한 부호를 가능하면 그대로 사용하였다.

2. 주

원저의 각주 외에 옮긴이의 각주가 추가되었다. 이것을 *, ** 등으로 표시했으며 각주 란에 추가하였다.

각주 번호는 원서 그대로 따랐다.

3. 용어 통일

인명과 지명의 경우, '한국교회사학회 용어(인명 · 지명) 통일 원칙'을 따랐으며(다음 쪽 참고), 영문은 처음 1회에 한하여 병기하였다.

한국교회사학회 용어(인명·지명) 통일 원칙

1) 문교부가 1986년에 고시한 외래어 표기법을 따른다

현행 외래어 표기법은 다음과 같이 네 개의 장으로 구성되어 있다.

제1장 표기의 기본 원칙

제1항 외래어는 국어의 현용 24자모만으로 적는다.

제2항 외래어 1음운은 원칙적으로 1기호로 적는다.

제3항 받침에는 'ㄱ, ㄴ, ㄹ, ㅁ, ㅂ, ㅅ, ㅇ'만을 쓴다.

제4항 파열음 표기에는 된소리를 쓰지 않는 것을 원칙으로 한다.

제5항 이미 굳어진 외래어는 관용을 존중하되 그 범위와 용례는 따로 정한다.

제2장 표기 일람표(현재 19개 언어): 생략

제3장 표기 세칙(현재 21개 언어): 생략

제4장 인명, 지명 표기의 원칙: 생략

2) 〈외래어 표기법〉에 제시되어 있는 〈라틴어의 표기 원칙〉은 다음과 같다.

(1) y는 '이'로 적는다.

(2) ae, oe는 각각 '아이', '오이'로 적는다.

(3) j는 뒤의 모음과 함께 '야', '예' 등으로 적으며, 어두의 i+모음도 '야', '예' 등으로 적는다.

(4) s나 t 앞의 b와 어말의 b는 무성음이므로 [p]의 표기 방법에 따라 적는다.

(5) c와 ch는 [k]의 표기 방법에 따라 적는다.

(6) g나 c 앞의 n은 받침 'ㅇ'으로 적는다.

(7) v는 음가가 [w]인 경우에도 'ㅂ'으로 적는다.

3) 〈외래어 표기법〉에 제시되어 있는 〈고전 그리스어 표기 원칙〉은 다음과 같다.

(1) y는 '이'로 적는다.

(2) ae, oe는 각각 '아이', '오이'로 적는다.

(3) c와 ch는 [k]의 표기 방법에 따라 적는다.

(4) g, c, ch, h 앞의 n은 받침 'ㅇ'으로 적는다.

목차 CONTENTS

발간사 | 4

한국어판 서문 | 6

추천사 | 9

일러두기 | 14

전체 서문 | 22

역자 서문 | 24

약어표 | 32

제1부 신학총론_필리프 멜란히톤 이은선 옮김

편집자의 해설 | 34

신학총론

헌정하는 편지 | 51

신학의 기본적인 주제(기독교 신학의 개요) | 54

인간의 능력, 특히 자유의지 | 57

죄 | 67

율법 | 90

하나님의 법 | 96

권고 | 100

수도사의 서원 | 103

재판법과 의식법 | 105

인정법 | 106

복음 | 117

율법의 권능 | 125

복음의 권능 | 133

은혜 | 136

칭의와 믿음 | 139

신앙의 효과 | 164

사랑과 소망 | 167

구약과 신약의 차이와 율법의 폐기 | 178

옛사람과 새사람 | 191

죽어 마땅한 죄와 일상적인 죄 | 193

표징 | 195

세례 | 198

회개 | 203

사적 고백 | 207

주의 식탁에의 참여 | 210

사랑 | 212

관리 | 213

실족 | 216

제2부 그리스도 왕국론_마르틴 부처 최윤배 옮김

편집자의 해설 | 220

그리스도 왕국론 제1권

서문 | 241

제1장   그리스도 왕국의 명칭 | 244

제2장   그리스도 왕국과 세상의 왕국들이 공통적으로 가지고 있는 것과

가지고 있지 않은 것 | 247

제3장   우리가 제안한 것이 더욱 잘 이해될 수 있는 관점에서, 그리스도 왕국에 관한

몇 가지 더욱 유명한 성경의 구절들 | 261

제4장   교회의 다양한 시기들 | 279

제5장   그리스도 왕국은 무엇이며, 그리스도 왕국의 회복을 위하여 무엇이

필요한가 | 300

제6장   그리스도 교리의 경륜 | 309

제7장   성례의 집행 | 313

제8장   생활과 생활규범의 치리에 관한 사역 | 318

제9장   회개의 치리에 관한 사역 | 321

제10장   교회 의식(ceremonies)의 개혁: 첫 번째, 교회 건물들을 신성시하는 것 | 327

제11장   하나님께 예배하기 위한 확실한 시간의 준비 | 329

제12장   사순절과 다른 축제들, 그리고 음식을 먹는 것 | 333

제13장   의식 규정 | 336

제14장   가난한 자들에 대한 돌봄 | 337

제15장   깊은 관심 속에 그리스도 왕국을 향하는 목표와 사역, 그리스도의 몸 안에 있는
자신의 위치와 그리스도로부터 받은 은사에 따라, 그리스도 왕국이 견고하게
회복되는 것이 모든 사람들에게 얼마나 유익하며 모든 그리스도인의 구원에
얼마나 필요한가 | 340

그리스도 왕국론 제2권

제1장   헌신된 왕에 의한 모든 방법들과 수단들로 그리스도 왕국이 개혁될 수 있고
개혁되어야만 한다 | 349

제2장   누가 그리스도 왕국 건설을 위한 조언자로 사용될 수 있는가 | 351

제3장   그리스도 왕국은 칙령에 의해서 뿐만 아니라 헌신적인 설득에 의하여
갱신되어야 한다 | 352

제4장   승인된 복음 전도자들이 왕국의 모든 영역, 모든 곳으로
파송되어야 한다 | 353

제5장   그리스도 왕국은 법령에 의해서라기보다는 경건한 설득과 복음의 정확한 설교에
의해서 개혁되어야 한다 | 355

제6장   복음 전도자들이 발견되어야 할 적합한 곳, 그리고 고등 교육 학교들의
개혁 문제 | 358

제7장   교회의 복음 전도자들과 목사들의 자원과 후원자 | 362

제8장   어떻게 종교의 완전한 회복이 옹호되고 활성화되어야 하는가 | 364

제9장   첫 번째 법: 어린이들은 하나님에 대해 교리 문답 교육을 받아야 한다 | 365

제10장   두 번째 법: 거룩한 날들의 성화 | 366

제11장   세 번째 법: 교회들의 성화 | 369

제12장   네 번째 법: 교회 사역의 회복 | 370

제13장   다섯 번째 법: 주님이신 그리스도를 위한 교회 재산에 대한 주장과

        그것의 경건한 사용 | 383

제14장   여섯 번째 법: 구제 | 396

제15장   일곱 번째 율법: 성화와 결혼에 관한 규정들 | 406

제16장   약혼과 거룩한 결혼의 시작에 관해서 무엇이 확립되어야 하는가 | 408

제17장   어떤 사람들이 결혼하는 것에 합당한가 | 408

제18장   약혼하는 사람들에 대한 권위를 가지고 있는 사람들의 동의가 없거나

        적절한 충고자들 없이 합의된 결혼은 무효화되어야 한다 | 411

제19장   결혼의 약속이 이루어지기 이전에 폐기되는 것이 허락되는가 | 416

제20장   결혼 예식의 거행 | 418

제21장   거룩한 결혼의 유지 | 419

(제22~46장은 번역되지 않음)

제47장   결혼에 대한 전체적인 논의의 결론 | 425

제48장 여덟 번째 법: 젊은이들의 공공교육과 나태함의 억제 | 427

제49장 다양한 기술들과 정직한 이윤의 추구의 회복 | 431

제50장 시장의 개혁 | 437

제51장 대중 술집들에 대한 주의 | 440

제52장 고귀한 기술들에 맞지 않은 사람들은 육체노동과

        비천한 일을 맡아야 한다 | 440

제53장 완벽한 사람들은 틀림없이 기술과 노동에 대해서 지목된다 | 441

제54장 정직한 놀이들 | 441

제55장 아홉 번째 법: 사치와 무익한 소비에 대한 통제 | 451

제56장 열 번째 법: 시민법의 개정과 완성 | 454

제57장 열한 번째 법: 행정관의 임명 | 459

제58장 열두 번째 법: 법정과 판결의 확립과 정정 | 473

제59장 열세 번째 법: 고발된 사람들의 보호 | 476

제60장 열네 번째 법: 형벌의 변경 | 478

마지막 장 결론 | 484

참고 문헌 | 497
색인 | 501

전체 서문 EDITOR'S PREFACE

종교 개혁기의 매우 중요한 두 개의 저술로 이 책을 구성했다. 멜란히톤이 루터의 종교 개혁의 초기에 젊은이로서 저술했던 「신학총론」(*Loci Communes*)*은 일반적으로 개신교의 첫 번째 교의학 책이라 불리는 작품이다. 부처가 원숙한 노년에 접어들어 저술했던 「그리스도 왕국론」(*On the Kingdom of Christ*)은 개신교 사회 윤리에 관한 첫 번째 논문이다. 이 작품은 교회뿐만 아니라 사회의 실질적인 개혁을 위해 다양하게 수고한 부처의 일생 동안의 경험을 보여 준다.

루터 다음으로 가장 영향력 있다고 알려진 두 명의 독일 개혁자 멜란히톤과 부처의 글은 영어권 지역에도 더욱 잘 소개되어야 마땅하다. 그들의 많은 분량의 저술들 가운데 오직 소수의 작품들만이 영어로 번역되었다.

멜란히톤의 가장 중요한 신학적 작품에 대한 이번 번역은 로버트 스튜페리히 (Robert Stupperich)가 편집한 「멜란히톤 선집」(*Melanchthons Werke in Auswahl*) 2권 1부 3-163쪽에 수록되어 있는 한스 엥겔란드(Hans Engelland)의 편집에 기초하고 있다. 번역은 미네소타 주의 세인트 폴에 있는 루터신학교(Lutheran Theological Seminary)의 로웰 새터(Lowell J. Satre) 교

---

* 멜란히톤의 저서 *Loci Communes rerum Theologiciarum*의 문자적인 의미는 '기본적인 신학 주제들'이다. 이 책에 대한 우리말 번역본을 보면, 초판을 번역한 한인수는 「신학의 주요 개념들」(도서출판경건, 1998), 최종판을 번역한 이승구는 「신학총론」(크리스천다이제스트, 2000)으로 하였다. 한인수의 경우는 라틴어 제목의 문자적 해석을 따른 것이고, 이승구의 경우는 이 책의 성격에 따라 의역한 것이다. 이 책은 멜란히톤이 루터의 종교 개혁 신학을 중요한 신학 개념들을 중심으로 간결하게 설명한 것이다. 그러므로 책의 제목으로 이승구의 번역이 더 낫다고 판단되어 그의 번역을 따랐다.

수가 담당하였고, 편집자가 일부 수정하였다.

부처의 「그리스도 왕국론」은 수집된 그의 저술들 중 독일과 프랑스에서 출판이 진행된 현대판 작품들 가운데 첫 번째 것이다. 프랑소와 방델(François Wendel)이 「마르틴 부처의 라틴어 작품들」(*Martini Buceri Opera Latina*, Vol. XV, Paris and Gütersloh, 1955)에서 이 작품을 훌륭하게 편집하였다. 폴 라킨(Paul Larkin)이 이 책을 위한 번역의 첫 번째 초고를 준비하였다. 로웰 새터가 이것을 수정하였고 그 후에 편집자가 충분하게 개정하고 퇴고하였다. (빠르게 작업했고 놀랄 만큼 짧은 시간에 많이 저술해 낸 부처가 예외적으로 장황하고 말이 많으며 반복적인 문체로 저술한 결과, 현대 번역자들에게 상당한 어려움을 주었음을 여기서 언급해야겠다.) 편집자는 방델 교수의 상세한 각주들을 자유롭게 사용하였고 그 자신의 각주들을 많이 첨가하였다. 우리는 학구적인 학생들에게 방델의 판을 현재의 판과 연결시켜 사용하도록 촉구한다.

빌헬름 파우크(Wilhelm Pauck)

역자 서문

멜랑히톤의 「신학총론」 저술 배경

누군가 처음으로 걸어가면 길이 된다. 마르틴 루터가 1517년 10월 31일에 비텐베르크대학교회 정문에 95개 조항을 못 박으면서 이신칭의를 중심 교리로 삼는 종교 개혁이 시작되었다. 종교 개혁이 시작된 후에 중세까지의 표준적인 교리를 대체할 새로운 교리서가 필요하게 되었다. 루터는 종교 개혁을 시작하면서 새로운 개혁 사상들을 계속하여 주장하였지만, 그러한 내용을 체계적으로 설명하는 책을 저술하지 않았다. 이러한 상황에서 루터의 개혁 활동에 같이 동참했던 인문주의자가 멜란히톤이었다. 멜란히톤은 1521년에 루터의 종교 개혁 사상을 주제별로 설명한 「신학총론」(Loci Communes)을 저술하였다. 이 「신학총론」은 종교 개혁이 발생한 이후에 종교 개혁 진영에서 신학의 주제들을 설정하여 조직적으로 설명한 첫 번째 저술이 되었다. 그래서 16-17세기의 조직신학 저술들 가운데 많은 책들이 'loci communes'라는 이름을 가지고 있다. 멜란히톤은 개혁 진영의 조직신학 저술의 방법론을 제시하는 첫 번째 길을 걸어갔던 셈이다.

멜란히톤은 튀빙겐에서 공부를 마친 후 1518년 21세의 젊은 나이에 비텐베르크대학 교수로 초빙 받아 그리스어를 가르치기 시작하였다. 인문주의자로서 그리스어를 가르쳤던 그는 루터의 영향으로 신학에 관심을 가지게 되었다. 멜란히톤은 스스로 신학사 학위를 준비하여 1519년 9월 24개의 루터 명제들을 변호한 후에 소망했던 신학사 학위를 받고 신학을 강의하기 시작하였다. 그는 1519년 여름과 겨울 학기에 로마서를 강의하면서 바울 신학에 대한 논문들을 썼다. 1520년에 그의 제자 가운데 한 사람이 그에게 알리지도 않고 멜란히톤이 로마서에 근거하여 제시했던 '신학의 요약'을 「신학적 문제들의 주제들 혹은 논제들」(Rerum theologicarum capita seu loci)이라는 제목으로 출판하였다. 멜란히톤의 강의 내용의 갑작스러운 출판은 당시에 종교 개혁의 신학적인 내용을 조직적으로 설명하는 책에 대한 요구가 그만큼 많았음을 반증하는 것으로 보인다. 이러한 갑작스런 책의 출판으로 당황했던 멜란히톤이 자신의 강의 내용을 최대한 정리하여 책으로 출판한 것이 1521년에 나온 「신학총론」이다.

멜란히톤은 「신학총론」을 저술하면서 'loci communes'의 방법론을 사용하였다. 'loci communes' 방법론은 책을 저술하는 방식에서 수사학의 이론을 원용한 것이다. 어떤 전체적인 내용을 제시할 때 그 전체 내용을 구성하는 핵심적인 주제(명제)들을 설정하고 그러한 주제들을 중심으로 설명해 나가는 것이다. 멜란히톤이 스콜라주의 신학의 방법론의 문제점들을 극복하려고 이러한 수사학적인 방법론을 이용하여 신학 내용을 조직적으로 제시하였다. 루터와 멜란히톤이 파악했던 스콜라주의 신학의 가장 큰 문제점은 아리스토텔레스의 형이상학과 논리학을 이용하여 지나치게 추상적이고 번잡스러운 신학을 전개한다는 것이었다. 그래서 멜란히톤은 "모든 철학은 어둠과 비진리다"라고까지 비판하였다. 멜란히톤은 'loci communes'의 방법론을 사용하여 신학의 근원인 성경, 특히 로마서로 돌아가서 성경의 핵심적인 주제들을 선정하고, 그러한 주제들의 정의를 내리고 그 정의를 관련 성경 구절들을 인용하여 간결하고도 설득력 있게 설명하고자 하였다.

「신학총론」의 내용- 이신칭의 구원론의 설명

멜란히톤은 「신학총론」을 통해 처음으로 종교 개혁 진영의 신학 체계를 구성하였다. 그는 주로 로마서를 강의하면서 파악했던 바울의 구원론을 중심으로 신학의 내용을 설명하면서 「신학총론」을 저술하였다. 그는 이 책에서 스콜라주의의 철학적인 성향을 비판하여 삼위일체론이나 기독론에 대해 "신성의 신비들을 탐구하는 것보다는 경배하는 것이 낫다"고 하면서 루터의 종교 개혁의 출발점이 되었던 구원론과 관련된 주제들을 다루었다. 멜란히톤이 「신학총론」에서 다루는 주제는 루터가 재발견한 복음이었다. 이 복음의 내용을 주제 중심적인 방식으로 설명하여 종교 개혁이 추구하는 신학적인 내용을 쉽게 파악하도록 도와줄 뿐만 아니라 성경을 종교 개혁의 시각에서 연구할 수 있는 토대를 제공하고자 하였다.

멜란히톤은 이전의 신학에서 다루었던 여러 가지 주제들 가운데서 죄와 은혜, 율법과 복음이 그리스도인이 알아야 할 가장 중요한 주제라고 생각하였다. 이러한 핵심 주제를 통하여 그리스도께서 제공한 구원의 내용을 가장 잘 알 수 있다고 보았다. 그래서 멜란히톤이 가장 먼저 다루는 주제는 자유의지의 문제이다. 중세 구원론과 루터가 가장 격렬하게 충돌했던 것이 인간 타락의 심각성의 문제였고, 그래서 멜란히톤은 인간에게 타락한 이후에 자유의지가 없다는 것을 제일 먼저 다룬다. 그 후에 원죄와 자범죄로 구성된 죄를 다룬다. 멜란히톤은 죄와 부자유한 의지의 논의에서 정서들 혹은 내적 성향들은 지성이나 의지의 능력 안에 있지 않으며, 하나님의 행동만이 변화시킬 수 있다고 주장한다.

율법은 죄의 권능을 드러내는 것으로 선한 것을 장려하고 악한 것을 금지하는 것이다. 그러나 인간은 율법을 지킬 수 없으므로 율법에 의해 정죄 당하게 된다. 이러한 정죄 하에 있는 인간에게 가장 복된 소식인 복음은 하나님의 은혜와 자비의 약속이며, 특별히 죄들의 용서이고 하나님의 선의의 증거이다. 이러한 복음을 통해 하나님의 은혜가 드러나게 된다. 은혜는 '하나님의 호의'와 우리를 향하신 하나님의 선하신 뜻이라고 정의된다. 그는 은혜를 인간의 영혼 속에 있는 '특성'으로 이해하려는 로마 가톨릭의 교훈을 강력하게 거부한다.

믿음에 대해서는 어떤 역사적인 지식이나 의견에 대한 동의라고 보았던 로마 가톨릭의 견해를 비판하고 하나님의 죄 용서의 약속에 대한 개인적인 신뢰라고 묘사하고 있다. 이것은 '하나님의 자비'에 대한 지각이며 참으로 '마음의 정서'로 이해될 수 있다.

멜란히톤은 우리가 믿음으로 그리스도의 구속의 의를 붙잡을 때에 우리의 행위와 관계없이 의롭다 함을 받는다고 주장한다. 그러므로 믿음은 그리스도의 의를 붙잡는 도구이고, 칭의는 하나님의 은혜와 자비를 통해 우리가 의롭다 함을 받는 것으로 하나님께서 값없이 주시는 선물이다.

믿음으로 의롭다 함을 받은 성도들의 삶에서는 성령의 열매인 선한 행위가 나타나게 된다는 것을 멜란히톤은 강조한다. 그러므로 그리스도인의 삶은 성령의 살아 있는 능력 아래서 성화되어 가는 과정으로 나타난다. 그는 우리가 하나님의 살아 있는 뜻인 성령에 의해 갱신되어 갈 때, 율법이 요구하는 것을 자발적으로 의도하게 된다고 보았다. 그래서 그리스도인은 법정에 가거나 고발할 필요가 없게 되고, 모든 사람과 재산을 공유해야 한다고 하여 완전주의적인 일면을 나타내고 있다.

로마 가톨릭은 구약이 외적인 행위를 요구하는 일종의 율법이고 신약이 외적 행위에 더하여 마음을 요구하는 율법이라고 구별하는데 반해, 멜란히톤은 구약과 신약의 차이에 대해 신약에서 의식법과 재판법뿐만 아니라 도덕법까지 폐기되어 그리스도인의 완전한 자유가 주어진다고 이해한다. 그러나 그리스도인들은 이제 성령의 인도함을 따라 자유롭게 율법을 자원하여 지킨다. 멜란히톤의 「신학총론」은 24세의 젊은 이가 루터의 영향을 받으면서 발견했던 하나님 은혜의 놀라운 복음을 제시하는 이야기이다. 아직 그의 신학이 온전하게 성숙하지 못하여 앞으로 발전해야 할 부분들이 많이 있지만, 수사학자의 놀라운 감동으로 자신이 발견한 복음의 진리를 설득력 있게 설명하고 있다. 우리는 멜란히톤의 「신학총론」을 읽으면서 개신교에서 최초로 루터의 영향을 받은 구원론의 체계적인 설명에 감동을 받게 된다.

마르틴 부처의 「그리스도 왕국론」의 저술 배경

「그리스도 왕국론」(De Regno Christi)은 마르틴 부처가 그의 생애의 말년에 영국 교회 개혁의 청사진으로 제시했던 저술이다. 마르틴 부처는 15세가 되었을 때 토마스 아퀴나스의 전통을 따르는 도미니크 수도회에 들어가 수도사가 되었으나, 후에 에라스무스의 영향을 받아 신앙의 실천을 통해 교회를 개혁하고자 하는 인문주의자가 되었다. 그는 이러한 인문주의의 관심을 가지고 1518년 루터의 하이델베르크 논쟁에 참여했다가 그의 영향을 받아 종교 개혁에 가담하게 되었다. 그는 1523년부터 25년 동안 스트라스부르와 독일 남부 지역의 가장 중요한 종교 개혁의 지도자로서, 제네바에서 1차 개혁에 실패하고 1538년부터 3년간 이곳에 와 있던 칼뱅에게도 많은 영향을 미쳤다. 이 3년 기간 동안 부처는 로마 가톨릭과 개신교 사이의 화해와 일치를 시도하는 많은 회의에 적극적으로 참여하며 대화를 이끌어 나갔다. 뿐만 아니라 부처는 개신교 내에서 루터와 츠빙글리 사이의 일치를 이끌어 내고자 많은 노력을 기울였으나, 열매를 거두지는 못하였다. 그는 일치와 화해를 이끌어 내려는 열정 때문에 중도적 입장을 취하는 경우가 많았고, 이로 인해 오히려 양편에서 비판을 받는 어려움에 처하기도 하였다.

부처는 루터의 영향을 받아 종교 개혁에 가담했으나 에라스무스와 츠빙글리에게 받았던 영향으로 신앙의 실천적인 측면을 강조하는 경향을 가지게 되었다. 물론 부처는 우리가 믿음으로만 구원받는다는 루터의 이신칭의의 기본 원리를 확고하게 주장하였다. 그렇지만 스트라스부르에서 종교 개혁을 추진하면서, 교회의 제도적인 개선과 함께 성도들 개개인의 영적인 생활뿐만 아니라 사회생활까지 개혁하고자 하였다. 이러한 부처의 관심은 교회의 치리를 강조하게 만들었다. 그래서 루터는 '내가 어떻게 구원받느냐' 하는 문제를 추구하는 과정에서 은혜로우신 하나님을 발견하는 데 크게 관심을 기울였으나, 성도들의 치리에는 큰 관심을 기울이지 않았다. 그러나 츠빙글리와 부처, 그리고 이들의 영향을 받은 칼뱅은 교회의 치리에 큰 관심을 기울였다. 부처는 자신의 신학에서 성도들의 개인적인 생활뿐만 아니라 시나 국가적인 차원에서 치리를 통한 개혁을 강조하고 있다. 또한 개인뿐만 아니라 시와 국가적인 차원에서의 개혁을 추진하고자 하였다. 이러한 측면에서 부처는 루터와 구별되고 있다.

부처의 이러한 국가적인 차원에서의 개혁 비전이 저술로 구체화된 것이 이 책에 소개되어 있는 「그리스도 왕국론」이다. 스트라스부르에서 종교 개혁을 추진하던 부처는 1547년부터 1548년까지 일어났던 슈말칼덴 전쟁에서 승리한 신성 로마 황제가 개신교도들에게 강요했던 로마 가톨릭적인 색채가 강했던 인테림(Interim)을 거부하라고 촉구하다가 그 도시에서 추방당하게 되었다. 이때 영국 종교 개혁의 지도자인 토마스 크랜머가 마르틴 부처를 영국으로 초빙하였고, 그는 1549년 4월에 영국에 건너가 케임브리지대학교의 교수가 되어 학생들을 가르치게 되었다. 이때 부처의 가르침을 받았던 인물들이 엘리자베스 여왕 시기에 청교도 운동의 지도자들로 활동하게 되었다. 그런데 부처는 영국으로 건너간 초기에 교수로 임명을 받았지만 건강이 나빠 제대로 가르치지 못하는 상태에서 영국 왕 에드워드 6세의 많은 환대를 받았다. 그래서 그의 영국 친구들이 왕에게 받았던 환대에 보답하여 스트라스부르에서 종교 개혁을 진행했던 경험을 살려 영국에서의 종교 개혁의 추진 방향에 대해 조언하는 글을 써서 왕에게 신년 선물로 줄 것을 제안하였다. 그는 이러한 제안을 받아들여 이 책을 1550년 10월에 완성하였다. 그러므로 「그리스도 왕국론」에는 마르틴 부처의 평생 동안의 종교 개혁의 경험과 함께 그의 성경신학적 지식이 폭넓게 종합되어 있다. 그는 당시에 어린 국왕 에드워드 6세 치하에서 진행되던 영국의 종교 개혁이 국왕과 목회자들의 협조 아래 잘 진행되어 영국이 그리스도의 왕국이 될 것을 기대하여 이 책을 썼던 것으로 보인다.

그리스도 왕국론의 내용 - 영국 교회 개혁의 청사진

마르틴 부처는 그리스도 왕국론을 두 권으로 구성하고 있다. 1권에서 부처는 그리스도 왕국에 대한 성경신학적인 이해를 제시하고 있고, 2권에서는 국왕이 어떻게 국가적인 차원에서 그리스도 왕국을 건설해 나갈 것인지에 대한 구체적인 방안들을 제시하고 있다. 그는 1권에서 15장에 걸쳐서 주로 성경에 근거하여 그리스도 왕국을 논하고 있다. 그리스도의 왕국이 하나님의 왕국과 하늘의 왕국 등 다양한 용어로 불리는데, 그는 "우리 구주 예수 그리스도의 왕국은 하나님의 선민의 영생을 관리하고 돌보는 것"이라고 정의한다. 그리스도는 "이 목적을 위해 선택하신 적합한 사역자들을 통해 집행하시는 가르침과 교훈으로 선민들을 자신에게 모으신다"고 했다. 예수님은 백성들을 교회에 모아서 교회 안에서 통치하신다. 그러므로 그는 1권에서 그리스도의 왕국의 중요한 기구로 나타나는 교회를 다루면서 그 교회가 해야 할 일들을 상세하게 취급한다. 교회가 성례를 집행하고 생활을 개혁하기 위해 회개를 위한 치리를 할 것을 강조하며 거룩한 예배를 드리면서 가난한 자를 구제해야 할 것을 설명한다. 그는 1권에서 결론적으로 모든 교회 구성원들이 각자에게 주신 선물의 분량에 따라 그리스도의 왕국을 건설하기 위해 사역해야 한다는 것을 강조한다.

2권에서 부처는 1권에서 제시한 그리스도의 왕국이 영국이라는 나라에서 구체적으로 구현되기 위해서 통치자인 왕이 어떻게 행동해야 할 것인지를 조언하고 있다. 그는 "그리스도의 마음을 따라 종교뿐만 아니라 공동생활의 모든 다른 부분의 집행을 갱신하고 제도화하고 그리고 확립할 수 있고 확립해야만 하는 수단들"을 묘사하고자 한다. 그는 모든 개인의 생활과 사회생활에서 기독교적인 훈련과 규율의 준수를 보장하려고 만들어진 일련의 법률들의 개요를 제시한다.

부처는 이러한 개혁을 위해 영국에서 제일 먼저 종교 개혁의 업무를 담당할 위원회를 설립할 것을 제안한다. 다음으로는 백성들에게 복음을 알릴 복음 전도자들이 전국에 파송되어야 한다고 했다. 이와 함께 교회의 유익을 위해 교회 재산을 보존하고 그 자금을 목회자들의 급료, 대학에서 그들의 훈련, 교회 건물의 유지, 그리고 빈민 구제를 위해 사용해야 할 방안이 마련되어야 한다고 했다. 부처는 제대로 훈련받은 목회자들이 전국에 파견된 후 '기독교 공화국'을 건설하기 위해 제정되어야 할 법률들의 내용을 14개 분야로 나누어 설명하고 있다. 이러한 법률은 먼저 교회와 관련되고 다음으로 국가의 공동생활과 관련된다. 그가 제정되어야 한다고 보았던 법률 분야는 1) 어린이 교리 문답 교육, 2) 주일 성수, 3) 교회 건물들의 성화, 4) 교회 목회 사역의 회복, 5) 교회 재산의 보호와 올바른 사용, 6) 빈민 구제, 7) 결혼과 이혼, 8) 공공 교육과 공공 윤리, 9) 사치에 대한 통제, 10) 시민법 개정, 11) 행정관의 임명, 12) 법원, 13) 형벌 체계, 14) 형법과 사형 제도이다.

물론 이러한 부처의 제안들은 성경의 내용들이 그대로 현실 가운데 실현될 수 있다는 믿음에 근거하고 있으므로, '성경의 여러 선례들이 그대로 영국의 현실에 적용될 수 있느냐' 하는 의문이 제기될 수도 있다. 그렇지만 그는 이러한 제안들을 하면서 스트라스부르에서의 자신의 개혁 경험과 함께 영국 친구들의 조언들을 종합하여 영국의 현실에 맞는 제안들을 하고자 노력하였다. 그는 자신이 구상하는 그리스도의 왕국이 영국에서 실현될 것을 기대하였다. 그리스도의 왕국은 교회와 공공 생활의 밀접한 연결 관계 속에서 구현되어 가게 될 것이다. 그러므로 부처는 영국의 국왕이던 에드워드 6세의 지도력 하에서 영국 교회가 올바르게 개혁되고 그와 함께 국가가 개혁되어 교회와 국가의 긴밀한 협력 속에 그리스도의 왕국이 건설될 것이라는 기대를 가지고 이 책을 저술하였다.

우리는 부처의 「그리스도 왕국론」을 읽으면서 한 개혁자가 자신의 생애 말년에 이

제 종교 개혁이 막 시작되던 영국에 대하여 품었던 원대한 개혁의 비전을 찾아볼 수 있을 것이다. 부처가 그리스도의 왕국을 건설하려는 비전을 전개할 때에 그가 먼저 성경에 근거하여 그리스도 왕국론을 정립하고 그것을 영국의 현실에 맞게 실천할 수 있는 구체적인 방안을 마련한 점이 큰 도전으로 다가온다. 물론 부처 자신도 1551년에 세상을 떠나고 에드워드 6세도 1553년에 세상을 떠나 부처의 청사진이 역사에서 구체적으로 펼쳐지지 못한 아쉬움이 남지만 그래도 한 나라를 그리스도의 나라로 건설하고자 했던 부처의 신앙적인 열정과 학문적 깊이는 우리에게 큰 비전을 제공하면서 큰 도전이 된다고 생각하여 소개하고자 한다.

이은선

약 어 표
ABBREVIATIONS

CR   *Corpus Reformatorum: Philippi Melanchthonis Opera quae supersunt omnia*, ed. by C. G. Bretschneider and H. E. Bindseil (Halle, 1834 ff.).

GCS   *Die griechischen christlichen Schriftsteller der ersten drei Jahrhunderte* (Berlin, 1897 ff.).

LW   Luther's Works, American edition, ed. by Jaroslav Pelikan and Helmut T. Lehmann, 55 vols. (St. Louis and Philadelphia: Concordia Publishing House and Muhlenberg Press, 1955 ff.).

LCC   The Library of Christian Classics, ed. by John Baillie, John T. McNeill, and Henry P. Van Dusen, 26 vols. (Philadelphia: The Westminster Press, 1950 ff.).

MPG   J. P. Migne, ed., *Patrologiae cursus completus, series Graeca*.

MPL   J. P. Migne, ed., *Patrologiae cursus completus, series Latina*.

WA   *Luthers Werke* (Weimar Ausgabe, 1883 ff.).

WA Tr   Table Talk

WA Br   Letters

제1부

신학총론

필리프 멜란히톤

PART I

OCI COMMUNES THEOLOGICI

PHILIP MELANCHTHON

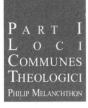

편집자의 해설

필리프 멜란히톤의 「신학총론」은 비텐베르크에서 1521년 12월에 처음으로 출판되었다(조금 후에 다른 판이 바젤에 나타났다). 멜란히톤은 비텐베르크 대학교에서 그의 친구이자 나이 많은 동료인 마르틴 루터가 1517년 10월 31일 95개 조항으로 일으켰던 로마 가톨릭 교회와의 갈등에 깊이 관여했던 시기인 1520년에 이 책에 대한 작업을 시작하였다. 1520년 6월 15일에 교황 레오 10세는 「엑수르게 도미네」(Exurge Domine)라는 교서를 출판하여, 루터가 자신의 견해를 취소하지 않는다면 파문하겠다고 위협하였다. 1520년 12월 10일 루터는 교황의 권위에 끝까지 저항하겠다는 것을 증명하려고 교황 교서 사본을 공개적으로 불태웠다. 이 과정에서 개혁자의 역할과 책임을 강요당하던 이 결정적인 시기를 통하여, 루터는 로마 가톨릭 교회에 대한 그의 비판, 그의 기독교 복음의 개념, 그리고 교회 개혁에 대한 그의 제안들을 요약했던 프로그램 성격의 논문들을 출판하였다. 이러한 저술들을 통하여 루터는 결정적으로 급속하게 성장하는 종교 개혁 운동의 지도자로 부상하였다. 참으로, 이때에 그의 능력과 영향력은 매우 커서 새로운 황제인 찰스 5세가 사회를 보던 신성 로마 제국 의회 앞에서 자신의 주장을 제시하려고 1521년 봄에 보름스에 갔을 때, 그는 그 사이에 교황청이 그를 파문했다는 사실에도 불구하고 독일 민족의 영웅이었다.

　이러한 시기에, 멜란히톤은 자신의 신학적인 근본 내용들의 개요를 밝히는 작업을 하고 있었다. 참으로 출판업자는 1521년 4월에 멜란히톤의 작품의 첫 부분들의 교정쇄를 그에게 보냈는데, 이 시기는 바로 루터가 다시 한 번 그리고 영웅적인 명백함을 가지고 그의 견해들을 취소할 것을 거절한 후에 그의 입장에 대한 제국의 결정을 기다리며 제국 의회에 머물던 때였다. 그를 파문자로 선언했던 보름스 칙령 전에, 루터는 비밀리에 바르트부르크 성으로 안전하게 이동되었고, 이렇게 해서 그는 비텐베르크로부터 사라졌다. 루터는 저술하는 것을 중단하지 않았고, 참으로 신약성경의 독일어 번역을 포함하여, 고립된 은거 상태에서 그의 가장 영향력 있는 작품들의 일부를 만들어 냈다. 루터는 거기에 있는 친구들과 편지로 생생한 접촉을 하고 있었지만, 그러나 비텐베르크 도시나 대학의 일들에 직접적이고 개인적인 영향력을 더 이상 행사할 수 없었다. 그러므로 루터의 비판자들과 적대자들에 대항하여 그의 가장 강력한 한 사람의 변호자가 되었던 멜란히톤은 교회에서 종교 개혁을 실현하려는 첫 번째의 실질적인 노력들에 직접 참여해야만 했다. 멜란히톤이 바로 이러한 환경 아래서 상당한 긴장과 어려움을 가지고 「신학총론」을 완성하여 마침내 그 작품을 출판했다.

　그의 작품의 진척에 대해 멜란히톤으로부터 계속 정보를 제공받았던 루터는 이 책이 이전에 저술된 기독교 신앙의 가장 분명한 저술들 가운데 하나라고 믿으면서 커다란 열정을 가지고 이 작품에 환호하였다. 우리가 살펴보려고 하는 바와 같이 이 작품이 커다란 성공을 거두었기 때문에 많은 사람들이 그의 판단을 공유하게 되었다.

I. 멜란히톤의 경력, 1497–1521

1521년에 필리프 멜란히톤은 커다란 명성을 누리는 매우 유명한 학자였으나, 아직 20대 초반의 청년이었다.

　그는 1497년 2월 16일에 팔츠 지방의 브레텐(Bretten)에서 병기공의 아들로 태어났다. 아버지는 아들인 멜란히톤이 겨우 11살이 되었을 때 (아마도 독극물을 넣은 물을 마신 결과로) 사망하였다. 고향에서 초등 교육을 받았던 멜란히톤은 그 후에 유명한 인문주의자 존 로이힐린(John Reuchlin)의 여동생인 외할머니가 살았던 포르츠하임(Pforzheim)으로 가게 되었다. 거기서 그는 증조부 로이힐린의 감독과 격려 아래 유명한 라틴 학교에서 예비 교육을 마쳤다. 아마도 로이힐린의 제안으로 그는 그때 자신의 가문의 이름 슈바르체르드(Schwarzerd)의 그리스어 형태인 '멜란히톤'을 자신이 인문주의 학자가 되기를 원한다는 표시로 자신의 이름으로 채택하였다.

1509년 10월 14일에 그는 하이델베르크 대학교에 등록하였고, 2년이 채 안 되어 인문학사 학위를 받았다(1511년 6월 18일). 그는 너무 어렸기 때문에 하이델베르크에서 계속 공부할 권리를 거부당했다고 이야기되고 있다. 그러나 1512년 9월 17일에 그는 튀빙겐 대학교에 등록하였고 거기서 다시 놀랄 만큼 짧은 시간이 지난 후에, 인문학 석사 학위를 받았다(1514년 1월 25일). 이 시기에 이르러 그는 열정적인 인문주의자가 되었다. 철학과 신학뿐만 아니라 자연과학과 수학을 포함하여 모든 학문 분야에 흥미를 가지면서, 그는 언제나 같은 성향의 친구들, 예를 들어 후에 각각 바젤과 콘스탄스(Constance)의 개혁자들이 되었던 존 외콜람파디우스(John Oecolampadius)와 암브로스 블라우러(Ambrose Blaurer)의 서클에서, 그리고 언제나 로이힐린의 영향력 아래서 고대 언어들 특히 그리스어를 연마하였다. 그는 고대 저자들의 글을 편집하여 번역하였고 전문적인 헬라주의자가 되었다. 21살이 되던 1518년 5월에 그는 수십 년 동안 지속적인 수요를 가진 교과서로 사용될 그리스어 문법책을 출판하였다. 그때 그는 아리스토텔레스 작품들의 믿을 만한 그리스어 편집을 준비하려고 계획하였다.

그 사이에 독일 문명의 개척지에 16세기 초에 설립되어, 하이델베르크와 튀빙겐 같은 오래된 학교들과 같이 전혀 유명하지 않았던 비텐베르크 대학교가 마르틴 루터 때문에 유명해져가고 있었다. 루터는 면죄부에 관한 95개 조항의 저자로 널리 알려지기 전에도 성경 신학의 토대 위에서 신학 연구의 개혁에서 주도적인 역할을 하였다. 1518년에 비텐베르크의 학자들은 커리큘럼에 히브리어와 그리스어를 도입하기를 원하였다. 비텐베르크의 설립자이자 주요 후원자이며 작센의 공작이었던 프리드리히 3세는 로이힐린에게 조언을 구하였는데, 결과적으로 로이힐린은 그에게 멜란히톤을 추천하였다. 로이힐린은 그의 손자에 대하여 "나는 독일인들 가운데 에라스무스를 제

외하고 그보다 탁월한 어떤 사람도 알지 못한다"고 기술하였다.[1]

이렇게 해서 멜란히톤은 비텐베르크에서 첫 번째 그리스어 교수로 임명되었다. 1518년 8월 25일에 그는 엘베 강에 있는 작은 마을에 가서, 42년 동안 혹은 그의 생애의 나머지 기간 동안을 보내게 된다. 4일 후인 1518년 8월 29일에 그는 대학의 주요한 총회 홀(Hall)로 사용되는 비텐베르크 성 교회에서 그의 취임 강연을 하였다. 그는 커리큘럼 개혁에 대하여 연설하였다[「청년 교육의 교정론」(De corrigendis adolescentiae studiis)]. 스콜라주의자들의 방법과 비교하여, 그는 인문주의 학문의 표준에 따라 변증학과 수사학의 오래된 학문 분야의 갱신을 요구하였다. 그는 그리스 철학, 특히 아리스토텔레스 철학의 연구에 대해 탄원하였고 진정한 참된 학문이 삶의 폭넓은 도덕 개혁을 가져올 것이라는 소망을 표현하였다. 루터를 포함한 청중은 열정적으로 반응하였다. 루터는 멜란히톤의 폭넓은 언어 지식과 그의 지성의 예리함에 대한 존경으로 충만하였다. 멜란히톤은 그 편에서 신속하게 루터의 강력한 사상과 인격에 매혹되어 갔다. 그의 눈에 에라스무스가 가장 위대한 학자였던 인문주의자 멜란히톤이 짧은 시간 안에 자신과 루터의 대의명분을 동일시하였고 그를 전심으로 지지하였다.

1519년 6월에, 그는 요한네스 에크와의 논쟁에서 루터를 지원하려고 그를 수행하여 라이프치히로 갔다. 라이프치히에서 비텐베르크로 돌아온 직후에, 그는 친구인 외콜람파디우스에게 보내는 편지 형태로 논쟁에 관한 보고서를 써서 출판하였다. 이 보고서는 루터에 대해 매우 호의적이었다. 에크는 비텐베르크 출신의 '문법학자'에 대한 경멸로 가득 차 있는 논문으로 신속하게 응수하였다. 그 제목은 「비텐베르크 출신의 문법학자 필리프 멜란히톤이 라이프치히에서 일어난 신학 논쟁에 관하여 그에게 거짓으로 귀속시킨 것에 대한 에크의 변호」(Eck's Defense against what Philp Melanchton, a grammarian from Wittenberg, has falsely ascribed to him concerning the Theological Disputation at Leipzig)[2]였다. 멜란히톤은 「요한네스 에크에 반대하는 필리프 멜란히톤의 변호」(Philip Melanchton's Defense Against John Eck)라는 명칭이 붙은 짧은 논문으로 공격을 반박하였다.[3] 이 작품은 유창

1. Robert Stupperich, Melanchton, German Edition (Berlin, 1960), 22; English translation (The Westminster Press, 1965), 30.
2. Execusatio Eckii ad ea quae falso sibi Philippus Melanchton grammaticus Wittenbergensis super Theologica Disputatione Lipsica adscripsit (Leipzig, 1519).
3. Melanchtons Werke in Auswahl, ed. by Robert Stupperich. Vol. I (Gütersloh, 1951), 13–22.

하게 저술되었다. 날카로운 예리함으로 가득 차 있는 이 작품은 교부들을 포함하여 교회에 존재하는 모든 권위보다 성경이 우월하다는 노골적인 주장뿐만 아니라 교황 권위에 대한 루터의 거부의 변호를 포함하고 있었다. 그의 주장은 "나는 성경을 믿기 때문에, 교부들을 믿는다"[4]라는 외침에서 절정에 이른다.

그동안 루터의 열렬한 지지자일 뿐만 아니라 개인적으로 친구였던 멜란히톤은 자신이 루터의 견해들을 채택한 성경 신학자이고, 그래서 그것으로써 로마 가톨릭의 비판자이자 종교 개혁의 지지자라는 것을 보여 주었다. 인문주의자인 그는 스스로 신학사 학위를 준비하여 그의 신학적인 입장을 공개적으로 입증하는 것을 선택하였다. 1519년 9월 9일에 그는 다시 자신이 확신 있는 '루터파'라는 것을 입증하는 24개의 신학적 명제들을 변호하였다.[5]

같은 해에, 그는 루터의 시편과 갈라디아서 주석을 편집하면서 각 작품에 자신의 서문을 제공하였다. 그때 그는 로마서에, 그리고 이것과 관련하여 바울 교리에 그의 관심을 기울이기 시작하였다. 1520년 1월 21일에, 그는 (신학부의 후원자였던) 바울을 기념하는 연중 학술 축제에서 연설[6]을 하였고, 그때부터 계속해서 그는 바울주의자가 되었다. 멜란히톤은 바울이 그리스도와 '은총'에 대한 참된 이해를 제공하였고, 그의 가르침이 올바른 '삶의 질서'(forma vitae)로 인도할 것이기 때문에 모든 철학자들과 신학자들보다 바울이 탁월하다고 환호하였다. 1519년의 여름 학기와 1520년의 겨울 학기에 멜란히톤은 로마서를 강의하였고 바울 신학에 관한 논문을 썼다. 그의 목적은 바울 신학의 교의를 가능한 한 분명하게 이해시킬 뿐만 아니라 그러한 것들을 철학자들과 스콜라주의 신학자들의 가르침들과 대조하여 배치하고 비교하려는 것이었다.

이러한 저술들 가운데 가장 최초의 것은 「바울의 로마서에 대한 신학적 서론」(A Theological Introduction to Paul's Epistle to the Romans)[7]이다. 이 작품은 철학, 특히 아리스토텔레스주의를 총체적으로 거부하는 특색이 있다. 멜란히톤은 '모든 철학은 어둠과 비진리'(tenebrae et mendacia)라고 썼다. 이것은 또한 피에트로 롬바르도가 [여러 세기 동안 학교들에서 기

---

4. *Patribus enim credo, quia scripturae credo* (*Ibid.*, 19, 34).

5. *Ibid.*, 24f.

6. *Declamatiuncula in Divi Pauli doctrinam.* (*Ibid.*, 27–43).

7. *Theologia Institutio Phil. Mel. in Epistulam Pauli ad Romans* (1519) (*CR*, Vol. 21, cols. 49ff.).

본적인 신학 교과서로 사용해 왔던 그의 「4권의 명제집」(Four Books of Sentences)에서] 기독교 신앙을 요약하려고 시도했던 교리들과 서술들에 반대하여 배치된 로마서에 있는 바울 주장의 요약을 포함했다. 1520년에 멜란히톤의 제자들 가운데 일부가 멜란히톤이 분명하게 로마서에 근거하여 바울을 연구한 결과로 강의실에서 제시했던 '신학의 요약'을 그에게 알리지도 않고 출판하였다. 이것의 명칭은 「신학적 문제들의 주제들 혹은 기본적인 논제들」(Rerum theologicarum capita seu loci)[8]이다.

멜란히톤은 자신이 판단하기에 단지 예비적인 연구, 혹은 그가 표현했던 바와 같이, 습작들(lucubratiuncula), 다시 말해 '등불로 수행된 연구들'을 이처럼 권위 없이 조속히 출판하자 혼란에 빠졌다. 그는 그러한 신학의 요약을 수정하여 증보판을 출판하기로 결정하였다. 그러므로 여전히 다른 서론적인 작품인 「바울 교리 연구에 관하여」(De studio doctrinae Paulinae, 1520)를 저술한 후에, 그는 「신학총론」(Loci Communes)을 준비하기 시작했다.

로마 가톨릭 교회 당국자들과 대변인들과 루터의 갈등이 일으켰던 깊은 흥분의 맥락에서 추구되었을지라도, 이러한 모든 노력들은 '루터 교도식' 사고에 대한 그의 회심을 설명하려는 멜란히톤의 시도를 나타냈다는 것은 명백하다. 모든 저술들에서, 그는 스콜라주의 신학의 어떤 형태라도 포기하려고 결정했다는 것을 증명했으며, 또한 비텐베르크에 오기 전에 그의 모든 충성을 바쳤던 인문주의, 특별히 지적이고 도덕적인 개혁 프로그램으로부터 돌아섰다는 사실을 분명하게 표현하였다.

그렇지만 이렇게 말하는 것은 과장이다. 그의 생애의 이 시기 동안에, 그가 스콜라주의의 교훈만큼이나 인문주의 이념들도 날카롭게 비판했다는 것은 사실이다. 그러나 그럼에도 불구하고, 그는 현저하게 인문주의적인 연구들을 계속 진행하였다. 이것은 그가 가장 초기의 (인문주의의) 지적 관점을 초월했지만, 완전히 포기하지 않았다는 것을 증명하는 것같이 보인다. 확실히, 멜란히톤은 바로 몇 년 전에 그의 작품들을 편집하려고 계획하였고, 자신이 교수 취임 강연에서 표명했던 바와 같이, 그의 사상의 초기 능력을 회복시키기를 원했던 아리스토텔레스를 이제 거부하였다. 그러나 그는 분명하게 바울 연구로 기울어져 가는 반면에, 또한 지도적인 인문주의자들, 특

---

8. *Ibid.*, cols. 11ff.

히 에라스무스가 회복시켰던 고대의 패턴에 따라 변증학과 수사학의 분야를 갱신시키려는 노력에 가담하였다. 바울에 대해 연구하고 강의했던 같은 해에, 그는 「변증학」(Dialectics, 1519), 「수사학」(Rhetorics, 1520), 또한 「수사학 강요」(Institutiones Rhetoricae, 1521)에 관한 본문을 준비하여 출판하였다.[9] 변증학 연구에서 그는 주로 아리스토텔레스와 키케로(M. Cicero)에 의존하였고 수사학에 관한 작품에서는 키케로와 퀸틸리아누스(Quintilian)에 의존하였다. 그는 이러한 학문들의 방법론이 문학적인 본문에 적용되어 그것들을 올바르게 이해할 수 있어야만 한다고 믿었다.

우리가 살펴보려고 하는 바와 같이, 「신학총론」을 저술하면서 멜란히톤은 이러한 결론들을 풍부하게 이용하였고 그러한 결과로 결국 인문주의에 집착하는 상태에 머물렀다. 우리는 이러한 사실에 놀라서는 안 된다. 왜냐하면 「신학총론」을 저술했을 때 그는 여전히 24세밖에 안 된 젊은이였기 때문이다. 그의 학식과 지적인 성취는 놀라운 것이었으나,[10] 그의 사고는 여전히 유동적이었다.

II. 멜란히톤의 「신학총론」의 목적과 방법

그의 작품의 여러 곳에서, 멜란히톤은 「신학총론」을 저술하면서 염두에 두고 있는 목적을 아주 분명하게 밝히고 있다. 예를 들어 그는 신학적인 교리들에 대한 자세한 주석을 제시하는 것을 원치 않고 오히려 "여러분이 성경 연구에서 추구할 수 있는 주제들의 전반적인 윤곽을 스케치하고 있다"(117쪽)고 말한다. 그의 주요한 목적은 학생들을 성경으로 소환해서 "성경을 개괄적으로 연구하고자 하는 사람들을 인도할 만한

---

9. 참고 Wilhelm Maurer, *Melanchtons Loci communes von 1521 als wissenschaftliche Programmschrift in Lutherjahrbuch* 27(1960), 29.

10. 루터는 그의 멘토이자 친구인 슈타우피츠에게 그의 신학사 주제를 변호하면서 멜란히톤의 성취에 대해 다음과 같이 편지를 썼다. "그는 우리 모두에게 기적인 것같이 보이는 놀라운 방식으로 대답하였다"(*Ita respondit, ut omnibus nobis esset id quod est scilicet miraculum*). 참고 *WA Br. I. 514*; 또한 *Melanchtons Werke*, Vol. 1, 23에 있는 이러한 것들에 대한 스튜페리히의 해설을 보라.

주제들의 목록(혹은 전문어)"(52쪽)을 제공하는 것이다.

　그러나 이러한 목적은 다른 목적, 즉 "그리스도의 가르침 대신에 아리스토텔레스의 궤변들을 우리에게 제공했던 사람들(다시 말해, 스콜라주의자들)의 모든 신학적 환상들이 얼마나 부패했는지"(52쪽)를 증명하려는 목적과 짝을 이루고 있다. 멜란히톤은 '기독교의 본성'(forma Christianismi)이 "인간 이성의 판단"(53쪽) 혹은 철학에 대한 의존이 아니라 성경의 '주요한 본질'과 '범위'를 발견하려는 목적으로 하는 성경 분석으로만 확립될 수 있다고 확신한다. 그는 자신의 작품의 결론을 내리면서 "성경 자체를 제외하면 그 무엇으로부터도 성령의 가르침에 순수하게 도취할 수 없기 때문에, 거룩한 문제들에 관한 사람들의 주석들을 전염병같이 피해야만 한다고 나는 생각하는 것이다"(218쪽)라고 쓰고 있다. 그는 "철학이 점차로 기독교 안으로 파고 들어왔다"는 사실이 기독교에 크게 해를 끼쳤다고 확신한다. 초기 기독교는 "플라톤 철학에 의해 약화되었"고 그 후 기독교는 "그리스도 대신에 아리스토텔레스를 포용"(58쪽)하였다. 그러므로 "기독교의 교리는" 점차로 "스콜라주의의 쓰레기로 전락"(53쪽)하였다.

　성경이 그러한 고찰을 위해 사람들에게 제공하는 근본적인 주제들은 '죄와 은혜' 혹은 단순하게 '율법과 복음'이다. 그러한 것들은 철학적으로 취급될 수 없으며 철학적인 맥락에 배치되어서는 안 된다. 이것이 바로 교부들과 스콜라주의자들이 했던 것인데, 그리스도에 대한 참된 이해가 상실되는 결과를 가져왔다. 멜란히톤에 따르면, 초기 신학자들은 근본적인 것들을 서술하려고 시도하였으나 실패하였다. 예를 들어, 오리게네스는 알레고리화하는 경향이 있었고 그다음에 '철학적인 전문 용어'를 발전시켰다. "다마스코스의 요안네스는 신학을 지나치게 철학화하였고, 피에트로 롬바르도는 성경의 의미를 제시하기보다는 오히려 사람들의 의견을 수집하는 것을 선호했"(54쪽)다. 대조적으로, "바울은 삼위일체의 신비, (그리고) 성육신의 방식… 에 대해 철학화"(56쪽)하지 않는다.

　이 모든 것으로부터, 멜란히톤은 이러한 결론을 끌어낸다. 신학자가 "하나님의 신비들을 탐구하려고 하기보다는 그것을 경배하는 것이 훨씬 더 낫다"(55쪽). 그리스도를 알기 원한다면, "그의 은총을 알아야"(56쪽)만 한다.

　따라서 멜란히톤이 스콜라주의 신학자들을 향하여 그러한 부정적인 태도를 취했던 이유를 이해할 수 있다. 그가 그들의 저술들을 폭넓게 알고 있었다는 것을 주목해야만 한다. 「신학총론」 해설이 보여 주는 바와 같이, 그는 피에트로 롬바르도를 읽었고 또한 토마스 아퀴나스와 가브리엘 비엘 같은 다양한 신학자들을 연구하였다. 「신학총론」을 준비하는 동안에, 그는 두 번 로마 가톨릭의 대변자들과 스콜라주의의 지지자들에 대항하여 마르틴 루터를 변호하는 임무를 수행하였다. 각각의 경우에, 그는 스콜라주의자들의 철학적 전통에 반대하여 성경 신학을 주장하였다. 1521년 2월에 그는 한 책[11]을 출판하였는데, 이것은 로마 가톨릭의 도미니쿠스 교단의 토마소 라디노(Tommaso Rhadino)가 루터에 반대하여 「그의 민족의 영광을 침범하는 마르틴 루터에 반대하여 독일의 영주들과 국민들에게 드리는 연설」(Oration to the princes and people of Germany against Martin Luther who violates the glory of his nation)[12]이라는 제목으로 감행했던 공격에 대한 답변이다. 1521년 10월에, 멜란히톤은 다시 한 번 스콜라주의 신학의 권위자들에 반대하여 루터를 변호하는 입장을 표명하였다. 그는 주로 「교회의 바벨론 포수」(The Babylonian Captivity of the Church)에 있는 루터의 진술들에 반대하는 루터에 대한 정죄인 「파리 신학자들의 미친 결의에 반대하는 루터를 위한 변호」(Defense of Luther against the mad decree of the Parisian theologians)를[13] 힘차게 저술하였다. 멜란히톤은 파리 신학자들이 호소했던 전통의 권위에 반대하여 성경의 권위를 강력하게 제시하였다.

그래서 사람들은 멜란히톤의 반스콜라주의의 태도가 루터와 그의 일체감으로 고취되었다는 것을 깨달아야만 한다. 그러므로 루터의 사상들이 「신학총론」을 통하여 울려 퍼지고 있다는 것은 놀라운 일이 아니다. 멜란히톤의 바울주의는 루터주의, 다시 말해 루터에 의해 고취된 것이다. 멜란히톤 역시 아우구스티누스에 의존하지 않느냐는 질문이 정당하게 제기될 수 있다.[14] 이제 멜란히톤이 오리게네스, 암브로시우스, 그리고 히에로니무스를 날카롭게 비판한 반면에, 아우구스티누스를 지지했다는 것이

---

11. *Didymi Faventini adversus Thomam Placentinum pro Martino Luthero theologo oratio* (*Melanchtons Werke*, Vol. I, 142–162). 처음에 로마 가톨릭의 저술의 저자가 라이프치히 신학자이자 루터의 오래된 적수인 히에로니무스 엠저(Jerome Emser)이고, 그가 가명으로 그의 정체성을 숨기는 방식을 선택했다고 믿어졌다. 그러므로 멜란히톤 역시 'Didymus Faventinus'라는 가명을 사용하였다.

12. 이것은 *CR*, Vol. 1, cols. 212–262에서 재판되었다.

13. *Adversus furiosum Parisiensium theologastrorum decretum Phil. Melanchtonis pro Luthero apologia* (*Melanchtons Werke*, Vol. I, 142–162). *Determinatio theologorum Parisiensium super doctrina Lutheriana*라는 제목이 붙은 파리 신학부의 선언은 *CR*, Vol. I, cols. 366–385에서 재판된다.

14. *Melanchton-Studien* (Gütersloh, 1964), 67–102에 있는 Wilhelm Maurer의 "Der Einfluss Augustins auf Melanchtons theologische Entwicklung"의 매우 참신한 논문을 참고하라.

그의 특징이다. 그러나 그의 생각에 루터의 권위가 아우구스티누스의 권위와 짝을 이루고 있기 때문에 그는 그렇게 했다. 예를 들어 「신학총론」의 후반부에서 그는 (루터의 신학 발전에서 아주 중요했던) 아우구스티누스의 논문인 「영과 문자」(Spirit and Letter)를 언급했으며, 이러한 연관성 속에서 그는 독자들이 아우구스티누스와 루터를 참고하는 것을 선호할 것이라고 언급한다.

멜란히톤이 「신학총론」에서 특별히 루터를 언급할 때, 그의 가장 최근의 저술들, 다시 말해 (1520년의) 「교회의 바벨론 포수」(The Babylonian Captivity), 「선행」(Good Works), 「그리스도인의 자유」(The Freedom of the Christian Man)에 관한 논문들을 언급한다는 것이 주목할 만하다. 그의 책을 완성하는 동안에 그는 루터가 칭의에 대한 자신의 교훈에 관해서 「라토무스 반박론」(Against Latomus)을 저술했다는 것을 알았다. 이 저술이 우리가 살펴보려고 하는 바와 같이, 특히 그에게 상당한 어려움을 일으켰던 '죄인이면서 의인'(simul peccator ac iustus)으로서의 기독교에 대한 루터의 명제를 재서술하기 때문에 멜란히톤에게 깊은 인상을 남겼다는 것은 분명하다.

이러한 연관성 속에서, 멜란히톤이 아주 밀접하게 루터에게 밀착되어 있기 때문에 그가 모든 점에서 그와 의견을 같이했다고 가정하는 것은 오류일 것이라는 점을 우리는 언급해야만 한다. 후에 발전했으나, 분리를 가져오는 것을 허용하지 않을 두 사람 사이의 차이들은 이 작품이 루터 사상의 열정적인 승인으로 인식된다는 사실에도 불구하고, 「신학총론」의 초판에서 이미 등장하고 있다.

루터로부터 멜란히톤의 이러한 차이는 주로 멜란히톤이 올바른 신학적 방법의 문제에 매우 깊은 관심을 가지고 있다는 사실에서 기인한다. 그는 '정의에 기초한 신학'을 발전시키는 임무에 매료되었다.[15] 그는 이러한 관심 때문에 루터 종교 개혁의 기본적인 교훈들이 요약되는 개요인 「신학총론」을 써서 이 작품의 영향력으로 여러 세기동안 루터주의의 신학적인 교사가 되었고 그 지위에 남아 있을 수 있었다.

이제 '정의에 기초한 신학'에 대한 이러한 깊은 관심은 그의 인문주의의 결과이자 특별히 그의 에라스무스에 대한 존경과 그에 대한 의존의 결과였다. 그는 내용이 그것으로 결정되는 근본적인 주제들과 기본적인 개념들에 관심을 기울여 문학 작품을

---

15. 참고 Ernst Troeltsch, *Vernunft und Offenbarung bei Johann Gerhard und Melanchton* (Göttingen, 1891), 58.

이해하려고 고대 수사학자들(키케로)과 변증학자(아리스토텔레스)들에 의존하는 것을 에라스무스와 아마도 로돌푸스 아그리콜라(Rudolf Agricola)를[16] 포함하여 다른 인문주의자들로부터 배웠다. 그러므로 그는 저자의 작품의 의미가 그의 사상을 결정하고 인도하는 기본적인 이념들을 (발명하는 것이 아니라 발견하는) 찾아내지 않는다면 참으로 이해할 수 없다는 것을 알게 되었다.

에라스무스는 그의 저술들의 여러 작품들, 특히 「단어들과 사물들의 이중적인 풍부함에 관한 두 권의 주석」(De duplici copia, verborum ac rerum, comentarii duo, 1513)과 그의 성경주석에 대한 기본적인 논문인 「참된 신학으로 인도하는 근거와 방법의 개요」(Ratio seu methodus compendio perveniendi ad veraum theologiam)[17]에서 그러한 방법을 추천하였다. 참으로 에라스무스는 거기서 다음과 같은 충고를 하고 있다. "혼자 힘으로 '신학적인 개념들'(loci theologici)을 조직하라. 너는 성경 안에서 200개 그리고 심지어 300개의 그러한 개념들을 발견할 것이다. 이러한 개념들의 각자는 성경 메시지로 뒷받침되어야 한다. '개념들'(Loci)은 여러분이 여러분의 독서의 열매를 배치할 작은 보금자리이다."[18] 에라스무스와 에라스무스주의자들에게 있어서 이러한 절차는 단순하게 해석학적이고 수사학적인 중요성에 속할 뿐만 아니라, 도덕적으로 중요하다. 그들은 언어학적이고 개념적인 명료성이 – 인문학 연구는 '인간성'(humanitas)의 실현으로 인도할 것이라는 인문학자들의 공통된 확신에 따라 – 도덕적인 명료성으로 인도하거나 혹은 그것과 밀접하게 연결되어 있다고 설득된다. 멜란히톤이 1523년의 「능변의 칭찬에 대하여」(De encomio eloquentia)라는 그의 연설 속에 이것을 배치한 바와 같다. "선한 저자들의 지식은 표현과 말뿐만 아니라 '마음'(pectus)을 형성한다."[19] 사람들은 '헌정하는 편지'에서 다음 문장을 읽을 때 이것을 기억한다. *"Indicantur hic Christianae disciplinae praecipui loci."* 우리는 이 문장을 다음과 같이 해석한다. "이 책에서 기독교 가르침의 주요한 주제들이

---

16. 참고 Paul Joachimsen, *Loci Communes, Eine Untersuchung zur Geistesgeschichten des Humanismus und der Reformation*, in *Lutherjahrbuch* 8 (1926), 27–97; W. Maurer, *Melanchtons Loci communes von 1521*, in Lutherjahrbuch 27(1960), 1–50; and Adolf Sperl, *Melanchton zwichen Humanismus und Reformation*, 21–44, 특히 37ff.

17. 참고 Hajo Holborn, ed. Erasmus' *Ausgewählte Werke* (Munich, 1933). Donald B. King과 H. David Rix에 의해 「단어와 이념들의 풍부론」(*On Copia of Words and Ideas*)(Marquette University Press, 1963)이라는 제목이 붙은 De Copia의 영어 번역본이 있다.

18. *Ibid.*, 158, 33ff; 291, 13ff. 참고 W. Maurer, *Lutherjahrbuch* 27(1960), 35.

19. 참고 Wilhelm H. Neuser, *Der Ansatz der Theologie Ph. Melancntons* (Neukirchen, 1957), 37.

다루어지고 있"(52쪽 이하)다. 우리는 아마도 '가르침' 대신에 '규율'이라고 말해야 한다. 어쨌든 멜란히톤이 여기서 염두에 두고 있었던 것은 실제적이고 공식적인 결과를 가진 가르침이다. 이것은 동일한 맥락의 일부분인 다음 문장으로 증명된다. "기껏해야 모든 그리스도인들이 성경만을 가지고 최고의 자유를 누리고 그들의 '본성'(indolem)으로 철저하게 변화되는 것보다 제가 더 소망해야 할 것은 아무것도 없"(52–53쪽 이하)다.

멜란히톤이 '삶의 향상'(emendatio vitae)을 가져오는 데 관심이 있었다는 것은 분명하다. 「신학총론」의 기본적인 주제는 왜 율법이 깨어졌는지와 어떻게 율법이 성취될 수 있는지에 대한 의문이다. 그는 후에 에라스무스에게 보낸 마지막 편지에서, 그가 "경건뿐만 아니라 도덕에 대하여 유용하고도 신뢰할 수 있는 가르침"[20]을 형성하려고 노력했다고 (1535년에 처음으로 출판된) 「신학총론」의 제2판에 대하여 언급할 수 있게 된다.

이러한 점에서 그는 일생을 통해 삶을 향상시키기 위해 철학, 문학, 신학 등을 연구해야 한다고 믿는 에라스무스주의자였다.

그러나 최소한 「신학총론」의 초판에서, 다시 말해 종교 개혁이 시작되어 진행되고 있고 루터의 영향을 강력하게 받고 있던 그의 생애의 이 무렵에, 멜란히톤은 그의 가르침과 프로그램을 성경만 의존하고 도덕적 보편주의를 거부하여 에라스무스와 의견을 달리하였다. 더구나 그는 인간의 본성은, 어떤 사람이라도, 심지어 최선의 사람이라도 자신의 도덕적 능력 그리고 자신의 종교적 능력에 의존한다면, 그는 스스로 불의한 죄인이라는 것을 나타내지 않을 수 없는 그러한 존재라는 루터의 판단을 공유하였다. 이것이 멜란히톤이 스콜라주의자들, 혹은 자신이 그들을 부르는데 더 선호했던 '궤변론자들'을 '본성적 능력'(철학적인 덕들)에 대한 그들의 의존과 아리스토텔레스에 대한 그들의 지지 때문에 신랄하게 비난했던 이유였다. 동일한 이유 때문에 그는 "법(자연법)에 대한 표준을 인간의 본성으로부터 끌어"(91쪽)낸 키케로를 비판하였다. 대신에 그는 이러한 자연법들의 지식은 '우리 자신의 정신적 능력들의 산물이 아니고 하나님께서 우리 마음에 새긴 것이라고 주장한다. 그는 그때 계속해서 다음과 같이 말하는데 (이 사람이 이러한 말을 쓰기 얼마 전까지 아리스토텔레스의 연구의 갱신을 주장했던 동일한 사람이라니!), "나는 이것을 아리스토텔레스의 철학과 일치시키는 데에 관심이 없다. 내가 왜 그 논쟁가의 사

---

20. "Firma doctrina et utilis moribus ac pietati," *Opus epistularum Erasmi*, ed. by P. S. Allen (Oxford, 1906ff.), Vol. XI, 323.

상에 관심을 기울여야 하는가"(92쪽)?

다른 문단에서 그는 다음과 같이 쓰고 있다. "여러분은 (여기서) 사람의 마음의 이러한 비참함이 얼마나 깊고, 오히려, 얼마나 불가해한지를 알게 된다. 아직도 우리의 궤변가들은 '행위의 의', '보속'(satisfaction), 그리고 '철학적 덕들'을 가르치는 것을 부끄러워하지 않고 있다. 소크라테스 안에 어떤 지속성이 있고, 크세노크라테스는 순수하며 제논은 절제한다는 것을 인정하자. 그럼에도 불구하고, 이러한 위장된 덕들은 자아의 사랑과 칭찬의 사랑으로부터 발생했기 때문에, 그러한 것들은 진실한 덕들이 아니라 악들로 간주되어야만 한다. 소크라테스는 관대하나, 그는 영광을 사랑하는 사람이었거나 확실히 덕에 대하여 스스로 만족하는 사람이다. 카토는 용감했으나, 칭찬에 대한 사랑 때문에 그러하였다…. 키케로는 그의 「선과 악의 한계론」(De finibus)에서 덕들에 대한 모든 동기는 우리 자신들에 대한 사랑 혹은 칭찬에 대한 사랑에 자리 잡고 있다고 생각한다. 플라톤 안에서 얼마나 많은 교만과 자만이 발견될 수 있는지! 내 생각에 본질적으로 고상하고 강력한 기질도 플라톤을 해석할 기회를 가진다면 플라톤의 야심으로부터 어떤 악에 감염되는 것을 피할 수 없었다. 아리스토텔레스의 가르침은 일반적으로 언쟁에 대한 열정이어서, 그를 도덕 철학의 저술가들 가운데 포함시키는 것은 적합하지 않으며, 심지어 마지막 자리에 열거하는 것조차 적합하지 않다"(71쪽).

우리는 이러한 문장들은 에라스무스로부터 완전히 이탈해서 기술되었다고 판단해야만 한다. 에라스무스가 멜란히톤으로부터 돌아서서 그의 「자유의지에 대한 비판」(Diatribe on Free Will)에서 (분명하게 그의 이름을 거명하지 않으면서) 그를 신랄하게 비난하는 이유를 이해할 수 있다.[21]

「신학총론」의 초판에서 멜란히톤은 복음에서 약속되고, 사람들이 성령에 의해 그리스도를 통해서만 확신할 수 있게 되는 하나님의 용서만이 인간 갱신의 유일한 근원이라는 확신을 표명하였다. 이것이 그에게 있어서 성경적인 신학만이 참된 신학이 되는 이유이다. 왜냐하면 그가 알 수 있었던 한에서, 성경만이 사람이 그것에 따라 살아가고 그리고 살아가야만 하는 진리의 "근원"(90쪽)이고 "표준"(108쪽)이며, 성령은 "성

---

21. 참고 Wilhelm Maurer, "Melanchton Anteil am Seit zwischen Luther und Erasmus," in Melanchton-Studien, 137-162, 특히 151ff.

경 속에서 자신을 가장 정확하고 가장 단순하게 표현"(86쪽)하시기 때문이다.

III. 「신학총론」의 신학적인 내용

이러한 서론에서 우리는 멜란히톤의 작품의 전체적인 내용을 논의할 필요는 없다. 왜 냐하면 우리의 목적은 내용 이해에 도움을 주는 것 외에 독자들에게 내용을 예단하 게 하려는 것이 아니기 때문이다. 그러므로 우리는 그의 작품의 전체적인 특징을 제 공하는 멜란히톤 사상의 그러한 모습들만을 지적하려고 한다.

어떤 사람이라도 멜란히톤이 로마서와 갈라디아서에서 주로 표현된 바울의 사상 을 그의 가르침으로 삼고 있다는 것을 분명하게 알 수 있다. 그의 주요한 주제들은 죄 와 은혜 그리고 율법과 복음이다. 하나님과 그리스도에 대한 분명한 교훈들이 (그러한 교 훈들이 나타나는 다른 판들과 대조되게) 나타나지 않는다. 초판의 논의는 통일성을 결여하고 있고 언제나 분명하게 조직된 개요를 따르지 않고 있다. 제공되는 것은 실질적으로 자주 주장되는 바와 같이 '조직' 신학이 아니다.

우리가 이미 표명한 바와 같이, 이 작품은 논쟁적인 부분만이 아니라 건설적인 면에서도 루터에 의해 영감을 받았다. 그러나 멜란히톤은 '행위가 아닌 믿음에 의한' 칭의를 취급할 때뿐만 아니라 '궤변론자들'과 논쟁할 때에 루터보다 깊이와 역설적인 측면에서는 약하지만, 전반적으로 표현은 훨씬 더 명료하다.

멜란히톤의 가르침에는 특별한 성격의 강조점들이 있다. 그러한 강조점들이 새롭 거나 독창적이지는 않으나 그의 사상에 감칠 맛을 제공한다. 죄와 부자유한 의지의 논의에서 그는 '정서들', '감정들', 혹은 '내적인 성향들'(affectus)(62쪽 이하)을 강조하고, 그 러한 것들은 지성이나 의지의 능력 안에 있지 않으며, 하나님의 행하심만이 변화시킬 수 있다고 주장한다.

은혜는 '하나님의 호의'(favor Dei)와 우리를 향한 하나님의 선하신 뜻이라고 정의된 다. 그에 따르면 인간의 영혼 속에 있는 (혹은 영혼 속으로 주입된) '특성'으로 이해되고 혹은 이해될 수 있는 로마 가톨릭의 교훈은 강력하게 거부되고 있다.

신앙은 하나님의 용서의 약속에 대한 개인적인 신뢰로 묘사되고 있다. 그 자체로서 신앙은 어떤 역사적인 지식(142쪽) 혹은 의견과는 구별되고 있다. 이것은 "하나님의 자비"(144쪽)에 대한 감각으로, 참으로, "심령의 정서"(141쪽)로 이해될 수 있다.

멜란히톤의 가장 특징적인 측면은 그리스도인의 생활 갱신을 지향하는 그의 견해이다. 이런 이유로 그는 사람이 용서받는다는 것을 알게 될 때 발생하는 칭의(159쪽)를 성령의 살아 있는 능력 아래의 중생으로 이해하는 경향이 있다(182쪽). 그러므로 그리스도인은 성화되어 가는 과정에 있다고 이해한다(191쪽). 다음 내용은 「신학총론」의 초판에서 표현된 바와 같이 아마도 멜란히톤의 기본적인 교훈을 나타내는 것으로 간주될 수도 있다. "기독교는 자유이다…. 성령으로 갱신된 사람들은 율법 없이도 율법이 명령하곤 했던 것에 자발적으로 순종한다. 율법은 하나님의 뜻이다. 성령은 다름 아닌 하나님의 살아 있는 뜻이고 그 뜻의 '실천'(agitatio)이다. 그러므로 우리가 하나님의 살아 있는 뜻이신 하나님의 성령으로 중생되었을 때, 우리는 이제 율법이 요구하던 바로 그 일을 자발적으로 하려고 한다"(182쪽. 참고 187쪽). 그는 이러한 개념을 통해 분명한 완전주의를 주장하게 되었다. 그리스도인은 법정에 가거나 고발할 필요가 없게 된다(189쪽). 그리스도인은 모든 사람들과 재산을 공유해야만 한다(104쪽). 참으로 멜란히톤은 '공공 업무를 복음에 따라 집행될 수 없다'는 견해를 '불건전한' 것으로 간주하였다(102쪽 이하).

그는 후에 이러한 견해들의 일부를 바꾸었다. 참으로 그는 「신학총론」의 초판의 저술을 완성했을 때 그러한 견해들을 바꾸어 가는 과정에 있었다. 왜냐하면 그때 멜란히톤은 매우 실질적인 어려움들에 처해 있었고 비텐베르크에 있는 교회 개혁을 실현하려는 첫 번째 시도를 수행하는데 수반되어야 할 행동 과정과 관련하여 아주 다양한 의견과 관련되어 있었기 때문이다.

IV. 이 작품의 출판과 충격

「신학총론」의 출판을 1521년 4월에 시작하였으나, 멜란히톤 자신이 계획했던 대로 본
문의 저술을 완성할 수 없었기 때문에 9월까지 완성하지 못하였다. 비텐베르크에서
두 종, 그리고 바젤에서 다른 한 종이 발간되었다. 1522년에 새로운 인쇄가 불가피하
게 되었다. 멜란히톤이 여러 곳을 수정한 본문을 내놓았다. 1525년까지, 이 판의 18
종의 다른 출판이 이루어졌다. 게오르그 스팔라틴(Georg Spalatin)의 독일어 번역 역시 여
러 번 재판되었다. 이제 상당히 수정되고 증보되어 이 작품의 2판이 1535년 비텐베
르크에서 발간되었다. 또한 비텐베르크에서 이 작품은 1541년에 이르자 여러 인쇄소
에서 인쇄되었다. 유스투스 요나스(Justus Jonas)가 1541년 작품을 독일어로 번역하였다.
1540년대 초반에 멜란히톤은 이 책을 완전히 개정하는 작업에 착수하였다. 부피에서
초판의 거의 4배가 되었던 새로운 판은 1543-1544년에 처음으로 출판되었고(다시 비텐베
르크에서 출판되었다) 이 책은 멜란히톤의 생애 동안에 여러 출판물로 발행되었고 마지막 출
판은 1559년에 나왔다. 멜란히톤 자신이 그의 주요한 작품의 제3판과 최종판을 독일
어 번역하였다(1555).[22] 이 책은 멜란히톤 사후(1560)에도 사용되었다. (멜란히톤의 전집판과 현대판
과 별도로) 이 작품의 마지막 출판은 1595년에 발간되었다.

「신학총론」의 이러한 많은 판들과 출판들이 보여 주는 바와 같이, 이 작품은 예
외적으로 성공적이고 영향력 있는 출판물이었다. 이 작품은 초판부터 상당한 명성을
얻었다. 왜냐하면 이 책은 직접적인 열정, 유창함, 그리고 마르틴 루터의 인격으로부
터 나오는 감동적인 힘을 반영하는 서술의 상당한 명료성에서 초판부터 커다란 명성
을 얻었다.

루터가 일생을 통하여 그의 동역자이자 친구의 책을 매우 크게 칭찬했다는 사실
은 주목할 만하다. 에라스무스를 반박하는 그의 논문에서, 루터는 이 책을 교회의

---

22. 멜란히톤의 「신학총론」의 독일어 판은 맨슈렉(Clyde L. Manschreck)에 의해 영어로 번역되었다. 이 번역본은 *Melanchton on Christian Doctrine: Loci Communes, 1555*라는 제목으로 Library of Protestant Thought 속에서 1965년 옥스퍼드 대학교 출판사에 의해 출판되었다.

경전에 포함되어야 마땅할 정도로 불멸의 중요성을 지닌 작품이라고 환호하였다.[23] 그리고 다른 하나의 예를 더 들자면, 그의 '탁상 담화'에서 루터는 그의 생애의 마지막 무렵에 한 번은 다음과 같이 말하였다. "여러분은 어디에서도 「신학총론」만큼 유창하게 신학의 전체를 취급하는 책을 발견할 수 없을 것이다…. 성경 다음으로, 이보다 더 좋은 책은 없다."[24]

---

23. Invictum libellum, meo iudico non solum immortalitate, sed canone quoque ecclesiatico digno (WA 18, 603, 3).
24. WA Tr, Vol. V. No. 5511.

신학총론

헌정하는 편지

박식하고 경건하신 틸레만 플레테너(Tilemann Plettener) 박사[1]께 필리프 멜란히톤이 문안인사를 드립니다.

제가 작년에 로마서를 강해하는 동안[2] 가장 핵심적인 신학의 주제들 하에서 로마서의 다양한 내용들을 조직적인 방식으로 정리했습니다. 저는 개인적으로 저의 학생들에게 바울 신학에서 제기되는 문제들을 가능한 한 설득력 있게 가르치려는 단 하나의 목적을 위해 이 볼품없는 연구[3]를 준비했습니다. 그럼에도 누군가 이것을 공개했습니다. 결국 최종적으로 누가 출판했든지 간에, 나는 그들의 판단보다는 그들의

---

1. 젊은 백작들인 볼프강과 루드비히 폰 스톨베르크의 동료였던 틸레만 플레테너는 라이프치히(1505)와 에르푸르트(1506)에서 공부한 후 스톨베르크(Stolberg)에서 교사로 지냈고, 1520년 겨울 학기에 비텐베르크 대학교에 등록하였다(그의 '후견인' 볼프강 폰 스톨베르크는 선제후로 선출되었다). 1521년 9월 20일에 그는 신학(Lic. Theol.) 학위를 얻었고 10월 14일에 신학 박사 학위를 받았다.
2. 멜란히톤은 1519년 여름에 처음으로 로마서에 관한 강좌를 개설했으며, 1년 후 다시 가르쳤다.
3. 멜란히톤은 '등불'이 만들어 내는 것, 즉 연구를 의미하는 'lucubratiuncula'라는 용어를 사용하였다. [CR(종교 개혁자들의 전집) Vol. 21, cols. 11ff.]. 이 연구가 Loci Communes의 최종적인 형태임에 틀림없다. 이것이 멜란히톤의 동의 없이 Rerum theologicarum capita seu loci("신학적인 문제들의 주제들 혹은 기본 주제들")이라는 제목으로 출판되었다.

열심을 인정하게 되었습니다. 이것을 말하는 것은, 제가 따르기 위해 세웠던 그 모든 작업 계획에 바울의 편지(로마서) 없이는 충분히 이해할 수 없을 연구로 가다듬었기 때문입니다.

거의 공공 자산이 되어 버린 책의 발매를 금지하는 것이 이제 나의 능력 밖에 있으므로, 나는 이 책을 재검토하여 수정하기로 결정하였습니다. 왜냐하면 이 책의 상당 부분은 더욱 정확한 논증과, 많은 수정을 할 필요가 있기 때문입니다. 그러나 아주 중요하게, 이 책에서 기독교 가르침의 주요한 주제들[4]이 다루어지고 있어서 젊은 이들은 다음과 같은 이중적인 이해를 할 수 있습니다. 첫째로 사람들이 성경에서 무엇을 중요하게 찾아야만 하는지를 이해하고, 둘째로 그리스도의 가르침 대신에 아리스토텔레스의 궤변들을 우리에게 제공했던 사람들의 모든 신학적 환상들이 얼마나 부패했는지를 이해할 수 있습니다.[5]

그러나 이 책은 교리서*라기보다는 신학 주제들의 색인 기능을 할 것이므로 저는 모든 것을 간략하고도 짜임새 있게 논의하고 있습니다. 그러므로 저는 단순하게 성경을 개괄적으로 연구하고자 하는 사람들을 인도할 만한 주제들의 목록을 서술하고 있습니다. 더구나, 저는 기독교 교리의 요점들[6]이 근거하고 있는 요소들을 단순한 몇 마디로 제시하고 있습니다. 저는 학생들이 성경을 떠나 모호하고 복잡한 논증들로 방황하도록 만들려는 것이 아니라, 제가 할 수 있다면, 오히려 학생들을 성경으로 인도하려고 이 책을 쓰고 있습니다.

왜냐하면 저는 전반적으로 (중세) 교리서뿐만 아니라, 심지어 고대 교부들의 주석조차 아주 호의적으로 평가하지 않기 때문입니다. 제가 제 자신의 아주 긴 (교리적인) 작품을 써서 누구라도 성경 연구를 떠나도록 만드는 것은 저와는 전혀 상관이 없습니다! 기껏해야 모든 그리스도인들이 성경만을 가지고 최고의 자유를 누리고 그들의 본성

---

4. *Christianae disciplinae praecipui loci.*

5. 여기서 멜란히톤은 그의 작품의 이중적인 목적을 아주 분명하게 서술한다. (1) 그는 성경의 가르침의 기본적인 주제들을 지적하기를 원한다. (2) 그는 성경의 가르침과 스콜라주의 신학 사이의 화해 불가능성을 보여 주기를 소망한다.

6. *Summa Christianae doctrinae.*

* 멜란히톤은 'commentarius'라는 용어를 사용하고 있는데, 이 용어를 사용한 것은 피터 피에트로 롬바르도가 4권으로 된 *Sentential*를 쓴 후에 중세 후기 신학자들은 오늘날의 교리서(조직신학)를 'sententia'의 주석 형태로 썼기 때문이다. 그래서 역자는 'commentarius'를 주석이란 용어보다 교리서로 번역했다.

으로 철저하게 변화되는 것보다 제가 더 소망해야 할 것은 아무것도 없습니다. 하나님께서 성경 안에서 가장 완전한 상으로 묘사되고 있기 때문에,[7] 그분은 (성경 이외의) 어떤 다른 자료로부터 더 정확하게 혹은 더 확실하게 알려질 수 없습니다. 성경을 제외한 어떤 자료로부터 기독교의 본성[8]을 확인하려고 시도하는 사람은 그 누구라도 실수하고 있는 것입니다. 왜냐하면 (중세) 교리서들은 성경의 순결함을 너무나 상실하고 있기 때문입니다! 성경에서 우리는 존경받을 가치가 없는 것을 아무것도 발견하지 못할 것입니다. 반면에 (중세) 교리서에서는 너무나 많은 일들이 철학에, 인간 이성의 판단에 의존하고 있습니다! 그래서 이러한 교리서들은 영적인 판단과 관련하여 (성경과) 정면으로 계속하여 충돌하고 있습니다. 교리서 저자들은 영적인 것만을 뽑아내려고 그들의 정신적인 능력들[9]을 억제하지 않았습니다. 우리가 오리게네스로부터 그의 서투른 알레고리들과 철학적인 허튼 소리들의 숲을 삭제한다면, 너무나 적은 부분이 남을 것입니다. 그렇지만 소수를 제외한 대부분의 그리스인들은 오리게네스를 추종하는데 암브로시우스와 히에로니무스 같은 일부 명백하게 뛰어난[10] 라틴 저술가들도 그를 추종합니다. 그들의 시기 이후에, 최근의 사람이면 일수록, 그는 더욱더 비성경적이라고 거의 틀림없이 말할 수 있었습니다. 한마디로 말해서, (중세) 기독교의 교리는 스콜라주의의 쓰레기로 전락하였는데, 사람들은 이것이 어리석다기보다는 오히려 불경건하다는 것을 깨닫지 못하고 있습니다.

결론적으로, 인간의 저술들은 종종 신중한 독자마저 기만하는 것이 불가피합니다. 그러나 예언, 영감, 그리고 거룩한 일들의 지식이 조금이라도 어떤 가치가 있다면, 우리는 왜 성령이 그것을 통해 흘러들어 오는 이러한 종류의 문헌(성경)을 받아들이지 않는 것입니까? 아니면 하나님은 자신의 말씀으로 모든 일들을 성취하지 않으시는지요? 왜냐하면 성령, 혹은 요한이 말하는 바와 같이, '기름 부으심'(요일 2:27)은 성경을 사용하여 많은 일들, 인간 지성의 가장 위대한 노력조차도 획득할 수 없는 일들을 가르치실 것이기 때문입니다. 확실히 우리는 (이 책에서) 성경에 정통하기를 원하는 사

---

7. *Cum in illis absolutissimam sui imaginem expresserit divinitas.*

8. *Christianismi formam.*

9. 멜란히톤은 'to pychikon'라고 쓴다.

10. *Qui videntur esse columnae.*

람들의 연구를 가능한 모든 방법으로 돕는 것 이상의 다른 목표를 가지고 있지 않습니다. 나의 작은 이 책이 이러한 목표를 성취할 수 없는 것같이 보인다면, 모든 수단을 사용하여 이 책을 폐기해야 합니다. 왜냐하면 사람들이 이 책에 대하여 어떻게 생각하느냐 하는 것은 나에게는 전혀 중요하지 않기 때문입니다.

신학의 기본적인 주제(기독교 신학의 개요)[11]

각각의 개별 학문에서 사람들은 습관적으로 각 분야의 주요한 내용이 표현되어 있고 우리의 모든 연구가 지향하는 목표가 된다고 생각되는 어떤 근본들을 찾고 있다. 우리는 신학에서 고대인들조차 신중함과 훌륭한 판단력을 가지고 이러한 절차를 따랐다는 것을 알고 있다. 그러나 최근에 다마스코스의 요안네스[12]와 피에트로 롬바르도[13]는 아주 부적절하게 신학 작업을 했다. 왜냐하면 다마스코스의 요안네스는 신학을 지나치게 철학화하였고, 피에트로 롬바르도는 성경의 의미를 제시하기보다는 오히려 사람들의 의견을 수집하는 것을 선호했기 때문이다. 그래서 전에 말한 바와 같이, 나는 학생들이 이러한 종류의 신학 체계들[14]에 너무 오래 지체하는 것을 좋아하지 않지만, 최소한 우리 연구가 지향하는 바를 이해하기 위해 신학의 본질[15]이 어떤 기본적인 주제들에 의존하고 있는지를 제시하는 것이 매우 필요하다고 생각하였다.

　신학에서 일반적인 주요한 주제들[16]은 다음과 같다.

---

11. *Hypotyposes theologiae*. 여기서 '개요'(outline)로 번역된 '*hypotyposis*'는 그리스어로 '스케치' 혹은 '묘사'를 의미한다. 이 용어는 신약성경에서 본보기(딤전 1:16; 딤후 1:13)를 나타내는 곳에서 사용된다.

12. John of Damascus, *De fide orthodoxa*(MPL, Vol. 94, cols. 790ff.).

13. Peter Lombard, *The Four Book of Sentences*(MPL, Vols. 191–192).

14. *Hoc genus summis*. 스콜라주의자들의 신학 체계들은 '*summae*'라고 불렸다.

15. *Rerum summa*.

16. 신학의 주요한 주제들의 이러한 열거 속에서, 멜란히톤은 그의 방법을 배웠던 로돌푸스 아그리콜라를 따르고 있다. 참고 Quirinus Breen, "The Terms *Loci Communes and Loci* in Melanchton," *Church History*, Vol. 16(1947), 197–209. 특히 202.

하나님	은혜의 열매
일체	믿음
삼위	소망
창조	사랑
인간, 인간의 능력	예정
죄	성례의 표지들
죄의 열매, 악덕들	사람의 신분
형벌	관리
율법	주교들
약속들	정죄
그리스도를 통한 갱신	행복
은혜	

이러한 주제들 가운데 일부는 전혀 이해할 수 없는 바와 같이, 일부 다른 주제는 그리스도께서 모든 그리스도인들이 가장 확실하게 알도록 의도하신 것들이다. 우리가 하나님의 신비들을 탐구하려고 하기보다는 그것을 경배하는 것이 훨씬 더 낫다.[17] 더구나, 이러한 신비의 문제들은 커다란 위험이 없이는 정밀하게 연구될 수 없으며, 거룩한 분들조차 자주 큰 위험을 경험하였다. 전능하신 주 하나님께서 그분의 아들에게 육신을 입히셔서, 그 아들이 우리를 하나님 자신의 위엄을 묵상하는 것으로부터 육신, 특히 우리의 연약함을 고찰하도록 인도하게 하셨다. 바울은 고린도전서 1:21에서 하나님의 지혜에 있어서 (인간의) 지혜를 통해 하나님을 알 수 없기 때문에, 하나님은 새로운 방식으로, 다시 말해 설교의 어리석음을 통해 (자신이) 알려지기를 원하신다고 쓰고 있다. 그러므로 우리가 '하나님', '하나님의 일체와 삼위', '창조의 신비', 그리고 '성육신의 방식' 같은 그러한 고상한 주제들에 대해 많은 수고를 해야 할 이유가 없다. 나는 스콜라주의자들이 이러한 문제들만을 검토하고 있었던 수많은 시간 동안에 무엇을 성취했는지를 여러분에게 묻고 있다. 바울이 말한 바와 같이, 그들은

---

17. *Mysteria divinitatis rectius adoraverimus, quam vestigaverimus.*

언제나 보편 개념들, 형상들, 내포들, 그리고 다양한 다른 어리석은 말들에 대하여 시간을 낭비하면서, 그들의 논쟁에서 허망하여지지(롬 1:21) 않았는가? 그 사이에 그들의 어리석은 논의들이 우리에게서 복음과 그리스도의 은총들을 가리지 않았더라면 그들의 어리석음은 주목받지 않은 채로 남아 있을 수도 있었다.

내가 (그들의) 불필요한 추구에서 뛰어나기를 원했더라면, 나는 신앙의 교리를 위해 내세운 그들의 모든 주장들을 쉽게 전복할 수 있었다. 실제로 그들은 정통적인 교리보다는 오히려 어떤 이단을 위해 더욱 정확하게 주장하고 있는 것같이 보인다.

그러나 나는 다른 근본적인 것들, 즉 '죄의 능력', '율법', 그리고 '은혜'에 관해 무지한 사람에 대해, 그를 어떻게 그리스도인이라고 부를 수 있는지 알지 못한다. 왜냐하면 이러한 근본적인 것들로부터 그리스도를 알 수 있기 때문이다. 그리스도를 아는 것은 그들이 가르치는 바와 같이, 그리스도의 본성들과 성육신의 방법들을 아는 것이 아니다. 그의 은총들을 알아야 하기 때문이다. 우리가 그리스도께서 육신을 입고 십자가에 못 박히신 이유를 알지 못한다면, 단지 그에 대한 역사를 아는 이러한 것이 여러분에게 무슨 유익이 있을 것인가? 당신은 의사가 식물들의 모양, 색깔, 그리고 윤곽을 아는 것으로 충분하고, 식물들의 타고난 (치유) 능력을 아는지의 여부가 전혀 중요하지 않다고 말하고자 하는가? 그리스도는 우리에게 치유로, 성경의 언어를 사용하면 구원하는 치유로 제공되었다(눅 2:30; 3:6; 행 28:28). 그러므로 우리는 스콜라주의자들이 제시하는 것과 다른 방식으로 그리스도를 아는 것이 타당하다.

그리스도인의 지식은 율법이 무엇을 요구하는지를 알고, 여러분이 율법을 수행할 수 있는 능력과 죄를 덮는 은혜를 어디서 찾으며, 마귀, 육체, 그리고 세상에 대항하여 흔들리는 영혼을 어떻게 강화시키며, 그리고 고통 받는 양심을 어떻게 위로하는지를 아는 바로 이것이다. 스콜라주의자들이 그러한 일들을 가르치는가? 로마서에서 바울이 기독교 교리의 개요를 쓰고 있을 때, 바울은 삼위일체의 신비, 성육신의 방식, 혹은 (하나님의) 능동적 창조와 수동적 창조에 대해 철학화했는가?[18] 결코 그렇지 않다. 오히려 그는 무엇을 논의하고 있는가? 바울은 그리스도에 대한 지식이 배타적으로 의존하고 있는 율법, 죄, 은혜, 곧 근본적인 것들을 취급한다. 바울은 신자들

---

18. 참고 Thomas Aquinas, *Summa theol.* I, q. 45, a. 3.

에 대해 그리스도에 대한 풍부한 지식을 원한다고 얼마나 자주 서술하고 있는지! 왜냐하면 그는 구원하는 주제들을 떠났을 때 우리는 우리의 마음을 차갑고 그리스도에 낯선 논쟁들로 돌릴 것이라고 예견하였기 때문이다. 그러므로 우리는 그리스도를 여러분에게 추천하고, 양심을 강하게 하며, 사탄에 대항하여 마음을 각성시키는 근본적인 것들의 일부를 설명할 것이다. 대부분의 사람들은 성경에서 덕과 악의 주제들만을 찾고 있으나, 이러한 실천 방법은 기독교적인 것이라기보다는 철학적인 것이다. 여러분은 내가 이렇게 말하는 이유를 조금 있으면 이해하게 될 것이다.

인간의 능력, 특히 자유의지

아우구스티누스[19]와 베르나르(Bernardus)[20]는 '자유의지'(arbitrium)에 대해 저술하였는데, 전자는 자신이 후에 펠라기우스주의자들에 반대하여 저술한 책들에서 그의 생각들을 광범위하게 수정하였다. 베르나르는 (저술 내용에) 일관성이 없다. 그리스인들 가운데서도 이 주제를 다룬 몇몇 작품들이 있으나, 그 작품들은 내용이 매우 애매하다. 나는 사람들의 의견들을 따르지 않을 것이기 때문에, 이 문제를 아주 단순하고 분명하게 설명할 것이다. 고대 저술가들뿐만 아니라 현대 저술가들도 역시 인간 이성의 판단을 만족시키려는 방식으로 성경을 해석하고 있기 때문에 자유의지에 대한 견해를 거의 모호하게 만들었다. 이들에게 인간이 필연적으로 범죄 하였다고 가르치는 것은 충분하게 세련되지 못한 것같이 보였고, '의지'(voluntas)가 악으로부터 선으로 스스로 돌아설 수 없다고 비난받는 것은 잔인한 것같이 보였다. 그러므로 그들은 정당한 것보다 훨씬 더 많은 것들을 인간 능력에 귀속시키고 있으며, 성경이 모든 곳에서 이성의 판단과 충돌한다는 것을 알았을 때 상당히 흔들리고 있었다.

이 주제에 대한 기독교의 가르침이 철학과 인간 이성과는 완전히 다르지만, 그럼

---

19. Augustine, *On Free Will*(MPL, Vol. 32, cols. 1221f.).

20. Bernard of Clairvaux, *On Grace and Free Will*(MPL, Vol. 182, col. 1001).

에도 불구하고 철학이 점차로 기독교 안으로 파고 들어왔다. 자유의지에 대한 불경건한 가르침이 계승되었고 그리스도의 은총들은 우리 이성의 매우 이교적이고 세상적인 지혜를 통해 모호해졌다. 자유의지라는 용어는 성경과 성령의 이해와 판단과 매우 불일치하는 용어로, 자주 거룩한 사람들의 마음을 상하게 하는 용어로 사용되었다. 플라톤의 철학으로부터 동일하게 해로운 '이성'(ratio)이란 단어가 첨가되었다. 교회 후기 시대에 우리가 그리스도 대신에 아리스토텔레스를 포용했던 바와 동일하게, 교회의 탄생 바로 직후에 기독교 교리는 플라톤 철학에 의해 약화되었다. 그래서 교회에서 성경 외에는 신뢰할 만한 문헌들이 전혀 존재하지 않는 일이 발생하였다. 전반적으로, 교리서들 속에서 전수되어 왔던 것들은 무엇이든지간에 철학으로 악취가 나고 있다.[21]

맨 먼저, 우리는 인간 본성을 묘사하기 위해 철학의 여러 구분들을 확실하게 필요로 하지 않는다. 우리는 사람을 오직 두 부분으로 나눈다. 사람 안에는 인식 능력이 있고, 그가 알게 된 것들을 따르거나 피하는 능력이 있기 때문이다. 인식 능력은 우리가 감각들을 통하여 분별하고, 이해하고, 생각하고, 비교하며, 추론하는 것이다. 그것으로부터 정서들이 발생하는 능력은 우리가 알려진 일들로부터 돌아서거나 추구하는 것이며, 이러한 능력은 때로는 의지, 때로는 정서 그리고 때로는 욕구라고 불린다. 나는 이 시점에서 지성이라 부르는 것으로부터 감정을, 더 높은 욕구로부터 감정들의 욕구를 분리하는 것은 크게 중요하다고 생각하지 않는다. 왜냐하면 우리는 더 높은 것, 다시 말해 배고픔, 갈증, 그리고 짐승들의 것과 같은 감정들뿐만 아니라, 사랑, 미움, 소망, 두려움, 슬픔, 분노, 그리고 이러한 것들로부터 일어나는 감정들에 대하여 이야기하고 있기 때문이다. 사람들은 이것을 '의지'라고 부른다. 인식은 의지를 섬기며, 그러므로 사람들은 인식과 결합한 의지 혹은 지성의 이해와 결합한 의지를 새로운 이름인 '자유의지'라고 부른다. 인간 안에 의지가 공화국에 있는 독재자[22]의 위치와 일치하여, 원로원이 독재자에게 복종하는 바와 같이 인식은 의지에 복종한다. 그리고 이것은 우리가 뒤에서 더욱 분명하게 설명하려는 바와 같이, 인식이 훌륭한 경고를 제공하지만, 그럼에도 불구하고 의지는 인식을 내던지고 그 자신의 정서들을

21. 멜란히톤은 나이가 들어감에 따라 고대 교회의 신학에 대해 좀 더 적극적이고 공감하는 견해를 보였다.

22. Tyrannus.

따라 행동하는 결과를 가져온다. 더구나, 의지와 결합한 지성을 그들은 이성이라고 부른다. 우리는 이성 혹은 자유의지라는 용어를 사용하지 않을 것이며, 오히려 인간의 부분들을 인식 능력과 정서에 복종하는 능력, 다시 말해 사랑, 미움, 소망, 두려움 등등에 복종하는 능력이라고 부를 것이다.

나는 이후에 율법과 복음의 차이가 더욱 쉽게 드러나게 하려고, 더 나아가, 인간의 능력 안에 어떤 자유가 있는지의 여부를 더욱 확실하게 알리려고, 이러한 문제들에 대하여 경고해야만 한다고 느껴오고 있었다. 고대인들과 현대인들이 이 문제를 너무나 진지하게 연구하는 것은 놀라운 일이다. 어떤 사람이 거짓으로 이러한 일들을 공격한다면, 우리는 기쁘게 그리고 용감하게 우리의 입장을 변호할 것이다. 왜냐하면 나는 인간을 매우 개략적으로만 묘사하기 원하는데, 이미 인간의 부분들(지체들)에 대하여 필요한 것을 충분하게 이야기하였다고 생각하기 때문이다.

율법, 다시 말해 행해야만 하는 것에 대한 지식은 인식 능력에 속한다. 덕과 죄는 정서의 능력에 속한다. 자유는 정당하게 지식의 부분에 속한다고 말할 수 없다. 오히려 자유는 의지에 종속되고 여기저기로 몰려간다. 이제 자유는 어떤 것을 행하거나 혹은 행하지 않는 능력이고, 이러한 방식으로 혹은 저런 방식으로 행동할 능력이다. 그러므로 의지가 자유로우며 어느 정도 자유로우냐 하는 질문이 생겨난다.

답변: 발생하는 모든 일들은 필연적으로 하나님의 예정에 따라 발생하기 때문에, 우리의 의지는 자유를 가지고 있지 않다. 바울은 로마서 11:36에 "만물이 주에게서 나오고 주로 말미암고"라고, 에베소서 1:11에는 "모든 일을 그의 뜻의 결정대로 일하시는 이"라고 기록한다. 마태복음 10:29은 "참새 두 마리가 한 앗사리온에 팔리지 않느냐 그러나 너희 아버지께서 허락하지 아니하시면 그 하나도 땅에 떨어지지 아니하리라"고 말한다. 나는 무슨 생각이 이것보다 더 분명하게 서술될 수 있는지 질문한다. 우리는 잠언 16:4에서 "여호와께서 온갖 것을 그 쓰임에 적당하게 지으셨나니 악인도 악한 날에 적당하게 하셨느니라"는 말씀을 읽는다. 더 나아가 잠언 20:24은 "사람의 걸음은 여호와로 말미암나니 사람이 어찌 자기의 길을 알 수 있으랴"고 말한다. 다시 잠언 16:9에는 "사람이 마음으로 자기의 길을 계획할지라도 그의 걸음을 인도하시는 이는 여호와시니라"고 기록되어 있다. 예레미야 10:23은 "여호와여 내가 알거니와 사람의 길이 자신에게 있지 아니하니 걸음을 지도함이 걷는 자에게 있지 아니하니

이다"라고 한다. 더 나아가, (성경의) 거룩한 역사적 책들도 동일한 것을 가르친다. 창세기 15:16은 "아모리 족속의 죄악이 아직 가득 차지 아니함이니라"고 기록하고 있다. 사무엘상 2:25은 "그들이 자기 아버지의 말을 듣지 아니하였으니 이는 여호와께서 그들을 죽이기로 뜻하셨음이더라"고 말한다. 사울이 나귀를 찾으러 나가는 것, 사무엘이 그에게 기름 붓는 일, 그리고 그의 왕국의 왕으로의 대관보다 무슨 일이 더 우연적으로 보이는가? 그런데 다시 사무엘상 10:16에 "사울도 기브아 자기 집으로 갈 때에 마음이 하나님께 감동된 유력한 자들과 함께 갔느니라"고 한다. 열왕기상 12:15은 말한다. "왕이 이같이 백성의 말을 듣지 아니하였으니 이 일은 여호와께로 말미암아 난 것이라 여호와께서 전에 실로 사람 아히야로 느밧의 아들 여로보암에게 하신 말씀을 이루게 하심이더라." 바울은 로마서 9:11에서 하나님의 예정에 따라 일어나는 모든 일을 언급하는 것[23] 외에 그 밖에 무엇을 말하는가? 육과 인간의 이성의 판단은 이러한 생각에 항거한다. 반대로 영의 생각은 이러한 생각을 받아들인다. 사람의 마음에 예정에 대한 이러한 생각을 불어넣는 것보다 하나님을 경외하고 신뢰하는 것을 더욱 명확하게 배우는 다른 방법이 없기 때문이다. 솔로몬은 잠언에서 한때는 두려움을 가르치고 다른 때는 신뢰를 가르치기 위하여 책을 관통하여 이것을 납득시키고 있지 않는가? 그는 전도서에서도 이것을 강조하고 있지 않는가? 왜냐하면 인간 이성의 지혜와 분별력을 억압하고 정죄하여 모든 일이 하나님에 의해 수행된다는 것을 지속적으로 믿게 하는 것이 중요하기 때문이다. 혹은 그리스도께서 "너희에게는 심지어 머리털까지도 다 세신 바 되었나니"(눅 12:7)라고 하시는 말씀에서 그의 제자들을 매우 효과적으로 위로하고 계시지 않는가?

당신은 틀림없이 다음과 같이 말할 것이다. "무엇이라고, 그러면 사건들 속에 우연이나 우연한 기회, 혹은 그러한 무리들의 말을 사용하자면, 우발적 사건은 없는가?"[24] 성경은 모든 일들이 필연에 의해 일어난다고 가르친다. 그렇다고 하더라도 당신에게는 인간사들 속에서 우발적 사건이 있는 것같이 보인다. 그러나 바로 여기서 이성의 판단은 전복되어야만 한다. 그래서 솔로몬은 예정론에 대한 생각에 몰두할 때 다음과 같이 말했다. "하나님의 모든 행사를 살펴보니 해 아래에서 행해지는 일을 사람

---

23. *In destinationem divinam referat.*
24. 참고 Thomas Aquinas, *Summa theol.* I, q. 25, a. 3 and 4; Duns Scotus, *In sent., lib.* II, d. 25, qq. 1, 22.

이 능히 알아낼 수 없도다"(전 8:17). 그러나 바로 내 작품의 시작 부분에서 가장 어려운 문제인 예정론을 논의하는 것은 어리석은 것같이 보인다. 그럼에도 불구하고, 우리의 논의의 모든 부분에 끼어들어갈 것을 내가 나의 작품의 처음에 혹은 마지막에 취급하느냐 하는 것이 무슨 중요성이 있는가? 자유의지가 바로 이 주제에서 논의되어야만 하는데, 성경이 예정의 필연성에 의해 우리의 의지로부터 자유를 박탈할 때, 내가 어떻게 성경의 그 입장을 숨길 수 있는가? 나는 젊은이들의 마음에 모든 일이 인간의 계획들과 노력들에 따라서가 아니라, '하나님의 뜻'(voluntas)에 따라 일어난다는 생각을 즉각적으로 불어넣는 것이 중요한 차이를 만들어낸다고 생각한다. 솔로몬도 젊은이들을 위해서 썼던 그러한 잠언들 속에서 글을 쓰기 시작하자마자 이것에 대하여 경고하지 않는가? 예정에 대한 개념이 일반적으로 오히려 귀에 거슬리는 것같이 보이는 이유는 우리의 부드러운 작은 귀들이 성경의 진리에 거역할 정도로 사건들의 우발적 성격과 우리의 의지의 자유를 우리에게 깊게 새겨놓은 궤변가들의 그 불경건한 신학에서 기인한다.

따라서 우리는 또한 예정에 대해 언급된 것이 오히려 귀에 거슬리는 것같이 보이는 사람들에게 조언하기 위해, 즉시 인간 의지의 본성을 훨씬 더 면밀하게 검토하려고 한다. 그래서 학생들에게 궤변가들이 신학에서뿐만 아니라 인간 본성에 대한 그들의 판단에서[25] 잘못되어 있다는 것을 이해시킬 것이다. 우리는 곧 예정론에 대해 책임질 수 있는 선에서 논할 것이며, 이 주제에 대한 궤변론자들의 불경건한 언급에 대해 허용되는 한에서 간결하게 분쇄할 것이다. 요한네스 에크[26]는 라우렌티우스 발라가 자유의지에 대한 여러 학파들의 입장을 반박했으므로 자신이 배운 것보다 더 많이 알기를 원했을 뿐만 아니라 말솜씨가 매우 좋은 농담꾼이었다고 말한다. 이제, 이러한 흡혈귀들이 언어학 교수(멜란히톤)가 신학에 잠깐 손을 대고 있다고 말하면서,[27] 우리에

---

25. *In naturae iudicio.*
26. 멜란히톤은 라이프치히 논쟁(1519)에서 루터의 초기 비평가이자 반대자인 요한네스 에크가 쓴 *Chrysopassus*라는 제목의 작품을 언급한다. 발라(Laurentius Valla, 1457년 사망)는 처음에 루뱅(Louvian)에서(1483) 그 후에 바젤에서 출판된 「자유의지론」 (*De libero arbitrio*)이라는 논문을 저술하였다[이 논문은 Ernst Cassirer, Paul O. Kristeller, 그리고 John H. Randall이 편집하여 Charles E. Trinkaus가 번역한 *The Renaissance Philosophy of Man*(The University of Chicago Press, 1948), 151-182에 수록되어 있다]. 발라는 "자유의지와 하나님의 섭리에 대한 아리스토텔레스와 스콜라주의의 화해를 공격하였고 하나님이 강퍅하게 하시거나 자비를 보이셔서 인간들에게 자유의지를 허용하신다는 역설을 이해하려는 어떠한 시도라도 불합리하다"고 주장하였다.
27. 「비텐베르크의 문법학자 필리프 멜란히톤이 라이프치히 신학 논쟁에 대해 자신에게 거짓으로 서술한 것에 대한 에크의 변명」

반대하여 동일한 반대를 제기한다면, 우리는 다만 그들이 저자에 의해 작품을 평가하지 말아야 한다고 대답할 수 있다. 왜냐하면 우리가 가르치는 것이 참이냐 아니면 거짓이냐 하는 문제에서 우리가 무슨 분야에서 가르치고 있느냐 하는 것은 전혀 중요하지 않기 때문이다. 기독교의 교훈은 모든 사람들의 공통적인 임무이어야만 하기 때문에, 우리가 그리스도인이라면 신학의 교훈들이 우리에게 낯선 것이라고 생각되어서는 안 된다.

1. 그러나 여러분이 인간 의지의 능력을 본성의 재능으로 생각한다면, 인간 이성에 따라 외적 행위에 대한 어떤 자유가 인간 의지 안에 있다는 것이 부인될 수 없다. 예를 들어, 여러분 자신들은 사람에게 인사를 하거나 혹은 하지 않거나, 이 코트를 입거나 혹은 입지 않거나, 고기를 먹거나 혹은 먹지 않거나 하는 것이 여러분의 능력 안에 있다는 것을 경험하고 있다. 자유를 의지에 귀속시키는 사이비 (자칭) 철학자들은 외적인 일들의 우발적인 사건들에 그들의 시선을 고정시키고 있다. 그러나 하나님은 외적인 행위들이 아니라 마음의 내적인 성향들을 보시기 때문에 성경은 그러한 종류의 자유에 대하여 아무것도 언급하지 않고 있다. 인격이 어떤 외적이고, 위조된 예절에 존재한다고 상상하는 철학자들과 아주 최근의 신학자들은 이러한 종류의 자유를 가르친다.

2. 대조적으로, 내적인 정서들[28]은 우리들의 능력 안에 있지 않다. 왜냐하면 우리는 경험과 습성을 통해 의지가 자체적으로 사랑, 미움, 혹은 비슷한 정서를 통제할 수 없고 오히려 정서가 정서로 극복된다는 것을 발견하기 때문이다. 예를 들어, 당신이 연인에 의해 배신을 당했을 때, 당신은 다른 어떤 사람보다도 당신 자신을 열렬하게 사랑하기 때문에, 사랑하는 것을 중단하게 되었다. 궤변가들이 사랑, 미움, 기쁨, 슬픔, 시기, 야심, 등등의 인간적인 정서들이 의지에 속한다는 것을 부인한다면 나는 그들에게 귀를 기울이지 않을 것이다. 왜냐하면 우리는 지금 배고픔과 갈증에 대해

(*Execusatio Eckii ad ea quae falso sibi Philippus Melanchton grammaticus Wittenbergensis super Theologica Disputatione Lipsica adscripsit*)이라는 논문에 에크의 멜란히톤에 대한 공격이 언급되어 있다.

28. *Affectus.* 이 용어가 멜란히톤에게 있어서 무엇을 의미하는지 적절하게 번역하는 것은 어려운 일이다. '정서들' 대신에 우리는 아마도 '성향' 혹은 '마음의 상태' 혹은 '태도'를 말해야만 한다. 그러나 이 용어 자체는 멜란히톤의 전체 사상에서 매우 중요하다. 참고 Heinrich Bornkamm, "Melanchtons Menschenbild," in Walter Elliger, *Philip Melanchton. Forschungsbeiträge zur vierhundertsten Wiederkehr seiner Todestages*(Göttingen, 1916), 76-90.

논의하고 있는 것이 아니기 때문이다. 의지가 정서의 근원이 아니라면 의지는 무엇인가? 성경은 인간의 가장 강력한 부분, 특별히 정서들이 일어나는 그 부분을 마음이라고 부르고 있는데도, 우리는 왜 의지 대신에 마음이란 단어를 사용하지 않는가? 그러나 스콜라 학파들이 의지가 바로 자신의 본성으로 정서들에 반대한다거나 혹은 지성이 그렇게 충고하거나 경고할 때마다 의지가 정서를 배제할 수 있다고 상상할 때 그들은 오류를 범하고 있는 것이다.

3. 우리 사람들이 우리가 하고자 하는 것과 다른 어떤 것을 자주 선택하는 일이 어떻게 일어나는가? 먼저, 외적인 행동에서 우리가 때때로 마음 혹은 의지가 소원하는 것과 다른 어떤 것을 선택하기 때문에, (강한) 정서가 (약한) 정서를 극복하는 것이 가능하다. 예를 들어, 마케도니아의 알렉산드로스는 쾌락을 사랑하는 사람이라는 것이 부인될 수 없으나, 그는 명예를 더욱 열망했기 때문에, 그는 즐거움들을 물리치고 어려운 일들을 선택하였다. 그는 즐거움을 사랑하지 않았기 때문이 아니라, 훨씬 더 강력하게 명예를 사랑했기 때문에 그렇게 하였다. 우리는 어떤 인물들 속에서는 어떤 정서들이 지배하고, 다른 사람들 속에서는 다른 정서들이 주도권을 잡고 있다는 것을 알고 있다. 인색한 인물들 속에서는 소유하고자 하는 욕망들이 지배하고 있다. 인간의 판단에 따르면, 더욱 관대한 사람들 속에서는, 명예와 대중의 환호에 대한 열망이 우세하다.

4. 그러므로 전체적으로 모든 정서들에 반대되는 어떤 것이 선택되는 일들이 일어날 수 있다. 이러한 일이 일어날 때는, 위선이 지배하고 있는 것이다. 예를 들어, 어떤 사람이 미워하고 마음의 밑바닥에서부터 잘못되기를 원하는 사람에게 친절하고, 우호적이며, 그리고 예절 바르게 대접할 때, 그는 아마도 분명한 이유를 가지고 그렇게 하는 바와 같다. 이러한 사태에 포함된 사람은 자신이 어떤 다른 정서에 의해 정복당하고 있다는 것을 깨닫지 못하고 있다고 하더라도 (그들은 미워하는 사람들에게도 아첨할 정도로 아주 예절 바른 일부 사람들이 있기 때문이다) 나는 그 사람이 외적인 행동에서 우정을 가장하고 있으며 자연적인 추론에 따르면 이 행동 안에 어떤 자유가 있는 것으로 보인다고 말한다. 이것이 어리석은 스콜라주의자들이 우리를 위하여 상상했던 의지, 다시 말해 무슨 정서가 당신을 채우든지 간에, 그럼에도 불구하고 이 정서를 제지하고 다스릴 수 있는 (의지의) 능력이다. 참회에 대한 그들의 거짓된 가르침은 이러한 입장에 의존하고 있

다. 당신이 무슨 성향을 가지고 있다고 하더라도, 그들은 당신의 의지가 선을 이끌어 낼 능력을 가지고 있다고 생각한다.[29] 여러분이 어떤 사람을 미워한다고 하더라도, 그들은 여러분의 의지가 그 사람을 이후에 미워하는 것을 원하지 않는다고 결정할 수 있다고 생각한다. 그러므로 우리는 본성상 불경건하고 하나님께 대한 노골적인 경멸자들이지만(나는 단지 '하나님을 향한 사랑이 없다'고 말하지 않는다), 그러한 무리들은 의지가 본성이 하나님을 사랑하도록 만들 수 있다고 가르친다. 사랑하는 독자들이여, 나는 여러분에게 여러분이 우리를 위하여 그러한 의지를 상상하는 사람들을 미쳤다고 생각하지 않는지 질문한다. 내가 의지에 대한 아주 불경하고, 어리석으며, 소위 철학적인 의견을 훌륭한 책과 철저한 논박을 가지고 반박할 수 있도록 이러한 문제들을 왜곡하는 궤변가들이 나를 만났으면 좋았을 텐데! 왜냐하면 미워하는 사람이 이러한 증오를 배제하려고 결정할 때, 그가 실질적으로 더욱 격렬한 정서로 정복되지 않는다면, 이것은 의지의 활동이 아니라 분명하게 지성의 속이는 생각이기 때문이다. 파리스(Paris)가 외논(Oenone)[30]에 대한 그의 사랑을 제거하려고 결정했을 때, 그가 실질적으로 더욱 격렬한 감정으로 정복되지 않았더라면 그의 지성의 생각은 거짓되고 위조된 것이었을 것이다. 우리는 모두가 본성적으로 거짓말쟁이기 때문에, 당신의 마음과 지성이 당신의 정서의 정신과 일치하지 않는 방식으로 당신의 외적인 기관들, 당신의 혀들, 손들, 그리고 눈들을 통제하는 것이 가능하다. 예를 들어, 요압은 그의 혀와 눈들을 통제하여 가능한 한 정중하게 아마사를 대면하는 것으로 나타날 수도 있었다. 그러나 그는 그의 마음이 속이는 정서를 제거하도록 명령할 수 없었다(삼하 20:9). 그가 더욱 격렬한 정서에 의해 정복되었을 때, 그는 자신을 지배하고 있었던 감정을 배제하였다.

5. 스콜라 학파들은 정서들의 존재를 부인하지 않으나, 그러한 것들을 본성의 약점이라고 부른다. 이러한 견해는 의지가 다양한 행동을 끌어낼 능력을 가지고 있다면 충분하게 정확하다. 그러나 나는 사람 안에 정서들을 중대하게 반대할 어떤 능력이 있다는 것을 부인한다. 왜냐하면 하나님께서 마음을 심판하시므로, 마음과 그 정서들이 인간의 최고이자 가장 강력한 지체임에 틀림없기 때문이다. 그렇지 않으면, 정

---

29. 참고 Duns Scotus *In sent., lib.* II, d. 29, q. 1: and Gabriel Biel, *In Sent., lib.* II, d. 27, q. *unica*, concl. 4; *ibid.,* d. 28, a. 1, *dub.* 1. 이것이 젊은 루터가 아주 열정적으로, 특히 로마서 강의에서 반박했던 가르침이다.

30. 님프인 외논(Oenone)은 파리스의 첫 번째 아내였다. 그는 트로이의 헬렌을 위하여 그녀를 포기하였다.

64

서들의 자리인 지체보다 더 낮고 그리고 더 강한 마음과 별도로 어떤 의지가 있다면, 오히려 하나님은 왜 더 나은 지체가 아니라 더 약한 지체로 사람을 심판하시는가? 궤변가들은 이것에 대해 무엇을 대답하려고 할 것인가? 그러나 우리가 아리스토텔레스의 용어인 의지 대신에 성경이 사용하는 마음이란 단어를 사용하는 것을 선호했더라면, 우리는 쉽게 그렇게 바보 같고 어리석은 오류들을 피할 수 있었을 것이다. 아리스토텔레스는 외적인 문제들 가운데서 사물들의 선택을 '의지'라고 부르는데, 이러한 의지는 전반적으로 기만하는 것이다. 그러나 마음이 불순하다면 외적인 행동들은 그리스도인의 가르침에서 무슨 가치를 가지고 있겠는가? 아리스토텔레스 자신은 스코투스가 고안해 낸 그러한 (의지가) 이끌어 낸 행동들을 논의하지 않았다. 그러나 지금 나는 그들을 반박하려고 글을 쓰고 있지 않으며, 그리스도인 독자들이여, 여러분이 따라야만 할 것을 여러분에게 가르치려고 글을 쓰고 있다. 나는 사물들의 외적인 선택에서 어떤 자유가 있다는 것을 고백하나, 내적인 성향들이 우리의 능력의 지배 아래 있다는 것을 완전히 부인한다. 나는 성향들에 분명하게 반대하는 어떤 의지가 있다는 것을 인정하지 않으며, 나는 여기서 물론 사람의 본성에 대해 이러한 것들을 말하고 있다. 왜냐하면 성령으로 의롭게 된 사람들 속에서도, 우리가 아래서 가르치려고 하는 바와 같이, 좋은 정서들이 나쁜 정서들과 싸우고 있기 때문이다.

6. 더구나 하나님이 마음의 순결을 요구할 때 왜 외적인 행동에서 자유를 자랑해야 무슨 소용이 있는가? 어리석고 불경건한 사람들이 여러 작품들을 통해 자유의지와 행위에 의한 칭의에 대해 저술했던 모든 것은 바리새인의 전통과 다를 바 없다. 감정이 조금이라도 지나치게 격렬해졌을 때, 다음의 경구가 표현하는 바와 같이, 이것은 갑자기 폭발하지 않을 수 없다. "여러분이 포크를 가지고 (나쁜) 본성을 몰아낸다고 하더라도, 그럼에도 불구하고 그것은 언제나 되돌아올 것이다."[31] 참으로 우리는 행동들이 발생하는 부끄러운 감정들을 보지 못하기 때문에 우리 자신이 선하다고 판단하고 최선의 겉모습을 가지고 있는 얼마나 많은 일들을 하는지 알 수가 없다! "어떤 길은 사람이 보기에 바르나 필경은 사망의 길이니라"(잠 14:12). 예언자 예레미야는 사람의 마음은 "거짓되고 심히 부패한 것"(렘 17:9)이라고 말한다. 다윗은 말한다. "자기 허물을

---

31. Horace, *Epistles*, 10. 24.

능히 깨달을 자 누구리요"(시 19:12). 또한 시편 25:7은 말한다. "내 젊은 시절의 죄와 허물을 기억하지 마시고." 이제, 또한 감정은 맹목적인 사람들을 우리가 분명하게 판단할 수 없는 많은 (악한) 일로 몰아간다. 그러므로 기독교의 지성은 행동의 외적인 모습뿐만 아니라, 정신 속에 어떤 종류의 감정이 있는지를 관찰해야만 하고, 행동 속에 어떤 종류의 자유가 있는지가 아니라, 정서들의 어떤 자유가 있는지를 관찰해야만 한다. 바리새적인 스콜라 신학자들은 자유의지의 능력을 설교할 것이다. 그리스도인들은 그 무엇보다도 그의 심령이 자유의지의 (통제) 능력 아래 있지 않다는 것을 인정할 것이다. 어리석은 스콜라 신학자들은 자신들이 자유의지에 대한 그들의 바리새적인 이중적인 이야기를 가지고 수천 명의 영혼들을 죽였다는 것을 이해할 수 있었으면 좋으련만! 그러나 우리는 원죄를 논의할 때 곧 바로 감정에 대하여 더 많은 것을 이야기할 것이다.

요약

여러분이 인간의 의지를 예정론과 관련시켜 판단한다면, 외적인 행동에서도 내적 행동에서도 자유가 없으며, 오히려 모든 일들은 하나님의 결정에 따라 발생하게 된다.

여러분이 의지를 외적인 행동들에 관련시켜 본성적인 판단에 따르면 어떤 자유가 있는 것같이 보인다.

여러분이 의지를 감정들과 관련시킨다면, 본성적인 판단에 따르더라도, 분명하게 자유가 없다.

감정이 격노하여 끓어오르기 시작할 때, 이것은 폭발하지 않을 수 없다.

존경하는 독자들이여, 여러분은 우리가 베르나르 혹은 스콜라 신학자들 가운데 어떤 사람보다 더욱 확실하게 자유의지에 대하여 썼다는 것을 알고 있다. 더구나 우리가 이제까지 논의하고 있는 문제는 우리 개요(설명)의 나머지 부분에서 더욱 분명해질 것이다.

죄

궤변가들은 죄와 이성의 관계들을 논의할 때, 자범죄와 원죄 사이를 구별하는데 기록할 필요가 없는 많은 다른 일들에 대한 그들의 논의에서는, 이상하게 이 주제를 역시 모호하게 만든다. 개요에서 모든 사람의 헛된 꿈을 말할 이유가 있겠는가? 우리는 이 문제를 간단하게 취급할 것인데, 성경이 사용하는 바와 같이 '죄'란 단어를 사용할 것이다.

죄란 무엇인가

1. 원죄는 우리를 범죄 하도록 끌어가는 생득적 성향이고 타고난 힘이자 에너지이다. 이것은 아담으로부터 모든 후손에게 유전된다. 불 속에 위로 타올라가는 자연적인 힘이 있고, 자석 안에 자신에게 철을 끄는 힘이 있는 바와 같이, 사람 안에 범죄를 향한 타고난 힘이 있다. 성경은 원죄와 자범죄를 별개로 구분하여 부르지 않는다. 왜냐하면 원죄는 분명히 일종의 실질적이고 부패한 욕망이기 때문이다. 그러나 성경은 때로 우리가 '자범죄'라고 부르는 것들을 '죄의 열매들'이라고 부르지만, 실질적인 결점과 원래의 '결점'(vitium)을 단순히 '죄'(peccatum)라고 부르기도 한다. 바울은 일반적으로 로마서에서 '죄의 열매'라고 부르며, 다윗은 때때로 우리가 '원죄'라고 부르는 것을 '허물'이라고 부르고, 다른 때는 '부정'이라고 부른다. 우리가 여기서 위에서 언급된, 죄 안에 있는 그러한 어리석은 관계들에 대해 논의할 이유는 없다. 죄는 부패된 정서이고, 하나님의 법에 대항하는 마음의 타락한 활동이다.

원죄는 어디에서 오는가

2. 전능하신 하나님이 죄 없는 인간을 창조하셨을 때, 그분은 사람이 의를 추구하도록 역사하시는 성령을 통해 사람을 가까이 하셨다. 동일한 성령은 아담이 타락하지 않았더라면 아담의 모든 후손들을 인도하셨을 것이다. 이제 아담이 타락한 후에, 하나님은 인간을 대적하셔서 성령은 지도자로서 인간과 함께하지 않게 되셨다. 그러

므로 하늘의 빛과 생명을 상실하면서 영혼은 눈이 멀게 되었고, 자신을 매우 열정적으로 사랑하는 일이 일어나서 자신의 목적들을 추구하게 되며, 영혼은 육적인 일들만을 소망하고 원하게 된다. 영혼은 하나님을 경멸하게 되는데, 내가 인간 마음의 부패를 어떻게 말로 다 표현할 수 있겠는가? 왜냐하면 하나님의 사랑이 침투해 들어가지 않은 피조물은 자신을 매우 사랑하는 것이 불가피하기 때문이다. 육신이 영적인 일들을 사랑하는 것은 불가능하다. 그러므로 창세기 6:3은 다음과 같이 기록한다. "나의 영이 영원히 사람과 함께하지 아니하리니 이는 그들이 육신이 됨이라." 그리고 로마서 8:5에서 바울은 다음과 같이 기록하고 있다. "'육신을 따르는 자'(성령이 없는 사람)는 '육신의 일을'(육신은 하나님의 영 없는 인간의 능력들로 구성되어 있다는 것이 창세기 말씀에 의해 분명하게 드러난다)" 좇는다. 더 나아가 "육신의 생각은 하나님과 원수가 되나니"(롬 8:7). 따라서 궤변가들이 표현하는 바와 같이, 원죄가 원의의 결여라고 말할 때, 그들은 올바르다. 그러나 그들은 원의 혹은 성령이 없는 곳에서, 실질적으로 육신, 불경건, 영적 일들에 대한 경멸이 있는 것을 왜 첨가하지 않는가?[32] 그래서 사람의 본성의 지배적인 정서는 사람을 휩쓸어 가는 자아에 대한 사랑, 즉 자기 사랑이므로, 그들 자신의 본성에 좋고, 즐겁고, 달콤하며, 영광스러운 것같이 보이는 그러한 일들만을 소원하고 소망한다. 반면에 사람은 그의 본성을 거스르는 것으로 보이는 그러한 일들을 미워하고 두려워한다. 사람은 그가 소망하는 것을 막으려는 사람이나 혹은 추구하기에 불편한 것을 지향하도록 명령하는 사람에게 저항한다. 오 인류의 비참함이 얼마나 이해하기에 어려운지! 다른 한 편에서, 하나님의 법과 하나님에 대한 증오가 인간 안에서 일어나고, 다른 한 편에서, 우리가 곧바로 더욱 자세하게 설명하게 되는 바와 같이, 하나님은 사람들에 대한 소멸하는 불이시다.

3. 그러나 펠라기우스주의자들은 원죄가 있다는 것을 부정했다. 아우구스티누스는 여러 권의 저술을 통해 펠라기우스주의자들의 교훈을 훌륭하게 격파하였다.[33] 이 논쟁에서 아우구스티누스가 결정적으로 거장으로 군림하여 펠라기우스의 주제에 첨가하여 그가 썼던 거의 다른 모든 작품들은 오히려 보잘 것 없는 것으로 보인다. 우리는 원죄가 있다고 증언하는 몇 군데의 성경 구절들을 인용할 것이다. "우리도 다 그

---

32. 참고 Thomas Aquinas, *Summa theol.* II, 1. q. 85, a. 3; Gabriel Biel, *In sent., lib.* II, d. 30, q. 1, a. 3.

33. Augustine, *On the Grace of Christ and on Original Sin Against Pelagius and Caelestius*(MPL, Vol. 44, cols. 360ff.).

가운데서 우리 육체의 욕심을 따라 지내며 육체와 마음의 원하는 것을 하여 다른 이들과 같이 본질상 진노의 자녀이었더니"라고 기록하고 있는 에베소서 2:3보다 더욱 분명하게 언급된 곳이 어디 있는가? 그리고 우리가 본성상 진노의 자녀들이라면, 우리는 분명하게 진노의 자녀로 태어난다. 바울은 우리의 모든 능력이 죄에 종속되어 있으며, 사람의 능력 속에는 어떤 시간에라도 선한 것이 전혀 없다는 것 이외에 무엇을 의미하는가? 로마서 5장에서 바울은 죄, 은혜, 그리고 율법에 대한 논의를 전개하는데, 죄가 모든 사람에 유전되어 있다고 가르친다. 모든 사람이 그 한 사람(아담)으로부터 죄인들로 태어난다는 것을 제외하고 한 사람의 죄가 무슨 방식으로 유전되는가? 바울이 여기서 원죄를 논의하고 있다는 것은 부정될 수 없다. 왜냐하면 바울이 각자의 죄를 논하고 있다면, 그가 한 사람의 죄로 많은 사람이 죽었다고 말할 수 없었기 때문이다. 사람들이 본문을 왜곡하는 것을 원하지 않는다면 이 구절이 그들이 자범죄라고 부른 것에 대해 언급하지 않는다는 것을 어떤 사람이라도 알 수 있기 때문에 이 장은 원죄를 언급하는 것이다. 이제 아담이 죄의 창시자가 아니라면, 그리스도만이 정의의 창시자가 되실 수 없을 것이며 아담 역시 창시자가 된다. 비슷하게, 바울이 각각의 사람의 죄에 대하여 이야기하고 있다면, 왜 그들이 자범죄라고 부르는 것을 범하지 않은 자녀들이 죽게 되는가? 그리고 죽음이 죄를 통한 것을 제외하고는 침투할 수 없기 때문에, 자녀들이 범죄 하여 죄를 가지고 있음에 틀림없는데, 그러면 무슨 종류의 죄를 가지고 있는 것인가? 틀림없이 원죄이다! 더구나 바울은 모든 사람이 사망으로 정죄당한 바로 그 죄에 대하여 이야기하고 있다. 확실히 우리는 여기서 바울의 언어의 비유를 고려하고 있다. 로마서에 있는 이 구절과 조화를 이루어, 바울은 고린도전서 15:22에서 다음과 같이 쓰고 있다. "아담 안에서 모든 사람이 죽은 것같이 그리스도 안에서 모든 사람이 삶을 얻으리라." 예언자의 절규도 여기에 적합하다. "내가 죄악 중에서 출생하였음이여 어머니가 죄 중에서 나를 잉태하였나이다"(시 51:5). 다윗은 자신이 죄인으로 태어났다는 것을 의미하고 있다. 만약에 창세기 6:5이 기록하고 있는 바와 같이, "그의 마음으로 생각하는 모든 계획이 항상 악할 뿐"이라면, 우리가 죄 중에 태어난다는 것은 틀림없는 사실이다. 이제, 우리 모두가 그리스도 안에서 복을 받는다면, 우리 모두가 아담 안에서 저주받았음에 틀림없다. 그러나 죄 때문에 저주받는 것 이외에 무엇 때문에 저주받는가? 율법 아래서의 더러움과 이집트의 장자의 죽음은 여기서 모형으로서의 중요성이 있다. 예수님이 요한복음 3:6에서 "육으로 난 것은 육이요"라고 아주 분명하게 말씀하셨을 때, 왜 이 주제를 장황하게 취급해야 하는가? 육이 육이라면, 우리가 위에서 경고한 바와 같이, 육은 자신의 목적을 추구하고 자신을 사랑한다. 첫 번째 출생이 죄에 종속되지 않는다면, 다시 태어난다는 이것은 무엇을 의미하는가? 더구나, 육의 출생이 선한 것이라면, 성령으로 다시 태어난다는 것이 무슨 유익이 있겠는가?

죄의 권능과 열매

4. 우리 시대의 펠라기우스주의자들보다 고대의 펠라기우스주의자들을 훨씬 쉽게 반박할 수 있다. 우리의 동시대인들은 원죄의 사실을 부인하지 않지만, 그들은 그럼에도 불구하고 죄의 권능이 매우 커서 인간의 모든 행위들과 모든 노력들이 죄가 되는 정도라는 그러한 사실은 부인한다. 그러므로 우리들은 원죄의 권능과 추진력[34]에 대하여 약간 좀 더 길게 이야기할 것이다.

원죄는 우리의 모든 부분에서 강력하게 살아있는 힘이어서, 언제나 '악'(vitia)이란 열매를 맺는다. 인간의 마음이 악한 욕망으로 끓어오르지 않는 때가 있는가? 욕망들 가운데 가장 더럽고 부끄러운 것들도 결코 드러나지 않는다. 때때로 탐욕, 야심, 증오, 시기, 분쟁, 욕정의 불꽃, 분노를 경험하지 않는 사람이 누가 있는가? 그러나 그들의 오만, 자만, 바리새적인 위선, 하나님에 대한 경멸, 하나님에 대한 불신, 그리고 신성모독을 의식하지 못하는 사람은 거의 없다. 오히려 이러한 것들이 주된 격정들[35]이다. 외면적으로 말해서 매우 존경스러운 삶을 사는 사람들이 있다. 반면에 바울은 자신이 그리스도를 알기 전에 흠이 없는 방식으로 살았다고 말한다. 이러한 사람들은 자신들도 이해하지 못하는 매우 추잡하고 비참한 감정들에 굴복하므로 아무것도 자랑할 만한 것을 가지고 있지 않다. 하나님께서 어느 때에, 임종의 때와 같이, 그들의 눈을 열어 (소위) 거룩한 사람들[36]이 그들의 악들과 질병들을 인식할 수 있도록 해 주시면 어떻게 될까? 그들이 과연 "모든 육체는 풀이요 그의 모든 아름다움은 들의 꽃

---

34. *Energia.*
35. *Affectus.*
36. 멜란히톤은 반어적으로 'sanctuli'라고 썼다.

과 같으니"라고 기록하고 있는 이사야 40:6을 이해할 수 있게 될까? 여러분은 (여기서) 사람의 마음의 이러한 비참함이 얼마나 깊고, 오히려, 얼마나 불가해한지를 알게 된다. 아직도 우리의 궤변가들은 '행위의 의', '보속',[*] 그리고 '철학적 덕들'을 가르치는 것을 부끄러워하지 않고 있다.[37]

소크라테스 안에 어떤 지속성이 있고, 크세노크라테스는 순수하며 제논은 절제한다는 것을 인정하자. 그럼에도 불구하고, 이러한 위장된 덕들은 자아의 사랑과 칭찬의 사랑으로부터 발생했기 때문에, 그러한 것들은 진실한 덕들이 아니라 악들로 간주되어야만 한다. 소크라테스는 관대하나, 그는 영광을 사랑하는 사람이었거나 확실히 덕에 대하여 스스로 만족하는 사람이다. 카토는 용감했으나, 칭찬에 대한 사랑 때문에 그러하였다. 하나님은 아름다움, 부, 그리고 비슷한 선물들을 부어주시는 것과 동일하게, 이방인들, 불경건한 사람들, 그리고 당신이 의도하시는 누구에게라도 이러한 모방된 덕들을 부어주신다. 모든 인간의 이성은 덕의 이러한 외적인 가면과 유령에 놀라기 때문에, 인간 본성의 눈 먼 판단으로 기만당한 우리의 거짓 신학자들은 우리에게 철학적인 추구들, 철학적인 덕들, 그리고 외적인 행위들의 공적들을 추천한다. 그러나 대부분의 철학자들, 심지어 가장 훌륭한 철학자들조차 우리 자신들에 대한 신뢰와 사랑을 제외하고 무엇을 가르치는가? 키케로는 그의 「선과 악의 한계론」에서 덕들에 대한 모든 동기는 우리 자신들에 대한 사랑 혹은 칭찬에 대한 사랑에 자리 잡고 있다고 생각한다. 플라톤 안에서 얼마나 많은 교만과 자만이 발견될 수 있는지! 내 생각에 (아무리) 본질적으로 고상하고 강력한 기질도 플라톤을 해석할 기회를 가진다면 플라톤의 야심으로부터 어떤 악에 감염되는 것을 피할 수 없었다. 아리스토텔레스의 가르침은 일반적으로 언쟁에 대한 열정이어서, 그를 도덕 철학의 저술가들 가운데 포함시키는 것은 적합하지 않으며, 심지어 마지막 자리에 열거하는 것조차 적합하지 않다. 그러나 우리는 뒤에서 율법의 제목 아래서, 철학에 대하여 이야기할

---

37. 토마스 아퀴나스가 중요한 덕들이라고 불렀던 신중, 정의, 절제와 용기를 '신학적 덕들'이라고 부르는 믿음, 소망, 사랑과 구별하여 '철학적 덕들'이라고 부른다. 참고 Thomas Aquinas, *Summa theol.* II, 1, q. 61, a. 1ff., and q. 62, a. 1ff.

* 중세 고해 제도에서 신자들이 사제에게 고해성사를 할 때, '통회'(*contrio*)와 '고백'(*confessio*)을 한다. 통회를 하면 하나님께서 그의 죄책을 '사면'(*absolutio*)해 주시고, 고백을 하면 사제는 그 죄에 대한 형벌을 가하는데, 그 형벌에서 주어진 것을 충족시키는 행위를 '보속'(*satisfactio*)이라고 한다.

것이다.

5. 간략하게 요약하자면, 모든 사람들은 본성의 권능들을 통하여 참으로 그리고 언제나 죄인들이고 죄를 범한다. 창세기 6:5은 "그의 마음으로 생각하는 모든 계획이 항상 악할 뿐"이라고 기록하고 있다. 이와 동일한 생각이 창세기 8:21에서 반복되고 있다. "사람의 마음이 계획하는 바가 어려서부터 악함이라." '악한 성향이 있다'는 번역은 그의 계획하는 바가 악하다는 사상과 크게 다르지 않지만, 그럼에도 불구하고 나는 단순하게 사람이 악하다고 주장하면서, 이것이 더욱 분명하기 때문에 참된 번역을 사용하는 것을 더 선호한다. 나는 어떤 토마스주의자도 성향 혹은 경향은 행동이 아니므로, 이것은 죄일 수 없다고 말하여 모세를 회피하지 못하도록 하려고 이것을 언급한다. 왜냐하면 어리석은 궤변가들이 이와 같이 철학화하기 때문이다.[38] 이사야 9:17은 말한다. "이 백성이 모두 경건하지 아니하며 악을 행하며 모든 입으로 망령되이 말하니." 다시 이사야 41:29은 말한다. "보라 그들은 다 헛되며 그들의 행사는 허무하며 그들이 부어 만든 우상들은 바람이요 공허한 것뿐이니라." 이사야 53:6은 이와 비슷하게 말한다. "우리는 다 양 같아서 그릇 행하여 각기 제 길로 갔거늘 여호와께서는 우리 모두의 죄악을 그에게 담당시키셨도다." 이러한 구절에서 예언자는 훌륭한 예언으로 그리스도가 모든 사람들 가운데 가장 비천한 자같이 되는 그러한 일을 당할 것이나, 그리스도가 많은 사람들을 의롭게 할 목적으로 고난당할 것이라고 예언하여 그리스도의 수난의 이야기와 그 열매를 제시하고 있다. 왜냐하면 우리 모두가 실질적으로 죄인이고 그리스도에 대한 믿음을 통한 것 이외에 다른 방법으로 의롭게 될 수 없기 때문이다. 그리스도에 대한 믿음을 통해서가 아니라 그들 자신의 힘과 활동으로 의롭다 함을 받기 원하는 사람들에 관하여 예언자는 "그의 무덤이 악인들과 함께 있었으며 그가 죽은 후에 부자와 함께 있었도다"(사 53:9)라고 말한다. 이와 비슷하게, "강한 자와 함께 탈취한 것을 나누게"(사 53:12) 할 것이다. 왜냐하면 불경건한 자들, 부유한 자들, 그리고 강한 자들은 분명하게 '인간적인 의', '자유의지'(arbitrium), 그리고 '철학적인 덕들', 한마디로 말해서 인간의 능력들을 지지하는 자들이나 그들은 그리스도를 모르기 때문이다. 여러분들은 이사야가 간략한 강화로 복음의 전체적인 능력

---

38. 참고 Thomas Aquinas, *Summa theol.* II, 1, q. 85, a. 5.

을 묘사한 방법을 알고 있다. 그러나 오 그리스도여, 당신이 성령을 내려 주셔서 우리에게 이러한 신비들을 열어 설명해 주소서.

이제 우리는 또한 다윗에게 귀를 기울일 것이다. 그가 "모든 사람이 거짓말쟁이라"(시 116:11)고 말할 때와 같이, 많은 구절들에서 이 동일한 생각들을 표현한다. 그러나 다윗이 시편 116:1 이하에서 그와 같이 고백할 때에, 시편 14편의 전체에서 이것을 크게 외치고 있다. "어리석은 자는 그의 마음에 이르기를 하나님이 없다 하는도다 그들은 부패하고 그 행실이 가증하니 선을 행하는 자가 없도다 여호와께서 하늘에서 인생을 굽어살피사 지각이 있어 하나님을 찾는 자가 있는가 보려 하신즉 다 치우쳐 함께 더러운 자가 되고 선을 행하는 자가 없으니 하나도 없도다"(시 14:1-3). 단순한 악들이 아니라 가장 악독한 범죄들, 즉 불경건, 불신앙, 어리석음, 증오와 하나님에 대한 경멸 등 어떤 사람도 찾아낼 수 없고 성령님만이 찾아낼 수 있는 악들에 대해 사람을 비난하고 있다는 것을 주목하라.

위선적인 신학자들이여, 당신들은 이것에 대해 무엇을 말하고자 하는가? 당신들은 자유의지의 무슨 사역들을 설교하고자 하며, 사람의 무슨 능력을 설교하고자 하는가? 당신들이 사람이 그 자신의 능력으로 선한 어떤 것을 할 수 있다고 가르칠 때 원죄를 부인하지 않고 있다고 상상하고 있는가? 나쁜 나무가 좋은 열매를 맺을 수 없거늘, 맺을 수 있다는 것인가? 혹은 당신들은 여기서 예언자가 어리석은 자의 마음뿐만 아니라, 사람의 모든 추구들, 경륜들, 욕망들, 활동들, 그리고 시도들을 말하면서, 열매도 함께 묘사하고 있다는 것을 알지 못하는가? 더구나 당신들은 성경의 인간관과 철학 혹은 인간 이성의 인간관 사이에 얼마나 큰 차이가 있는지를 잘 알고 있다. 철학은 인간의 외면적인 가면들 이외에 아무것도 보지 못하고 있다. 반면에, 성경은 가장 깊고, 이해할 수 없는 정서들을 보고 있다. 사람은 이러한 것들에 의해 지배되고 있기 때문에, 성경은 정서들 배후에 있는 동기에 따라 행동들을 판단한다. 그리고 우리가 모든 행동에서 우리 자신의 유익을 찾기 때문에, 이러한 행동들은 실질적으로 죄들임에 틀림없다.

나는 이제 욕망의 가장 우둔한 종류들을 언급하지 않을 것이다. 외면적으로 훌륭하게 살아가는 사람들이 관련되는 한에서, 어떤 한 사람은 인간사들에 대한 혐오에 의해 그러한 길로 인도되며, 다른 사람은 운명에 대한 두려움 때문에, 다른 사람은 야심에 의해서, 그리고 다른 사람은 안정에 대한 사랑에 의해 인도되는 것 아닌가? 왜냐하면 이러한 것들이 이전에는 철학자들의 경우에 훌륭한 외적인 생활의 원인들이었으나, 이제는 그러한 것들이 많은 사람들에게 있어서 원인들이다. 여전히 다른 사람은 하나님의 처벌에 대한 위장된 두려움에 의해 억제된다. 이제 일부 사람들은 다른 이유 때문에 주저하고, 다른 사람들은 다른 이유 때문에 주저한다. 특별히 정서들의 다양성이 자연적인 재능들의 다양성만큼 큰데, 누가 인간 마음의 미로를 뚫고 들어가겠는가? 그러나 모든 사람들 가운데서 본성에 따라서, 그의 욕구를 탐닉하도록 허락받는 것을 선호하지 않을 사람이 누가 있으며, 누가 법으로 강요되는 고통을 견디려고 하겠는가? 여러분들이 지금 이것을 이해하지 못한다고 하더라도, 이것은 별로 중요한 것이 아니다. 그러나 여러분의 마음이 그 욕망의 법으로 제지당하는 것을 얼마나 미워하는지를 매우 분명하게 깨닫는 시간이 올 것이다. 더구나 성경은 요한복음 1:12-13에서 다음과 같이 말한다. "영접하는 자 곧 그 이름을 믿는 자들에게는 하나님의 자녀가 되는 권세를 주셨으니 이는 혈통으로나 육정으로나 사람의 뜻으로 나지 아니하고 오직 하나님께로부터 난 자들이니라." 여러분들은 '사람의 뜻', '육신의 뜻', 다시 말해 '본성의 능력'의 모든 마지막 국면이 정죄되는 것과 같이 혈통이 정죄되는 것을 알고 있다. 그러나 일부 사람들을 하나님으로부터 거듭난다. 학구적인 독자가 혼자서 주목할 많은 구절들을 생략하여 건너뛰면, 요한복음 15:4은 다음과 같이 말한다. "가지가 포도나무에 붙어 있지 아니하면 스스로 열매를 맺을 수 없음같이 너희도 내 안에 있지 아니하면 그러하리라."

이 과정에서, 나는 불경한 궤변가들이 방금 인용된 분명한 구절들(의 뜻)을 약화시키기 위해 그들이 소리 높여 주장하는 바를 반박해야만 한다. 왜냐하면 그들은 사람이 본성을 따라 선을 행하여 공적을 쌓을 수 없다는 것이 사실이라고 말하기 때문이다.[39] 따라서 그들은 공적이 되는 선과 공적이 되지 않는 선이란 이중적인 선을 발견한다.[40] 그들은 오직 자유의지의 철학적인 덕들과 그러한 외적으로 자극받은 덕들을 흠 있는 것으로 증명하도록 강요받지 않으려고 이러한 짓을 한다. 얼마나 불경한 짓인가! 이것은 어떤 때는 영생의 가치가 있고 다른 때는 영생의 가치가 없는 선을 발견하

---

39. *Ibid.*, q. 109, a. 2.

40. Gabriel Biel, *In sent., lib,* III, d. 19, q. *unica,* a. 2, concl. 5.

려는 말장난이 아닌가? 성경이 "그의 마음으로 생각하는 모든 계획이 항상 악할 뿐"(창 6:5)이라고 분명하게 말씀하고 있기 때문에, 나는 사람이 본성의 능력으로 어떤 선도 어떤 공적이 되는 일도 할 수 없다는 것을 여러분들이 확실하게 확신하기를 소망한다. 확실히 악하고 부패한 것은 영생의 공적을 쌓을 수 없을 뿐만 아니라 (왜냐하면 내가 그들의 단어들을 사용하는 것이 적합하기 때문이다), 또한 선하지도 않다. 그러므로 다윗은 시편 116:11에서 다음과 같이 말한다. "내가 놀라서 이르기를 모든 사람이 거짓말쟁이라 하였도다." 이사야 9:17은 다음과 같이 말한다. "이 백성이 모두 경건하지 아니하며 악을 행하며 모든 입으로 망령되이 말하니." 이사야는 왜 사람이 공적을 쌓지 않는다고 말할 뿐만 아니라 악하다고 분명하게 말하는가? 더 나아가, 우리가 지금까지 논의한 이러한 일들로부터 그리고 조금 후 주목할 그러한 일들로부터, 각자 혼자 힘으로 그들의 이러한 헛소리를 쉽게 반박하게 될 것이다. 불경한 궤변가들은 행위들이 그들의 마음의 정서에 근원을 가지고 있다고 생각하지 않았으며, 오히려 그들은 철학적인 방식으로 행위들을 판단하였다. 이것이 그들의 쓸모없는 이야기에 대한 원인이었다.

이제, 바울은 그의 대부분의 편지에서, 특별히 로마서와 갈라디아서에서, 인간 능력의 모든 행위들과 모든 노력들은 '죄'(peccata)이거나 혹은 '악'(vitia)이라는 것 이외에 어느 것도 가르치지 않는다. 여러분들도 잘 아는 바와 같이 그는 로마서 3:9에서 '모든 사람이 죄의 권능 아래 있다'고 말한다. 그리고 그는 이 사실을 예언자들의 증언으로부터 엄숙하고 뛰어난 방식으로 설명한다. 로마서 8장에서는 우리가 율법을 지킬 수 없다고 설명한 후에, 육신과 성령을 비교한다. 그는 육신은 완전히 죄에 굴복하나, 성령은 생명과 평안이라고 가르친다. 바로 이 지점에서 궤변가들은 성경에 있는 언어의 어법과 비유적 용법을 잊은 채, '육신'을 '감각적 욕구'라고 부른다.[41] 그런데 성경에서의 '육신'은 사람의 일부인 몸뿐만 아니라 몸과 함께 영혼으로 구성된 전체 인간을 의미한다. 그리고 육신이 성령과 비교될 때마다, 이것은 성령으로부터 구별되는 인간 본성의 최선이자 최고로 우수한 능력을 의미한다. '성령'은 성령 자신과 그분의 활동과 우리 안에서 하시는 그분의 사역을 의미한다. 그래서 요한복음 3:6은 "육으로 난

---

41. 참고 Duns Scotus, *In sent.*, *lib.* II, d. 29, 4; and Gabriel Biel, *In sent.*, *lib.* II, d. 30, q. 2, a. 3, *dub.* 2. "부싯돌은 감각적 욕구를 이성의 판단과 관련하여 훼손시키고 흠이 있는 행동으로 기울어지게 만드는 육신의 과도한 특성이다"(*Fomes est qualitas inordinata, inclinans appetitum ad actum defomans et vitiosum in habente iudicium rationis*).

것은 육이요 영으로 난 것은 영이니"라고 말한다. 또한 요한복음 8:15은 "너희는 육체를 따라 판단하나"라고 말하고, 창세기 6:3은 "나의 영이 영원히 사람과 함께하지 아니하리니 이는 그들이 육신이 됨이라"고 말한다.

우리는 '육신'이라는 단어가 인간 본성의 모든 능력들과 관련하여 사용되고 있다고 이해해야만 한다. 그렇지 않으면, 로마인들에 대한 편지 전체에 있는 바울의 주장들은 지탱될 수 없을 것이다. 왜냐하면 그는 지속적으로 자신의 주장을 다음과 같이 전개하기 때문이다. '육신은 율법을 성취할 수 없었다. 그러므로 율법을 성취할 성령이 필요하다.' 여기서 우리가 '육신'이라는 단어를 인간의 일부분에 대해서만 사용하고자 한다면, 바울의 주장이 어떻게 유지될 수 있을 것인가? 이러한 바울의 주장은 다음과 같은 방식으로 회피될 수 있다. '육신이 율법을 지킬 수 없었다고 하더라도, 이제 인간의 어떤 더 나은 부분이 그렇게 할 수 있었으며, 그러므로 성령이 율법을 성취할 필요가 없었을 것이다.'

그러나 우리는 소위 이러한 철학 박사[42]들 아래서 성경의 의미뿐만 아니라 성경의 언어도 배우지 못하고 있다. 에스라 10:2에서 읽는 바와 같다. "이방 여자를 맞이하여 아내로 삼았으나." 그래서 우리는 우리 자신의 언어가 아니라 그들의 언어를 사용하고 있다. 그러므로 인간 본성의 최고의 능력들과 최고의 노력들에 대하여 육신이라는 단어를 사용한다. 육신의 열매들은 어떤 소크라테스 혹은 카토의 훌륭한 덕일 뿐만 아니라 어떤 카이사르의 존속 살인이다. 육신의 열매들은 바울이 그리스도를 알기 전에 소유했던 바로 그 훌륭한 덕들이자 또한 어떤 클라우디우스의 간음들이다.

지금, 우리가 여기서 육신이라고 부르는 것을 우리는 대개 다른 때에는 '옛사람'이라고 부르며, 비슷하게 인간 본성 안에 있는 무슨 능력이라도 나타낸다. 그것은 그 단어 자체가 분명하게 선언하는 의미이다. 왜냐하면 '옛사람'이라는 용어가 사람의 일부분만을 의미한다고 주장하고자 하는 사람은 상식이 부족해 보이는 사람이 될 것이기 때문이다. 사람이란 단어를 들을 때에 누가 단지 몸만을 생각하겠는가? 바울은 옛사람, 육신, 그리고 죄의 몸을 교대로 사용하고 있다. 이제 '겉 사람' 역시 '옛사람' 혹은 '육신', 다시 말해 사람의 외적인 부분뿐만 아니라, 모든 그의 자연적인 능력이 의미하

---

42. *Doctoribus philosophrastris.*

는 것을 나타낸다. 나는 아래 부분에서 은혜라는 주제를 논의할 때 사람의 부분들에 대하여 더 논의할 것이다. 지금은 육신이 의미하는 것에 주목하는 것으로 만족하자. 성령이 갱신시키지 않고 정화시키지 않은 사람 안에 육신 혹은 부패한 것이라고 부를 수 없는 어떤 것이 조금이라도 있다고 생각하는 사람들은 기만당하는 것이다.

우리가 사람의 본성적인 능력들에 대한 바울의 입장에 대하여 검토한 것을 정확하게, 나는 로마서 8:3 이하에 있는 그의 말로 제시할 것이다. "율법이 육신으로 말미암아 연약하여 할 수 없는 그것을 하나님은 하시나니 곧 죄로 말미암아 자기 아들을 죄 있는 육신의 모양으로 보내어 육신에 죄를 정하사 육신을 따르지 않고 그 영을 따라 행하는 우리에게 율법의 요구가 이루어지게 하려 하심이니라." 바울은 우리가 육신적이어서 율법을 지키는 것이 불가능하기 때문에, 하나님께서 육신에 대해 죽어 있으나, 성령 안에서 살아있는 우리를 위하여 율법을 만족시키려고 그의 아들을 보내셨다고 적절하게 그의 주장의 요약을 서술한다. 여기서 나는 '그가 무엇을 육신이라고 불렀는가'라고 질문한다. '성령'께서 그의 충동들뿐만 아니라 그의 운동들을 '영'이라고 부른다는 것이 명백하기 때문에, 필연적으로 당신이 우리 안에서 성령에 대해 낯선 무엇이라도 '육신'이라고 부른다는 결론이 따라 나오기 때문이다. 더구나, 사도는 그의 서술된 입장의 본보기를 제공한다. "육신을 따르는 자는 육신의 일을, 영을 따르는 자는 영의 일을 생각하나니 육신의 생각은 사망이요 영의 생각은 생명과 평안이니라"(롬 8:5-6). 율법이 육신을 통해 만족될 수 없는 이유를 주목해야 한다. 즉 '육신을 따라 사는 사람은 육신을 일을 생각한다'고 하는데 이것은 마치 다음과 같이 말하는 것 같다. '너희 바리새인들과 위선자들아, 너희는 너희 자신의 힘으로 율법을 성취할 수 있다고 생각한다. 너희는 외적으로 훌륭하게 행동하는 것으로 보이며, 가장 고귀한 덕들을 타고난 것같이 보인다. 그러나 모든 그러한 일들은 위장이다. 너희는 육신이기 때문에, 너희는 자신들의 목적들을 추구하고 처벌의 두려움 혹은 편리에 대한 사랑 혹은 어떤 다른 육적인 정서들 때문에 너희는 사람들의 눈앞에서 훌륭하게 행동하고 있다. 너희는 육신이기 때문에 너희 안에 하나님에 대한 어떤 감각이 있을 수 없다. 그러므로 너희는 하나님에게 속하는 일들을 소망하거나 추구할 수 없다.' 외적으로 아무리 훌륭하게 보인다 하더라도, 하나님이 원하신다면 즐거이 죽음과 지옥을 감당할 정도로 하나님을 사랑하는 사람이 과연 누가 있겠는가?

로마서 8:5의 '육신을 따라 사는 사람은 육신의 일을 생각한다'와 같은 짧은 구절에 사도가 어떻게 그렇게 많은 중대한 일을 함축했냐고 말할 수 없다. 반대로 '영을 따라 사는 사람은 영의 일을 생각한다'는 성령이 쏟아 부어진 사람은 그들 안에 하나님에 대한 이해, 하나님에 대한 신뢰, 그리고 하나님에 대한 사랑을 가지고 있다는 것을 의미한다. 반면 육신 안에는 하나님에 대한 증오와 경멸 이외에 아무것도 없다. 이것이 사도가 로마서 8:6에서 "육신의 생각은 사망이요 영의 생각은 생명과 평안이니라"고 말한 의미다. 그리고 이 말씀이 따라온다. "육신의 생각은 하나님과 원수가 되나니 이는 하나님의 법에 굴복하지 아니할 뿐 아니라 할 수도 없음이라"(롬 8:7). 내가 여러분에게 간청하니, 바울의 결론을 숙고하시기 바란다. 그는 우리의 육신의 모든 능력들은 하나님과 원수가 되고 하나님의 법에 굴복할 수 없다고 말하며 그의 논의를 끝내고 있다. 우리의 육신이 하나님의 법에 굴복할 수 없다면, 우리는 육신이 무슨 열매를 맺을 것인지에 대하여 왜 의심하는 것인가? 지금 바울은 우리의 육신이 하나님의 법에 굴복하지 않을 뿐만 아니라, 그 법에 굴복할 수 없다고 말하고 있다. 그러므로 사람들의 모든 행위들은 외적으로 아무리 칭찬할 만하더라도, 실질적으로 부패하고 사망에 해당하는 죄들이라는 결론이 따라온다. 궤변가들이 즐거워한다면, 그들이 우리를 바울의 이러한 사상으로부터 끌어내리려고 위조했던 육과 영에 대한, 선과 공적이 되는 것들에 대한, 그리고 비슷한 사소한 것들에 대한 그들의 어리석고 하찮은 구별들을 제시하도록 하자. 바울이 '율법의 의'는 성령을 따라 사는 사람들 안에서 성취되는 것을 제외하고는 성취될 수 없다고 말하는 것보다 무엇이 더욱 분명한가? 그러므로 성령으로 충만하지 않는 사람들은 율법을 만족시킬 수 없다. 그러나 율법을 행하지 않는 것은 범죄 하는 것 이외에 그 무엇인가? 참으로, 율법에 반대하는 마음의 모든 움직임과 충동은 죄이다.

　　그러므로 궤변가들이 원죄가 하나님의 호의로부터 떨어져 나가서 원의를 상실한 것이라고 가르칠 때, 그들은 우리가 성령과 하나님의 복을 상실하고 있으므로 우리가 저주받는다는 것을 첨가해야만 한다. 빛이 사라지므로, 우리 안에 어두움, 맹목성, 그리고 오류 이외에 아무것도 없다. 진리가 부재하므로, 우리 안에는 거짓 이외에 아무것도 없다. 생명이 상실되어 있으므로, 우리 안에 죄와 죽음 이외에 아무것도 없다. 에베소서 2:3에서 바울은 우리를 진노의 자식이라고 부르는 이유를 설명한다. "전에는 우리도 다 그 가운데서 우리 육체의 욕심을 따라 지내며 육체와 마음의 원하는 것을 하여 다른 이들과 같이 본질상 진노의 자녀이었더니.” 우리가 나중에 ‘율법의 권능’을 논의할 때, 훨씬 많은 자료들이 이 구절을 보충하기 위해 사용될 수 있을 것이다. 그러므로 우리가 여기서 지금 지체할 필요가 없다. 이제 죄의 권능이 무엇이냐 하는 것은 모든 사람들을 죄에 대해 정죄하는 율법이 계시될 때 최종적으로 분별된다. 사도 바울이 갈라디아인들에게 쓰는 바와 같이, “그러나 성경이 모든 것을 죄 아래에 가두었으니 이는 예수 그리스도를 믿음으로 말미암는 약속을 믿는 자들에게 주려 함이라”(갈 3:22). 우리가 이 주제 하에서 논의한 것으로부터, 여러분이 우리가 인간의 능력들에 대하여 생각해야만 하는 것을 알 수 있다. 당신은 (스콜라주의) 신학자들의 의지의 이론에 있어서 그들이 성경을 방치할 때 그들이 즐거워하는 무엇이라도 결정하기 때문에, 그 신학자들이 참으로 자유로운 의지의 자유로 자랑하는 어떤 자유가 있는지 여부를 알 수 있다. 우리들의 그 폭군인 우리 육신 안에 있는 죄가 성령으로 충만한 사람들에 대해서조차 고통을 일으킬 때 성령 없이 거기에 무슨 자유가 있겠는가? 성도들 가운데 누가 이러한 종노릇하는 상태, 다시 말해 이 포로 상태를 탄식하지 않겠는가? 지체들의 법인 죄의 이러한 전제 정치는 우리가 가지고 태어난 그 죄에 의해 이루어지는 난폭한 공격이다. 육체에 따라 죄인들인 동안에도 성령에 따라 의인들인 것의 연관성을 나는 앞으로 서술할 것이다.

이러한 사실로부터, 명령된 것이 성취될 수 없다는 결론이 마찬가지로 따라 나오는데, 우리가 나중에 좀 더 논의하려고 하는 바와 같다. 이것은 위에서 인용했던 로마서 8:7로부터 분명하다. ‘육신은 하나님의 법에 굴복할 수 없다.’ 마찬가지로, 그 동일한 맥락에서 다음과 같은 사상이 따라 나온다. ‘율법이 의롭게 하는 것은 불가능하다’(롬 8:3). 다시 말해, 율법은 우리에게 단지 우리가 해야만 하는 것을 보여 주기 때문에 충분하지 않았으며, 율법을 사랑하도록 우리를 불붙이려고 성령께서 그리스도를 통해 주어져야만 한다는 것은 역시 필수적이었다. 그런데 이 지점에서 스코투스주의자들이 상기된 뺨을 가지고 외쳐대기를 쉬지 않는 자유의지의 신학자들과 도덕 철학의 그 불경건하고 어리석은 교의가 침투해 들어온다. 그들은 ‘의지’(voluntas)가 올바른 이성의 모든 천거 사항에 순응할 수 있다고, 다시 말해 의지는 올바른 이성과 지성의 올바른 조언이 규정하는 무엇이라도 ‘의도’(velle)할 수 있다고 말한다. 바울은 반대로 율법이 의롭게 하는 것이 불가능하다고, 다시 말해 육신이 연약하여 율법으로부터 돌아서기 때문에 율법이 우리가 해야만 하는 것을 규정하는 것만으로는 (의를 이루기에) 충분하지 않다고 말한다. 그러나 여기서 그들(스코투스주의자들)은 정서가 어디로 끌고 가든지 간에 끌어낸 행동을 가지고 있는 어떤 새로운 의지를 주장하여 중요한 것을 제시하였다. 그러나 그들이 성경의 말투와 어법을 관찰했더라면, 그들은 쉽게 자신들이 이러한 끌어낸 행동들과 관련하여 함께 묶어 놓았던 것들이 거짓이며, 지성의 헛된 생각들에 불과하다는 것을 찾아낼 수 있었을 것이다. 물론 외적인 (몸의) 지체들은 때때로 정서가 몰아가는 것과 다른 방향으로 반응할 수 있으나, 그런 일이 일어날 때, 그것은 가장과 기만에 의해 일어나는 것이다.

나는 곧 '율법의 권능'에 대해 말하려고 하지만, 지나가는 말로 그리스도인 독자들에게 궤변가들이 우리가 우리 자신의 능력으로 하나님을 사랑할 수 있다는 것을 증명하려는 그들의 어리석고, 무미건조하고, 그리고 불경건한 교묘함을 저지하지 않을 수 없다. 왜냐하면 그들은 다음과 같이 주장하기 때문이다. "덜 착한 사람이라도, 예를 들어 어떤 피조물이라도 사랑받을 수 있다. 그러므로 더 착한 사람도 사랑받을 수 있다."[43] 이것이 바로 바울이 소금으로 고르게 함과 같이 맛을 내기 원하는 그리스도인들의 말씨인가? 확실히 이러한 말은 익살스럽고 참으로 아리스토텔레스에게 속하는 것이므로 아리스토텔레스를 추종하는 철학자들에게나 적합한 언급이다. 먼저, 우리가 우리에게 선하고, 즐겁고, 그리고 편리하게 보이는 것을 제외하고 아무것도 사랑하지 않는 것이 사랑의 본성이다. 그러므로 우리는 우리가 사랑하는 그 무엇이라도, 우리 자신의 유익과 관련하여 사랑한다. 당신은 부를 사랑하고 돈을 사랑하는데, 부나 돈이 본질적으로 선하기 때문이 아니라, 당신이 이러한 것들이 생활의 필수품들을 위하여 유익하다고 생각하기 때문에 사랑한다. 이와 비슷한 방식으로, 하

---

43. 이것은 주로 가브리엘 비엘을 반박하는 것이다. Gabriel Biel, *In sent.*, lib. III, d. 26, q. 26, *unica*, a. 3, *dub.* 2; "그 자신에 대한 그의 지식과 사랑으로부터 사람은 하나님의 지식과 사랑으로 상승한다. 왜냐하면 '본성적으로'(*naturaliter*) 사람은 '우호적인 사랑'(*amore amicitiae*)을 가지고 자신을 사랑하나, 그는 '탐욕스러운 사랑'(*amore concupiscentiae*)을 가지고 자신을 위해 유익한 모든 것을 사랑하고 그러므로 최고선이신 하나님을 사랑한다." 다른 문단(*ibid.*, d. 28, q. *unica*, a. 1. *dub* 1)에서 비엘은 사람에 대해 "그가 본성적 능력으로 모든 것보다 하나님을 사랑하는 행동을 끌어낼 수 있다"고까지 언급한다. 루터는 그의 교수 경력을 시작할 때 이러한 입장에 매우 강력하게 반대한다. 예를 들어 그의 다음 작품들을 참조하라. 1517년 9월의 "Theses Against Scholastic Theology" [LW, Vol. 31, 9-16; 또한 *Luther: Early Theological Works*, ed and tr. by James Atkinson, LCC, Vol. XVI (1962), 266-273].

나님께서 당신의 계획과 당신 자신을 위하여 유익하다고 생각하지 않는다면, 당신은 하나님께서 아무리 선하시다고 하더라도 하나님을 사랑하지 않는다. 이제 당신이 당신 자신의 편리에 대한 고려로부터 하나님을 사랑했다 하더라도, 당신은 노예적인 방식으로 그리고 부패하고 왜곡된 본성의 열정으로 사랑할 것이고, (그렇게 함으로써) 분명히 당신은 죄를 범하게 될 것이다. 그러나 마음이 이미 성령으로 정화되었고 하나님의 친절함이 순결하고 경건한 마음에 새겨지지 않았다면 어떤 유익함도 하나님으로부터 생겨난다고 생각되지 않기 때문에, 당신은 (위에서 말한) 그러한 방식으로조차 하나님을 사랑하지 않는다.

더구나, 다윗이 말하는 바와 같이(시 21:9f.) 당신의 양심이 당신에게 영원한 죽음과 그의 일견의 무서운 순간을 위협하면서, 분노한 하나님을 보여 줄 때에 어떻게 될까? 인간의 본성이 선한 일들의 이해에 의해서뿐만 아니라, 악한 일들, 다시 말해 하나님이 내리시는 처벌의 이해에 의해 사로잡힐 때─이러한 상황에서, 그 본성이 하나님을 사랑하고 기꺼이 지옥의 처벌조차 감당하도록 마음을 조절할 수 있는가? 라고 나는 질문한다. 양심이 마음에 충격을 주면, 마음은 곧바로 하나님으로부터 돌아서서 하나님을 잔인한 살인자, 복수자, 가장 흉악하게, 사악한 존재로 두려워하게 된다. 오, 궤변가들이여! 이러한 상황에서 당신들이 수다스럽게 떠들어대는 그러한 끌어낸 행동들이 무엇을 성취할 것이며, 당신들이 상상하는 그 놀라운 의지가 무엇을 이룰 것인가? 혹은 불로 임하는 그 진노의 날이 자유의지가 이룬 인간의 의가 거짓과 속임수 뿐이며, 육체의 모든 영광은 들의 영광과 같다고 선언하지 않겠는가? 율법이 (시내산에서) 공표되고 있을 때 이스라엘은 불과 연기를 보고 두려움 속에서 떨지 않았으며, 심지어 모세의 얼굴을 보고서도 떨지 않았는가? 하나님께서 그들에게 진노하셨을 때 땅이 두려워하였고, 진동하였으며, 산들의 기초가 혼돈되고 흔들리지 않았는가? 그러나 나는 이러한 문제에 관하여 '율법의 권능'을 논의할 때 아래서 적절하게 논의하게 될 것을 희망한다. 존경하는 애독자 여러분, 여러분은 여기서 첫 번째 요점을 소유하게 된다. 우리는 우리에게 이익이 되는 것을 제외하고는 아무것도 사랑하지 않는다. 그러나 하나님은 어떤 이익을 위해 사랑받는 것을 원치 않으신다. 하나님은 자유롭게 사랑받는 것을 원하신다. 이익이 되는 것을 사랑하는 사람은 하나님이 아니라 자신을 사랑하는 것이며, 성경은 그러한 부패한 사랑에 대하여 모든 곳에서 경고한다.

위의 것과 크게 다르지 않은, 또 다른 미묘한 주장이 여기서 거부되어야만 한다. 우리의 반대자들은 우리가 성령의 역사와 별도로, 우리 자신을 사랑하는 것보다 하나님을 더욱 깊게 사랑하는 것이 가능하다고 가르치는 것이 불합리하지 않다고 주장한다. 왜냐하면 우리가 자주 심지어 없어질 것들, 사람들, 연인들, 자녀들, 혹은 우리의 배우자들을 위하여 죽음을 희생하기 때문이다. 이것에 대한 대답은 정서에 대한 주장으로부터 추론되어야만 한다. 왜냐하면 우선 어떤 사람도 본성적으로 죽는 것을 기뻐하지 않으며, 국가 혹은 그들의 재산을 위하여 생명을 희생하는 사람들도 스스로 사는 것을 선호하기 때문이다. 커티우스(Curtius)[44]도 사는 것을 선호했고 루크레티아(Lucretia)[45]도 역시 그랬다. 그러나 인간의 본성은 역경을 피하고 싶어 하기 때문에, 우리는 비참한 상태나 불행을 견디는 것보다는 차라리 죽는 것을 선호할 것이다. 피라무스(Pyramus)는 사는 것을 선호했으나, 티스베(Thisbe) 없는 삶은 비참할 것이라고 생각했기 때문에, 그는 이 악과 그 자신의 삶을 동시에 끝내는 것을 원했다.[46] 사울은 살기를 선호했으나, 분노, 절망, 그리고 불명예의 두려움 때문에, 그는 단번에 모든 그의 고통들과 그의 생명을 끝내기 위하여 자살을 하였다.[47] 그러나 루크레티아, 사울, 그리고 이와 비슷한 사람들의 주목할 만한 죽음들이 하나님의 위엄의 놀라운 실례들인데, 내가 왜 굳이 열정들에 대한 정확한 주장을 제공하려고 수고해야 하는가?

이제, 궤변가들이 '합당한 공적'(meritum congrui)*에 대하여 주장했던 것들, 다시 말해 우리가 우리 자신의 본성의 능력 안에서 하는 도덕적 행위들에 의해 우리가 은혜

---

44. 고대 로마 전설은 주전 362년에 로마의 광장(forum)에 깊은 틈새가 생겨났다고 말한다. 일부 목격자들은 로마의 가장 고귀한 소유물을 그 속으로 집어 던질 때까지 이것이 닫히지 않을 것이라고 선언하였다. 커티우스는 로마 도시는 용감한 사람보다 더 훌륭한 보물을 소유하지 못했다고 믿으면서, 말 등에서 완전무장을 하고 그 틈새로 뛰어들면서 자신을 희생시켰다. 그 커다란 틈새는 즉각적으로 메워졌다.

45. 주전 500년경에 유명한 미녀이자 루키우스 타르퀴니우스 콜라티누스(Lucius Tarquinius Collatinus)의 부인인 루크레티아는 타르퀴니우스 섹스투스(Tarquinius Sextus)에 의해 강간당했다. 그녀의 아버지와 남편이 그녀의 복수를 할 것이라는 약속을 받은 후에, 그녀는 자결하였다.

46. 고대 바벨론 전설에 따르면, 연인들 사이인 피라무스와 티스베는 무덤을 그들의 약속의 장소로 선택했다. 티스베는 먼저 도착해서, 우연히 방금 소를 죽인 사자를 만났다. 그녀는 도망쳤는데 사자가 피를 칠한 옷을 잃어버렸다.

47. 사무엘상 31:3-4을 참고하라.

---

* 스코투스를 비롯한 유명론자들은 인간이 하나님의 은혜를 받은 후에야 공적을 얻는 행위가 가능하다는 토마스 아퀴나스의 견해를 넘어서서 자연적인 본성의 힘에 의한 '합당한 공적'(meritum congrui)을 통해 하나님의 은혜를 예비할 수 있다고 가르쳤다.

를 쌓는다[48]는 것이 적합하다(그들이 이와 같이 말하기 때문이다)는 그러한 일들에 있어서, 존경하는 애독자들이여, 여러분들 자신들은 이러한 것들이 하나님의 은혜를 훼손하는 거짓된 신성모독이라는 것을 이해한다. 더구나, 성령의 영감 없는 인간 본성의 능력은 죄 이외에 어떤 것도 할 수 없기 때문에, 우리가 우리 노력에 대하여 진노 이외에 무엇에 대하여 적합할 것인가? 그러한 끌어낸 행동들, 그러한 위조된 명제들, 그들이 거짓으로 선하다고 부르는 그러한 의도들, 한마디로 말해서, 궤변가들이 제시하는 모든 그러한 것들은 거짓들이고 허위 진술들이다. 그들의 바리새적인 대비 행동을 하는 동안 그 같은 태도로 은혜를 반대하는 것은 사실 아무것도 아니라고 우리가 말하는 이러한 선한 의도들을 통하여 은혜를 우리가 얻는다는 것은 매우 억지스럽다. 바울은 이러한 불경건을 매우 완강하게 반대한다. 그는 역시 다른 곳에서도 이렇게 하지만, 특히 로마서 전체에서 그렇게 한다. 그의 전체적인 요점은 은혜가 행위로부터 얻어진다면 은혜가 아니라는 것이다. 우리의 행위를 고려한다면 자비에 대해서 무슨 자리가 있겠는가? 은혜가 행위에 매여 있다면, 바울의 용어를 사용하자면, 도대체 은혜의 영광은 무엇인가(엡 1:6)? 바울은 로마서 3장에서 모든 사람은 죄 아래 있으며, 믿는 사람은 은혜로 의롭다 함을 받는다는 것을 분명하게 가르치고 있다. "의의 법을 따라간 이스라엘은 율법에 이르지 못하였으니"라는 로마서 9:31의 서술은 무슨 의미이겠는가? 그는 그들 자신의 자유의지의 힘을 진전시키고 있는 그러한 사람들은 결코 율법을 지키지 않고 다만 외적으로 그렇게 하는 체 할 뿐이라는 것을 의미한다. 선지자 이사야는 아무나 또한 모든 구매자들을 거리낌 없이 그리스도에게 초청하고 있다(사 55:1-3). "와서 사 먹되 돈 없이, 값없이 와서 포도주와 젖을 사라 너희가 어찌하여 양식이 아닌 것을 위하여 은을 달아 주며 배부르게 하지 못할 것을 위하여 수고하느냐"(다시 말해, '왜 너희는 선행을 의지하느냐? 행위들은 너희를 실망시킬 것이다'). "내게 듣고 들을지어다 그리하면 너희가 좋은 것을 먹을 것이며 너희 자신들이 기름진 것으로 즐거움을 얻으리라 너희

---

48. 참고 Duns Scotus, *In sent., lib.* II, d. 28, q. 1B. Gabriel Biel, *In sent., lib.* II, d. 27, q. *unica*, concl. 4는 다음과 같이 기록하고 있다. "'방해'(*obicis*)가 제거되고 하나님을 향한 선한 움직임이 의지의 자유로운 결정으로부터 이끌려질 때, 영혼은 '합당한' (*de congruo*) 공적으로부터 첫 번째 은혜를 쌓는다. 이것은 하나님이 최선을 다하는 사람의 행동을 받으셔서 그는 첫 번째 은혜를 받을 수 있기 때문에 증명된다"(*Anima obicis remotione ac bono motu in deum ex arbitrii libertate elicitio primam gratiam mereri potest de congruo. Probatur, quia actum facientis quod in se est, deus acceptat ad tribuendam gratiam primam*).

는 귀를 기울이고 내게로 나아와 들으라"(다시 말해. '믿으라'). "그리하면 너희의 영혼이 살리라 내가 너희를 위하여 영원한 언약을 맺으리니 곧 다윗에게 허락한 확실한 은혜이니라"(다시 말해. '내가 다윗에게 신실한 자비를 약속할 것이다.' 즉 '수립한다'는 의미다). 예레미야 17:5-8은 다음과 같이 기록하고 있다. "무릇 사람을 믿으며 육신으로 그의 힘을 삼고 마음이 여호와에게서 떠난 그 사람은 저주를 받을 것이라 그는 사막의 떨기나무 같아서 좋은 일이 오는 것을 보지 못하고 광야 간조한 곳, 건건한 땅, 사람이 살지 않는 땅에 살리라 그러나 무릇 여호와를 의지하며 여호와를 의뢰하는 그 사람은 복을 받을 것이라 그는 물가에 심어진 나무가 그 뿌리를 강변에 뻗치고 더위가 올지라도 두려워하지 아니하며 그 잎이 청청하며 가무는 해에도 걱정이 없고 결실이 그치지 아니함 같으리라." 이 장의 나머지 부분을 보라. 예레미야서의 이 한 장이 도덕적 행위들은 우리 육신의 위선들과 거짓들일 뿐이라는 것을 반박할 수 없도록 분명하게 증명하고 있다.

스콜라주의 신학이 참회와 회오[49]의 시작에 대하여 만들어 낸 것이 이 지점에서 적합하다. 왜냐하면 본성은 (참회에서) 자아에 대한 사랑 혹은 처벌의 두려움 때문에 자신이 한 어떤 것에 대해 슬퍼하는데, 그러한 동기들은 분명히 죄이기 때문이다. 사람들이 그러한 것들과 함께, 처벌을 하시는 분, 다시 말해 하나님에 대한 증오를 가지지 않는 것은 불가능하다. 그러나 특별한 방식으로 우리의 죄의 인식뿐만 아니라 (죄에 대한) 이러한 증오는 하나님의 고유한 역사이다. 한나가 사무엘상 2:6-7에서 말하는 바와 같다. "여호와는 죽이기도 하시고 살리기도 하시며 스올에 내리게도 하시고 거기에서 올리기도 하시는도다 여호와는⋯ 낮추기도 하시고 높이기도 하시는도다." 예레미야 31:19은 "내가 돌이킨 후에 뉘우쳤고"라고 기록하고 있다. 예수님이 요한복음 6:44에서 "나를 보내신 아버지께서 이끌지 아니하시면 아무도 내게 올 수 없으니"라고 매우 분명하게 말씀하시는데, 왜 시간을 낭비하는가? 다만 궤변가들이 성경의 비유적인 언어에 대해 무지하기 때문에, 그들은 스가랴 1:3의 "내게로 돌아오라⋯ 그리하면 내가 너희에게로 돌아가리라"[50]에서 하나님의 생각을 끌어낸다. 이것은 회개의 시작이

---

49. 스콜라주의의 가르침에 따르면, 참회는 '마음의 통회'(contritio cordis)와 '입의 고백'(confessio oris) 그리고 '행위(선행)의 보속'(satisfactio operis)으로 구성되어 있다. 헤일즈의 알렉산더(Alexander of Hales, 1245년 사망)는 'attritio'와 'contritio'를 구별한 첫 번째 인물이다. 그러므로 'attritio'는 처벌의 두려움에 의해 유도된 회개이고, 'contritio'는 하나님의 사랑에 의해 영감 받은 회개로 이해된다.

50. 이것은 궤변론자들이 그들의 견해를 지지하여 언급하기를 가장 좋아하는 성경 구절이다. 참고 Gabriel Biel, In sent., lib. II, d.

우리 안에 놓여 있음을 의미하지 않는다. 아우구스티누스는 이러한 오류를 한 번 이상 반박하였으며, 이것은 그들의 보잘 것 없는 작은 논리학 입문서들[51] 이외에는 배우지 못한 궤변가들을 제외하고 모호하지 않다.

하나님의 우리에 대한 돌아오심에는 이중적인 의미가 있다. 하나는 우리의 회개를 앞서 가는 것이고, 다른 하나는 그것을 따라오는 것이다. 앞서 가는 것은 하나님께서 그의 성령의 감동으로 우리가 회개하도록 만드실 때, 하나님께서 우리에게 우리의 죄를 보여 주어 우리를 두렵게 하고 불안하게 할 때 일어난다. 그러나 회개를 따라오는 우리에 대한 하나님의 돌아오심은 우리를 위로하시고 우리에게 호의를 베푸실 것을 공개적으로 선언하시면서 우리에 대한 처벌을 멈추실 때 일어난다. 스가랴는 "내게로 돌아오라… 그리하면 내가 너희에게로 돌아가리라", 즉 '회개하라, 그러면 내가 너에 대한 처벌을 끝낼 것이다'라고 말할 때 후자에 대하여 말하고 있는 것이다. 왜냐하면 예언자는 이미 앗수르의 추방에서부터 유대로 귀환한 그러한 사람들에게 그들이 다시 비슷한 하나님의 진노와 처벌을 경험하기를 원하지 않는다면, 그들의 조상들의 본보기로 경고를 받아, 회개하라고 촉구하고 있기 때문이다. 이것으로부터 회개의 시작이 우리의 수중에 있다고 추론될 수 없다. 하나님 자신이 우리를 초청하고 우리를 자신에게로 끌어가며, 하나님께서 우리를 끌어가실 때, 우리의 처벌을 제거하시며 우리를 기뻐하신다고 선언하고 우리와 화해하신다. 그리고 하나님께서 '나에게로 돌아오라'고 명령하시기 때문에, 회개하거나 혹은 돌아서는 것이 우리의 능력 안에 있다는 결론이 따라오는 것은 아니다. 동일한 방식으로, 하나님께서 자신이 무엇보다도 먼저 사랑받아야만 한다고 명령하시기 때문에, 단지 하나님이 그것을 명령하시므로 이것이 우리의 능력 안에 있다는 결론이 따라오는 것도 아니다. 반대로, 하나님께서 이것을 명령하신다는 바로 그 사실 때문에, 이것은 우리의 능력 안에 있지 않다. 왜냐하면 하나님은 우리가 율법을 논의할 때 아래서 서술하려고 하는 바와 같이 우리에게 그의 자비를 추천하실 정도로 불가능한 것을 명령하시기 때문이다. 궤변가들은 스가랴 10:6에 "내가 그들을 긍휼히 여김으로 그들이 돌아오게 하리니 그들은 내가 내버린 일이 없었음같이 되리라"고 서술되어 있는 것을 관찰하지 않는가? 여기서 하

---

27. q. *unica*, concl. 4.

51. *Parva logicalia*.

나님 자신이 유다의 선한 행위들 때문이 아니라, 그분 자신의 자비 때문에 유다를 돌아오게 하실 것이라고 하시는 말씀을 주목하라. 기독교 독자들이여, 나는 여러분의 성실함에 맡기며 비슷한 구절들을 추천한다. 왜냐하면 여러분들이 성경의 사용에 더욱 친밀해져 갈 때, 여러분들은 큰 어려움 없이 궤변가들의 모든 교묘함들을 처리할 수 있게 될 것이다.

존경하는 독자들이여, 여러분들은 여기서 내가 언급해야 마땅하다고 생각하는 생득적 부패에 관해 많은 것을 알고 있다. 인간의 주석들보다 오히려 성경 읽기와 묵상으로 가르침받기를 소원하는 사람들은 더 이상의 것들을 요구하지 않을 것이다. 왜냐하면 어떤 주석도 불확실한 논쟁들과 다양한 생각들과 의견들로 혼란스러워진 사람들을 만족시킬 수 없기 때문이다. 성령은 한 분이시자 유일한 교사이시며, 가장 단순하고 가장 명확한 분이시며, 성경 속에서 자신을 가장 정확하고 가장 단순하게 표현하신다. 여러분의 마음이, 말하자면, 성경으로 변화되었을 때, 그때 여러분은 이 근본적인 요점과 또한 다른 신학적인 문제들 배후에 있는 것을 절대적으로, 단순하게, 그리고 정확하게 이해할 것이다. 성령이 아니라 사람들의 판단과 의견에 의존하는 사람들은 사물들의 실상을 보지 못하고, 다만 사물들의 어떤 모호한 그림자들만을 보며, 플라톤의 동굴에 있는 사람들과 같이 사물들을 거의 보지 못한다[『공화국』 (Republic) Ⅶ, 1]. 철학자들이나 혹은 스콜라주의 신학자들 가운데 어느 누가 악이나 혹은 덕의 실질적인 본성을 이해하고 있는가? 소위 신학자들[52]은 마음의 사악함과 말하자면, 가죽 아래 있는 질병을 보지 못하는 반면에 외적인 행위로만 원죄를 측정한다. 그래서 그들은 어떤 정서들의 사악함을 아주 잘 이해했지만, 그럼에도 불구하고, 그들의 이성은 모든 것을 보지 못했고, 성령과 심각하게 전투하는 것들, 즉 신성 모독, 하나님에 대한 증오, 자아에 대한 사랑, 하나님에 대한 불신, 그리고 이러한 종류의 셀 수 없는 열정들을 보지 못했다. 그리고 그러한 것들이 사람의 어떤 일부분 속에, 그들이 가르치는 바와 같이, 감각적인 욕구 속에 뿐만 아니라, 사람의 전체적인 본성을 사로잡아 본성을 포로로 삼은 사람 속에 깊숙이 박혀 있다. 소위 신학자들은 그러한 성정들을 '연약함'이라고 부르나, 인간의 능력으로 극복될 수 있는 연약함으로 이

---

52. *Theologastri.*

해한다. 반대로 성경은 육체의 성정들은 하나님의 성령에 의한 것을 제외하고 정복될 수 있다는 것을 부정한다. 왜냐하면 "아들이 너희를 자유롭게 하면 너희가 참으로 자유"(요 8:36)롭게 될 것이기 때문이다. 그러므로 외적인 행위들에 대한 그러한 부류들의 환상들도, 그들이 '의지'(voluntas)의 끌어낸 행동들에 대하여 말해야만 하는 비슷한 것들도 여러분을 조금이라도 움직이지 못하도록 하라. 하나님은 외적인 행위가 아니라, 마음을 심판하신다. 우리가 사무엘상 16:7에서 읽는 바와 같이 "여호와께서… 보는 것은 사람과 같지 아니하"시기 때문이다. 우리의 소위 신학자들이 철학을 추구하면서 선행과 외적 행위들의 그 마스크를 발견하였으므로, 우리는 이것으로부터 철학이 기독교에 얼마나 많은 손해를 끼쳤는지를 알 수 있다. 어리석은 처녀들에 대한 복음서에 있는 긴 비유(마 25:1-13)는 선행이 아무런 공적을 쌓지 못한다는 것을 가르친다. 처녀들은 바리새인들의 의, 다시 말해 외적인 행위들의 위선 이외에 아무것도 함축하지 않기 때문이다. 그러므로 철학자들은 외적인 행위들 이외에 그 밖의 무엇을 가르치는가? 그들은 덕을 논의할 때, 모든 일들을 외적인 행위들과 그러한 위선적이고, 끌어낸 행동들과 연관시키지 않는가? 그러나 그들은 소경들의 소경된 인도자들이다. 그러므로 하나님께서 우리의 마음을 인간의 이성의 판단으로부터 그리고 철학으로부터 영적인 분별력으로 변화시켜 주시기를 소망해야 할 것이다. 인간 이성의 맹목성은 우리가 성령 없이는 죄의 충분한 본성 혹은 의를 인식할 수 없는 그렇게 심각한 것이다. 인간 이성의 모든 능력들은 단순한 그림자이다. 그리스도의 영은 빛이고 성령만이 모든 진리를 가르친다. 육신 혹은 인간 이성은 모세의 빛나는 얼굴을 주목할 수 없으며 그러므로 베일이 율법을 은폐한다. 육신은 외적인 행위들, 위조된 명제들, 소위 의도들, 혹은 바울의 용어를 사용하자면, 문자에 대해서만 판단한다. 그러나 성령은 깊은 것들을 정사하고 파고들어 간다(고전 2:10). 우리가 원죄에 대하여 기록한 것의 요약을 몇 마디로 나타내기 위해, 나는 앞에 기록한 것의 일종의 개요인 몇 가지 명제들을 첨가할 것이다.

1. 죄는 하나님의 율법에 대항하는 마음의 상태이다.
2. 우리는 진노의 자식들로 태어나기 때문에, 우리는 하나님의 영이 없이 태어난다는 결론이 따라온다.
3. 하나님의 영이 사람 안에 없기 때문에, 그는 육적인 것만을 알고, 사랑하며,

추구한다.

4. 이러한 이유 때문에, 사람 안에 하나님에 대한 경멸과 무지, 그리고 시편 14편이 서술하고 있는 모든 허물들이 있다. "어리석은 자는 그의 마음에 이르기를 하나님이 없다 하는도다."

5. 그러므로 사람은 본성의 힘으로는 죄 이외에 아무것도 할 수 없다는 결론이 따라온다.

6. 왜냐하면 그들(스콜라 신학자들)이 '감각적 욕구'라고 부른 인간의 부분만이 죄악된 정서들의 능력에 사로잡혀 있는 것이 아니기 때문이다.

7. 성경이 마음이 더럽다고 증언하기 때문에, 모든 인간의 능력이 불순하다는 결론이 따라온다.

8. 왜냐하면 '마음'은 그들이 부르는 대로 '감각적 욕구'를 나타낼 뿐만 아니라, 모든 정서들, 즉 사랑, 미움, 신성모독, 그리고 불신의 자리를 의미하기 때문이다.

9. '마음'이 모든 인간의 정서들의 자리를 나타내는 바와 같이, '육신'은 인간의 모든 본성적인 능력을 의미한다.

10. 육적인 것은 본성의 능력에 의해 존재하는 모든 것이다. 소크라테스의 지속성과 제논의 절제는 육적인 상태들일 뿐이다.

11. 한 장소에서, 고린도전서 2:14에서, 바울은 이성의 사역을 '육에 속한 것'(psychikon)이라고 부른다. 예를 들어, 철학적인 덕들은 이성의 사역이다.

12. 동일한 구절에서 육에 속한 것이 죄라고 정죄 당한다는 것은 분명하다.

13. 다른 구절에서 그(바울)는 때때로 표면상으로 아무리 좋게 보인다 하더라도, 성령의 사역 없이 우리 안에서 일어나는 것은 무엇이든지간에 육신이라고 부른다. 이것은 바울이 율법의 요구들이 육신을 통해 성취될 수 없다고 말하는 로마서 8:3에서 명백하다. '육신'이라는 단어가 여기서 사람들의 판단을 따라 율법에 순종할 것처럼 보이는 인간의 가장 강력한 자산이라는 것을 누가 모르겠는가? 고린도후서 3장 역시 동일한 것을 가르친다.

14. 나는 스콜라 신학자들이 누구도 속이지 못하도록 그들이 만든 이러한 구별에 대하여 경고하기를 원했다. 그들은 지성의 욕구와 감각의 욕구(감각들과 관련된 욕

ㄱ) 사이를 구별하고, 지성의 욕구가 어떤 '결점'(vitium)에서도 자유롭다고 주장하는 반면에 부패한 정서들을 감각의 욕구에 귀속시킨다.

15. 우리가 위에서 인용한 성경 구절들이 스콜라 신학자들의 이러한 생각을 적절하게 반박한다. 그들은 오리게네스는 혼, 육신, 그리고 영을 논의할 때, 그의 도움을 원할지라도 그의 도움을 받을 수 없다. 그러나 우리는 오리게네스의 생각이 아니라 성경의 입장을 논의하고 있기 때문에, 오리게네스의 의견이 우리와 무슨 상관이 있는가?

16. 궤변가들이 사람들의 모든 행위들이 죄라는 것을 부정하는 이유는 그들이 눈을 외적인 행위들과 모세의 가려진 얼굴에 고정하기 때문이다. 그들은 정서들을 판단하지 않는다. 그러나 하나님은 마음과 정서들을 판단하신다.

17. 그들이 자유의지를 뒤집은 것과 같은 이유 때문이며, 그들이 외부 일의 어떤 영역에 일종의 자유가 있음을 보았기 때문이다. 육신이 이와 같이 외적인 행위들을 따라 판단하기 때문이다. 반대로, 성령은 모든 일들이 필연적으로 예정을 따라 일어난다고 가르친다.

18. 경험은 정서들 속에 자유가 없다는 것을 가르친다.

19. 궤변가들이 성경에 있는 모든 일들을 외적인 행위들에 연결시키자마자, 전체 성경은 모호해지고, 죄가 무엇이며, 은혜가 무엇이고, 율법이 무엇이며, 복음이 무엇이고, 모세가 무엇이며, 그리스도가 무엇인지를 이해하지 못하게 된다. 그래서 우리는 이 애굽인들보다 더 악한 이러한 어두움을 스콜라주의 신학자들의 매우 불경건하고 저주받은 철학에 돌린다.

20. 마음속에 있는 타고난 그 불결함, 우리가 '원죄'라고 부르는 그 부패와 사악함이 무엇인지는 율법이 드러날 때 분명해질 것이다. 모든 거룩한 사람들은 원죄를 탄식할 것이며, 이성은 이것을 이해하지 못할 것이다. 우리가 다음에 논의하려고 하는 바와 같이, 하나님께서 당신의 양심의 눈을 열어 주실 때 이것은 분명해질 것이다.

우리는 여기서 죄의 열매들, 다시 말해 악의 등급들을 논의해야 할 것이다. 바울은 갈라디아서에서 육신의 열매들을 열거한다. 그러나 각자 스스로 그러한 것들을 찾아보아야 할 것이다. 그리스도인들이 그의 본성의 모든 일들과 인간 능력의 모든 정서들과 노력들이 죄라는 것을 아는 것으로 충분하다. 이제 우리가 해야만 하는 바와 같이, 정서들로부터 악들의 종류들을 끌어내야 한다면, 누가 모든 정서들을 열거할 수 있겠는가? 다른 방식으로 전개하면서, 행위의 외적인 모습으로부터 덕들과 악들의 유형을 끌어내는 사람들은 자주 덕을 악으로 그리고 악을 덕으로 제시한다. 그러므로 우리는 이러한 일들의 판단을 개인적인 정신에 맡겨놓을 것이다.

율법

율법이라는 논제가 훨씬 더 분명하게 죄의 능력과 본성을 드러내는 것은, 율법이 죄의 지식이라고 언급되기 때문이다. 그러므로 앞선 논제에서 어떤 점이 부족한 것 같다고 하더라도, 이제 뒤에서 논의되는 내용이 내가 잘못을 범하지 않는다면 이러한 부족한 것들을 보충할 것이다. 그러나 우리는 여기서 각각 하나의 제목 아래에 언급될 수 있는 모든 것을 모으는 것을 목표로 하지 않는다. 오히려 우리는 가장 공통적이고 근본적인 것들의 목록을 제공하여 여러분들이 기독교 교리의 요약이 무엇에 의존하고 있고 우리가 왜 그 밖의 모든 것보다 성경을 선호하여 언급하는지 그 이유를 알게 하고자 한다. 그리고 내가 선생님이 아니라 다만 촉매자로서 활동하는 동안에 나는 여러분이 내 주석이 아니라 여러분의 근원인 성경으로 이러한 본질들을 배우기를 원한다. 여러분들이 그러한 모든 중요한 질문들에 대한 자료를 근원들로부터 구하느냐 아니면 썩어 있는 연못들로부터 구하느냐 하는 것은 중요한 차이를 만들기 때문에 나를 믿어라.

시인이 말하는 바와 같이, 더욱 달콤한 물들은 근원으로부터 마시게 될 뿐만 아니라, 그 달콤한 물들이 더욱 순수하다. 주석들로부터 일견되는 것보다 성경이 규정하는 것이 얼마나 더욱더 확실하겠는가!

율법은 선한 것을 장려하고 악한 것을 금지하는 척도이다. 율법의 권리[53]는 율법에 따라 행동하는 능력이다. 고대인들이 법에 대한 여러 찬반 논의들을 전개하였는데, 우리는 조금 뒤에 그러한 것들이 어떠한 근원에서 흘러 왔는지를 밝히려고 노력할 것이다.

일부 율법들은 자연법이고, 다른 것들은 하나님의 법이며, 또 다른 것들은 인간의 법이다. 자연법에 대하여 나는 신학자들이나 법률가들이 적절하게 쓴 아무것도 보지 못했다. 자연법들이 언급되고 있을 때, 그 형식들은 자연적인 삼단 논법을 통해 인간 이성의 방법으로 수집되는 것이 적합하다. 나는 어떤 사람이라도 이것을 행하는 것을 아직 보지 못했으며, 인간 이성이 대단히 노예화되어 있고 맹목적이므로, 나는 이것이 행해질 수 있는지 전혀 알지 못하고─적어도 이것은 지금까지는 그러했다. 더구나, 바울은 로마서 2:15에서 주목할 만하게 훌륭하고 분명한 주장으로 자연법이 있다고 가르친다. 그는 이방인들 속에 그들의 행동을 변호하거나 고발하는 양심이 있으며 그러므로 이것이 (자연)법이라는 결론에 도달한다. 양심이 어떤 법이나 일반적인 규범으로부터 기원되는 우리의 행위들에 대한 판단이 아니라면 무엇인가? 그러므로 자연법은 모든 사람들이 동일하게 동의하는 일반적인 판단이다. 하나님께서 각자의 마음에 새겨놓은 이 법은 도덕들의 형성에 대해 적합하다. 학문의 이론적인 분야들, 예를 들어, 수학 속에 어떤 일반적인 원리들이 있는 바와 같이 [그러한 원리들은 '전체가 부분보다 더 크다'와 같이 '일반적인 생각들'(공리) 혹은 '선험적인 원리들'이라고 불릴 수 있다], 도덕들의 영역에도 어떤 일반적인 공리와 일차적 결론이 있다. 이러한 공리가 모든 인간 행동을 위한 근본 규칙을 구성한다. 우리는 교육학적인 이유로 이러한 용어를 사용해야만 한다. 사람들은 인간 행동을 위한 이러한 규칙을 '자연법'이라고 부른다. 키케로는 그의 「법률론」(On the Law)에서 법에 대한 표준을 인간의 본성으로부터 끌어내어 플라톤을 모방하였다.[54] 나는 이것을 정죄하지 않으나, 이것이 정확성보다는 재치를 가지고 수행된 것으로 생각한다. 그러나 많은 불경건한 것들이 키케로의 논의로 유입되었는데, 이러한 일은 우리가 성경에서 규정된 것보다 오히려 우리의 이성의 방법론과 지름길들을 따라갈 때 종종 일어난다. 왜냐하면 일반적으로 인간 이해력의 판단은 우리의 타고난 맹목성

---

53. Ius.
54. Cicero, De legibus I, 5, 15ff.; 6, 18ff.

때문에 오류를 범하므로, 도덕들의 어떤 양식들[55]이 우리 마음에 새겨져 있다고 하더라도, 그것들은 거의 이해될 수 없기 때문이다. 내가 자연법들이 하나님에 의해 우리 마음에 새겨졌다고 말할 때, 나는 이러한 율법들의 지식이 소위 어떤 '천부적인 성질들'(habitus concreati)*로 구성되어 있다는 것을 의미한다. 이러한 지식은 우리 자신의 정신적 능력들의 산물이 아니라, 하나님에 의해 우리 안에 심겨진 것이다. 나는 이것을 아리스토텔레스의 철학과 일치시키는 데에 관심이 없다. 내가 왜 그 논쟁가의 사상에 관심을 기울여야 하는가? 나는 우리가 동물들과 공통적으로 가지고 있는 그러한 일들인 자기 보존 본능, 출산 본능, 그리고 자아로부터 (같은 유의) 다른 존재를 산출하는 것 등을 지나가려고 한다. 법률가들은 이러한 일들을 자연법에 관련시키나, 나는 그러한 것들을 살아있는 존재들에 공통적으로 심겨진 어떤 '자연적인 성향들'[56]이라고 부른다.

그러나 고유하게 사람에게 속하는 (자연)법들 가운데, 다음과 같은 것들이 주요한 것 같다.

1. 하나님은 예배 받으셔야만 한다.
2. 우리들은 사회생활 속으로 태어나므로, 아무도 해를 받아서는 안 된다.
3. 인간 사회는 우리가 모든 것들을 공동으로 사용하는 것을 요구한다.

우리는 하나님 예배에 관한 첫 번째 법칙을 로마서 1장으로부터 얻는다. 바울이 하나님께서 우주를 만들고 운행하심으로써 모든 사람에게 그 위엄을 선포하신다고 말할 때 사도가 여기서 이 자연법을 뽑아낸다는 것은 의심의 여지가 없다. 그러나 내가 이 개요의 시작 부분에서 경고했던 바와 같이, 특별히 인간 이성이 그렇게 중대한 문제들에 대해 주장하는 것은 안전하지 않으므로, 인간의 삼단 논법으로 '하나님이 계신다'[57]고 결론을 내리는 것은 경건한 사람보다는 호기심 많은 사람의 특징이다.

의심할 바 없이, 어떤 사람도 해를 받지 않도록 관심을 기울일 것을 우리에게 명령하는 두 번째 법칙은 우리 모두가 모든 다른 사람들과 결속되고 연합되어 태어난다

---

55. *Formae morum.*
56. *Affectus.*
57. *Esse deum.*

---

* 'habitus'는 아리스토텔레스의 10개 범주 중의 하나로 상태, 소유물, 성질 등을 뜻한다.

는 공통적 필연성으로부터 추론될 수 있다. 창세기 2:18의 "여호와 하나님이 이르시되 사람이 혼자 사는 것이 좋지 아니하니 내가 그를 위하여 돕는 배필을 지으리라 하시니라"는 말씀은 이것을 나타낸다. 따라서 율법은 어떤 사람도 해를 받아서는 안 된다. 다시 말해, 모든 사람이 열정과 친절과 함께 우리의 호의를 경험할 수 있도록 우리가 매우 열심히 서로를 사랑해야만 한다고 명령한다. 그러므로 이 율법은 우리가 살인해서는 안 된다, 다른 사람의 재산을 도둑질해서는 안 된다는 등의 하나님의 명령들을 포함한다.

그러면 관리들은 왜 죄인들을 처형하느냐? 라고 당신이 나에게 질문한다면, 나는 타락한 아담이 우리 모두를 '죄의 표지'로 낙인을 찍었다고 대답한다. 사람들의 결과적인 조건이 선한 것이 자주 악한 것에 의해 해를 받는 그러한 것이므로, 인류는 해를 가하지 말아야 한다는 법칙이 특별하게 준수되어야 한다는 것을 알아야만 한다. 그러므로 공적인 평화를 전복시키고 무죄한 자들에게 해를 끼치는 그러한 사람들은 복종을 강요당하고, 제지당하며, 제거되어야만 한다. 다수가 해를 끼치는 사람들의 제거를 통해 보존되어야만 한다. 해를 끼치지 마라는 법칙은 유효하다. 그러나 어떤 사람이 해를 당한다면, 해에 대해 책임이 있는 사람은 더 많은 사람이 해를 입지 않도록 제거되어야만 한다. 한 두 개인들보다 전체 그룹을 보존하는 것이 훨씬 더 중요하다.

그러므로 나쁜 선례가 되는 어떤 행위로 전체 그룹을 위협하는 사람은 제거되는 것이다. 이것이 국가에 관리가 존재하는 이유이며, 죄인들에 대한 처벌이 존재하는 이유이고, 전쟁들이 존재하는 이유인데, 법률가들은 이러한 모든 것들을 '만민법'(ius gentium)이라고 언급한다.

물건들의 공통적인 사용에 대한 세 번째 법은 명백하게 인간 사회의 본성으로부터 발생한다. '친구들은 모든 것을 공유한다'는 격언이 소수의 친구들이 포함될 때 유효하다면, 이것이 왜 모든 사람들 가운데 유효하지 않겠는가? 모든 사람들이 형제들이 형제들과 관계를 맺는 바와 같이 결속해야 한다고 주장되므로, 자녀들은 부모들과, 부모들은 자녀들과 관계를 맺어 결속해야만 한다. 해를 가하지 말라는 율법이 이것을 명령하기 때문이다. 그러나 인간의 탐욕이 우리가 모든 물건들을 공동으로 사용하는 것을 허락하지 않으므로, 이 율법은 어떤 사람도 해를 받지 말아야 한다는 율법인 위의 법으로 교정되어야만 한다. 물건들은 공공의 평화와 그룹의 안전이 허용하는 범위에 따라 공유되어야만 한다. 대개 하위의 법들은 상위의 법들로 교정되고, 공적인 공유는 어떤 한계에 따라 규제되어야만 한다.

그러므로 제3의 법인 다수의 공공복지가 그렇게 요구하기 때문에 재산이 분배되어야만 한다는 것에 다른 법이 추가되어야만 한다. 더구나, 본성상 물건들이 공유되어야만 하기 때문에, 최소한 재산의 어떠한 공유가 필요하다는 것이 인간사들의 조건이므로, 예를 들어 물건들이 계약, 매입, 판매, 차용, 대여 등등을 통하여 공동으로 사용되어야 한다고 결정되고 있다. 여기서 당신은 계약의 기원을 알 수 있게 된다. 플라톤은 그의 「법률」[58]에서 국가가 '친구들이 모든 물건들을 공유한다'는 대중적인 격언이 가능한 한 근접하게 실현되도록 잘 운영되어야 한다고 말한다. 이러한 나라에서는 시민들의 소유들이 공유될 뿐만 아니라, 사지, 눈, 손, 발, 그리고 각자의 입이 모든 사람의 공익을 위해 섬기게 된다. 사람들은 친구들이 공유해야만 한다는 규칙을 준수하는 것이 가능한 그 국가보다 더 잘 구성된 어떤 다른 국가 모델을 찾아서는 안 된다. 그러므로 각자의 재화들이 최소한 물건들의 어떤 공유가 있을 정도로 많은 사람들에 의해 공유되는 계약들이 고안되고 있다.

다음의 방식으로 요약될 수 있는 자연법들의 일반적인 규칙들이 있다.

1. 하나님을 경배하라.
2. 우리는 공유하는 생활을 하도록 태어났으므로, 어떤 사람이라도 해치지 말고 친절을 베풀어 모든 사람을 도우라.
3. 절대로 어떤 사람이라도 해를 받는 것이 불가능하다면, 해를 받는 숫자가 극소로 줄어들도록 주의하라. 공공의 평화를 전복하는 사람들이 제거되도록 하자. 이러한 목적을 위하여 관리들이 (세워지고) 죄인들의 처벌이 수립되도록 하자.
4. 재산은 공공의 평화를 위해 분배되어야 할 것이다. 일부 사람들은 나머지 사람들을 위해 계약들을 통해 다른 사람들의 부족을 완화시켜야 할 것이다.

누구든 원하는 사람은 일반적으로 '만민법'(*ius gentium*)과 관련하여 시인들, 연설가들, 그리고 역사가들로부터 사람들이 여기저기서 결혼, 간음, 호의에 대한 답례, 배은

---

58. Plato, *Laws* V, 10.

망덕, 환대, 재산 교환, 그리고 이러한 종류의 다른 문제들에 대해 읽을 수 있는 것들을 이러한 특별한 이념들에 첨가할 수 있다. 그러나 나는 단지 가장 공통적인 형식들만을 언급하는 것이 적합하다고 생각한다. 그리고 그들의 대중적인 이념들의 많은 것들이 법들이 아니라 우리 본성의 부패한 정서들을 표현하기 때문에, 바로 이방인 저술가들의 어떤 생각들이 법이라고 성급하게 생각하지 마라. 헤시오도스(Hesiod)[59]로부터 나온 생각이 이러한 종류에 속한다. '당신을 사랑하는 사람을 사랑하고 당신에게 오는 사람에게 가라. 우리는 우리에게 주는 사람에게 주고, 우리에게 주지 않는 사람에게는 주지 마라.' 왜냐하면 이 글 속에서 우정은 유용성으로만 측정되기 때문이다. '무엇인가를 주라. 그리고 (대가로) 무엇인가를 취하라'는 잘 알려진 잠언도 또한 그러한 것이다. 힘은 힘으로 격퇴되어야 한다는 서술도 여기에 적합하다. 이 말은 에우리피데스의 「이온」(Ion)에 나오는 다음의 말과 같다.[60] "부유한 사람들이 경건을 존중하는 것은 적합하다. 그러나 어떤 사람이 그의 적들을 해하려 할 때, 그 어떤 법도 효력을 발휘하지 못한다."

또한 소위 시민법은 자연법들보다 오히려 명백하게 인간의 성향들을 나타내는 많은 일들을 포함하고 있다. 노예제도보다 자연법에 더욱 낯선 것이 무엇인가? 그리고 일부 계약서들에서 실질적으로 중요한 것은 부당하게 은폐된다. 그러나 후에는 이러한 은폐된 것들에 대하여 더욱 많은 것들이 드러난다. 선한 사람은 인간의 법률들을 정의와 공평을 가지고, 다시 말해 자연법과 하나님의 법들을 가지고 조절할 것이다. '하나님의 법' 혹은 '자연법'에 대항하여 제정된 어떤 것도 정당할 수 없다. 자연의 법칙들에 대해서는 더더욱 그러하다. 당신이 할 수 있다면 더욱 정확하고 미묘한 추론을 가지고 그것들을 정의하라.

---

59. Hesiod, *Works and Days* 353–354.
60. Euripides, *Ion* 1045–1047.

하나님의 법

하나님의 법들은 하나님께서 규범적인 성경을 통해 제정하신 것들이다. 그것들은 도덕법, 시민법, 그리고 의식법의 세 가지 범주로 나뉜다. 도덕법들은 십계명에서 규정된 것들이다. 연구자는 전체 성경에서 제공된 도덕들에 관한 모든 법들을 십계명과 관련시킬 것이다. 동일한 법이 성경에서 얼마나 자주 반복되는지! 그러나 우리는 여기서 십계명을 외적인 행동과 관련시켜서만 설명하는 것과 명령들을 스콜라주의의 방식으로 교훈과 조언으로 나누는 것에 대해서 조심해야만 한다. 그러므로 간단히 말하면 나는 율법의 원리들을 빨리 살펴볼 것이다.

처음의 세 계명은 다음과 같다.*

"너는 나 외에는 다른 신들을 네게 두지 말라"(출 20:3).

"너는 네 하나님 여호와의 이름을 망령되게 부르지 말라"(출 20:7).

"안식일을 기억하여 거룩하게 지키라"(출 20:8).

의심할 바 없이, 그리스도는 이러한 계명들을 다음의 법을 통해 설명하셨다. "네 마음을 다하고 목숨을 다하고 뜻을 다하고 힘을 다하여 주 너의 하나님을 사랑하라"(막 12:30). 그들 모두는 동일한 것, 다시 말해 참된 하나님의 경배에 속하지만, 그러나 이러한 율법들 속에서 다음의 차이들이 있는 것으로 보인다. 첫 계명인 "너는 나 외에는 다른 신들을 네게 두지 말라"는 특별히 정서들을 언급한다. 우리는 하나님 이외에 어떤 것을 사랑해서도 안 되고 두려워해서도 안 되며, 우리는 우리 자신의 건강, 덕, 신중, 의, 혹은 어떤 피조물을 신뢰해서도 안 되고, 유일하게 하나님의 선만을 신뢰해야 한다. 이러한 정서들은 우리의 능력 안에 있지 않기 때문에, 바로 영적인 이해를 가진 사람을 제외하고 하나님에 대한 신뢰, 두려움, 혹은 사랑이 무엇인지에 대한 이해가 있을 수 없다. 예언서들 안에 있는 많은 일들은 하나님에 대한 두려움, 하나님을 신뢰하는 것, 그리고 비슷한 일들에 대한 이러한 법에 속한다. 주목할 만한 방식으

---

* 루터파는 로마 가톨릭과 동일하게 우상을 금지하는 제2계명을 독립된 계명으로 보지 않고 제1계명에 부속된 것으로 보기 때문에 하나님에 대한 계명이 세 개로 되어 있다.

로 이러한 법의 말들은 우리에게 신뢰와 두려움을 추천한다. 하나님께서 "나 네 하나님 여호와는 질투하는 하나님인즉 나를 미워하는 자의 죄를 갚되"(출 20:5)라고 말씀하실 때, 그는 위협으로 두렵게 하시며 그의 분노의 능력을 두려워해야 한다고 선언하신다. 다시 하나님께서 자신을 사랑하는 자에게 천대까지 은혜를 베푸신다고 덧붙이실 때, 하나님께서 자신의 선하심을 천거하시며, 우리가 하나님을 사랑하고, 그의 선하심을 신뢰하라는 등을 요구하시는 것이 아닌가? 스콜라 신학자들은 하나님을 사랑하는 것은 하나님이 존재하기를 원하는 것[61]과 같고, 하나님이 들으신다는 것을 믿으며 하나님에게 통치권을 인정하는데 인색하지 않는 것이며, (그 밖에도) 이와 같은 많은 것들을 의미하는 것이라고 가르친다. 그들은 스스로 그들의 학교에서 이해할 수 있는 것보다 더욱 모호한 말들로 이것을 가르쳤다. 왜냐하면 성령께서 가르치지 않는다면, 다시 말해 여러분들이 실질적으로 성령 자신에 의해 불붙여져 그것을 경험하지 않는다면, 여러분들은 하나님을 사랑하는 것이 무엇인지를 알 수 없다. 여러분들은 지금 하나님을 신뢰하고, 사랑하며 두려워하라는 첫 계명의 내용들을 가지고 있다. 이것이 그리스도께서 "아버지께 참되게 예배하는 자들은 영과 진리로 예배할 때가 오나니"(요 4:23)라고 말씀하시는 예배이다. 열납할 만한 외적인 예배는 이와 같은 내적인 상태로부터 자연스럽게 수반될 것이다.

둘째 계명은 하나님의 이름이 성급하게 사용되지 말아야 한다고 경고한다. 이 계명은 우리가 하나님의 이름의 사용을 통해 하나님께 대한 우리의 사랑과 두려움뿐만 아니라 우리의 진정한 신앙을 증명해야만 한다는 것을 분명하게 가르친다. 첫째 계명이 믿음과 사랑을 요구하면서, 긍정적인 것과 동일하게, 둘째 계명도 우리가 하나님의 이름과 영광을 송축하며, 그의 이름에 호소하고, 아주 잘 요새화된 하늘로 피하는 것과 같이 그 이름으로 도피하며, 하나님의 이름으로 맹세하라(신 6:13)고 요구하므로, 역시 긍정적이다. 다윗에 따르면 우리는 "그의 이름을 찬양"(시 68:4)해야 할 것이며, "여호와의 이름은 견고한 망대라"는 잠언 18:10의 솔로몬의 그 말을 인정해야만 한다. 우리를 향한 여호와의 자비하심을 찬양하고 송축하자. 사도 바울이 말하는 바와 같이 (골 3:23) 우리가 감사하며 범사가 하나님의 영광을 위하여 이루어지도록 하자.

---

61. *Velle deum esss.*

우리는 둘째 계명이 첫째 계명으로부터 나온다는 것을 이것으로부터 알게 된다.

셋째 계명은 안식일이 하나님께 봉헌되며 우리는 일로부터 벗어나야 한다는 것을 명령한다. 이것은 우리가 우리 안에서 하나님의 일을 허용하고 인내해야만 한다는 것, 즉 우리 자신의 죽음을 의미한다. 첫째 계명은 믿음을 요구하고, 둘째 계명은 하나님의 이름의 찬양을 요구하며, 셋째 계명은 우리 안에서 이루어지는 하나님의 사역에 굴복하는 것을 요구한다. 특히 이 계명은 도덕적 행동과 자유의지의 능력을 설교하는 사람들의 마음을 상하게 한다. 왜냐하면 이 계명이 자유의지의 죽음을 요구하기 때문이다. 새 언약의 백성들은 영속적인 안식일을 가지고 있으므로, 그들의 육신은 계속해서 죽게 되고 영은 살아나게 된다. 자유의지를 주장하는 사람들은 안식일도 기독교도 전혀 모르며, 그들은 자신들의 행위와 노력들로 자신들을 의롭게 만들면서, 그리스도의 십자가의 원수들이 된다. 그들은 민수기에 있는 안식일에 나무를 했던 사람의 본보기를 따르는 것이다(민 15:32).

이제 여러분은 하나님을 신뢰하고, 하나님을 찬양하며, 우리 안에서 하나님의 역사를 허용해야만 한다는 세 계명들이 다음의 한 문장에서 이해된다는 것을 알게 된다. '너의 온 마음으로 하나님을 사랑하라.' 그렇게 사랑하는 사람은 실질적으로 가장 열렬한 정신으로 신뢰하고, 두려워하며, 칭찬하고, 그리고 인내한다. 나는 율법을 해설하고자 하지 않았다. 그러한 일이 개론서에서 어떻게 가능하겠는가? 그러나 나는 율법이 우리에게 인간의 능력을 넘어서는 아무것도 요구하지 않는다고 생각하는 사람들이 얼마나 잘못되었는지를 여러분들이 알게 하려고 여러분들에게 이러한 일들에 대하여 경고하기를 원한다. 계명들의 더욱 충분한 설명을 원하는 사람은 독일어로 된 루터의 소책자인 「선행에 관하여」[62]속에서 이것을 찾아보기 바란다.

궤변가들은 이 점에 관하여 두 가지 점에서 오류를 범한다.

첫째로, 그들은 하나님의 최고의 사랑이 현재의 삶에서 요구되거나 요청되지 않으며, 이것이 또한 다른 정서들과 관련한 그들의 의견들이라고 생각한다. 그러나 "네 마음을 다하고 목숨을 다하고 뜻을 다하고 힘을 다하여 주 너의 하나님을 사랑하라"(막 12:30)는 이 본문은 그들의 입장을 충분히 분명하게 반박한다. 하나님께서 자신을

---

62. Martin Luther, *Sermon von den guten Werken*("On Good Works")(1520)(WA 6, 196ff.; LW, Vol. 44, 21–114.)

위하여 온 마음을 요구하신다면, 그분은 피조물에게 일부분이라도 맡겨 놓지 않으시기 때문이다. 엘리야가 이러한 부류들과 어떻게 어울릴 수 있겠는가! 엘리야는 마음의 한 부분은 피조물에게 속하고, 한 부분은 하나님께 속한다고 생각하는 이러한 사람들에게 그들의 생각들이 얼마나 괴이하게 어울리지 않는지를 가르쳐 줄 것이다. 이러한 계명은 우리가 육신을 입고 살아가는 동안에 성취될 수 없다는 이유로 기각되지 않는다. 그러나 우리는 빚진 것을 갚지 않는 한 모두 죄인이다. 이것이 우리가 위에서 모든 사람들이 항상 실질적인 죄인이며 언제나 죄를 범한다고 말했던 이유이다. 그리고 이후로 우리가 은혜에 대하여 말할 때, 우리가 어느 정도로 의롭게 되며 어느 정도로 죄인인지를 다시 탐구해야만 할 것이다.

둘째로, 궤변론자들은 이러한 계명들과 다른 계명들이 우리 자신의 힘으로 성취될 수 있다고 생각하므로 미몽에 빠져 있다. 왜냐하면 그들은 우리가 외적인 의식들과 형식들을 가지고 거짓 신들, 우상들을 경배해서는 안 된다고 외적인 행동과 관련해서만 명령받는다고 생각하기 때문이다. '너의 온 마음으로 주 너희 하나님을 사랑할지니라'는 율법의 이 말씀들은 율법이 성향들과 관련을 가지는 것으로 설명하도록 우리에게 강요한다. 이제 육신은 무엇보다 먼저 자신을 사랑하고, 그들 자신의 선, 신중함, 그리고 의를 신뢰한다. 그것이 바울이 로마서 8:5, 7에서 말하는 것이다. '육신을 좇는 사람은 육신의 일을 생각하고, 육신을 좇는 마음은 하나님의 법에 굴복하지 아니할 뿐만 아니라 할 수도 없다.' 그러므로 육신을 좇는 마음은 하나님을 사랑하고, 하나님의 선 등을 신뢰할 수 없다. 하나님을 사랑하는 것, 즉 범사를 통해 심지어 하나님의 뜻이 우리를 정죄하고, 죽일 때조차 기쁘고 즐거운 마음으로 하나님의 뜻을 포용하는 것은 탁월하고 불가해한 일이다. 따라서 궤변가여 나는 당신에게 본성이 지옥과 영원한 형벌을 소원할 수 있는지를 묻습니다. 당신들이 본성이 그럴 수 없다고 말한다면, 육신이 자유롭게 하나님을 사랑할 수 있다는 것을 부인하는 것이다.

둘째 돌판이라고 부르는 나머지 계명들을 그리스도는 다음과 같이 설명한다. "네 이웃을 네 자신과 같이 사랑하라"(막 12:31). 그리스도는 둘째 돌판을 마태복음 5장에서 긴 강화로 더 심도 있게 설명한다. 사도는 로마서 12장에서 사랑의 수많은 법들을 열거한다. 그러나 궤변가들은 당신이 살인을 하지 않는다면, 당신이 공개적인 간음자가 아니라면, 율법은 성취된 것이라고 말하면서, 이러한 계명들을 역시 외적인 행위들만을 취급하는 것으로 설명한다. 그러나 그리스도는 그와 반대로, 율법을 정서들과 연결된 것으로 설명하고 긍정적으로 취급하신다. '살인하지 말지니라'는 계명에서 그리스도는 우리에게 올바르고, 깨끗하며, 자유롭고, 모든 일들에게 모든 사람들에게 열린 마음들을 가지라고 명령한다. 우리는 악을 악으로 갚지 말아야 하며 우리의 재산에 대하여 소송을 하지 말아야 한다. 한마디로 말해서, 우리는 악에게 저항하지 말아야 하며, 오히려 우리의 적들도조차 사랑해야 하고 자유롭게 공개적으로 그렇게 해야 할 것이다. 따라서 궤변가들은 우리가 외적인 행위로 부끄러운 행위를 범하지 않는다면 '간음하지 말라'는 계명이 만족된다고 생각한다. 그러나 그리스도는 마음의 자비와 순결이 요구되어 우리가 부끄러운 일을 생각조차 하지 않은 것을 의미하는 것으로 이 계명을 설명한다. 성실한 독자들은 스스로 복음서에 있는 다른 계명들도 살펴볼 수 있을 것이다.

권고

이 영역에서도 역시 궤변가들은 부끄럽고 불경스럽게 오류를 범했으니, 그들은 하나님의 법으로부터 '권고들'을 만들어 냈다. 다시 말해, 그들은 하나님께서 어떤 일들을 필연적으로 요구하지 않고 다만 추천하여, 어떤 사람이 관심을 기울인다면, 순종할 수도 있다고 가르쳐서, 불순종하는 사람들을 방면한다.[63] 대부분, 그들은 마태복음 5장으로부터 권고들을 끌어낸다. '네 원수를 사랑하라, 악에게 대항하지 마라, 공적 소송과 싸움을 피하라, 악한 사람들을 선대하라, 서로서로 용서하라, 변제의 가망이 없을 때에라도 궁핍한 사람에게 주어라.'

그러나 우리는 이러한 모든 것들도 (그리스도께서) 요구하신다고 주장하며, 그러한 것들을 계명들로 열거한다. 왜냐하면 그리스도는 자신의 친구들만을 사랑하는 사람들

---

63. Thomas Aquinas, *Summa theol.* II, 1, q. 108, a. 4.

을 정죄하며, 그들을 이방인들과 세리들과 같은 범주에 두시기 때문이다. 비슷한 방식으로 그리스도는 그의 이웃에게 화를 내거나 혹은 그를 바보라고 부를 정도로 그를 경멸하는 사람은 심판을 받게 될 것이라고 공표하신다. 그러나 그리스도께서 우리가 화를 내지 말아야 한다고 단지 권고하고 계신다면, 그분은 왜 심판으로 위협하시는가? 사람들이 무례한 자에게 화를 내거나 혹은 내지 않는데서 자유롭다면, 그분은 왜 심판으로 위협하시는가? 처벌의 위협을 주장하시는 분은 단지 권고를 하시는 것이 아니다. 그분은 요구하고 계신다. 더 나아가, 우리가 우리의 이웃을 사랑하라고 명령받았으므로, 사랑은 그러한 무리들이 권고들 가운데 열거하는 모든 일들을 포용하느냐 하는 질문이 제기된다. 바울은 로마서 13:9에서 이러한 모든 일들을 "네 이웃을 네 자신과 같이 사랑하라"는 율법과 관련시킨다. 그리고 요한일서 3:18은 다음과 같이 기록하고 있다. "자녀들아 우리가 말과 혀로만 사랑하지 말고 행함과 진실함으로 하자." 즉 마음으로부터 사랑하고, 진실하게 사랑하며, 호의를 베풀고 친절한 행동을 실천하여 우리들의 그 사랑을 증거 하자. 이제 궤변가들이 "탐내지 말라"(출 20:17)를 비롯한 구절들을 계명들 가운데 열거한다면, 그들은 왜 이것이 암시하는 모든 계명들을 율법으로 고려하지 않는가? 혹은 우리의 원수들에게 화를 내고, 복수를 하며, 혹은 곤궁한 사람에게 돈을 쓰고자 하지 않는 이러한 것이 욕정의 역사가 아닌가? 그러므로 우리가 탐내지 말라고 명령받고 있는 것이 확실하기 때문에, 이러한 일들도 역시 명령되고 있다는 것을 받아들이자. 마지막으로, 궤변가들은 율법의 일부를 폐기하는 한 왜 전체 율법을 권고로 해석하지 않는가?

그러나 당신은 '내가 마땅한 어떤 사람에게 기부해야만 한다면, 내 자신의 개인적인 재산이 위험해진다'고 반대할 것이다. 나는 '이것이 당신의 육신의 신중함을 통해 당신의 탐욕을 위한 구실로 주장되고 있다'고 답변한다. 사람들의 영은 선물을 제공하는데서 자신이 어디까지 가야 하는지를 쉽게 판단할 것이고, 가난한 형제의 곤궁함이 제거될 정도로만 자신의 이익을 관대하게 포기할 것이다. 당신은 다른 사람들이 자신에게 해 주기를 원하는 것을 당신의 이웃에게 행해야만 한다는 것을 알지 못하는가? '그러나 우리가 복수하지 말아야 한다면, 우리는 모든 불의를 감수해야 할까?' 확실히 이것이 십자가의 길이기 때문에 불의를 감수해야 한다. 당신은 '그러나 우리가 법정에서 재판을 요청할 수 없다면 사악한 사람들이 우리의 재산을 탈취하지 않겠는가?'라고 말한다. 관리는 한 시민이 다른 사람에게 손해를 입히지 못하도록 감시할 책임을 지고 있다. 그러므로 이러한 종류의 기회를 호의적으로 수용하는 것이 당신이 할 일이다.

그러나 영적인 사람을 제외한 아무도 하나님의 법을 인정할 수 없다면, 나는 왜 육적인 신중함의 주장들을 무너뜨리려고 노력하고 있는가? 당신이 그렇게 하는 것을 기뻐하지 않는다면 당신은 그리스도께서 그렇게 하도록 명령한 이유를 이해할 수 없을 것이다. 만일 궤변가들에게 모든 사람의 소유를 공동으로 분배하는 것이 너무나 부당하여, 각자에게 각자의 몫을 보장할 필요가 없다고 보였다면, 이러한 형태의 육적인 주장들이 역시 궤변가들을 기만한 셈이다. 게으른 사람들이 다른 사람들의 소유를 안전하게 향유할 수 있다면 그들이 여가를 향유하는 것은 또한 비인간적인 것으로 간주되었다. 이러한 종류의 추론으로부터, 계명들로부터 권고들이 만들어졌으며, 가장 불건전한 견해, 다시 말해 공공 업무를 복음에 따라 집행할 수 없다는 견해가 유포되어 왔다. 마치 그리스도께서 우리에게 전체로서의 인류가 아니라, 오히려 약간의 소수의 수도사들에게만 속하는 그러한 성격의 어떤 것을 주신 것처럼! 그리스도께서 온 세상[64]에 선포하도록 명령하신 복음보다 더 공통적인 무엇이 있겠는가? 그러나 아우구스티누스 역시 그의 편지들 가운데 다섯 번째 편지인 마르셀리누스(Marcellinus)에게 보낸 편지에서 이것에 대하여 말할 중요한 것을 가지고 있었다.[65] 그는 복수를 금지하는 율법에 반대하는 이러한 종류의 궤변을 무너뜨린다. 더 나아가, 이 율법은 관리들이 범죄들을 처벌하는 것을 금지하지 않는다. 반대로, 이러한 관리들은 사도가 로마서 13:4에서 말한 바와 같이, 악인들을 두렵게 하기 위하여 칼을 가지고 있다. 뿐만 아니라 관리는 우리 자신들이 복수의 열정을 가지고, 우리 이웃들과 사적으로 문제들을 해결하는 것을 금지한다. 관리의 책임은 국가가 손해를 입지 않도록 주의하는 것이다. 당신이 할 일은 개인적인 잘못을 감수하고 그것을 무시하는 것인데, 아마도 나는 이것을 앞으로 더욱 충분하게 토론할 것이다.

내가 알고 있는 한, 복음서에 권고의 한 경우가 있는데, 바로 독신에 관한 권고이다. 그리스도께서 이 문제에 관하여 "이 말을 받을 만한 자는 받을지어다"(마 19:12)라

---

64. *Universae naturae*. 참고 마태복음 28:19.

65. Augustine, Letter 139(*MPL*, Vol. 33, col. 535).

고 말씀하신다. 그리고 고린도전서 7:25-27에서 바울은 다음과 같이 말한다. "처녀에 대하여는 내가 주께 받은 계명이 없으되 주의 자비하심을 받아서 충성스러운 자가된 내가 의견을 말하노니 내 생각에는 이것이 좋으니 곧 임박한 환난으로 말미암아사람이 그냥 지내는 것이 좋으니라 네가 아내에게 매였느냐 놓이기를 구하지 말며 아내에게서 놓였느냐 아내를 구하지 말라." 그러나 권고들이 계명들보다 더 높은지 여부에 대한 문제가 여기서 논의되는가? 이것이 계명의 본성도, 권고의 본성도 이해하지 못하는 스콜라 신학자들의 어리석음이다. 왜냐하면 결혼하지 않은 어떤 사람이라도, 그가 아무리 순결하더라도, 욕정이 그를 격동하지 않는 것은 불가능하므로, 간음하지 말라는 계명을 성취하지 못하기 때문이다. 그러나 욕정은 계명에 의해 금지되고있으며, 일반적으로 결혼한 사람들이 결혼하지 않은 사람들보다 이 요구를 성취함에더 가까워지는 것이 가능하다.

수도사의 서원

이제, 내가 수도사들의 서원에 대하여 무엇을 말해야 할까?

첫째로, 바로 서원의 성격과 관련하여, 성경은 서원을 하라고 명령하지도 권고하지도 않는다. 하나님은 그분이 명령하거나 권고하는 것을 제외하고, 아무것도 승인하지 않으신다. 그러므로 나는 맹세를 통해 경건에 어떤 것을 첨가해야 한다고 보지 않는다. 모세법은 맹세를 하라고 요구하지는 않았으나, 허용했다. 복음이 전적으로 영의 확실한 자유와 관련하여 존재하므로, 복음은 맹세의 굴종을 완전히 무시한다. 그러므로 내가 알 수 있는 한, 맹세하는 관습은 오직 신앙과 복음의 자유가 무시되었기 때문에 수용되어 왔다. 스콜라 신학자들은 맹세 하에 수행된 행위가 맹세 없이 수행된 행위를 능가한다고 가르치기도 한다. 경건을 영과 신앙보다는 오히려 행위에 따라평가하는 불경건한 무리여! 맹세는 성경에서 요구되지도 않고 권고되지도 않는데, 스콜라주의자들은 왜 맹세 때문에 행해진 행위를 더 선호하는가?

다음으로, 나는 무엇이 맹세되는지를 고려하라고 요구한다. 그들은 독신, 가난, 그리고 복종을 약속한다. 나는 독신이 권고된다는 것을 부정하지 않는다. 그러나 우리의 육신의 연약함은 그리스도도 모든 사람이 독신에 대한 그의 권고를 따라야 한다는 것을 부정하는 정도의 것이므로, 이렇게 의심스럽고 위험스러운 가르침을 그렇게 많은 수천의 사람들에게 선전하는 목적이 무엇인가? 열성적으로 배고픔과 갈증으로 그들의 몸을 쇠약하게 만들고 성경 지식으로 사탄의 속임수들에 대항하여 잘 무장되었음에도 불구하고, 우리가 역사로부터 수집할 수 있는 한 육신에 대항하여 성공적으로 싸웠던 옛날의 은둔자들은 참으로 거의 없다. '우리'가 성경과 복음으로 무장되지 않고 그것을 제대로 알지도 못하여 무지한 채, 그렇게 화려하고 아주 여유롭게 살면서, 무슨 수로 (맹세의 영적 전투에서) 승리할 수 있을까? 당신이 복음에서 아주 잘 가르침을 받지 않는다면, 사탄과 당신의 만남은 불행한 패배가 될 것이다. 그 결과는 우리가 매우 분별력을 가지고 맹세를 해야 할 것을 가르친다.

더 나아가, 가난(청빈)은 수도사들에게만 속하는 것이 아니라, 하나님의 법으로 모든 그리스도인들에게 요구된다. 그러나 의도되는 것은 그 천박한 구걸 행각이 아니라, 자신의 재산을 모든 사람들과 공유하고, 선물들을 주며, 모든 곤궁한 사람들에게 주고, 그리고 당신이 다른 사람의 필요를 감소시키는 방식으로 사업을 하는 것인 '복음적인 가난'이다. 복음적인 가난은 아무것도 소유하지 않는 것이 아니라, 당신이 당신 자신이 아니라 어떤 다른 사람의 재산을 관리하는 것같이 행동한다고 느끼는 그러한 방식으로 소유하는 것이다. 이것이 바울이 에베소서 4:28에서 가르치는 것이다. "가난한 자에게 구제할 수 있도록 자기 손으로 수고하여 선한 일을 하라." 이 지점에서 우리는 또한 복음서에 있는 그러한 사상을 언급할 수 있다. "가서 네 소유를 팔아 가난한 자들에게 주라"(마 19:21). 왜냐하면 그리스도는 그 사람이 나누어 주는 방식으로 가난해지는 것을 요구하셨기 때문이다. 그러나 지금 우리는 사람들이 다른 사람들로부터 받을 때의 그 상태만을 '가난'이라고 부른다. 당신은 탁발 제도가 복음서로부터 얼마나 멀어져 변질되어 있는지를 알고 있는가? 가난과 우리의 사업의 경영은 우리 자신이 아니라 우리의 형제들을 위하여 요구되고 있다. 이것은 탁발 제도를 인정하는 것으로부터 동떨어진 외침이다.

마지막으로, 그들은 순종을 요구한다. 그러나 우리 각자와 모든 사람은 하나님의 법을 통해 그의 부모들, 선생들, 그리고 관리들에게 순종할 의무가 있다. 그러므로 수도원 제도 속에 특별한 완전은 없다. 그러나 나는 지금 수도사들에 대하여 논쟁하는 데 관심이 없다. 인간 존재의 모든 다른 종류보다 수도원 생활을 더 선호하는 그러한 사람들의 판단이 얼마나 기독교적이냐 하는 것은 여기서 명백하다. 그들은 기독교를 정신이 아니라 외적 행위들의 모습으로부터 평가한다. 한때 수도원들은 단순히 학교였으며, 독신 학자들이 좋아하는 한, 그들이 자발적으로 그곳에서 시간을 보냈다. 그들은 동료 학생들과 모든 것들을 공유하였으며, 스승들에게 자유롭게 복종하고 순종하였다. 그들은 노래하였고, 기도하였으며, 문제들을 함께 토론하였다. 전체적인 생활 방식은 그들이 지금 말하는 바와 같이, 기독교의 어떤 특별한 형태 혹은 완전의 상태로 간주되지 않았으며, 오히려 미성숙한 사람의 견습과 훈련으로 간주되었다. 이것이 오늘날의 수도원들의 조건이라면 너무나 좋으련만! 만약에 그러하다면, 우리는 더 거룩해질 학교들을 가지게 될 것이며, 우리는 더 미약한 미신과 불경건을 가지게 될 것이다. 적그리스도가 기독교의 어느 부분에서 수도원의 노예 상태에서보다 더욱 강력하게 통치하겠는가?

재판법과 의식법

재판법과 의식법이 남아 있다. 개요는 이러한 문제들에 대하여 많이 말할 장소가 아니다. 법률적 결정들, 형벌들, 그리고 특별히 공적인 재판 사례들에 대한 재판법들은 성경에서 히브리 백성들에게 주어진 것이다. 신약은 그리스도인들에게 복수가 금지되나, 가난과 재산의 공유는 명령되기 때문에 이러한 형태의 율법에 대해서는 아무것도 모른다. 바울이 고린도전서 6:7에서 '피차 송사하는 것은 너희에게 있어서 허물이다'라고 가르치는 바와 같이, 공적인 소송의 행동도 역시 금지된다.

의식법은 희생의 의식들, 날들, 의복들, 제물들, 그리고 다른 비슷한 문제들에서의 구별과 관련하여 제공된다. 의식법들 안에 틀림없이 히브리서와 고린도서에 있는 일부 구절들이 가르치는 바와 같이 복음의 신비의 그림자가 있다. 예언서들은 여기저기서 동일한 사실들을 증언한다. 예언자들은 대부분 율법의 모형들을 알레고리의 방식으로 복음서의 신비들에 적응시켰다. 역시 시편에도 많은 그러한 구절들이 있다. 그러므로 알레고리들이 이러한 율법들에서 탐구되어야 하나, 분별력을 가지고 해야 한다. 왜냐하면 이러한 영역에서 위대한 저자들조차 자주 어린 아이들 이상으로 더욱 부적합하고 모호하게 표현하기 때문이다. 다른 일들의 표징으로 알려진 그러한 것들의 의식들과 행위들만이 알레고리의 해석을 용납한다. 예를 들어, 레위기의 제사장직의 희생들은 그리스도의 제사장직의 표징으로 알려졌다. 철저하게 성경의 모든 것에 정통한 사람만이 알레고리들을 성공적으로 취급할 것이다. 그러나 영은 쉽게 판단할 것이며, 상식조차 우리에게 특정한 알레고리들이 무슨 목적으로 그리고 얼마나 폭넓게 사용될 수 있는지를 말해 줄 것이다. 알레고리들이 적절한 방식으로 취급된다면, 그것들은 율법과 복음의 능력의 이해에 대하여 적지 않은 것을 첨가해 줄 것이다. 히브리서는 아론과 그리스도를 비교할 때(히 5:4) 우리에게 이것을 보여 준다. 우리는 그리스도의 제사직을 통한 것을 제외하고 어떤 방식으로도 의롭다 함을 받을 수 없으므로, 이것(아론과 그리스도의 비교)이 우리 눈앞에 그리스도를 얼마나 분명하게 제시하며, 세상이 그리스도를 통해 어떤 축복을 받았으며 그리스도의 제사직이 인류에 수여한 것이 무엇인지를 얼마나 적절하게 보여 주는지는 주목할 만하다.

나는 이제 율법의 권능과 폐지, 특별히 여기에 적합한 논제들을 말해야만 한다. 그러나 이러한 논의는 율법이 복음과 비교되지 않으면 이해될 수 없기 때문에, 나는 복음에 대하여 이야기할 때 율법의 권능과 폐지를 취급할 것이다. 나는 이제 인정법들에 대하여 주장해야만 하는 것을 이 논제에 첨가할 것이다.

인정법

최종적으로 인정법들은 사람들에 의해 제정된 법들이다. 그래서 현재 인간사들이 존재하는 바와 같이, 인정법들의 일부는 시민법에 속한 것이고, 다른 것들은 교황 법에 속한 것들이다. 시민법들은 정부, 군주, 왕, 그리고 도시가 공동체 안에서 승인한 것들이다. 바울은 로마서 13:1-3에서 다음과 같이 말할 때 인정되어야만 하는 이러한 형태의 법들의 권위를 가르친다. '각 사람은 통치하는 권세들에게 복종하자. 왜냐하면 하나님께로부터 나지 않은 권세는 없기 때문이다. 그리고 존재하는 권세자들은 하나님에 의해 세워진 것이다. 그러므로 권세자들에게 저항하는 자들은 하나님이 지정하신 것에 저항하는 것이다. 그리고 저항하는 자들은 심판을 받을 것이다. 왜냐하면 통치자는 선한 행동이 아니라, 악한 행동에 대한 두려움이 되기 때문이다.' 행정 관리들과 법들의 의무는 다름 아닌 악한 자들을 처벌하고 방지하는 것이다. 이러한 이유로 법들은 재산의 분할, 계약의 형태들, 그리고 범죄들에 대한 처벌들에 대하여 통과된다. 왜냐하면 관리들은 하나님의 사역자들이고, 범죄 하는 사람들의 분노한 보수자들이기 때문이다. 더구나, 관리들은 하나님의 법에 반대되는 법령들을 만드는 것이 허용되지 않으며, 관리들은 사도행전 5:29에서 "사람보다 하나님께 순종하는 것이 마땅하니라"고 말하는 바와 같이 하나님의 법을 거슬리는 복종을 요구해서는 안 된다. 그리고 이러한 구절들로부터 현명한 독자는 우리가 인정법들에 어느 정도의 범위로 순종해야 할 것인지를 쉽게 판단할 것이다. 그러나 나는 아마 인류의 조건에 대해 취급할 때 관리에 대해 좀 더 말할 것이다.

나는 교황청의 법률들에 대하여 무엇을 말해야 할까? 사제들이 소송 사건과 재판에서 판결을 내리는 한 그들은 세상 통치자들로 활동한다. 나머지에 대해서와 같이, 소송 사건과 재판에 속하는 것에서, 하나님의 법은 사제들을 행정 관리들, 왕들, 그리고 통치자들에게 예속시킨다. 그러나 이제 통치자들의 묵인과 함께, 사제들은 자신들을 위해 현저하게 불경건하고 전제적인 법률들, 교회의 특권들, 자신들의 수입 등에 관한 법률들을 제정하였다. 이러한 문제에서 사랑의 의무는 가장 부유한 자들 (사제들)이 돈과 비용들을 공유하여 공적인 필요를 경감시키는 것을 요구하였다. 반면에 사제들은 국세 혹은 지방세, 혹은 공적 필요를 위해 모든 사람들로부터 징수되는 다른 것들의 어떤 것이라도 요구하는 사람은 누구라도 법적 보호를 박탈하고 무서운 위협으로 저주하고 있다. 그러나 나는 이것에 대해 다른 기회에 이야기할 것이다. 내가 행정 업무에서 사제들의 법률이 사랑의 원리에 반하고 오히려 순수한 전제 정치에 의해 설립되어 오고 있다는 것을 경고하는 것으로 충분하다.

　공교회도 사제들도 공의회도 신앙에 관한 어떤 것을 변경하거나 공표할 권리를 가지고 있지 않다. 신앙의 항목들은 단순하게 성경의 척도에 따라서 판단되어야만 한다. 성경 밖에서 제시되는 것은 신앙의 항목으로 주장되어서는 안 된다. 맨 먼저, 바울은 갈라디아서 1:9에서 "만일 누구든지 너희가 받은 것 외에 다른 복음을 전하면 저주를 받을지어다"라고 말할 때 아무것도 전혀 변경될 수 없다고 명령한다. 비슷하게, 성경과 의견을 달리하는 사람이 어떻게 영적인 예언자일 수 있는가? 오히려 그는 진리에 반대하여 선포하는 거짓말하는 영이다. 디모데전서 6:3-4은 '누구든지 다른 교훈을 하며 우리 주 예수 그리스도의 건전하신 말씀에 동의하지 않으면 그는 교만해진 것이다'라고 말한다. 더 나아가 많은 일들이 성경에 반대하여 불경건하게 공표되었다. 나는 나중에 이러한 것들에 대하여 말할 것이다.

　다른 곳에서, 즉 디모데후서 3:14에서 바울은 사람들, 보편 교회, 혹은 사제가 성경을 넘어서서 결정한 어떤 교리라도 신앙의 항목으로 주장되어서는 안 된다고 증언한다. '너는 누구로부터 성경을 배웠는지를 알면서, 네가 배우고 확실하게 믿는 것에 거하라.' 그는 우리의 지식의 근원을 아는 것이 중요하다고 생각한다. 이제, 근원이 성경에 따라서 정확하게 측정될 수 없다면 사람들이 공표한 것의 근원을 우리가 어떻게 알 수 있을까? 왜냐하면 성경이 확정하는 것이 성령 안에서 발생한다는 것은 확실하게 의견이 일치되기 때문이다. 성경 밖에 기원을 가지고 있는 것이 하나님의 영으로부터 온 것인지 혹은 거짓된 영으로부터 온 것인지는 의심스럽다. 바울은 '모든 것을 시험하여 선한 것을 굳게 잡으라'(살전 5:21)고 데살로니가인들에게 명령한다. 그리고 그 밖의 다른 곳에서 그는 영들이 하나님께로부터 오는지를 알아보기 위해 시험하라고 명령한다. 나는 영들을 분명한 표준, 확실히 성경의 표준을 배경으로 측정하지 않는다면, 우리들이 성경을 어떻게 시험할 것인지를 여러분에게 질문한다. 신앙의 항목들을 수립하는데서 권위를 종교회의에 귀속시키는 것은 불건전하다. 종교회의의 전체 총회에 하나님의 영을 가진 사람이 하나도 없을 수 있기 때문이다.

　바알의 선지자들은 사마리아에서 예언하고 있었으며, 이스라엘의 왕들은 그들의 신탁에 따라서 모든 것들을 하고 있었다. 하나님의 영이 없는 불경건한 사람들이 지금 역시 예언한다고 하는 것이 얼마나 놀라운 일인가? 유다에 있는 제사장들은 예레미야와 하나님의 성령에 대항하여 다음과 같이 말하며 싸울 때 진정성을 주장하고 있었다(렘 18:18). "오라 우리가 꾀를 내어 예레미야를 치자 제사장에게서 율법이, 지혜로운 자에게서 책략이, 선지자에게서 말씀이 끊어지지 아니할 것이니." 그것과 교황의 교회가 오늘날 말하는 것 사이에 무슨 차이가 있는가? '교령을 만드는 권위가 우리의 권한 안에 있다. 공의회는 직접적으로 성령에 의해 지배되고, 오류를 범할 수 없다. 성경은 모호하고 애매하다. 그런데 성경을 해석할 권리와 능력은 많은 그러한 특권들과 함께 우리의 것이다.' 그러나 교회의 통치자들이 잘못을 범할 것이라는 것이 분명하게 예언된다. "제사장에게는 율법이 없어질 것이요 장로에게는 책략이 없어질 것이며"(겔 7:26). 또한 마태복음 24:24은 말한다. "거짓 그리스도들과 거짓 선지자들이 일어나 큰 표적과 기사를 보여." 더 나아가, 성경은 하나님의 영을 가진 공의회의 조직이 상당한 정도로 이제 오류를 범할 것이라고 지적한다. "만일 선지자가 유혹을 받고 말을 하면 나 여호와가 그 선지자를 유혹을 받게 하였음이거니와"(겔 14:9). 열왕기상 22:22에서 우리는 다음 구절을 읽게 된다. "내가 나가서 거짓말하는 영이 되어 그의 모든 선지자들의 입에 있겠나이다." 무엇 때문에 더 말해야 하는가? 바울은 자신이 '혈육과 의논하지 않았다'(갈 1:16)고 말한다. 우리는 혈육을 신뢰해야 하는가?

나는 왜 아리미눔(Ariminum) 공의회[66]보다 오히려 니케아(니카이아) 종교회의를 믿느냐고 여러분에게 질문한다. 로마 감독의 권위가 이 공의회를 승인했기 때문에 여러분들이 믿는 것이 사실 아닌가? 이러한 추론에 의해 여러분은 공의회와 성경 위에 교황의 권위를 두고 있는데, 이것은 불경건할 뿐만 아니라 어리석은 것이다. 사모사타의 파울로스가 그리스도의 신성을 부인하였기 때문에 그를 정죄했던 안티오케이아 공의회[67]가 전체적인 정죄를 로마 감독의 권위 없이 진행했을 때 여러분은 왜 그 공의회를 신뢰하는가? 하나님의 세 위격의 문제가 사벨리오스에 반대하여 결정되었던 알렉산드리아의 공의회[68]에서, 로마 감독에 대한 언급조차 없었다. 로마 감독들은 니케아(니카이아) 공의회에 참석했다고 어디에서도 언급되지 않는다. 콘스탄티노플 공의회와 에페소

---

66. 멜란히톤은 셀레우케이아(Seleucia)와 리미니(Rimini, Ariminum)의 공의회들을 염두에 두고 있었다. 참고 Carl F. Hefele, *Conciliengeschichte*, 2d ed. (Freiburg, 1873), Vol. 1, 679ff.
67. 이러한 안티오케이아 공의회들(264-269)들은 사모사타의 파울로스의 가르침들을 다루었다. 참고 Hefele, Vol. Ⅰ, 135f.
68. 이 공의회는 362년에 회합하였다. 참고 Hefele, Vol. Ⅰ, 727ff.

스 공의회에 참석한 그리스인 저술가들은 로마 감독을 전혀 언급하지 않아서, 아무도 참석하지 않았거나 혹은 아무도 사회를 보지 않았을 가능성이 매우 높다.[69]

　　로마 감독들이 사회를 보았던 그러한 공의회들에서 적지 않은 실수가 일어났다. 스테파누스 4세는 공의회의 권위로 포르모수스(Formosus) 교황의 행동들을 취소하였다. 요한 10세는 그 뒤에 라베나 공의회[70]에서 스테파누스의 결정을 정죄하였다. 공의회들이 불일치할 때, 사람들은 오류를 범했음에 틀림없다. 리옹의 공의회[71]는 그렇게 많은 잔인하고, 악한 일들이 결정되었던 칙령들의 책들을 승인하였으므로, 불경건한 것으로 간주되어야만 한다. 더 나아가, 우리는 교황의 공의회들에서 로마의 전제 정치의 대의명분을 촉진시키는 것 이외에 거의 아무것도 성취되지 못했다는 것을 알게 된다. 공의회가 한 일은 황제들을 굴복시키고, 베드로의 세습재산을 보존하며, 사제들의 부를 증가시키고, 그리스 교회를 억누르는 등의 일이었다. 이단들을 취급하는 「파괴를 향하여」(ad abolendam)[72]라는 칙령은 그 자체가 명백하게 이단적이다. 왜냐하면 이 칙령은 로마 교회가 가르치거나 혹은 시행하는 것과 다른 방식으로 성례를 생각하거나 가르치는 모든 사람들을 저주하기 때문이다. 왜냐하면 그리스인들은 이단들이 아님에도 불구하고, 그들은 로마 교회의 의식들과 전통들로부터 아주 많은 일들에서 다르기 때문이다. 면죄부에 대한 불경건한 칙령들이 많은 공의회에서 공표되었다. 콘스탄스(Constance) 공의회는 다른 결정 사항들 가운데서 행위에서의 차이에 대한 성경의 강력한 복음적 가르침, 즉 모든 행위는 중립적인 것이 아니라 좋거나 나쁜 것이라는 가르침을 정죄하였다. '나무가 좋다 하라'(마 12:33).

　　그러나 당신은 자신이 좋아하는 만큼 일견할 수 있는 교황청의 법률들의 가증스러운 법전이 남아 있으므로, 왜 이와 같이 계속 해야 하는가? 우리는 공의회가 오류를 범할 수 없다고 자랑하는 공통적인 의견이 올바른 고찰 없이 수용되었다고 단순히 당신에게 경고하기 위해 이러한 일들을 주목해 왔다. 그러므로 공의회가 오류를 범할 수 있고 그리고 자주 범해 왔다는 것이 틀림없이 한낮의 태양보다 더욱 분명하기 때

---

69. 381년의 콘스탄티노플 공의회(참고 Hefele, Vol. II(1875), 1ff.)와 431년의 에페소스 공의회(참고 Hefele, Vol. II, 178ff.).

70. 참고 Hefele, Vol. IV(1879), 565ff.

71. 1245년에 열렸던 공의회. 참고 Hefele, Vol. V(1886), 1105ff.

72. 이 칙령은 1184년 베롱(Verons) 공의회에서 왈도파에 반대하여 교황 루키우스 2세(Lucius II)에 의해 공표되었다.

문에, 사랑하는 독자여, 나는 여러분에게 성경의 승인 없이 공의회가 공표한 어떤 것이 왜 신앙의 항목으로 주장되어야 하는지를 질문한다. 공의회가 오류를 범할 수 있다는 것이 분명하기 때문에, 그들의 교령들이 왜 성경의 관점에서 정밀하게 조사되지 않는가? 기독교의 지성이 기만하거나 혹은 오류를 범할 수 없는지에 대하여 불확실한 사람이 신앙의 항목을 세운다고 생각하는 것은 있을 수가 없다! 베드로는 성경의 해석이 사사로운 해석, 다시 말해 인간적인 해석에 속한다는 것을 부인한다. 사람들이 신앙의 항목을 세우는 것을 우리는 허용해야 하는가? 특별히 예언자는 율법의 판단과 증언에 의존하지 않는 사람들을 위하여 새벽빛이 빛날 것이라는 것을 부인하기 때문에, 왜 방금 인용된 성경 구절을 따르지 않으며, 베드로가 말한 바와 같이, "어두운 데를 비추는 등불"(벧후 1:19)에 주의하지 않는 것인가? 이 유명한 가르침은 이사야 8:20에서도 발견된다. 바울이 기록한 고린도전서 3:11에서도 발견된다. 바울은 이 구절에서 기독교의 가르침을 논의하고 있다. "이 닦아 둔 것 외에 능히 다른 터를 닦아 둘 자가 없으니." 이것은 성경을 제외한 어떤 가르침과 어떤 항목도 구원을 위하여 필수적인 것이 아니라는 것을 의미한다. 바울은 주의 날이 이 터 위에 세운 사역을 시험할 것이라고 말한다(12절 이하). 만약에 이 사역이 주의 날에 시험받아야만 한다면, 이 사역이 왕국의 교리적인 산물로 뿐만 아니라, 구원을 위하여 필수적인 것으로 수용되어야 하는가? 성례에서 빵이 그리스도의 몸으로 변한다는 '화체설', 그리고 교황 우위권에 대한 교령들이 선포되는데, 이 모든 것이 고대 종교회의의 결정들과 모순되는 것이다. 성경의 분명한 승인 없이 전해 내려온 전통들이 왜 문제없는 교의들로 수용되어야 하는가? 바울 서신과 사도행전에서 사도들은 성경의 권위를 가지고 그들의 가르침을 입증한다. 그리스도께서 우리가 그에 대하여 증거 하는 성경을 연구해야 한다고 명령하실 때(요 5:39), 그리고 두 사람의 증언은 수용되어야만 하는데, 아버지께서 자신을 지지하신다는 것을 비롯한 이러한 종류의 많은 것들을 말씀하실 때, 그리스도는 성경을 통하여 자신에 대한 신앙을 불러일으키고 있다(요 8:16-18). 신명기 12:32에서, 주님은 그의 말씀에 어떤 것을 첨가해서도 안 되고 그것으로부터 무엇을 빼서도 안 된다고 명령하신다. 이 구절은 어떤 사람이 자신이 하나님의 말씀이라는 것을 분명하게 알지 못하는 어떤 것을 신앙의 항목으로 가르치는 것은 잘못된 것이라는 것을 분명하게 가르치고 있다. 예언자들, 그리스도 그리고 사도들은 자신들이 가르쳤던 것이 하나님의 말씀이라는 것을 확실하게 알고 있었다. 그러므로 그들은 우리가 자신들을, 아니, 오히려 그들이 말했던 것을 믿기를 원했다.

이러한 주장들은 성경이 분명하게 가르치지 않는 아무것도 신앙의 항목으로 주장되어서는 안 된다고 충분히 나를 설득한다. 나는 이것이 루터에 대한 그들의 어리석고 불경건한 정죄 속에서 공의회와 학파들의 교의들을 '신앙의 원리들'이라고 부르는 파리의 신학자들을 날려버린다고 말한다.[73] 나는 성경을 믿기 때문에 하나님의 아들의 신성에 대한 니케아(니카이아) 공의회를 믿는다. 성경은 아주 분명하게 그리스도의 신성을 증명하여, 유대인들조차, 아무리 맹목적이라고 하더라도, 성경이 메시아에게 신성을 귀속시키는 사실을 전복시킬 수 없을 정도이다. 많은 분명한 구절들 가운데 하나가 예레미야 23:6이다. 즉 "이것이 그를 부를 이름이니, '주는 우리의 의'다." 나는 다른 공의회들도 역시 성경의 견지에서 평가되어야만 한다고 주장한다.

그런데도 가톨릭교회가 도덕들과 의식들에 대하여 결정해야 할 것인가? 나는 전쟁, 소송, 그리고 독신에 대한 교황의 법률들이 도덕에 속하지 않는다면 교황들이나 종교회의들이 도덕에 대하여 무엇을 결정해 왔는지 전혀 알지 못한다. 그러나 이러한 것들이 복음의 표준에 의해 측정되어야 한다면, 스키티아인들이라도 이보다 경건하지 못한 무엇을 결정할 수 있겠는가? 교황주의자들은 의식이 바로 그들 자신의 영역이라고 생각하지만, 그러나 우리는 의식들에 대하여 말할 것이다. 먼저, 도덕들과 의식들을 한 묶음으로 묶어서 논하면, 주교들은 성경 안에서 전해 내려오는 것을 넘어서 어떤 것을 요구할 권리를 가지고 있지 않다. 왜냐하면 그리스도는 자신이 그들에게 제공한 것을 가르치도록 사도들을 파송했기 때문이다. 마태복음 28:20은 다음과 같이 말한다. "내가 너희에게 분부한 모든 것을 가르쳐 지키게 하라." 그러므로 그리스도는 새로운 법률들과 새로운 의식들을 제정하는 권세를 제거한다. 그리스도는 사도들에게 복음만을 가르치라고 명령한다. 그러면 주교들이 어떻게 법률을 제정할 그들의 권리를 입증할 것인가? "너희 말을 듣는 자는 곧 내 말을 듣는 것이요"(눅 10:16)라고 하시는 그리스도의 말씀에 이 권리가 존재하는가? 마태복음 10:41에서 그리스도는 자신이 예언자이기 때문에 예언자가 수용되기를 원하신다. 인간의 주석들과 사람

---

73. 파리 대학교 신학부의 선언에 반대하는 루터에 대한 멜란히톤의 변호에 대하여 *Melanchton Werke*, Vol. I, 141ff.를 보라.

의 전통들을 가르치는 거짓 선지자가 수용되는 것을 원하지 않으신다.

　성경은 이러한 무리들을 '꿈꾸는 자들'이라고 부른다. 그러나 나는 당신들에게 법률들을 제정할 권위를 주는 성경으로부터의 한 음절이라도 제시할 것을 교황제의 입법자들이며 법률가들인 당신들에게 요구한다. 반대로 성경이 하나님의 율법에 아무것도 첨가하지 말고, 그것으로부터 아무것도 제하지 말라고 명령할 때 성경은 그 권위를 제거한다. 바울이 새 언약의 감독들을 '영의 사역자들'(고후 3:6)이라고 부를 때 그도 역시 이러한 권한을 부인한다. 영의 사역자는 하나님의 율법을 통하여 모든 심령들을 정죄하는 사람이며, 그 후에 복음을 통하여 다시 그들을 위로하는 사람이다. 그는 하나님의 영 때문에 능력이 있다. 외적인 행위들만을 판단하는 인간의 전통들이 이러한 기능에 무엇을 귀속시키겠는가? 성경은 전통들을 너무나 자주 정죄하여 성경이 전통들에 대한 견해에서 모호한 것으로 간주될 수 없다. 예레미야는 전통들을 '밀짚'이라고 부른다. '어찌 밀을 밀짚과 비교하겠는가'(렘 23:28). 그는 비슷하게 전통들을 '거짓말과 꿈'(렘 23:32)이라고 부른다. 이사야는 그것들을 '토한 것'과 '더러운 것'이라고 부른다(사 28:8). 에스겔은 그것들을 '매춘부들', '나귀들의 지체들', '말들의 정수'라고 부른다(겔 23:2-20). 일부 예언자들은 그것들을 한 가지 이름으로 부르고, 다른 선지자들은 다른 이름으로 부른다. 바울은 전통들을 '공교하고 아첨하는 말들'이라고 부른다(롬 16:18). 바울의 기록에서 하나 더 예로 들면, 그는 디모데전서 4:1-3에서 인간 전통의 근원을 보여 준다. "후일에 어떤 사람들이 믿음에서 떠나 미혹하는 영과 귀신의 가르침을 따르리라 하셨으니 자기 양심이 화인을 맞아서 외식함으로 거짓말하는 자들이라 혼인을 금하고 어떤 음식물은 먹지 말라고 할 터이나." 여러분은 미혹하게 하는 영이 독신 제도, 음식들의 구별에 대한 전통 등의 저자라는 것을 알고 있다. 교황의 법전들은 독신 제도에 대한 전통, 음식물들의 구별, 그리고 비슷한 사소한 것들에 대한 전통 이외에 과연 무엇인가? 마태복음 15:9은 다음과 같이 말한다. "사람의 계명으로 교훈을 삼아 가르치니 나를 헛되이 경배하는도다." 이것에 대한 그리스도의 근원은 이사야 29:13이다.

　그러면 무엇인가? 사람의 전통들이 어떻게 양심을 구속하는가? 사람들의 법령들을 범하는 그들은 죄를 범하는가? 나는 교황의 법들은 "누구든지 너로 억지로 오 리를 가게 하거든 그 사람과 십 리를 동행하고"라는 마태복음 5:41에 따라, 우리가 어떤 부정 혹은 전제 정치를 인내함에 따라 인내해야만 한다고 대답한다. 사도행전 5:29은 "사람보다 하나님께 순종하는 것이 마땅하니라"고 말한다. 전통들이 신앙을 방해할 때, 그리고 그들이 죄에 대한 계기가 될 때, 그들을 위반하는 것이 마땅하다. 자신의 영적인 판단에 따라 그들을 실족시키지 않으면서 그들을 위반하는 사람은 죄를 범하는 것이 아니다. 그러나 우리는 뒤에서 실족시키는 것에 대하여 좀 더 논의할 것이다. 그렇지만 우리는 양심이 인간의 전통에 얽매이지 않는다는 분명한 성경 구절들을 가지고 있다. 고린도전서 3:22은 다음과 같이 말한다. '바울이나 아볼로나 게바나… 모두 너희 것임이라.' 다시 말해, 바울도 게바도 너희 양심을 구속할 권위를 가지고 있지 않다. 이것은 동일한 편지에서 분명하게 다시 언급된다. "너희는 값으로 사신 것이니 사람들의 종이 되지 말라"(고전 7:23). 그러나 양심의 자유를 강탈당한 사람들은 사람들의 종이 되어 간다. 왜냐하면 그리스도인의 자유는 양심의 자유인 것과 같이, 기독교의 속박은 양심의 매임이기 때문이다. 골로새서 2:20은 매우 분명한 구절이다. '너희가 그리스도와 함께 세상의 초등학문에 대하여 죽었거든, 어찌하여 여전히 세상에 속하는 것과 같이 살고 있는가? 너희가 왜 규정들에 굴복하는가?' 곧이어 그는 그들의 전통들을 모방해서 반복하고 있다. "(곧 붙잡지도 말고 맛보지도 말고 만지지도 말라 하는 것이니 이 모든 것은 한때 쓰이고는 없어지리라) 사람의 명령과 가르침을 따르느냐 이런 것들은 자의적 숭배와 겸손과 몸을 괴롭게 하는 데는 지혜 있는 모양이나 오직 육체 따르는 것을 금하는 데는 조금도 유익이 없느니라"(골 2:21-23). 예레미야 23:16에서 주는 거짓 선지자들의 말을 듣는 것을 금하시는데, 이것은 의심할 바 없이 양심이 위태로워지는 그 상황을 언급하는 것임에 틀림없다. '너희에게 헛된 소망을 채워 주면서 예언하는 선지자들의 말을 듣지 마라. 그들은 여호와의 입으로부터가 아니라 그들 자신의 마음의 환상을 말한다.' 이 점에서 나는 또한 몇 사람의 오히려 최근의 권위자들, 특히 제르송(Gerson)을 언급할 수 있다. 우리는 양심이 인간의 전통에 의해 속박당할 수 없다는 데 동의한다. 다시 말해 인간의 전통을 범하는 사람은 범죄를 위한 계기를 제공하지 않는다면 죄를 짓는 것이 아니다. 나는 베르나르가 경륜에 대해 썼던 「교훈과 경륜에 대하여」(De praecepto et dispensatione)[74]에서 전통에 대해 좀 더 자유롭게 판단했기를 원한다. 그러나

---

74. 참고 MPL, Vol. 182, cols. 859ff.

성령은 고린도후서 3:17에 따라 매우 분명하게 판단할 것이다. "주의 영이 계신 곳에는 자유가 있느니라." 고린도전서 2:15은 "신령한 자는 모든 것을 판단하나 자기는 아무에게도 판단을 받지 아니하느니라"고 말한다.

내가 교회법의 전체뿐만 아니라 교회사의 전체를 거슬러 올라가고자 한다고 하더라도 나는 종교회의와 교황들이 제정했던 것들의 종류를 다 재검토할 수는 없었다. 그러나 우리는 전통들의 이러한 유형의 약간의 본보기들을 회상할 것이다. 우리는 이러한 것들로부터 성경이 그렇게 자주 우리에게, 아무것도 사람들의 가르침보다 경건에 더욱 배치되는 것이 없으므로, 조심하라고 경고하는 것을 이해하게 된다. 니케아(니카이아) 공의회에서 참회의 어떤 종류들이 제정되었다. 나는 교부들이 무슨 생각으로 이러한 교령을 만들었는지를 판단하기 원하지 않으나, 나는 복음의 훌륭한 부분, 아니 오히려, 복음의 실질적인 능력이 이 전통에 의해 모호해졌다는 것을 알고 있다. 왜냐하면 그것이 '보속'의 출생지이기 때문이다. 교회 안에서 복음의 이해가 여전히 오히려 순결했을 때는 그래도 보속은 처음에 아마도 관용할 만 했다. 그러나 얼마 후에, 그러한 보속들이 얼마나 큰 양심의 고통이 되어 갔던지! 은혜는 점점 모호해졌다. 복음이 신앙에 귀속시켰던 것이 보속에 귀속되기 시작했으니, 무엇이 더욱 불경건하거나 혹은 해롭겠는가? 니케아(니카이아) 공의회는 틀림없이 이러한 악들에 대한 계기를 제공하였다. 참회의 형태에서 바울의 본보기를 따르는 것은 훨씬 더 나았을 것이다. 바울은 그 고린도의 음행자가 깨달았을 때 어떤 '보속'이 없이 그를 받아들였다. 그는 고린도후서에 있는 바와 같이, (범죄 한 성도에게) 벌 받는 것으로 충분하다고 단순하게 경고하였다(고후 2:6). 더구나 소위 우리 시대의 신학자들은 니케아(니카이아) 공의회의 옛날의 전통을 따르면서 보속을 참회 제도의 일부로 만들었다. 명백하게, 이것보다 더욱 해로운 다른 오류는 없다.

이 교황 제도 하에 이루어진 고해 성사가 심지어 경건한 사람의 양심에 대해서조차 얼마나 많은 고통을 일으켰으며, 이것 하나가 얼마나 많은 영혼들을 파괴시켰는가! 바울은 음행자가 너무 많은 회한으로 고통당하지 않도록 고린도 교인들이 배려해주기를 원했다. 그러나 고해 성사를 만들어 냈던 로마의 감독들은 참으로 두려워하고 경건한 양심을 가장 비참하고 잔인한 방식으로 괴롭게 만드는 것 이외에 무엇을 했는가?

기독교가 이렇게 많은 생활 방식으로 분열해 있을 때에, 기독교의 사랑과 단순성이 너무나 중요하지 않은가? 일부 사람들은 평신도들이고, 다른 사람들은 수도사들이며, 여전히 다른 사람들은 성직자들인데, 이들 가운데 수많은 당파들이 있다. 이들이 아마도 지위 추구에서 싸움만 하지 않았더라도 관용될 수 있었다. 이제 독신제의 참을 수 없는 짐이 어떤 특정한 생활 방식들(사제들)에 첨가되었다. 또한 독신제에 관한 이러한 교령은 니케아(니카이아) 공의회에서 제정되었다. 그러한 전통의 결과들은 언급할 필요조차 없다. 왜냐하면 어떤 다른 회의를 통해서도 감각적인 욕망이 더욱더 활발하게 확산되어 나갈 수 없었기 때문이다. 처녀에 대해 논의하는 고린도전서 7장에서 바울은 그들에게 덫을 놓지 않으려고 감히 어떤 것을 명령하지 않는다(고전 7:25). 그는 그들이 그들의 '나누어지지 않은 헌신을 주께' 드릴 수 있는 과정이 선택되기를 원했다(고전 7:30). 그러나 육신의 불이 붙은 사람들보다 누가 덜 헌신하며, 누가 더욱 격렬하게 주님으로부터 떨어져 나가는가? 이것을 예견하면서, 바울은 독신제를 명령하지 않는다. 오히려 디모데에게 편지하면서, 그는 독신제의 전통을 '마귀들의 가르침'이라고 부른다(딤전 4:1). 그러나 사탄이 정복하였고, 독신제의 법이 수용되었으며 기독교에 장애가 될 정도로 수 천 명의 사람들 가운데서 전파되어 갔다.

이제 성찬도 역시 특별한 계층의 사람들, 즉 성직자들에게 위탁되어 갔다. 모든 경건한 사람들과 공유하기를 원했던 그리스도는 이제 사제들만에 의해 강탈되었다. 그러므로 미사의 축복과 성찬의 능력은 완전히 모호해졌다. 성찬은 이제 사제들의 매매 이외의 아무것도 아니다. 왜냐하면 사탄은 사제들이 백성들을 대신하여 희생을 드려야만 하고, 미사는 공적으로 판매될 수 있으며, 그리고 이러한 종류의 다른 일들이 판매될 수 있다는 것을 발견했기 때문이다. 미사의 사용은 삶의 조건들이 사제들과 평신도들의 그것들로 찢어지지 않았더라면 쇠퇴하지 않았을 것이다. 오늘날 교황의 미사를 지배하는 무섭고 가증스러운 불경건이여!

그러나 왜 더 이상 계속해야 할 필요가 있겠는가? 여러분들은 이러한 본보기들로부터, 그것이 아무리 경건한 모습을 하고 있다고 하더라도, 기독교에 대하여 커다란 악을 가져오지 않은 전통은 없다는 것을 알게 될 것이다. 교회 안의 공적인 잘못들에 대하여 보속이 있는 것보다 무엇이 더욱 적합한 것으로 보이는가? 그러나 그러한 보속은 은혜를 모호하게 만들었다. 주교들이 독신으로 산다는 것보다 무엇이 더욱 적절한가? 그러나 독신제를 통하여 욕정에의 길이 열리게 되었다. (모든 사람에게 허용하지 않고) 성찬의 사용을 억제하는 것보다 무엇이 더욱 경건한가? 이러한 일은 성령이 아니라 사람이 판단하기 때문에 발생한다. 그러나 그 결과로 미사의 축복은 시들었다. 그래서 전통들은 지혜의 어떤 모양들을 가지고 있으나, 바로 그 모습, 사악하고 불미스러운 이세벨에 의해 사용되는 루즈는 손상을 입히는 바로 그것이 되는 일이 일어난다(계 2:20).

복음

우리는 지금까지 아마도 그 중요성에 비하면 너무나 간략하게 죄와 율법의 본성을 논의해 왔다. 그러나 우리는 주석을 쓰고 있는 것이 아니라, 여러분이 성경 연구에서 추구할 수 있는 주제들의 전반적인 윤곽을 스케치하고 있다. 우리는 이제 복음과 은혜를 논의하려고 하는데, 이러한 주제들의 취급을 통해 앞서 논의했던 것들에 대해 역시 어떤 빛이 비춰질 것이다. 율법의 폐지와 율법의 권능에 대한 논의는 이 특별한 주제를 위해 유보되었기 때문이다. 더구나, 사람들이 분명한 율법들과 분리하여 죄의 본성을 이해할 수 없는 바와 같이, 은혜의 본성도 복음의 묘사에 의한 것을 제외하고 제대로 이해될 수 없다. 이때까지 우리는 사람의 정죄와 저주를 논의해 왔으며, 이제 우리는 사람의 회복과 복을 취급할 것이다.

　일반적으로 말해서, 성경에 율법과 복음의 두 부분이 있다. 율법은 죄를, 복음은 은혜를 보여 준다. 율법은 질병을 나타내며 복음은 치료를 가리킨다. 바울의 용어를 사용하자면, 율법은 죽음의 역사이고 복음은 생명과 평안의 역사이다. "죄의 권능은 율법이라"(고전 15:56), 그러나 복음은 믿는 모든 자에게 구원의 능력이다(롬 1:16). 성경은 당신들이 마태, 마가, 누가, 요한이 쓴 것만이 복음이고, 모세의 책들은 오직 율법이라고 생각하도록 그렇게 율법과 복음을 제공하지 않았다. 오히려 복음의 제시는 분산되어 있고, 약속들은 구약과 신약의 모든 책들에 뿌려져 있다. 반면에 율법도 역시 구약과 신약의 모든 책들에 분산되어 있다. 일반적인 견해와는 반대로, 역사는 율법의 일정 기간과 복음의 다른 기간으로 나누어져 있지 않다. 때때로 율법은 계시되면서 즉각적으로 복음이 뒤따라온다. 다른 때에는 복음과 율법이 다른 방식으로 계시된다. 사람들이 모든 시기에 동일한 방식으로 의롭다 함을 얻는 것과 같이, 우리에게 알려진 모든 시기는 율법의 시기이자 동시에 복음의 시기이다. 계시의 시기들은 다양하여, 한 시기에는 율법이 계시되고, 다른 시기에는 복음이 계시되며, 때때로 그것들은 다른 방식으로 계시되는데, 이것은 성경으로부터 확립된 사실이다. 내 의견에는 사람들의 마음에 새겨진 자연법에 덧붙여서, 아담이 선악의 지식의 나무의 열매를 맛보지 말아야 한다는 사실이 역시 하나님에 의해 아담에게 알려졌다는 것을 당신은 알고 있다. 가인에게, 하나님은 그의 동생에게 화를 내지 말라고 명령했으며 하나님께서 역시 가인을 죽이는 사람은 누구든지 죄를 범하는 것이라고 말씀하셨다. 이러한 방식으로 하나님의 성령은 지속적인 선포에 의해 자연법의 지식을 회복시키고 계신다. 자연법에 대한 이러한 지식은 죄에 의해 어두워진 인간의 마음에서 이미 아주 어두워져 가고 있어서 나는 자연법을 인간의 마음들의 본성에 의해 심겨지고 새겨진 어떤 타고난 판단이 아니라, 단순하게 조상들이 받아 대를 이어 후손에게 전해 내려온 법이라 거의 부를 수 있다. 예를 들어, 아담은 사물들이 창조된 것이나 하나님을 경배하는 것에 대하여 그의 후손들에게 가르쳤으며, 가인에게 그의 동생을 죽이지 말라는 등의 경고를 하였다. 이제 복음으로 되돌아가자.

복음이란 무엇인가

율법은 올바른 행동들이 명령되고 죄가 드러나는 성경의 그 부분인 것과 같이, 복음은 하나님의 은혜 혹은 자비의 약속이며, 특별히 죄들의 용서와 우리를 향한 하나님의 선의의 증언이다. 이러한 메시지 때문에 우리의 마음들은 하나님의 선의를 확신하면서 모든 죄인들이 용서받는다고 믿는다. 우리가 '복음의 권능'이라는 제목으로 아래에서 논의하려고 하는 바와 같이, 그들은 격려를 받아, 하나님을 사랑하고 찬양하며, 하나님을 기뻐하고 즐거워한다. 더 나아가, 그리스도는 그러한 모든 약속들의 보증이다. 그러므로 성경이 약속하는 모든 것은 그리스도와 관련되는데, 그리스도는 처음에 희미하게, 그러나 시간이 지나면서 더욱 분명하게 계시된다.

아담이 범죄 하고 영원한 죽음의 운명을 맞이한 후에, 그는 주께서 복음의 약속으로 그를 위로하지 않으셨다면 의심할 바 없이 멸망했을 것이다. 하나님께서 창세기 3:15에서 뱀에게 "내가 너로 여자와 원수가 되게 하고 네 후손도 여자의 후손과 원수가 되게 하리니"라고 말씀하실 때 죄의 폭정이 묘사된다. 그리고 즉각적으로 승리가 약속된다. '그가 너의 머리를 깨뜨릴 것이다.' 내가 판단하기에 이 구절에서 대명사는 우리가 우리의 본문에서 읽는 바와 같이 여인보다는 여인의 후손을 언급하는 것으로 더욱 올바르게 해석된다. 이것이 첫 번째 약속이자 첫 번째 복음이다. 아담은 이 복음을 통해 일으켜 세워지며 구원의 분명한 약속을 인식하였다. 더구나, 그는 심지어 의롭다 함을 얻었다. 그 후에 그의 후손에게서 모든 민족들이 복을 받을 것이라는(창 12:3) 약속은 아브라함에게 주어졌다. 확실하게 이 약속은 그리스도를 언급하는 것으로 해석하는 것을 제외하면 이해될 수 없었다. 그리스도는 구원받은 사람들이 받아들여지는 아브라함의 품이다. 다시 말해, 아브라함에게 주어진 약속을 믿는 사람들은 구원받는다. 그리고 이것은 신약의 글들이 모든 곳에서 언급하는 약속이다. 사려 깊은 독자는 이 논제 아래 그리스도에 관련된 모든 약속들을 모을 수 있을 것이다. 그 약속들은 분명하게 다름 아닌 복음이다. 신명기 18:18-19은 다음과 같이 말한다. "내가 그들의 형제 중에서 너와 같은 선지자 하나를 그들을 위하여 일으키고 내 말을 그 입에 두리니 내가 그에게 명령하는 것을 그가 무리에게 다 말하리라 누구든지 내 이름으로 전하는 내 말을 듣지 아니하는 자는 내게 벌을 받을 것이요." 사무엘하 7:12-13에서 그리스도는 다윗에게 약속된다. "내가 네 몸에서 날 네 씨를 네 뒤에 세워 그의 나라를 견고하게 하리라 그는 내 이름을 위하여 집을 건축할 것이요 나는 그의 나라 왕위를 영원히 견고하게 하리라." 이 약속 때문에 예언자들은 그리스도를 '다윗의 자손'이라고 부른다. 그것 이상으로, 에스겔은 메시아를 심지어 '다윗'이라고 부른다(겔 34:23f.; 37:24f.). 일반적으로 예언자들은 율법과 그리스도의 약속을 반복한다. 그리고 하나님의 약속들은 양심을 강화시키고 격려하는데 주목할 만하게 효력이 있기 때문에 하나님의 약속들을 주목하고 즉시 약속들을 기억하는 것은 경건한 마음에 유익을 줄 것이다.

묘사된 방식으로, 하나님은 아담의 타락 후에 즉각적으로 복음을 계시하셨으며, 때때로 하나님은 그리스도를 보내실 때까지 복음을 좀 더 충분하게 드러내셨다. 그것이 바울이 로마서 1:2에서 쓴 것이다. "이 복음은 하나님이 선지자들을 통하여 그의 아들에 관하여 성경에 미리 약속하신 것이라." 그리고 우리의 복음서들은 다름 아닌 약속들이 성취되었다는 것을 증거 한다. 이것이 마태복음을 다음과 같이 시작하는 이유이다. "아브라함과 다윗의 자손 예수 그리스도의 계보라"(마 1:1). 나는 복음을 '그리스도를 통한 하나님의 은혜', '복', 그리고 '호의의 약속'이라고 부른다. 성경 안에는 영원한 복의 이러한 약속 이외에 또한 일시적인 것들에 대한 약속들도 있다. 노아에게 이루어진 약속도 이러한 종류에 속하며, 율법 안에는 땅, 부 등에 대한 이러한 유형의 더 많은 약속들이 있다. 이러한 것들은 영적인 약속들의 상징일 뿐만 아니라, 자체적으로 하나님의 은혜와 자비의 증언들이다. 그 약속들은 하나님을 영화롭게 하는 방식으로 우리의 양심을 위로하고 격려하려고 의도되고 있다. 그래서 우리는 이러한 약속들을 '신앙이 무엇이며, 어떻게 의롭게 하는가'라는 제목 하에서 분명하게 논의할 것이다.

여러분은 성경 안에서 성령의 의도, 즉 성령께서 우리들이 구원받게 하려는 유일한 하나의 목적을 가지고 신실한 자들을 얼마나 달콤하고 매력적으로 가르치는지를 알 수 있다. 성경의 전체는 어떤 부분에서는 율법이고, 어떤 부분에서는 복음이다. 모세의 책들은 어떤 부분에서 율법을 선포하고, 다른 부분에서는 복음을 선포하는데, 더구나 복음은 바로 율법 자체 안에 숨겨져 있다. 여러분은 하나님의 성령이 "나를 사랑하고 내 계명을 지키는 자에게는 천대까지 은혜를 베푸느니라"(신 5:10)라고 제1계명의 인과 관계로 첨가한 그 약속보다 더 복음적인 무엇을 발견할 수 있는가? 모세가 출애굽기 34:6-7에서 "여호와라 여호와라 자비롭고 은혜롭고 노하기를 더디 하고 인자와 진실이 많은 하나님이라 인자를 천대까지 베풀며 악과 과실과 죄를 용서하리라 그러나 벌을 면제하지는 아니하고 아버지의 악행을 자손 삼사 대까지 보응하리라"고 말씀하실 때, 참으로 그가 얼마나 갑작스럽게 율법 수여자로부터 복음 전도자로, 다시 말해 은혜와 자비의 전령으로 바뀌는지를 보라. 신약 전체에서 좀 더 복음적인 구절을 발견하려고 노력하라. 이러한 방식으로 모세의 책들은 한 장소에서는 율법을, 다른 장소에서는 복음을 가르친다. 나는 지금 전혀 언어의 비유에 대해서가 아니라, 본문이 분명하게 선포하는 것에 대하여 말하고 있다. 왜냐하면 비유적인 언어는 특별한 연구를 보증하기 때문이다. 성경 안에 있는 역사적 내러티브들은 어떤 때는 율법의 본보기들이고, 다른 때는 복음의 본보기들이다. 다윗의 사례는 다른 사람의 아내에게 범죄 했지만, 그는 그럼에도 불구하고 은혜를 얻었으므로 복음과 관련된다. 사무엘하 12:13에 있는 예언자의 선언은 분명하게 복음의 목소리이다. "여호와께서도 당신의 죄를 사하셨나니 당신이 죽지 아니하려니와."

비슷한 본보기들을 이러한 방식으로 분석해야 마땅하다. 선지자들은 위선, 불경건, 부주의, 그리고 이러한 모형의 다른 일들을 꾸짖을 때 율법을 가르친다. 그들이 최선을 다해 숨겨진 악들 혹은 위선을 비난하는 동안에, 그들은 또한 그리스도에 대한 아주 생생한 약속을 가지고 고통당하는 양심을 일으켜 세우고, 생기를 불어 넣으며, 채울 때 복음을 선포하기 때문이다. 그들은 사도의 질문이 분명하게 공표하는 방식으로 이것을 한다. '누가 그리스도의 사랑으로부터 우리를 끊으리요'(롬 8:35). 마태, 마가, 누가, 그리고 요한복음은 비슷하게 때때로 율법을, 그리고 때때로 복음을 설명하며, 그들 안에 하나님의 사랑과 진노의 본보기들이 들어 있다. 사가랴, 백부장, 그리고 수로보니게 여인의 사례들은 하나님의 자비를 증거 한다. 바리새인들의 맹목성과 분노는 하나님의 진노를 증언 한다. 그러나 사도들의 증거들은 구약의 저자들이 단순하게 예언했던 계시된 그리스도가 (실제로) 나타나셨다고 증거 한다는 점에서 구약의 증거들과는 다르다. 그러므로 신약의 은혜, 의, 그리고 영생의 약속들은 모세의 책들 혹은 예언자들의 저술들보다 더욱 분명하게 실체들을 설명한다. 사도 바울은 가르치려는 목적으로 율법과 복음을, 죄와 은혜를 비교하는데, 특별히 로마서에서 그렇게 한다. 내가 생각하기에 로마서는 모든 성경의 주춧돌이고 측정하는 자이다. 바울이 어디서도 때때로 복음에 대한 주장을 취급하지 않는 편지는 없지만, (로마서를 제외한) 다른 편지들은 대부분은 훈계하는 내용이기 때문에 그 편지들은 율법에 속한다. 사려깊은 독자는 스스로 이것을 주목할 것이다.

우리는 불경건한 궤변론적인 신학 교수들이 율법과 복음, 그리고 신약과 구약 사이의 차이들에 관하여 폭넓게 확산시킨 공통적인 오류들을 근절하기 위하여 이러한 문제들에 특별한 관심을 요청하고 있다. 그들은 그리스도는 모세의 계승자가 되었고 새로운 율법을 주셨으며, 그래서 이 새로운 율법을 복음이라고 부른다고 말한다. 그들은 이것이 마태복음 5장과 6장에서 발견된다고 말한다. 그러한 신학자들에게 있어서 모세의 법과 그리스도의 법 사이의 차이는 그리스도의 법은 역시 내적인 사람에 대한 요구를 하는 반면에, 모세의 법은 외적인 행위만을 요구하는 것이다. 마치 모세의 법이 위선과 바리새인의 의의 어떤 종류를 가르치는 것 같다! 바리새주의 이상으로 외적 행위들의 이러한 위선이 그 밖의 무엇이 있는가? 더구나 모세의 법이 내적인 사람에 대한 요구를 한다는 것을 선지자들조차 증거 하게 하자. 자주 선지자들도 사람들에게 하나님을 인정하고, 두려워하며, 결단을 내리고, 그리고 정의를 행하라고 명령한다. 아마 궤변론자들도 선지자들이 그리스도의 성육신 이전의 그 시대 사람들에게 이러한 일들을 가르쳤다는 것을 인정할 것이다. 궤변론자들이 이것을 의도하든지 아니하든지 간에 예레미야의 다음과 같은 서술이 모세의 율법과 관련된다는 사실보다 무엇이 더욱 확실하겠는가? "내가 너희 조상들을 애굽 땅에서 인도하여 낸 날에 번제나 희생에 대하여 말하지 아니하며 명령하지 아니하고 오직 내가 이것을 그들에게 명령하여 이르기를 너희는 내 목소리를 들으라 그리하면 나는 너희 하나님이 되겠고 너희는 내 백성이 되리라"(렘 7:22–23). "토마스 아퀴나스여, 무엇이 당신의 마음에 들어가서 모세 법이 바리새주의, 다시 말해 외적인 행위들만을 강요한다고 가르쳐야만 했는지를 나에게 말해 주십시오."[75] 모세조차 아주 확실한 용어로 그렇게 자주 내적인 생활을 논의할 때 토마스 당신이 어떻게 이렇게 가르칠 수 있습니까? 많은 구절들을 지나, 모세는 출애굽기 20:17에서 다른 사람의 재물을 탐내지 말라는 등의 일을 금지하지 않습니까? 그는 훔치는 것과 간음하는 것을 금지하는 계명들을 줄 때 이미 행위를 금지하였다. 그러므로 당신은 모세가 이러한 말들로 내적인 사람에 대하여 경고하고 있다는 것을 인정할 것이다. "네 이웃의 집을 탐내지 말라 네 이웃의 아내나 그의 남종이나 그의 여종이나 그의 소나 그의 나귀나 무릇 네 이웃의 소유를 탐내지 말라"(출 20:17). 신명기 10:12–13은 다음과 같이 말한다. "이스라엘아 네 하나님 여호와께서 네게 요구하시는 것이 무엇이냐 곧 네 하나님 여호와를 경외하여 그의 모든 도를 행하고 그를 사랑하며 마음을 다하고 뜻을 다하여 네 하나님 여호와를 섬기고 내가 오늘 네 행복을 위하여 네게 명하는 여호와의 명령과 규례를 지킬 것이 아니냐." 그리고 다시 신명기 10:16은 말한다. "그러므로 너희는 마음에 할례를 행하고 다시는 목을 곧게 하지 말라." 모세오경에서 이와 같은 600 개의 구절들을 발견할 수 있기 때문에,

---

75. 참고 Carl Mirbt, *Quellen zur Geschichte des Papsttums*, 4th ed.(Tübingen, 1924), 112.

모세가 마음과 행위를 요구한다는 것은 매우 분명하다.

비슷한 방식으로, 그리스도는 은혜가 율법 없이 설교될 수 없기 때문에 율법을 설명한다. 그리스도는 산상 수훈의 시작에서 우리의 의가 서기관들과 바리새인들보다 낫지 못하면 하나님의 나라에 들어갈 수 없다고 말씀하실 때 서기관들과 바리새인들의 해석에서 결점을 발견하신다(마 5:20). 바리새인들은 '살인하지 말라'는 계명이 육체적 폭력에 의한 살인을 범하지 않으면 성취되었다고 생각하였다. 그들은 어떤 사람이 다른 사람의 아내를 범하지 않으면 '간음하지 말지니라'는 계명이 지켜졌다고 주장하였다. 그리스도는 율법이 행위들의 외적인 가식이 아니라 내적인 성향을 요구한다고 가르친다. 왜냐하면 율법은 탐욕을 금지하기 때문이다. 율법은 또한 보복을 금지하고, 그것 이상으로, 우리의 원수를 사랑하고 요구한다. 레위기 19:17-18은 다음과 같이 기록한다. '너는 네 형제를 마음으로 미워하지 말며 이웃을 인하여 죄를 당치 않도록 그를 반드시 책선하라. 원수를 갚지 말며 동포를 원망하지 말며 이웃 사랑하기를 네 몸과 같이 하라.' 히브리어 단어에는 '친척' 이상의 의미가 있어서 70인역 번역자들은 이 단어를 '이웃'으로 바꾸었던 반면에, 나는 왜 히에로니무스가 그 단어를 '친구'로 바꾸는 것을 선호했는지를 알지 못한다. 바울은 율법으로부터 이 교훈을 인용하는 로마서 13:9에서 히브리어 단어와 70인역을 따른다. 모세를 통해 이 구절을 요약하면 다음과 같다. '유대인들은 친구와 원수들을 서로서로 사랑해야 할 것이며, 그들은 벌 받을 만한 사람들조차 선대해야 할 것이다.' 이사야 58장은 이러한 맥락에 속하는데, 이 장은 분명하게 보복을 반대하고 원수에 대한 사랑을 요구한다. 잠언 20:22에서 우리는 다음과 같은 내용을 읽는다. "너는 악을 갚겠다 말하지 말고 여호와를 기다리라 그가 너를 구원하시리라."

내가 알고 있는 한, 이제 당신은 율법 안에서 '너의 원수를 미워할지니라'와 같은 이러한 말들을 결코 발견하지 못할 것이다. 그러므로 그리스도가 그 자체로서 율법이 아니라, 정죄하기 위하여 바리새인들의 전통을 언급했다는 것은 충분히 분명하다. 유대인들은 가나안인들을 파괴하라는 명령을 받았다(출 23:23-33). 일부 사람들은 그리스도가 우리의 원수를 갚는 것에 대한 말씀이 이전에 주어졌다고 서술할 때 이 부분을 언급했다고 생각한다(마 5:43). 이것이 사실이라면, 마치 그리스도는 다음의 것을 의미했던 것같이 보인다. 이제 복음이 계시되었고, 그리고 바울이 말한 바와 같이, 구분하는 중간 담이 무너졌고(엡 2:14), 유대인들과 이방인들 사이의 구별이 제거되고 지워졌으므로 변화가 있을 것이다. 유대인들이 친구와 원수인 유대인들을 사랑하라고 명령을 받았던 바와 같이, 그렇게 우리는 친구와 원수인 유대인과 이방인을 모두 사랑해야 할 것이다. 그러나 이스라엘에 대한 명령이 가나안 족들에게만 관련된 것이라는 사실은 어떻게 된 것인가? 그들이 외국인들을 또한 사랑하라고 명령받은 사실은 어찌 된 것인가? 이자에 관한 법령이 여기에 적합하다. 이자는 외국인들에게는 부과되나, 동족들에게는 부과되지 않는다. 이제 아무도 외국인들이 아니고, 모두가 동족들이기 때문에, 이자는 전반적으로 금지된다.

그리스도가 율법에서 일부 일들, 예를 들어, 이혼의 문제를 변화시켰다는 것은 부인될 수 없다. 더구나, 유대인들은 그들의 법률적 권리들을 칼을 가지고 변호하라고 명령받았지만, 그리스도는 복음이 무기를 가지고 변호되어야만 한다고 명령하지 않는다. 반대로, 그는 베드로에게 다음과 같이 말한다. "네 칼을 도로 칼집에 꽂으라 칼을 가지는 자는 다 칼로 망하느니라"(마 26:52). 이러한 본보기들에도 불구하고, 율법을 제정하는 것이 아니라 은혜를 베푸는 것이 그리스도의 주요한 혹은 고유한 직무이다. 모세는 입법자이자 재판관이다. 그리스도는 요한복음 3:17에서 자신에 대하여 증언하는 바와 같이, 구세주이시다. "하나님이 그 아들을 세상에 보내신 것은 세상을 심판하려 하심이 아니요 그로 말미암아 세상이 구원을 받게 하려 하심이라." 법은 우리가 홀로 그것을 만족시킬 수 없기 때문에 정죄한다. 그리스도는 신자들에게 죄를 용서하기 위하여 은혜를 주신다. 확실히, 그리스도는 또한 율법이 없이는 죄가 인정될 수 없으므로, 그리고 우리가 죄를 경험하지 않는다면, 은혜의 능력과 충만함을 이해할 수 없기 때문에, 자주 율법을 설교한다. 그러므로 율법과 복음은 동시에 설교되어야만 하며, 죄와 은혜가 분명하게 밝혀져야만 한다. 법궤 위에 배치된 두 그룹이 있는데, 이것은 율법과 복음을 의미한다. 그러므로 율법 없는 복음 혹은 복음 없는 율법을 올바르게 혹은 유익하게 가르치는 것은 불가능하다. 그래서 그리스도가 율법과 복음을 결합시킨 것과 동일하게, 선지자들도 복음을 율법과 결합시켰다. 여러분은 사도행전에 있는 사도들의 설교에서 역시 이것의 본보기들을 가지고 있다. 동일한 것이 바울의 전체 편지에서 주목할 정도로 유효하며, 바울은 그의 편지들에서 먼저 복음의 본성에 대하여 설명하고 후에 (윤리적) 권면을 제공한다.

율법의 권능

우리는 복음은 율법이 아니고 '은혜의 약속'이라고 말해 왔다. 이제 율법의 권능이 복음의 권능만큼 좋은 것이라고 가르치는 것이 우리의 의무이다. 이러한 고찰들로부터 우리는 어느 정도 율법과 복음 사이의 차이를 인식할 수 있을 것이기 때문이다. 먼저, 성경은 율법의 권능과 관련하여 인간의 이성과는 다르다. 성경은 율법을 '분노의 권능', '죄의 권능', '복수자의 홀', '천둥', '번개'라고 부른다. 인간의 이성은 율법을 '범죄들의 교정자', '삶에서의 교사'라고 부른다. 키케로는 율법에 대하여 이야기할 때 그러한 용어들을 채용하기 때문이다. 율법에 대한 칭찬 이상으로 아무것도 더욱 공통적으로 축하받지 못해서, 바울이 율법을 '죄의 권능'이라고 부를 때 육체에 대해서는 심지어 미친 것 같았을 것이다. 따라서 유대인들이 자신들을 모세의 제자들이라고 고백할 때, 그들은 그리스도를 인정하려고 하지 않을 것이다(요 9:28). 그러므로 정확한 방식으로 율법의 권능을 논의하기 위하여, 사람들의 두 등급을 비교하자.

첫 번째 등급에 속하는 사람들은 율법을 육적으로 이해한다. 이 맹목적인 부류들은 율법이 불가능한 일을 요구한다는 것을 깨닫지 못하며 그리고 그들은 죄도, 율법도, 의도 알지 못한다. 이러한 사람들은 모든 시대의 위선자들이고 궤변론자들이다. 바울은 이 등급의 의를 '율법의 행위의 의'라고 부른다. 바울은 그들이 율법을 들었을 때, 그들 자신의 행위들로 그것을 지키기 시작하는 그러한 사람들의 의를 의미한다. 그들은 그들의 손, 발, 그리고 머리를 율법에 넘겨주나, 그들의 마음을 후퇴시킨다. 왜냐하면 그들이 자기 스스로 보기에 아무리 거룩하게 보인다고 하더라도 실질적으로 그들은 율법이 없는 것을 더 선호할 것이기 때문이다. 즐거움, 부, 그리고 명예는 여전히 그들을 즐겁게 만들고 있다. 어떤 사람도 성령보다 자신이 어떤 종류의 사람인지 더 잘 선언할 수 없다. 먼저, 그들은 신앙을 결여하고 있다. 다시 말해, 그들의 마음은 하나님에 대해 아무것도 이해하지 못하며, 성경이 말하는 바와 같이, 하나님을 찾지도 않는다. 그들의 마음은 하나님을 영화롭게 하지 않으며, 그분을 경멸한다. 그러므로 그들은 시편 14:3에 따르면 방황한다. 이것은 그들은 하나님을 두려워하지도 않고 신뢰하지도 않기 때문에, 그들은 그들 자신의 생각을 향하여 방향을 바꾸는 것을 말한다. 그들은 하나님을 경멸하면서, 자신의 생각으로 부나 혹은 명예의 자리를 향해 혼자의 힘으로 나아간다. 더구나, 그들은 심지어 그들 자신의 행위로 자신들을 의롭게 하고자 시도하는데, 성경은 자주 그러한 불의의 사역자들을 꾸짖는다. 시편 5:9에서 다윗은 위선자들을 이러한 방식으로 묘사한다. "그들의 입에 신실함이 없고 그들의 심중이 심히 악하며 그들의 목구멍은 열린 무덤 같고." 이러한 유형의 사람에 대해, 율법은 어떤 문제도 제기하지 않는다. 그들은 율법의 거짓되고, 육적인 해석으로 살아가기 때문에, 율법은 당연한 것을 그들 안에서 성취할 수 없다. 그러나 그들은 율법으로부터 자신들을 위한 우상들, 사람들의 형상들[76], 그리고 육적인 덕들의 유사한 것들을 만들고 있다. 왜냐하면 그들은 처벌의 두려움으로든 혹은 편리에 대한 열망으로든, 어떤 육적인 열망으로 선행을 자극하도록 이끌리기 때문이다. 그들은 그들의 영혼의 병을 보지 못하기 때문에, 그들은 그들의 어리석음에서 안전함을 느낀다.

이러한 종류의 사람의 오만함, 교만, 완고함, 그리고 자기 사랑은 믿을 수 없을 정도이다. 그들은 율법을 만족시키는 것으로부터 너무나 멀리 떨어져 있기 때문에 그들보다 더 멀리 떨어져 있는 것은 있을 수 없다. 누가복음 18:11에서 '나는 다른 사람들과 같지 않다'고 말하는 바로 그 바리새인이 이러한 등급에 속하는 사람이다. 이사야 28:15은 에브라임의 술 취함을 다음과 같이 묘사한다. "우리는 사망과 언약하였고 스올과 맹약하였은즉." 예레미야 6:15은 '그들이 얼굴을 붉히지도 아니한다'고 말한다. 마태복음 7:23은 '악인들'이라고 말한다. 바울은 회심하기 전에 자신이 이러한 종류에 속하였다고 말한다. 로마서 7:9은 "전에 율법을 깨닫지 못했을 때에는 내가 살았더니"라고 말한다. 다시 말해 내가 행위들의 위선 속에서 모든 동료들보다 현저하게 뛰어났을 때 특출한 방식으로 율법을 성취한다고 내가 생각했던 때가 있었다. 왜냐하면 그때에 율법은 나를 정죄하지도, 고발하지도, 혹은 저주하지도 않았기 때문이다. 그들이 율법도 그들 자신의 능력도 이해하지 못하기 때문에, 참으로 본성의 능력으로 이성의 파악과 일치시켜 율법을 묘사하려고 시도하는 모든 사람들이 그러한 모습이

---

76. 참고 에스겔 16:17.

다. 그리고 이러한 사람들은 모세의 등과 가려진 얼굴만을 주목하는 사람들이다. 이것이 바울이 고린도후서 3:13 이하에서 의도하는 것이다. 여기서 바울은 유대인들이 가려진 마음으로 모세를 주목하기 때문에 복음적인 의를 이해할 수 없다고 말한다. 그들은 율법이 요구하는 것이 무엇인지 그리고 우리가 어떻게 죄와 저주에 불과한지를 율법으로 알지 못한다.

지금까지 나는 인간의 이성의 능력에 일치하는 그들의 자연적인 힘으로 율법을 성취하려고 노력하는 그러한 사람들에 관하여 기술하고 있다. 모든 사람은 그들의 마음에서부터 자신들이 어떤 종류의 사람인지를 판단할 수 있을 것이다. '율법은 진노와 죄의 권능이요, 사망의 종이다' 등과 같은 바울의 말은 그러한 사람들에게 올바르게 적용되지 못한다. 그럼에도 불구하고 그들이 율법을 우상으로 만들고 마음의 어떤 묘사할 수 없는 교만과 불안을 가지고 모든 것을 하기 때문에 율법은 그들을 또한 정죄한다.

다른 부류 안에는 '율법은 죄의 권능, 진노의 권능이다' 등이 적용된다. 하나님은 그들에게 율법을 계시하고, 그들에게 그들의 마음을 보여 주며, 그들 자신의 죄를 깨우쳐 그들을 혼란스럽게 만든다. 한마디로 말해서, 이러한 것들은 하나님이 율법을 통해 일하시는 것들이다. 율법은 위선자들 가운데서 아무것도 하지 않으나, 그들은 그들의 흉내 내고, 위조된 의의 그림자 같은 모방을 만들어 낸다. 율법은 죄가 계시된 그러한 사람들 안에서 진실하고 정당하게 작용한다. 이것이 실질적으로 일어나기 때문에, 하나님이 이것을 행하시며, 성경은 이러한 사역을 '심판', '하나님의 진노', '하나님의 분노', '그의 일견' 그리고 '분노의 얼굴' 등으로 부른다. 시편 97:2-5은 다음과 같이 말한다. "의와 공평이 그의 보좌의 기초로다 불이 그의 앞에서 나와 사방의 대적들을 불사르시는도다 그의 번개가 세계를 비추니 땅이 보고 떨었도다 산들이 여호와의 앞 곧 온 땅의 주 앞에서 밀랍같이 녹았도다." 시편 76:8은 "주께서 하늘에서 판결을 선포하시매 땅이 두려워 잠잠하였나니"라고 한다. 스가랴 2:13은 '모든 육체는 주 앞에서 잠잠할지어다'라고 한다. 이사야 11:4은 "그의 입의 막대기로 세상을 치며 그의 입술의 기운으로 악인을 죽일 것이며"라고 한다. 하박국 3:6은 '하나님이 보시니 열국이 전율하며 영원한 산들이 흩어졌다'라고 한다.

그러나 율법은 분명하게 성경의 한 부분이고, 율법의 사역은 죽이고, 정죄하며,

우리의 죄의 뿌리를 드러내고, 우리를 당황하게 만드는 것이므로 더 많은 구절을 수집할 이유가 무엇인가? 이것은 탐욕과 욕망뿐만 아니라, 모든 악들의 뿌리인 우리의 자아 사랑, 이성의 판단, 그리고 우리의 본성이 소유한 것같이 보이는 무슨 선이라도 죽인다. 도덕적 덕들이 어떻게 악취를 풍기며, 성자들의 의가 더럽고 유혈의 넝마조각에 불과하다는 것이 이러한 것으로부터 분명해질 것이다. 그러므로 모세조차 출애굽기 34:7에서 하나님 앞에서는 무죄한 자조차 무죄하지 않다고 외치는 것은 적절하다. 나훔 1:3에서 '하나님은 죄인을 결코 사하시지 아니하신다'고 한다. 다윗은 시편 143:2에서 "주의 종에게 심판을 행하지 마소서"라고 말한다. 시편 6:1은 '여호와여 주의 분으로 나를 견책하지 마옵소서'라고 간구한다. 이사야 38:13에서 히스기야는 "주께서 사자같이 나의 모든 뼈를 꺾으시오니"라고 말한다. 요한은 그의 특징인 간결함을 잘 드러내면서 "율법은 모세로 말미암아 주어진 것이요 은혜와 진리는 예수 그리스도로 말미암아 온 것이라"(요 1:17)고 말한다. 진리는 위선에 반대되며 은혜는 하나님의 진노에 반대된다. 예수 그리스도를 통해, '은혜'(즉, 하나님의 자비와 호의)와 '참된 의'는 우리의 심령에서 태어난다. 그러므로 율법은 하나님께 자원하지 않고 대항하여 격노하는 그러한 사람들에게 강요할 때에만 위선의 근원이라는 결론이 따라온다. 율법은 우리를 범죄 한 죄인으로 정죄할 때 진노를 만들어 낸다.

율법을 가장 철저하게 논의하는 로마서 7:7에서 바울은 다음과 같이 기록하고 있다. "율법으로 말미암지 않고는 내가 죄를 알지 못하였으니 곧 율법이 탐내지 말라 하지 아니하였더라면 내가 탐심을 알지 못하였으리라." 이와 비슷하게 로마서 3:20에서 바울은 다음과 같이 말한다. '죄의 지식이 율법을 통하여 들어왔다.' 율법이 그야말로 마음에 그 죄를 보여 주기 때문에, 그는 마치 의가 율법에 의해 수행된다고 위선자들을 속이는 것 같다. 또한 "그러나 죄가 기회를 타서 계명으로 말미암아 내 속에서 온갖 탐심을 이루었나니"(롬 7:8)라고 말한다. 내가 율법의 짐을 깨닫기 시작할 때, 그것은 긍정적인 것을 가져오지 못한다. 결과적으로, 나의 탐욕은 더욱 소용돌이치고, 하나님의 판단과 뜻에 반대하여 격노하기 시작한다. 왜냐하면 "율법이 없으면 죄가 죽은 것"이기 때문이다(롬 7:8). 즉 율법이 나의 마음속에서 나에게 죄를 보여 주지 않는다면, 죄에 대한 깨달음이 철저하게 나를 두렵게 하지 않는다면, 죄는 죽을 것이고 끓어 오르지 않을 것이다. 왜냐하면 "전에 율법을 깨닫지 못했을 때에는 내가 살았더니"(롬

7:9)라고 말하기 때문이다. 내가 율법 혹은 죄조차 보지 못했기 때문에, 내가 자신에게 의로운 것같이 보이던 때가 있었다. 내가 그러한 결론을 내리고 있었을 때, 죄는 잠자고 있었으며 하나님께 대항하여 공개적으로 싸우지 않았다. "계명이 이르매 죄는 살아나고 나는 죽었도다"(롬 7:9). 다시 말해, 하나님이 율법을 통해 나에게 나의 죄를 보여 주었을 때, 죄는 다시 살아났다. 나는 혼란 속에 빠져 들었으며, 두려워졌으며, 두려움에 사로잡혔다. 한마디로 말해서, '나는 죽었다.' 내가 하나님의 율법의 능력이 무엇인지 깨달은 것은 바로 그때였다. 틀림없이 율법은 우리가 살도록 하려고 주어졌으나, 우리는 그것을 지킬 수 없었기 때문에, 율법은 죽음의 수단이다. 최종적으로, 율법이 죽이는 것이 무엇인가? 율법은 영적이다. 다시 말해, 율법은 영적인 일들, 즉 진리, 하나님을 영화롭게 하는 신앙, 하나님에 대한 사랑을 요구한다. 그러나 나는 육적이고, 믿지 않으며, 하나님에 대한 지식이 없고, 무감각하며, 자신을 사랑한다.

사도 바울은 어디에서도 우리가 방금 인용한 구절에서만큼 율법의 능력과 본성을 충분하게 취급하지 않는다. 나는 그 안에 빠진 아무것도 알지 못한다. 모호함이나, 혼란스러움이 없으며, 모든 일들이 명백하고 열려 있다. 그의 의미에 대하여 의심이 있을 수 없다. 성경의 학구적인 독자가 원한다면, 다른 편지들을 통하여 분산되어 있는 그러한 부분들을 지원하는 증거로 이 구절에 첨가하도록 하자.

고린도전서 15:56은 다음과 같이 말한다. "사망이 쏘는 것은 죄요 죄의 권능은 율법이라." 율법이 우리에게 죄를 보여 주지 않으면 죄는 우리를 혼란스럽게 만들어 두렵게 하지 않기 때문이다. 더구나 죄가 율법을 통해 드러나 소용돌이치지 않으면 죄는 권능이 없을 것이다. 고린도후서 3:5-6은 다음과 같이 말한다. '우리의 만족은 오직 하나님으로부터 온다. 하나님은 우리가 기록된 법전으로가 아니라 성령으로 새 언약의 사역자 될 자격을 주셨다. 왜냐하면 기록된 법전은 죽이나, 영은 살리기 때문이다.' 다음의 두 절은 성령과 기록된 법전이 무엇을 의미하는지를 더욱 분명하게 보여 준다. "돌에 써서 새긴 죽게 하는 율법 조문의 직분도 영광이 있어 이스라엘 자손들은 모세의 얼굴의 없어질 영광 때문에도 그 얼굴을 주목하지 못하였거든 하물며 영의 직분은 더욱 영광이 있지 아니하겠느냐"(고후 3:7-8). 율법은 사망의 직분이다. 율법은 죄를 드러내어 보여 준 후에, 양심을 혼란스럽게 하고, 두렵게 하며, 죽인다. 우리가 앞으로 보여 주려고 하는 바와 같이, 복음은 성령의 직분이다. 복음은 전에 흔들거리고 있었던 마음을 위로하고, 격려하며, 생기를 불어넣고, 살게 만든다.

갈라디아서 3장에서, 사도는 긴 논의 속에서 의가 율법만의 도움으로 획득될 수 없다는 것을 가르친 후에, 그는 "그런즉 율법은 무엇이냐"(갈 3:19)라는 정당화될 수 있는 것 같은 질문을 첨가한다. 다시 말해, 율법이 의를 획득하는데 도움이 되지 않는다면, 나는 율법의 용도가 무엇인지 질문한다. 그는 '율법은 범법함을 인하여 더한 것이다'(갈 3:19). 즉, '죄가 더해지기 위하여'라고 대답한다. 죄의 지식은 억제당할 때 훨씬 더 무자비하게 분노하기 때문에, 그리고 본성은 이것이 좌절되는 것을 분노하여 견디면서, 하나님의 심판에 대항하여 격노하기 때문에 죄를 증가시키는 원인이 된다.

성경에서 많은 모형들[77]이 또한 이것이 '율법의 권능'이라고 가르친다. 출애굽기 19장에서, 하나님께서 이스라엘 백성들에게 율법을 주시고자 할 때, 백성들은 천둥, 연기, 번개, 구름, 나팔소리, 그리고 모든 종류의 무서운 광경들을 통해 극단적으로 두려워하였다(출 19:16-18). 이러한 것들의 모든 것은 짓눌린 양심의 두려움을 나타낸다. 혹은 백성들의 목소리는 그들이 '우리가 죽지 않도록 하나님이 우리에게 말씀하지 말게 하소서'(출 20:19)라고 말할 때 흔들리는 양심의 목소리가 아닌가? 모세는 놀랄 만한 방식으로 "두려워하지 말라 하나님이 임하심은 너희를 시험하고 너희로 경외하여 범죄 하지 않게 하려 하심이니라"(출 20:20)고 말할 때 율법의 종이 아니라 복음 전파자로 백성들의 두려움을 경감시키고 있다. 분명하게 복음을 포함하고 있는 모세의 목소리여! 양심이 이것을 듣지 않는다면, 어떻게 양심이 재판관의 무서운 얼굴을 견딜 수 있을까? 그러나 우리는 이후에 복음의 위로에 대하여 더 많이 말할 것이다.

현재 그 빛은 백성들의 눈이 멀 정도로 모세의 얼굴로부터 빛났다. 이것이 그 후에 그의 얼굴을 가리지 않으면 백성들에게 그 자신을 보여 주지 않는 이유였다. 인간의 마음들 혹은 눈들은 하나님의 빛의 광채를 견뎌낼 수 없기 때문이다.

한마디로 말해서, 산 위에 있던 번개와 화염과 모세 얼굴의 광채는, 바울의 언어로 말하자면, 인간의 마음을 혼란스럽게 만들던 하나님의 영광을 나타낸다. 하나님의 심판은 죄의 지식인 것이다. 이러한 이유 때문에, 위선자들의 화인 맞은 양심뿐만 아니라 궤변론자들의 회오와 그들의 위장된 통회를 무너지게 하라. 그렇다, 하나님은

---

77. *Typi scripturae* = figurative or symbolical passage.

마음의 깊은 곳을 보신다. 성인과 성령으로 충만한 사람조차 그들의 무지를 고백하면서 기도하는 것이 적당하듯, 인간의 이성이 그 자신의 죄를 본다는 것은 진실과 아주 거리가 멀다. 다윗은 '누가 자기 허물을 깨달으리요'라고 외친다. 시편 25:7은 "내 젊은 시절의 죄와 허물을 기억하지 마시고"라고 말한다. 다윗은 그 밖의 다른 곳에서 이와 같은 것들을 더 많이 말한다. 예레미야 17:9에서는 마음이 기만하고 부패했다고 말하는데, 따라오는 절에서 "나 여호와는 심장을 살피며 폐부를 시험하고"라는 말씀을 읽을 수 있다. 예레미야 31:18 이하는 다음과 같이 말한다. "주께서 나를 징벌하시매 멍에에 익숙하지 못한 송아지 같은 내가 징벌을 받았나이다 주는 나의 하나님 여호와이시니 나를 이끌어 돌이키소서 그리하시면 내가 돌아오겠나이다 내가 돌이킨 후에 뉘우쳤고 내가 교훈을 받은 후에 내 볼기를 쳤사오니 이는 어렸을 때의 치욕을 지므로 부끄럽고 욕됨이니이다 하도다." 그리스도께서 마태복음 16:24에서 우리가 바로 우리 자신을 부인해야만 한다고 명령하기 때문에, 율법을 성취했다고 생각할 사람이 누가 있겠는가? 요약하자면, 율법의 올바른 사역은 죄를 드러내는 것이요, 혹은 좀 더 분명하게 표현하자면, 죄 의식을 발생시키는 것이다. 바울은 이것을 '율법의 요구와 함께 우리를 거슬리는 굴레'(골 2:14)라고 부른다. 그러므로 바울은 궤변론자들이 '양심'이라는 단어를 묘사할 때 수많은 실천적인 삼단 논법[78]을 만들어 내는 명제집의 궤변론의 저자들보다 훨씬 더 우아하게 그리고 훨씬 더 정확하게 양심을 정의한다. 우리의 마음에 죄를 드러내는 율법의 판단 이외에 죄의식은 그 밖의 무엇인가? 그것이 바울이 골로새서 2:14에서 '율법의 요구와 함께 우리를 거슬리는 굴레'라고 부른 것이다. 그는 양심이 율법의 요구들을 통하여 우리를 거슬리기 때문에 굴레, 율법의 요구를 가진 굴레라는 뜻으로 말한다.

당신은 율법의 사역이 죄를 드러내는 것이라는 것을 이해한다. 더 나아가, 내가 죄에 대하여 이야기할 때, 나는 틀림없이 모든 인간의 행위들의 그 뿌리들인—외적인 죄, 내적인 죄, 위선, 자아에 대한 사랑, 하나님에 대한 경멸 혹은 무죄라는—죄의 모든 종류를 포함한다. 그래서 죄인들의 칭의에서 하나님의 첫 번째 사역은 우리의 죄

---

78. *Syllogismus practicus*는 행동(실천)에서 끌어낸 결론이다. 예를 들어 하나님의 축복은 선한 행동을 따라온다. 스콜라주의의 가르침에 따르면, '양심'(conscience)은 동기를 부여받고 '인식하는 성향'(*habitus motives et cognitivus*) 혹은 '마음의 태도' 그리고, 그 자체로서 '실천적인 지성'(*intellectus practivus*)이다.

를 드러내는 것이다. 앞에서 인용한 예레미야의 본보기가 나타내는 바와 같이, 우리의 양심을 혼란에 빠뜨리며, 우리를 떨게 만들고, 우리를 두렵게 만들어, 간단히 말해서, 우리를 정죄하는 것이다. 바울은 갈라디아서 2:19에서 다음과 같이 말한다. "내가 율법으로 말미암아 율법에 대하여 죽었나니." 다윗은 예언자의 책망에 의해 파멸되어, 사무엘하 12:13에서 "내가 여호와께 죄를 범하였노라"고 소리친다. 열왕기상 21:27은 '아합이… 그 옷을 찢고… 행보도 천천히 하였다'고 기록한다. 내가 여기서 성경의 용어를 사용해야만 하므로, 역대하 33:12에 므낫세에 대하여 '그가 겸비하였다'고 기록하고 있다. 사도행전 2:37에 듣는 사람들이 '마음에 찔렸다'고 말한다. 회개의 시작은 하나님이 양심을 두렵게 하여 혼란에 빠뜨리는 율법의 그 사역으로 구성되어 있다는 것을 보여 주는데 이것으로 충분하다. 왜냐하면 본성은 그 자체를 통하여 죄를 미워할 수 있다는 것은 말할 것도 없고, 죄의 찌꺼기를 인식조차 할 수 없기 때문이다. "육에 속한 사람은 하나님의 성령의 일들을 받지 아니하나니"(고전 2:14). 로마서 8:5는 '육신을 따라 사는 사람들은 육신의 일을 생각한다'고 말한다. 궤변론자들은 마지막 권인 「명제집」(Sentences) 제4권에서 회개의 시작을 논의하나,[79] 우리는 말하자면 우리의 활동의 입구인 여기서 그렇게 한다. 율법을 통해 하나님의 성령으로 수행되는 사망에 처하는 것, 심판, 그리고 양심의 혼란은 칭의와 더 나아가 사람의 참된 세례를 시작한다. 이러한 이유로 그리스도인의 생활이 죄의 지식과 함께 시작하는 바와 같이, 기독교의 가르침은 율법의 기능과 함께 시작한다.

율법이 일으키는 이러한 두려움이 종의 두려움이냐 아니면 소위 자녀의 두려움이냐 하는 문제는 논의할 가치가 없다. 이러한 유형의 논의는 게으른 마음들에 남겨 두자. 그러나 많은 사람들이 이 문제를 논의하고 있는데, 종의 두려움 혹은 자녀의 두려움이 무엇인지를 알지 못한다는 것을 아주 분명하게 드러내고 있다. 그 누구도 성령님에 의하지 않고는 죄를 미워할 수 없음은 확실한데, 하나님의 성령에 의해 낮아지고 다시 부르심 받고 더 튼튼하게 된 그들이 바울과 같이 "주님 무엇을 하리이까"(행 22:10)하며 울부짖지 않는 한 하나님의 낯과 사람의 시야로부터 도망친다는 것에는 비슷한 확실함이 있다. 백성들이 '우리가 죽지 않도록, 하나님이 우리에게 말씀하시지 말게

---

79. 피에트로 롬바르도의 「명제집」(Books of Sentences)에서 마지막 (혹은 제4) 권은 (물론 고해 성사를 포함하여) 성사의 논의에 집중한다. 따라서 스콜라주의자들은 그들의 '숨마'(summae)의 마지막에서 성사를 취급한다.

하옵소서'라고 모세에게 요청하는 출애굽기 20:19에서, 역사는 율법으로 두려워진 사람들이 하나님의 시야로부터 도망친다는 것을 가르친다. 다윗은 시편 139:7에서 "내가 주의 영을 떠나 어디로 가며 주의 앞에서 어디로 피하리이까"라고 말한다. 성경은 이 주제에 대한 많은 증언들로 풍부하다. 나는 율법과 복음 사이의 구별이 더욱 분명하게 유지되게 하기 위하여 앞선 경고를 들려주는 것으로 충분하다고 평가한다. 당신은 위장된 회개와 참된 회개 사이에 얼마나 큰 차이가 있는지를 알 수 있다.

복음의 권능

그들의 양심이 이러한 방식으로 두려워하는 사람들은 일반적으로 '복음'이라고 부르는 '하나님의 은혜'와 '자비의 약속'에 이끌려 격려 받지 않는다면, 아주 확실하게 정죄된 사람들의 일반적인 조건인 절망에 빠져들어 갈 것이다. 고통 받는 양심이 그리스도 안에서 '은혜의 약속'을 믿는다면, 따라오는 본보기들이 놀랍게 드러내는 바와 같이, 양심이 신앙으로 되살아나 활기를 띠게 될 것이다.

창세기 3장에서 아담의 죄, 회개, 그리고 칭의가 묘사된다. 아담과 하와가 범죄하고 그들의 벌거벗음에 대한 가릴 것을 찾은 후에—우리 위선자들은 교정을 해서[80] 우리의 양심을 편안하게 만드는 습관이 있기 때문이다—그들은 여호와에 의해 설명하도록 요구받았다. 그러나 하나님의 목소리는 견뎌낼 수 없었다. 이러한 조건들 하에서 어떤 은폐도 어떤 구실도 그들의 죄를 변명하지 못했다. 정죄 받고 범죄 한 양심은 하나님의 목소리를 통해 직접적으로 죄와 대면했을 때 항복한 채로 있다. 그들은 도망치는데, 아담이 "내가 동산에서 하나님의 소리를 듣고 내가 벗었으므로 두려워하여 숨었나이다"(창 3:10)라고 말할 때 아담은 그가 도망친 이유를 설명하고 있다. 고백과 양심에 의한 인정을 주목하라. 그러는 동안에, 아담은 그녀의 씨가 뱀의 머리를 깨뜨릴

---

80. *Per satisfactiones nostras.*

것이라고(창 3:15) 그의 아내에게 하신 말씀인 '자비의 약속'을 들을 때까지 비탄 속에서 그의 마음을 파괴시켰다. 여호와께서 그들에게 가죽 옷을 지어 입히신 것조차 그들의 양심을 강화시키는데 중요한 역할을 했으며, 분명하게 그리스도의 성육신의 표지이다. 왜냐하면 마지막 분석에서 우리의 벌거벗음을 덮고 비난하는 자들의 욕설이 떨어져 떨고 있는 양심의 혼란을 깨뜨리는 것은 그리스도의 육체이기 때문이다(시 69편).

우리는 전에 다윗이 나단 선지자의 목소리로 어떻게 파멸하였는지를 살펴보았다. 그는 "여호와께서도 당신의 죄를 사하셨나니 당신이 죽지 아니하려니와"(삼하 12:13)라는 복음을 즉시 듣지 못했더라면 틀림없이 멸망했을 것이다. 일부 사람들은 구약성경의 내러티브에서 알레고리만을 찾을 수 있을 것이라고 생각한다. 그러나 여기서 당신이 문자적인 의미만을 고찰해도 당신은 다윗의 이 하나의 본보기로부터 얼마나 많은 것을 배울 수 있는지 알 수 있다. 사실상 이것만이 고려될 것이다. 왜냐하면 이것으로 성령은 그의 진노와 자비의 사역들을 우리에게 풍부하게 보여 주기 때문이다. '주께서 당신의 죄를 사하셨다'라는 것 이상으로 어떤 표현이 더 복음적인 것으로 인식될 수 있겠는가? '죄가 용서되었다'는 이것이 복음의 요약 혹은 신약의 설교가 아닌가? 여러분은 복음서들로부터 많은 이야기들을 이러한 본보기들에 첨가할 수 있다. 누가복음 7:37-50은 주의 발을 씻은 죄인인 여인에 대하여 이야기한다. 주님은 "네 죄 사함을 받았느니라"(눅 7:48)는 말씀으로 그녀를 위로하신다. 누가복음 15장에 있는 자기의 죄를 고백하는 탕자의 이야기보다 무엇이 더 잘 알려져 있는가? 탕자의 아버지가 그 아들을 받아들여, 포옹하고, 입 맞추는 것이 얼마나 사랑스러운지! 누가복음 5:8에서 베드로는 이적으로 깜짝 놀라고, 더 나아가, 그의 마음에 충격을 받아서, "주여 나를 떠나소서 나는 죄인이로소이다"(눅 5:8)라고 외쳤다. 주님은 "무서워하지 말라"(눅 5:10)는 말씀으로 그를 위로하고 회복시키신다. 나는 이러한 본보기들로부터 율법과 복음의 차이가 무엇이며 율법의 권능뿐만 아니라 복음의 권능이 무엇인지 이해될 수 있다고 믿는다. 율법은 두렵게 하고 복음은 위로한다. 율법은 죽음과 진노의 목소리이고 복음은 평화와 생명의 목소리이다. 요약하자면, 예언자가 말하는 바와 같이 '신랑의 목소리이자 신부의 목소리'(렘 7:34)이다. 이와 같이 복음의 목소리로 격려 받고 하나님을 신뢰하는 사람은 이미 의롭다 함을 받은 것이다. 나는 이것에 관해 곧 좀 더 말할 것이다. 그리스도인들은 위로가 얼마나 큰 기쁨과 즐거움을 가져오는지 잘 알고 있다. 여기서 오래 전에 예언자들은 그리스도와 교회를 묘사하려고 그러한 행복한 용어들을 사용하고 있다. 이사야 32:18은 "내 백성이 화평한 집과 안전한 거처와 조용히 쉬는 곳에 있으려니와"라고 말한다. 이사야 51:3은 "그 가운데에 기뻐함과 즐거워함과 감사함과 창화하는 소리가 있으리라"고 한다. 예레미야 33:6은 '내가… 그들에게 평강과 성실함에 풍성함을 나타낼 것이다'라고 기록한다. 예레미야 33:9은 '이 성읍이 세계 열방 앞에서 내게 기쁜 이름이 될 것이며 찬송과 영광이 될 것이요'라고 한다. 스바냐 3:9은 "내가 여러 백성의 입술을 깨끗하게 하여 그들이 다 여호와의 이름을 부르며 한 가지로 나를 섬기게 하리니"라고 말한다. 시편 21:6은 '저로 주의 앞에서 기쁘고 즐겁게 하시나이다'라고 기록한다. 시편 97:11은 "의인을 위하여 빛을 뿌리고 마음이 정직한 자를 위하여 기쁨을 뿌리시는도다"라고 말한다.

그러나 율법과 복음의 권능이 무엇인지가 율법의 선포와 그리스도의 강림으로부터 명백할 때 논증들을 왜 더 쌓아 올려야 하는가? 출애굽기 19장은 율법이 얼마나 무서운 광경과 함께 주어졌는지를 묘사했으며, 우리는 앞에서 이것을 살펴보았다. 주님이 그때에 이스라엘을 두렵게 했던 바와 같이, 개인의 양심은 율법의 목소리로 고통을 받으며, 그들은 이스라엘과 동일하게 '우리가 죽지 않도록 주께서 우리에게 말씀하지 말게 하소서'(출 20:19)라고 외친다. 율법은 불가능한 것을 요구하고, 정죄 받은 양심은 모든 것에서 공격받는다. 이러한 조건 속에서 두려움과 혼란으로 양심을 아주 고통스럽게 하여 낙담시켰던 바로 그분이 우리를 일으키지 않는다면 치유책은 어디에서도 나타나지 않는다. 일부는 그들 자신의 힘, 노력, 사역, 그리고 진정시키는 활동으로 위로를 찾는다. 그러나 이러한 것들은 아담이 무화과 잎사귀들을 가지고 수반했던 것 이상의 어떤 것을 수반하지 않는다. 그래서 그들 자신의 의지의 능력 안에서 죄에 대항하려고 준비하는 사람들이 그러하다. 실질적인 사실들은 그들이 곧 훨씬 더 비참한 상황에 떨어질 것이라고 가르친다. "구원하는 데에 군마는 헛되며 군대가 많다 하여도 능히 구하지 못하는도다"(시 33:17). "우리를 도와 대적을 치게 하소서 사람의 구원은 헛됨이니이다"(시 108:12)!

다른 한편에서, 그리스도의 강림은 스가랴 선지자에 의해 스가랴 9:9에서 다음과 같이 묘사된다. "시온의 딸아 크게 기뻐할지어다 예루살렘의 딸아 즐거이 부를지어다 보라 네 왕이 네게 임하시나니 그는 공의로우시며 구원을 베푸시며 겸손하여서." 맨 먼저 선지자가 기뻐하라는 명령을 할 때, 그는 이 왕의 말씀이 율법과 다르다는 것을 가르친다. 더구나, 그는 은혜의 말씀을 듣는데서 넘치도록 기뻐하는 사람의 양심 속에 있는 즐거움을 표현한다. 다음으로, 거기에는 소란스러운 아무것도 없으며, 오히려 모든 것이 평온하여, 당신은 그분이 '진노의 장본인'이 아니라 '평화의 장본인'이라는 것을 이해할 수 있다. 이것이 스가랴의 '겸손하다'는 용어가 끌어내는 특징이며, 복음 전도자는 마치 설명하는 것과 같이, 이것을 '온유하다'로 만들었다. 이사야 선지자는 "상한 갈대를 꺾지 아니하며 꺼져 가는 등불을 끄지 아니하고"(사 42:3)에서 동일한 생각을 가지고 있다. 비슷한 맥락에서 사도는 고린도후서 3:13에서 그리스도의 얼굴과 모세의 얼굴을 대조한다. 우리가 위에서 서술한 바와 같이, 모세는 그의 얼굴을 보는 것만으로도 백성들을 두렵게 하였다. 선지자들조차 "주의 종에게 심판을 행하지 마소서"(시 143:2)라고 탄원할 때 누가 하나님의 심판의 위엄을 견딜 수 있겠는가? 제자들이 다볼(Tabor) 산 위에서 그리스도의 영광을 볼 때, 너무나 새롭고 놀라운 기쁨이 그들의 마음속으로 흘러 들어와 베드로는 자신을 잊어버리고 "우리가 여기 있는 것이 좋사오니 만일 주께서 원하시면 내가 여기서 초막 셋을 짓되"(마 17:4)라고 외칠 정도이다. 여기, 하나님의 은혜와 자비의 관점이 있다. 놋 뱀을 바라보는 것이 광야에서 사람들을 구원했던 바와 동일하게, 그리스도의 십자가에 신앙의 눈을 고정하는 사람들은 구원을 받는다(요 3:14 이하). 그러므로 사도들은 가장 적합하게 그들의 즐거운 메시지를 '유앙겔리온'(euangelion), 즉 '좋은 소식'이라고 부른다. 그리스인들 역시 훌륭하게 행해진 행위에 대한 그들의 발표와 공적인 추천을 '유앙겔리온'이라고 부르기 때문이다. 예를 들어, 우리는 이소크라테스(Isocrates)의 글에서 "우리는 이미 두 번 좋은 소식을 가져왔다"는 기록을 읽는다.

은혜

율법이 죄의 지식인 것과 같이, 복음은 은혜와 의의 약속이다. 그러므로 우리는 은혜와 의의 말씀, 다시 말해 복음에 대하여 말하기 때문에, 은혜와 칭의의 원리들이 여기에 포함되어야만 한다. 이러한 방식으로 복음의 본성이 더욱 충분하게 이해될 수 있기 때문이다.

이 지점에서 사람들은 올바르게 스콜라주의자들에게 항의할 수 있다. 그들은 '은혜'라는 거룩한 단어를 성도들의 영혼 속에 있는 특성들을 나타내기 위하여 사용함으로써 부끄럽게 오용하였다. 모든 범법자들 가운데 최악의 인물들은 '은혜'의 특성을 영혼의 본성에 두고,[81] 믿음, 소망, 그리고 사랑을 영혼의 능력 속에 두는 토마스주의자들이다. 그들의 영혼의 능력에 대해 논의하는 방식이 얼마나 교활하고 어리석은가! 그러나 이러한 불경건한 사람들이 천박하게 행동하여 복음을 경시하고 멸시한 것에 대한 대가를 지불하게 하자. 사랑하는 독자들이여, 나는 하나님의 성령이 우리 마음에 하나님의 복음을 드러내 주시도록 기도한다. 복음은 성령을 통한 것을 제외하고는 가르쳐질 수 없는 영의 말씀이기 때문이다. 이사야 선지자는 이사야 54:13에서 "네 모든 자녀는 여호와의 교훈을 받을 것이니"라고 말한다.

1. 신약에서 '은혜'(gratia)는 일반적으로 히브리어 '헨'(hēn)에 대해 사용된다. 70인역의 번역자들은 출애굽기 33:12에서 "너도 내 앞에 '은총'(gratia)을 입었다"한 바와 같이 이 히브리어를 자주 '카리스'(charis)로 번역하였다. 그러나 이것은 분명하게 라틴어 'favor'(호의)가 의미하는 것을 나타내기에, 번역자들이 '은총'보다 '호의'라는 단어를 사용하기를 더 선호했다면 좋았을 것이다! 그랬으면 궤변론자들이 이 주제에 관하여 어리석게 방황하는 계기가 생겨나지 않았을 것이기 때문이다. 그러므로 쿠리오에게 친절하게 베푸는 호의가 율리우스 안에 있을 때 율리우스가 쿠리오에게 호의적이라고 문법학자들이 말하는 바와 동일하게, 성경 안에서 '은혜'는 '호의'를 의미하며, 이

---

81. Thomas Aquinas, *Summa theol.* II, 1, q. 110, a. 2. 토마스는 하나님의 은혜가 사람들 안에서 작용하는 두 가지 방식들 사이를 구별한다. "(1) 사람의 마음은 알고, 의도하고, 혹은 행동하도록 하나님에 의해 도움을 받는다. 그러한 은혜의 효과는 영혼의 특성이 아니고 운동이다. (2) 하나님은 습관적인 선물을 영혼 속에 주입한다…. 하나님은 어떤 형상들 혹은 초자연적인 특성들을 주입한다…. 그러므로 은혜의 선물은 어떤 특성이다"(*Anima hominis movetur a Deo ad aliquid cognoscendum vel volendum vel agendum; et hoc modo ipse gratuitus effectus in homine non est qualitas sed motus quidam animae; (2) aliquod habituale donum a Deo animae infunditur … infundit aliquas formas seu qualitates supernaturales … et sic donum gratiae qualitas quaedam est … et quia gratia est supra naturam humanam … est forma accidentais ipsius animae*). 참고 *Nature and Grace: Selection from the Summa Theologica of Thomas Aquinas*, tr. and ed. by A. M. Fairweather[LCC, Vol. XI(1954), 159f.].

것은 하나님이 성도들에게 친절하게 베푸시는 그분 안에 있는 '은혜' 혹은 '호의'이다. 그 아리스토텔레스 철학의 허구들은 성가시다. 가장 정확하게 정의하고자 한다면, '은혜'는 다름 아닌 우리를 향한 하나님의 선한 뜻, 혹은 우리에게 자비를 베푸시는 하나님의 뜻이다. 그러므로 '은혜'라는 단어는 우리 안에 있는 어떤 특성을 의미하는 것이 아니라, 오히려 하나님의 뜻 혹은 우리를 향하신 하나님의 선한 뜻이다.

2. 바울은 로마서 5:15에서 은혜로부터 은사(선물)를 구분한다. "한 사람의 범죄를 인하여 많은 사람이 죽었은즉 더욱 하나님의 은혜와 또는 한 사람 예수 그리스도의 은혜로 말미암은 선물은 많은 사람에게 넘쳤느니라." 그는 그리스도를 품으셨던 하나님의 호의, 그리스도 안에서 그리고 그리스도 때문에 모든 성도들을 품었던 하나님의 호의를 '은혜'라고 부른다. 따라서 하나님이 호의를 베푸시기 때문에, 자비를 베푸시는 사람들에게 그의 선물들을 쏟아 붓지 않을 수 없다. 비슷하게, 사람들도 그들이 호의를 베푸는 사람들의 일을 도와주고, 그들이 가지고 있는 것들을 그들과 공유한다. 그러나 하나님의 은사(선물)는 하나님이 그들의 마음속에 쏟아 붓는 성령 자신이다. "이 말씀을 하시고 그들을 향하사 숨을 내쉬며 이르시되 성령을 받으라"(요 20:22). 로마서 8:15은 "너희는… 양자의 영을 받았으므로 우리가 아빠 아버지라고 부르짖느니라"라고 말한다. 더구나, 성도들의 마음속에 있는 성령의 사역들은 갈라디아서 5:22 이하에서 지적하는 바와 같이, 믿음, 화평, 희락, 사랑 등이다. 그런데 피에트로 롬바르도[82]가 가끔씩 은혜를 허구적인 파리 신학자들의 '특성'보다는 성령과 동일시했다고 해서 궤변론자들이 그에게 거만했던 것은 이상한 일이다. 이러한 문제들과 관련하여 피에트로 롬바르도가 파리 신학자들보다 훨씬 더 올바르게 생각했기 때문이다.

3. 그러나 우리는 '은혜'라는 단어의 사용법을 성경의 표현을 따르면서, 가능한 단순하게 만들었다. 왜냐하면 성경이 은혜는 우리를 향한 하나님의 호의, 자비, 그리고 무상의 선한 뜻이라고 말하기 때문이다. 선물은 하나님께서 자비를 베푸시는 사람들의 마음에 쏟아 붓는 성령 자신이다. 성령의 열매는 믿음, 소망, 사랑, 그리고 나머지 덕들이다. 그리고 이것이 '은혜'라는 용어에 대한 설명이다. 이 논의를 요약하자면, 은혜는 다름 아닌 죄들의 용서 혹은 사면이다. 성령은 시편 104:30의 "주의 영을 보내어

---

82. 참고 Peter Lombard, *Sent*. I, dist. 17, 2; *Ipse Spiritus sanctus est amor sive caritas qua nos diligimus deum et proximum*("The Holy Spirit himself is the love by which we love God and the neighbor").

그들을 창조하사 지면을 새롭게 하시나이다"라는 말과 일치하여, 심령을 새롭게 하고 거룩하게 하는 선물이다. 성경은 이와 관련하여 입장이 분명하므로, 예레미야 31:33 한 절을 인용하는 것으로 충분한 것 같다. '나 여호와가 말하노라. 그러나 그날 후에 내가 이스라엘 집에 세울 언약은 이러하니 곧 내가 나의 법을 그들의 속에 두며 그 마음에 기록할 것이다.' 이러한 말들은 틀림없이 은혜의 선물을 언급하며, 따라오는 말들은 은혜 자체를 언급한다(렘 31:34). '나 여호와가 이르노라. 그들이 가장 작은 자로부터 가장 큰 자까지 모두 나를 알 것이다. 왜냐하면 내가 그들의 죄악을 사하고 다시는 그 죄를 기억하지 않을 것이기 때문이다.'

칭의와 믿음

1. 그러므로 율법으로 죽음에 처해졌던 우리가 그리스도 안에서 약속된 은혜의 말씀으로 다시 살게 되었을 때 의롭다 함을 받는다. 복음은 우리의 죄들을 용서하며, 그래서 우리는 그리스도의 의가 우리의 의이고, 그리스도가 수행한 보속이 우리의 속죄이며, 그리스도의 부활이 우리의 부활이라는 것을 조금도 의심하지 않으면서 믿음으로 그리스도를 붙잡는다. 한마디로 말해서, 우리는 우리의 죄들이 용서되었고 하나님은 지금 우리에게 호의를 베푸시며 우리의 선을 의도하신다는 것을 추호도 의심하지 않는다. 그러므로 우리 자신의 행위들이 아무리 선한 것같이 보이거나 혹은 선하다고 하더라도, 어떠한 행위도 우리의 의를 세우지 못한다. 그러나 그리스도 예수 안에 있는 하나님의 자비와 은혜에 대한 '믿음'만이 우리의 '의'이다. 이것이 예언자들이 말한 것이자 바울이 그렇게 자주 논의한 것이다. "의인은 믿음으로 말미암아 살리라"(롬 1:17). 로마서 3:22은 "예수 그리스도를 믿음으로 말미암아 모든 믿는 자에게 미치는 하나님의 의"에 대해 이야기하고 있다. 지금 사람들이 의로 간주하는 행위들의 위선이 드러나게 되는 것이 아니라, 하나님이 의로 평가하는 그러한 종류에 속하는 의가 드러난다. 로마서 4:5은 "'믿는' 자에게는 그의 믿음을 의로 여기시나니"라고 한다. 창

세기 15:6은 다음과 같이 말한다. "아브람이 하나님을 '믿으니' 여호와께서 이를 의로 여기시고." 당신의 믿음이 올바르게 의로 불린다는 것을 이해할 수 있도록 나는 당신에게 이 두 구절을 강력하게 추천하는 바이다. 궤변론자들은 우리가 말하는 믿음이 의라고 하는 이러한 종류의 말로 감정이 상하게 되기 때문이다. 그러나 신앙의 본성과 능력을 더욱 올바르게 검토하기 위하여, 우리는 그 토대를 좀 더 깊게 탐구해야 할 것이다.

2. 궤변론자들의 공통적인 추세는 신앙을 성경에 제시된 것에 대한 동의[83]로 정의한다는 것은 잘 알려져 있다. 그러므로 그들은 불경한 자들조차 이 신앙이 있다고 말한다. 그들에 따르면, 불의한 자들조차 믿으며, 영혼 안에 불경한 자와 경건한 자에게 공통적으로 중립적인 특성이 있다고 말한다. 성경이 "의인은 믿음으로 말미암아 살리라"(롬 1:17), 그리고 '의는 믿음으로 말미암는다'(롬 9:30; 10:6)라고 말하는 것을 볼 때에 그들은 자신들의 입장이 붕괴하지 않게 하기 위하여, 그들은 자신들이 '완전하다'(formata)고 부르는 다른 신앙, 즉 사랑과 결합된 다른 신앙을 고안해 낸다. 그들은 또 다른 종류의 신앙을 '불완전한'(informis) 신앙이라고 부른다.[84] 이 신앙은 사랑을 결여한 불경한 자들 안에서조차 발견된다. 더구나, 이러한 예리한 무리들은 사도가 이러한 미끼를 가지고 신앙으로 가능한 한 많은 사람을 초대하기 위하여 사랑의 특성인 것을 신앙에 거짓으로 귀속시킨다고 주제넘게 주장한다. 이제 그들은 또한 주입된 신앙, 획득된 신앙, 일반적인 신앙, 특별한 신앙, 그리고 모든 종류들의 이상한 단어들을 발명해 냈다.

그러나 이러한 사소한 것들을 기각하자. 잠깐 후에 우리는 신앙이 그들 자신들이 명명하는 것이 아니라는 것을 인정해야만 할 정도의 실질적인 사실들을 가지고 궤변론자들을 반박할 것이기 때문이다.

3. "어리석은 자는 그의 마음에 이르기를 하나님이 없다 하도다"(시 53:1)라는 예언자의 말은 잘 알려져 있다. 고린도전서 2:14에 있는 바울의 서술도 매우 널리 알려져 있다. '육에 속한 사람은 하나님의 영의 선물들을 받지 않는다.' 에스겔 29:9은 '나일

---

83. 참고 Thomas Aquinas, *Summa theol*, II, 2, q, 1, a, 1: *Fides… non assentit alicui nisi quia est a Deo revelatum*("믿음은 하나님이 계시하신 것이라는 토대에 근거하는 것을 제외하고 어떤 것에도 동의하지 않는다"). 참고 LCC, Vol. XI. 220.

84. Thomas Aquinas, *Summa theol*. II, 2, q, 4, a, 4.

강은 나의 것이며 내가 만들었다'고 말한다. 이러한 종류의 구절들은 육신은 육에 속한 것을 제외한 어떤 것을 알지도 못하고 인식하지도 못한다고 증언한다. 하나님의 실재,[85] 하나님의 분노, 그리고 하나님의 자비는 영적인 일들이며, 그러므로 육신이 이러한 것들을 알 수 없다. 그러므로 성령이 없는 인간 본성이 우리 마음을 강화시키고 조명시키려는 목적으로 하나님에 대하여 아는 모든 것은, 그것이 무엇이든지간에, 결코 신앙이 아니며, 냉담한 추측일 뿐이다. 이것은 다만 하나님에 대한 구실, 위선, 무지와 경멸이다. 육적인 눈들은 이러한 실질적인 위선을 구분하지 못하지만, 성령은 모든 일들을 판단하신다(고전 2:14 이하). 이러한 본보기들이 우리가 진리를 이해하는 것을 도와줄 것이다.

외면적으로, 사울은 신실했던 것같이 보이나, 그의 삶의 결과는 그의 위선을 보여 준다. 왜냐하면 그는 자신이 하고 있는 위대한 일들이 하나님께서 시행하고 계시며, 그러한 일들이 하나님의 자비의 선물들이자 사역이라는 것을 믿지 않았으며(마음으로부터 믿지 않았다는 의미이다), 오히려 그는 그러한 모든 일들이 자신의 착상들에 달려 있다고 생각했기 때문이다. 나는 심령의 정서에 대하여 말하고 있다. 그는 하나님의 진노를 두려워하지도 않았고 하나님의 선한 뜻도 신뢰하지 않았다. 블레셋 사람들이 자신보다 앞지르지 못하게 하려고, 사무엘을 기다리지 않고 사울 자신이 희생 제사를 드렸을 때 그는 하나님에 대한 그의 경멸을 드러낸다(삼상 13:9). 다른 경우에 그는 이방인의 방식을 따라 자신을 위해서 기념비를 세웠다(삼상 15장). 사울은 하나님이 존재하시며,[86] 죄를 처벌하시고 자비하시다는 견해를 가지고 있다. 그렇지 않다면, 그가 왜 희생 제사를 드렸을 것인가? 그러나 그것은 신앙이 아니다. 성경의 주목할 만한 표현을 사용하자면, 그는 하나님을 찾지 않았다(시 53:2). 그는 하나님을 영화롭게 하지 않았다.[87] 그의 마음은 하나님의 엄위하심과 선하심에 대하여 알지 못하였다. 우리의 영적인 안목을 가지고 마음의 이 불경을 보는 것이 우리의 운명이라면 얼마나 무섭고 비참한 광경인가! 나는 여러분에게 여러분의 삶을 살펴보고, 그 열매로부터 여러분이 할 수 있는 최선을 다해 여러분의 마음의 부정을 판단해 보도록 요청한다. 성경의 용

---

85. *Esse deum.*

86. *Deum esse.*

87. Melanchthon uses the German phrase: *Er acht seyn nicht.*

어를 사용하자면, 여러분이 방황하면서 여러분의 마음을 여러분 자신의 욕망으로 돌리지 않았는가? 여러분이 하나님을 신뢰하지 않고, 그분의 자비의 풍성함을 측정하지 못하기 때문에, 여러분은 여러분 자신의 생계, 명성, 생명, 자녀들, 그리고 부인을 걱정하지 않는가? 여러분이 여러분을 향한 하나님의 은혜와 자비에 대하여 절망하기 때문에 후에 다른 죄들로 돌진하지 않는가? 여러분이 자신의 구원의 확실한 소망을 굳게 붙잡을 수 있다면 여러분은 의심할 바 없이 매우 감사하는 마음을 가지고 모든 일들을 할 것이며 인내할 것이다. 여러분이 단순히 하나님의 심판을 두려워하지 않기 때문에 가능한 한 모든 수단으로 재산을 축적하고 부를 열망하지 않는가? 그러나 여러분이 마음에서부터 믿는다면, 여러분이 마음속에서 하나님의 진노의 능력을 인식할 수 있다면, 여러분은 확실하게 두려워할 것이다. 내가 사람들의 마음속에 믿음이 없다고 서술할 때 나는 이 어리석음, 이러한 무지, 이러한 마음의 맹목성을 의미한다. 신앙은 육신이 이해할 수 있는 것보다 더 중요하고 더 확실한 것이다.

그러므로 궤변론자들이 불완전하고 획득된[88] 것이라고 부르는 그 신앙은 실질적으로 신앙이 아니다. 우리가 일반적으로 리비우스(Livius) 혹은 살루스티우스(Salustus)의 역사에 동의하는 바와 같이 불경한 사람들도 이 불완전하고 획득된 신앙으로 복음의 역사에 동의한다. 그러한 믿음은 의견에 속한다. 다시 말해 하나님의 말씀에 관한 마음의 불확실하고, 지속성이 없으며, 흔들리는 심사숙고이다. 여러분은 이제 우리가 스콜라주의자들의 신앙에 대한 견해를 어떻게 평가해야 하는지를 알고 있다. 궤변론자들은 거짓말, 허영, 그리고 위선만을 가르친다. 그러나 내가 이 시점에서 그들의 가르침에 대하여 너무 심한 것을 말하는 것같이 보인다면, 그들이 내게 대해서가 아니라, 거짓된 신앙을 '위선'이라고 부르는 바울에게 화를 내도록 하라. "이 교훈의 목적은 청결한 마음과 선한 양심과 거짓이 없는 믿음에서 나오는 사랑이거늘"(딤전 1:5). 그는 이러한 말에 의해 믿음이 때때로 위조되어 거짓된 것이라는 것을 나타낸다. 그는 디도서 1:15 이하에서 위선에 대하여 다음과 같이 말한다. "깨끗한 자들에게는 모든

---

88. 참고 Gabriel Biel, *In sent., lib. Ⅲ, d. 23, q. 2, a. 2: Fides acquisita ad credendum fidei articulos est necessaria---Ad credendum articulo necesse est credere ecclessiae; hoc est credere ecclesiam esse veracum. Hoc credimus fide acquista*("획득된 믿음은 신앙의 항목들을 믿기 위하여 필요하다. 신앙의 항목들을 믿기 위하여 그리스도를 믿는 것, 다시 말해 교회가 신뢰할 만 하다는 것을 믿는 것이 필요하다. 우리는 이것을 우리의 획득된 믿음에 의해 믿는다").

것이 깨끗하나 더럽고 믿지 아니하는 자들에게는 아무것도 깨끗한 것이 없고 오직 그들의 마음과 양심이 더러운지라 그들이 하나님을 시인하나 행위로는 부인하니 가증한 자요 복종하지 아니하는 자요 모든 선한 일을 버리는 자니라"(딛 1:15-16). 불경한 사람들의 신앙이 참으로 신앙이라면—그는 분명하게 외모에서 경건한 그러한 사람들에 대하여 여기서 말하고 있기 때문이다—그는 그들을 믿지 아니하는 자들이라고 부를 필요가 없으며, 파리 신학자들이 말하는 바와 같이, 단순하게 사랑이 부족하다고 말하면 된다. 디모데전서에서 바울은 위선자들에게 거짓된 신앙을 귀속시키고, 디도서에서는 그들을 불신자들이라고 부른다.

그러므로 우리가 완전한 신앙과 불완전한 신앙 사이를 구별해야만 할 이유가 없다. 명백하게 신앙은 위선자들이 성령 없이 인식하는 신앙들 혹은 하나님의 역사에 대한 그 의견이 아니다. 본성은 하나님의 말씀에 동의하지 않으며, 더구나 말씀으로 감동받지 않는다. 교육적인 목적으로 나는 이것을 획득되고 불완전하고, 역사적인 신앙이라고 부르곤 하였다. 이제 나는 이것을 전혀 신앙이라고 부르지 않고, 단지 의견이라고 부른다. 우리가 말하고 있는 것은 성경이 신앙이란 단어를 매우 단순하게 사용한다는 것을 여러분이 알게 하는데 적합하다. 심지어 불경한 자들과 하나님을 경멸하는 자들 속에 있는 그 파리 신학자들의 특성은 '신앙'이라고 불릴 수 없다. 그러나 정죄 받은 사람들은 하나님의 말씀에 영광을 돌리려고 믿지 않는다. 그들은 확실히 '신앙'이라고 부를 수 없는 경험에 의해 끌려가고 있다. 예를 들어 동일한 것이 가인과 사울의 절망에 대하여 언급될 수 있다. 이러한 사람들과 정죄된 사람들 사이에 차이가 무엇인가? 그렇다면 신앙은 무엇인가? 신앙은 하나님의 모든 말씀에 지속적으로 동의하는 것이다. 이것은 성령이 우리의 마음을 새롭게 하고 조명하지 않는다면 일어날 수 없다. 더구나 하나님의 말씀은 율법과 복음이다. 복음에 위협들이 결합된다. 성경은 사람이 그러한 위협들을 믿는 것을 '두려움'이라고 부르고, 그가 복음 혹은 하나님의 약속들을 신뢰하는 것을 '신앙'이라고 부른다. 신앙 없는 두려움은 의롭게 하지 못한다. 그렇지 않으면 심지어 절망하고 정죄된 사람들조차 의롭게 될 것이다. 이러한 방식으로 하나님을 두려워하는 사람들은 하나님을 영화롭게 하지 않거나 혹은 하나님의 모든 말씀을 믿지 않는다. 그들은 약속들을 믿지 않기 때문이다. 그러므로 신앙만이 의롭게 한다.

4. 따라서 신앙은 다름 아닌 그리스도 안에서 약속된 하나님의 자비에 대한 신뢰이며, 이것이 무슨 표징으로 약속되었느냐 하는 것은 아무런 차이가 없다. 하나님의 선하신 뜻 혹은 자비에 대한 이러한 신뢰는 먼저 우리의 심령을 고요하게 만들고 다음으로 하나님의 자비에 대하여 하나님께 감사하도록 우리의 심령을 불붙여 우리가 율법을 즐겁고 자발적으로 지키도록 한다. 그렇지 않으면, 우리가 믿지 않는 한, 우리의 심령 안에 하나님의 자비에 대한 이해가 없다. 하나님의 자비에 대한 이해가 없는 곳에, 하나님에 대한 경멸 혹은 증오가 있다. 그러므로 율법의 아무리 많은 일들이 믿음 없이 수행된다 하더라도, 그 사람은 범죄 하는 것이다. 이것이 바울이 로마서 14:23에서 말하는 것이다. "믿음을 따라 하지 아니하는 것은 다 죄니라." 이 구절은 신앙의 능력과 본성을 매우 분명하게 설명한다. 신앙 없이 일어나는 것은 무슨 일이라도 본성에서 일어나든지 아니면 하나님에 대한 증오 때문에 일어난다. 율법과 처벌의 두려움 때문에, 마지못해 선행을 하는 사람들의 행위가 이러한 후자의 유형에 속한다. 우리가 신앙 없이 선행을 가장할 때, 우리의 마음은 다음과 같은 어떤 것을 생각한다. '확실히 나는 내가 할 수 있는 것을 해 왔다. 그러나 나는 하나님이 나의 행위들을 인정하실지 아니면 부정하실지 알지 못한다. 그는 엄격한 재판관이며, 나는 그가 자비하실지 아닐지를 알지 못한다.' 이러한 종류의 생각을 가지고 있으면서, 우리가 어떻게 하나님의 심판에 격분하지 않을 수 있겠는가? 인류의 대부분의 사람들은 마음의 이러한 위선과 불쾌감 속에서 살고 있다. 우리는 앞선 본보기들로부터 그들의 판단이 얼마나 부패한지를 알 수 있다. 그들은 그들 자신의 행위가 아니라 하나님의 자비의 약속을 심사숙고해야만 하기 때문이다. 하나님 자신이 자신의 말씀 속에서 우리에게 선언하신 뜻을 우리 자신의 행위들로부터 판단하는 것보다 더 나쁜 무슨 일이 있겠는가? 그래서 인류의 대부분이 하나님에 대한 경멸을 가지고 살아가며 이것이 하나님을 불쾌하게 만든다고 하더라도 그렇게 행동하고 살아갈 것이다. 신앙 없이 행해지는 행위들, 다시 말해 하나님에 대한 경멸 혹은 증오로 하는 행위들은 이러한 유형에 속하는 것이다.

그러므로 집회서의 말씀은 매우 훌륭하다. '당신의 모든 행위에서 진심에서 우러난 신앙으로 믿으라. 이것이 계명의 준수이기 때문이다'(집회서 32:23). 당신이 먹는 것, 마시는 것, 당신의 손으로 노동하는 것, 가르치는 것, 혹은 심지어 공개적으로 범죄 하는 것 등, 무슨 행동을 하든지 간에, 당신이 당신의 행위들을 바라보아야 할 이유가 없다. 하나님의 자비의 약속을 바라보며, 하나님을 신뢰하며 당신이 하늘에 재판관이 아니라, 아버지를 모시고 있다는 것을 조금도 의심하지 말라. 아들들이 그들의 인간적인 부모님들에게 속하는 바와 동일하게, 여러분들은 하나님의 관심의 대상이다. 하나님께서 우리가 매일 드리는 그 기도에서 그분을 아버지로 부르는 것을 원하셨다는 사실을 넘어 우리를 향한 하나님의 뜻의 표시가 없다고 하더라도, 이것만으로도 신앙만이 우리에게 요구된다는 강력한 주장이 될 것이다. 이제 하나님께서 그렇게 자주 우리에게 신앙을 요구하시고, 그렇게 자주 신앙만을 인정하시기 때문에, 그리고 그렇게 자주 가장 풍부한 약속들을 가지고 우리에게 신앙을 추천하시기 때문에, 그리고 특별히 그의 아들의 죽음을 통해서 그렇게 하시기 때문에, 우리가 왜 하나님의 그렇게 큰 자비에 우리를 헌신하여 그를 신뢰하지 않아야만 하는가? 양심의 닻인 신앙 대신에, 스콜라주의 신학은 사람에 의한 행위들과 보속들을 가르쳤다. 하나님께서 자신의 교회에 대한 그러한 거치는 돌을 완전히 파괴시키기를 기원합니다!

5. 여러분은 이제 성경이 '신앙'이란 단어를 사용하는 방식을 이해하게 되었다. 신앙은 우리의 행위들이 선하든지 혹은 악하든지 그 행위와 관계없이 하나님의 은혜로운 자비를 신뢰하는 것을 의미한다. 그렇게 신뢰하는 사람들은 '하나님의 역사'(historia)의 위협들과 약속들에 대한 하나님의 모든 말씀들을 이제 실질적으로 동의한다. 스콜라주의의 믿음은 죽은 의견에 불과하다. 그들이 약속된 죄들의 용서를 믿지 않을 때 그들이 어떻게 하나님의 모든 말씀을 믿는다고 말할 수 있는가? 불경한 자들은 죄들의 용서가 자신들이 아니라 다른 사람들을 위한 것이라고 믿는다고 궤변론자들은 말한다. 그러나 이러한 말은 타당하지 않다. 내가 묻노니 '약속된 죄의 용서가 역시 그러한 불경한 사람들을 위한 것이 아닌가?' 그러나 우리는 신앙이란 용어가 의미하는 것을 몇 마디의 말로 보여 주는데 만족하면서, 논쟁하지 않으려고 결정한다. 루터의 「그리스도인의 자유」(The Freedom of the Christian Man)라는 논문이 있다. 그 논문에서 원하는 사람은 신앙에 관한 더 심도 있는 칭찬을 발견할 수 있다. 이제, 나는 우리가 성경의 본보기들을 인용하여 신앙의 능력을 더욱 분명하게 이해하게 될 것이라고 생각한다.

창세기 15:1에서, 하나님은 장엄한 말로 아브라함에게 그의 자비를 약속한다. "아브람아 두려워하지 말라 나는 네 방패요 너의 지극히 큰 상급이니라." 조금 뒤에 하나님은 또한 그에게 후손을 약속한다. 그 뒤에 다음과 같은 말이 따라온다. "아브람이 여호와를 믿으니 여호와께서 이를 그의 의로 여기시고"(창 15:6). 그러면 아브라함은 무엇을 믿었는가? 그는 단지 하나님의 존재만을 믿었는가? 절대 아니다! 그는 또한 하나님의 약속을 믿었으며, 후에 그는 그의 아들을 희생 제물로 막 드리려고 했을 때 유례가 없는 방식으로 그의 믿음을 보여 주었다. 그는 자신의 아들이 죽는다고 하더라도 하나님께서 그에게 후손을 주실 것을 의심하지 않았다. 이제, 믿음은 하나님의 말씀에 동의하는 것이기 때문에, 아브라함이 믿었던 것은 하나님이 아브라함의 방패가 되신다고 선언하면서 하나님이 하셨던 약속으로부터 아주 명백하다. 그러므로 신자들은 하나님을 단지 재판관이 아니라, 그들의 방패이자 아버지로 생각하는 사람들이다. 출애굽기 14장에서 이스라엘 사람들은 물과 산들이 그들의 도주를 방해하고 있고 적들이 그들의 발뒤꿈치까지 추격했을 때 불신 속에서 신음하였다. 모세는 그들에게 가만히 서서 하나님의 강력한 역사를 보라고 명령하였다(출 14:14). "여호와께서 너희를 위하여 싸우시리니 너희는 가만히 있을지니라." 그때에 이스라엘 백성들이 스콜라 학파들의 방식으로 신앙에 대하여 논쟁하였다면 무슨 일이 일어났을까? 그러한 사람들은 다음과 같이 추론했을 것이다. '그들이 하나님께서 계시다는 것을 믿는 것으로 충분하다. 그들 자신이 악하고 또한 악하게 될 수 있기 때문에 하나님께서 이집트인들과 이스라엘을 모두 처벌하실 수 있다는 것을 믿는 것으로 충분하다.' 그러나 그들은 하나님의 목소리와 하나님의 기적들을 믿었다. 그들 자신들 역시 죽어야 마땅했지만 하나님의 자비를 신뢰했으며, 그래서 그들은 믿음으로 바다 밑바닥에 자신들을 내맡겼다. 그들이 그들을 향한 하나님의 뜻을 이러한 경험으로 발견했을 때, 그들이 자신들은 구원받고 이집트인들은 파도 속에서 멸망하는 것을 보았을 때 "백성이 여호와를 경외하며 여호와와 그의 종 모세를 믿었더라"고 말한다(출 14:31). 그래서 하나님은 이러한 본보기들을 우리에게 보여 주어 우리가 궤변론자들의 그 믿음이 아니라, 여러분이 보기에 모세가 이 구절들과 다른 구절들에 따라서 가졌던 하나님의 말씀에 대한 신뢰를 가지고 믿는 것을 배우게 하려는 것이었다.

이스라엘 백성들이 가나안 점령에 대하여 절망하고 있을 때 하나님은 민수기 14장에서 어떤 종류의 신앙을 요구하는가? 주께서 '내가 그들 중에 행한 모든 이적들에도 불구하고 이 백성이 어느 때까지 나를 멸시하겠느냐'라고 말씀하시기 때문이다. 민수기 20:12에서 하나님은 모세와 아론이 물이 바위에서 흘러나올 것을 믿지 않았기 때문에 그들에게 진노하셨다. 틀림없이, 모세와 아론은 하나님의 존재를 믿었으나, 그들은 바위에서 흘러나오는 물이 약속되었던 하나님의 목소리를 의심하였다. 여호와께서 꾸짖으셨던 것은 이러한 불신앙이었다.

모세가 신명기 1:31-33에서 무슨 신앙에 대하여 말씀하시는가? '주 너희 하나님께서 사람이 자기 아들을 안음같이 너희의 길에서 너희를 안으셔서 이곳까지 인도하셨다. 그렇지만 이 말씀에도 불구하고 너희는 길에서 너희 앞서 행하신 주 너희 하나님을 믿지 않았다.' 그러한 이스라엘 사람들은 확실히 '미완의 믿음'과 '획득된 믿음'을 가졌으나, 하나님의 자비의 약속들을 신뢰하지 않았다. 그들의 마음은 하나님의 자비에 대한 신뢰로 격려를 받지 못했다. 그들은 하나님의 말씀과 사역을 멸시하면서 이집트로부터의 그들의 귀환을 혐오하여, 불신앙 속에서 살고 있었다. 그들은 다른 점들에서 의심할 바 없이 선한 사람같이 보임에도 불구하고, 그들은 이러한 불신앙 때문에 처벌을 받았다. 이것이 이스라엘 사람들과 같이, 선한 행동들로 회칠되어진 사람들의 위선이다. 하나님은 이러한 신뢰만을 요구하시지만, 그러나 그들의 마음은 하나님에 대한 신뢰와 기쁨으로 강화되지 못했다. 하나님은 다음과 같은 분명한 목적을 위해 그의 아들을 주셨다. 우리가 우리를 향한 하나님의 선한 뜻을 의심하지 말고, 우리의 소망을 하나님께 두며, 그의 사역들을 잊지 말고, '그의 계명들을 지키라' (시 78:7). 비슷한 말씀이 역대상 5장에 나온다. "그들이 싸울 때에 하나님께 의뢰하고 부르짖으므로 하나님이 그들에게 응답하셨음이라"(대상 5:20). 역대하 16:9은 "여호와의 눈은 온 땅을 두루 감찰하사 전심으로 자기에게 향하는 자들을 위하여 능력을 베푸시나니"라고 기록한다. 이 구절에서 유다의 선지자 하나니는 앗수르인들의 도움을 신뢰한 것에 대하여 아사 왕을 꾸짖고 있다. 그러나 성경이 여호사밧의 삶에서보다 신앙의 권능의 더욱 충격적인 본보기를 보여 주는 하나의 사례도 나는 알지 못한다(왕하 20:1-7).

이사야는 아하스 왕에게 앗수르로부터 도움을 찾는 것을 금지하고 "만일 너희가 굳게 믿지 아니하면 너희는 굳게 서지 못하리라"(사 7:9)고 말하면서 왕에게 하나님의 도움을 약속했을 때 왕에게 이러한 믿음을 요구하였다.

모든 거룩한 역사적인 책들은 이러한 종류의 본보기들로 가득 차 있다. 그러므로 믿음의 본성에 대하여 더 많이 배우고 또한 그의 양심의 강화를 위하여 이러한 본보기들을 모으는 것이 경건하고 학구적인 독자들의 임무일 것이다. 그러나 우리는 신구약의 이야기 속에 있는 정신이 하나이고 동일하다는 것을 이해하기 위해 역시 신약의 글들로부터 몇 개의 구절들을 인용할 것이다.

나는 조상들이 율법 시대에 살고 있었지만, 율법의 행위들로 의롭다 함을 받은 것이 아니라, 신앙으로 의롭다 함을 받았다고 베드로가 말하는 사도행전 15장과 함께 시작할 것이다. 베드로는 그들의 심령이 신앙으로 정결하게 되었다고 덧붙인다(9절 이하). 여러분이 베드로가 설명하는 바와 같이, 하나님의 은혜와 자비에 대한 신뢰를 이해하지 못한다면, 여러분은 전적으로 잘못된 것이다. 스콜라주의자들의 신앙이 아무리 해도 심령들을 어떻게 정화시킬 수 있었을까? 그러므로 베드로는 다윗, 이사야, 그리고 예레미야 등의 조상들의 모든 행위들은 죄였으나, 그들은 신뢰, 예언자들이 자주 자신들에 대하여 증언하는 바와 같이, 그리스도 안에서 약속된 하나님의 자비에 대한 신뢰만으로 의롭다 함을 받는다는 것을 의미한다. 하나님의 선한 뜻에 대한 이러한 신앙이 전체의 삶, 모든 행위들, 모든 육적이고 영적인 시련들에 침투해 들어간다.

6. 하나님을 믿는 신앙과 무슨 시험이 온다고 하더라도 하나님의 선하심을 신뢰하는 신앙은 동일한 것이다. 그것이 죄인이었던 여인이 가졌던 영적인 시험이었다(눅 7장). 예수님은 "네 죄 사함을 받았느니라"(눅 7:48)고 말씀하시면서 그녀를 격려하였다. 비슷하게 예수님은 "네 믿음이 너를 구원하였으니 평안히 가라"고 말씀하신다(눅 7:50). 그리스도가 질병을 치료하셨을 때 육체적 시험의 많은 사례들이 있었고 그는 자주 물질적인 일들에서 제자들의 불신앙을 꾸짖으셨다. 이것이 그들이 빵에 대하여 걱정할 때 마태복음 16장에 있는 사례이다. 예수님은 "믿음이 작은 자들아 어찌 떡이 없으므로 서로 논의하느냐"라고 제자들을 꾸짖으셨다(마 16:8). 예수님은 물질적인 일들에서 그 자신의 제자들에 대해서 아버지의 관심을 강조하신다! 마태복음 6:32은 "너희 하늘 아버지께서 이 모든 것이 너희에게 있어야 할 줄을 아시느니라"고 말한다. 마태복음 10:31은 "너희는 많은 참새보다 귀하니라"고 기록한다. 이러한 종류의 육체적인 시험들은 결코 경멸되어서는 안 되는 믿음의 훈련에서 시작을 구성한다.

7. 나는 우리 자신들이 하나님의 약속들 사이를 구별하려는 데서 고생하지 않게 하려고 이러한 경고를 한다. 여러 약속들은 구약의 모든 약속들과 같이 물질적인 것들에 속하기 때문이다. 다른 약속들은 고유하게 신약에 속하는 영적인 것들이다. 나는 의인들을 제외하고 아무도 마음으로부터 물질적인 약속들을 믿지 않으며 하나님은 물질적인 일들에 대한 그의 약속을 통해 그의 자비를 선언하신다고 생각하기 때문이다. 성도들은 그들의 몸이 하나님의 관심의 대상이라면, 영혼들은 훨씬 더 큰 관심의 대상이며, 그들의 몸에 대해 아버지로 행동하시는 분이 그들의 영혼의 아버지이시기를 중단하지 않으신다고 쉽게 결론내릴 수 있다. 내가 전에 말했던 바와 같이, 물질적인 것들에 대한 약속조차도 '은혜의 약속', 희미한 것은 확실하지만 그럼에도 불구하고 하나님의 성령을 가진 사람들에게 충분하게 알려진 약속 안에 그 자체로 존재한다. 이제, 민수기 14:19 이하에서 백성들의 죄에 대해 기도하는 모세에게조차, 백성들의 죄의 용서가 허락된다. 그리고 율법 자체가 은혜의 약속과 함께 주어졌다. 출애굽기 20:5-6은 "나 네 하나님 여호와는… 나를 사랑하고 내 계명을 지키는 자에게는 천대까지 은혜를 베푸느니라"고 말한다. 희생 제물들이 죄에 대해 드려지는데, 우리는 이러한 희생 제물들이 신자들을 위한 죄들의 용서의 표징들이라고 고백해야만 한다. 나는 알레고리를 찾고 있는 것이 아니라, 성경의 내러티브가 물질적인 복들을 약속하는 바로 그 사실에서 자비를 약속한다는 뜻으로 말하고 있다. 많은 성경의 내러티브들이 이것과 아주 아름답게 조화를 이루고 있다. 야곱은 창세기 28:20-21에서 '하나님이 나와 함께 계셔서 내가 가는 이 길에서 나를 지키시고 먹을 양식과 입을 옷을 주신다면… 그때에 주는 나의 하나님이 되실 것입니다'라고 말한다. 모세는 그의 행위의 모범들과 물질적인 약속들을 통해 매우 효과적으로 하나님의 자비와 선에 대한 신앙을 우리에게 추천하고 있다. 신명기 8:3은 "너를 주리게 하시며 또 너도 알지 못하며 네 조상들도 알지 못하던 만나를 네게 먹이신 것은 사람이 떡으로만 사는 것이 아니요 여호와의 입에서 나오는 모든 말씀으로 사는 줄을 네가 알게 하려 하심이니라"고 말한다. 그러므로 사람의 심령이 그것으로 하나님의 자비를 인식하는 어떤 것이라도 생명의 말씀이다. 믿음의 이러한 유형의 본보기들이 히브리서 11장에서 계속하여 전개되는데, 이러한 사례들의 많은 것들이 물질적인 일들에 속한다. 그러면 우리는 이러한 요점 아래 왜 그 전체의 장을 포함하지 않는가?

히브리서 11장은 시작하는 부분에서 믿음을 다음과 같이 정의한다. "믿음은 바라는 것들의 실상이요 보이지 않는 것들의 증거니"(히 11:1). 궤변론자들은 참된 믿음에 대한 이러한 스케치를 그들의 자구 주석에서 자신들의 꿈에 맞도록 왜곡시켜 믿음을 그들이 '믿음'이라고 부르는 그 보잘것없는 육신의 의견으로 변경시켜, 사도들의 의미가 완전히 오해되도록 만든다. 그러므로 우리는 가장 단순한 의미를 가진 가장 단순한 단어를 선택할 것이다. '믿음은 보지 못하는 일들의 증거이다.' 나는 '이것이 무슨 증거인가?'라고 질문한다. 인간의 본성은 성령을 통하여 조명 받지 못한다면 틀림없이 거룩하고 영적인 일들에서 아무것도 이해하지 못한다. 히브리서 저자는 믿음을 또한 '바라는 것들의 실상'이라고 말한다. 그러므로 위협들만을 믿는 것은 신앙이 아니다. 사실상 성경은 그 대신에 이것을 '두려움'이라고 부른다. 그러나 믿음을 가지는 것은 약속들을 믿는 것, 다시 말해 세상의 사악함, 죄, 사망, 그리고 심지어 지옥의 문들조차 대항하여 하나님의 자비와 선을 신뢰하는 것이다. 이제 여러분은 '바라는 것들의 실상'이 믿음이라고 불린다는 것을 이해한다. 그러므로 약속된 구원을 소망하지 않는 사람들은 믿지 않는다. 여러분은 '그러나 나는 구원이 약속되었으나, 이것이 다른 사람들에게 갈 것이라고 믿는'고 말할 것이다. 육신은 이러한 방식으로 생각하기 때문이다. 그러나 경청하라! 이러한 약속들은 역시 여러분들에게 이루어진 것이 아닌가? 복음이 모든 민족들에게 선포되지 않았는가? 그러므로 당신이 구원이 역시 당신에게도 약속되었다는 것을 믿지 않는다면, 당신은 실질적으로 믿지 않는 것이다. 하나님의 모든 말씀을 믿지 않거나 죄의 용서가 역시 당신에게도 약속되었다는 것을 믿을 수 없는 것은 명확하게 불경건이고 불신앙이다.

더구나 히브리서는 이러한 정의를 설명하는 본보기들을 첨가한다. 히브리서 11:3은 '우리가 믿음으로 세상이 하나님의 말씀으로 지어진 것을 안다'고 하여 작품, 즉 보이는 것들은 보이지 않는 것들, 즉 하나님의 신성으로부터 온다는 것을 이해시킨다. 이렇게 해석된 이 구절은 로마서의 한 구절(롬 1:20)과 일치한다. 이 점에서 궤변가들은 히브리서가 여기서 역사, 세상을 지으신 역사만을 이야기하기 때문에, 역사적 신앙을 넘어선 다른 신앙이 우리에게 요구된다고 악쓰는, 어리석은 말을 제기한다. 그러나 들으라! 이러한 본보기가 오직 역사적 신앙에만 속한다면 위에서 주어진 신앙의 정의와 어떻게 조화를 이룰 수 있겠는가? 그러므로 세상의 창조의 역사에 대한 신앙을 통해 저자는 이방인들과 사라센인들조차 설득되는 그 일반적인 의견뿐만 아니라, 창조의 역사로부터 파생되는 하나님의 권능과 선하심의 지식을 뜻하는 의미로 말하고 있다. 이 신앙은 베드로 혹은 바울의 신앙과 다르지 않다. 베드로는 그리스도가 자신을 위한 희생과 보속이 되었다는 것을 믿을 때 그리스도의 경건과 자비뿐만 아니라 그의 부활 안에서 하나님의 권능을 이해하기 때문이다. 더 나아가, 그는 그 자신의 어떤 활동이라도 전혀 신뢰하지 않고, 단순히 하나님이 그리스도 안에서 약속한 자비를 신뢰한다. 비슷한 방식으로, 성령 안에서 창조를 판단하는 사람은 그러한 권능 있는 역사들의 근원이신 하나님의 능력, 그리고 그가 자신의 생명, 후원, 그리고 후손을 포함하여 모든 것을 하나님의 수중으로부터 받는다는 것을 느낄 때 하나님의 선하심을 알게 된다. 그는 하나님이 그의 선하심 안에서 기뻐하시는 대로 규제하고, 통치하며, 집행하고, 그리고 공급하실 창조주에게 이러한 선물들을 위탁한다. 창조에 대한 이러한 신앙은 얼어붙은 의견이 아니라, 모든 피조물들 위에 그 자체를 쏟아 붓고, 그들 모두를 통치하시고 다스리는 하나님의 권능과 선하심에 대한 매우 생생한 인식이다. 내가 이 하나의 요점만을 위하여 아무리 많은 페이지를 사용한다하더라도, 나는 그 문제의 중요성이 요구하는 대로 이것을 설명할 수만 있으면 좋으련만! 그렇지만 참으로 믿는 사람은 성령 안에서 창조에 대한 믿음이 무엇인지를 쉽게 판단할 것이다.

아마 궤변가들은 비웃을 것이나, 내가 알기에 너무나 견고하여 그것들이 찢겨질 수 없으며, 심지어 지옥문들로도 찢겨질 수 없는 것들을 그들이 반박할 수 없는 한 그들이 조롱하게 하라. 바울이 로마서 1:20에서 다음과 같이 말할 때 그는 창조에 대한 신앙을 궤변론자들의 의견보다 더욱 고귀하고 생생한 어떤 것이라고 부른다. "그의 보이지 아니하는 것들 곧 그의 영원하신 능력과 신성이 그가 만드신 만물에 분명히 보여 알려졌나니." 그의 전능하심과 선하심 이외에 하나님의 능력 혹은 신성은 무엇인가? 사도행전 14:17은 "그러나 자기를 증언하지 아니하신 것이 아니니 곧 여러분에게 하늘로부터 비를 내리시며 결실기를 주"셨다고 말한다. 다윗은 시편 104:24에서 창조에 대하여 묵상하면서 너무나 즐겁게 기뻐한다. "주께서 지혜로 그들을 다 지으셨으니 주께서 지으신 것들이 땅에 가득하니이다." 또한 시편 104:27-28에서는 "이것들은 다 주께서 때를 따라 먹을 것을 주시기를 바라나이다 주께서 주신즉 그들이 받으며 주께서 손을 펴신즉 그들이 좋은 것으로 만족하다가"라고 말한다. 나는 여러분에게 육신이 이러한 방식으로 창조의 신비들을 취급할 수 있는지를 질문한다. 혹은 육신적인 꿈들의 혼란인 철학이 모든 일들이 우연히 발생한다고 말할 때 분명하게 창조의 사역을 부인하기 때문에, 그렇게 취급할 수 있겠는가?

또한 율법의 백성들은 그들을 애굽의 속박으로부터 해방시킬 때에 하나님의 권능과 선하심을 인식하였다. 그러므로 출애굽기 20:2에서 다음과 같이 말한다. "나는 너를 애굽 땅, 종 되었던 집에서 인도하여 낸 네 하나님 여호와니라." 율법이 선포되기 전에, 조상들은 자신들 가운데서 하나님이 아브라함, 이삭, 야곱과 함께하셨던 일들을 알았다. 그러므로 그들은 하나님을 아브라함 등의 하나님으로 부른다. 족장들 이전에조차, 창조는 하나님이 인식되는 분명한 표징이자 조건이었다. 뱀의 머리가 하와의 씨를 통하여 깨어질 것이라는 약속이 그들 안에 역시 믿음을 일으켰지만, 아벨과 다른 성도들도 이러한 방식으로 믿었다. 그러므로 "믿음으로 아벨은 가인보다 더 나은 제사를 하나님께 드림으로"라는 말씀이 첨가되었다(히 11:4). 의심할 바 없이, 가인과 아벨은 역사의 지식을 가졌다. 그렇지 않다면 가인이 왜 제사를 드렸을 것인가? 그러므로 히브리서 기자가 신앙을 가인이 아니라 아벨에게 귀속시켰을 때, 그는 어떤 역사적 의견이 아니라, 하나님을 영화롭게 하고 하나님의 뜻을 생각하며 하나님의 자비를 신뢰하는 등의 신앙을 드러내고 있다. 아벨은 이러한 믿음으로 승리하였고, 이러한 신앙을 통하여 '의로운 자라 하시는 증거를 얻게' 된다. 히브리서 기자는 의로 간주되는 것은 희생이나 어떤 행위가 아니라 '믿음'이라는 사실을 확립하기 위하여 이것을 주의 깊게 주목한다.

"믿음으로 에녹은 죽음을 보지 않고 옮겨졌으니"(히 11:5). 다시 말해, 에녹이 믿었기 때문에, 그는 하나님을 기쁘시게 하였는데, 하나님께서 에녹을 옮겼을 때 하나님은 그 안에서 더 나은 삶에 대한 이유와 소망을 조상들에게 보여 주는 방식으로 그를 옮겼다. 조상들의 신앙의 강화를 위하여 에녹이 생명의 모델과 불멸에 대한 가장 확실한 논증으로 제시되었다는 것을 우리가 이해한다면, 왜 그가 어느 장소로 옮겨졌는지를 발견하려고 시도해야 하는가? 이제 따라오는 히브리서 11:6은 "믿음이 없이는 하나님을 기쁘시게 하지 못하나니 하나님께 나아가는 자는 반드시 그가 계신 것과 또한 그가 자기를 찾는 자들에게 상 주시는 이심을 믿어야 할지니라"고 말한다. 위선자들은 하나님이 그들에게 자비로우시고, 그들이 잘 되기를 바라시며, 그들을 구원하실 것이라는 것을 믿지 않는다는 사실이 잘 확립되어 있으므로 이 구절(히 11:6)이 스콜라 신학자들의 신앙에 적용되는 것으로 이해될 수 없다는 것을 여러분은 너무나 잘 알고 있다. 여러분이 그들의 심령에게 질문한다면, 그들은 다음과 같이 대답하지 않을까? '나는 하나님이 나의 사역들을 인정하실는지 알지 못하며, 내가 구원받을 수 있을지를 알지 못한다. 나는 구원이 약속되었다는 것을 확실하게 알고 있으며, 하나님이 자비로우시다는 것을 알고 있으나, 아마도 하나님은 자비로우심에 따라 나를 대우하지 않으실 것이다. 하나님의 위엄은 나에 대한 관심을 가지고 있지 않다.' 그들은 이것과 이러한 종류의 많은 불경한 것들을 말한다. 그렇지만 불경한 사람들이 하나님의 심판에 대하여 말하는 이러한 일들조차 그들은 진심으로부터 말하지 않는다. 그들은 하나님의 심판을 경멸하고 하나님이 그들을 좌절에 빠뜨릴 때까지 심판을 두려워하지 않는다. 그러나 심령이 하나님의 선의 위대하심과 그의 은혜의 충만하심을 인식할 수 있다면, 그리고 심령이 '하나님이 너를 잊지 않으셨다. 그의 자비는 너무나 커서 네가 하나님을 믿는다면, 하나님은 너를 보호하고 지키며 구원하실 것이다. 그러므로 믿으라'는 방식으로 하나님을 믿을 수 있다면 우리는 완전하게 굴복될 수 있을 것이다. 이와 같이 하나님이 약속한 일들이 그들에게 일어날 것이라고 믿을 정도로 하나님의 선하심에 대한 이해로 강화된 심령들, 이러한 심령들은 하나님이 상주시는 분이라는 것을 참으로 믿는다고 나는 말한다. 그것 이상으로, 이러한 심령들은 또한 실질적으로 하나님을 믿는다. 불경한 자들은 믿지 않고, 오히려 차가운 의견을 붙잡는데, 심령의 밑에서부터 붙잡지도 않는다.

'믿음으로 노아는 아직 보지 못하는 일에 경고를 받아 경외함으로 방주를 예비하여 그 집을 구원하였다'(히 11:7). 노아의 믿음이 '위협과 약속'이라는 두 가지 일을 어떻게 포용하는지를 보라. 그래서 이것은 불경한 자들은 하나님의 말씀도, 위협도, 약속도 믿지 않는다고 내가 전에 말했던 것을 입증한다. 노아는 하나님께 참된 영광을 귀속시켰으며, 그러므로 위협들을 두려워하였고 구원의 약속, 특별히 하나님의 자비를 신뢰하였다. 의심할 바 없이 또한 많은 위선자들이 그 시대에 살았다. 그들은 하나님이 사악한 자들의 복수자이고 선한 자들의 보호자라는 하나님의 존재를 믿는 체 하였다. 그러나 하나님의 위협들은 그들을 조금도 움직이지 못하였다. 왜 그런가? 그들은 진심으로 믿으려고 하지 않았고, 방주를 통한 구원의 약속은 그들이 그들을 향한 하나님의 자비를 신뢰하려고 하지 않았으므로 그들을 감동시키지 못하였기 때문이다. 비슷하게, 궤변가들의 신앙은 단순한 구실, 영혼들의 단순한 조롱거리에 불과하며, 이제 불경하고 신실하지 않은 궤변가들은 그들의 이러한 위조된 신앙이 선행의 자격을 갖출 수 있다고 가르친다. 하나님에 대한 증오와 경멸 속에서 수행된 것은 선행이 아니므로 나는 이렇게 말하는 그들을 불경하고 신앙심이 없다고 부른다. 그러나 하나님의 자비와 선에 대한 신뢰 없이 수행되는 것은 무엇이나 하나님에 대한 증오와 경멸 속에서 수행된다. 이것은 바울이 로마서 14:23에서 "믿음을 따라 하지 아니하는 것은 다 죄니라"고 말하는 바와 같다. 히브리서 11:7에서 우리는 '노아가 방주로 온 세상을 정죄하였다'는 사실을 읽는다. 믿음이 사람을 구원하기 때문에, 불신앙은 나머지를 파괴한다는 것이 사실이다. 히브리서 기자는 '그(노아)는 믿음을 좇는 의의 상속자가 되었다'(히 11:7)는 것을 첨가할 때 그가 하나님의 자비와 은혜에 대한 믿음이 의의 완성이라는 그것을 가지고 우리에게 권면하는 그 깊은 관심을 주목하라. 나는 전혀 언어의 비유에 대하여 말하고 있는 것이 아니며, 알레고리를 찾고 있는 것도 아니다. 오히려 나는 아주 단순한 내러티브 자체를 언급하고 있다. 노아는 그 자신의 어떤 선행이 아니라, 하나님의 자비에 대한 믿음만으로 의롭다 함을 받았다. 그의 믿음은 그가 물로부터 구원받을 것이라는 약속과 뱀의 머리, 다시 말해 사망의 쏘는 것이 깨어질 것이라는 그의 조상들이 전해 준 예언으로 환기되었다.

"믿음으로 아브라함은 부르심을 받았을 때에 순종하여 장래의 유업으로 받을 땅에 나아갈새 갈 바를 알지 못하고 나아갔으며"(히 11:8). 아브라함은 그가 세상 어디에 있든지 간에, 그는 하나님을 그의 보호자요 보존자로 가질 것이라는 것을 조금도 의심하지 않으면서, 하나님의 자비와 선하심을 신뢰하고 있었다. 그러므로 이스라엘 백성들이 홍해의 물속으로 들어갈 때 모세의 목소리에 자신들을 의탁했던 바와 동일하게, 아브라함은 그의 고향을 떠나면서 자신을 하나님의 목소리에 의탁하였다. 아브라함의 이러한 신앙이 얼마나 위대한가! 그는 분명한 거처가 없이 일생동안 방랑하였지만, 그럼에도 불구하고 그의 신앙은 흔들리지 않았다. 그는 자신이 충분히 능력이 있고 부유하다고 생각했으며, 그는 하나님의 날개 그늘 아래 시간을 보내고 있기 때문에 충분히 안전한 장소에 살고 있다고 느꼈다. 그는 그의 아들도 그 자신도 가나안 땅에 확실하게 정착하는 것을 보지 못했다는 바로 그 사실 때문에, 그는 자신이 이 땅에서 나그네라는 것을 알았으며, 영원한 도성의 시민이 되기를 소망하였다. "믿음으로 사라 자신도 나이가 많아 단산하였으나 잉태할 수 있는 힘을 얻었으니"(히 11:11). 하나님의 말씀이 모든 것들을 살게 만들고 창조하시니, 사라가 이것을, 다시 말해 자녀의 약속을 신뢰했을 때, 그녀는 나이 늙어 단산하였지만, 아이를 낳을 수 있게 되었기 때문이다. '모든 일들이 믿는 자들에게는 가능하다'(막 9:23).

그러나 아브라함의 믿음이 진정 양을 잡는 것으로 시험받았을 때 그 믿음이 얼마나 심각하게 공격받았는가! 무슨 말인가 하면, 그의 후손으로 약속된 것으로 알았던 이삭을 희생 제물로 바치라는 명령을 받았다는 말이다. 아버지의 명령에도, 하나님의 뜻에도 조금도 지체하지 않고 순종했던 젊은 이삭은 신앙에서 얼마나 변함이 없었던고! 당신은 아버지가 그의 아들, 후손이 약속되었던 아들에 대한 그렇게 거친 명령을 수행할 수 있다고 생각하는가? 당신은 각자가 하나님의 자비를 신뢰하고 그 자비에 자신을 의탁하지 않는다면 아들이 아버지에게 순종할 것이라고 생각하는가? 믿음은 기만하지 않았다. 아들은 구원받았고, 그는 아버지에게 회복되었으며, 그리고 아버지의 순종은 칭찬받았다. 당신은 여기서 죄, 사망, 칭의, 그리고 부활의 전체적인 드라마, 그리고 참으로 신약의 전체 드라마가 재연되었다는 것을 알고 있는가? 우리는 아브라함과 이삭뿐만 아니라, 복음 이전에 살았던 모든 신자들이 계시를 받아, 이것으로부터 하나님이 죽음의 면전에서 제공하시는 소망을 배웠다고 말할 수 없는가? 참으로, 조상들은 이러한 본보기를 통해 죽음을 넘어서는 승리를 인식하지 못했겠으며, 여기서 사망의 쏘는 것인 뱀의 머리를 깨뜨릴 그리스도에 대한 전조를 보지 못했겠는가?

"믿음으로 이삭은 장차 있을 일에 대하여 야곱과 에서에게 축복하였으며"(히 11:20). 그는 미래의 어떤 시기에 그들이 약속의 땅을 차지할 것임을 믿었다. 이제 야곱이 그의 형으로부터 너무 이르게 이 복을 빼앗았으므로 이삭이 야곱의 복이 확정되도록 복을 빌었다는 것은 특히 주목할 만하다. 복은 율법에 따르면 에서의 것이다. 그러나 이삭은 하나님의 말씀 안에서 믿음을 가지고 그들을 축복하였다. "큰 자가 어린 자를 섬기리라"(창 25:23). "믿음으로 야곱은… 요셉의 각 아들에게 축복하고"(히 11:21). 그들은 그때에 망명자들이었지만, 그는 그들이 언젠가 가나안 땅으로 돌아갈 것과, 그들이 매우 위대한 민족들의 조상들이 될 것을 조금도 의심하지 않았다. 모세의 부모들도 그들이 가나안 땅으로 돌아갈 것을 의심하지 않았다. 바로 이러한 이유 때문에 그들은 민족의 소망인 그들의 아이를 숨겼다. 모세가 세상에 노출되었지만, 이러한 믿음이 부모가 모세를 죽이는 것보다 하나님의 자비에 맡겼던 이유였다.

여러분이 원한다면, 여전히 다른 본보기를 첨가하라. 우리는 대표적인 본보기들을 묘사하였고 취급하였으며, 궤변가들의 위선에 대해서는 어떤 것도 가르치지 않았다. 오히려 우리는 히브리서의 저자가 믿음, 다시 말해 하나님의 자비 혹은 은혜에 대한 신뢰에 대하여 이야기하고 있다는 것을 보여 주었다.

여기서 여러분은 하나님의 약속들 사이에는 아무런 차이가 없으며, 오히려 신앙의 말씀은 약속이 일시적인 것들이나 혹은 영원한 것들에 관하여 이루어졌든지 간에 하나님의 자비와 은혜의 약속이라는 것을 알게 된다. 대개 영적인 일들의 약속은 일시적인 일들의 약속들로부터 유래될 수 있지만, 나는 성령의 분명하고 확실한 논증만큼 알레고리로 그렇다고 말하는 것이 아니다. 그의 아들의 희생은 아브라함에게 죽음 이후에 소망되어야 할 것을 분명하게 가르쳤다. 이제 모든 다른 약속들이 하와의 씨, 다시 말해 그리스도에 관한 첫 번째 약속과 관련된다는 사실은 우리가 하나님의 약속들의 유형들 사이를 구별하지 말아야 한다는 나의 입장과 잘 조화를 이룬다. 후손은 그 씨인 그리스도를 기다리기 때문에 기대된다. 그러므로 하와에게 하신 약속은 창세기 22:18에 기록된 아브라함에게 하신 약속에서 갱신된다. "네 씨로 말미암아 천하 만민이 복을 받으리니." 이것이 그리스도에 대한 것이 아니라면, 설명될 수 없기 때문이다. 그래서 사도는 이것을 갈라디아서 3:16에서 그리스도이신 '네 후손'이라고 해석한다. 후손이 약속된 그리스도 때문에, 왕국이 기대된다는 사실을 야곱은 창세기 49:10에서 분명하게 말하고 있다. "규가 유다를 떠나지 아니하며 통치자의 지팡이가 그 발 사이에서 떠나지 아니하기를 실로가 오시기까지 이르리니 그에게 모든 백성이 복종하리로다." 왕국의 모든 약속 그리고 심지어 일시적인 일들도 그리스도와 관계되고 그리스도 안에서 완성될 것이라는 것을 제외하고 그가 여기서 무엇을 나타내고 있는가? 이것이 바울이 아브라함에게 했던 모든 약속들을 구별 없이 인용하는 이유이다. 갈라디아서 3:8에서 그는 창세기 12:3의 약속을 기록하고 있다. "모든 족속이 너로 말미암아 복을 얻을 것이라." 로마서 4:13에서 바울은 모든 족속에게서 나오는 믿는 사람들은 아브라함의 자손들이고, 모든 신자들은 왕이신 그리스도 안에서 왕이기 때문에 세상이 아브라함에게 상속재산으로 약속되었다고 말한다. 시편 8:6도 비슷한 맥락으로 말하고 있다. '주께서 만물을 그 발아래 두셨다.'

더 나아가, 이제 그리스도 안에서 복음이 분명하게 계시되었다는 것을 믿는 사람들은 그 안에서 모든 일시적인 복들을 가지고 있다. "자기 아들을 아끼지 아니하시고 우리 모든 사람을 위하여 내주신 이가 어찌 그 아들과 함께 모든 것을 우리에게 주시지 아니하겠느냐"(롬 8:32). 또한 이것은 모든 피조물들이 그리스도에게 복종한 것과 동일하게, 그것들이 그리스도의 형제들에게 복종하는 것이 바로 왕국의 그 본성으로부터 나타난다. 다시 말해, 그리스도가 통치하신다는 것을 우리가 믿는다면 사망, 배고픔, 칼, 권능, 위에 있는 일들, 아래 있는 일들, 죄, 그리고 인간의 연약함이 일반적으로 두려워하는 모든 마지막 일들이 모두 우리들의 권능 안에 있으며 우리의 발아래 굴복할 것이다. 내가 앞에서 말했던 것이 여기에 적용된다. 우리가 믿음을 통해 사용하지 않는다면 우리가 피조물들을 올바르게 사용하지 않기 때문에 믿음이 우리의 삶과 죽음의 모든 변하는 것들에 관련된다. 즉, 우리가 피조물을 사용하는 데서 하나님을 기쁘시게 하고 있다는 것을 믿지 않는다면, 우리가 피조물을 사용하는 동안에 우리를 향한 하나님의 자비와 선하심을 믿지 않는다면, 우리가 불신앙으로 모든 피조물들을 남용한다. 사람이 부족, 죽음, 그리고 역경 등이 하나님의 자비의 작품들이라는 것을 믿지 않는다면, 그는 그러한 것들에 대한 잘못된 개념을 가지고 있는 것이다. 이 지점에서 신앙이 없는 사람은 인간의 도움으로 도망치게 된다. 그는 자신이 그리스도 안에서 정복할 수 있다는 것을 의심하기 때문이다. 그래서 아브라함이 하나님께서 아버지의 감정을 가지고 그를 대우하실 것이라는 것을 확신하여, 그가 기쁘게 순종하여 자신을 하나님의 자비에 위탁하지 않았더라면, 그의 아들을 죽이는 것에 대한 그 지나치게 음울한 명령에 대하여 잘못 반응했을 것이다. 돈, 생명, 그리고 좋은 환경이 하나님의 자비의 선물들이라는 것을 인식하지 못하는 사람, 그리고 그러한 것들이 마치 다른 존재의 선물인 것같이 이러한 선물들을 신실하게 사용하지 못하는 사람은 그것들을 오용할 것이다.

한마디로 말해서, 그리스도를 소유하고 있는 사람은 모든 것을 가지고 있고 모든 것을 할 수 있다. 왜냐하면 의, 평화, 생명, 그리고 구원이 그리스도 안에 있기 때문이다. 그리고 여러분은 이러한 방식으로 하나님의 약속들이 조화를 이룬다는 것을 알고 있다. 그러한 것들은 단순하게 우리를 향하신 하나님의 선한 뜻의 개별적인 표지들이자 증언들이기 때문이다. 하나님은 우리들에게 이러한 것들을 추천하시는데, 어떤 때는 사역을 가지고, 다른 때는 선물을 가지고 우리들을 충분히 납득시키신다. 하나님은 우리를 가르치고 우리가 하나님의 선하심을 신뢰하는데 익숙하게 하시려고 성경 역사의 모두에서 이것에 아주 철저하게 집중하신다. 어떤 사람이 그렇게 많고 다양한 약속들 속에서 이러한 선하심을 본다면, 그가 어떻게 그의 마음과 정신을 그렇게 커다란 자비의 가슴 속으로 쏟아 붓는 것을 제지할 수 있을까? 더 나아가, 하나님이 우리를 위한 중보자, 희생 제물, 그리고 보속으로 주셨던 그리스도는 하나님의 선하신 뜻에 합당하였다. '하나님이 세상을 이처럼 사랑하사 세상을 위하여 독생자를 주셨다'(요 3:16). 하나님이 그리스도에게 호의를 베푸시므로, 그리스도는 우리에게 호의를 베푸시고, 그리스도는 모든 것들을 그에게 굴복시키셨으므로, 그는 우리를 위하여 그렇게 하셨다. 따라서 모든 약속들은 우리를 위하여 하나님의 자비의 공적을 쌓았고, 우리를 위하여 아버지와 화목하셨던 분에게 관련될 것이다. 그러므로 사도 요한은 요한복음 1:16에서 "우리가 다 그의 충만한 데서 받으니 은혜 위에 은혜러라"고 기록하고 있다.

다시 말해, 하나님이 그리스도를 향한 그의 호의의 토대 위에서 우리에게 호의를 베푸신다. 그리스도는 단순하게 약속들을 통한 것을 제외하고 알려질 수 없기 때문에, 여러분은 약속들에 대한 심사숙고를 통해 여러분의 영혼을 잘 훈련시킬 수 있을 것이다. 여러분이 그리스도를 알지 못한다면, 여러분은 아버지를 알지 못할 것이다. 여러분이 그리스도 안에서 여러분에게 주어진 약속들로부터 알기 위하여, 이제 여러분의 영혼의 모든 생각들을 이곳으로 가지고 와서, 여기에 그것들을 내려놓자.[89] 그러나 나는 스콜라주의 신학이 약속을 한마디라도 어디에 남겨 놓았느냐? 라고 질문한다. 이러한 삭제는 그들의 신학이 그리스도의 은혜를 모호하게 만들고, 그리스도를 자비의 담보가 아니라 입법자로 만들며, 모세조차 그러한 존재라고 생각되는 것 이상으로 훨씬 더 강요하는 분으로 만드는 사실을 설명해 준다.

---

89. 에른스트 비저(Ernst Bizer)는 *Loci* 초판에서 멜란히톤의 가르침에 대해 '약속의 신학'의 특징이 있다고 지적한다. 참고 그의 책 *Theologie der Verheissung: Studien zur theologischen Entwicklung der jungen Melanchton(1519–1524)* (Neukirchen, 1964), esp. 50–85.

나는 지금까지 약속에 관하여 썼는데, 모든 약속들은 하와에게 했던 그 첫 번째 것과 관련되어야만 한다. 이 약속은 아담과 하와에게 죄와 죄의 형벌인 사망이 언젠가, 다시 말해 하와의 후손이 뱀의 머리를 깨뜨릴 때 철폐될 것을 나타냈다. 뱀의 머리와 그의 간계는 죄와 사망의 왕국 이외에 무엇을 나타내는가? 여러분이 모든 약속들을 이 약속과 관련시킨다면, 여러분은 복음이 주목할 만한 방식으로 성경 전체에 걸쳐서 흩뿌려져 있음을 알게 될 것이다. 그리고 복음은 단순히 '은혜의 설교' 혹은 '그리스도를 통한 죄의 용서'이다. 이제 내가 조금 전에 말했던 바와 같이, 모든 약속들, 심지어 잠정적인 일들에 대한 약속들도 하나님의 선하신 뜻 혹은 자비의 증언들이다. 약속들을 신뢰하는 사람은 하나님을 좋게 생각하고 하나님의 친절과 선하심에 대하여 하나님을 찬양하기 때문에 의롭다. 위협들을 듣고 역사를 인정하는 사람은 아직은 하나님의 모든 말씀을 믿는 것이 아니다. 그러나 위협과 역사에 더하여 약속을 믿는 사람은 하나님의 모든 말씀을 믿는 것이다. 이것은 단순히 그리스도에 대한 역사를 믿는 문제가 아니다. 이것은 불경한 자들이 하는 것이다. 중요한 것은 그리스도가 왜 육신을 입고, 왜 십자가에 못 박혔으며, 왜 죽음 후에 생명으로 돌아오셨는지를 믿는 것이다. 물론 그 이유는 그리스도가 그를 믿을 많은 사람들을 의롭게 하시려는 것이다. 여러분이 이러한 일들이 여러분의 유익과 구원을 위하여 행해졌다고 믿는다면, 여러분은 축복된 믿음을 가지고 있는 것이다. 이러한 믿음과 별도로, 그들이 믿음을 무엇이라고 부른다고 하더라도 그것은 사기요 속임수이며, 거짓된 광신이다.

이러한 칭의는 왜 믿음에만 귀속되어야 하는가? 우리가 하나님의 자비에 의해서만 의롭게 되고, 당신이 무슨 약속으로 자비를 이해하든지 간에 신앙은 자비의 인식이기 때문에, 칭의는 신앙에만 귀속된다고 나는 대답한다. 칭의가 신앙에만 귀속되는 것에 놀라는 사람들은 칭의가 오히려 인간의 공로가 아니라, 하나님의 자비에만 귀속된다는 것에 놀라게 하자. 하나님의 자비를 신뢰하는 사람은 우리 자신의 행위들의 어떤 것에도 신뢰를 두지 않기 때문이다. 성도들이 신앙으로 의롭다 함을 받는다는 것을 부인하는 사람은 하나님의 자비를 반대하여 공격하는 것이다. 바울이 로마서 11장에서 분명하게 가르치는 바와 같이, 우리의 칭의는 하나님의 자비만의 사역이고 우리 자신의 행위들의 공로가 아니기 때문에, 칭의는 신앙에만 귀속되어야 한다. 신앙은 우리가 그것만을 통해서 하나님의 자비를 받는 것이다.

그러면 칭의보다 선행하는 행위들, 자유의지(arbitrium)의 행위들에 대하여 무엇을 말할 것인가? 저주받은 나무들의 모든 그러한 것들은 저주받은 열매들이다. 그러한 것들은 회심 이전의 바울의 의에 비교될 수 있는, 가장 훌륭한 덕들의 본보기들이지만, 그럼에도 불구하고 그러한 것들은 더러운 마음에 근원을 가지고 있기 때문에 속임수와 반역에 지나지 않는다. 마음의 더러움은 우리가 위에서 보여 주었던 바와 같이, 하나님을 두려워하지 않고, 하나님을 신뢰하지 않고, 하나님을 찾지 않는 신지식의 결핍으로 구성되어 있다. 로마서 8:5에서 '육신을 따라 사는 사람은 육신의 일을 생각한다'고 말하는 바와 같이, 육신은 육적인 일 이외에 아무것도 알지 못하기 때문이다. 고린도전서 2:14, 16은 '육신에 속한 사람은 하나님의 영의 선물들을 받지 않는다… 누가 주의 마음을 알겠는가?'라고 말한다. 사람은 본성에 의해 영광, 부, 삶의 안정, 그리고 품위를 알고, 이해하고, 그리고 추구한다. 철학자들은 그들의 '최고선'(summum bonum)의 정의에서 많은 그러한 일들을 열거한다. 어떤 사람은 행복을 제시하고, 다른 사람은 고통의 결핍을 제시한다. 사람은 본성으로 어떠한 거룩한 것도 추구하지 않는다는 것이 분명하다. 그는 하나님의 말씀으로 두려워하지도 않고, 신앙의 상태로 각성되지도 않기 때문이다. 그러한 나무의 열매들은 죄 이외에 무엇인가?

그러나 칭의를 따라오는 행위들은 칭의 받은 사람들의 심령에 침투하는 하나님의 성령에 근원을 가지고 있지만, 그러한 것들은 여전히 더러운 육체 속에서 수행되기 때문에, 행위들 자체는 또한 불결하다. 칭의는 시작되었으나 완성된 것은 아니기 때문이다. 우리는 성령의 첫 열매들을 가지고 있으나(롬 8:23) 아직은 온전한 추수의 때가 아니다. 우리는 로마서 8:26에 기록되어 있는 바와 같이, 여전히 우리 몸의 구속을 탄식하면서 기다리고 있다. 그러므로 이러한 행위에조차 불결한 것이 있기 때문에, 그러한 것들은 의의 이름에 합당하지 않으며, 여러분이 돌아서는 곳마다 어디서든지, 칭의에 선행하는 행위든지 아니면 뒤따라오는 행위든지 간에, 우리의 공적을 위한 공간은 없다. 그러므로 칭의는 하나님의 자비만의 사역이어야만 한다. 이것이 바울이 갈라디아서 2:20에서 말하는 것이다. "이제 내가 육체 가운데 사는 것은 나를 사랑하사 나를 위하여 자기 자신을 버리신 하나님의 아들을 믿는 믿음 안에서 사는 것이라." 그는 '내가 이제 나의 선행으로 산다'고 말하지 않고, '내가 하나님의 자비 안에서 믿음으로 산다'고 말한다. 더구나 믿음은 칭의를 따라오는 그러한 행위들이 죄로 간주되지 않는 이유이다. 우리는 이것을 조금 뒤에서 논의할 것이다.

그러므로 칭의가 믿음에 귀속될 때, 믿음은 하나님의 자비에 귀속된다. 반면에 믿음은 인간의 노력들, 행위들, 그리고 공적들의 영역으로부터는 제거 당한다. 의의 시작과 성장은 하나님의 자비에 묶여서 전체적 삶의 의는 믿음 이상의 다른 것이 아니다. 그것이 이사야 예언자가 그리스도의 왕국을 자비의 왕국으로 부르는 이유이다. '왕위는 인자함으로 굳게 설 것이다'(사 16:5). 우리가 우리 자신의 행위로 의롭다 함을 얻는다면, 그 왕국은 그리스도의 왕국도 자비의 왕국도 아닐 것이며, 오히려 그것은 우리 자신의 왕국, 우리 자신의 행위들의 왕국이 될 것이다. 호세아 2:19-20은 "내가 네게 장가들어 영원히 살되 공의와 정의와 은총과 긍휼히 여김으로 네게 장가들며 진실함으로 네게 장가들리니 네가 여호와를 알리라"고 말한다. 시편 89:14은 "인자함과 진실함이 주 앞에 있나이다"라고 기록한다. 이 인자함이 우리 자신의 공적과는 아무 상관없이 거저 주어진 호의를 구성한다. 진실함은 위선적으로가 아니라 진실하게 우리를 의롭게 하시는 하나님의 사역이다.

이사야 예언자가 다음과 같이 말하여 우리의 모든 의를 정죄할 때 더 많은 증거를 축적하는 것이 무슨 쓸모가 있겠는가? "우리는 다 양 같아서 그릇 행하여 각기 제 길로 갔거늘 여호와께서는 우리 모두의 죄악을 그에게 담당시키셨도다"(사 53:6). 그리고 이사야는 조금 뒤에 우리의 행위, 우리 의지의 뛰어난 노력들, 우리의 계획들로 우리가 의롭다 함을 받는 것이 아니라, 그리스도 자신이 자신의 지식으로 많은 사람들을 의롭게 하신다고 서술한다(사 53:11). 이제 그리스도에 대한 지식이 칭의이고, 오히려 신앙만이 지식이라는 것을 알라. 사려 깊은 독자는 자신의 힘으로 이러한 유형의 다른 구절들을 주목할 것이다. 왜냐하면 내가 단순한 몇 마디의 말로 신앙의 본성과 능력을 만족스럽게 설명하지 못하기 때문이다. 죄의 능력을 알아, 그들의 양심이 죄에 대한 지식으로 공격받는 사람들은 신앙의 이러한 가르침을 듣는 것을 즐거워하는 사람들이다. 그러나 우리의 복음은 '이 세상의 신들이 하나님의 형상이신 그리스도의 영광의 복음의 빛을 보는 것으로부터 그들을 막기 위하여…' 그들의 믿지 않는 마음을 '혼미케 할 정도로' 위선자들 사이에서 가려진다(고후 4:4).

여러분은 "그러면 우리는 아무 공적도 쌓지 않는가? 그러면 성경은 왜 그렇게 자주 '상급'이라는 단어를 사용하는가?"라고 말할 것이다. 나는 상급이 있는데, 그것은 우리의 어떤 공적 때문이 아니라고 대답한다. 오히려 아버지가 약속했기 때문에, 하나님은 이제 우리에 대한 의무를 스스로 지셔서 그 상급의 종류의 아무것에도 합당하지 않은 그러한 사람들에게 스스로 채무자가 되셨다. 사람들은 우리가 누가복음 17:9 이하에서 발견하는 것 이상으로 우리 자신의 공적의 가르침에 더욱 분명하게 반대하는 아무것도 말할 수 없다. "명한 대로 하였다고 종에게 감사하겠느냐 이와 같이 너희도 명령받은 것을 다 행한 후에 이르기를 우리는 무익한 종이라 우리가 하여야 할 일을 한 것뿐이라 할지니라"(눅 17:9-10). 바울은 로마서 6:23에서 "죄의 삯은 사망이요 하나님의 은사는 그리스도 예수 우리 주 안에 있는 영생이니라"고 말한다. 아버지가 영생을 약속하셨고, 우리에게 그의 말씀을 담보로 주셨기 때문에 영생은 역시 부채이지만, 바울은 영생을 '부채'가 아니라 '선물'이라고 부른다.

행위의 공적들을 설교하는 것같이 보이는 그러한 성경의 구절들이 우리를 화나게 해야 할 이유는 없다. 예를 들어 "선을 행하는 각 사람에게는 영광과 존귀와 평강이 있으리니"라고 말하는 로마서 2:10이 그러하다. "내가 주릴 때에 너희가 먹을 것을 주었고" 등을 말하는 마태복음 25:35 이하도 비슷하다. 성경 안에는 이러한 유형의 많은 절들이 있기 때문이다. 이러한 구절들의 설명에서 나는 성경이 행위의 외적인 측면 혹은 모습뿐만 아니라 행위의 총체성을 언급한다는 것을 간단하게 말한다. 다시 말해, 성경은 행위의 외적인 측면을 말하고 그다음으로 당연하고도 특별하게 의지 혹은 행위의 배후에 있는 성향에 대하여 말한다. 성경은 선행이란 용어로 행위의 외적인 측면뿐만 아니라, 전체적인 행위, 즉 좋은 성향과 그 성향의 열매를 의미한다. 성경은 상식을 가진 사람이 일반적으로 하는 동일한 방식에 대하여 말한다. 그가 알고 있는 좋은 행위가 그 근원이 악한 마음에 있다고 누가 생각하겠는가? 그러므로 바울이 "선을 행하는 각 사람에게는 영광과 존귀와 평강이 있으리니"라고 말할 때, 그가 그것들을 서술한 바대로, 가능한 한 가장 단순한 방식으로 그 말씀들을 이해하는 것으로부터 우리를 방해할 주석의 무슨 필요성을 우리가 가지고 있는지 나는 알지 못한다. 바울은 '선을 흉내 내는 사람에게'라고 말하지 않고, 마음, 생각의 성향으로부터, 그리고 손을 가지고 '선을 행하는 사람에게'라고 말하기 때문이다. 그러므로 바울의 말들을 전체 행위, 삶, 그리고 행위의 정신이 아니라 행위의 외적인 측면을 언급하는 것으로 설명하는 사람들은 사도가 매우 단순하게 그리고 올바르게 말한 것을 왜곡한다. 왜냐하면 행위자의 성향과 분리된 행위 속에 선한 것이 없다는 것은 스콜라주의 학파들에서도 공리이고, 상식 또한 동일한 것을 가르치기 때문이다. 전체가 아니라 행위의 부분에만 관련시켜 성경을 해석하는 사람들이 상식을 사용하게 하자. 바울이 바로 이 구절에서 훌륭하게 사는 생활을 신앙과 매우 아름답게 관련시키고, 선행들을 원천인 신앙에 기원을 가진다고 가르치는 사실은 어찌 된 것인가? 왜냐하면 '참고 선을 행하여 영광과 존귀와 썩지 아니함을 구하는 자에게'라고 바울이 말하기 때문이다. 찾는다는 것은 히브리서 11:6에 "하나님께 나아가는 자는 반드시 그가 계신 것과 또한 그가 자기를 찾는 자들에게 상주시는 이심을 믿어야 할지니라"고 기록된 것 이상의 그 밖의 어떤 것이 아니다. 찾는 사람은 믿는 사람이고, 하나님의 말씀을 신뢰하여 영광으로 끌려가는 사람이다. 그러면 믿음의 능력과 본성이 인내라는 말에 의한 것 이상으로 어떻게 더욱 정확하게 표현될 수 있는가? 위대한 믿음이 없는 어떤 사람도 육신의 그렇게 많은 유혹들과 세상 가운데서 그리고 그렇게 많은 환란들 가운데서 선행을 하는 데서 굳게 서서 인내할 수 없을 것이다. 그가 '당을 지어 진리를 행하지 않는 사람에게는'(롬 2:8)이라고 말할 때 악하게 보낸 삶을 불신앙에 귀속시킨다. 진리에 순종하지 않는 것은 다름 아닌 하나님을 불신하는 것이다. 당을 짓는 사람들은 진리에 대항하여 싸우고 육신의 마음을 따르는 사람들이다. 공개적으로 죄는 범하는 어떤 사람이라도 하나님에 대한 경멸로부터 혹은 그의 자비에 대한 절망 때문에 범죄 하기 때문이다.

산헤립은 하나님이 아무것도 아니라고 생각했기 때문에, 그는 이스라엘에 대항하여 불경한 무기를 집어 들었다(왕하 18장). 가인은 자비에 대해 절망하였기 때문에, 그는 후에 감히 어떤 것도 하지 않았다. 왜냐하면 어떤 사람이 하나님께서 자신에게 자비하실 것이라는 것을 믿는다면 하나님의 율법에 매우 열성적으로 동조하지 않을 사람이 없기 때문이다. 그러나 우리가 당을 짓기 때문에, 우리는 심지어 우리 자신의 자아와도 싸우며, 그리고 우리는 하나님의 진노와 자비의 충만함이 실질적으로 사실인 것보다 더욱 제한된 것이라고 생각한다. 그러므로 하나님의 진노와 자비에 대한 경멸 속에서, 우리는 우리 자신의 욕망으로 돌아서고, 불경하고, 맹목적이며, 영광, 재산, 그리고 즐거움에 대한 우리의 사랑과 함께 격노하는 피조물인 불쌍한 우리는 절대적으로 감히 아무것도 하지 않는다. 여러분이 여러분의 마음의 그러한 불경스런 광기와 미친 불경을 본다면 이것이 얼마나 비참한 광경인가! 여러분은 바울이 훌륭하게 보낸 삶을 신앙과, 그리고 잘못 낭비한 삶을 불신앙과 얼마나 적절하게 관련시키는지를 알고 있다. 동일한 방식으로 문맥들은 어떤 이상한 주석을 할 필요가 없을 정도로 다른 구절들 역시 설명해 준다. 나는 이러한 구절들의 취급을 신령한 독자들의 성실함에 남겨 둔다. 나는 그들의 여가 시간을 무익하게 사용하는 그러한 궤변론자들을 의미하지 않는다. 왜냐하면 궤변론자들이 그러한 구절들을 일 천 개의 모습으로 왜곡하고, 나누고, 분할할 수 없을 정도로 그렇게 훌륭하게 그리고 그렇게 단순하게 언급되어 있는 어떤 구절도 없기 때문이다. 확실히 사람들이 그 문제를 올바르게 이해한다면, 우리가 인용한 마태복음에 있는 그 구절에 어떤 모호함도 없다. 논증을 강요할 것이 아니라, 그리스도가 그들을 '아버지의 복 받은 자들'이라고 부를 때, 그는 구원은 우리 자신의 공적이 아니라 하나님의 복 주심에 의해 온다는 것을 나타낸다. 그리스도가 마태복음 25:35에서 "내가 주릴 때에 너희가 먹을 것을 주었고"라고 말하고, 조금 뒤에 "너희가 여기 내 형제 중에 지극히 작은 자 하나에게 한 것이 곧 내게 한 것이니라"(마 25:40)고 하실 때 그가 믿음의 행위에 대하여 말하고 있다는 것이 부인될 수 없다. 의인들은 자신들이 작은 자들을 위하여 하는 것을 그리스도를 위하여 하고 있다고 믿으므로, 그들은 올바르게 행동하고 있기 때문이다. 이 신앙이 행위들 사이에 차이를 만들어 낸다. 위선자들은 그리스도가 아니라 자신들을 먹이고 마신다. 그들이 아무리 가장 훌륭한 덕들의 코트로 자신들을 덮는다고 하더라도 그들은 그들 자신의 영광을 섬기기 때문이다. 이러한 강해는 학생들에게 그러한 구절의 취급에 대한 모델을 제공하는 것으로 충분해야만 한다. 나의 주석은 적절한 크기로 보존되어야만 하기 때문이다.

신앙의 효과

이제, 우리는 성령의 열매인 행위들이 성령의 임재의 표지, 증언, 그리고 징표라는 것을 또한 고찰해야만 한다. 그리스도가 마태복음 7:16에서 '너희가 그들을 열매로 알 것이다'라고 말씀하기 때문이다. 위선이 영원히 속이는 것은 불가능하고, 충성된 아들이 경건한 아버지를 섬기는 것과 같이 신앙은 모든 피조물로부터 가장 경건한 예배 속에서 하나님에게 쏟아 부어지지 않을 수 없다. 우리가 신앙을 통해 하나님의 선하심을 맛보았고, 죄를 용서하시고 죄에 대해 은혜를 약속하시는 복음의 말씀을 통해 하나님의 선하심을 알게 되었을 때, 마음은 차례로 하나님을 사랑하지 않을 수 없다. 마음은 기뻐하며 그렇게 큰 자비에 대한 자신의 감사를 보답으로 드리는 예배의 어떤 형태로 증언한다. 바울은 우리가 믿음으로 '아바, 아버지'라고 부르짖는다고 말하는 로마서 8:15에서 이것을 매우 의미심장하게 표현한다. 이제, 그러한 마음은 하나님께 복종하므로, 야심, 경쟁, 악의, 시기, 탐욕, 관능적인 즐거움, 그리고 이 모든 것들의 열매들이 질식된다. 마음은 겸손을 알고, 자신을 미워하며, 모든 자신의 욕망들을 비난한다. 바울이 로마서 6:21에서 아주 적절하게 말한 것이 진실한 것으로 밝혀진다. 이제 우리는 우리가 즐기는데 익숙했던 그러한 일들을 부끄러워한다. 그러므로 신앙은 각각의 이웃을 위하여 자신을 쏟아 붓고, 그들을 섬기며, 그들에게 사용되도록 자신을 제공하며, 그리고 이웃의 필요를 자신의 것으로 생각한다. 신앙은 자신의 유익을 구하지 않고 악의가 없이, 솔직하고 신실한 방식으로 모든 사람들과 함께 모든 일들을 한다.

신앙의 효과는 열매들로부터 신앙이 실질적으로 그들의 마음에 있다는 것이 매우 분명해지는 그러한 것이다. 바울은 그러한 믿음에 대하여 갈라디아서 5:6에서 다음과 같이 쓰고 있다. "그리스도 예수 안에서는 할례나 무할례나 효력이 없으되 사랑으로써 역사하는 믿음뿐이니라." 바울은 믿음은 그리스도 안에서 쓸모가 있으며 그 다음으로 이웃의 필요를 채우기 위하여 사랑 안에서 자신을 쏟아 붓는 것이 믿음의 본성이라고 말한다. 요한은 요한일서 4:7-8에서 주목할 만한 방식으로 이것을 표현한다. "사랑하는 자마다 하나님으로부터 나서 하나님을 알고 사랑하지 아니하는 자는 하나님을 알지 못하나니 이는 하나님은 사랑이심이라." 베드로후서 1:5-8은 다음과 같이 말한다. "너희 믿음에 덕을, 덕에 지식을, 지식에 절제를, 절제에 인내를, 인내에 경건을, 경건에 형제 우애를, 형제 우애에 사랑을 더하라 이런 것이 너희에게 있어 흡족한즉 너희로 우리 주 예수 그리스도를 알기에 게으르지 않고 열매 없는 자가

되지 않게 하려니와." 베드로는 이러한 전개를 통해 다른 덕들을 구성하는 훌륭한 그 가지들을 뿌리인 믿음과 접붙여서, 열정과 육신을 죽이라는 촉구로 구성되어 있는 미덕이 믿음에 동행하도록 한다. 그러나 또한 몸이 돌봄을 받도록 하기 위해 지식이 이러한 열정을 통제하도록 하자. 바울의 용어를 사용하자면(고전 7:35) 복종하는 몸이 지속적으로 정신을 섬겨서, 여전히 멸망하지 않도록 하는 어떤 계획이 존재하도록 하자. 다시, 육신의 필요들이 방탕하게 되지 않고 절제력을 소유하는 정도로 충족되게 하자. 절제에 더하여 거기에 악한 환경에 직면하여 역시 인내가 있도록 하자. 왜냐하면 많은 사람들이 절제력을 가지고 있으나, 공격받을 때, 그들은 화해하기 어렵기 때문이다. 경건이 인내에 수반되도록 하여, 우리가 우리를 죽이는 분에게 감사하면서 사람 앞에서뿐만 아니라 하나님 앞에서 역경을 조용하게 감당하게 하자. 우리는 하나님의 뜻에 분노해서는 안 되고 광야에서 멸망한 이스라엘이 했던 바와 같이 하나님의 뜻에 대항하여 신음해서는 안 된다. 경건이 형제 우애를 가져오게 하자. 이것은 우리가 우리를 박해하는 바로 그 사람들에게 선행을 해야 하고, 우리가 선행으로 우리 적들을 끌어당겨야 한다는 것을 의미한다. 마지막으로, 우리가 모든 사람들을 동등하게 그리고 솔직하게 사랑하기 위해 이 모든 것이 진실한 마음에서 일어나야만 한다. 여러분은 여기서 전체적인 그리스도인들의 생활의 요약과 실체, 열매를 가진 믿음을 가지고 있다. 우리가 철학자들과 신학자들이 하는 바와 같이 덕들의 유형과 형태들을 도덕적인 것과 신학적인 것들로 나누어야 할 어떤 이유도 없다. 우리들은 아퀴나스와 그의 추종자들이 어리석게 했던 방식으로 선물들과 열매들 사이를 구분할 필요도 없다.[90] 믿음은 본질적으로 한 부류 안에 있다. 믿음은 모든 선한 행위들의 근원이고 생명이자 인도자이신 하나님의 자비에 대한 통찰이다.

---

90. 참고 Thomas Aquinas. *Summa theol*. II, 1, q. 68, a. 2.

사랑과 소망

위의 언급들로부터 하나님에 대한 '사랑'(amor)과 또한 '자비'(caritas)라고도 부르는 이웃에 대한 '사랑'이 어떻게 믿음 안에 근원을 가지고 있는지가 명백해진다. 하나님의 자비에 대한 지식이 차례로 우리가 하나님을 사랑하는 원인이 되며 또한 우리 자신을 모든 피조물들에게 자발적으로 복종하게 만드는 원인이 되는데, 이것이 바로 이웃에 대한 사랑이다.

더 나아가, 소망 역시 믿음의 역사이다. 왜냐하면 사람은 믿음으로 하나님의 말씀을 믿고, 소망 안에서 말씀을 통해 약속된 것을 기대한다. 하나님의 말씀에 대한 믿음은 우리가 말씀이 약속한 것을 기대하게 만든다. 시편 9:10은 이것을 다음과 같이 표현한다. "주의 이름을 아는 자는 주를 의지하오리니." 우리가 믿음으로부터 소망을 분리시킬 이유가 없다. 확실히 성경은 소망과 믿음, 기대하는 것과 인내하는 것을 교대로 사용한다. 믿음이 우리 자신의 행위와 관계없이 하나님의 은혜로운 자비에 대한 신뢰인 것과 같이, 소망은 우리 자신의 공적과 관계없는 구원의 기대이다. 사실상 소망이 우리 자신의 공적에 토대를 두고 있다면, 이것은 전혀 하나님에 대한 소망이 아니다. 마치 상급이 그에게 합당한 것같이 그 자신의 공로에 대하여 상급을 요구하는 사람이 어떻게 자비에 대하여 소망할 수 있겠는가? 고통 받는 양심은 복음서의 죄인이 하는 바와 같이 공로를 고려하지 않는 것을 기뻐한다. 위선자는 그리스도께서 유대인들에게는 거치는 것이요, 이방인들에게는 어리석은 것이나, 믿는 자들에게는 구원과 지혜라는 사실에 분노한다.

다음과 같은 고린도전서 13:2이 '신앙의 의'에 대해 논쟁하려는 사람들의 수중에 들어간다. "내가… 산을 옮길 만한 모든 믿음이 있을지라도 사랑이 없으면 내가 아무것도 아니요." 그러나 궤변론자들이여, 나는 칭의가 자비의 사역이라는 가르침에서 모든 성경이 일치하지 않는지를 여러분들에게 질문한다. 바울은 이러한 진리를 아주 확실한 표현들로 매우 자주 반복한다. 예를 들어, 바울은 로마서 1:17에서 "의인은 믿음으로 말미암아 살리라"고 말한다. 그는 동일한 생각을 로마서 4:5에서도 표현한다.

"경건하지 아니한 자를 의롭다 하시는 이를 믿는 자에게는 그의 믿음을 의로 여기시나니." 로마서 10:10에도 "마음으로 믿어 의에 이르고"라는 비슷한 구절이 나오는데, 같은 논조의 많은 구절들을 바울은 보여 주고 있다. 이것을 여러분이 알고 있는 그때, 왜 여러분은 고린도전서에서 뽑아낸 이 한 구절을 성경 전체에 그리고 모든 바울 편지들의 전체적인 내용에 대립시켜, 여러분이 모든 다른 구절들은 자구 주석을 통해 의미를 통하게 만들면서도 이 구절만은 설명을 통해 의미를 제한하려고 하지 않는가? 우리는 그것이 기록된 바에 따라, 이 구절의 의미를 자구 주석도 하지 않으면서 매우 단순하게 설명할 것이다. 맨 먼저, 바울이 이 구절에서 여러분의 학파들이 칭의의 시작에 귀속시키지 않는 이웃에 대한 사랑에 대하여 말하고 있다는 것은 명백하다. 나는 하나님에 대한 사랑과 이웃에 대한 사랑이 동일하다는 가공의 이야기와 함께 시간을 낭비하지 않을 것이다. 그러므로 바울이 여기서 '믿음'이란 단어를 기적을 행하는 은사 혹은 능력을 가리키기 위하여 사용했다는 것이 부인될 수 없다. 고린도전서 12:9도 이것을 확증한다. '다른 사람에게는 같은 성령으로 믿음(의 은사)이 주어진다.' 기적을 일으키는 은사의 선물은, 언어에서 기술인 예언, 그리고 유창함의 은사들이 그런 것과 같이 불신자들에게도 주어질 수 있다는 일반적으로 공인된 사실이다.

여러분이 의롭게 하는 믿음과 기적들의 은사 사이를 정확하게 구별하지 않는다고 하더라도, 바울은 여기서, 그 편지의 거의 전체에서와 같이, 믿음에 더하여 사랑을 요구하고 있다는 것이 나의 의견이다. 이것은 신자들, 다시 말해 의롭다 함을 받은 자들에게 선행을 요구하면서, 모든 그의 편지들의 그 밖의 다른 곳에서 바울이 요구하는 것이다. 믿음은 그 자체로 그러한 열매들이 없는 것은 아니지만, 그는 그럼에도 불구하고 우리의 믿음의 연약함 때문에 그것들을 요구한다. 그리고 바울이 모든 믿음을 가지고 있으나 사랑이 없는 사람은 아무것도 아니라고 말할 때, 그는 올바르다. 믿음만이 의롭게 하지만, 로마서 13:9이 가르치는 바와 같이 율법의 다른 부분인 사랑도 역시 요구된다. "네 이웃을 네 자신과 같이 사랑하라 하신 그 말씀 가운데 (전체 율법이) 다 들었느니라." 그러나 사랑은 어떤 사람도 그가 마땅히 해야 하는 바와 같이 사랑하지 않기 때문에 의롭게 하지 않는다. 그러나 믿음은 의롭게 한다. 믿음은 자신의 공로가 아니라 하나님의 자비를 의지한다.

또한 야고보서 2:17에 또 한 구절이 있다. "행함이 없는 믿음은 그 자체가 죽은 것이라." 야고보는 믿음이 다만 그리스도에 대한 역사적 의견이라고 생각하는 그러한 사람들을 꾸짖고 있기 때문에, 그는 이것을 훌륭하게 말하였다. 바울이 믿음의 하나의 형태를 참되다고 부르고, 다른 하나의 형태를 거짓되다고 부르는 바와 같이, 야고보도 하나의 형태를 살아 있다고 부르고, 다른 종류를 죽었다고 부른다. 살아있는 믿음은 선한 열매를 맺는데 결코 실패하지 않는 하나님의 자비에 대한 매우 효율적이고, 불타는 신뢰이다. 그것이 야고보가 야고보서 2:22에서 말하는 것이다. "행함으로 믿음이 온전하게 되었느니라." 비슷하게 그의 행위들이 아브라함이 이 살아있는 믿음을 가졌다고 선언하기 때문에, 야고보서가 "아브라함이 하나님을 믿으니 이것을 의로 여기셨다"(약 2:23)고 말하는 곳에서 성경이 성취되었다. 그러므로 야고보가 주장하고 있는 전체적인 요점은 그 죽은 믿음인 파리 신학자들의 그 냉랭한 의견이 의롭게 하는 것이 아니라, 살아있는 믿음이 의롭게 한다는 것이다. 그러나 살아있는 믿음은 행위 속에 그 자체를 쏟아 붓는 것이다. 그는 18절에서 다음과 같이 말하기 때문이다. "행함이 없는 네 믿음을 내게 보이라 나는 행함으로 내 믿음을 네게 보이리라"(약 2:18). 그러나 그는 '나는 너에게 믿음이 없는 행함을 너에게 보일 것이다'라고 말하지 않는다. 나의 강해는 "이와 같이 행함이 없는 믿음은 그 자체가 죽은 것이라"(약 2:17)고 우리가 야고보서 안에서 읽는 것과 가장 조화롭게 일치한다. 그러므로 비록 그들이 외적인 모습으로부터 믿는 것같이 보이지만, 신앙의 열매를 맺지 못하는 사람들에게서 신앙은 죽은 것이라는 것만을 바울이 여기서 가르치고 있다는 것은 분명하다.

내가 알기에 모든 곳에서 논의되고 있는 문제, 다시 말해 어떤 사람이 하나님의 은혜 안에 있는지를 어떻게 알며 믿음이 우리의 마음에 거하고 있다는 것이 알려질 수 있느냐 하는 문제에 대하여 몇 가지 제안들을 제공하는 것은 무익하지 않을 것이다. 이 문제는 이중적이다. 첫 부분에서 이 문제는 우리의 조건이 아니라 우리를 향한 하나님의 뜻과 관련되고, 뒷부분에서 이것은 오직 우리의 조건과 관련되기 때문이다. 물론 스콜라주의자들은 매우 부끄럽게 오류를 범하면서, 두 문제 모두 알 수 없다고 가르쳤다. 그러므로 성령이 그 전체 족속들 안에 계시지 않았다는 것이 다만 이것으로부터도 아주 분명하다. 육신은 하나님에 대하여 완전히 무지하기 때문에, 어떻게 자신을 향한 하나님의 뜻을 알 수 있겠는가? 육신이 그 자신의 감정도 잘 이해하지 못할 때 어떻게 영적인 감정들에 대하여 판단할 수 있을까요? 예레미야 17:9은 "만물보다 거짓되고 심히 부패한 것은 마음이라 누가 능히 이를 알리요"라고 기록하고 있다. 그러므로 스콜라주의자들은 사람들의 영혼 속에 우리 자신이 알지 못하는 몇 가지 특성들이 코고는 상태로 있다고 상상하였다. 더 나아가 그들은 양심이 불확실함 속에서 계속적으로 요동하도록 버려두는 결과와 함께, 하나님은 우리가 이러한 일들을 찾는 것을 원하지도 않는다고 상상하였다. 이것은 절망을 가르치는 것 이외에 무엇인가? 최소한 그것이 내가 생각하는 것이다.

맨 먼저, 하나님의 뜻에 관한 한, 믿음은 다름 아닌 우리를 향한 하나님의 선하신 뜻에 대한 확실하고 변함없는 신뢰이다. 하나님의 뜻은 알려져 있는데, 그러나 믿음으로 복음의 약속으로부터 알려진다. 하나님이 복음에서 증거 하신 바와 같이 의도하신다는 것을 여러분이 믿지 않는다면 여러분은 하나님께 참된 영광을 돌릴 수 없기 때문이다. 하나님의 약속을 믿는 사람, 우리의 공로로부터가 아니라 하나님의 말씀으로부터 하나님의 뜻을 판단하는 사람은 그들이 하나님의 은혜 안에 있다. 다시 말해, 그들이 친절한 하나님을 가지고 있다는 것을 알고 있다. 그래서 바울이 로마서 4장에서 많은 논증을 가지고 의는 믿음을 통한 것이라고 가르칠 때, 그는 마침내 이 가장 효과적인 논증을 삽입한다. '칭의가 믿음에 의한 것이라기보다 우리 자신의 행위들로부터 온다면 양심은 결코 안식하지 못할 것이다. 왜냐하면 양심은 우리의 생활에서 그리고 우리의 행위에서 이제 이것과 저것을 결여하여 절망하지 않을 수 없다.' 그래서 우리는 로마서 4:16에서 "상속자가 되는 그것이 은혜에 속하기 위하여 믿음으로 되나니"라고 읽는다. 그래서 예언자들은 이러한 안전 속에서 얼마나 자주 기뻐하는지! 예를 들어 우리는 호세아 2:18에서 '내가 저희로 안전하게 눕게 할 것이다'라고 읽는다. 또한 예레미야 23:6은 "그의 날에 유다는 구원을 받겠고 이스라엘은 평안히 살 것이며"라고 기록하고 있다. '안전하게', '안전히' 그리고 그것들과 같은 다른 용어들이 안전 이상의 그 밖의 무엇을 함축하는가? 미가는 이 안전의 특성을 매우 잘 드러내고 있다. "각 사람이 자기 포도나무 아래와 자기 무화과나무 아래에 앉을 것이라"(미 4:4). 이사야 32:17-18에는 모호한 어떤 것도 없다. "공의의 열매는 화평이요 공의의 결과는 영원한 평안과 안전이라 내 백성이 화평한 집과 안전한 거처와 조용히 쉬는 곳에 있으려니와." 이러한 방식으로 예언자들은 그리스도의 통치는 평화의 통치가 될 것이라고 지적한다. 그러나 양심이 하나님의 뜻에 대하여 지속적으로 당혹스러워 한다면 거기에 무슨 안전이 있을 것인가? 우리는 은혜에 대하여, 그러므로 우리를 향하신 하나님의 선한 뜻에 대하여 확신해야만 한다. 이것이 주께서 예레미야 9:24에서 말씀하신 것이다. '자랑하는 자는 이것으로 자랑할지니 곧 나를 이해하여 아는 것으로 자랑하라.' 하나님은 그의 뜻이 알려지고, 우리가 그의 뜻으로 자랑하는 것을 의도하신다. 그러므로 하나님의 뜻이 알려져야만 하고 혹은 알려질 수 있다는 것을 부인하는 것보다 무엇이 더 불경한 것인가? 하나님이 그의 말씀에서 그의 뜻을 표현했기 때문에 이것은 특별히 진실하다.

궤변론자들에게 그들이 사도신경의 '나는 죄를 사하여 주시는 것을 믿는다'는 서술을 믿는지를 질문하자. 더 나아가, 그들이 방면되었을 때 그들은 사제의 발표를 믿는가? 그들이 이것을 믿는다면, 그들은 자신들이 은혜 안에 있다는 것을 인정해야만 한다. 그들이 믿지 않는다면, 그들은 왜 고해를 하는가? 저주받은 로마 교황청과 교황청 칙령의 입안자인 에크는 사람들이 방면을 믿어야만 한다고 가르치는 믿음에 관한 루터의 그 특정한 항목을 정죄하였다.[91] 그러므로 그들이 믿지 않는다면 방면을 경청해야 할 이유가 무엇인지 대답하게 하라. 이것은 어리석은 불경이고 상상할 수 있는 것 이상으로 더욱 치명적인 것이다. 나는 이러한 불경이 파리 신학자들의 그 육적이고 궤변적인 교리를 통해 절망에 떨어진 많은 영혼들을 살해했다는 것을 의심하지 않는다.[92] 주님께서 거짓을 말하는 모든 입술을 파괴시키시옵소서. 교사로서의 경험과 함께, 그리스도인의 지성은 기독교가 다름 아닌 하나님의 자비를 확신하는 삶이라는 것을 쉽게 배울 것이다. 로마서 12:2은 "하나님의 선하시고 기뻐하시고 온전하신 뜻이 무엇인지 분별하도록 하라"고 말한다. 그러므로 궤변론자들은 우리가 두려워할 아무런 이유도 없다고 말할 것이다. 이것은 옳다. 신앙이 없다면, 두려움은 불경한

---

91. 멜란히톤은 여기서 (1520년 6월 15일에 출판된) '엑수르게 도미네'(Exsurge Domine)라는 칙령을 언급한다. 루터는 이 칙령에서 파문의 위협을 당하였고 이 칙령은 그의 저술들로부터 발췌된 41개 서술들을 정죄하였다. 멜란히톤이 언급하고 있는 서술은 다음과 같다. "어떤 사람이 그의 죄들이 용서되었다고 용서하는 사제를 믿지 않는다면 그의 죄들은 용서되지 않는다. 반대로 그가 죄가 용서되었다고 믿지 않는다면 그의 죄는 남아 있을 것이다. 죄들의 용서와 그 자체로서 은혜의 수여는 충분하지 않기 때문이다. 사람은 역시 자신이 용서받는다고 믿어야만 한다." 참고 Martin Luther, *Assertio amnium articulorum* (WA 7, 119 and 370ff.; LW, Vol. 32, 44ff.).

92. 멜란히톤은 루터의 다음과 같은 서술에 대한 파리 신학자들의 정죄를 염두에 두고 있었다. "신학자들이 우리가 하나님의 사랑 안에 있다는 것을 알지 못한다고 말할 때 이것은 매우 빈약한 가르침이다." 참고 Th. Kolde in his edition of the *Loci*(Leipzig, 1900), 197.

것이다. 더 나아가, 이 두려움이 믿음과 결합된다면, 두려움은 그때에 하나님의 자비에 대해 무지하지 않다. 욥기 9:28은 "내 모든 고통을 두려워하오니"라고 말한다. 성도는 그들의 행위 때문에 두려워하나, 하나님의 자비를 신뢰한다. 반면에 위선자들은 행위들을 신뢰하고 하나님의 자비에 대하여 아무것도 모르고, 심지어 하나님에 대한 두려움조차 모른다. 그러므로 예언자는 "그의 눈에는 하나님을 두려워하는 빛이 없다"(시 36:1)고 말한다. 이것은 누가복음 18:11 이하에 있는 바리새인과 세리의 비유 속에서 입증된다. 그러나 성경의 용법은 신앙과 두려움 사이의 올바른 관계를 우리들에게 가르칠 것이다. 잠시 동안, 두려움이 우리 자신의 행위들과 관련되어야만 하고, 신앙은 하나님의 자비와 관련되어야만 한다는 것을 지적하는 것으로 충분하다. 믿음은 거룩한 두려움의 근원이다. 하나님의 선에 대한 신뢰가 없는 두려움은 필연적으로 불경하다.

'(하나님으로부터) 사랑을 받을지 아니면 증오를 받을지 사람은 알지 못한다. 모든 것은 미래를 위해 유보되어 있다'는 집회서 9:1로부터의 인용은 하나님께서 우리의 죄책을 용서하실지 아니하실지 여부를 사람이 알지 못한다는 것을 의미하지 않는다. 그들이 이 구절에 그러한 의미를 제공하기를 원한다면, 나도 역시 하나님이 죄에 대하여 진노하실지 아니면 아니하실지 사람이 알지 못한다는 것을 이 구절로부터 끌어낼 수 있었다. 사탄이 이 구절을 악용하여 사람들의 마음에서 신앙뿐만 아니라 두려움을 몰아내는 것을 내가 매우 분명하게 알고 있을 때 나는 이 구절에서 사탄의 간계에 전혀 놀라지 않는다. 아주 간교하게 성경을 무너뜨리는 이 파리 학자들의 신학이 아니라면 바울이 에베소서 4:14에서 "사람의 속임수와 간사한 유혹에 빠져"라는 구절로 무엇을 염두에 두었던가? 솔로몬은 단순히 이 집회서에서 하나님의 판단들이 인간의 합의에 따라 평가되어서는 안 된다는 것을 서술하고 있으며, 그러므로 그는 하나님의 판단들에 반대하는 불경한 철학의 중상을 반박한다. 그 유해한 철학보다 오히려 이 집회서가 학습해야 할 젊은이들 앞에 배치될 수 있었으면 너무나 좋으련만! 집회서는 하나님에 대한 믿음과 두려움 속에서 약한 마음들을 강화시킬 것이다. 이제, 철학의 불경과 시인들과 연설가들의 불경한 생각들이 인간 본성의 불경들을 부추기므로, 이러한 불경은 하나님의 말씀을 통해 가능한 모든 방식으로 억압되어야만 하고 제거되어야만 한다.

이제 집회서 9:1에 있는 솔로몬의 의미는 공평한 사람들과 현명한 사람들이 있는데, 그러나 그들이 자신들의 의나 지혜를 의지할 이유가 없다는 것이다. 왜냐하면 '그들의 행위가 하나님의 수중에 있기' 때문이다. 솔로몬이 우리가 자신의 의나 지혜를 의지하는 것을 금지한다는 점에서 그가 한 구절에서 두려움과 믿음을 얼마나 장엄하게 가르치는지를 깨달으라! 다시, 공평하고 지혜로운 사람들의 행위들이 하나님의 수중에 있기 때문에, 솔로몬은 우리가 그의 능력 속에 지혜로운 자와 공평한 자의 영혼을 지배하시는 분을 의지하라고 권면한다. 그 후에 하나님에 의해 사랑받는 사람이 있고, 하나님께서 미워하는 사람들이 있으나, 사람들은 외모로 그들을 구별할 수 없다. 오히려 모든 일들은 미래를 위해 유보되어 있다는 생각이 따라온다. 다시 말해, 인간의 이성은 하나님께서 그들을 수용하여 그들에게 그의 은사들, 부, 지혜, 의, 그리고 영광을 주신다고 판단한다. 다시, 이성은 이러한 것들이 없는 사람들은 하나님에 의해 미움 받는다고 판단하여 이러한 방식으로 잘못된 결론을 내린다. 하나님은 대부분 궁핍하고, 고통 받고, 가난하고, 천한 사람들을 사랑하시기 때문이다. 하나님은 대부분 분에 넘치는 선물을 주시는 사람들을 미워하신다. 여러분은 바로와 이스라엘 자손들 속에서 각각의 진리의 본보기를 가지고 있다. 이러한 이유로 우리는 인간 이성이 생각하는 바와 같은 외적인 사건들로 경건한 자와 불경한 자 사이에 구별할 수 없다. 여러분이 솔로몬을 각 사람의 양심의 판단과 관련하여 해석한다면, 하나님께서 죄에 대하여 분노하신다는 것보다 더 확실한 아무것도 없기 때문에, 죄인이 하나님의 미움에 대해 무지할 수 있다는 것을 나는 이해하지 못한다. 그러므로 비록 우리가 단순하게 솔로몬이 성도들의 양심의 판단에 대하여 말하고 있는 것을 전적으로 인정한다고 하더라도, 이 말은 성도들이 믿는 경우를 제외하고는 전혀 안전하지 않다는 결론에만 도달한다. 로마서 8:24은 여기에 적합하다. '우리는 이러한 소망으로 구원을 얻었다.' 그렇다. 믿음만이 분명하게 성도들의 안전이다. 그러나 그들이 믿음으로 자비를 알게 되는 바와 같이, 그들은 신뢰하는 두려움과 함께 자신들이 하나님의 뜻으로 판단 받고 정죄 받는 것을 인정하여 하나님께 영광을 돌리게 된다. 왜냐하면 우리는 '당신의 뜻이 이루어지이다'라고 기도하기 때문이다. 여러분은 사무엘하 15:25-26에서 다윗의 본보기를 가지고 있다. "만일 내가 여호와 앞에서 은혜를 입으면 도로 나를 인도하사 내게 그 궤와 그 계신 데를 보이시리라 그러나 그가 이와 같이 말씀하시기를 내가 너를 기뻐하지 아니한다 하시면 종이 여기 있사오니 선히 여기시는 대로 내게 행하시옵소서." 두려움은 믿음으로부터 분리될 수 없기 때문이다. 믿음은 하나님의 자비에만 의존한다. 두려움은 하나님의 심판과 우리의 행위들에 의존한다. 그러므로 바울은 로마서 11:20에서 다음과 같이 기록하고 있다. '너는 믿음을 통해서만 굳게 섰느니라. 그러므로 높은 마음을 품지 말고 도리어 두려워하라.' 더구나, 솔로몬의 이 책 전체는 하나님의 경륜들이 육신으로 판단되어서는 안 된다는 것, 우리 자신을 부인하면서, 우리는 하나님을 두려워하고 믿어야만 한다는 것을 가르치려는 목적을 가지고 있기 때문에, 성도들이 교만하고 죄인들이 절망하지 않도록, 사람들은 하나님께서 누구를 선택하고 누구를 거부했는지를 알 수 없다는 것을 저자가 우리에게 상기시키려는 이유를 사람들이 쉽게 알 수 있다고 나는 생각한다.

　　나머지 부분에서, 내가 이해할 수 있는 한 솔로몬의 말들은 이러한 의미를 전달할 것이다. 외모가 관련되는 한, 모든 사람들은 사랑과 미움에 대해 알지 못한다. 모든 일들이 의인들과 악인들에게 똑같이 발생하기 때문이다. 이것으로부터 솔로몬이 각 사람의 양심의 판단에 대해 이야기 하는 것이 아니라, 외적인 관찰들을 통해 불경한 사람들로부터 경건한 사람들을 구별하는 문제에 대해, 그리고 동일한 방식으로 경건한 사람들 가운데서 구별을 하는 문제에 대해 이야기하고 있다는 것은 명백하다. '모든 일들이 미래를 위해 유보 된다'는 라틴어판에 있는 읽기는 명료성을 위해 해석자가 첨가한 것같이 보인다. 이것은 내가 알고 있는 한, 히브리어 성경에도 없고, 그리스어 본문에도 없다. 그러나 이것은 그 밖의 다른 곳에서 더 긴 논의를 필요로 한다. 의롭게 된 우리는 언제나 죄들의 용서와 우리를 향한 하나님의 선하심을 매우 확신해야 한다는 것이 매우 깊은 확신이 되도록 하자. 그러므로 성례들 혹은 하나님의 자비의 표지들이, 내가 이후에 말하려고 하는 바와 같이, 하나님의 은혜가 우리에게 온다는 것을 매우 분명하게 증언하는 그의 약속들에 첨가된다. 채권자가 보증으로 그의 서명된 자필을 가지고 있는 사람으로부터 그의 돈을 받을 것이라는 것을 확신하는 바와 같이, 그리스도인들이 그들의 죄가 용서되었다는 것을 확신하기 위하여, 세례의 표지와 주의 만찬에 참여가 그리스도의 자필로 기록된 약속에 첨가되어 왔다. 그래서 성도들은 그들이 하나님의 은혜 안에 있으며 그들의 죄가 그들에게 용서되었다는 것을 믿음으로 매우 분명하게 알고 있다. 하나님은 기만하지 않으시며, 비록 성도들이 보존할 것인지 여부에 대하여 그들이 확신하지 못한다고 하더라도, 하나님은 믿는 사람들의 죄를 용서하실 것을 약속하셨기 때문이다.

나는 지금까지 우리가 우리를 향한 하나님의 선하신 뜻을 확신해야만 한다고 말해 왔다. 그러나 우리가 우리 자신 안에 있는 하나님의 성령의 사역들에 대하여 무엇을 알 수 있을까? 우리가 우리 마음속에 하나님의 성령을 받았는지를 알 수 있을까? 나는 성령의 열매들이 성령이 우리 안에 거하신다는 것을 우리에게 증언한다고 대답한다. 갈라디아서 5:24은 '그리스도 예수의 사람들은 육체 등을 십자가에 못 박았느니라'고 기록한다. 각자는 자신이 실질적으로 마음의 밑바닥에서부터 죄를 미워하고 경멸하는지를 알고 있다. 이것이 육신을 십자가에 못 박는 것이기 때문이다. 각자는 또한 자신이 하나님을 두려워하고 믿는지를 알고 있다. 확실히 위선은 하나님의 성령을 모방하나, 신자들만이 인내하기 때문에 시련들이 차이를 드러낸다. 위선은 그 잘못들을 미워할 수 없다. 그래서 여러분이 자신을 어떻게 평가하더라도, 맨 먼저 여러분은 스스로 믿는다는 사실에 주목하라. 하나님은 참된 영광이 자신에게 귀속되는 것을 의도하시기 때문이다.

율법, 복음, 그리고 신앙에 대한 이러한 전체적인 논의를 여러 개의 명제들로 정리해 보자.

1. 율법은 무엇을 행하고 그리고 무엇을 행하지 말아야 하는지를 명령하는 가르침이다.
2. 복음은 하나님의 은혜의 약속이다.
3. 율법은 하나님과 우리 이웃에 대한 사랑과 같은 불가능한 것을 요구한다(롬 8장 참고).
4. 그들의 본성적인 능력들 혹은 자유의지로 율법을 지키려고 노력하는 사람들은 외적인 행위들만을 모방한다. 그들은 율법이 요구하는 그러한 정서들을 표현하지 못한다.
5. 그러므로 그들은 율법을 만족시키지 못하며, 오히려 그들은 그리스도가 마태복음 23:27에서 그들을 부르는 바와 같이 '회칠한 무덤'인 위선자들이다.
6. 그러므로 의롭게 하는 것은 율법의 기능이 아니다.
7. 그러나 율법의 올바른 기능은 죄를 드러내고 특별히 양심을 절망시키는 것이

다. 로마서 3:20은 '율법을 통하여 죄의 지식이 들어온다'고 말한다.

8. 죄를 인정하고 있고 율법으로 절망한 양심에게, 복음은 그리스도를 계시한다.

9. 그러므로 요한은 회개를 설교하는 바로 그 시간에 그리스도를 드러낸다. "보라 세상 죄를 지고 가는 하나님의 어린 양이로다"(요 1:29).

10. 우리가 우리에게 그리스도를 보여 주는 복음을 믿고 그리고 그리스도를 은혜를 주시는 아버지와 화목케 하신 분으로 수용하는 이 믿음이 '우리의 의'이다. 요한복음 1:12은 "영접하는 자 곧 그 이름을 믿는 자들에게는 하나님의 자녀가 되는 권세를 주셨으니"라고 말한다.

11. 실질적으로 믿음만이 의롭게 한다면, 분명히 우리의 공로들 혹은 우리의 행위들에 대한 고려는 없고, 오직 그리스도의 공로만이 고려된다.

12. 이러한 믿음은 심령을 고요하게 하고 기쁘게 만든다. 로마서 5:1은 "그러므로 우리가 믿음으로 의롭다 하심을 받았으니 우리 주 예수 그리스도로 말미암아 하나님과 화평을 누리자"라고 말한다.

13. 믿음의 결과는 그리스도로 인한 죄의 용서라는 매우 중요한 복에 대해, 우리가 차례로 하나님을 사랑하게 만든다. 그러므로 하나님에 대한 사랑은 신앙의 열매이다.

14. 이 동일한 믿음이 아주 친절하고 관대한 아버지의 마음을 상하게 한 것에 대해 우리를 부끄러워하게 만든다.

15. 그러므로 믿음은 우리가 악한 욕망들을 가지고 있는 우리 육신을 혐오하도록 만든다.

16. 인간의 이성은 하나님을 두려워하지도 믿지도 않으며, 오히려 하나님에 대하여 완전히 무지하고 하나님을 경멸한다. 우리는 시편 14:1로부터 이것을 알고 있다. "어리석은 자는 그의 마음에 이르기를 하나님이 없다 하는도다." 누가복음 16:31은 "이르되 모세와 선지자들에게 듣지 아니하면 비록 죽은 자 가운데서 살아나는 자가 있을지라도 권함을 받지 아니하리라"고 말한다. 여기서 그리스도는 인간의 마음이 하나님의 말씀을 믿지 않는다고 지적한다. "악한 일에 관한 징벌이 속히 실행되지 아니하므로 인생들이 악을 행하는 데에 마음이 담대하도다"라는 전도서 8:11에서 알 수 있는 바와 같이, 솔로몬은

인간의 마음의 이러한 광기를 전도서 전체 책에서 꾸짖었다.

17. 인간의 마음은 하나님에 대해 완전히 무지하기 때문에, 그 마음은 자신의 경륜과 욕망으로 돌아서고, 하나님의 자리에 자신을 세운다.

18. 하나님께서 율법을 통해 죄에 대한 이해와 함께 인간의 마음을 낙담에 빠뜨릴 때, 그 마음은 아직 하나님을 알지 못한다. 즉 마음이 하나님의 선하심을 알지 못하며 그러므로 마치 하나님이 고통을 주시는 분인 것같이 그를 미워한다.

19. 하나님께서 그리스도를 보여 주며 복음을 통해 인간의 마음을 위로하고 위문하실 때, 그때에 마침내 마음은 하나님을 알게 된다. 왜냐하면 마음이 하나님의 능력과 선하심을 인식하기 때문이다. 그것이 예레미야 9:24이 의미하는 것이다. '자랑하는 자는… 나를 아는 이것으로 자랑할지니라.'

20. 복음을 믿어 하나님의 선하심을 아는데 도달한 사람의 마음은 이제 강화되어 하나님을 의지하고 그를 두려워하며 결과적으로 인간 마음의 생각들을 혐오한다.

21. 베드로는 사도행전 15:9에서 '마음은 믿음으로 깨끗해진다'고 아주 적절하게 말하였다.

22. 자비는 약속을 통하여 드러난다.

23. 때때로 물질적인 것들이 약속되고, 때때로 영적인 것들이 약속된다.

24. 율법에서 가나안 땅, 왕국 등과 같은 물질적인 것들이 약속된다.

25. 복음은 은혜 혹은 그리스도를 통한 죄의 용서의 약속이다.

26. 모든 물질적인 약속은 그리스도에 대한 약속에 달려있다.

27. 첫 번째 약속은 은혜 혹은 그리스도에 대한 약속이기 때문이다. 이 약속은 '그가 네 머리를 깨뜨릴 것이다'라는 창세기 3:15에서 발견된다. 이것은 하와의 씨가 우리의 발꿈치에 대항하여 음모를 꾸미는 뱀의 왕국을 깨뜨릴 것이다. 다시 말해, 그리스도가 죄와 사망을 깨뜨릴 것이다.

28. 이 첫 번째 약속은 "네 씨로 말미암아 천하 만민이 복을 받으리니"(창 22:18)라는 아브라함에게 하신 약속에서 갱신된다.

29. 그러므로 그리스도가 아브라함의 자손에서 태어날 것이기 때문에, 땅 등의

소유에 대한 율법에 첨가된 약속이 오실 그리스도에 대한 희미한 약속들이었다. 그의 백성이 멸망하지 않도록 그리고 그러는 동안에 하나님께서 물질적인 것으로 그의 자비를 나타내시고 그것을 통해 그들의 신앙을 훈련하시기 위해, 이러한 물질적인 것들이 약속된 씨가 태어날 때까지 백성들에게 약속되었다.

30. 그리스도의 탄생으로 인류에 대한 약속들은 성취되었고, 그리스도가 이를 위해 태어난 죄의 용서는 공개적으로 이루어졌다.

31. 구약의 약속들은 오실 그리스도와 또한 미래의 어느 시기에 공표될 은혜의 약속의 표지들이다. 바로 은혜의 약속인 복음은 이미 알려져 오고 있었다.

32. 하나님이 계시다는 것만을 알고 있으나 그의 능력이나 자비를 알지 못하는 사람은 하나님을 알지 못하는 것과 같이, 하나님이 계시다는 것만을 믿고 그의 능력이나 자비를 믿지 못하는 사람도 역시 믿지 않는 것이다.

33. 위협을 넘어서서 바라보면서, 또한 복음을 믿는 사람은 참으로 믿는 것이며, 하나님 혹은 하나님의 자비의 담보물인 그리스도에게 그의 얼굴을 고정시키는 사람도 참으로 믿는 것이다.

신앙에 대하여 논해야 할 것들이 아직도 많다. 우리는 율법과 복음의 차이를 다룬 후에 조금 더 뒤에서 사랑에 관한 몇 가지 일들을 첨가할 것이다.

구약과 신약의 차이와 율법의 폐기

우리가 율법과 복음 그리고 그들의 각각의 기능들에 대하여 말했던 것들로부터 사람들은 쉽게 구약과 신약 사이의 차이를 확인할 수 있다. 스콜라주의 학자들은 율법과 복음 사이의 구별에서와 같이 이 영역에서도 비참할 정도로 실패한다. 그들은 구약을 외적인 행위만을 요구하는 일종의 율법이라고 부르고, 신약을 외적인 행위들에 더하여 마음을 요구하는 율법이라고 부른다. 이러한 종류의 추론으로부터 은혜의 위엄과 충만함이 모호해졌다. 그러나 은혜는 모든 사람이 모든 방향으로부터 볼 수 있을 정도로 완전히 눈에 띠는 주목받는 장소에 배치되어야만 하며, 그래서 은혜만이 설교되어야 한다. 우리는 몇 마디로 이 문제를 해결할 것이다. 여러분은 앞 장으로부터 율법과 복음이 무엇인지를 발견할 수 있다. 여기서 우리는 용어들의 용법을 토론할 것이다.

나에게는 구약을 단지 율법이라고 부르는 사람들은 이성보다는 오히려 말하는 부정확한 방식을 따르는 것으로 보인다. 그들은 약속이란 단어를 일반적으로 법률 혹은 규정의 의미로 사용한다. 나는 구약을 율법의 요구들과 연결된 물질적인 것들에 대한 약속이라고 생각한다. 하나님은 율법을 통해 의를 요구하시고 또한 그 상급인 가나안 땅, 부 등을 약속하신다. 우리는 이것을 신명기 29:10-13로부터 알고 있다. "오늘 너희 곧 너희의 수령과 너희의 지파와 너희의 장로들과 너희의 지도자와 이스라엘 모든 남자와 너희의 유아들과 너희의 아내와 및 네 진중에 있는 객과 너를 위하여 나무를 패는 자로부터 물 긷는 자까지 다 너희의 하나님 여호와 앞에 서 있는 것은 네 하나님 여호와의 언약에 참여하며 또 네 하나님 여호와께서 오늘 네게 하시는 맹세에 참여하여 여호와께서 네게 말씀하신 대로 또 네 조상 아브라함과 이삭과 야곱에게 맹세하신 대로 오늘 너를 세워 자기 백성을 삼으시고 그는 친히 네 하나님이 되시려 함이니라." 이와 대조적으로 신약은 다름 아닌 율법과 관계없이 그리고 우리 자신의 의와 관련 없이 주어진 모든 선한 일들의 약속이다. 구약에서도 좋은 일들이 약속되나, 동시에 백성들이 율법을 지키는 것이 그들에게 요구되었다. 신약에서는 아무것도 대가로 우리에게 요구되지 않기 때문에, 좋은 일들이 무조건적으로 약속되고 있다. 그리고 여기서 여러분은 복음의 충만함이 무엇인지를 알게 된다. 이것이 하나님의 자비의 진정한 풍성함이다. 여기서 여러분은 복음의 영광이 무엇인지를 간략하게 보고 있다. 복음은 우리의 의 혹은 행위를 고려하지 않고 값없이 구원을 베푼다. 인간의 마음은 그러한 은혜의 쏟아 부음에 대하여 크게 외쳐야 하지 않는가? 누가 이 보고를 믿었는가? 예레미야 31장은 구약과 신약 사이에 차이를 나타낸다. 이것을 더욱 분명하게 이해하기 위하여 우리는 율법의 폐기를 논의해야만 한다.

율법에 세 부분이 있기 때문에, 특별히 그 부분들이 동등한 정도로 낡은 것 같지 않기 때문에, 우리는 각각의 부분이 어느 정도의 범위로 폐기되었는지를 논의할 것이다. 저술가들의 의견의 일치는 재판법과 의식법은 폐기되었고, 도덕법은 갱신되었다는 것이다. 우리는 먼저 도덕법에 대하여 언급할 것이다.

십계명 혹은 도덕 명령이라고 부르는 율법의 그 부분도 신약에서 폐기되었다. 맨 먼저, 백성들이 이 언약을 무효로 만들었기 때문에 율법이 하나님에 의해 폐기되었다고 예언자가 주장하는 히브리서에서 인용된 예레미야의 구절이 이것에 대한 증거다(렘 31:31 이하; 히 8:8 이하). 이스라엘은 그리스도께서 복음서에서 지적하신 바와 같이(마 25:35-40), 의식법을 어겼을 뿐만 아니라, 율법의 최고 부분인 십계명도 어기고 범죄 하였다. 비슷하게, 예언자가 복음을 '새 언약'이라고 부를 때, 히브리서 기자가 주장하는 바와 같이 이것은 '옛 언약'이 폐지되었다는 것을 의미한다. "새 언약이라 말씀하셨으매 첫 것은 낡아지게 하신 것이니"(히 8:13). 디모데전서 1:9에 "율법은 옳은 사람을 위하여 세운 것이 아니요"라고 기록되었다. 로마서와 갈라디아서에 자유에 대한 비슷한 많은 증언들이 있다. 모든 사람이 "형제들아 너희가 자유를 위하여 부르심을 입었으나 그러나 그 자유로 육체의 기회를 삼지 말고"라고 하는 그 공통적인 메시지인 갈라디아서 5:13을 알고 있다. 만약에 이 자유가 의식법만을 제거한다면 그것은 아주 무가치한 것이 될 것이고 노예 제도보다 더한 것이 될 것이다. 왜냐하면 의식법은 지켜야 할 모든 율법들 가운데 가장 쉬운 부분이기 때문이다. 누가 그의 분노, 욕망 혹은 다른 열정들을 제어하려고 감수해야 하는 것보다도 훨씬 적은 고통을 수반하는 양무리를 살해하는 일을 하지 않았을 것인가? 그러므로 십계명도 역시 폐지되었다고 인정되어야만 한다.

그러면 우리는 무죄한 자를 죽이고, 위증을 하는 등의 일을 할 수 있는가? 바울은 로마서 6:15에서 "우리가 법 아래에 있지 아니하고 은혜 아래에 있으니 죄를 지으리요"라고 말할 때 동일한 질문을 제기한다. 그러나 우리의 자유는 우리를 정죄하고 고발하는 모든 권리가 율법으로부터 제거되었다는 데에 존재한다. 율법은 한꺼번에 전체 율법을 지키지 않은 그러한 사람들을 저주한다. 그런데 전체 율법은 하나님을 향한 최고의 사랑과 그에 대한 가장 강력한 두려움을 요구하지 않는가? 그러한 사랑과 두려움은 우리의 전체적인 본성에 아주 낯선 것이기 때문에, 우리가 바리새주의의 가장 좋은 외투를 걸친다고 하더라도, 우리는 그럼에도 불구하고 저주받게 된다. 그리스도가 율법의 그 저주와 율법이 가지고 있는 권리를 제거하였으므로 (우리가 성경의 용어를 사용하자면) 우리가 범죄 했고, 지금도 범죄 하고 있음에도 불구하고, 그렇지만 우리는 구원받는다. 우리의 '삼손'께서 사망의 권세, 죄의 권세, 지옥문을 분쇄하셨다. 이것이 바울이 갈라디아서 3:13에서 의미하는 것이다. "그리스도께서 우리를 위하여 저주를 받은 바 되사 율법의 저주에서 우리를 속량하셨으니." 갈라디아서 4:4-5에 "때가 차매 하나님이 그 아들을 보내사 여자에게서 나게 하시고 율법 아래에 나게 하신 것은 율법 아래에 있는 자들을 속량하시고"라고 기록되어 있다. 로마서 6:14에서 우리는 "죄가 너희를 주장하지 못하리니 이는 너희가 법 아래에 있지 아니하고 은혜 아래에 있음이라"고 읽고 있다. 이것이 그리스도 안에 있는 사람들은 율법의 모든 권세에 대해 승리한다고 말하면서, 예언자들이 아주 요란스럽게 축하하는 안전이다. 이것은 당신이 범죄 하거나 죄를 가지고 있음에도 불구하고 그다음에 따라 정죄 받을 수 없다는 것을 의미한다. '사망이 이김의 삼킨 바 된다.' "사망아 네가 쏘는 것이 어디 있느냐"(고전 15:55).

이러한 것들은 그리스도인들에게 모든 시기에, 특별히 그들이 임종을 맞이할 때, 교육되어야만 한다. 죽는 사람에게 있어서 이것은 경구가 말하는 바와 같이, 영구적이고, 참으로 거룩한 닻이기 때문이다. 그리고 이것이 바울이 거의 모든 곳에서 가르치는 자유이다. 그는 다만 한 두 곳에서만 의식들을 취급한다. 신약은 다름 아닌 이 자유의 선포이다. 이것이 예언자가 시편 2:6에서 아주 적절하게 지적하는 것이다. "내가 나의 왕을 내 거룩한 산 시온에 세웠다." 여기서 하나님 아버지는 자신이 시온 산을 위하여 한 왕을 지정할 것이라고 말씀하신다. 후에 예언자는 이 왕국이 어떤 종류의 왕국이 될 것인지를 보여 준다. 이 왕국은 하나님께서 인간의 힘이나 세상의 권세가 아니라, 그의 말씀으로 통치하는 왕국이 될 것이다. 그러므로 예언자는 시편 2:7에서 "내가 여호와의 명령을 전하노라 여호와께서 내게 이르시되 너는 내 아들이라 오늘 내가 너를 낳았도다"라는 것을 첨가한다. 무엇이 이 새로운 설교가 될 것인가? 하나님의 말씀인 율법이 이전에 시온 산 위에서 설교되지 않았는가? 그러나 이제 그의 아들 그리스도에 대한 메시지가 시작되니, 이것은 새로운 설교에 의해 폐지된다. 그리스도가 하나님의 아들이라는 것을 제외하고 아무것도 설교되지 않는다면, '율법의 의', 혹은 '행위의 의'가 요구되지 않고, 그의 아들에게 열렬하게 입 맞추는 것만이 남아 있다는 결론이 따라온다. 그는 조금 후에 이것을 분명하게 언급한다. '주를 의지하는 자는 복이 있도다'(시 2:12). 여러분의 의가 여러분을 구원하지 않을 것이며, 여러분의 지혜가 여러분을 구원하지 않을 것이고, 오히려 이 아들이 여러분을 구원할 것이다. 그는 여러분의 왕이고, 여러분의 요새시다. 성경에 우리에게 이러한 자유를 추천하는 많은 비슷한 구절들이 있다. 복음은 일반적으로 이러한 자유를 설교하는 것 이외에 다른 것이 아니다.

마지막으로 그리스도의 영을 소유하지 않은 사람들은 어떤 방식으로도 율법을 수행할 수 없기 때문에 기독교는 자유이다. 그들은 오히려 율법의 저주를 받는다. 이제 그리스도의 성령으로 갱신된 사람들은 율법 없이도 율법이 명령하곤 했던 것에 자발적으로 순종한다. 율법은 하나님의 뜻이다. 성령은 다름 아닌 하나님의 살아 있는 뜻이고 그 뜻의 '실천'(agitatio)이다. 그러므로 우리가 하나님의 살아 있는 뜻이신 하나님의 성령으로 중생되었을 때, 우리는 이제 율법이 요구하던 바로 그 일을 자발적으로 하려고 한다. 이것은 바울이 디모데전서 1:9에서 기록했던 이러한 생각을 표현하려는 것이었다. "율법은 옳은 사람을 위하여 세운 것이 아니요." 로마서 8:2도 역시 적합하다. "그리스도 예수 안에 있는 생명의 성령의 법(다시 말해, 생명을 주는 성령의 활동으로서의 법)이 죄와 사망의 법에서 너를 해방하였음이라." 아우구스티누스는 그의 책 「영과 문자」(The Spirit and the Letter)에서 이러한 방식으로 그리스도인의 자유를 길게 논의한다.[93] 예레미야 31:31-34은 다음과 같이 말한다. "여호와의 말씀이니라 보라 날이 이르리니 내가 이스라엘 집과 유다 집에 새 언약을 맺으리라 이 언약은 내가 그들의 조상들의 손을 잡고 애굽 땅에서 인도하여 내던 날에 맺은 것과 같지 아니할 것은 내가 그들의 남편이 되었어도 그들이 내 언약을 깨뜨렸음이라 여호와의 말씀이니라 그러나 그 날 후에 내가 이스라엘 집과 맺을 언약은 이러하니 곧 내가 나의 법을 그들의 속에 두며 그들의 마음에 기록하여 나는 그들의 하나님이 되고 그들은 내 백성이 될 것이라 여호와의 말씀이니라 그들이 다시는 각기 이웃과 형제를 가리켜 이르기를 너는 여호와를 알라 하지 아니하리니 이는 작은 자로부터 큰 자까지 다 나를 알기 때문이라 내가 그들의 악행을 사하고 다시는 그 죄를 기억하지 아니하리라 여호와의 말씀이니라." 여기

---

93. Augustine, *On the Spirit and the Letter*, XVII, 30 to XXV, 42(*MPL*, Vol. 44, cols. 209f.): Augustine, *Later Works*, selected and tr. by John Burnaby[LCC, Vol. 8(1955)], 217-226.

서 예언자는 '옛 언약'과 '새 언약'이란 이중적인 언약을 언급한다. 그는 율법에 의한 칭의인 '옛 언약'은 폐하여졌다고 말한다. 누가 율법을 지킬 수 있겠는가? 그러므로 그는 그 요구들이 제거되었기 때문에, 율법은 이제 지킬 수 있도록 사람의 마음에 새겨져야만 한다고 말한다. 그러므로 자유는 우리가 율법을 지키지 않아도 된다는 이것에 있는 것이 아니라, 우리가 율법이 요구하는 것을 자발적으로 그리고 마음에서부터 하고자 하며 갈망하는 것이다. 어떤 사람도 이전에 이것을 결코 할 수 없었다. 에스겔 11:19-20도 동일한 생각을 가지고 있다. "내가… 그 몸에서 돌 같은 마음을 제거하고 살처럼 부드러운 마음을 주어 내 율례를 따르며 내 규례를 지켜 행하게 하리니 그들은 내 백성이 되고."

여러분은 이제 우리가 십계명으로부터 어느 정도로 자유로운지를 알게 되었다. 첫째로, 우리는 죄인이지만, 십계명이 그리스도 안에 있는 사람들을 정죄할 수 없기 때문에 우리는 자유롭다. 둘째로, 성령이 그리스도 안에 있는 사람들을 율법을 행하도록 인도하고 그들은 실질적으로 성령으로 행한다. 그들은 하나님을 사랑하고, 두려워하며, 그들의 이웃들의 필요에 헌신하고, 율법이 요구했던 바로 그러한 일들을 실천하는 것을 원한다. 그들은 율법이 주어지지 않았다고 하더라도 그러한 것들을 실천할 것이다.

이러한 방식으로 그리스도의 성령을 소유했던 조상들은 또한 그리스도의 성육신 이전에도 또한 자유로웠다. 베드로는 그들이 율법을 지킬 수 없었다고 말할 때(행 15:10) 이것을 알고 있다. "우리 조상과 우리도 능히 메지 못하던." 그러나 그들은 믿음으로 의롭다 함을 얻었다. 다시 말해, 조상들이 율법을 성취할 수 없었지만, 그들은 역시 그리스도를 통해 자유롭다는 것을 알았고, 그래서 그들은 그들 자신의 행위들 혹은 의의 공적으로가 아니라, 그리스도를 믿는 믿음으로 의롭다 함을 얻었다. 사도행전에 있는 이 구절에서 베드로는 의식법뿐만 아니라 전체 율법에 대하여 언급하고 있기 때문이다. 여러분은 역시 십계명을 지키는 것 없이 의식법을 지킬 수 없다. 의식들은 믿고, 자원하는 심령으로 하는 것을 제외하고 하나님의 면전에서 실질적으로 수행될 수 없다. 베드로는 의식들의 외적 행위들이 실천될 수 없다고 말하려고 노력하는 것이 아니다. 몇 가지의 사소한 적은 의식들의 실천보다 무슨 일이 더 손쉬운가? 여러분이 그러한 의식들을 계산해 본다면, 여러분은 모세 시대에 있었던 것보다 오늘날 교회에 얼마나 더 많은 교황의 의식들이 있는지를 알게 될 것이다. 여러분이 모세의 의식들의 대부분을 몇 문장으로 다룰 수 있는 반면에, 상당한 분량의 교황의 칙령과 칙서들도 교황의 의식을 위해서는 충분하지 않을 것이다. 로마 교황들은 그들이 자랑하는 선구자인 베드로와 너무나 다르다! 베드로는 하나님의 법으로 전해 내려오던 바로 그러한 약간의 의식들마저 철폐하였다. 그러나 교황의 무리들은 모든 시대에 어리석은 의식들을 계속하여 만들어 냈다. 그러므로 베드로는 사도행전의 그 구절에서 의식법만이 아니라, 오히려 전체 율법에 대하여 말하고 있었다.

로마서에서, 사도는 새로운 사람만이 자유롭다고 가르치면서, 6장에서 8장에 걸쳐 이러한 자유를 좀 더 충분하게 논의한다. 그러므로 우리가 성령으로 갱신되는 한에 있어서, 우리는 자유롭다. 그런데 우리가 육신이고 옛사람인 한에 있어서, 우리는 율법 아래 있다. 그렇지만 믿는 사람들에게서, 옛사람에 대하여 남아 있는 것은 믿음 때문에 용서된다. 간단히 말해서, 우리가 믿는 한에 있어서, 우리는 자유롭고, 우리가 믿지 않는 한에 있어서, 우리는 율법 아래 있다. 라토무스를 반박하는 작품에서 **94** 루터는 성도들의 죄 혹은 중생한 사람들 안에 있는 옛사람의 잔재들을 충분하게 논의하였다. 그러므로 내가 이 문제를 길게 논의하는 것은 불필요하다. 바울이 자신은 여전히 죄의 포로라는 것을 매우 분명하게 말하기 때문에(롬 7:23), 이것은 특별히 사실이다. 아우구스티누스와 키프리아누스도 많은 구절들에서 동일한 것을 말한다. 여기서 우리의 칭의는 단지 시작되기 때문이다. 우리는 아직 그것을 완성하지 못하고 있다. 그러므로 바울은 우리에게 때때로 마음을 새롭게 함으로 변화를 받으라고 명령한다(롬 12:2). 그리고 빌립보서 3:12에서 '이미 얻은 것도 아니요, 이미 온전한 것도 아니나, 그리스도 예수께 잡힌 된 그것을 잡으려고 좇아간다'고 말한다. 그러므로 율법의 폐지를 논의하면서, 우리는 의식법과 시민법이 폐지되었다는 사실보다는 오히려 복음이 어느 정도로 십계명을 폐지했는지를 다루어야만 한다. 복음은 우리의 행위들과 관계없이 율법의 요구들과 별도로 구원받는다고 선언하기 때문에, 은혜의 충만함이 십계명의 철폐로부터 아마도 가장 잘 이해될 수 있기 때문이다. 그러므로 율법은 지키지 않기 위해서가 아니라, 지키지 못해도, 율법이 정죄하지 못하게 하고, 그다음

---

94. Luther, *Rationis Latomianae··· confutatio*(WA, 8, 42ff.); *Against Latomus*(LW, Vol. 32, 137ff.; also, LCC, Vol. ⅩⅥ, 311-364).

에 역시 율법을 지킬 수 있게 하려고 철폐되었다. 자유를 시민법과 의식법에만 관련시키는 그러한 사람들이 다만 좀 더 정확하게 주장했었더라면 좋았을 것이다!

이 모든 것 속에서 우리는 바울이 "할례 받는 것도 아무것도 아니요 할례 받지 아니하는 것도 아무것도 아니로되"(고전 7:19)라고 말한 것을 면밀하게 검토해야만 한다. 갈라디아서에서 바울은 "그리스도 예수 안에서는 할례나 무할례나 효력이 없으되 사랑으로써 역사하는 믿음뿐이니라"(갈 5:6)고 말한다. 이와 비슷하게 고린도전서에서 "땅과 거기 충만한 것이 주의 것임이라"(고전 10:26)고 기록하고 있다. 이러한 구절들은 그리스도인의 자유는 여러분이 이러한 유형의 외적인 준수 사항들을 사용할 수도 있고 혹은 사용하지 않을 수도 있는 것이라는 것을 증명한다. 그러므로 바울은 한 사람에게는 할례를 주고 다른 사람에게는 할례를 주지 않는다. 그는 어떤 때는 유대교 의식들을 준수하는 사람들에게 맞추었는데, 다른 때는 그러한 사람들에게 저항하였다. 우리의 자유도 동일한 것이 되도록 하자. 할례 받은 사람들도 죄짓는 것이 아니요, 할례 받지 않는 사람도 죄짓는 것이 아니다. 그러므로 히에로니무스가 폐기된 의식들에 대하여 공식화했던[95] 것은 너무나 엄격하여, 그는 오늘날 가장 조심해야 할 사람이다. 그러나 할례가 필수적이라고 생각하는 사람 그리고 의롭다 함을 얻기 위하여 그리고 선행을 하기 위하여 할례 받은 사람은 범죄 하는 것이다. 의롭다 함을 얻기 위하여 할례보다 앞서 가는 사람들도 역시 범죄 하는 것이다. 그래서 유대인들이 할례를 요구할 때 오류를 범했던 바와 동일하게 히에로니무스는 할례를 금지할 때 오류를 범한다. 이와 비슷하게, 어떤 사람이 돼지고기를 먹으라고 명령한다면 그것을 금지하는 어느 누구라도 범하는 바와 같이 오류를 범하는 것이다. 이것이 또한 바울의 견해이다. 바울은 유대인들이 할례를 요구하여 참으로 칭의를 믿음이 아니라 할례에 귀속시켜 믿음의 교리를 무너뜨리는 것을 보았을 때, 그는 디도에게 할례를 주고자 하지 않았다. 도덕적 행위에서 우리 역시 주의하여 여러분이 의롭다 함을 받기 위하여 먹고 마시지 않는 것과 같이, 여러분은 칭의를 위하여 구호품을 주지 말아야만 한다. 그러나 여러분이 여러분의 육신의 필요를 공급하기 위해 먹고 마시는 것과 같이, 여러분은 공통적인 필요에 대하여 공급하기 위해 구호품을 주고, 형제를 사랑하는 등의

---

95. Jerome, *Commentary on Galatians*, lib. III, cap. 6:1(*MPL*, Vol. 26, col. 425).

일을 해야만 한다. 여러분은 몸이 영에 복종하게 하려고 여러분의 욕구를 억제해야만 한다. 먹고, 마시고, 잠자고, 서 있고, 그리고 앉는 것은 의롭게 하지 않으며, 할례도 자비, 형제들의 필요를 채우는 등등의 것과 같은 그러한 도덕적 행위들도 의롭게 하지 못한다. "의인은 믿음으로 말미암아 살리라"고 말하는 로마서 1:17에 따르면 믿음만이 의롭게 하기 때문이다. 더구나 도덕적 영역에서 이러한 자유는 이해하기 어려운 만큼이나 아는 것이 필요한 것이다. 영적인 사람들을 제외하고 아무도 이것을 이해할 수 없다.

그러므로 우리가 말해 온 것, 시민법들 혹은 의식법들이 아주 폐기되었다는 것은 어떤 사람이 그러한 것들 가운데 어느 하나라도 따라서 행동한다면 범죄 할 정도로 폐기 되지 않았다는 것이 유효하게 하자. 오히려 기독교는 일종의 자유이기 때문에, 먹거나 혹은 마시는 것이 우리의 능력 안에 있는 바와 같이, 이것 혹은 저것을 사용하거나 혹은 이것만을 남겨 두는 것은 우리의 능력 안에 있다. 나머지에 있어서, 나는 모세가 규정했던 시민법의 그러한 종류뿐만 아니라 의식법의 많은 것을 사용하는 그리스도인을 좋아해야 마땅하다. 이생에서 우리가 시민법을 가져야만 하고, 내가 보기에는, 의식법도 가져야 하는데, 이방 법들 혹은 교황청의 의식들보다는 모세가 준 그러한 것들을 사용하는 것이 좋을 것이다.

사실들에 더 근접하기 위해, 전체 율법, 의식법과 시민법뿐만 아니라 도덕법도 역시 폐기되어 온 하나의 동일한 이유가 있다. 율법은 성취될 수 없었다. 베드로는 사도행전에서 율법의 폐기에 대해 이런 이유를 제시하고(행 15:10), 예레미야는 우리가 그 '옛 언약'을 쓸모없게 만들었기 때문에 '새 언약'이 들어온다고 가르칠 때 의견을 같이한다(렘 31:32). 그리고 이 구절에서 그는 율법의 어느 부분을 배제하지 않아서, 율법 전체를 언급하고 있다는 것은 명백하다. 그러나 율법은 이후의 언약, 즉 복음을 믿고 있는 사람들의 경우에만 폐기되어 있다. 그래서 그리스도의 영이 거주하는 사람들은 전체적으로 모든 율법으로부터 자유롭다.

성도들이 십계명을 지키는 이유는 이것이 마음의 의를 넘어 장소와 시간, 사람들과 사물들의 명확한 구별을 요구하지 않고, 또한 성령이 실질적으로 마음의 의이기 때문이다. 이제 율법이 폐기되어 있기 때문에, 십계명은 성취되지 않을 수 없다. 태양이 떠오른 후에 밝은 낮이 오지 않을 수 없는 것과 같이, 십계명은 이제 성령이 성도들의 마음에 부어져 있으므로 성취되지 않을 수 없다. 더구나, 영적인 사람은 아주 자유로워 성령 자신이 그 자신의 본성으로 십계명의 성취를 가져오지 않는다면, 우리는 열 개의 계명을 지킬 의무조차 없을 것이다. 이제 성령이 본질적으로 십계명의 성취인 이러한 종류의 의지를 주실 때, 율법은 요구되기 때문이 아니라, 영적인 사람은 다른 방법으로 행할 수 없기 때문에 준수된다.

시민법과 의식법은 '마음의 의'와 구별되는 외적인 준수이며, 사물들, 사람들, 시간들, 그리고 장소들에 의해 규정된다. 성령은 자신과 함께 이러한 준수를 필연적으로 가져오지 않기 때문에, 우리가 그러한 것들을 지켜야 할 이유가 없다. 하나님의 성령은 십계명을 성취하지 않으면 인간의 마음속에 계실 수 없다. 그러므로 십계명은 필연적으로 준수된다. 하나님의 성령은 그러한 외적인 준수들 없이도 인간의 마음에 계실 수 있다. 그러므로 의식법과 시민법은 필연적으로 준수되지 않는다. 이것으로부터 십계명이 대부분 부정적인 율법들을 포함하는 이유는 명백하다. 이것은 사람들, 장소들, 혹은 시간들에 의해 규정된 어떤 명확한 활동을 요구하는 것이 아니라, 오히려 '마음의 의'를 요구한다는 것을 명확히 하려는 것이다. 나머지 율법들은 외적인 문제들에 관련되어 규정하는데, 나는 이러한 유형의 자유를 더욱 탁월한 정신들의 묵상에 남겨 둔다. 나는 십계명을 준수하지 않기 위해서가 아니라, 우리가 어떤 것에서 실패하더라도 그것이 정죄하지 못하게 하려고 십계명이 폐지되었다고 지적하는 것으로 만족한다. 그다음으로 십계명을 지킬 수 있게 하려고 폐지되었다. 그래서 이 자유는 죄가 용서된다고 신앙으로 인식하는 양심의 자유이다.

사람들은 의식들이 단순히 복음의 그림자들이었기 때문에 폐지되어 있고, 실체, 다시 말해 복음 자체가 왔으므로 이제 의식들이 필요 없다고 주장한다. 나는 바울이 어느 곳에서 이러한 주장을 추구했는지 알지 못한다. 골로새서 2:16-17에서 그는 다음과 같이 말한다. "그러므로 먹고 마시는 것과 절기나 초하루나 안식일을 이유로 누구든지 너희를 비판하지 못하게 하라 이것들은 장래 일의 그림자이나 몸은 그리스도의 것이니라." 여기에서 바울은 아마도 그런 유형의 생각을 지지하는 것으로 해석될 수 있다. 틀림없이 갈라디아서에서 그는 의식들이 의롭게 하지 못하기 때문에 그것들을 거부한다. 이것은 또한 히브리서에서도 유효하다. 히브리서 편지 전체에서 저자는 의식들이 의롭게 하지 못하기 때문에 폐기되었을 뿐만 아니라, 전체 율법이 폐기되었다고 말하고, 혹은 우리가 위에서 말했던 바와 같이, 율법은 성취될 수 없기 때문에 폐기되었다고 말한다. 히브리서 7:18은 이러한 생각을 표현한다. "전에 있던 계명은 연약하고 무익하므로 폐하고." 제사장직에 대한 이러한 포괄적인 취급에서 히브리서는 레위기의 제사장직이 죄의 용서를 획득하지 못하고, 우리의 대제사장인 그리스도가 우리를 위해 이것을 획득하기 때문에 레위기의 제사장직이 폐기되었다고 주장한다. 여러분은 율법 폐기에 대한 이 하나의 이유, 즉 율법이 의롭게 하지 못하기 때문에, 혹은 율법이 성취될 수 없기 때문에 폐기되었다는 것이 성경에서 어떻게 제시되어 강조되는지를 알게 된다. 스콜라주의 학파들은 단지 의식들이 소위 복음의 모형이기 때문에 폐지한다. 십계명은 '모형적'이 아니기 때문에 남아 있다.

그러나 이것이 무슨 의미에서 은혜를 칭찬하는가? 성경은 논의하는 모든 곳에서 성경이 은혜의 충만함을 칭찬할 정도로 율법의 폐기를 논의한다. 성경은 모든 율법들이 폐기되어 있다는 것을 분명하게 할 정도로 의식들을 철폐한다. 성경은 십계명이 폐기되었으므로, 의식들도 폐지되었다는 것을 분명히 할 정도로 의식을 거부한다. 은혜에 대한 이 보다 좋은 칭찬은 없으며 이것이 역시 최고의 칭찬이다. 그러므로 의식들은 폐기되는데, 그것들을 수행하지 않으려는 것이 아니라, 양심이 고발당하지 않고 그것들을 수행할 수도 있고 혹은 수행하지 않을 수도 있기 때문에, 그것들을 수행하지 못한다고 하더라도 정죄당하지 않고 우리가 그것들을 준수한다고 하더라도 그것들이 의롭게 하지 않기 때문에 폐기된다. 여러분이 갈라디아서와 히브리서에서 그러한 것들의 증거를 찾을 수 있다는 것을 충분히 지적했다고 나는 생각한다. 아우구스티누스는 율법 폐지의 원인을 탐구하는 구절의 어디에선가,[96] 오직 모형만을 주장한다. 성경은 의롭게 하지 못하기 때문에 율법을 폐기한다. 그러면 율법은 왜 주어졌는가? 이것은 죄를 드러내거나 혹은 죄를 정죄하고 우리가 하나님의 자비를 필요로 한다는 것을 분명하게 증명하기 위하여 주어졌다.

나는 재판법의 형태에 대하여 동일한 것을 생각한다. 그 법전들은 의식법들과 동일하게 외적인 준수 사항이기 때문에 역시 거부되고 있다. 자유로운 정신은 즐거워하는 대로 그것들을 사용할 수도 있고 혹은 사용하지 않을 수도 있다. 그리스도인은 법

---

96. Augustine, *Against Faustus, the Manichean* XIX, 10(*MPL*, Vol. 42, cols. 353f.).

률 소송에 참여하는 것을 허락받지 못하나, 이것이 율법을 폐지하는 이유는 아니다. 소송하는 사람들은 소송하는 데서 죄를 짓는 것이지만, 그럼에도 불구하고 법률과 법정은 악한 사람들을 강제하기 위하여 필요하다. 판결을 발표하거나 혹은 법적인 결정을 내리는 그리스도인들은 범죄 하는 것이 아니다. 모세에게 율법은 시민들에게 소송을 하도록 하려는 것이 아니라, 관리들에게 재판의 형식이 되도록 제공되었다. 그러므로 우리는 소송하려는 사람이 모세법 혹은 어떤 법을 사용할 수 있는지의 여부를 논쟁해서는 안 된다. 왜냐하면 소송하는 사람이 그리스도인이 아니기 때문이다. 그러나 그리스도인 재판관은 모세법만을 사용해서는 안 되는가? 나는 모세법을 사용하느냐의 여부는 재판관의 권한에 속한다고 대답한다. 왜냐하면 이것은 먹고 마시는 것과 전혀 다르지 않은, 기독교와 전혀 관련을 가지지 않은 어떤 외적인 사물들의 질서이기 때문이다. 바울은 재판관이 현명한 사람이어야 하고 그리스도의 성령이 내주하는 사람이어야만 한다는 것을 요구한다. 그는 고린도전서 6:2에서 "성도가 세상을 판단할 것을 너희가 알지 못하느냐"라고 말한다. 그는 "형제간의 일을 판단할 만한 지혜 있는 자가 이같이 하나도 없느냐"(고전 6:5)라고 말한다. 이러한 구절들로부터 그가 어떤 명확한 법이 아니라, 단순히 영적인 사람의 판단을 구한다는 것이 분명해진다.

다른 구절들에서 그는 우리가 뒤에서 논의할 이방인들의 칼에 대해서도 인정한다. 그는 이것을 하나님이 정하신 것이라고 부른다(롬 13:1-4). 더구나, 율법들은 칼들의 가장 강력한 부분이고 그러므로 앗수르인 나아만, 느부갓네살, 그리고 다른 경건한 이방 군주들은 칼과 이방인들의 법들을 사용하였다. 나는 앗수르인들 가운데 거주한 다른 이스라엘 사람들뿐만 아니라, 다니엘이 또한 그렇게 했는지 여부는 전혀 알지 못한다. 틀림없이 유대에 배치된 로마 수비대는 이방인들의 칼을 휘둘렀고, 그리고 요한은 누가복음 3:14에서 이것을 승인하였다. "강탈하지 말며 거짓으로 고발하지 말고 받는 급료를 족한 줄로 알라." 사도행전 10장에 있는 고넬료와 사도행전 13:7-12에 있는 세르기우스 총독이 그러한 사람이다. 밭을 갈거나, 건물을 짓거나, 혹은 구두를 만드는 일에 못지않게 일상적인 일들의 행정적이고 외적인 시행이 성령의 의와는 아무런 관련이 없다는 것을 우리가 이해하도록 하려고 나는 이러한 것들을 언급한다. 모세의 재판법을 사용할 것인지의 여부는 그리스도인들의 권한 안에 있다. 그러나 나는 모세법이 자주 어리석은 이방인들의 법률들을 대신하여 수용되는 것을 바라고 싶다. 우리는 올리브 나무에 접붙여진 사람들이고(롬 11:24), 사람들은 인간의 법률들보다 하나님의 말씀을 선호해야만 한다. 오늘날 로마법은 소송에 대한 것 이외에 다른 용도는 거의 없는 실정이며, 그래서 악덕 변호사들은 (로마법을 통해) 생활비를 버는 수단을 가질 수 있다. 나는 우리가 해 왔던 언급들로부터 율법이 얼마나 철폐되어 있는지를 어느 정도 결정할 수 있다고 생각한다. 성령은 성경의 사용을 통해 더욱 명확한 가르침을 제공할 것이다. 왜냐하면 이러한 자유는 오직 영적인 사람들에 의해서만 이해될 수 있기 때문이다. 그러나 여러분은 그리스도의 성령을 가지고 있는 사람들이 자유롭다면, 다윗과 모세도 자유로웠느냐고 말할 것이다. 절대적으로 그렇다! 이것이 베드로가 사도행전 15:10-11에서 말하는 것이다. "우리 조상과 우리도 능히 메지 못하던… 우리는 그들이 우리와 동일하게 주 예수의 은혜로 구원 받는 줄을 믿노라." 조상의 모든 행위가 죄라는 것과 그들의 어떤 행위로도 구원의 공로를 쌓지 못함을 인정한다는 의미다. 그러나 그들은 자신들이 하나님의 은혜를 필요로 한다는 것을 알았다. 따라서 그들은 믿었고 하나님의 자비를 의지하여 구원받았다. 그들이 하나님의 성령을 받았을 때, 그들은 그들이 율법의 저주로부터, 그리고 또한 율법의 모든 짐 혹은 요구로부터 자유하다는 것을 깨달았다. 그러나 그들이 의식들을 수행하는 것을 중단하지 못한 이유는 자유가 아직 계시되지 않았었고 자유의 복음도 아직 널리 확산되지 않았었기 때문이다. 그들은 자신들이 믿음으로 의롭다 함을 받는다는 것을 깨달았기 때문에, 율법을 힘들게 짊어지지 않았다.

여러분은 또한 그들이 사무엘상 21:6에서와 같이 자유의 특권을 가끔씩 정당하게 사용했다는 것을 알고 있다. 거기서 우리는 다윗이 제사장만이 먹는 것이 정당한 진설병을 먹었다는 것을 발견한다. 다윗이 "보통 여행이라도 소년들의 그릇이 성결하겠거든"(삼상 21:5)이라고 말할 때 주목할 만한 방식으로 자유에 대하여 언급하고 있다. 다시 말해, 그들은 신실하기 때문에 깨끗하였고 음식, 행위 등을 포함하고 있는 모든 것들이 성도들의 믿음으로 성결해진다. 바울은 디도서 1:15에서 동일한 것을 말한다. "깨끗한 자들에게는 모든 것이 깨끗하나 더럽고 믿지 아니하는 자들에게는 아무 것도 깨끗한 것이 없고."

요약하자면, 우리는 전체 율법으로부터 믿음을 통하여 자유로우며, 그러나 이 동일한 믿음, 우리가 받은 바로 그리스도의 그 영은 우리 육신에서 죄의 잔재들을 죽인다. 율법이 이것을 요구하기 때문이 아니라, 성령은 본성상 육신을 죽이지 않을 수 없는 분이기 때문에 그렇게 한다. 이것이 바울이 로마서 8:1에서 의미하는 것이다. "그러므로 이제 그리스도 예수 안에 있는 자에게는 결코 정죄함이 없나니." 다시 말해 그들은 이미 율법의 저주로부터 구속을 받았고 그래서 구원받기 때문에 믿는 자들에게는 정죄함이 없다. 이러한 개인들은 육신을 따라 걷지 않는다. 이것은 성령이 그들을 다스리기 때문에, 육신의 잔재들은 십자가에 못 박히고 있다는 것을 의미한다. 믿는 자들에게도, 율법이 규정되어 있어 성령은 율법을 통하여 육신을 죽인다. 왜냐하면 자유는 아직 우리들 안에서 완성되어 있지 않고, 오히려 영이 증가하고 있고 육신이 살해되고 있는 동안에만 자유가 전용되고 있기 때문이다. 십계명은 육신을 죽이는데서 유용하나, 의식법들과 시민법들은 그렇지 않다. 그래서 믿는 자들은 십계명을 필요로 하나 다른 법들은 필요하지 않게 된다. 그러나 성령은 원하시는 대로 의식법들과 외적인 법들을 수용하신다.

옛사람과 새사람

나는 우리의 성화가 아직 완전해지지 않았기 때문에 우리의 자유가 아직 온전하지 않다고 말하고 있다. 우리의 성화는 하나님의 성령의 행동으로 시작되고 있고, 육신이 완전히 죽임을 당할 때까지 우리는 성화되는 과정 속에 있다. 그래서 성도들은 성령과 육신, 옛사람과 새사람, 속사람과 겉 사람의 이중적인 본성을 가지고 있다. 육신은 내가 앞에서 주장한 바와 같이 몸을 지칭할 뿐만 아니라, 이것은 명백하게 고린도전서 2:14에 있는 바울의 이해에서 전체적으로 육에 속한 사람을 의미한다. 그는 이 용어로 본성적인 정서들과 감정들로 지배당하는 사람들을 의미한다. 동시에 옛사람과 겉 사람은 육신과 동일한 것을 나타낸다. 육신은 배고프고 목마른 것뿐만 아니라 부와 영광과 이러한 종류의 다른 것들을 사랑하는 본성적인 인간의 감정들을 의미한다. 철학적인 덕들과 자유의지의 모든 노력들은 분명하게 육신이다. 반면에, 영은 성령 자신과 또한 우리 안에서 그의 활동이다. 새사람과 속사람은 성령으로 중생되기 때문에 영이다. 요한복음 3:6은 "영으로 난 것은 영이니"라고 말한다. 우리가 영이고, 중생된 한에서 우리는 성도들이다. 죄는 여전히 육신, 옛사람, 겉 사람에 들러붙어 있다. 이러한 맥락에서 사도는 "육체의 소욕은 성령을 거스르고 성령은 육체를 거스르나니"(갈 5:17)라고 말한다. 파리의 궤변론자들은 성도의 육신에 있는 육욕이 죄라는 것을 부정한다. 그들은 이것은 '연약함'이라고 말한다. 루터는 그의 「라토무스 반박」(Against Latomus)에서 아주 적절하게 그들을 반박하였다.[97] 죄는 하나님의 법에 저항하는 모든 것이라는 것보다 더 분명한 사실은 아무것도 없다. 육체는 하나님을 거슬러서 갈망한다. 그러면 그들은 왜 육욕을 죄라고 부르지 않는가? 성도들은 그들 자신의 목적을 추구하지 않으며, 성도들 사이에는 이생, 영광, 안전, 안정, 그리고 소유에 대한 사랑이 없는가? 파리 신학자들은 정서들에 대한 이해를 가지고 있지 않기 때문에 그들은 이러한 것들을 죄라고 부르지 않는다. 오히려 그들은 죄는 외적 행위들의 문제라고 생각한다. 그들은 이러한 행위들의 근본 뿌리를 보지 못하고 있다. 이것이 그들이 열매들을 그렇게 어리석게 평가하는 이유이다. 무슨 행위가 본성이 그 안에서 자신을 위해 아무것도 찾지 않을 정도로 그렇게 선한가? 여러분이 허영에 대한 사랑을 제거한다고 하더라도, 여러분은 틀림없이 아직까지 처벌의 두려움을 없애지 못했다. 그러므로 육신은 행위들이 아무리 선하다고 하더라도 그것들을 오염시킨다. 비록 우리가 다른 죄를 짓지 않는다고 하더라도 우리는 우리 정신의 게으름과 비겁함 속에서 매우 부끄럽고 그리고 잔인하게 죄를 짓고 있지 않는가? 우리는 오히려 하나님에 대한 신뢰와 사랑으로 불타고 하나님에 대한 두려움 속에서 전율해야 마땅하다. 이것이 제1계명에서 명령된 것이다. 그러나 누가 이것을 실천하고 있는가?

그러므로 일들의 실제적인 상태를 고백하자. 우리는 우리의 육신 안에 죄를 가지고 있으며, 하나님께서 신자들에게 그들의 죄를 용서하는 것은 하나님의 자비의 영광이다. 율법의 폐기는 다름 아닌 그리스도를 통해 죄인들을 정죄하는 율법의 권리가 제거되었다는 것을 의미하는 것이다. 사람을 영, 혼, 그리고 몸의 세 부분으로 나누

---

97. *WA* 8, 43ff.

는 사람들이 있다. 나는 그들이 일들의 실제적인 사태를 인정한다면, 다시 말해 영은 올바르게 본성의 일부가 아니라 하나님의 활동이라는 것을 인정한다면, 이 견해에 반대하지 않는다. 몸과 혼, 다시 말해 영이 없는 본성은 죄를 짓지 않을 수 없으며, 도덕적인 덕들은 본성을 죄로부터 변명해 줄 수 없다. 사도 바울은 빌립보서 3:8에서 그의 본성의 노력들이 자신이 율법으로 지배받던 시절에 이룩했던 모든 의를 해와 배설물로 여긴다고 말한다. 그러면 이러한 불경스런 궤변론자들은 왜 본성의 행위들에 대하여, 복음에 폭력을 가할 정도로 자랑하는 것인가? 어떤 것도 도덕적 행위들에 대한 그 불경한 가르침보다 복음의 충만함을 그렇게 어둡게 만들지는 못한다. 바울은 그리스도 안에서 발견되는 것을 기뻐하는데, 율법에 근거를 둔 그 자신의 의를 소유하는 것이 아니라, 그리스도에 대한 믿음을 통한 것인 하나님에게서 난 의를 기뻐한다(빌 3:9). 궤변론자들은 심지어 율법에 근거를 두고 있는 공적을 의에 배치하고 있다.

죽어 마땅한 죄와 일상적인 죄

나는 위에서 죄에 대하여 언급하였는데, 그들이 부르는 바에 따라 죽어 마땅한 죄와 사소한 죄의 종류들에 대한 논의를 일부러 남겨 두었다. 나쁜 나무의 열매인 육신은 악하기 때문에 그가 그리스도 안에 있지 않으면 그 사람의 모든 행위는 죽어 마땅한 죄이다. 로마서 8:6은 "육신의 생각은 사망이요"라고 기록하고 있다. 따라오는 7절은 "육신의 생각은 하나님과 원수가 되나니"라고 말하고, 8절은 "육신에 있는 자들은 하나님을 기쁘시게 할 수 없느니라"고 한다. 이러한 구절들에서 육신은 사람의 전체적인 본성으로, 그리고 우리가 위에서 가르쳤던 바와 같이, 본성의 가장 우수한 능력들로 해석하는 것이 필수적이다.

더구나, 엄격히 말해서 인간의 어떤 다른 부분도 그 최고의 능력인 이성보다 더욱 진실하게 육신인 것이 없다. 왜냐하면 이성이 하나님에 대한 무지와 경멸, 불신앙, 그리고 이러한 종류의 다른 치명적인 전염병들의 자리이기 때문이다. 모든 인간의 활동들은 이성의 열매들과 행위들이다. 반대로 우리가 알고 있는 한, 하나님의 자비를 통해 그러한 행위들이 믿는 자들에게 용서되기 때문에 성도들의 모든 행위들은 사소한 죄들이다. 때때로 하나님께서 성도들로부터 성령을 취해 가셔서 그들이 적절하게 죽어 마땅한 죄들이라고 부르는 공개적인 악들에 떨어진다. 그러한 죄들이 하나님의 성령이 없는 사람들이 범한 행위들이라는 의미에서 내가 그러한 죄들을 죽어 마땅한 죄라고 부르는 것을 그들이 깨닫는다면, 나는 그 용어에 반대하지 않는다. 궤변론자들[98]이 지금 죽어 마땅한 죄라고 부르는 범죄를 과거에 공개적인 악과 일상적인 죄라고 불렀는데, 이것은 사소한 죄이다.

내가 율법과 복음 그리고 구약과 신약에 대해 언급하는 것이 매우 긴급하게 요구된다고 나는 생각한다. 그것들의 실질적인 가치와 비교하여 이러한 문제들이 충분히 자세하게 취급되지 않았음을 알지만, 내가 원하는 바는 '랍비'로 불리는 것이 아니다. 성경을 친숙하게 대하면 여러분은 우리가 간과했던 것을 풍성하게 공급받을 것이다. 나는 여러분이 매우 긴급하게 필요로 하는 성경의 사실들을 나타내는 것으로 충분하다고 생각한다. 여러분은 율법과 복음을 이해할 필요가 있다. 율법은 죄를 드러내고 양심을 두렵게 한다. 복음은 죄를 용서하고 율법을 지킬 마음을 불붙이는 성령을 허락한다. 여러분이 유언이라는 용어를 더욱 면밀하게 검토하고자 한다면, 신약의 모형으로서의 구약은 유언자가 죽지 않았기 때문에 실재에 있어서 실질적인 유언이 아니었다는 것을 여러분은 발견할 것이다. 구약에서 한 무리의 양이 모형으로서 유언자를 대신하여 살해되었다. 그들은 유언자의 죽음을 나타냈다. 그러나 이러한 문제들은 이러한 개요의 계획이 허용하는 것보다 더 많은 논의를 요구한다. 이 지점에서 영과 문자에 대해서 논의하는 것이 일반적이다. 이러한 문제들에 관하여 나는 여러분이 나보다는 오히려 아우구스티누스나 루터와 상의하는 것을 선호한다. 그럼에도 불구하고, 나는 앞에서 율법에 관한 부분에서 이러한 문제들에 대해 간략하게 다루었다.

---

98. 참고 Thomas Aquinas, *Summa theol.* II, 1, q. 88, a. 1.

표징

우리는 복음이 '은혜의 약속'이라고 언급해 왔다. 표징들에 관한 이 부분은 약속들과 매우 밀접하게 관련된다. 성경은 우리에게 약속을 상기시키고, 그리고 명확하게 우리를 향한 하나님의 뜻에 대하여 증언하는 '인침'으로서 약속들에 대한 이러한 표징들을 더하였다. 표징들은 우리가 확실하게 하나님이 약속해 오신 것을 받게 될 것이라는 것을 증언한다. 표징들의 사용에 가장 부끄러운 오류들이 있어 왔다. 스콜라주의 학파들이 구약과 신약의 성례들 사이에 차이를 주장할 때, 그들은 구약의 성례들 속에 의롭게 할 능력이 없다고 말한다. 그들은 의롭게 할 능력을 신약의 성례들에 귀속시키는데,[99] 믿음만이 의롭게 하기 때문에 이것은 확실히 명백한 오류이다.

　여러분은 로마서 4:10 이하에서 바울로부터 표징의 본성을 가장 쉽게 이해할 수 있다. 바울은 거기서 내가 여기서 설명하려고 하는 바와 같이, 할례에 대하여 언급하고 있다. 바울은 아브라함이 할례로 의롭다 함을 받은 것이 아니라, 할례 전에 그리고 할례의 공로 없이 의롭다 함을 받았다고 말한다. 그러나 후에 아브라함은 의의 인침으로 할례를 받았다. 하나님은 이 인침을 통해 아브라함이 의롭다 함을 받았다는 것을 증거 하시며, 그의 심하게 고통받는 양심이 절망하지 않도록, 하나님은 그가 하나님 앞에서 의롭다는 것을 아브라함에게 알리셨다. 여러분이 표징들의 이러한 용도를 이해한다면, 이보다 더 즐거운 것은 있을 수 없다. 표징이 여러분에게 하나님의 약속들을 상기시키는 것으로는 충분하지 않다. 가장 중요한 사실은 표징들이 우리를 향한 하나님의 뜻의 증언들이라는 것이다. 그러므로 모세는 할례를 창세기 17:11에서 '표징'이라고 부른다. "이것이 나와 너희 사이의 언약의 표징이니라." 할례가 표징이라는 사실은 아브라함과 모든 할례 받은 사람들에게 하나님의 약속을 상기시킨다. 할례가 언약의 표징이라는 사실, 다시 말해 할례가 이 언약이 승인될 것을 나타낸다는 사실은 아브라함의 양심을 강화시켜 약속이 이뤄진다는 것, 하나님이 약속하신

99. *Ibid.*, III, q. 62, a. 6.

것을 제공하심을 전혀 의심하지 않게 될 것이다. 하나님이 아브라함에게 약속한 것이 무엇이었는가? 그분이 아브라함의 하나님이 되신다는 것 아니었는가? 하나님이 그를 기뻐하시는 것, 의롭게 하시는 것, 보호하실 것 등이 아니었는가? 아브라함은 인침으로서의 할례로 강화되었기 때문에, 그는 이러한 일들이 확실하다는 것을 의심하지 않았다.

여러분이 불경한 궤변론자들로부터가 아니라, 거룩한 역사로부터[100] 표지들의 의미에 관심을 기울이며, 깊게 파고 들어가려면, 성경 전체를 통독하라. 주님은 이사야의 계시를 통하여 히스기야의 생명을 연장시켰다. 하나님은 왕의 생명이 보존될 것을 확실하게 알 수 있도록 표징을 더하여 약속을 강화시키셨다. 곧 일영표 위의 그림자가 10도 뒤로 물러갔다(왕하 20:8-11). 기드온은 이스라엘이 그의 지도력 하에서 해방될 것이라는 것을 의심하지 않도록 두 개의 표지들로 강화되었다(삿 6:33-40). 이사야는 그가 하나님의 약속을 믿지 않았으므로 그를 향한 하나님의 표지를 경멸한 것에 대하여 아하스 왕을 책망하였다(사 7:10-17). 성경은 이러한 종류의 본보기들로 가득 차 있는데 왜 많은 예를 찾아야 하는가? 나는 그러한 것들로부터 표징들의 기능을 배울 수 있다고 믿는다.

사도가 말하는 것처럼, 표징들이 의롭게 하지 않는다. "할례 받는 것도 아무것도 아니요 할례 받지 아니하는 것도 아무것도 아니로되"(고전 7:19). 그래서 세례는 아무것도 아니며, 성찬에 참여하는 것도 아무것도 아니다. 그러나 그러한 것들은 양심이 자신을 향한 은혜 혹은 하나님의 선한 뜻을 의심한다 하더라도 여러분의 양심에 확신을 주는 여러분을 향한 하나님의 뜻의 증언이자 인침이다. 히스기야는 약속을 들었을 뿐만 아니라 또한 표징으로 확증된 약속들을 보았으므로 자신이 회복될 것을 의심하지 않았다. 이와 마찬가지로 여러분은 복음을 듣고 복음의 표징인 세례와 주의 몸과 피를 받았을 때 자비를 경험했다는 것을 의심해서는 안 된다. 히스기야가 단순한 하나님의 약속을 믿고자 하였다면 표징 없이 회복될 수 있었을 것이며, 기드온 역시 믿었더라면 표징 없이 승리하였을 것이다. 그래서 여러분이 믿기만 한다면, 표징 없이 의롭다 함을 받을 수 있다.

---

100. *Ex historiis sacris*.

그러므로 표징들은 의롭게 하지 못하나, 히스기야와 기드온의 믿음은 그러한 표징들로 북돋음 받고, 강화되며, 확증되어야만 했다. 동일한 방식으로 우리의 연약함은 죄로부터의 아주 많은 공격들 가운데서 하나님의 자비에 대하여 절망하지 않도록 표징들로 강화된다. 하나님이 여러분과 대면하여 말씀하셨다거나 예를 들어, 그의 자비의 특별한 어떤 담보물을 기적으로 여러분에게 보여 주셨다면, 여러분은 이것을 다름 아닌 하나님의 호의의 표지로 생각할 것이다. 이러한 표지들에 대해, 이제, 여러분은 하나님 자신이 여러분과 말씀하셨거나 혹은 특별하게 여러분에게 속할 어떤 다른 기적을 보여 주셨더라면 여러분이 믿었을 것 이상으로 여러분이 세례를 받고 주의 만찬에 참여할 때 여러분은 하나님이 여러분에게 자비로우시다는 것을 확신을 가지고 믿어야만 한다. 표징들은 믿음을 각성시키려는 목적으로 제공된다. 이러한 것들에 의문을 제기하는 사람들은 이제 믿음도 표징들의 유익도 잃어버릴 것이다. 표징들에 대한 지식은 매우 건전하며, 나는 표징들의 이러한 유익보다 더욱 효과적으로 양심을 위로하고, 강화하는 그 밖의 어떤 것이 있는지 알지 못한다.

다른 사람들이 성례라고 부르는 그러한 것들을 우리는 표징 혹은 여러분이 기뻐한다면, '성례의 표징'이라고 부른다. 왜냐하면 바울은 그리스도 자신을 성례라고 부르기 때문이다(골 1:27; 딤전 3:16 불가타 성경).[101] 여러분이 표징이란 단어를 좋아하지 않는다면, 여러분은 성례들을 인침이라고 부를 수 있다. 성례들의 본성이 이 용어를 통해 더욱 밀접하게 근접되기 때문이다. 표지들은 단지 누가 하나님의 약속에 속했던 사람인지를 알 수 있는 기호들이기 때문에, 이러한 표지들을 상징들 혹은 군사적 암호들과 비교했던 사람들이 칭찬받아야 할 것이다. 그는 이미 의롭다 함을 받았지만, 고넬리우스는 하나님 나라의 약속과 영원한 생명에 속했던 사람들의 숫자로 간주되려고 세례를 받았다. 어떤 사람도 무서운 오류를 통해 칭의를 표지에 귀속시켰던 스콜라주의자들을 따르지 않게 하려고, 나는 성례들의 경건한 용도가 무엇인지를 여러분이 이해하게 하려고 표징들의 본성에 관한 교훈을 제공하였다.

복음서에는 그리스도가 제정한 세례와 주의 만찬에의 참여라는 두 표징들이 있

---

101. 불가타 성경은 '신비'(mystery)를 '성례'(sacrament)로 읽는다. 골로새서 1:27은 '하나님이 너희 안에서 그리스도이신 이 성례의 영광이 이방인 가운데 어떻게 풍성한 것을 알게 하시려고 여러분들(성도들)을 택하셨다'고 기록하고 있다. 디모데전서 3:16은 '크도다… 우리 종교의 성례여. 그는 육체로 나타나셨다'라고 말한다.

다. 우리는 성례의 표징들이 오직 하나님의 은혜의 표지로 거룩하게 전달된 것이라고 판단한다. 우리는 우리를 향한 하나님의 뜻의 표징들을 제정할 수도 없고, 성경이 다른 방식으로 그 뜻을 나타내는 것으로 채용했던 그러한 것들을 개조할 수도 없다. 그러므로 특별히 궤변론자들이 칭의를 표지들에 귀속시켰을 때, 성경이 한마디도 언급하지 않았던 것들을 성례들 사이에 포함시킨다는 생각이 어떻게 그들의 마음속에 들어갔는지 나는 더더욱 놀란다. 그들의 성례 제정에 대한 가르침은 무슨 근원에서부터 만들어졌는가? 하나님은 결혼을 은혜의 특별한 표지로 수립하지 않으셨다. 종부성사는 은혜의 표지라기보다는 고대 의식에 불과하다. 루터는 그의 「바벨론 포수」(Babylonian Captivity)[102]에서 이 주제에 대하여 길게 논의하였으며, 여러분은 이 작품에서부터 더욱 정확한 주장을 얻을 것이다.

이것이 이 논의의 요약이다. 은혜는 하나님께서 전달하신 그러한 표징들에 의한 것을 제외하고 분명하고 그리고 올바르게 계시되지 않았다. 하나님의 약속이 첨가되지 않는 표징들은 성례의 표징이라고 부를 수 없다. 그러므로 교부들은 성례는 물질과 말씀으로 구성되어 있다고 말했다. 물질은 '표징'이고, 말씀은 '은혜의 약속'이다.

세례

궤변론자들은 성례들의 소위 질료와 형상을 길게 그리고 미신적으로 논의하였으나, 그것들의 기능들은 지적하지 않았다. 세례의 표징은 물속에 잠기는 것이다. 잠그는 사역자가 성부, 성자, 성령의 이름으로 혹은 사도들이 사도행전에서 했던 바와 같이 그리스도의 이름으로 세례를 준다고 말할 때, 그들은 그것으로 하나님의 활동을 나타내고 또한 이러한 잠김이 하나님의 뜻의 표지라는 것을 나타낸다. 이러한 말들은 여러분이 여러분의 잠김의 사실을 마치 하나님 자신이 여러분을 세례 하는 것만큼 명

---

102. Luther, *On the Babylonian Captivity of the Church*(WA 6, 567ff.; LW, Vol. 36, 117ff.).

확하게 여러분을 향한 하나님의 호의의 분명한 증언으로 받아야 할 것을 의미한다. 히스기야는 주목할 만한 사건인 하나님께서 그림자를 뒤로 돌린 일을 하나님의 호의의 증언으로 간주하였다. 이스라엘 백성들은 아라비아 만(홍해)의 물결이 그들을 위한 길을 열었던 것을 하나님의 호의의 증언으로 받아들였다. '성부, 성자, 성령의 이름으로'라는 단어들이 언급된다는 사실은 성부, 성자, 성령이 차례로 세례를 준다는 것을 의미한다. 이것이 세례 받은 사람의 죄들이 하나님 자신이신 성부, 성자, 성령에 의해 용서된다는 것을 의미하도록 해석하게 하자.

세례는 사망에서 생명으로의 이동을 나타내며 세례의 기능을 이것으로부터 알 수 있다는 것이 사실이다. 옛 아담의 사망으로의 잠김, 그리고 새 아담의 부활이 있다. 그것이 바울이 세례를 "중생의 씻음"(딛 3:5)으로 부르는 이유이다. 이 의미는 모형으로부터 가장 쉽게 이해될 것이다. 세례는 이스라엘이 아라비안 만을 가로지르는 것에 예시되어 있다. 그들이 자신들을 물속에 맡겼을 때 사망 이외의 그 무엇으로 들어갔겠는가? 그들은 물 밖으로 나올 때까지, 신앙으로 물들을, 그리고 죽음을 가로지르고 있었다. 이러한 이야기 속에서 세례가 나타내는 것이 실제로 일어났다. 다시 말해, 이스라엘 사람들은 죽음을 통하여 생명으로 넘어갔다. 그래서 그리스도인의 삶은 육신의 죽음이자 영의 갱신이다. 세례가 나타내는 것은 우리가 갑자기 죽은 자들로부터 일어날 때 발생한다. 참된 회개는 세례가 나타내는 바로 그 일이다. 그러므로 세례는 우리가 이 후에 말하려고 하는 바와 같이 '회개의 성례'이다.

이러한 표징의 기능은 우리가 죽음을 통해 생명으로 건너가는 것, 여러분의 육신을 죽이는 것이 구원을 가져온다는 것을 증언하려는 것이다. 죄가 두렵게 하고, 사망이 두렵게 하며, 세상의 다른 악들도 두렵게 하나, 여러분이 여러분을 향한 하나님의 자비의 표지를 받았기 때문에, 지옥의 문이 여러분을 대항하여 아무리 휘몰아쳐도 여러분이 구원받을 것이라는 것을 단순히 믿어라. 그러므로 여러분은 세례의 의미와 이 표지의 유익이 성도의 전 생애 동안 지속된다는 것을 알게 된다. 그들을 사망을 통해 생명으로 인도하실 것을 명확하게 알도록 하시는 세례에서 하나님의 약속의 도장을 받았다는 것을 기억한다면 임종을 앞둔 사람에게 이 표지의 언급보다 더욱 효율적인 위로가 주어질 수 없다고 말하는 데까지 나는 나아간다. 죽음을 가로지르는 것이 하나님의 도움 없이 이루어질 수 있다면 이러한 표지는 필요가 없었을 것이다.

이제 그들을 인도하시는 하나님과 함께 피할 것임을 그들이 믿게 하려고 표지들이 제공되었다. 이스라엘 백성들이 물속의 길로 들어가기 전에 모세가 이미 그들에게 세례를 주었더라면, 그들이 바다를 가로질러 가는 동안에 그 사이에 그는 그 문제의 결과에 대하여 수용된 표지들을 그들에게 기억시키지 않았겠으며, 그들이 구원받을 것을 의심하지 않도록 표지가 주어졌다는 것을 그들이 기억하도록 명령하지 않았겠는가?

세례는 또한 죄를 죽이는 데서도 유용하다. 세례는 두려워 떠는 양심에게 죄들의 용서를 상기시키며, 양심이 하나님의 은혜를 확신하도록 만든다. 세례는 우리가 이러한 죄의 죽임에서 절망하지 않도록 주의한다. 그러므로 이러한 표지들의 유익은 죄의 죽임이 계속되는 한 지속된다. 옛 아담이 완전히 소멸되지 않는 한, 죄 죽임은 완성되지 않는다. 그러므로 세례가 계속적인 죄 죽임 속에서 양심을 위로하기 때문에, 전체 생애를 통해 때때로 이러한 표징이 필요하다. 이것으로부터 표지들은 다름 아닌 기존의 믿음을 상기시키는 것이라는 것이 명백하다. 바울은 로마서 6:3에서 이러한 방식으로 세례를 보고 있다. "그리스도 예수와 합하여 세례를 받은 우리는 그의 죽으심과 합하여 세례 받은 줄을 알지 못하느냐." 그리스도가 죽은 것같이 그들도 죽고, 세례와 함께 그들의 죽음이 생명으로의 이동이라는 것을 그들이 알게 하기 위하여 이것은 사실이다. 또한 4절에서 "그러므로 우리가 그의 죽으심과 합하여 세례를 받음으로 그와 함께 장사되었나니"라고 덧붙인다. 이것은 성도들이 죽었을 뿐만 아니라, 그들이 죽음에서 안식하고 있고, 그리스도의 무덤에서 이 안식의 시간을 보내고 있다는 것을 가르친다. 불경한 자들은 죽었으나, 그들이 그리스도를 통한 생명으로의 이동이 있다는 것을 믿지 않기 때문에, 그들은 절망하고 완전히 멸망한다. 경건한 자들도 죽지만 그들이 그리스도의 무덤에서 안식하는, 다시 말해 그들은 그리스도가 생명에 대한 길이라는 것을 믿으며, 그리스도를 통한 안식을 기다리는 방식으로 죽는다. 그러는 동안에, 세례는 바울이 "그러므로 우리가 그의 죽으심과 합하여 세례를 받음으로 그와 함께 장사되었나니"라고 말하는 바와 같이 위로의 담보이자 상기시키는 것이다. 믿음은 안식하고, 고요하며, 위로를 기다리게 만든다. 하나님의 은혜의 표지로서, 세례는 믿음을 불붙인다. 내 생각에 어떤 사람도 세례의 이러한 유익이 고통 받는 양심을 위하여 얼마나 풍성한 위로가 될 것인지를 아주 쉽게 표현할 수 없다.

세례의 제정 그리고 세례 요한의 세례와 그리스도의 세례 사이의 차이에 대하여 설명하는데 어려움이 있다. 이 문제에 대하여 가장 명료한 사상가들은 요한의 세례는 단순하게 죽이는 것의 표지인 반면에, 그리스도의 세례는 은혜의 약속 혹은 죄의 용서가 더하여졌기 때문에 살리는 것의 표지라고 판단한다. 그러므로 그들은 요한의 씻음은 회개의 세례이고 그리스도의 세례는 죄의 용서를 위한 세례라고 부른다. 요한은 율법을 설교하여 양심들이 죄를 인정하게 만들어 양심들을 그리스도를 위해 준비시키기 때문이다. 그리스도는 요한의 율법 설교로 그들의 양심이 두려워진 사람들을 살게 만든다. 죄의 지식과 하나님의 심판의 두려움이 칭의의 시작을 구성하기 때문이다. 이것의 완성은 우리가 위에서 율법과 복음에 대하여 말했던 바와 같이 성령이 심령 속에 스며들게 하는 믿음과 양심의 평안이다.

나에게는 이러한 두 가지 씻음들은 더욱 단순하게 구별될 수 있는 것같이 보인다. 여러분이 요한의 세례가 조금 뒤에 그리스도를 통해 설교될 은혜의 표지라는 것을 인정한다면, 그리고 그리스도의 세례가 이미 베풀어진 은혜의 표지라는 것을 인정한다면, 그때 각각의 세례는 다음과 같은 차이를 가진 동일한 것의 표지이다. 요한의 세례는 조금 뒤에 올 은혜의 표지이고, 그리고 그리스도의 세례는 이미 베풀어진 은혜의 담보이자 인이다. 그래서 각각의 세례는 죽이는 것과 살리는 것이란 동일한 것을 나타냈다. 어떤 사람도 이전에 죽임을 당하지 않았다면 의롭다 함을 받지 못하기 때문이다. 나는 맨 먼저, 요한의 임무가 율법을 설교하는 것뿐만 아니라, 주로 그리스도, 복음, 혹은 죄의 용서에 대해 증언하는 것이라는 사실을 통해 이러한 견해로 인도된다. 요한복음 1:7에서 우리는 "그가 증언하러 왔으니 곧 빛에 대하여 증언하고 모든 사람이 자기로 말미암아 믿게 하려 함이라"고 읽고 있다. 마태복음 11:11은 "여자가 낳은 자 중에 세례 요한보다 큰 이가 일어남이 없도다 그러나 천국에서는 극히 작은 자라도 그보다 크니라"고 기록하고 있다. 복음의 계시 이전에 어떤 사람의 임무도 세례 요한의 임무를 능가할 수 없다는 것을 의미한다. 왜냐하면 세례 요한은 모세와 다른 선지자들이 했던 바와 같이 율법을 설교할 뿐만 아니라 곧바로 그리스도를 통하여 계시될 그리스도를 증언하기 때문이다. 그러므로 사도들의 임무는 요한의 임무보다 큰 것이다. 요한은 복음의 증인이기 때문에, 그를 통하여 후에 복음과 베풀어진 은혜의 담보가 될 표지가 세워졌다.

그러므로 누가복음 3:3에서 요한의 세례는 "죄 사함을 받게 하는 회개의 세례"라고 부른다. 요한복음 1:31은 매우 분명하게 '나는 그를 이스라엘에게 나타내기 위하여 와서 물로 세례를 준다'고 서술한다. 사도행전 19:4에서 바울은 "요한이 회개의 세례를 베풀며 백성에게 말하되 내 뒤에 오시는 이를 믿으라 하였으니 이는 곧 예수라"고 말한다. 마태복음 3:11에서 요한은 다음과 같이 말할 때 그의 세례는 성령을 통한 미래 세례의 표지라는 것을 증언한다. "나는 너희로 회개하게 하기 위하여 물로 세례를 베풀거니와 내 뒤에 오시는 이는⋯ 성령과 불로 너희에게 세례를 베푸실 것이요." 그는 자신이 그리스도가 아니라 그리스도에 대한 증인이라고 말한다. 예를 들어 요한복음 3:28에서 그는 "나는 그리스도가 아니요"라고 말한다. 그러므로 두 개의 세례는 동일한 것을 나타내나, 다음과 같은 차이가 있다. 즉, 요한의 세례는 이제 선포될 은혜의 증언인 반면에, 그리스도의 세례는 이미 베풀어진 은혜의 증언이다. 내 생각에 그리스도가 아직 영광을 받지 못하셨기 때문에 그리스도의 제자들은 요한의 것과 같은 세례를 베풀었다(요 4:1 이하).

세례 요한의 세례로 씻음 받았던 사람들은 그들이 이 시간까지 올 것이라고 믿었던 죄의 용서를 지금 받았다고 확신하기 위하여 다시 세례 받아야만 했다. 표지들은 양심이 확신하도록 더해졌기 때문이다. 요한의 세례도 그리스도의 세례도 표지로서 의롭게 하는 것이 아니고 믿음을 강화시켰다. 요한의 씻음은 이제 선포될 은혜와 관련되어야만 했다. 그리스도의 세례는 은혜는 이미 베풀어졌고 은혜의 약속은 폭넓게 확산되어야 한다는 것을 증언하였다. 양자에서 의롭게 하는 것은 믿음이었다. 그러나 요한은 사람들이 믿어야 하는, 구원하시는 분이 아니었기 때문에 물로 세례를 주었다. 그리스도는 구원자이시기 때문에, 그는 성령과 불로 세례를 주었다. 요한이 세례 준 사람들은 의롭다 함을 받았다고 하더라도 재세례를 받았다. 그리고 요한의 세례로 씻음 받지 않았던 유대인들이 모든 곳에서 의롭다 함을 받았다. 그리스도의 세례는 이미 베풀어진 은혜의 확신을 주기 때문이다. 나는 요한 이전에 의롭다 함을 받은 유대인과 요한이 세례를 베푼 유대인들 사이에 어떤 차이를 알지 못한다. 왜냐하면 후자는 복음과 죄 용서를 가까이서 알았다는 것을 제외하고 양자는 그리스도를 기대하였기 때문이다. 우리가 더 긴 논의로 어떤 사람들이 성경을 읽는 것을 방해하지 않도록 이러한 문제들에 대한 이러한 간단한 논의로 만족하자. 이러한 종류의 질문들은 긴 논의에서 더욱 성실하게 검토되어야만 한다.

회개

회개가 표지가 아니라는 것은 명백하다. 회개는 우리의 옛 아담을 죽이는 것이고 영의 갱신이기 때문이다. 이러한 성례 혹은 표지는 가장 적절하게 '회개의 성례'라고 부를 수 있었던 세례이다. 회개는 참으로 우리의 존재를 죽이는 것이요, 생명과 갱신이 뒤따라오는데, 이것이 내가 전에 말했던 바와 같이 세례가 나타내는 것이다. 바울은 로마서 6:3에서 "무릇 그리스도 예수와 합하여 세례를 받은 우리는 그의 죽으심과 합하여 세례를 받은 줄을 알지 못하느냐"라고 말한다. 디도서 3:5에서는 세례를 '중생의 씻음'이라고 부른다. 그리스도인의 생활은 다름 아닌 바로 이러한 회개, 다시 말해 우리 존재의 중생이다. 죽이는 것은 위에서 서술된 바와 같이 율법을 통해 일어난다. 율법은 우리의 양심을 두렵게 하고 살해하기 때문이다. 생명을 살리는 것은 복음을 통해, 혹은 방면을 통해 발생한다. 왜냐하면 복음은 다름 아닌 사면이기 때문이다.

스콜라주의자들은 우리가 죄를 죽이는 것이라고 부르는 것을 '회오'라고 부른다고 선포하였다. 나는 그들이 자유의지 혹은 인간의 능력을 통해 위조된 슬픔에 대해 말하는 것이 아니라면 이러한 견해에 동의한다. 본성은 죄를 미워할 수 없으니까, 우리의 양심을 낙담시키고 고통스럽게 만드는 것은 하나님의 일이다. '그들은 죄를 범할 때에 얼굴도 붉어지지 않는다'(렘 6:15). "유다의 죄는 금강석 끝 철필로 기록되되 그들의 마음 판과 그들의 제단 뿔에 새겨졌거늘"(렘 17:1). "내가 교훈을 받은 후에 내 볼기를 쳤사오니"(렘 31:19). 그리스도는 누가복음 11:39에서 바리새인들에 대하여 다음과 같이 말한다. "너희 바리새인은 지금 잔과 대접의 겉은 깨끗이 하나 너희 속에는 탐욕과 악독이 가득하도다." 그러나 우리가 율법과 복음 사이의 관계를 논의할 때 우리는 이러한 문제들을 위에서 더욱 광범위하게 취급하였다. 회개는 다름 아닌 칭의이기 때문이다. 그러는 동안에 나는 여러분들이 외적인 회오와 자유의지를 통해 위조된 슬픔에 대한 스콜라 신학의 꿈을 전염병같이 피하라고 충고한다. 그러나 여러분의 마음은 여러분이 슬픔으로 실질적으로 충격을 받았는지 아니면 슬픔을 위조하고 있는지를 쉽게 판단할 것이다. 그러나 여러분이 슬퍼하기 때문에 마치 여러분의 죄가 여러분에게 용서되는 것같이 여러분의 슬픔을 의지하지 마라. 오히려, 내가 아래서 말하려고 하는 바와 같이, 사면과 하나님의 말씀을 의지하라.

여러분은 아마도 세례가 회개의 표지, 다시 말해 회개를 지속하는 사람에게 있어서 죄에 대하여 죽고 생명으로 살아나는 것의 표지라는 것을 인정할 것이다. 그러나 은혜로부터 떨어졌다가 다시 회복되고·있는 사람들을 보여 주는 표지는 무엇인가? 회개라는 말과 성례는 오직 타락한 사람에게만 관련되기 때문이다. 나는 우리가 때때로 타락하지만, 우리가 복음을 잃어버리지 않는 것과 같이, 우리가 타락할 때 우리는 복음의 인침인 세례를 잃어버리지 않는다고 대답한다. 복음은 죄를 한번뿐만 아니라 반복하여 용서한다는 것이 확실하기 때문이다. 그러므로 세례는 첫 번째 용서에 못지 않게 두 번째 용서에 속한다. 세례는 복음, 다시 말해 죄 용서의 담보와 보증금이기 때문이다. 마태복음 18:21에서 베드로는 얼마나 자주 그의 형제들을 용서해야만 하는지 질문한다. 주님은 "일곱 번을 일흔 번까지라도"(마 18:22)라고 대답하신다. 요한일서 2:1은 "만일 누가 죄를 범하여도 아버지 앞에서 우리에게 대언자가 있으니 곧 의로우신 예수 그리스도시라"고 말한다. 고린도후서 2:5-8에서 바울은 근친상간자가 복권되어야 한다고 말한다. 크리소스토모스와 알렉산드리아의 클레멘스의 작품들에서 사도 요한의 한 행위에 대한 이야기가 언급되고 있다. 요한은 기독교에 등을 돌렸던 어떤 젊은이를 회개하도록 불러 들였다.[103]

그들은 회개를 '회오', '고백', 그리고 '보속'의 세 가지로 나누었기 때문에, 우리는 이러한 문제들에 관한 우리의 의견을 간략하게 제시할 것이다. 회오에 대해서는 충분하게 언급되었다. 회오가 진실한 것이라면, 이것은 성경이 부른 바와 같이 우리의 옛 아담을 죽이는 것이다. 이것은 인간 이성이 이전에 상상할 수 있었던 것보다 완전히 훨씬 더 큰 슬픔이다. 우리가 성령의 역사 없이 인간의 자유의지로 회오하게 되거나 혹은 죽게 된다는 것은 진실과는 아주 거리가 멀다.

하나의 관점에서 보면, 고백은 하나님 앞에서 우리의 죄를 인정하고 우리 자신을 정죄하는 것이다. 이러한 고백은 내가 방금 말했던 죄를 죽이는 것과 참다운 회개와 다르지 않다. 성경은 자주 우리에게 이 사실을 상기시킨다. "우리가 우리 죄를 자백하

---

103. Clement of Alexandria, *Can a Rich Man Be Saved?* (GCS, Vol. III, 159ff.).

면 그는 미쁘시고 의로우사 우리 죄를 사하시며"(요일 1:9). 다윗은 시편 51:3-4에서 "무릇 나는 내 죄과를 아오니 내 죄가 항상 내 앞에 있나이다 내가 주께만 범죄 하여 주의 목전에 악을 행하였사오니 주께서 말씀하실 때에 의로우시다 하고 주께서 심판하실 때에 순전하시다 하리이다"라고 말한다. "내가 이르기를 내 허물을 여호와께 자복하리라 하고 주께 내 죄를 아뢰고 내 죄악을 숨기지 아니하였더니 곧 주께서 내 죄악을 사하셨나이다"(시 32:5). 이러한 고백 없이 죄의 용서는 없다. 다른 한편으로는, 우리가 우리 자신을 고발하고 정죄하며 하나님께 참된 영광과 의를 돌릴 때에, 용서가 틀림없이 따라온다.

다른 각도에서 보면, 고백은 우리 자신에게 우리의 죄책의 사적인 인정일 뿐만 아니라 다른 사람들 앞에서 우리들 자신의 정죄이다. 따라오는 것은 이전의 교회에 존재했던 고백의 종류였다. 범죄 했던 사람은 먼저 사적으로 어떤 형제에 의해 고발당하고, 그 후에 교회 앞에 고발당한다. 거기서 그가 회개한다면 그의 죄책은 용서되었다. 교회의 고발에도 주의를 기울이지 않는 사람은 교회에서 출교된다. 여러분은 열쇠의 직무가 설명되고 있는 마태복음 18:15-18에서 이러한 고백의 모델을 가지고 있다. 잘못들을 억제할 이보다 더욱 적절한 어떤 다른 방안이 없지만, 교회에 이러한 본보기들은 지금 더 이상 없다. 그러나 개별적인 사제[104]들 앞에서 개인적으로 그리고 따로 수행되는 그러한 종류의 고백이 이것을 계승하였다. 초기의 그러한 종류의 고백과 우리의 고백 사이에 중요한 차이가 있다. 초기의 고백은 오직 공개적이고, 공적인 범죄들과 관련되었으나, 현재의 종류는 자체적으로 역시 사적인 범죄들과 관련되어 있다. 가장 오래된 관습은 전체 회중 앞에서 공적인 범죄들을 고발하고 전체 회중의 투표로 사면 받는 것이었다. 이러한 관습은 오래지 않아 철폐되었다. 그 무렵에 장로들 가운데 한 사람이 그들이 공적인 범죄를 범했다고 하더라도 그러한 혐의를 그 앞에서 사적으로 자세하게 이야기하는 사람으로 지명되었다. 그의 판단에 따라 이 장로는 회중들의 면전에서 공적인 범죄자에 대하여 벌을 부과하였다. 그들은 그 공적인 벌칙을 지불하지 않으면 성찬식에 참여가 허용되지 않았다.

살인죄가 회중 가운데서 처벌받을 때 이러한 것의 본보기가 여전히 우리 시대의

---

104. *Presbyteros.*

공적 회개 속에 남아 있다. 「역사 삼부작」(Historia Tripartita)[105]이라 부르는 작품의 저자가 이러한 종류의 회개를 묘사한다. 그는 명백하게 그리스인이다. 그는 이것이 콘스탄티노플에서 철폐되었으나, 서방 교회에서는 지속되고 있으며, 키프리아누스가 자주 인용하는 그러한 유형이라고 말한다. 그렇지만 키프리아누스가 공적인 범죄들의 고백에 대하여 말할 때, 그는 이 고백이 전체 회중 앞보다는 사제 앞에서 이루어진다고 설명한다. 여러분이 즐겨한다면, 키프리아누스의 "배교자"라는 설교를 즉시 찾아보라. 여기서 나는 그리스어로 된 「역사」(History)에서 몇 마디를 인용할 것이다. "죄들은 극장에서 배우들과 똑같이 회중들의 감독에 따라 고백될 것이라는 것을 고대 주교들이 결정하였다. 이러한 목적을 위하여 그들은 비밀을 지킬 수 있는 훌륭한 성품의 현명한 사람인 장로 한 명을 지명하였다. 범죄 한 사람들이 그들의 죄를 고백하러 이 사람에게 왔다. 그는 각 사람의 죄책에 맞추어 벌칙을 부과하였다. 이것은 서방 교회에서 그리고 특별히 오늘날까지 로마에서 성실하게 준수되고 있는 관습이다. 로마의 실천 속에, 통곡하는 사람들이 서 있는 장소가 있는 것같이, 범죄 한 참회자가 서야 할 명확한 장소까지 있다. 더구나, 미사 거행이 끝났을 때, 영성체에 참여하지 못한 범죄 한 사람은 통곡과 탄식과 함께 땅에 엎드린다. 전체 회중이 눈물을 터트리는 동안에, 주교 자신이 그들에게 달려가 눈물과 영적인 탄식과 함께 엎드린다. 그 후에 주교가 먼저 일어나서 땅에서부터 엎드려 있는 자를 일으킨다. 참회자를 위한 기도를 드린 후에, 주교는 모든 사람을 해산시킨다. 참회자는 참회 기간 동안에 주교의 판결에 따라 다양한 고통들을 수반하여 자신을 고통스럽게 한다. 참회자들은 주교가 미리 정한 영성체의 시간을 기다린다. 이 시기에 그들은 마치 부채가 이제 완전히 청산된 것과 같이 교회의 나머지 사람들과 함께 영성체에 참여한다. 로마의 감독들은 우리의 시기까지 이러한 관습을 지켜왔다. 그러나 콘스탄티노플에서는 최고위 귀족의 어떤 여인이 그녀의 고백 후에, 교회에서 참회를 계속 진행해 가면서 부제와 함께 여러 번 정을 통할 때까지는 한 사제가 참회자들을 지도하였다. 이 사건이 외부에서 소란하게 되었을 때, 사제들이 교회의 명예를 침범하였기 때문에 일반 백성들이 사제들에 대항하여 일어섰다. 그때에 넥타리오스(Nectarius) 주교가 부제를 그의 직책으로부터 내쫓고 참

---

105. Flavius Magnus, Aurelius Cassiodorus, *Historia ecclesiastica tripartita* IX, 35(참고 *MPL*, Vol. 69, col. 1151).

회자들의 고대 관습을 폐기하는 일이 일어났다. 참회자들을 위한 고해 신부가 더 이상 지명되지 않았다. 그는 각 사람이 그 자신의 양심의 판단에 따라 자신이 즐거하는 대로 성찬에 참여하도록 허용하였다." 이 내용은 「역사 삼부작」(Historia tripartita)으로부터 거의 글자 그대로의 인용이다.

이러한 본보기들로부터 과거에 공적 회개의 형태는 이중적이었다는 사실을 수집할 수 있다. 하나의 형태는 초대 교회의 것인데, 그 문제가 회중 앞에 다루어지는 것이었다. 회개하려고 하지 않는 범법자들은 신자들의 공동체로부터 추방(출교)당했던 반면에 회개하는 자들은 사면되었다. 여러분은 고린도전서 5장과 고린도후서 2장에서 다룬 근친상간에서 이러한 종류의 본보기를 가지고 있다. 다른 유형은 형벌은 공적인 반면에, 고백은 그렇지 않은 것이다. 이러한 본보기는 살인자의 회개에서 오늘날 시행되고 있다. 그러나 이 형벌은 하나님의 권한에 의해 부과된 것이 아니라, 내가 이후에 말하려고 하는 바와 같이 인간의 전통에 의해 발생된 것이다. 거의 모든 옛날의 참회들은 이러한 형태를 말하지 않는다. 교황법의 어리석은 교수들은 서투르게 사적 회개를 지지하여 이러한 고대의 교회법들을 왜곡하고 있다.

사적 고백

공적 회개에 더하여 사적 고백들이 있다.

첫째로, 우리가 잘못을 범한 사람들과 사적으로 화해하는 고백들이 있다. 이것은 마태복음 5:23-24에서 언급된 종류이다. "그러므로 예물을 제단에 드리려다가 거기서 네 형제에게 원망들을 만한 일이 있는 것이 생각나거든 예물을 제단 앞에 두고 먼저 가서 형제와 화목하고 그 후에 와서 예물을 드리라." 야고보서 5:16은 말한다. "그러므로 너희 죄를 서로 고백하며." 다시 말해, 다른 사람의 잘못을 위하여 중보기도 하라고 한다.

그다음으로, 교회의 사적인 고백들이 있는데, 오늘날 이러한 사적 고백이 일반적으로 시행되고 있다. 이러한 고백은 이전에 어느 정도 다음과 같은 방식으로 시행되었던 것으로 나타난다. 그들의 양심이 어떤 문제에 대해 고통 받는 사람은 영적인 문제에서 경험이 많은 거룩한 사람들과 상담할 것이고, 그러면 그러한 사람들에 의해 사면될 것이다. 바실레이오스는 내가 그 제목을 잘못 본 것이 아니라면, 그의 논문 「수도사의 직무 규정」(The Ordinances of Monks)에서 이러한 형태를 언급한다. 사람들은 루피누스(Rufinus)가 이 논문을 그리스어로 번역했다고 믿고 있다.[106] 나는 아주 많은 종류의 고백들을 발견하였는데, 일부는 신법에 의해 전승되었고 다른 것들은 인간의 발견들에 의해 전승되어, 그것들은 주의 깊게 구별되어야만 한다.

하나님 앞에서 이루어지는 고백이 하나님의 법으로 명령된다는 사실은 잘 확증되어 있다. 위에서 인용된 요한일서에서 나온 구절이 이것을 증명한다. 죄는 우리가 하나님께 고백하지 않는다면, 다시 말해 우리가 우리 자신을 정죄하고 우리의 죄책이 하나님의 자비로 용서된다는 것을 신뢰할 때까지 용서되지 않기 때문이다.

교회 앞에서 증인들에 의해 취급되는 공개적인 범죄들의 공개적인 고백에 대해 논의해야 할 이유가 무엇인가? 우리가 고발당한다면 하나님의 법만이 아니라 바로 그 상황 자체가 우리로 하여금 죄를 고백하도록 강요할 뿐만 아니라, 형제들과 화해하도록 강요한다.

나머지 고백들은 사람들의 전통이다. 여러분이 개인적으로든 혹은 공개적으로든 죄를 지은 것에 대해 자발적으로 회중 앞에 나서서 사면받기를 원한다면, 하나님의 법은 여러분의 행동들의 자세한 설명을 요구하지 않는다. 그리스도는 이러한 방식으로 많은 사람들을 용서하시며, 사도들은 사도행전 2:38 이하에서 같은 방법으로 수천 명을 사면하였다. 그들은 죄들의 목록들을 자세히 설명하는 것을 요구하지 않았다. 나는 자신들의 고백을 자세히 설명하는데서 어떤 것을 언급하지 않고 넘어갔을 때 절망할 수밖에 없는 그러한 사람들의 연약한 양심에게 조언하기 위하여 이것을 말한다.

그러므로 개인적인 사면은 세례만큼 필수적이다. 여러분이 일반적으로 전체 회중에게 설교되는 복음을 듣지만, 그럼에도 불구하고 마지막에 여러분이 개인적으로 그

---

106. Basil of Caesarea, *the Ordinances of monks*(MPG, Vol. 31, cols. 889ff.); Rufinus, *Church History* 11, 9(GCS, II, 2, 1015).

리고 개별적으로 사면될 때 이것이 특별히 여러분에게 속한다고 확신한다. 자신에 관한 하나님의 선고를 듣기를 필사적으로 소망하지 않는 사람은 은혜를 갈망하지 않는다. 여러분이 사면을 믿는다면, 여러분이 사면되는 것은 인간의 선고가 아니라 하나님의 선고이다. 누가복음 7:36-50에 나와 있는 그 죄 많은 여인은 "그의 많은 죄가 사하여졌도다"(눅 7:47)라고 말씀하시는 그리스도의 음성을 들을 때 그녀의 모든 죄책이 제거되었다는 것이 얼마나 확실한가! 여러분은 그가 누구이든지간에 한 형제에 의해 사면될 때 또한 확신하게 될 것이다. 그러나 여러분이 사면되는 것을 소망하고 믿지 않는다면 그 사람은 실질적으로 사면되지 않는다. 그러므로 교황법으로 일 년에 한 번 참회와 고백을 강요받아 겉치레로 하는 사람들은 사면 받지 못한다. 반대로 영혼의 간절한 갈망 때문이 아니라 교황법의 강요를 받아 사면을 구하는 사람들은 단순히 그리스도를 조롱거리로 만드는 것이다.

그리스도의 죽음 이외에는 보속이 없다. 이사야 53:11은 "그가⋯ 그들의 죄악을 친히 담당하리로다"라고 말한다. 그러나 지금 명령되고 있는 보속들은 인간의 발명품에 지나지 않는다. 그러한 보속들은 지나간 날들의 공개적인 회개를 다루려고 제정된 참회 법전에 기원을 가지고 있다. 이러한 거짓된 보속들 때문에 그리스도의 보속과 사면의 말들에 대한 믿음이 완전히 무효화되었다. 성경 여기저기에 죄들에 대한 형벌들이 서술되어 있으나, 그러한 서술들이 모든 죄들을 다루지 않는다. 그러므로 그러한 형벌들을 보속이라고 부르는 것은 부적합하다. 이러한 보속들로부터, 면죄부-로마 교황청의 상품-가 출발하였다. 면죄부들은 공개적인 회개에 수반되는 그러한 법전의 형벌들을 용서해 주었다. 불경한 사람들은 하나님의 용서가 선포되기보다는 오히려 이러한 면죄부가 판매되어야 한다는 포고령을 내렸다.

이 부분을 결론지으면서 회개에 두 부분인 죄를 죽이는 것과 생명을 살리는 것이 있다고 말하자. 죄를 죽이는 것은 양심이 율법으로 두려워질 때 발생하고, 생명을 살리는 것은 사람들이 사면을 통해 위로받고 강화될 때 일어난다. 사면은 그리스도가 여러분의 죄책을 용서하는 복음이기 때문이다. 그러므로 세례 이외에 회개의 다른 표지는 없다.

주의 식탁에의 참여

주의 식탁에 참여하는 것, 다시 말해 그리스도의 몸을 먹고 피를 마시는 것은 은혜의 확실한 표지이다. 그리스도는 누가복음 22:20에서 "이 잔은 내 피로 세우는 새 언약이니"라고 말한다. 고린도전서 11:25에서 우리는 "이것을 행하여 마실 때마다 나를 기념하라"는 말씀을 읽는다. 이것은 여러분이 성찬식을 축하할 때, 여러분은 복음 혹은 죄의 용서를 기억해야만 한다는 것을 의미한다. 그러므로 성찬식이 복음의 약속의 확실한 상기자로서만 주어진다면 희생 제사가 아니다. 만찬에 참여하는 것이 죄를 파괴시키는 것이 아니라, 믿음이 죄를 파기하고, 그리고 믿음이 이러한 표지로 강화된다. 스데반이 죽어갈 무렵에 그리스도를 보는 것이 그를 의롭게 하지 않으나, 그러한 목격은 그가 그것으로 의롭다 함을 얻고 살게 된 믿음을 강화시킨다. 이와 마찬가지로, 주의 만찬에 참여하는 것이 의롭게 하지 않으나, 내가 위에서 말했던 바와 같이, 신앙을 강화시킨다. 그러므로 양심이 신앙을 강화시키려고 위로받는 그러한 것들을 제외한 모든 미사들은 불경건하다. 우리가 하나님께 바치는 것은 희생 제물이지만, 우리는 하나님께 그리스도를 (희생 제물로) 바치지 않는다. 그러나 그리스도 자신이 단번에 자신을 바치셨다. 그러므로 어떤 선행을 하기 위해 미사를 드리거나 이것이 더자주 시행되면 될수록 그들이 더 좋아질 것이라는 생각을 가지고 산 자와 죽은 자를 위해 하나님께 그리스도를 드리는 사람들은 불경한 오류에 사로잡혀 있는 것이다. 나는 대부분 이러한 오류들에 대해 미사가 참여하는 사람 이외에 다른 사람에게도 유익을 준다고 가르쳤던 토마스가 비난받아 마땅하다고 생각한다.[107]

그러나 이러한 성례의 기능은 우리의 양심이 고통 받을 때마다 그리고 우리가 우리를 향한 하나님의 선에 대해 의심을 품을 때마다 우리를 강화시키는 것이다. 우리를 강화시켜야 할 이러한 시간들은 생활 속에서 가끔 오지만, 특별히 우리가 임종할 때에 그러하다. 그러므로 특별히 임종을 맞이하려고 하는 사람들은 이러한 성례(성찬)

---

107. Thomas Aquinas, Summa theol, III, 79, a. 7.

로 강화되어야만 한다. 우리가 계속적으로 죽지 않는다면 우리는 참된 그리스도인의 삶을 살고 있지 못한 것이다. 내 생각에, 견진례(성사)는 안수하는 것이다. 나는 도유(기름부음. 종부성사)는 마가복음 6:13이 언급하는 것이라고 생각한다. 그러나 나는 이러한 두 가지들이 은혜의 확실한 표지로 주어진다는 것을 이해할 수 없다. 결혼은 역시 성례의 이러한 목적으로 제정되지 않았다는 것이 확실하다. 서품식을 은혜의 표지들 가운데 계수하는 사람들의 마음은 무슨 생각을 하고 있는 것일까? 왜냐하면 서품식은 가르치고, 세례 주며, 주의 만찬을 축복하고, 그리고 가난한 사람들과 구제품을 공유할 사람들을 교회로부터 선택하는 것에 지나지 않기 때문이다. 가르쳤고, 세례를 베풀었으며, 그리고 주의 만찬을 축복했던 사람들은 주교들 혹은 사제들(장로들)이라고 불렸다. 가난한 사람들에게 구제품을 나눠 주는 사람은 부제(집사)라고 알려졌다. 이러한 사람들의 기능은 부제가 가르치고, 세례 주며, 혹은 성찬을 축복하는 것이 신성모독일 정도로 확실하게 구별되지 않았다. 다른 한 편에서, 이러한 의무들은 모든 그리스도인들에 대한 것이다. 왜냐하면 열쇠는 모든 사람들에게 속하기 때문이다(마 18:18). 그러나 이러한 일들의 집행은 몇몇 사람들의 수중에 맡겨져, 교회 업무들을 감독하는 것이 그들의 특별한 의무라는 것을 알았던 사람들이 생겨나게 되었고, 그리고 어떤 일이 발생하면 문제들을 적절하게 맡아서 처리하는 사람들이 생겨나게 되었다.

지나가면서, 나는 감독(주교), 장로, 그리고 집사라는 용어들이 사제라는 용어와 전혀 관련이 없다는 것을 여러분에게 상기시켜 주고 싶다. 성경은 희생 제물과 중보 기도와 관련하여 사제라는 단어를 사용하기 때문이다. 우리 그리스도인들은 희생 제물, 즉 우리의 몸을 드리기 때문에 모두가 사제들이다. 이것과 달리, 기독교 안에는 희생 제물을 위한 자리가 없고, 우리는 하나님께 기도하고 심지어 하나님을 진정시킬 수 있는 권한을 가지고 있다. 베드로의 사상은 여기에 적합하다. "너희는… 왕 같은 제사장들이요 거룩한 나라요"(벧전 2:9). 왜냐하면 우리는 그리스도를 통해 모든 피조물로부터 자유롭고, 내가 위에서 말했던 바와 같이, 우리는 생명, 사망, 그리고 죄를 다스리므로 우리 그리스도인들은 왕이기 때문이다. 히브리서는 이것을 아주 길게 논의한다(히 13:15 이하). 감독들, 장로들, 그리고 집사들은 단순히 가르치고, 세례를 베풀고, 성찬을 축복하며, 그리고 구제물을 나누어 주는 그러한 사람들이다. 미사의 사제들은 이세벨, 다시 말해 로마의 예언자들이다.

사랑

나는 이제까지 죄, 율법, 은혜, 복음, 그리고 특별히 칭의에 대해 논의하였다. 칭의의 문제는 언제나 모든 인류의 공통적인 문제였으며, 언제나 공통적인 문제일 것이다. 어떻게 한 사람이 의롭다 함을 받을 수 있을까? 철학자들과 바리새인들은 한 사람이 그 자신의 덕들과 노력들로 의롭다 함을 받는다고 가르쳤다. 우리는 한 사람이 믿음만으로 의롭다 함을 받으며, 다시 말해 그리스도의 의가 믿음을 통해 우리의 의이며, 우리의 사역과 노력들이 죄에 불과하다는 것을 가르쳤다. 이것을 주장하는 사람은 성경의 기본적인 내용을 파악하였다. 신자들은 '하나님의 자비'로 의롭다 함을 받는다. 최종적으로, 우리의 주제는 우리가 사랑에 대하여 몇 마디 말을 하는 것을 요구한다.

나는 위에서 하나님을 위한 사랑이 '신앙의 열매'라고 지적하였다. 왜냐하면 신앙으로 하나님의 자비를 붙잡은 사람은 차례로 하나님을 사랑하지 않을 수 없기 때문이다. 그러므로 하나님에 대한 사랑은 믿음의 열매이다. 우리가 모든 피조물들 안에서 하나님을 섬기는 것을 소원할 때, 하나님에 대한 사랑으로부터 역시 우리의 이웃에 대한 사랑이 태어난다. 나는 확실하게 다음과 같은 것 이상으로 더 짧거나 혹은 더 적합한 규칙을 제공할 수 없다. "네 이웃을 네 자신과 같이 사랑하라"(막 12:31). 아우구스티누스는 사랑받아야 할 사물들의 등급을 매기는 시스템을 고안하였다. 첫째로 우리는 우리의 영혼을 사랑해야만 하며, 둘째로 우리 몸을 사랑해야 한다. 우리는 먼저 우리 자신의 백성들을 사랑하고, 그리고 그들 다음으로 이방인들을 사랑해야 한다. 우리는 언제나 사랑보다 믿음을 선호해야만 한다. 그러므로 우리는 대개 몸의 필수품들보다 영혼에 속하는 그러한 일들을 선호한다. 다른 한 편에서, 그리스도는 우리가 우리 친구들을 사랑하는 것과 같이 우리가 이방인들과 원수들을 사랑하라고 명령하며(마 5:44), 바울도 동일한 것을 명령한다(롬 12:13, 17 이하). 여러분의 영혼은 여러분이 여러분의 원수들만큼 여러분의 친구들에게도 선을 베풀어야만 한다고 쉽게 판단할 것이다. 틀림없이, 바울은 갈라디아서(6:10)와 디모데전서(5:8)에서 사람은 그 자신의 가정 구성원들을 위해 특별한 공급을 해야 한다고 표현하였다. 왜냐하면 나는 영혼의 자유가 스콜라 신학자들과 키케로의 「의무론」(De officiis)[108]이 취급하는 종류의 논의로 속박되는 것을 원하지 않기 때문이다. 그의 작품의 이 부분에서 키케로는 배가 파선한 후에, 어떤 현명한 사람이 붙잡고 있는 동일한 판자 위에서 기회를 잡은 사람의 의무를 논한다. 실질적인 인간의 상황에서 거의 일어나지 않는 그러한 어리석은 질문은 집어 치워라!

관리

나는 관리에 관한 이 장이 매우 중요하다고 생각한다. 현재 나는 교육적 목적을 위해 통속적인 구분을 따를 것이다. 사람들은 한 편에는 행정 관리들이고, 다른 한 편에는 교회 관리들이 있다는데 동의한다. 행정 관리들은 칼을 가지고 세속의 평화를 감독하는 사람들이다. 바울은 로마서 13:1 이하에서 이것을 인정한다. 칼의 지배력 아래 있는 문제들은 세속적인 권리들, 공공 법정의 세속적인 규정들, 그리고 범죄인들에 대한 형벌이다. 살인, 복수 등에 반대하여 법을 집행하는 것이 칼의 의무이다. 그러므로 관리들이 칼의 권세를 행사한다는 것은 하나님을 기쁘시게 하는 것이다. 변호사들이 법에 대한 견해를 말하거나, 억압받는 사람들을 변호하거나, 비록 소송 당사자들이 중대한 죄를 범한 경우라고 하더라도 변호사들에 대해 하나님을 기쁘시게 한다고 말할 수 있다. 칼의 권세를 행사하는 것과 관련하여, 나는 이것을 말해야만 한다.

첫째, 통치자들이 하나님을 거스르는 어떤 것을 명령한다면, 그러한 것들에 순종해서는 안 된다. 사도행전 5:29은 "사람보다 하나님께 순종하는 것이 마땅하니라"고 말한다. 여러분은 이러한 원리의 수많은 서술들을 가지고 있는데, 특별히 아모스 7:10-17에 매우 훌륭한 서술이 있다.

---

108. Cicero, *On Duties*(*De officiis*) Ⅲ, 23.

다음으로, 그들이 공공선을 위한 것을 명령한다면, 우리는 로마서 13:5 말씀에 따라 그들에게 순종해야만 한다. "그러므로 복종하지 아니할 수 없으니 진노 때문에 할 것이 아니라 양심을 따라 할 것이라." 사랑은 우리가 모든 세속적 의무들을 성취하는 것을 강요하기 때문이다.

마지막으로, 어떤 것이 전제적인 변덕과 함께 명령된다면, 아무것도 공적인 폭동이나 선동 없이 변화될 수 없으므로, 우리는 역시 사랑 때문에 이러한 관직을 인내해야만 한다. "누구든지 네 오른편 뺨을 치거든 왼편도 돌려 대며"(마 5:39)라는 그리스도의 말씀이 이 상황에 적합하다.

그러나 여러분이 범죄와 공적 혼란이 없이 벗어날 수 있다면, 그렇게 하라. 예를 들어, 여러분이 부당하게 감옥에 투옥되고 공적 혼란 없이 탈출할 수 있다면, 고린도전서 7:21에 따라 아무것도 너의 탈출을 금지하지 않는다. "네가 종으로 있을 때에 부르심을 받았느냐 염려하지 말라 그러나 네가 자유롭게 될 수 있거든 그것을 이용하라."

교회의 관리들이 관련되는 한, 맨 먼저, 우리는 감독들은 종들이고 권력자도 관원도 아니라는 것을 생각해야 한다. 그다음으로 감독들은 우리가 위에서 말한 대로, 사람들의 말이 아니라, 하나님의 말씀만을 설교하도록 명령받았기 때문에, 법률을 제정할 권리가 없다. 이것은 예레미야 23장에서 충분히 분명해진 것 같다.

1. 그러므로 첫째로, 감독들이 성경을 가르친다면, 그들의 가르침은 마치 그리스도 자신이 말씀하고 계신 것처럼 경청되어야 할 것이다. 누가복음 10:16은 이것을 분명하게 밝혀 준다. "너희 말을 듣는 자는 곧 내 말을 듣는 것이요." 이것은 예수님이 마태복음 10:41에서 말씀하실 때 분명하게 언급하신 바와 같이 인간의 전통이 아니라 성경을 언급한다. '그가 예언자이기 때문에 예언자를 영접하는 사람'은 여기서 '거짓 선지자'를 말하지 않는다.

2. 둘째로, 그들이 성경을 넘어가는 어떤 것을 가르친다면 사도행전 5:29에 따라 그들을 청종해서는 안 된다. "사람보다 하나님께 순종하는 것이 마땅하니라." 마태복음 15:9은 '너희 유전으로 하나님의 말씀을 폐하는도다'라고 한다. 요즘 교황들은 루터가 정죄당한 교서에서 하나님의 공의를 거스르는 중요한 것을 공표하였다. 이러한 교서에서 교황에게 순종해서는 절대 안 된다.

3. 셋째로, 그들이 양심을 속박하기 위하여 성경을 넘어가는 어떤 것을 공표한다면, 그들에게 청종해서는 절대 안 된다. 하나님의 법을 제외한 어떤 것도 양심을 구속할 수 없기 때문이다. 바울은 디모데전서 4:1에서 이것에 대하여 말하고 있는데, 독신 제도의 법과 금지된 음식들에 대한 법을 '귀신들의 가르침'이라고 부른다. 이러한 것들은 성경과 모순되는 것 같지 않지만, 그리고 그러한 것들은 그 자체로 나쁘지 않은 일들인 것 같지만, 바울은 이러한 것들을 금지하고 있다. 독신 제도와 고기로부터의 절제는 그것들 자체로는 나쁘지 않다. 그러나 여러분이 그러한 것들을 지키지 않아 죄를 범하고 있다면, 이러한 규칙들은 불경스럽다. 교회법상의 시간들을 지키지 않거나 혹은 6일째 혹은 7일째 고기 먹는 사람이 범죄 하고 있다고 생각하는 사람은 불경한 것들을 가르치고 있다. 감독들은 그리스도인의 양심을 구속할 수 없기 때문이다. 고린도후서 13:10은 '이를 인하여 내가 떠나 있을 때에 이것에 대해 쓰는 것은 대면할 때에 주께서 너희를 파하려 하지 않고 세우려 하여 내게 주신 그 권세를 따라 엄하게 하지 않게 하려 함이니라'고 말한다.

4. 넷째로, 여러분이 감독의 법을 가지고 양심에 짐을 지우기를 원하지 않고 오히려 그의 명령을 외적인 의무로만 해석한다면(영적인 사람들과 양심은 인간의 법으로 구속될 수 없다고 이해하는 사람들이 일반적으로 하는 바와 같이), 여러분은 감독들의 법을 행정 관리의 전제 정치와 짝을 이룬다고 생각할 것이다. 감독들이 그렇게 명령할 권한을 가지고 있지 않기 때문에, 그들이 성경을 넘어가는 무엇을 명령한다 하더라도 전제 정치이기 때문이다. 여러분은 다음의 구절에 따른 사랑 때문에 이러한 짐들을 감당할 것이다. "누구든지 네 오른편 뺨을 치거든 왼편도 돌려 대며"(마 5:39). 더구나, 여러분이 범죄 하는 것 없이 반대할 수 있다면, 아무것도 여러분을 금지하지 못한다. 예를 들어, 공적인 혼란 없이 여러분이 전제 정치가에 의해 구속 수감되어 있는 감옥을 깨뜨릴 수 있다면, 고린도전서 7:21에 따라 아무것도 그것을 금지하지 않는다. "그러나 네가 자유롭게 될 수 있거든 그것을 이용하라." 그리고 그리스도는 마태복음 9장과 12장에서 바리새인의 전통을 폐지하셨으나, 시민법들을 뿌리 뽑지 않으셨다. 바리새 법들은 공동의 짐인 것 이상으로 각 개인에 대한 관심사들이기 때문만이 아니라, 그러한 법들은 쉽게 양심에 덫을 놓기 때문에, 이제 바리새인의 법들이 폐지되어, 우리는 더욱 자유롭다. 모든 인간의 법들의 규칙과 방향은 믿음과 사랑 아래 있으며, 특별히 필요 아래 놓여 있

다. 어떤 지점에서 영혼이든 몸의 생명이든 전통을 통해 위험에 빠져 들어간다면 필요는 모든 전통으로부터 (우리를) 해방시킨다.

실족

여러분은 우리가 실족의 문제를 어느 정도 고려해야만 하는지를 질문한다. 맨 먼저, 나는 내가 이전에 했던 바와 같이, 믿음과 사랑이 모든 인간 행동들의 모델이나. 이러한 것들 가운데 믿음이 더욱 중요하다고 지적한다.

실족은 우리의 이웃의 믿음이나 사랑이 해를 입는 무례함이다. 성경과 다른 어떤 것을 가르친다면, 우리 이웃의 믿음은 손상을 입는다. 모든 스콜라주의의 가르침은 보속들과 자유의지의 활동들을 승인하고 은혜를 모호하게 만들기 때문에 이러한 종류의 실족이다. 그리스도는 마태복음 18:6에서 실족의 이러한 유형에 대하여 말한다. "누구든지 나를 믿는 이 작은 자 중 하나를 실족하게 하면 차라리 연자 맷돌이 그 목에 달려서 깊은 바다에 빠뜨려지는 것이 나으니라."

어떤 사람이 곤궁한 형제를 돕지 않는다면, 혹은 어떤 사람이 공적인 평화를 전복시킨다면, 사랑이 해를 입는다. 그리스도는 공세를 바치는 것에 대하여 '그러나, 그들에게 거리낌을 제공하지 않기 위하여'라고 말할 때 마태복음 17:27 이하에서 이러한 종류의 실족에 대하여 말한다.

1. 하나님의 법이 요구하는 것에 있어서, 실족에 구애받지 말고 그렇게 요구하는 것에 순종하고, 행하고, 그리고 가르쳐야만 한다. 왜냐하면 믿음이 언제나 사랑보다 우선되어야 하기 때문이다. 사도행전 5:29이 여기에 적용된다. "사람보다 하나님께 순종하는 것이 마땅하니라." 그리스도는 "내가… 화평이 아니요 검을 주러 왔노라"(마 10:34)고 말씀하신다. 그래서 다니엘은 금 신상에게 경배하라고 요구하는 법률에 순종하지 않았다. 우리는 우리의 시대에 복음을 정죄하는 불경한 통치자들에게 순종해서는 안 된다.

2. 독신 제도와 고기 먹는 것의 절제 같은 소위 중간적인 문제들인, 인정법의 영역에 있는 것에 있어서, 인간의 전통은 절박한 경우에 구속력을 가지지 못한다. 왜냐하면 그리스도조차 마태복음 12:1에서와 같이, 절박한 경우에 하나님의 법을 무시하시기 때문이다. 여기서 우리는 안식일에 밀 이삭을 자르는 제자들에 관하여 읽는다. (만약에) 생명의 절박함이 그것을 요구한다면 인간의 전통을 위반하는 것은 얼마나 더 허용될 수 있겠는가! 그들이 말하는 바와 같이, 사제들이 (정욕에) 불탈 때와 같이, 위험에 빠진 영혼의 경우는 더더욱 심각하여 이 서약(독신제)을 범할 수 있다. 고린도후서 13:10은 "주께서 너희를 넘어뜨리려 하지 않고 세우려 하여 내게 주신 그 권한"이라고 적절하게 말한다. 바울은 골로새서 2:16-23에서 부당하게 몸에 짐을 지우는 율법들을 정죄한다.

3. 그들의 전통들이 구원을 위하여 필수적인 것같이 그러한 것들의 준수를 요구하는 바리새인들의 면전에서, 이러한 전통들을 아무 거리낌 없이 위반해야만 한다. 바울은 디도에게 할례 주는 것을 거절했을 때 그는 하나님의 법을 위반하였다(갈 2:3). 우리는 더욱더 어리석은 교황의 전통들을 위반해야만 한다! 그리스도는 실족당하는 사람들(바리새인들)은 소경을 인도하는 눈 먼 지도자이기 때문에 버려두라고 명령하신다 (마 15:12-14).

4. 자유를 위하여 우리는 인간의 전통들을 위반할 수도 있다는 것을 가르쳐서 경험 없는 자들이 사람들의 전통에 반하는 어떤 것을 한다고 하더라도 죄를 범하는 것이 아니라는 것을 이해하도록 해야만 한다. 베드로는 복음적인 자유에 관해 무지해서, 어리석게 율법을 준수하고 있던 경험 없는 자들에게 굴복했기 때문에, 명백하게 그러한 상황 속에서 바울은 베드로를 질책하였다(갈 2:11 이하).

5. 연약한 사람들 혹은 복음을 듣지 못했던 사람들에 대해, 우리가 하나님의 법을 아무것도 위반하지 않는다면, 사랑의 의무는 수행되어야만 하고 인간의 전통들도 준수되어야만 한다. 그러므로 예루살렘에 있던 바울은 복음적인 자유를 적절하게 이해했던 다수의 사람들 속에 여전히 (자유를 이해 못하는) 소수의 사람들이 있었기 때문에 스스로 머리를 깎았다(행 21:2 이하). 그리고 바울은 형제의 영혼을 파괴하는 것보다는 오히려 그의 일생동안 고기 먹는 것을 절제할 것이다. 로마서 14:1은 "믿음이 연약한 자를 너희가 받되"라고 말한다. 그러한 시기에, 확실하게, 이것은 하나님의 법에 관한 문제

였으나, 지금 우리가 인간의 전통과 관련될 때, 오히려 자유롭게 그러한 것들을 무시하자. 그러한 법들을 위반한다면 주교들이 양심에 죄의 짐을 지워주기를 원하는 방식으로 그들이 이러한 전통의 준수를 요구한다면 그들에게 순종하는 것이 오히려 불경건이다. 그러므로 그러한 법들이 강요된다면, 그것들은 '마귀들의 가르침'이다. 그러나 그러한 법들이 요구되지 않는다면, 바울의 규칙이 준수되게 하자. '우리가 먹지 아니하여도 부족함이 없고 먹어도 풍성함이 없으리라'(고전 8:8).

여러분은 이제 신학 분야에서 가장 공통적인 근본 주제들을 이해하게 되었다. 여기에 제시된 것보다 더욱 정확한 설명을 당신은 성경으로부터 찾아야 한다. 우리는 여기서 여러분이 알게 된 것을 서술한 것에 만족한다. 나는 잘못된 성실함을 가지고 어떤 사람을 성경으로부터 나의 논쟁으로 끌어들이지 않기 위해, 중요한 주제들에 대해 내가 해 온 것보다 더욱 간략하게 논의하는 것이 더 좋았을 것이라고 생각한다. 성경 자체를 제외하면 그 무엇으로부터도 성령의 가르침에 순수하게 도취할 수 없기 때문에, 거룩한 문제들에 관한 사람들의 주석들을 전염병같이 피해야만 한다고 나는 생각하는 것이다. 누가 하나님의 성령을 그 자신보다 더욱 적절하게 표현하겠는가? "하나님의 나라는 말에 있지 아니하고 오직 능력에 있음이라"(고전 4:20).

제2부

그리스도 왕국론

마르틴 부처

PART II
DE REGNO CHRISTI
MARTIN BUCER

편집자의 해설

I. 「그리스도 왕국론」의 저자 마르틴 부처

마르틴 부처[1]는 1523년부터 25년 동안 스트라스부르와 남부 독일을 통해 종교 개혁의 가장 저명한 지도자였다. 그는 루터, 멜란히톤, 츠빙글리, 그리고 칼뱅 다음으로 개신교 개혁자들 가운데 가장 영향력 있는 인물이었다. 그는 1523년에 스트라스부르에 종교 개혁을 도입하는 것을 도왔으며, 그 후 이 도시 교회 개혁의 주요한 대변인이 되었다. 그는 종교 개혁 기간 동안, 특히 1538-1541년 사이에 열린 여러 중요한 교회 일치 (에큐메니칼) 회담들에서 개혁 교회를 대변하고, 변호하였다. 스트라스부르에서 그의 업적들 때문에, 그는 많은 지역들, 예를 들어, 헤센 지방과 울름, 아욱스부르크 그리고 콘스탄티아 같은 주요 도시들에서 개신 교회들의 조직자가 되었다. 그는 루터와 츠빙글리의 화해를 통해 개혁자들의 진영에서 일치를 이루려는 교회 일치(에큐메니즘) 운동에 많은 시간과 에너지를 쏟았다. 참으로, 그는 독일과 스위스의 종교 개혁 운동을 연합

---

1. 참고 Heinrich Bornkamm, *Martin Bucers Bedeutung für die europäische Reformationsgeschichte*(Gütersloh, 1952).

시키는 것을 소망하였다. 동시에, 그는 개신교와 로마 가톨릭 교회 사이의 재연합을 이룩하려고 로마 가톨릭 지도자들과 협상할 준비를 하였다. 그는 차이점을 극복하려는 노력을 아끼지 않았다. 그는 수많은 '대화들'을 진행하였고, 모든 종류의 신앙적이고 교회 정치적인 대의명분들의 변호자들(재세례파와 영성주의자들, 훈련받은 신학자들과 훈련받지 않은 신학자들, 성직자들과 평신도들, 정치 지도자들뿐만 아니라 일반 백성들)과의 논쟁에 가담하였다.

부처는 분쟁을 해결하려고 지칠 줄 모르고 활동했기 때문에 많은 사람들이 오히려 그를 의심하였다. 부처는 자주 능숙하게 다듬어진 화해적인 어구들을 제안하여, 자신이 서로 화해시키려고 시도했던 입장들의 근거를 신중하게 취급하지 않는 것으로 보였기 때문에, 그들은 그를 신뢰하지 않았다. 그러나 그는 분명하고 강한 확신이 있었다. 많은 사람들이 그의 시대에서뿐만 아니라 이후 시대에서도 그를 의심했던 바와 같이, 그는 자신의 신학에서든, 교인 자격에 대한 입장에서든 술수를 쓰지 않았다. 이 두 가지 점에서, 그는 커다란 힘과 일관성을 발휘하였다. 이것이 여러 해에 걸쳐 많은 지역에서, 특히 스트라스부르에서 폭넓은 영향력과 지속적인 지도력을 펼치게 된 비밀이었다.

부처는 하이델베르크에 있는 아우구스티누스파 탁발수도회에서 열린 논쟁에서 루터가 보여 주었던 비판적이면서도 건설적인 신학 사상의 위력에 충격을 받아, 1518년에 곧바로 루터의 종교 개혁의 추종자가 되었다. 부처는 15세에 토마스주의를 따르는 도미니쿠스에 들어가 수도사가 되었는데, 이 논쟁 무렵에는 에라스무스의 인문주의 학문에 대한 열정에 가득 차 있었다. 그는 자신의 경력을 통하여 몇 가지 특징적인 토마스주의의 사상적 흐름을 지속적으로 나타냈으나, 또한 에라스무스 인문주의의 특색을 지닌 신학적인 견해들을 가지고 있었다.

부처는 루터의 영향으로 종교 개혁에 가담하였으나, 활동 초기부터 몇 가지 점에서 루터와 입장을 달리 하였다. 특히 부처는 개별적인 신자들의 선택과 교회의 설립에서 성령의 역사를 강조하였다. 그러나 부처는 루터에 대한 충성심에서 결코 흔들리지 않았고, 루터의 근본적인 가르침들을 고수하였다. 부처는 스트라스부르에서 종교 개혁을 확립하려고 수고하는 과정에서 츠빙글리의 영향을 받아 제도로써의 교회뿐만 아니라, 개인 생활의 사적이고 사회적인 측면의 전체가 성경에 계시된 바대로의 하나님의 뜻에 따라 조직되어야만 한다고 강조하여 루터의 영향력을 훨씬 넘어섰다. 그는 종교 개혁을 모든 인간 생활의 기독교화를 성취하는 운동으로 간주하였으며, 개혁 과정에서 이러한 목적에 따라 요구되는 모든 입법화의 근원을 성경이라고 여겼다. 그의 이러한 견해는 율법과 복음 사이를 변증법적으로 보는 루터의 견해와 아주 달랐다.

부처는 자신의 개혁 프로그램을 수많은 메모, 제안,[2] 그리고 스트라스부르와 그 밖의 지역에 있는 군주와 관리뿐만 아니라 성직자와 개인에게 쓴 편지들뿐만 아니라, 학문적 성격의 신학적인 작품 속에 서술하였다. 그의 이러한 저술들 가운데 상당 부분은 시편, 공관복음, 로마서 등을 비롯한 성경 주석들이었다. 다른 것들은 "참된 목회 상담학", "기독교 관리들에 관한 대화" 등 주로 교회와 관련된 주제들에 관한 신학 논문이었다. 이러한 작품들을 통해 부처는 종교 개혁의 전문적인 저술가들, 특히 멜란히톤과 칼뱅 다음으로 영광스러운 자리에 오르게 되었다. 참으로 부처는 신학적으로 멜란히톤과 칼뱅 두 사람과 매우 닮았다. 개신교 신학자로서 부처와 멜란히톤은 에라스무스의 인문주의의 방법론을 이어받았고, 아마도 이러한 인문주의 때문에, 그들은 로마 가톨릭과의 교회 연합적인 대화에 적극적으로 참여하였다. 교회의 필요성에 대한 부처의 관점이 칼뱅의 것과 비슷했을 뿐만 아니라, 특히 그들이 스트라스부르에서 함께 사역했던 기간(1538-1541) 동안에 주로 칼뱅이 부처로부터 배웠으므로, 두 사람 사이에 깊은 공감이 자리 잡고 있었다.[3]

부처의 가장 특색 있는 책은 그가 세상을 떠나기 직전에 저술한 「그리스도 왕국론」인데, 영어로 번역되어 영국에서 처음으로 출판되었다.[4] 이 저술은 부처가 그 속에서 자신의 활동과 경험과 관련하여 이룩하였던 종교 개혁의 교리적이고 실제적인 이해를 제시했다는 점에서 그의 전체적인 경력을 반영한다. 이 작품은 에드워드 6세의 통치 기간 동안에 그의 후원 아래, 종교 개혁이 전 민족의 생활 속으로 확산되는 방식으로 영국에서 확립될 것이라는 기대를 가지고 1550년에 저술되었다.

---

2. 이러한 제안들의 많은 것들이 지금 쉬투페리흐(Robert Stupperich)가 편집한 그의 「독일 편집판들」(Deutsche Schriften)로 출판되어 있다(Gütersloh, 1960ff.).

3. 참고 Wilhelm Pauck, "Bucer and Calvin," The Heritage of the Reformation, rev. ed. (Oxford University, Paperback, 1968), 85-99.

4. 「그리스도 왕국론」의 프랑소와 방델(François Wendel)이 준비한 가장 우수한 비평적인 판을 참고. Vol. XV. Martini Buceri Opera Omnia Latina(Paris, 1955).

로마 황제 찰스 5세가 슈말칼덴 전쟁에서 독일 개신교도에게 승리한 후에 황제가 그들에게 강요했던 '인테림 화의'(Interim Peace)의 조항들을 거부하라고 부처가 촉구하였기 때문에, 그는 스트라스부르에서 교회의 총감독으로서의 지위를 포기하도록 강요당하여, 당시에 그의 조국으로부터 추방당한 상태였다. 그는 1549년 4월에 영국의 크랜머 대주교(Archbishop Cranmer)의 초청으로 영국에 가게 되었다.[5] 그 해 가을에, 그는 케임브리지 대학교에서 신학부의 흠정 교수(Regius Professor)로 임명받았다. 심한 질병[6]과 영국에 적응하는 과정에서 겪은 상당한 어려움 때문에, 그는 1550년의 초기까지 교수로서 의무를 수행하지 못했다. 그는 후에 에베소서에 대한 강의를 하였고, 토론회 사회를 보았으며, 라틴어로 일련의 강의를 진행하였고, 종교 개혁의 도입에 관해 영국 교회의 지도자들과 크랜머에게 조언을 하였다.

부처가 「그리스도 왕국론」이라는 작품을 언제 저술하기 시작했는지는 알려져 있지 않다. 그는 개신교 종교 개혁자로서 자신의 확신과 경험들을 반영한 논문을 영국에서 받았던 환영에 보답하는 '신년 선물'로 왕에게 드릴 것을 제안했던 영국의 친구들과 후원자들의 요청을 받아들여 이 책을 썼다. 그는 1550년 10월 21일에 완성된 책을 나이 어린 왕의 교사인 존 체크(John Cheke)에게 보냈다.[7] 그러므로 우리는 부처가

---

5. 영국에서 부처의 체류와 활동에 대하여 그의 「그리스도 왕국론」 판에 있는 방델의 매우 정보가 풍부한 서론 다음으로 책들을 참고하라. Wilhelm Pauck, *Das Reich Gottes auf Erden. Utopie und Wirklichen. Eine Untersuchung zu Butzers De Regno Christi u. der englischen Staatkirche des 16. Jahrhunderts* (Berlin, 1928); Constantin Hopf, *Martin Bucer and the English Reformation* (Oxford: Basil Blackwell & Mott. Ltd, 1946) (그러한 연구들의 훌륭한 요약은 Hopf의 논문 "Martin Bucer und England" in *Zeitschrift für Kirchengeschifte* 71 (1960), 82–109에서 발견된다. and Harry C. Porter, *Reformation and Reaction in Tudor Cambridge* (Cambridge University Press, 1958), 51–67.

6. 1550년 5월 15일에 그는 스와비안 개혁자 브렌츠에게 다음과 같이 편지를 썼다[*Original Letters Relative to the English Reformration*, ed. by H. Robinson for the Parker Society (Cambridge, 1846–47), Vol. 1, 543f.]. "(다시 말해, 1549년) 8월 이후로 항상 하나님은 심한 질병으로 나를 단련시키기를 기뻐하셨으며, 그 심한 질병의 후유증이 나의 활동을 제약하는데, 즉 나의 다리, 팔, 그리고 손이 과도하게 약해졌다. 나의 왼 손에 한 손가락과 오른손에 두 손가락이 여전히 움직이지 않고 있으며, 그래서 나는 아직도 편지를 쓸 수 없다. 주께서 크리스마스 무렵에 나에게 약간의 휴가를 주셔서(병이 호전되어), 그때로부터 3월 중순까지 나는 인내하며 나의 직책을 수행할 수 있었다. 그러나 그때 이후로 나의 가장 고통스러운 장애가 한 달보다 약간 더 이전에 주께서 나를 풀어 주기 시작했던 것에서부터 되돌아왔다. 그래서 나는 그때 이후로 나의 의무로 되돌아왔다. 나의 질병들은 나의 모든 근육들과 관절들에서 믿을 수 없을 정도로 차갑고 느린 '만성피부병'(humour)으로 구성되어 있다. 보통의 고통, 처음에는 모든 나의 사지에서 심각하게 중대한 고통, 대장의 지속적인 폐색과 함께, 그 후에 기력의 가장 심각한 쇠약과 피로가 뒤따라온다. 주께서 나에게 어떤 중대한 질병을 발생시키시는 일이 없이 나의 59년을 허락하였다. 그러므로 이것은 나의 죄들로 인해 내가 마땅히 받아야 할 것들의 중요한 것을 내가 느껴야 할 시간이다."

7. 참고 John Strype, *The Life of the Learned Sir John Cheke* (Oxford, 1821), 55f. 같은 해(1550년) 11월 12일에 부처로부터 체크에게로 다른 편지가 전달되었는데, 그 편지 안에서 그를 그의 최고의 존경스러운 후원자라고 부르고 있다. 그와 함께 부처가 종교를 개혁하는 것과 관련하여 왕을 위하여 썼던 그의 가장 유명한 책 *De Regno Christi constituendo*를 보내고 있다. 그는 (당시에

1550년 여름과 초가을 동안에 이 책을 완성했다고 추측해 볼 수 있다. 그러므로 그는 이 책을 서둘러 저술했음에 틀림없으며, 이 책은 이러한 흔적을 분명하게 보여 주고 있다. 이 책에는 많은 불필요한 반복들이 있으며, 저술하는 스타일은 장황하고 산만하다. 그럼에도 불구하고, 전체적으로 이 책은 훌륭하게 조직되어 있으며[8] 상당히 다양하고 견고한 알맹이들로 내용이 채워져 있어 주목할 만하다. 거의 틀림없이 결혼과 이혼에 관한 일련의 긴 장들은 아마 부처가 영국에 오기 전에 저술한 것으로 보이는데,[9] 그는 그러한 부분들을 그의 논문 속에 적절한 형태로 통합시켰다. 이 내용은 전체 책의 거의 1/4을 차지하면서 나머지 주제들과 비교하여 불균형을 이루고 있다.

특별히 주목해야 할 것은 부처가 교회의 문제뿐만 아니라, 전반적인 문화의 문제, 특히 교육, 경제, 사회생활, 그리고 정치와 관련된 문제에 관해 얼마나 직접적으로 영국의 상황에 전념하느냐 하는 것이다. 부처가 영어를 이해하거나 말하지 못하기 때문에 이것은 놀라운 일이다. 그는 영국 정세에 관한 지식을 얻기 위해 자신의 직접적인 관찰에 의존해야만 했다. 그렇지만 개혁자로서 그의 경험을 통해, 그는 관찰자로서뿐만 아니라, 정책 입안자로서 공적인 정세에 관여하게 되었다. 그러므로 그는 신속하게 영국의 상황을 평가할 수 있었다. 종교 개혁이 영국에 도입되어 전체 공동체의 생활을 결정하게 하고자 하여 특별한 관심을 요구하는 문제들과 쟁점들을 친숙하게 알고 있던 크랜머와 그의 조력자들이 부처를 영국의 상황으로 끌어들였다. 부처가 영국에 체류하던 초기부터, 그들은 교리와 예전의 문제들에 대해 그의 판단과 조언을 구하였다.

옥스퍼드에서 가르치고 있던) 순교자 피에트로스(P. Martyr) 이외에 아무에게도 보여 주지 않았다는 것을 알리고 있다. 그런데 부처가 말했던 바와 같이, 마터는 그와 동일한 의견을 가지고 있었다. 그는 그의 책이 그들 자신과 교회의 유익을 위해 읽어야만 하는 그러한 사람들을 제외하고 어떤 사람들에 의해서도 읽어서는 안 된다고 덧붙이고 있다. 그리고 그는 체크가 이러한 그의 수고들과 고생을 왕에게 알려줄 것으로 바라고 있었다.

8. 내용의 상세한 목차를 참고하라.

9. 이 작품의 이 부분의 과도한 길이 때문에 소수의 장들만이 이 번역에 포함되었다. 그의 경력을 통하여 그리고 특히 스트라스부르에서 그의 활동과 관련하여, 부처는 결혼과 이혼이 규제되어야만 하는 최선의 방법에 크게 관심을 가지고 있었다(참고 Wendel, ed. *De Regno Christi*, xlix). 그는 자신이 결혼과 이혼에 관한 22장을 무슨 목적을 위하여 그리고 무슨 환경 하에서 준비했는지를 어떤 방식으로도 나타내지 않았다. 그는 이혼 문제에 특별한 관심을 기울이는데, 그의 관심의 중심에 있었던 특별한 문제는 모든 법들을 통제해야만 하는 그리스도의 가르침에 따라서 재혼의 권리와 함께 이혼이 어떤 조건 하에서 허용될 수 있느냐 하는 것이었다. 구약과 신약의 관련 문단들의 비교와 조화의 토대 위에서 그리고 유스티니아누스의 「시민법대전」(*Corpus Iuris Civilis*)에서 서술된 바와 같이 자연법과 관련하여, 그는 다음과 같은 결론을 내린다. (1) 이혼은 간음의 경우뿐만 아니라 결혼의 본질(다시 말해, 남자와 여자가 남편과 아내로 함께 사는 것)이 실현될 수 없는 것으로 입증될 때 허용되어야 하며, (2) 무죄한 상대방은 재혼할 권리를 가진다.

케임브리지에서 부처는 가장 큰 존경과 예우를 함께 받았다. 거기에 도착한 직후에, 그는 트리니티칼리지의 학장(Master)이자 그 대학교의 부총장(로마법 전문가)인 월터 하든(Walter Haddon)의 추천으로, 그리고 코르푸스 크리스티칼리지(Corpus Christi College)의 학장이며(엘리자베스 여왕 하에서 캔터베리의 첫 번째 대주교가 될) 매튜 파커(Matthew Parker)의 제안으로 명예 신학 박사 학위를 받았다.[10] 이 두 사람은 그의 절친한 친구로 남았다. 부처의 요구로, 그들은 그의 마지막 유언장의 집행자로 헌신하는데 동의하였으며,[11] 그들 둘은 1551년 3월 2일에 거행된 그의 장례식의 주요 연설가들이었다(부처는 1551년 2월 28일에 소천하였다). 하든은 라틴어 송덕문을 낭독하였고, 파커는 영어 설교를 하였다.[12]

부처는 케임브리지에 체류하는 기간 동안에 이러한 사람들과 접촉하여, 영국을 지배하고 있는 상황들과 조건들에 대한 직접적인 정보를 얻었던 것으로 보인다. 그의 친구들은 하든과 파커 다음으로 유명한 인문주의자 로저 아샴(Roger Ascham)[13], 왕의 선생인 존 체케(John Cheke), 그리스어 교수이자 플라톤의 「법률」(Laws) 번역자인 니콜라스 카(Nicholas Carr), 후에 캔터베리 대주교가 되는 에드문트 그린덜(Edmund Grindal), 그 당시 케임브리지에서 설교자였고 후에 런던의 주교가 된 에드윈 샌디스(Edwin Sandys), 사회 개혁에 대한 큰 열정을 가진 설교자 토마스 레버(Thomas Lever), 부처의 가장 충실한 제자로 메리 여왕 하에서 순교한 존 브레드포드(John Bradford)가 있었다. 부처는 아마도 이러한 사람들로부터 농업과 양모 무역, 실업과 빈민 구제와 관련된 절실한 경제 문제들의 상세한 정보들을 얻었으며, 그의 책에서 이러한 문제들에 관한 정보를 드러내며 특별한 입법을 제안하기도 했다.[14]

---

10. 참고 Wendel, ed. De Regno Christi, xxvi.

11. 참고 Original Letters, ed. for the Parker Society (Cambridge, 1856), 361f.

12. 성 메리 교회에서 거행된 장례식장에 약 3,000명의 사람들이 참석했다고 전해진다. 이것이 사실이라면, 이것은 부처가 케임브리지에서 얼마나 높이 평가받았는지를 나타낼 것이다. 그가 받았던 높은 평판의 다른 증거는 메리 여왕 하에서, 개신교 종교 개혁이 중단되었을 때, 그는 공식적인 재판에서 사후에 이단자로 정죄 당했다는 사실이다. 그 후에 그의 뼈들을 그의 무덤에서 파내서 공개적으로 케임브리지의 마켓 스퀘어(Market Square) 위에서 불태웠다(1556년 2월 6일). 에드문트 그린덜이 지지했던 파커와 하든의 지도로, 부처의 이름은 1560년 7월 22일에 공동묘지에 재복권되었다. 참고 Scripta Anglicana(Basel, 1577), 935ff.

13. Lawrence V. Ryan의 매우 유익한 작품인 Roger Ascham (Stanford University Press, 1963)를 참고하라.

14. 방델은 「그리스도 왕국론」의 서론에서 매우 신중하게 제안한다. 부처는 이런 친구들이나 다른 전문가들에 의해 제안된 내용을 자신의 제안으로 채택했을 것이다. 부처의 영국의 친구들을 위하여 다음의 책을 참고하라. C. Hopf, Martin Bucer and the English Reformation, 16f.

II. 그리스도 왕국론의 목적

부처는 "영원하고 유일하고 유익한 하나님의 말씀이 우리를 가르침에 따라" 모든 기독교 통치자들, 특히 영국의 왕이 "백성을 위해 우리의 유일한 구원자이신 하나님의 아들의 복된 왕국을 굳건하게 회복할 수 있고 회복해야만 한다. 즉 우리 구세주이자 최고 왕이신 그리스도의 마음을 따라 종교에서뿐만 아니라 일반적인 삶의 모든 부분에서도 통치가 새롭게 되고, 마련되고, 설립되도록 해야 하는 방법들과 수단들"(485쪽)을 묘사하는 것이 그의 목적이라고 말하고 있다. 이 책은 영국에 종교 개혁의 도입을 위한 제안들을 포함하고 있다. 이 책은 또한 모든 사생활과 사회생활에서 기독교적인 '훈련(치리), 규율'의 준수를 보장하려고 고안된 일련의 근본적인 법률들의 개요를 제시한다.

부처는 왕이 종교 개혁을 위한 계획들을 수립하는 것이 그들의 의무가 될 종교적 업무를 담당할 위원회를 설립할 것을 제안한다. 의회의 승인과 함께, 복음 전도자들은 후에 백성들에게 수립된 계획을 알리고 백성들이 자발적으로 그 계획들을 자신들의 것으로 수용하도록 만들기 위해 그 나라의 모든 지방으로 파견되어야 할 것이다. 동시에, 교회 재산을 교회의 유익을 위해 보존하고 자금을 목회자들의 급료, 대학에서 그들의 훈련, 교회 건물의 유지, 그리고 빈민 구제를 위해 사용되는 방식으로 교회 재산을 운용할 조치가 취해져야 한다. 일단 이러한 모든 필요한 것들이 성취되고 올바른 자격을 갖춘 목회자들이 지명되어 그 자리에 취임하게 되면, 왕은 왕국을 통하여 종교 개혁의 도입을 선포해야만 한다. 그다음에 그는 왕국이 그것의 준수를 통해, 부처가 말하기를 사랑했던 바와 같이, '기독교 공화국'(respublica Christiana)이 되어갈 일련의 법률을 제정하여 선포하는 데로 나아가야만 한다.

이러한 법률들은 먼저 교회와 그리고 다음으로 공동생활과 관련된다. 법률들은 다음의 열네 가지로 구성되었다고 규정할 수 있다. (1) 신앙 교육, (2) 주일과 공휴일의 성화, (3) 교회 건물들의 성화, (4) 목회 사역의 개혁, (5) 교회 재산의 보호, (6) 빈민 구제, (7) 결혼과 이혼, (8) 공공 교육과 (직업과 기술의 올바른 훈련, 공업·상업 그리고 농업의 감독, 유스텔.

여인숙, 극장, 공공 연예의 올바른 배치를 통한) 실직의 정복, (9) 음식, (10) 행정 입법, (11) 행정 봉사, (12) 법원, (13) 형벌 체계, (14) 형법과 사형 제도.

부처가 여기서 말하고자 하는 것은 영국의 조건들을 개선하기 위해 자신이 가져 왔던, 스트라스부르 도시 교회를 지도하며 축적한 그의 경험이었다. 부처가 스트라스부르 공화국에서 배웠던 바에 따른 그의 추천사항들의 실체를 유지하면서 동시에 영국의 필요에 따라 그러한 것들을 어떻게 조정하려고 노력했는지를 알아보는 것은 흥미롭다. 특히 주목할 점은 그가 지배적인 상황에 맞추어 현실에 전념하려고 가능한 한 구체적인 노력을 했다는 점이다. 이러한 노력은 특히 교회의 필요를 위해 사용하려는 목적으로 교회 재산을 보존하려고 빈번하게 반복되는 그의 관심에서 분명해진다. 왜냐하면 교회 재산은 헨리 8세가 수도원의 세속화에서 보여 주었던 전례에 따라 세속 권력이 전용할 위기에 빠져 있었기 때문이다. 빈민들과 실업 문제들이 16세기 중엽 동안에, 양모 산업의 성장과 이러한 결과로부터 생겨나는 사회 경제적 이동들에 의해 부각됨에 따라 영국에 독특한 경제 문제들의 해결을 위한 그의 추천들 그리고 빈민 구제와 실업과 실직의 철폐에 대한 그의 제안들과 관련하여 동일한 관심이 훨씬 더 분명하게 드러난다. 빈민 구제와 관련하여, 그는 자신이 스트라스부르에서 배웠던 실질적인 교훈들에 의존하였다. 그러나 그는 그러한 교훈들을 사회 윤리의 새로운 원리들, 다시 말해 노동이 하나님의 소명으로서의 직업의 개념 속에서 표현됨에 따라 노동의 거룩성에 근거하여 그의 견해들을 정당화하려고 노력하였다. 다른 개신교 개혁자들과 함께, 부처는 선행에 대한 로마 가톨릭의 가르침에 반대하는 항의로 세 가지 원리들을 발전시켰다. 그러나 부처 역시 자신을 이러한 문제들에 대한 그의 관심을 제고시켰던 몇몇 영국의 사회 개혁가들의 대변인으로 활동하였다는 것이 전제되어야만 한다. 이렇게 해서 그는 그의 담론을 두드러지게 만드는 구체적인 방식으로 그러한 것들을 취급할 수 있었다.

부처의 「그리스도 왕국론」은 종교 개혁을 예배의 맥락에서 지지할 뿐만 아니라 교회는 종교 개혁을 전체 공동체 생활과 관련시키기 때문에 이 책은 이제 주목할 만한 프로그램을 포함하고 있다.

부처의 초기 해석자들의 본보기를 따르면서, 사람들은 이 책을 '기독교 정치학'[15] 혹은 '기독교 정부'의 개요이자 묘사로 간주하는 경향이 있을 수 있다. 그러나 이러한 경향은 부처가 정치학의 기본적인 문제, 다시 말해 정부 형태, 법의 본성과 국제법을 포함하는 법률 체계들, 전쟁과 평화 등을 논의하지 않기 때문에 부처의 목적이나 그의 성취에 대한 전체적으로 정당한 묘사가 될 수 없을 것이다. 부처는 스스로 정치권력의 문제, 이 권력의 기원과 본성, 상호 유용성과 한계에 관심을 가지지 않은 것으로 보인다. 그는 단순히 존재하는 조건들과 실제들을 당연한 것으로 인정하였다. 그는 피할 수 없는 원칙의 문제들을 우연히 만났을 때, 그는 그러한 것들을 실용주의적인 방식으로 다루었거나 아니면 신학적인 교리들에 의존하였으며, 그리고 그는 이러한 것들을 절대적으로 진실하고 구속력 있는 것으로 그러므로 모든 상황들에 적용될 수 있는 것으로 간주하였다. 그래서 그는 그러한 것들이 실제로 실용적으로 적용될 수 있는지를 스스로 질문하지 않았던 것으로 보인다. 부처가 이것을 이해했던 바와 같이, 교리상의 진리는 이 진리가 무슨 행동을 요구하든지 간에 수행하는 의무를 암시하였다.

예를 들어, 그는 통치자와 정부가 백성들의 복지에 대하여 책임을 져야 한다고 확신하였다. 어느 정도 토마스주의의 방식으로, 그는 이러한 책임을 정부가 백성들을 위해 현세의 행복뿐만 아니라 영원한 구원을 보장해야만 하는 것을 의미하는 것으로 이해하였다. 다시 말해, 부처는 정부가 참다운 종교의 도입과 유지에 대하여 책임이 있다고 믿었다. 그는 이것이 사실인 만큼 실현 가능하다고 확신하였다. 그는 구약의 유대 왕들, 예를 들어, 히스기야와 요시아의 모범, 그리고 기독교 로마 황제들, 특히 테오도시우스와 유스티니아누스의 모범이 이것을 확증한다고 믿었다. 그는 그들 모두는 실제로 하나님의 법에 따라 통치하였다고 생각하였다. 그는 그들을 이상화였고 자신의 생각이 어느 정도로 비역사적인지를 자각하지 못하였다.

그의 법률과 입법 개념에 대해서도 비슷한 것들이 언급되어야만 한다. 그는 '사랑'에 관한 예수님의 대위임명령이 모든 법률들의 토대가 되어야만 한다고 믿었다. 그는 이 명령을 구약과 신약의 도덕법들과 관련하여 해석하였으며, 근본적으로, 십계명과

---

15. 토니(R. H. Tawney)는 그의 작품[*Religion and the Rise of Capitalism* (London, 1926), 142]에서 부처의 책을 '기독교 정치학의 수고'라고 부른다.

'네가 다른 사람이 너에게 해 주기를 원하는 것을 다른 사람에게 하라'는 황금률의 견지에서 해석하였다. 그는 모든 입법이 이 규범을 따라야만 한다는 것을 의심하지 않았고 이것을 시행하는 것이 가능하다고 확신하였다. 그는 다음과 같이 썼다. "인간의 삶과 행동을 규제하려고 만들어진 어떤 규정이나 법률도 하나님의 주요한 율법으로부터 기원하여 모든 일들에 선견지명이 있는 통치자의 마음에 수용되지 않는다면, 법률의 이름을 지탱할 수 없으며, 그래서 역시 하나님의 모든 율법과 예언자들의 전체적인 가르침은 우리 구주 예수 그리스도께서 주장했던 바와 같은 이러한 두 가지 제목에 의존하고 있다. '네 마음을 다하며 목숨을 다하며 힘을 다하며 뜻을 다하여 주 너의 하나님을 사랑하고 또한 네 이웃을 네 자신같이 사랑하라'(눅 10:27). 틀림없이 모든 법들은, 하나님에 의해 전승되었든지 아니면 인간에 의해 공표되었든지 간에, 이러한 두 가지 제목에 관련되어야만 한다. 그러므로 알려지고, 명령되고, 혹은 금지되는 모든 일에서 법률들을 제공하고, 수정하고, 그리고 제도화하는 모든 사람들은 맨먼저 하나님에 대한 순결하고 신실한 예배와 이웃을 향한 굳건하고 충실한 사랑과 자선에 적응된 사람들에게 규정되는 것만을 유의하고, 이러한 것들에 반대되는 것은 무엇이라도 금지되어야 한다는 것만을 유의하라"(456-457쪽).

그는 일부 사람들이 그의 시도를 유토피아의 특성을 가진 것으로 해석할 수 있는 가능성을 의식하고 있었다.[16] 그러나 작품의 결론부에서, 부처는 그러한 가능성을 거부하였다. 그는 다음과 같이 썼다. "내가 제시하는 것이 현재 일하는 방식과 선구적인 사람들의 사고와 너무 차이가 나서, 실천 가능성보다는 희망적인 사고의 문제로 여기며, 내가 소위 플라톤의 공화국이라 불리는 것을 '설계하기'(architectari)를 원한다고 생각하는 것이다. 나는 이러한 사람에게, 그 왕국과 우리 주 예수 그리스도의 도래와 우리 모두가 공동으로 소유할 구원을 위하여, 내가 이 시대나 혹은 이전 시대 사람들

---

16. 나의 책 「하나님 나라」(Das Reich Gottes)에서 나는 부처의 프로그램이 유토피아인 것으로 판단되어야만 한다는 것을 (역시 제목을 통해서 간접적으로) 암시하였다. 나는 이것에 대하여 부처의 다른 해석자들에 의해 빈번하게 비판을 받았다(참고 Wendel, ed. De Regno Christi, xxxix). 확실히 부처는 그의 책에서, 그 자신의 말들이 분명하게 나타내는 바와 같이, 유토피아를 제시하려는 의도가 없다. 그렇지만 비평적인 역사가는 이것이 크게 비현실적이고, 그리고 이런 의미에서, 유토피아적인 것 이상으로 부처의 사회 개혁 프로그램의 실현 가능성에 대해 어떤 다른 결론에 도달할 수 없다. 역시 방델도 교회 개혁을 위한 그의 제안들의 예외와 함께, 부처의 프로그램은 실현될 수 없다고 결론을 내린다. 참으로 방델은 부처가 그의 작품의 대부분에서 드러냈던 태도에 대해 이렇게 말한다. "교리적 고려들에 의해 영감 받음"에 따라 "페트라르카가 황제 찰스 5세에게 고대 로마의 회복을 추천했을 때 그의 태도만큼이나 비현실적이다"(ibid.).

의 판단의 토대 위에서가 아니라, 영원하고 변할 수 없는 하나님의 말씀의 토대 위에서 내가 제안하고 제시했던 것을 판단하고 평가할 것을 간절하게 요청한다.[17] 이것을 하려고 진심으로 노력하는 사람들은 이러한 모든 일들이 그리스도의 통치를 영화롭게 하려는 선구적인 사람들의 목표와 실천으로부터 동떨어지거나 다르지 않으며 오히려 이러한 일들이 주이신 그리스도를 부정하지 않으려고 결정한 모든 사람들이 수용하여 지키기에 쉬운 것이고… 그리고 그것들이 인류의 구원을 위하여 지금뿐 아니라 영원히 필요하다는 것을 의심할 여지없이 알고 인정하게 될 것이다."

"사람이 어떻게 신인이시고 우리의 유일한 구세주이신 그리스도를 또한 자신의 그리스도, 구원자, 왕, 그리고 하나님으로 인정하여 경배하면서, 모든 그의 말씀들을, 그것들이 사실인 바와 같이, 영생의 말씀들로 수용하여 전심으로 그것들을 따르려고 노력하지 않을 수 있겠는가? 영생의 말씀이 주어진 그러한 사람들이 그리스도 주께서 그의 복음 안에서뿐만 아니라 성례와 그의 훈련의 모든 교훈들 속에서 제시하신 구원을, 창조주께서 모든 피조물보다 뛰어나시고, 하나님께서 사람들보다 탁월하시며, 그리고 확실하고, 영원한 생명과 행복이 거짓되고 공허한 의견과 선의 상상된 외관보다 뛰어나므로 마음의 훨씬 더 열렬한 소망과 훨씬 더 큰 감사를 가지고 받아들이고 포용하는 것이 필수적이지 않는가?"(486쪽)

여기서 부처는 자신이 그의 프로그램을 실천 가능성이 있는 것으로 간주하는 이유를 가능한 한 분명하게 서술하고 있다. 그의 판단에, 이것은 '영원하고 불변한 하나님의 말씀'과 일치하고, 그러므로 참된 만큼 실현 가능성이 있었다.

이와 같이 그가 추천했던 교회와 공동생활의 개혁은 교리적인 고찰로부터 영감을 받았다. 부처의 제안들은 그의 신학적인 관점과 연관시키지 않으면 이해되기 어렵

---

17. 여기서 부처의 성경주의에 대하여 한마디 언급되어야만 한다. 이것은 부처 자신이 순수하다고 믿었던 것으로 나타나는 것만큼 순수하지 않았다. 첫째로, 「그리스도 왕국론」의 주석의 장들이 분명하게 보여 주는 바와 같이, 구약과 신약을 통일성을 가진 것으로 보았다. 둘째로, 그는 교부들의 가르침을 성경적인 것이라고 생각하였고, 그러므로 그러한 가르침을 그것들로부터 파생된 교훈들을 가지고 성경의 법들을 보충하기에 권위가 있으며 적합한 것으로 간주하였다. 셋째로, 「그리스도 왕국론」에서 그는 주로 테르툴리아누스, 키프리아누스, 크리소스토모스, 히에로니무스, 암브로시우스, 그리고 아우구스티누스를 인용한다. 그는 또한 에우세비오스를 인용하나 주로 콘스탄티누스에 대하여 썼던 것 때문에 인용한다. 부처는 역시 그리스도인인 로마 황제들을 현대 기독교 통치자들이 따라야만 하는 권위로 인용한다. 넷째로, 그는 성경주의를 지지하고 보충하여 유스티니아누스 황제의 「시민법대전」으로부터 인용한다. 마지막으로, 우리는 그가 플라톤의 「법률」과 「공화국」 그리고 키케로의 「의무론」과 「법률론」에 어느 정도의 범위로 의존했는지를 주목해야만 한다. 그때에 그의 '성경적인 법률주의'는 폭넓은 토대 위에서 구축되었다는 것이 분명하다.

다. 부처 자신은 그의 개혁 이념들을 도입하는 방식으로 이러한 계획을 만들고 있었다. 왜냐하면 그가 언제나 성경의 토대 위에서, 그리스도 왕국, 교회, 그리고 기독교 정부에 대한 그의 개념을 발전시킨 제1권을 그의 프로그램의 윤곽을 제시하는 작품의 제2권의 서문으로 삼고 있기 때문이다.

III. 부처의 신학적인 전제

"우리 구주 예수 그리스도 왕국은 하나님의 선택된 사람들의 영생을 관리하고 돌보는 곳이다. 바로 이 하늘의 주와 왕께서 이 목적을 위해 선택하신 적합한 사역자들을 통해 집행하시는 가르침과 교리로 그 선택된 사람들을 자신에게로 모으신다. 이들은 세계 도처에 흩어져 있는 자들로서 그에게 속한 자들이지만 그럼에도 불구하고 그분은 이들이 이 세상의 권세들에게 복종하기를 원하신다. 예수님은 백성들을 자신과 교회에 통합시키시고, 그래서 죄들로부터 날마다 더욱더 충분하게 정화되어 가는 그 백성들을 교회 안에서 통치하신다. 그들은 여기서는 물론이고 오는 시대에 복되고 행복하게 살 것이다."(300쪽)

그리스도 왕국에 대한 이러한 정의는 부처의 신학적 확신들의 요약으로 간주될 수 있다. 사람들이 '잘, 행복하게'[18] 살아야만 한다는 것이 그의 기본적인 관심사였으며, 그러므로 그의 사고는 그러한 목적에 맞추어진 인간의 생활이 이러한 목적을 실현하도록 그렇게 '집행되고' '운영될' 수 있는 방식으로 전개된다. 그는 교회 정부 조직과 정치적인 정부 조직이 이러한 집행과 운영의 시행을 위해 고안된 두 기구들이라고 확신했다. 그러므로 그는 자신의 경험을 통해 교회와 국가가 궁극적 기능들을 성취할 수 있도록 규제되고 조직될 수 있는 방법의 문제에 관심을 기울였다. 그러나 그는 인간의 고안과 계획은 예측할 수 있는 결과들을 결코 얻을 수 없고, 인간의 행동들은

---

18. *Bene beateque vivere*. 부처가 키케로에게서 인계받은 이 구절은 그의 저술들을 통하여 등장한다.

목표로 삼은 성공을 필연적으로 거두지 못한다는 것을 알았다. 가장 잘 조직된 교회와 가장 잘 정리된 정부 조직이 단지 인간의 창조물이자 시도인 한에서, 그것들이 사람들에게 훌륭하고 행복한 생활을 제공하는데 실패할 수 있다는 가능성을 인식하였다. 그래서 그는 두 정부를 역시 일차적으로 하나님의 목적들의 실현을 위한 도구들로 봉사하도록 하나님께서 의도하신 신적인 기구들로 보았다. 그러므로 그의 마음속에서 하나님의 나라 개념과 동일했던 그리스도 왕국 개념은 그에게 있어서 상당한 중요성을 가지고 있으며, 그는 그리스도 왕국과 관련해서만 교회와 국가를 생각하였다. 그의 견해 속에서, 어떤 교회나 국가도 하나님의 통치권, 다시 말해 그리스도 안에 있는 하나님의 통치권의 표현으로 이해되지 않는다면 참될 수 없을 것이다.

부처가 알고 있었던 바와 같이, 그리스도와 분리된 선하고 행복한 삶은 있을 수 없다. 그는 사람들의 주, 왕, 그리고 구세주이시다. 그는 사람들을 통치하시며 그들은 그의 백성이며, 모든 사람들이 아니라, 그리스도가 자신을 위하여 선택한 사람들만이 백성이다. 그들만이 영생을 얻을 것이며 그들은 그의 선민들 가운데서 그리스도의 대행자이신 성령으로 인도함을 받기 때문에, 그들만이 건강하고 행복한 삶을 살 수 있다. 성령을 통해, 그리스도는 성경 안에서 사람들의 삶에 대한 그의 계획을 계시하셨다. 인간의 삶은 성경에 드러난 율법들과 계명들에 따라 정리되어야만 한다. 그리스도는 그의 의지에 순종하여 수립된 방편들을 따라 그의 규칙을 구속하려고 선택하셨다. 참된 생활은 그러한 것들을 통해서만 달성될 수 있다. 주요한 방편들은 교회와 정치적인 정부 조직, 다시 말해 성경에 나타난 그리스도의 법에 따라 조직된 교회와 자체를 그리스도에게 예속되어 그에게 책임을 지는 것으로 알고 있는 정치적 정부 조직이다. 그러므로 부처는 그리스도 왕국, 교회, 그리고 국가를 서로서로 연결시켰다. 부처는 결코 그리스도 왕국을 교회와 국가와 분리하여 생각하지 않았으며 그는 그리스도 왕국과 관련시키는 것 없이 교회나 국가를 다룰 수 없었다.

그의 이해에 따르면, 이 왕국은 그리스도의 왕권의 표현이었다. '그리스도 왕국'(Regnum Christi)은 부처에게 있어서 성경에 계시된 바대로 하나님의 뜻을 따라 조직된 인간의 삶에서 드러난 바대로의 그리스도의 통치이자 다스림을 의미했다. 참된 삶은 오직 그리스도의 통치에서만 실현될 수 있다. 다시 말해 어떤 사람도 그리스도 통치의 사회, 즉 기독교 교회와 그리스도인의 통치에 의해 형성되고 지배되는 '기독교 공화국' 속에 있는 것을 제외하고, '잘, 행복하게' 살 수 없다.

그리스도 하에서, 교회와 국가는 참된 종교의 육성에 대해 책임이 있다. 양자는 그리스도의 뜻을 시행해야만 한다. 부처는 다음과 같이 정치적인 통치자들의 의무를 묘사하는 데까지 나아갔다. "이 세상의 왕들 역시 올바르게 하나님을 인정하고 예배하며 그리고 모든 행동에서 이웃을 향해 참으로 도움을 베푸는 시민들을 헌신적이고 의롭게 만드는 수단들을 수립하여 추진해야만 한다. 이러한 목적을 위하여, 이 세상의 왕들 역시 어떤 위험, 추방, 그리고 심지어 죽음조차 감수할 준비를 해야만 한다"(248쪽).

그러므로 정치적 통치자들은 교회가 그리스도의 법에 따라 조직되는 것을 보장해야만 한다. 필요하다면, 그들은 개혁을 수행해야만 한다. 하여튼, 통치자들은 목사들의 훈련과 지명을 통제한다. 그들은 교회 치리의 어떤 요구들, 주로 교회 출석과 예배 시간과 주일과 공휴일들의 성화(신성화)에 순응하도록 만들기 위하여 강제력을 사용할 수 있다. 그들은 교회, 그리고 특별히 교회 직원들, 성직자들과 함께 결혼과 이혼의 기독교적인(즉, 성경적인) 법들의 준수, 빈민 구제의 올바른 시행, 그리고 젊은이들과 노인들의 훈련과 교육을 위한 책임을 공유하고 있다. 이러한 모든 점들에서, 그러나 특히 교육과 관련하여, 정치 지도자들은 하나님의 일꾼들이다. 부처에 따르면, 모든 사람들은 하나님의 인도 하에서 공동체의 선을 위해 발전시켜야만 하는 특별한 능력들과 재능들을 하나님으로부터 부여받았기 때문이다. 그는 "왕들과 통치자들의 주요한 기능은 하나님께서 각 시민을 위해 그의 삶에 무슨 특별한 역할을 계획하셨는지를 찾고 탐구하며, 이 목적을 위해 각 사람이 어릴 때부터 살고, 준비하고, 도움을 받도록 관심을 기울이는 것이다"(302쪽)라고 쓰고 있다. 다른 장소에서, 그는 동일한 생각을 훨씬 더 강력하게 표현한다. "우리의 하늘의 왕은 또한 그의 백성들에게 삶의 필수품들을 제공하여 풍성하게 이용하도록 만드는 상세한 것들에 관심을 기울여, 백성들 가운데 한 사람도 이러한 것들에 궁핍하지 않도록 하신다. 왜냐하면 하늘의 왕은 백성들이 필요로 하는 것들을 아시기 때문이다(행 6:1-4; 마 6:30-32). 이것 역시 세상 왕들의 의무인데, 우선적으로 그는 어린 시절부터 직접적으로 각 개인이 다듬어지기까지 기술들과 기능들을 접하고 배우도록 모든 시민을 배치해야 한다."(251쪽)

교회의 기능을 취급하면서, 부처는 다음과 같이 쓰고 있다. '그리스도의 교회들이 백성의 단순한 생활을 돌보는 것으로 충분하지 않다. 교회들은 또한 백성들이 상호간에 그리고 전체 공동체와 교회에 유익한 존재가 되어 주님을 따라 살도록 백성들을 준비시켜야만 한다.'(415쪽)

부처는 국가의 궁극적 목적을 위하여 교회와 동일한 단어들을 사용할 수 있었다! 그래서, 참으로, 그의 견해 속에 교회 구성원들과 백성들을 위한 양자의 책임의 성격과 궁극적 목적과 관련하여 교회와 국가 사이에 차이가 없었다. 왜냐하면 부처는 교회와 국가가 사람들 사이에서 그리스도의 통치를 구현하기 위해 그리스도에게 봉사해야 한다고 믿었기 때문이다. 국가는 칼을, 즉 강제력을 사용한다. 교회는 설득을 채용한다. 국가는 법과 강제력으로 통치한다. 교회는 생명을 위한 (단어의 문자적인 의미에서) 영감을 제공하고 말씀을 설교하고 가르치며, 성례를 집행할 뿐만 아니라, '생활의 치리'(disciplina vitae ac morum)와 빈민 구제를 담당하는 그리스도께서 지명한 직원들을 통해 생활을 규제한다.

교회와 국가의 기능은 양자가 가족생활의 질서와 빈민에 대한 관심과 관련하여 어떤 책임들을 떠맡는 한에서 치리의 영역에서 일치한다. 정치권력은 기본적인 법률들을 집행하고, 교회는 조언과 감독을 제공하여 책임을 수행하는데, 결혼과 가족과 관련해서는 설교자들과 장로들을 통하여, 빈민 구제의 경우에는 집사들을 통하여 책임을 수행한다. 교회와 국가인 양 기구는 하나님 아래서 그리스도가 그의 통치를 시행하는 수단들이기 때문에, 양자는 궁극적인 동일한 목적의 추구에서 상호간에 협력한다. 그러나 교회는 통치자들이 공동생활의 전체를 통제하는 한 정치적인 정부 조직에 복종하고, 국가는 정치 지도자들이 삶의 궁극적인 목표, 다시 말해 왕국의 설립, 즉 그리스도의 통치의 설립에 따라, 그리스도의 대표자이고 그리스도의 몸의 대변자인 목회자들에 의해 지도받아야만 하는 한 교회에 복종해야 한다.

부처의 이해에서, 이 왕국이 여기 지상 위에 세워질 것이라는 것을 우리가 주목해야만 한다. 이 왕국이 실질적으로 그리고 충분하게 도래할 것이라는 표지는 모든 사람들 사이에서 사랑의 공동체가 실현되는 것이 될 것이다. 사랑과 상호 봉사의 이러한 형제애는 자연적이고 역사적인 삶의 조건들 속에서 존재하게 될 것이다. 그러한 것들은 성령을 통해 기독교의 덕들에 의해 침투하게 되는데, 주요한 덕은 어떤 사람이 하나님께서 주신 임무들을 추구하고 상호간의 유용성을 발휘하는 데서 드러나는 근면이다. "(그리스도께서) 참으로 다스리는 사람들은… 자신들을 위하여 아무것도 구하지 아니하고, 오직 다른 사람들을 위하여 유익한 것을 구한다(고전 13:5). 그들은 그들 가운데서 각자가 그리스도의 몸 안에서 자신의 위치를 지키며, 완전한 평안과 성실을 가지고 그의 일을 할 수 있도록 주선한다. 각자는 상호 간섭하여 혼란을 일으키지 않으며, 게으름 혹은 나태함 때문에 태만하지 않다. 이것은 그들이 그들의 의무를 수행하지 않고 게으른 생활을 선호하는 그러한 사람들과 결합하기를 거절하는 정도로 사실이다. 모든 이러한 행동 속에서 그들은, 하나님의 자녀들로서, 그들이 시작한 것을 성령으로 손쉽게 성취할 수 있다. 왜냐하면 성령님은 각 개인에게 은사들을 나누어 주셔서, 모든 사람이 공동의 이익에[19] 중요한 것을 기여할 수 있도록 역사하시기 때문이다(고전 12:7). 따라서 형제의 사랑이 실질적으로 그들 사이에 풍성하게 피어나기 때문에, 일시적인 재화들을 풍부하게 분배받은 사람들은 재화들의 부족으로부터 고통당하는 사람들과 관대하게 공유하게 된다."

그러한 사랑과 상호 봉사의 공동체가 존재하는 곳에, 그리스도 왕국이 존재하고 있고, 그리고 또한 참된 기독교 교회와 기독교 공화국이 존재하고 있다. 이것이 부처의 가장 깊은 종교적 확신이었다. 이러한 확신이 그의 실질적인 교회 리더십의 활동에서뿐만 아니라, 그의 신학적이고 교회와 관련된 저술들에서 그를 인도하였다. 「그리스도 왕국론」(De Regno Chirsti)에서 그가 에드워드 6세에게 영국에 종교 개혁의 도입과 수립을 위하여 그리고 기독교 신앙의 능력으로 영국의 전체의 국가적인 공동체의 변혁을 위하여 추천했던 것이 이 프로그램을 통하여 반영되고 있다.

Ⅳ. 「그리스도 왕국론」의 효과와 영향력

부처 책의 직접적인 결과는 별로 없었다. 영국 정세에 대한 그의 개인적인 영향력은

---

19. *Ad communem utilitatem* (Wendel, ed. *De Regno Christi*, 11).

1551년 2월 28일 그의 사망으로 단절되었다. 그에 대한 기억은 그의 많은 친구들을 통해 생생하게 유지되었으며, 친구들 가운데 여러 명이 시간의 흐름 속에서, 중요한 위치를 차지하는데 이르렀던 권력의 사람들이었다는 사실 때문에 그의 활동과 저술들이 기억되는 것이 가능하게 되었다. 그의 아내가 복사본을 영국에서부터 스트라스부르로 가지고 돌아갔던 그의 책은 그의 친구이자 비서인 콘라드 허버트(Conrad Hubert)의 좋은 관직들을 통하여 1557년 바젤에서 단 한번 출판되었다. 이 출판이 얼마나 폭넓게 보급되었고 그리고 이 책이 어느 정도로 영국에 도착했는지를 말하는 것은 불가능하다. 일 년 후에 이스라엘 아카키우스(Israel Achacius)에 의한 독일어 번역이 스트라스부르에 나타났다는 것은 주목할 만하다.[20] 그리고 제네바에서 아마 칼뱅의 후원 아래서, 불어 번역이 나왔다.[21]

이러한 책들이 얼마나 널리 보급되어 영향력을 미쳤는지는 알려져 있지 않다. 오늘날, 이러한 책들은 소수 도서관들의 희귀본실에서만 발견될 것이다.

영국에서, 이 책들은 거의 직접적인 영향력을 미칠 수 없었다.[22] 에드워드 6세가 1553년에 세상을 떠나면서 그의 누나이자 헨리 8세의 장녀인 매리(소위 악명 높은 피 먹은 매리 여왕)가 왕위를 계승하였다. 그녀는 로마 가톨릭교회를 복구하였고, 영국에서 종교 개혁의 모든 흔적들을 말소하려고 시도하였다. 우리가 전에 서술했던 바와 같이, 부처는 공식적으로 이단자로 선언되었으며, 그의 유물들은 공개적으로 불태워졌다. 에드워드의 통치 기간 동안에, 종교 개혁 운동이 충분하게 진전되지 못해서 후원자들이 그가 추천했던 바대로 그러한 조치들을 시도하는 것을 허락하지 않았기 때문에, 그의 책의 제안들은 시행되지 못하였다. 영국에서 적절하게 훈련받은 설교자들과 교사들이 상당히 부족한 상태가 지속되었고, 그 나라의 사회적이고 도덕적인 조건들이 별로 전망이 밝지 못해서 일반적인 개혁 프로그램의 시행은 불가능한 것이었다. 확실히, 에드워드 통치의 시작에서 그리고 서머셋(Somerset) 공작의 섭정 아래서, 헨리 8세

---

20. 이 번역은 방델 리헬(Wendel Rihel)에 의해 출판되었다(1558). 1568년에, 이 번역의 새로운 판이 출판되었다(Strassburg: Emmet).

21. 이것은 쟈끄 베르테(Jaques Berthet)에 의해 출판되었다(1558). 같은 해에, 다른 불어 번역이 로잔에서 출현하였다(Mendin, 1558). 처음 4장들을 제외하고, 이것은 제네바 불어 번역과 동일하였다(참고 Wendel, ed. De Regno Christi, lx). 방델은 망뎅(Mendin) 번역의 현대판을 부처의 Opera Latina의 Vol. XV로 다시 출판하였다(Paris: 1958).

22. 참고 Pauck, Das Reich Gottes, 107ff.

의 반기독교 법규들이 정지되었고 종교 개혁은 공식적으로 소개되었다. 왕실과 주교들의 방문들이 시행되었다. 교리 문답들과 복음적인 설교집들이 출판되었다. 「공동기도서」(1549, 1552)와 「42개조의 종교 항목들」(Articles of Religion, 1552)이 출간되었다. 부처 다음으로, 대륙 출신의 모든 영향력 있는 개신교 학자들과 설교자들이 영국에서 활동했는데, 특별히 순교자 피에트로가 활동하였다. 그러나 종교 개혁의 실질적인 성공은 영국에서 부처의 체류 기간 동안에 감지될 수 없었다. 중대한 일들이 젊은 왕에게서 기대되고 있었다. 크랜머가 대관식에서 에드워드 6세를 제2의 요시아 왕이라고 언급한 이후에, 그에게 소망을 두었던 (부처를 포함한) 많은 사람들도 그를 그렇게 불렀다.

그의 책은 그 젊은 통치자와 함께 공감하기에 이른 것같이 보인다. 1551년에, 에드워드는 아마도 부처의 작품에 의해 영향을 받았을 가능성이 있는 "남용의 개혁에 관한 담론"이라는 제목의 논문을 썼다. 이 글은 맨 먼저 교회 권력의 임무를 취급하는데, 「공동기도서」 순서의 엄격한 준수와 교회 권징의 도입을 강조한다. 그러나 왕의 특별한 관심사들은 부처가 세속 권력들을 위해 제안했던 것들에 속하였다. 에드워드는 다음과 같은 조치들을 취할 것을 추천하였다. (1) 인구의 모든 계층들로 퍼져가는 사치와 싸우는 것, (2) 적절한 교육의 부족을 통해 악화되어 가는 실업과 실직을 제지하는 것. 부처의 개혁 프로그램을 요구하였던 모든 악들이 열거되고 있는 바, 예를 들어, 담장 두르기, 값비싸고 낭비하는 수입 거래, 전반적인 낭비, 재판관들과 공공 관리들의 부패 등이다. 이러한 악들의 경감을 위한 왕의 제안들은 부처의 추천 정신들을 호흡하는 것같이 보이는 바, 예를 들면, 좋은 교육, 좋은 법률, 정당한 재판, 관리들의 모범적인 행동, 거지들과 부랑자들의 처벌, 모든 고객들에 대한 좋은 봉사 등이다. 역시, 전반적인 생각들은 아마도 부처에 의해 영향을 받았다. 사회는 모든 사람들이 스스로 자리 잡고 있다고 발견한 지위를 성취하는 방식으로 조직되어야만 하고 어떤 사람도 이웃 혹은 전체 공동체를 그에게 배정된 경계선을 넘어 이기적인 확장으로 해치지 말아야 한다.

1551-1553년 사이에 에드워드가 학교들의 설립에 대하여 크게 관심을 가졌던 것과 그의 주요한 관심사가 문법에서의 모든 훈련에 토대를 두어야 할 교리 문답으로 향하고 있었다는 것은 우연히 일어나는 일이 아니었을 것이다. 존 포넷(John Ponet) 주교가 그러한 교리 문답을 저술하여 종교 항목들과 함께 왕과 주교의 권위로 1553년에

출판하였다.

그러므로 부처의 책은 아마, 단지 부분적이었다고 하더라도, 실질적으로 저술된 목적을 성취하였다. 그러나 에드워드가 그렇게 곧바로 죽지 않고 그리고 영국에서 종교 개혁의 발전이 그렇게 갑자기 방해를 받지 않았더라면 그 효과는 의심할 바 없이 훨씬 더 깊었을 것이다.

엘리자베스 하에서, 개신교가 1558년에 다시 도입되었을 때, 주로 그때에 이르면 그가 살아 있는 동안에 누렸던 권위의 자리를 잃어버렸기 때문에 부처의 책들은 직접적인 영향력을 행사하지 못하였다. 그러나 그는 매튜 파커, 에드문트 그린덜, 에드윈 샌디스, 그리고 존 제웰(John Jewel) 같은 영향력 있는 인물들을 통해 계속하여 훌륭하게 기억되었다. 그의 친구들 모두는 엘리자베스 통치의 전반부 기간 동안에 국교회에서 고위직을 차지하였다. 런던의 주교인 그린덜은 영국에서 부처가 썼던 논문들, 메모들, 그리고 다른 자료들을 모아서 「영국 편집본」(Scripta Anglicana)에 포함시키도록 콘라드 허버트에게 보냈다. 그러한 것들은 1577년에 바젤에서 출판되어[23] 그린덜에게 증정되었다. 그는 빈번하게 부처에 대한 그의 감사와 부채 의식을 표현하였다.

16세기 성공회 저술들 속에서, 부처는 존 횟기프트(John Whitgift)의 저술들 속에서 가장 빈번하게 (그리고 거의 언제나 교회 정치체제와 관련하여) 인용되고 있다.[24] 그러나 역시 후자의 주요한 반대자인 토마스 카트라이트(Thomas Cartwright)도 부처를 언급하였다.[25] 이것은 부처가 국교도들 사이에서뿐만 아니라, 장로교회인들 사이에서 지지자들을 가지고 있었다는 것을 입증한다.

칼뱅 이념들에 대한 부처 이념들의 밀접한 유사성과 닮음의 견지에서, 사람들은 청교도들이 특별히 「그리스도 왕국론」에 있는 제안들 때문에 부처에게 끌렸을 수도 있다고 주장할 수도 있다. 그러나 이것은 사실이 아니며,[26] 참으로 부처의 전체적인 프로그램이 국교회 당파 혹은 청교도 당파 가운데 어떤 교인들에게라도 깊은 감명을 주

---

23. 이것이 부처의 수집된 작품들의 유일한 책으로 남아 있었다. 허버트는 다른 것들을 계획하였으나 그의 계획을 수행할 수 있었다.

24. 사람들은 횟기프트가 부처에 대한 그의 지식을 (그는 「그리스도 왕국론」뿐만 아니라 그의 주요한 저술들의 대부분을 인용했다) 존 브레드포드에게 신세 지고 있다고 주장할 수도 있다. 부처의 절친한 친구인 존 브레드포드는 케임브리지에 있는 펨브로크 홀 (Pembroke Hall)에서 횟기프트의 스승이었다[John Strype, *Whitgift* (London, 1718), 4].

25. 참고 Scott-Pearson, *Thomas Cartwright* (Cambridge, 1925), 226, 409f.

26. August Lang, *Puritanism und Pietismus* (Neukirchen, 1941)는 이것이 그렇다는 것을 보여 주려고 노력하였다. 그러나 그의 주장들은 충분하게 구체화되지 못하였다.

었다는 것을 보여 주는 증거는 거의 없다. (장로교) 청교도인 토마스 샘슨(Thomas Sampson)이 1577년에 엘리자베스의 대법관인 벌레이 경(Lord Burleigh)에게 보낸 편지가 있는데, 그는 이 편지에서 국교회의 교회 정치체제가 바뀌어야 한다고 탄원하였다. 그는 부처보다 더욱 확신하고 있는 어떤 사람도 알지 못한다고 서술하면서, 구체적으로 「그리스도 왕국론」을 언급하고 있다. 그는 그 전 해 동안에, 벌레이에게 이 책을 읽도록 촉구하였다. 그러나 벌레이는 명백하게 이 충고에 주의를 기울이지 않았다. 그러므로 샘슨은 자신이 인정할 수 없었던 이혼에 관한 논문만을 삭제하면서, 벌레이를 위하여 부처 책의 개요를 준비하였다. 그는 부처의 책에 '이 왕국에서 그리스도의 나라의 일들 가운데 부족한 것들'이 가능한 한 분명하게 제시되어 있다는 서술과 함께 그의 편지의 결론을 맺었다.[27] 벌레이는 개인적으로 교회의 부족한 점들의 개혁을 환영할 것이나, 그가 원하거나 혹은 다른 사람들이 자신이 할 수 있다고 생각하는 방식으로 개혁들을 실현할 수 없다고 말하면서 우호적인 답장을 보냈다.[28]

우리는 다른 사람들이 부처의 작품을 읽었는지의 여부와 어떤 환경 하에서 읽었는지 그리고 그들이 어떻게 반응했는지를 알지 못한다. 고문서 수집가로서 우리는 다음의 사실을 기록한다. 밀턴은 1644년에 개인적으로 이혼법들의 자유화에 관심을 가졌으며 부처가 그의 책들에 포함시켰던 이혼에 관한 장들의 부분적인 번역을 출판하였다. 이 책의 제목은 「그리스도 왕국론의 제2권에서 에드워드 6세에게 저술되고, (존 밀턴에 의해) 지금 영어로 번역된 이혼에 관한 마르틴 부처의 판단 '이혼의 교리와 권징'을 회복하려는 (존 밀턴에 의해) 제2권이 (부처를 칭찬하는 서문을 가지고 있는 다양한 발췌들과 후기와 함께) 영국 의회에게 마르틴 부처의 권위로 여기서 확정되고 정당화되는 책」[The Judgement of Martin Bucer concerning Divorce, written to Edward the Sixth, in his second book of the Kingdom of Christ and now English(by John Milton), wherein a later book(by John Milton) restoring the "Doctrine and Discipline of Divorce" is here confirmed and justified by the authority of Martin Bucer. To the Parliament of England(with postscript and with various extracts prefixed in commendation of Bucer)]이다.

---

27. 참고 Pauck, *Das Reich Gottes*, 112; Wendel, ed. *De Regno Christi*, 1; John Strype, *Annals of the Reformation and Establishment of Religion*(4 vols., Oxford, 1820–1840), Vol. II, Part 1, 392ff.; Strype, *The Life and Acts for Matthew Parker*(3 vols., Oxford, 1821), Vol. I, 56, 177f.
28. Strype, *Parker*, 448.

오늘날 부처의 작품은 주로 역사적 관심사에 속한다. 이 책은 우리에게 뛰어난 방식으로 가장 대표적인 개신교 개혁자들 가운데 한 사람 편에서 사회 윤리 문제에 대한 깊은 관심사를 증명하고 있다. 도덕적 문제들에 대한 부처의 견해들은 다른 개혁자들의 그것들보다 더욱 포괄적일 뿐만 아니라, 루터와 칼뱅의 견해들에 못지않게 유익하고, 심지어 더욱 유익하다고 말하는 것도 과장이 아닐 것이다.

그리스도 왕국론 제1권

영국 왕 에드워드 6세에게 헌정

서문

가장 영예롭고 신실한 왕인 폐하께 우리 구주 예수 그리스도를 통하여 하늘에 계신 우리 하나님 아버지의 자비와 호의가 더욱더 풍성하기를 기원하옵나이다.

저는 최근에 폐하의 지명과 명령으로 고등 교육 학교에서 성경을 가르치는 사람들이, 폐하의 다른 목회자들이 역시 하는 바와 같이, 폐하께 만수무강을 기원하면서 동시에 그들의 직업에 적합한 어떤 작은 봉사를 제공하는 데 익숙해져 있다는 사실을 숙고해 왔습니다. 저도 역시 어떤 방식으로든 저의 의무를 소홀히 하는 것을 원하지 않는데, 특별히 폐하를 향하여 그러합니다. 하나님은 폐하께 그의 이름에 대한 폭넓은 지식으로 조명하시었고, 열정으로 영감을 부어 주셨으며, 적그리스도들이 완전하게 억압하지 못했던 그의 백성들의 커다란 위로와 회복을 위하여 이 비참한 시대의 어두움과 혼란 속에서 빛나는 어떤 구원하는 별과 같이 모든 다른 덕들로 폐하를 장식하셨습니다.

이러한 일들과 관련하여, 저와 바로 그리스도 우리 구주께서 선택하신 그릇이자 세상을 떠난 파울 파기우스(Paul Fagius)[1]를 망명자로서 이 왕국으로 아주 친절하게 받아 주신 폐하를 기쁘시게 할 무엇인가를 저만이 성취하거나 혹은 만들어 낼 수 있다면 제가 폐하를 위하여 무엇을 하지 않을 수 있겠습니까? 이것에 덧붙여, 폐하는 우리가 건강이 악화되어 우리 사역에서 전혀 아무것도 할 수 없었던 여러 달 동안에 우리가 풍성하게 누릴 매우 관대한 급료로 이 훌륭한 대학에서 성경을 가르치도록 거룩한 신뢰를 우리에게 주셨습니다. 그러나 폐하는 여기에 만족하지 않고 더 넘치는 친절을 베푸셨습니다. 폐하는 제가 나이에 비해 쇠잔해지고 병으로 연약해지자 편리를 위한 것이 아니라 필수품으로, 20파운드를 지불해야 살 수 있는, 나의 연약한 몸을 덥게 해 줄 난로를 선물로 하사하셨습니다. 저는 이제 난로로 편안하고 따뜻하게 되었을 때, 죄의 문제들이거나 혹은 재난과 슬픔의 문제들이든지 간에 모든 차가운 것으로부터 폐하를 지키시며 주님의 사랑의 불과 모든 복의 점화를 통해 폐하를 따뜻하게 하고 돌보시기를 주님께 정당하게 간구합니다.

저에 대한 가장 관대하고 주목할 만한 친절에 대하여 감사하는 제 자신을 폐하께 보일 수 있기를 제가 얼마나 소원하는지를 주님이 아십니다. 그러므로 제가 그때에 오히려 기운이 없고 몸이 아팠지만, 제가 연초에 폐하를 위해 아주 작은 노력이라도 기울이는 것이 적합하다는 것을 알았더라면, 제 자신이 무엇이라도 만들어 보려는 시도를 했을 것입니다. 그러나 제가 아무리 건강 상태가 좋았다고 하더라도, 폐하께 가치 있고 저의 소명에 적합한 어떤 것이라도 만들어 내는 것에 저의 능력이 미치지 못한다는 것을 인정합니다. 저는 우리 종교의 어떤 국면에 대한 조언이 담긴 소장할 만한 것, 폐하를 즐겁게 하고 폐하께 유용한 어떤 문학 저술이 저에게 기대됨을 쉽게 받아들일 수 있습니다. 그러나 학문과 그리스도의 종교와 관련하여 폐하를 위하여 충분히 뛰어난 작품을 저술하는 것은 저의 능력의 한계를 훨씬 넘어간다는 것을 너무나 잘 알고 있습니다. 그러나 우리의 가장 관대하신 하나님 아버지께서, 우리가 선한 의도로 최선을 다한다면 이것을 충분하다고 인정하시는 바와 동일하게, 경건한 왕의 임무로서 하나님의 형상을 찾으시는 폐하께서도 제가 폐하를 기쁘시게 하려고 시도하

1. 파울 파기우스(1504-1549)는 히브리어 학자였다. 그는 1544년부터 스트라스부르에서 구약 교수였다. 그는 부처가 그의 의무를 포기하도록 강요당했던 동일한 시간에 이 자리에서부터 해고당했다. 그는 부처를 따라 영국으로 왔다. 그는 케임브리지에서 구약을 가르치도록 지명되었는데 이 학과장직을 맡은 후에 곧바로 사망하였다(1549년 11월 15일).

는 아무리 작은 시도라도 무시하지 않으실 것입니다.

폐하의 왕국에서 그리스도 왕국의 더욱 충분한 수용과 재확립에 대한 소책자를 폐하를 위하여 저술하는 것이 적합할 것 같습니다. 이렇게 해서 폐하와 이 나라에 있는 모든 계층의 사람들이 지속적으로 철저하게 주의 깊게 그리고 끈기 있게 이 목표, 즉 그리스도 왕국이 충분하게 수용되어 우리를 지배할 수 있게 되는 것을 향하여 일하는 것이 얼마나 유익하고 그리고 얼마나 필요한지 더 잘 이해할 수 있게 될 것입니다. 저는 모든 사람들의 영원한 행복과 구원이 포함되는 이러한 대의명분을 진전시키고, 추천하며, 효율적으로 그리고 마음에 들게 촉구하는 데 적합하고 확실하며 그리고 적절한 방법들과 수단들을 제시할 것입니다. 무엇보다도, 저는 모든 점에서 하나님께 완강하게 대항하는 시대에 살고 있는 우리들 가운데 그리고 우리 안에 성경으로부터 그리스도 왕국의 본성과 특성을 보여 주기 위하여 저의 에너지를 쏟아 부을 것입니다. 저는 왕국의 교제와 질서가 실질적으로 무엇인지를 제시할 것입니다. 사람들이 너무나 자주 "하늘에 계신 우리 아버지여… 나라가 임하시오며"(마 6:10)라고 반복하지만, 오늘날 너무나 소수의 사람들만이 우리 구원의 이러한 신비들에 대한 견고한 지식을 약간 가지고 있습니다.

주님이 저에게 그렇게 할 재능을 주시는 바에 따라, 저는 하나님의 영원한 말씀으로부터 이러한 몇 가지 문제들에 대하여 충고할 것입니다. 그래서 먼저 저는 우리들 가운데서 그리스도 왕국이 무엇인지를 취급하고 그리고 그 왕국의 본성, 특징적인 목적, 교제, 질서를 묘사할 것입니다. 그다음에 저는 이러한 왕국이 우리들 가운데 충분하게 수용되어 회복되기 위하여 모든 사람들이 합의된 생각들과 노력들을 기울이는 것이 얼마나 유익하고 완전하게 필요한지를 보여 줄 것입니다. 마지막으로, 저는 폐하께서 백성들 가운데 그리스도 왕국의 충분한 회복을 어떻게 수립하고 육성하고 격려하실 수 있고 격려해야만 하는지를 제시할 것입니다.

우리 주이자 왕이신 예수 그리스도께서 폐하의 마음에 임재 하셔서, 제가 그리스도의 견해에 따라 이러한 조언을 완전하게 제시하게 하시고, 또한 폐하께서 이것을 읽고 유익을 얻으시기를 기원합니다. 아멘.

제1장 그리스도 왕국의 명칭

이 세상에 있는 그의 백성들 가운데 있는 그리스도 왕국의 본성과 특성 그리고 이 나라 안에 있는 참된 교제와 질서의 본성을 더욱 충분하게 그리고 확실하게 알기 위하여, 먼저 성경 안에서 그리스도 왕국이 무슨 이름으로 불리고 있으며, 그다음으로 무슨 특성들이 그 나라에 귀속되는지를 고찰해 보고자 한다. 더 나아가, 주와 성령께서 다른 것들의 명명에서 하시는 바와 같이, 그의 왕국의 명명에서도 역시 가장 적합하고 기술적이고 의미 있는 이름들을 사용하셨다. 그리고 성경이 이 왕국에 귀속시키는 이러한 이름들과 특징들을 우리가 파악하여 굳건하게 소유하기 위해 신실하고 굳건한 믿음만이 요청될 정도로, 이 왕국의 본질, 본성, 그리고 올바른 표지들이 무엇인지를 아주 분명하고 풍부하게 설명하시므로 우리는 확신을 가지고 왕국에 대한 설명을 수행해야만 한다.

우리는 이 왕국이 '하나님의 나라'(마 6:33), '하나님의 사랑스런 아들 그리스도 왕국'(엡 5:5), '하늘의 왕국'(마 3:2)으로 불리는 것을 본다.

이제 왕국이 올바르고도 정당하게 그렇게 불린다면, 백성이나 국가의 운영이라는 언급도 가능함을 우리는 알고 있다. 이 나라에서는 지혜와 모든 능력에서 다른 사람들보다 뛰어난 한 사람이, 시민들의 복지를 위해 존재하는 어떠한 것이라도 시민들에게 조금도 부족함이 없도록 잘 획득하여 정리한다. 그는 모든 사람들이 가장 어린 시절부터 책임성 있고 행복한 생활 방식을 형성하도록 지도받는 그러한 방식으로 그렇게 한다.

이것이 실질적으로 왕국이라고 부를 수 있는 어떤 왕국의 본성과 목적이기 때문에, 우리가 그에 대하여 읽고 있는 왕국이 '하나님의 왕국'이라고 불린다는 것을 고찰해 보고자 한다. 하나님께서 통치의 지혜와 모든 인류를 향한 그의 의지의 자비에서 모든 사람들보다 뛰어나신 한에서, 어떤 인간의 왕국에 아무리 좋은 특성들이 발견된다 하더라도 그것은 하나님의 왕국에서 더욱 충만한 완전함으로 존재하고 발견된다. 참으로 하나님만이 선하고 지혜로우며 강력하시므로, 오직 그의 왕국 안에서 왕의 통치가 수행해야만 하는 그러한 것들이 분명하게 인식될 수 있다.

　　우리가 이것이 '하나님의 사랑스런 아들'(골 1:13) 우리 주 예수 그리스도 왕국이라는 것을 성경에서 읽을 때 우리는 동일한 것을 발견한다. 왜냐하면 그리스도는 아버지와 동일한 본질에 속하시기 때문이다. 그러나 주께서 인간이 되셨으므로 어떤 방식으로 도우셨고 이 세상에서 왕국을 통치하기 시작하셨으며 세상 끝 날까지 그렇게 하겠다고 약속하셨는지를 더 심도 있게 헌신적으로 고찰하고 심사숙고하고자 한다. 그리스도께서 아버지에 의해 그의 왕국으로 파송 받아 이 세상에 오셨을 때, '그는 종의 형체를 취하면서 자신을 비우셨고'(빌 2:7) 세상적인 부나 지위가 없는 평범한 사람들의 구성원이 되셨다는 것을 보여 주셨다. 그는 '머리 둘 곳도 없으셨다'(마 8:20). 그가 고통에 사로잡혔을 때, 그는 자신의 모든 백성들에 의해 버림받았다(마 26:56). 그는 이 세상의 지혜와 언변의 아무것도 나타내지 않으셨다. 왜냐하면 그때 하나님의 백성들 가운데 가장 지혜롭고 그리고 가장 거룩하다고 주장되었던 사람들이 그리스도에 대해 지혜로운 사람이 듣기에는 미쳤고 무가치하다고 판단하였기 때문이었다(요 10:20). 권세 있는 자들은 그리스도에게 호의를 보이지 않았고 그를 십자가에 못 박아 죽일 때까지 했던 모욕이나 상처로도 그에 대한 증오를 만족시킬 수 없었다. 나는 권세 있는 자들로 대제사장들, 서기관들, 그리고 백성의 장로들뿐만 아니라 바리새인들을 말하고 있다.

　　그래서 이 우리의 왕은 자신을 위해 세상 판단에서 보면 완전히 경멸받고 어리석으며 무능하고 인간들의 상황에 경험이 없는 사역자들을 선택하였다. 그들은 그리스도 때문에 스스로 세상의 가장 낮은 계층 가운데서 계수되었다. 참으로, 그들은 사람들 가운데 용납 받을 가치도 없는 것으로 간주되었다(롬 8:36). 왜냐하면 사망 선고를 받은 사람들과 같이, 그들은 기근, 목마름, 그리고 위험의 모든 방식으로 심하게 고통을 당했기 때문이다. 그들은 매를 맞았고, 고함소리와 모욕과 함께 망치로 맞았으며, 환대에서 배제 당했고, 그리고 모든 사람들에 의해 거부 당해, 모든 점에서 세상의 버림받은 자들로 알려졌다(고전 4:9-11).

　　최악으로, 세상과, 그분의 백성인 유대인들이 그리스도를 통해서 그리고 그의 사역자들을 통해서 그리스도께서 날마다 그들에게 풍성하게 주었던, 우리 왕의 가장 놀라운 복들을 커다란 잔인함과 비인간성만을 가지고 갚았지만, 그럼에도 불구하고 그리스도께서는 모든 사람들에게 복종하였고, 죽으면서까지 스스로 그들의 구원의 봉사자가 되셨다(빌 2:8). 그리고 말과 행동에서 모든 사람을 위하여 선행을 하시면서, 그리고 역시 매우 중요한 기적들로 그리스도께서는 그들의 잔인한 광란을 정복하려고 노력하였다. 그분은 백성들이 제공한 왕국을 피하셨으며(요 6:15), 빌라도가 공적인 권위를 행사하면서, 가장 부당한 사형 판결을 선언했을 때, 그분은 그에 대한 빌라도의 권세가 하늘로부터 온 것이라는 것을 인정하면서(요 19:11) 평온한 심령으로 그것을 받아들이시면서 세상 권력을 자신을 위해 거의 취하지 않으셨다.

더 나아가, 그의 깊은 굴욕과 모욕 속에서, 우리 주와 구원자는 세상의 것들의 그 극단적인 부족 속에서도, 모욕, 증오, 그리고 가장 잔인한 고난 속에서도, 그럼에도 불구하고 참으로 모든 물질적이고 공간적인 사물들과 몸들에 대해서뿐만 아니라 마음에 대해서까지도 참으로 통치하시고 놀라운 권능을 행사하셨다. 아버지께서 그에게 주셨던 그의 왕국의 참된 시민들을 그리스도께서는 말씀과 성령으로 감동시켜 부모, 아내, 자녀들, 그리고 그 밖의 모든 것들을 뒤에 남겨 놓고, 그가 원하는 곳이면 어디나 매우 열성적으로 그를 따르게 하셨다(마 4:18-22). 그리고 그들은 주님을 가난, 이 세상에서의 부끄러움, 그리고 심지어 죽음에까지 따랐을 뿐만 아니라, 거룩, 경건, 그리고 의에서도 그를 따랐다. 그리스도께서는 격노하여 그를 죽이려고 의도했던 적들도 설득력 있게 통제하셨다. 그는 적들을 채찍을 가지고 성전에서 내쫓으셨다. 그는 말씀으로 그들을 길에 넘어뜨리셨다. 그는 귀신들, 바다, 바람, 그리고 모든 피조물을 그가 원하셨던 만큼 자주 그의 뜻에 순종하게 만드셨다. 어떻게 그렇게 하셨을까? 그는 아버지로부터 하늘과 땅의 모든 권세를 받으셨다(마 28:18). 그러나 그는 그 권세를 이 세상의 도움들, 도구들, 그리고 무기들이 없이, 오직 그의 말씀과 성령에 의해서만 행사하고 사용하셨다. 그는 동일한 목적을 향하여 그의 왕국을 모든 사람들에게 개방하셨고 사도들과 사역자들을 통해 왕국을 세우셨다. 그가 이 세상에서 어떤 다른 방법으로 사람들 가운데 통치하신 시간이 전혀 없었으며, 앞으로도 없을 것이다.

우리는 우리 주 예수 그리스도 왕국, 십자가에 못 박힌 분의 왕국에 대하여 듣거나 기억하거나 읽으면서, 이 모든 것을 깊은 신앙적인 심령을 가지고 알고 묵상하고 생각해야만 한다.

이 왕국의 세 번째 이름인 하늘의 왕국은 우리에게 거의 동일한 것을 가르치고 있다. 먼저, 이것이 하늘의 왕국이라고 불릴 때, 이것은 여전히 이 세상에 포함되어 있는 우리들 안에 있지만, 이것이 이 세상에 속하지 않는다는 것을 표현한다(요 17:11). 이 왕국은 하늘에 속하여, 우리는 여기에 우리 아버지와 창조주를 모시고 있고 그분에게 호소하며, 우리의 왕 예수 그리스도께서 아버지의 우편에 앉아 계시며 하늘과 땅에 있는 모든 것을 통일시키신다(엡 1:10). 우리는 복음과 성령으로 이 왕국으로 초대받으며, 그리고 우리는 영생으로 인도받는다. 그러므로 하나님이 이 세상으로부터 우리를 선택하고, 그의 아들과 함께 우리를 살리고, 우리를 일으켰으며, 높은 곳에 우리를 두셨던 것과 같이(엡 2:5-6), 우리의 시민권²은 하늘에 있어야만 한다(빌 3:20). 다시 말해, 하나님은 그 자신과 그의 아들에 대한 믿음을 통하여, 우리를 복된, 하늘의 생활의 참여자들로 만드셨으며, 우리의 소망되던 부활과 천국으로 이동하는 것을 확신하게 만드셨다. 우리는 천국에서 하나님의 이 생명을 충만하게 누릴 수 있다.

우리가 더욱 분명하고 확실하게 그리스도 왕국의 본성과 능력이 무엇인지 그리고 우리들 가운데 왕국의 회복을 위하여 필요한 것이 무엇인지를 깨닫기 위하여, 이 왕국과 세상의 왕국에서 무슨 일들이 공통적이며 그리고 무슨 일들이 다른지를 구체적으로 논의하고자 한다.

제2장 그리스도 왕국과 세상의 왕국들이 공통적으로 가지고 있는 것과 가지고 있지 않은 것

첫째로, 세상의 왕국들과 그리스도 왕국 사이에 유사한 것은 한 사람이 최고의 통치 권력을 행사한다는 것이다. 그러나 세상의 왕들은 그들의 백성들과 모든 곳에 함께 있을 수 없고, 그들의 왕국에 대하여 혼자 힘으로 인식하고 공급할 수 없기 때문

---

2. 부처는 신약의 그리스어 본문으로부터 인용하고 policuma라고 쓰고 있다.

에, 그들은 왕국의 규모에 따라 다양한 장소에 대리자들, 부섭정, 그리고 다른 당국자들을 배치해야만 하고, 그리고 왕들 역시 그들의 조언을 왕국 운영에서 이용할 수 있는, 신중함과 지혜에서 뛰어난 사람들을 그들 권력 안에 가지고 있는 한에서 차이가 있다.

그러나 우리의 하늘의 왕이신 예수 그리스도께서는 그의 약속을 따라 모든 곳에서 그리고 모든 날에 "세상 끝 날까지" 우리와 함께하신다(마 28:20). 그리스도께서는 그 자신의 구원에 속하는 무엇이라도 보고 관심을 기울이며 그리고 성취하신다.

그러므로 그는 위치를 차지할 대리자들을 필요로 하지 않는다. 그는 그의 구원 사역을 위하여 목회자들, 그리고 직분의 어떤 특별한 종류들을 사용하시나, 그들의 모든 사역과 수고는 그리스도 자신이 그들의 심고 물주는 것에 성장을 주시지 않는다면 헛된 일이 되고 만다(고전 3:6-8). 그는 그들을 '새 언약의 일꾼, 문자가 아니라 영의 일꾼'으로 삼으신다(고후 3:6). 왜냐하면 지상의 왕들은 그들의 근면함과 판단을 사용하여 왕실의 칙령들을 실현하고 원래 의도된 것보다 더욱 창조적인 방식으로 왕의 명령들을 수행하는 것을 도와줄 일꾼들을 필요로 하는데 그리스도의 일꾼들은 스스로 이 왕국의 운영에 어떤 것이라도 기여한다고 생각조차 할 수 없기 때문이다.

둘째로, 세상의 왕국들과 그리스도 왕국의 통치에는 공통점이 있다. 이 세상의 왕들 역시 올바르게 하나님을 인정하고 예배하며 그리고 모든 행동에서 이웃을 향해 참으로 도움을 베푸는 시민들을 헌신적이고 의롭게 만드는 수단들을 수립하여 추진해야만 한다. 이러한 목적을 위하여, 이 세상의 왕들 역시 어떤 위험, 추방, 그리고 심지어 죽음조차 감수할 준비를 해야만 한다. 왜냐하면 그들은 높이 계신 하나님으로부터 그들의 신앙과 구원의 '파괴를 위해서'가 아니라 '건설을 위하여' 그리스도의 백성들과 그의 우리의 양들에 대한 모든 통치권을 받았기 때문이다(고후 10:8; 13:10). 그러므로 왕들은 자신들의 권력을 사용하면서, '자신들의 온 마음, 온 목숨, 그리고 온 힘'을 다하여 일하고, 그들의 목표를 향해 모든 것을 수행하여 아무것도 남겨 놓지 않는 것이 필수적이다.

더구나, 지상의 왕들은 이러한 방향으로 모든 관심을 확장하고 이러한 문제에 적합한 어떤 것도 등한히 하지 않지만, 그럼에도 불구하고 왕들 자신은 타고난 불경건과 불의의 사람들의 마음을 정화시킬 수도 없고 그들에게 참다운 경건과 의를 베풀 수도 없다. 왕들은 그들에게 맡겨진 백성들 중에서 방황하는 사람들의 불경건한 악행들을 억압하여 주의 들판에 생긴 무익한 나무들, 찔레들, 그리고 가시들을 절단할 수 있다. 왕들은 주의 들판에 해당되는 국가와 사회에 살고 있는 백성들의 치유할 수 있는 부분들을 좋은 법률들로 전지하고 육성할 수 있으며, 어느 정도 하나님의 말씀을 수용하도록 그들을 준비시킬 수 있다. (이 속에서 왕들은 최고의 열정을 가지고 일해야만 한다. 왜냐하면 그들은 바로 이 목적을 위해 세워진 하나님의 일꾼들이기 때문이다.) 그러나 그리스도 우리 왕이 거기에 흩어져 있는 복음의 씨가 자라나게 하실 때까지 이 들판이 경건과 의의 열매를 맺을 것을 기대할 수 없다(고후 3:7). 왜냐하면 백성들을 중생시켜, 죄로 죽어 있는 사람들을 의의 생활로 인도하시는 분은 홀로 그리스도 자신이기 때문이다(요 3:5; 5:24-25). 그리스도께서는 아버지로부터 이 능력을 받기 위하여, 그의 백성들이 개인적으로 그리고 집단적으로 여전히 그의 원수들이었을 때, 그는 그들을 위하여 매우 비참한 죽음을 당하셨다.

셋째로, 사악한 자들이 선한 자들 가운데 숨어 있는 동안에 그들을 용납해야만 한다는 것은 이 세상의 왕국들과 그리스도 왕국에 공통적이다. 그러나 그들이 사악한 범죄 행위를 공개적으로 해서 교정시켜야 하는데, 오히려 그들의 길들을 바꾸지 않을 때, 플라톤이 「정치학」(Politics)에서 말한 바와 같이, 공화국에서부터 그들을 제명하는 것은 정당하다.[3] 주께서 자신의 백성들에게 범죄자들과 교정될 수 없는 사람들을 그들 가운데서부터 몰아내고, 그들을 불태우며, 그리고 이렇게 해서 가능한 한 그들의 범죄성을 완전히 일소하라고 아주 엄격하게 명령하셨다(신 13:5ff.; 17:2-5; 19:11-21; 21:18-21; 22:13-28; 24:7).

그러나 세상의 왕국들과 그리스도 왕국의 운영 사이에 이 세상의 왕들은 악의 교정과 공화국으로부터 무가치한 사람들을 제거하기 위해 하나님의 명령으로 매질, 채찍질, 수감, 추방, 그리고 처벌의 다양한 형태를 사용하는 차이가 있다. '관리들은 공연히 칼을 가지지 아니하였기 때문이다'(롬 13:4). 그러나 하늘 왕국과 그리스도 왕국에서 그들이 치료될 수 있다면, 구원의 길로부터 방황하는 사람들은 오직 말씀과 성령의 충격 하에서, 회개의 사슬들을 가지고 그 왕국으로 회복된다. 그리스도의 백성들에게 있어서 완강하고 그리고 그들의 악한 길을 지속하는 사람들을 '세리와 이방인

---

3. Plato, *Politics*, 308e-309a.

들같이 취급하는 것'으로 충분하다(마 16:19; 18:15-18; 고전 5:1-5; 고후 2:5-11; 12:20-21; 살후 3:6).

그러나 자신의 백성들에게 죄의 두려움이 스며들게 하기 위하여, 그리스도 우리의 왕은 일반적으로 더욱 심각하게 범죄 하는 그의 교회 안에 있는 사람들을 그들에게 종종 질병과 다양한 재앙들을 보내 사로잡으시고, 사악함을 지속하는 사람들을 매우 자주 우리들의 한 가운데로부터 갑자기 무서운 종류의 죽음에 의해 취해 가시며, 그들을 게헨나로 내쫓아 버리신다. 이러한 엄격함의 시행 속에서, 그는 그의 종 욥을 질병으로 채찍질하여 시험하는 데서(욥 1:12), 그리고 이집트인들을 처벌하는 데서(출 12:23) 했던 바와 같이 악한 영들의 사역을 사용하신다. 이따금씩 그는 베드로의 책망으로 아나니아와 삽비라를 죽이시고, 바울을 통해 저항하는 마술사를 눈이 멀도록 치실 때와 같이 그 자신의 성도들의 사역을 사용하신다(행 5:12; 13:8-11). 그는 알렉산더와 후메내오를 복음을 모독한 것에 대한 처벌을 위해 사탄에게 넘겨주셨다(딤전 1:20). 바울이 고린도 교회에 편지를 쓰면서 '능력'[4]이라고 불렀던(고전 12:10) 성령으로부터 온 이러한 은사와 재능을 가졌던 성도들이 적지 않게 초대 교회에 있었다. 오늘날에도 그리스도 왕국에 대한 사악한 적들에 대항하는 거룩한 사람들의 기도는 효력이 없는 것이 아니다. 암곰이 즉시로 그들을 찢었기 때문에, 예언자 엘리사의 저주가 그를 조롱하는 소년들에 대하여 효력이 없지 않았던 것과 같다(왕하 2:23-24).

넷째로, 세상의 왕들이 하는 바와 같이, 그리스도 우리 하늘의 왕도 그의 백성들이 그의 왕국 안으로 받아들여져 인침 받고 외적인 성격의 어떤 언약들과 성례들에 의해, 하나님의 사역자들에 의해 통치 받는 것을 원하신다는 점에서 세상의 왕국들과 그리스도 왕국 사이에 유사성이 있다. 그러나 우리의 왕은 그의 영원한 선택의 숨겨진 경륜에 따라 그의 성례를 통해 죄들로부터 그의 백성들을 깨끗하게 하시고, 그리고 그는 지상의 왕들의 권력을 넘어 새롭고 영원한 생명을 주신다(롬 6:4; 고전 12:13; 갈 3:27; 엡 5:27; 딛 3:5-7). 동일한 목적을 위하여, 그리스도 우리 하늘의 왕은 말하자면, 자신의 백성들이 몇몇 부족들로 나뉘는 것을 원하시고, 그들이 거룩한 성회로 모여 거기서 말씀을 듣고 기도하며 받은 은총에 대하여 말로 그리고 그리스도의 가난한 자들을 위해 봉헌된 헌물들로 감사를 표현하여, 하나님과 그들 사이에 영원한 구원의

---

4. 부처는 *dynamics*라는 용어를 사용한다.

언약을 승인하는 것을 원하신다. 이것은 그들이 그들의 머리와 더욱 충분하게 연합되어 범사에 그에게까지 자라게 하려는 것이다(요 6:54-58; 엡 4:15-16).

그러므로 이러한 목적으로 그리스도께서는 자신의 백성들을 위해 사역자들과 목사들을 임직하여 지명하신다(엡 4:11-12). 이것은 그들 앞에 외적으로 율법들을 제시하고, 성례를 시행하며, 그들의 사역을 통하여 신앙이 천국 생활에 대한 열심과 함께 택한 자들 가운데 보존되고, 믿음이 날마다 성장하여 완전해지도록 각자와 모든 사람들을 돌보게 하려는 것이다.

다섯째로, 우리의 하늘의 왕은 또한 그의 백성들에게 삶의 필수품들을 제공하여 풍성하게 이용하도록 만드는 상세한 것들에 관심을 기울여, 백성들 가운데 한 사람도 이러한 것들에 궁핍하지 않도록 하신다. 왜냐하면 하늘의 왕은 백성들이 필요로 하는 것들을 아시기 때문이다(행 6:1-4; 마 6:30-32). 이것 역시 세상 왕들의 의무인데, 우선적으로 그는 어린 시절부터 직접적으로 각 개인이 다듬어지기까지 기술들과 기능들을 접하고 배우도록 모든 시민을 배치해야 한다. 그리고 그분은 그것을 나눠서 그리스도 왕국 안에서만 시민 정부[5]의 이러한 목적이 성취되게 하신다.

그리스도께서 참으로 통치하는 백성들은 그들 자신을 위해서는 아무것도 구하지 않고, 오히려 다른 사람들을 위하여 쓸모 있는 것만을 구한다(고전 13:5). 그들은 그들 사이에서 각자가 완전한 성실함과 근면함을 가지고, 그리스도의 몸 안에서 그의 위치를 지키면서, 이 직업을 수행할 수 있도록 주의를 기울인다. 그는 간섭[6]으로 어떤 혼란도 일으키지 않으며, 그는 게으름 혹은 나태함으로 소홀히 하지 않는다. 이것은 그들이 그들의 의무를 수행하는데 실패하고 게으른 생활을 선호하는 그러한 사람들과 결합하기를 거절할 정도로 진실하다(살전 2:9-12; 살후 3:7-12; 고전 12:24-26; 엡 4:28).

이러한 모든 행동 속에서 그들은, 하나님의 자녀들로서, 실질적으로 그들이 시작했던 것을 성령으로 성취한다. 왜냐하면 이 성령은 그의 은사들을 각 개인들에게 나누어 주어, 모든 사람들이 공동의 유익이 되도록 중요한 것을 분배하도록 하시기 때문이다(고전 12:7).[7] 따라서 형제의 사랑이 그들 가운데 실질적으로 번성하기 때문에 일

---

5. 부처는 'aularkeia'(독립을 통하여)를 추가한다.
6. 부처는 다시 그리스어 구절을 사용한다. polypragmosynei. Plato, Republic IV, 434b; Laws VIII, 846d-847a.
7. Ad communem utilitatem. 방델은 이 구절이 스타플렌시스(Faber Stapulensis)가 출판한 아리스토텔레스의 『정치학』(Politics)의

시적인 재화들의 풍성함을 부여받은 사람들은 이러한 것들의 부족으로부터 고통당하는 사람들과 관대하게 공유한다.

결국, 어떤 사람도 엄숙한 모임에 주님 앞에 빈손으로 와서는 안 되고(출 23:15; 신 16:16-17), 감사하는 마음으로 절기들의 모든 마지막 날에 주님께 중요한 것을 드려야 하며, 성령의 규정에 따른 이러한 일들은 궁핍한 사람들 가운데서 교회의 신실한 감독자들과 집사들에 의해 시행되어야 하기 때문에(행 6:1-6), 그리스도의 참된 시민들 가운데 어느 누구도 궁핍한 상태로 발견되어서는 안 되고, 모든 사람이 건강하고 행복하게 살기 위하여 그가 필요한 만큼 그에게 주어지는 결과가 논리적으로 따라온다(행 2:44; 4:35).[8]

이 세상의 왕들은 또한 공화국 안에서 모든 이러한 일들을 이룰 의무가 있다. 왕들은 백성들 가운데 한 사람도 궁핍하지 않고, 오히려 건강하고 행복하게 살도록 각자에게 충분한 것이 이용될 수 있는 방식으로 이러한 목표들을 지향하여 외적인 권력과 지배력을 사용한다. 그러나 왕들은 이생의 축복에서 풍족한 사람들에게 쉽게 공유할 자발성을, 혹은 곤궁한 사람들에게 다른 사람들의 친절에 대한 피할 수 없는 의존을 받아들일 마음을 줄 수 없었다. 반면에 우리의 왕, 참된 사랑과 인내의 시행자는 말씀과 성령으로 백성들의 마음을 그들의 부의 이러한 건강한 공유와 가난에서의 인내에 대해 가능한 한 자발적이고 그리고 강하게 만드신다.

백성들 사이에서 이러한 사물들의 공유가 더욱 안전하게 수립되고 더욱 열매 맺게 하기 위하여, 그리스도께서는 비슷하게 말씀과 성령으로 백성들의 각자가 부름 받은 생활 방식 속으로 경건하게 들어가서 그 생활 방식을 지속적으로 발전시키는 것을 일으켜야 한다. 그의 규칙이 참으로 효과를 나타낼 때, 그리스도 왕국에서 결혼은 성급한 연합도 육체의 욕망에 따른 연합도 수반하지 않고, 오히려 부모 아니면 가족 혹

번역에서 나타난다고 지적한다(De Regno Christi, 11, n. 6). 그리고 부처는 여기서 이것을 읽었을 가능성이 있다. 이 전체적인 구절은 부처의 활동과 소명의 이상의 특징적인 서술이다. 기독교 공화국은 그에 속한 모든 사람들이 서로서로에게 상호 간에 유익하다는 사실에 의해 다른 공동체들로부터 구별된다는 것이 그의 의견이다. 부처가 자신이 종교 개혁자들과 공유했던 성경적 신앙의 표현이라고 믿었던 이 견해는 그것들이 스트라스부르와 같은 그러한 중세 도시 공동체에서 추구됨에 따라 전통적인 기독교와 인문주의의 관심사의 종합이다.

8. 부처는 인생의 목적에 대한 그의 개념을 '건강하고 행복하게 사는 것'[bene (혹은 pie) beateque vivere]이라는 구절로 요약하기를 좋아한다. 이것은 키케로의 저술들 속에서 자주 발견될 것이다. 이것은 아우구스티누스에 의해서도 언급되며, 부처에 의해 사용된 바와 같이, 이것은 인문주의적인 (에라스무스의) 정취를 가지고 있다.

은 국가가 그들을 지명하든지 간에, 다른 보호자들의 충고와 권위를 고려하면서 연합하게 된다. 이들은 그들의 아들을 위하여 종교에 대하여 일치하고 그리고 신실하게 남편에게 순종하며 교회가 그리스도를 사모하고 섬기는 것과 같이(엡 5:24) 남편들을 사모하고 섬길 부인들을 받아들이는 데 특별히 노력하고 있다. 부인들은 실질적으로 경건하고 복된 생활을 성취하려고 남편들을 돕는 데 신실해야만 한다. 따라서 부인들은 자신들의 딸들이, 부인들을 실질적으로 사랑하고 부인들이 거룩하고 헌신적이 되도록 도우며 그리고 그리스도 주께서 그의 몸 된 교회를 위하여 하는 바와 같이(엡 5:29) 부인들을 위하여 지도와 안전과 안정의 참으로 유익한 근원이 된다는 것을 스스로 보여 줄 이러한 종류의 남편들에게 결혼시키려고 노력하고 있다. 그러므로 그들은 (그리스도 왕국에서 일차적으로 중요한 문제인 경건한 교리를 또한 가르치는) 학교 교사들과 교회의 교리 문답 교육자들의 노력들뿐만 아니라 그들 자신의 노력을 통해, 그들 안에 내재하는 죄의 권능을 인정하고 미워하며 유일한 왕이고 대제사장이신 그리스도를 통하여 하나님 아버지로부터 죄의 용서와 의의 정신을 구하고, 살아 있는 신앙과 회개를 통하여 언제나 육체를 죽이고 삶의 새로움 속에서 전진하는 것을 향한 열정에 결합되는 이것을 가르침 받도록 주의를 기울여야 한다. 이것이 성령께서 에베소서에서 부모들에게 아주 열정적으로 권면하는 하나님의 '훈계와 교양'[9]이다(엡 6:4). 주께서 세례 받은 사람들에게 명령하시는 것은 이 훈계를 통해 성취된다. "내가 너희에게 분부한 모든 것을 가르쳐 지키게 하라"(마 28:20).

아이들이 이해력을 갖자마자 그들의 마음들이 이러한 규범에 따라 형성되고 그리스도에 대한 순종에 익숙하게 훈련되지 않는다면, 악한 기원의 뿌리로부터 악의 종류의 찔레와 가시들이 자라서 하나님의 말씀이 수용되는 것을 막고, 일단 그것이 수용되더라도 질식시키고 소멸시켜, 그 몸이 거부하거나 혹은 그 약을 자체에 해가 되게 만들 때, 약이 질병으로 망가진 몸을 돕는 방식으로, 후에 그들이 법으로 교정 받아야 할 정도로 하나님의 말씀의 씨를 그들의 마음으로부터 몰아낸다.

더 나아가, 우리 왕이 백성들 각자를 자신의 몸의 구성원들로 가장 적합하게 정리하고 배치하는 바와 같이, 그리스도께서는 또한 각자가 세상의 판단에 의해 비천하

---

9. 부처는 여기에 '교훈과 훈계'(*paideia esti kai nouthesia*)(엡 6:4)의 그리스어 구절을 사용했다.

고 숨겨져 있으며 그리고 고난으로 가득 차 있거나, 아니면 장엄하고 드러나며 그리고 편안함으로 가득 차 있든지 간에, 할당받은 무슨 역할에서도 자신의 위치를 가장 정력적으로 그리고 신실하게 포용하여 굳게 잡을 정도로 감사하게 만드실 수 있다.

이러한 방식으로 우리 왕은 개인적인 역할과 그들에게 할당된 기능과 임무에서 시민들에게 복을 주고 호의를 베푸서서, 그들이 서로서로를, 각자와 모두를, 최고의 존경을 가지고 한 몸 안에 있는 지체들로 포용하고, 실질적으로 "한마음과 한뜻이 되어 서로 물건을 통용"(행 4:32)하는 백성들과 같이, 서로서로에 대한 가장 세심한 상호 간의 관심을 가지게 하신다. 그러나 하나님이 세우신 인간의 어떤 질서도 어지럽히지 않고, 하나님이 계획하신 삶의 어떤 조건도 변화시키지 않는 공동체 속에서, 이 관심은 이제 각자가 자신의 명예와 이익을 가지고 그 밖의 무엇이라도 경건하고 행복한 생활을 향하여 기여할 수 있는 것을 만들어 낸다.

또한 세상의 왕들은, 내가 전에 말했던 바와 같이, 백성들을 위해 이러한 모든 일들을 수립하고 수행해야만 한다. 그러나 그러한 것들의 충분한 실현은 정당하게 이것을 일으킬 능력을 가지신 그리스도의 통치에 속한다.[10]

여섯째로, 이 세상의 왕국과 그리스도 왕국은 악한 사람들과 악한 영들과 영속적으로 전투 상태에 있다는 점에서 공통점이 있다. 악한 사람들에 대항하여 심지어 육체의 무기들을 사용하는 것은 세상의 왕국들에게 정당하다. 그러나 그리스도 왕국은 육적인 적뿐만 아니라 영적인 적들에 대항하여 영적인 무기만으로 싸운다. 이러한 것들은 고린도후서 10:3-6과 에베소서 6:14-17에 묘사된 무기들이다.

일곱째로, 세상 왕국이 그리스도 왕국에 복종하는 바와 같이, 그리스도 왕국은 역시 자체적인 방식으로 이 세상 왕국에 복종한다는 점에서 세상 왕국과 그리스도 왕국 사이에 유사점이 있다. 그리스도 우리 왕은 지금 아버지 우편에서 왕국을 통치하시면서, 어느 누구에게도 복종하지 않으시고 모든 것들이 하늘에서 그리고 땅 위에서 그에게 복종해야 하지만, 그럼에도 불구하고 그가 이 세상에 계셨을 때 그분 자신이 칼에 위임했던 권세들 아래서 가장 부당한 죽음인 "죽기까지 복종"(빌 2:8)하셨다. 이와 같이 그리스도께서는 자신의 백성들이 또한 참된 왕과 이 세상의 정당한 군주

---

10. *Hoc proprium est regni Christi et plane oblinentis.*

들뿐만 아니라, 공적 권력이 주어진 매우 불의한 영주들과 무서운 전제 군주들에게 마음에서부터 순종하여(벧전 2:13-17), 합법적인 세금을 바치는 것과 더불어 인내하는 마음으로 그들의 칙령들에 순종하고, 그들의 부당한 판결에 묵종하며, 신실하게 국가[11]에 대한 모든 개인적인 의무들을 충족시켜야 하는 것을 의도하신다. 이것이 성령께서 로마서 13장에서 명령하신 것이다. "각 사람은 위에 있는 권세들에게 복종하라"(롬 13:1). 성령께서 '각(모든) 사람'을 말씀하실 때, 성 크리소스토모스가 올바르게 판단하는 바와 같이,[12] 성령님은 이 표현으로 "이 교훈이 평민들에게 뿐만 아니라" 참으로 "사도, 복음 전파자, 예언자, 혹은 그 어떤 신분이라고 하더라도, 결국 사제들과 수도사들에게도 제공되었다"고 가르치신다. 그리고 동일한 크리소스토모스가 경건하게 말하는 바와 같이, "이러한 복종은 경건을 전복시키지 않는다는 것"도 가르치신다.

더구나, 그리스도 왕국이 세상 왕국과 권세들에 복종하는 바와 같이, 차례로 세상의 모든 참된 왕국은(나는 전제 군주가 아니라 왕국을 말한다) 그리스도 왕국에 복종해야 하고, 왕들 자신들이 복종해야 할 첫 번째 인물들 가운데 들어 있다. 왜냐하면 그들은 그들 자신들만을 위해서 경건을 발전시키려고 열심을 내는 것이 아니라, 또한 백성들을 경건으로 인도하려고 노력해야 하기 때문이다.

거룩한 세례에서, 모든 사람은 그리스도 왕국으로 연합되었으며 순종하기로 맹세하였다. 그들은 거기서 그리스도의 교리를 더욱 충분하게 듣고 자신들을 더욱 확실하게 치리에 순응하려고 거룩한 집회로 빈번하게 모인다. 그리고 비록 그들이 죄를 범한다고 하더라도, 밀라노 교회에서 가장 신앙적인 황제 테오도시우스의 행동이 본을 보여 주는 바와 같이, 그들은 참회의 속박을 경멸하지 않는다(Theodoret in his *Church History*, Book V, Ch. 18). 황제는 평정심을 가지고 치리를 인내했을 뿐만 아니라 성 암브로시우스

---

11. 부처의 단어 *respublica*는 여기서 '국가'로 번역된다. 그 밖의 다른 곳에서 우리는 일반적으로 '공화국'(commonwealth)을 사용한다. *respublica*의 어의와 의미에 대하여 E. W. Kohls, *Die Schule bei Martin Bucer in ihrem Verhältnis zu Kirche und Obrigheit* (Heidelberg, 1963), 121-129 (Exkurs II; "Zur Bedeutung und Geschichte des Begriffes 'gemeinnutz'")에 의한 매우 유익한 논의를 참고하라.

12. John Chrysostom, *On the Epistle to the Romans*, Hom XXIII, 1(*MPG*, Vol. 60, col. 615). 「그리스도 왕국론」에 포함되어 있는 교부들로부터 그리고 또한 (그라티아누스) 교회법과 (유스티니아누스 1세) 로마법으로부터의 많은 인용은 부처가 중세 학자들의 관습을 따라서, 고대 저자들의 저술들의 발췌들로부터 채웠던 필기장인 명문선(florilegium)으로부터 그에 의해 인용된 것이다. 참고 François Wendel, "Un Document Inédit sur le Séjour de Bucer en Angleterre," *Reuve d'Histoire et de Philosohie Religieuses*, Vol. 34(1954), 224. 부처는 그와 그의 가족들과 함께 살았고 그의 조수들과 하인들로 그를 섬겼던 두 명의 케임브리지 학생들의 유익을 위하여 이러한 명문선의 기록을 만들었다.

가 교회의 현관 밖에서 그를 맞으면서, 황제가 죄에 대해 회개하지 않고 평상시와 같이 교회로 들어가고자 원했을 때 그를 제지하고, 감히 거룩한 모임에 대한 입장 허락을 얻으려고 했기 때문에 황제를 심하게 꾸짖었을 때 치리를 자신을 위해 건전한 참회의 문제로 만들었다. 당시 황제는 로마 제국의 재판관에게 돌을 던지고 격한 대우를 했기 때문에 데살로니가 사람들에 대항하여 야만적으로 감행했던 잔인한 살해에 대하여 아직 참회를 하지 않았던 상황이었다. 황제는 그 광경을 증언하도록 백성들을 소집한 후에, 그들에 대항하여 군대를 보냈고, 군인들은 7,000명의 백성들을 죽였다. 황제는 자발적으로 그러한 책망을 받아들였을 뿐만 아니라, 성 암브로시우스가 부과한 참회를 인내하며 감수하여, 8개월 동안 거룩한 성찬에 참여하는 것을 삼갔다. 황제는 회개가 열매에서 실질적이라는 것을 보였고 겸손하게 눈물로 용서를 구했을 때 마침내 사면 받았다.

그리고 발렌티니아누스 1세도 역시 종교보다는 군인들에 훨씬 더 익숙했지만, 밀란 교회가 목자 없이 있을 때, 그 교회를 위한 감독을 선출하려고 감독들을 소환해 놓고 아주 경건하게 다음과 같이 말했다. "하나님의 학문으로 양육 받은 여러분들은 교리뿐만 아니라 생활과 예절로 백성을 가르치고, 완전한 흠이 없는 모범이 되어, 그의 봉사가 가르침에 대한 증언이 될 정도로 사제의 위엄이 위임될 사람으로 누가 적합할지를 분명하게 알 것입니다. 그러므로 이 시기에 제국을 다스리는 우리가 역시 신실하게 고개를 숙일 수 있고, (우리는 인간이고 틀림없이 잘못을 범하기 때문에) 우리도 그의 교정들을 치료하는 약으로 기꺼이 받아들일 수 있는 사람을 감독 자리에 세우십시오." 이것이 그가 말했던 것이다(Theodoret, Book IV, Ch. 6).

다름 아닌 그리스도인으로 참된 왕들은 참된 목회자들의 말을 들을 때 그리스도의 말씀을 듣는 것이고, 그들을 경멸할 때 그리스도를 거부하는 것임을 알고 있다(눅 10:16). 왜냐하면 아버지가 아들을 보낸 것과 같이 주님은 사역자들을 보내시기 때문이다(요 20:21). 그러므로 세상의 경건한 왕들이 때때로 (다윗, 솔로몬, 히스기야, 요시아, 그리고 많은 다른 경건한 왕들이 신약의 빛 속에서 했다고 우리가 읽는 바와 같이) 특별히 성직자들이 타락되고 교회가 부패되었을 때, 자신들의 권위로 주님의 성직자들을 세우고 회복시키지만, 그럼에도 불구하고 교회 사역자들이 합법적으로 세워져 직책을 올바르게 감당할 때, 그들이 자신들의 말이 아니라 그리스도의 말씀들과 신비들, 영생의 말씀들과 신비들을 집행함에 따라, 모든 참된 왕들과 군주들은 목회자들로부터 그리스도의 목소리를 겸손하게 듣고 그들 안에서 하나님의 아들의 위엄을 존경한다.

이러한 이유 때문에, 그러한 군주들은 충분하게 그리스도의 공적인 사역자들과 교회의 목사들뿐만 아니라, 전체적으로 교회들[13]에게 복종하고, 이사야 49:23을 성취하기 위하여, 열렬한 열정을 가지고 그들을 양육하며 치장한다. "왕들은 네 양부가 되며 왕비들은 네 유모가 될 것이며 그들이 얼굴을 땅에 대고 네게 절하고 네 발의 티끌을 핥을 것이니 네가 나를 여호와인 줄을 알리라 나를 바라는 자는 수치를 당하지 아니하리라." 시편의 말씀도 이와 비슷하다. "모든 왕이 그의 앞에 부복하며 모든 민족이 다 그를 섬기리로다"(시 72:11). 모든 참된 왕들은 그리스도 왕국에 대한 이러한 거룩한 열정의 아주 많은 빛나는 모범들을 보여 주고 있는 바, 구약의 백성들 가운데서 다윗, 히스기야, 그리고 요시아, 그리고 신약에서 콘스탄티누스 1세, 요비아누스(Jovian), 테오도시우스, 그리고 교회 역사가들과 다른 역사가들이 풍부하게 증언하는 바와 같이 많은 다른 왕들이 있다.

더구나, 하나님의 아들이 충분하게 그들을 통치하시도록 허용하는 사람들이 거의 없기 때문에, 그러한 사람들은 그 아들로부터 매우 소수의 참된 왕들, 즉 그들의 구원과 행복에 속하는 것을 알고 획득하는 사람들을 받을 자격이 있다. 그러므로 대부분 그리스도 왕국의 시민들은 일반적으로 세상의 왕국으로부터 지원이나 봉사를 받기 보다는, 오히려 세상의 전제 군주들과 이들이 육성한 대단히 사악한 사람들에 의해 괴롭힘을 당하고 방해받고 있다.

그러나 세상이 전제 군주들을 통해 그리스도 왕국을 아무리 미워하고 반대한다고 하더라도, 그럼에도 불구하고, '하나님은 그의 힘의 홀을 보내어 그의 적들 한 가운데서 통치하시며'(시 110:2), 그리고 우리 왕 자신은 이리들 가운데 그의 무리들을 모으시고, 보호하시며, 먹이신다(사 40:1). 이것은 그리스도께서 가장 격렬한 원수들 가운데 있는 예루살렘에서 그의 교회를 그렇게 갑자기 증가시키고 번성케 하며, 하늘의

---

13. *Totis Ecclesiis*. 이 전체적인 문단은 '기독교 공화국'(*respublica Christianae*) 안에서 '그리스도의 통치'(*regnum Christi*)의 실현에 대한 부처의 관심을 나타내고 있다. 그는 성경의 권위에 따라 형성되고 조직된 교회에 의존하는 사회 질서인 '그리스도 통치'(Christocracy)의 견지에서 이것을 생각하고 있다. 필요하다면, 정치적인 통치자들이 이것을 수립하는 것을 도와야만 한다. 일단 수립되면, 이것은 정치 지도자들을 포함하여 모두의 충성을 정당하게 요구할 수 있다. (이러한 생각들의 역사적인 내용에 대해서는 Wendel, ed. *De Regno Christi*, 16, n. 12에 있는 참고 문헌들을 보라.)

선물들로 교회를 장식하여, 이것이 적들에게조차 놀라움이 되고 우리 왕 자신이 그에게 그 자신 안에 있는 참된 신앙의 선물을 주시지 않는다면 어느 누구도 감히 교회에 연합하지 않을 정도로 초대 교회에서 놀랍게 드러냈다(행 2:47; 4:4). 왜냐하면 그는 세상 끝 날까지 그의 선민들 가운데서 통치하셔야만 하기 때문이다(참고 마 28:20).

그러나 그리스도는 선민들 가운데서는 참으로 은밀하지만 언제나 정당한 아버지와 자신의 경륜에 따라 통치하신다. 많은 사람들 가운데서는 자비의 그릇들 속에 있는 그의 선의 무한한 보물들을 열기 위하여 지금 풍성하게 통치하신다. 소수의 사람들 가운데서는 그들이 어떻게든 진리를 알고 있는 한 그들의 거짓말들을 가지고 이 진리를 억압하는 사람들의 불경과 배은망덕에 대항하여 그의 정당한 엄격하심을 증명하시려고 더욱 희미하게 통치하신다.

그러나 우리의 왕이신 그리스도께서 구약 시대에 이스라엘 백성을 제사장 나라로 삼으신 것처럼, 어떤 백성이라도 그의 은혜와 호의 속으로 받아들이신다면, 그리스도께서는 그들을, 모세와 여호수아, 그리고 하나님의 백성의 비슷한 지도자들과 보호자들의 뒤를 따라, 종교를 확립하고 증진시키는 데 주로 관심을 쏟는 제후들과 왕들로 세우시며, 어떤 사람도 공공 사회에서 거룩한 의식이나 정해진 축일들을 무시함으로써 또는 나쁜 일과 범죄를 허락함으로써 주님의 언약과 신앙의 언약과 구원을 공개적으로 범하지 못하도록 하시며, 하나님의 말씀을 거스르거나 왜곡하는 것을 더욱 줄이실 것이다.

그들의 백성들 가운데 어떤 사람이라도 다른 사람들에게 해를 끼치는 것, 어린이들이 부모들의 보호를 거부하는 것, 노예들이 주인들로부터 도망치거나 혹은 명령을 경멸하는 것 혹은 어떤 사람이 다른 사람에 대한 의무를 소홀히 하는 것을 방지하려고 모든 주의를 기울이는 것이 모든 훌륭한 군주들의 의무이다. 공화국의 모든 통치자들이 그들의 권력이 하나님으로부터만 오고 하나님께서 그들을 백성들의 목자들로 지명했다는 것을 깨달았을 때, 이제 그들은 하나님의 판단에 따라 그들에게 복종하는 그들을 통치하고 보호해야 한다. 그리고 통치자들이 하나님, 그들의 창조자, 아버지, 그리고 주님으로부터 위임받은 사람들 가운데 어떤 사람도 신앙에서 약화되거나 율법들을 남용하거나 혹은 어떤 문제에서도 하나님으로부터 영광을 빼앗지 못하도록 주의를 기울이는 것은 얼마나 더 필수적인가? 그러므로 하나님께서 참으로 자비로운 판단과 함께 율법에서 자신에 대항하여 신성모독을 말하는(레 24:16) 어떤 사람, 안식일을 범하는 사람들(출 31:14; 35:2), 거짓 종교를 포용하거나 그 거짓 종교를 다른 사람에게 소개하려고 시도하고, 율법들을 고의적으로 위반하는 사람들(신 13:1-10; 17:2-5; 민 15:30-36)을 모든 백성들이 돌로 치는 것을 허용하셨다.

이와 같이 경건한 왕들이 하나님을 거스르는 잘못들에 대해 경계할 때, 많은 사람들의 불경이 참으로 제거되지는 않으나 억압되기는 한다. 이러한 경계는 불경이 하나님 앞에서 불법 행위나 약한 자들에 대한 걸림돌이 되지 않게 하려는 것이다. 인류의 현명하고 선한 통치자이신 하나님은 불경한 자들이 자신들 안에서 불경을 봉쇄하고, 경건을 위조하도록 강요하시는 방식으로 사태를 유지하는 것이 좋다고 판단하셨다. (이렇게 하면) 이 문제는 그들이 다른 사람들 위에 그들의 불경의 독선을 쏟아 붓고, 백성들 가운데 연약한 많은 사람들을 하나님께 대한 참된 경외와 예배로부터 이러한 방식으로 떠나가게 만들도록 허용하기보다는 오히려 그들 자신에게만 해가 될 것이다.

무한한 선과 자비에 따라, 하나님께서 또한 모든 사람들에게 구원을 베푸셔서 어떤 사람에 대해서도 무지의 변명을 미연에 방지하신다. 하나님께서 한때 그들이 모든 그의 종교적인 율법들을 준수하게 만드시려고[14] 자유자로 태어났든지 노예든지(창 17:12) 모든 사람들이 할례를 받도록 명령하셨던 바와 같이, 이제 모든 사람들이 세례 받아야 하고(마 28:19) 그다음에 그가 무엇을 명령하시든지 간에 교회의 치리 하에서 가르침 받는 것을 의도하신다. 이것은 그의 백성들 가운데 어느 누구라도 구원 교리와 경건에서의 가르침을 박탈당하지 않도록 하는 유리한 점을 가지고 있다.

그러므로 우리가 성경에 '기록된 일은 무엇이라도 우리의 배움을 위하여 기록되었다'(롬 15:4; 고전 10:11)는 것과 초대 교회 성도들이 하나님의 뜻으로 무엇을 행했든지 간에 그것이 우리에게 본보기로 제공되고 있다는 것을 인정할 때, 그들의 왕국들의 집행에서 그들이 어떤 인간적인 권위나 혹은 부패한 관습보다 하나님의 백성의 초대 지도자들과 보호자들이 우리 앞에 제시한 바와 같은 하나님의 교훈들과 하나님이 인정하신 모범들을 선호하는 것이 틀림없이 하나님의 백성의 참된 왕들이기 원하는 사람들의 의무이다.

---

14. *Religiones suas omnes observare.*

그러므로 그들은 먼저 최고로 신실하고 열렬한 열정을 가진 적합한 성직자들이 그리스도의 종교를 집행하도록 관심을 기울여야 할 것이다. 그다음으로 주의 교훈에 따라, 세례에서 그리스도에게 봉헌된 사람들은 누구라도 우리 왕이 명령한 것은 무엇이라도 성실하게 배우도록 관심을 기울여야 할 것이다. 그러면 백성들 가운데 어느 누구라도 그리스도의 가르침과 훈련에서 벗어나려고 공개적으로 시도하거나 혹은 하나님께 반대할 불경한 만용을 가지지 않을 것이다. 그러는 사이에, 유기자들이 공개적으로 고백한 경건을 그들의 심령에서 거부한다면, 스스로의 힘으로 위선들을 행한다고 하더라도, 그들은 다른 사람들이 아니라 그들 자신만을 해칠 것이나, 그들이 말이나 행위로 그들에게 불경을 도입하도록 허용되어서는 안 된다.

주님은 그들이 아들의 왕국을 충분하게 받아들인다는 조건으로 예언자들을 통해 그러한 왕들을 백성들에게 약속하셨다. 그러나 이방인들에 대한 그의 왕국의 첫 번째 계시에서부터 성 콘스탄티누스 1세까지 그의 아들의 왕국의 은밀한 하늘의 능력을 보여 주기 위하여, 그는 백성들에게 아무 왕도 주지 않으셨다. 비록 그리스도께서는 사악한 전제 군주들 하에서조차 그들에게 약간의 평화의 휴식을 허용하셨지만, 그러나 그는 잔인한 전제 군주들과 함께 그들을 시험하여 증명하셨다.

모든 거룩한 순교자들과 교부들은 참된 왕들과 군주들, 다시 말해 먼저 자신들을 위하여 그리스도 왕국을 격려하고 백성들 가운데서 날마다 더욱 충분하게 이것을 확산시키려는 사람들이 인간사들을 책임지는 것은 하나님의 자비의 최고의 축복이라고 언제나 인정해 왔다. 그러므로 그리스도의 백성들, '왕 같은 제사장, 거룩한 나라, 하나님의 특별한 백성'(벧전 2:9)은 왕이신 그리스도만을 의지해야만 하며 세상의 작은 정부들이 심지어 잔인한 전제 군주들의 수중에 장악되는 것이 허용된다고 하더라도 그들은 혼란에 빠져서는 안 된다. 오히려 그들은 주께서 공화국들 위에 참된 왕들과 군주들을 세워 주시기를 주께 계속해서 기도해야만 할 것이다. 그러면 그러한 군주들은 주님 자신의 마음을 따라(렘 3:15) 모든 일들을 집행하여, '그들이 모든 경건과 단정한 중에 고요하고 평안한 생활을 하도록 허용될 것이다'(딤전 2:2). 내가 말했던 바와 같이, 하나님께서 나라들을 통치하기 위하여 사용하는 사람들은 무엇보다도 하나님의 법과 하나님께서 칭찬하신 경건한 군주들의 모범에 따라 그들의 권력을 사용하기 위하여 노력하고 수고해야만 한다.

이러한 모범들이 신앙적으로 고려되고 성경에서 암시된 본문들이 성실하게 심사숙고된다면, 그리스도 왕국이 세상의 왕국들과 공통적으로 가지고 있는 것이 무엇이고 그리스도 왕국에 합당한 것이 무엇이며 그들이 어떻게 연합되고 그리고 그들이 어떻게 상호간의 복종 속에서 서로서로 섬겨야 할 것인지가 쉽게 이해될 것이다. 그리스도 왕국의 권능과 본성의 더 나은 이해를 위하여, 왕국의 그림을 그려서 그러한 본문들을 더욱 분명하고 더욱 생생하게[15] 설명하는 성경의 몇몇 본문들을 제안하는 것이 적합한 것으로 보인다.

왜냐하면 오늘날 그리스도 왕국은 너무나 많이 말살되고 억압받고 있기 때문이다. 그리고 이것은 철저하게 그리스도 왕국을 알고 그것의 실현을 위하여 일하는 사람들로 간주되기를 원하는 사람들의 행동으로 충분히 증명되고 있다.

제3장 우리가 제안한 것이 더욱 잘 이해될 수 있는 관점에서, 그리스도 왕국에 관한 몇 가지 더욱 유명한 성경의 구절들

그리스도 왕국의 예언자라기보다는 오히려 복음 전도자인 이사야는 여러 장소에서 그리스도 왕국의 특성들을 놀라운 명료성, 완벽함, 그리고 진지함을 가지고 서술하였다. 다른 예언자들도 역시 그들의 몫에 기여하였다. 우리는 더욱 분명한 증언들의 몇 가지만을 언급할 것이다. 그러므로 우리는 이사야 2:2에서 다음과 같이 읽고 있다. "말일에 여호와의 전의 산이 모든 산꼭대기에 굳게 설 것이요 모든 작은 산 위에 뛰어나리니 만방이 그리로 모여들 것이라." 그리스도의 교회가 맨 먼저 예루살렘에 세워질 것이기 때문에, 그러므로 성경에서 예루살렘, 시온 산, 그리고 주의 산을 자주 부르고 있다. 이 속에서 우리는 그리스도 왕국이 굳건하게 지속되는 안정성을 인식하고 보아야만 한다. 왜냐하면 이 세상의 왕국은 지속적인 변화에 빠져들기 때문

---

15. 부처는 *deinôsei*를 쓰고 있다.

이다.

우리는 '여호와의 전의 산이 모든 산꼭대기에 굳게 설 것이요 모든 작은 산 위에 뛰어날 것이다'라는 동일한 본문으로부터 그들이 은혜로우신 하나님을 소유하기를 원하고 영생의 참여자가 되기를 소원한다면 모든 민족들과 왕국들이 마침내 그리스도의 교회에 굴복해야만 한다는 것을 심도 있게 배우게 된다. 동일한 선지자가 주님의 말씀을 전하면서, 후에 증언하는 바와 같이, 그리스도의 백성을 '섬기지 아니하는 백성과 나라는 파멸할 것이기'(사 60:12) 때문이다. 왜냐하면 그리스도의 교회 안에 있는 것을 제외하면, 죄들의 용서가 허용되지 아니하거나 혹은 영생을 받지 못하기 때문이다.

다음으로 더하여지는 '모든 민족들이 주의 집의 산으로 모여올 것이다'라는 구절은 이방인들이 복음을 그들에게 설교하기 시작하자마자 그렇게 주목할 만하게 불이 붙어 그리스도 왕국을 받아들이는 데서 드러낼 열심을 보여 주고 있다. 동일한 예언이 계속된다. "많은 백성이 가며 이르기를 오라 우리가 여호와의 산에 오르며 야곱의 하나님의 전에 이르자 그가 그의 길을 우리에게 가르치실 것이라 우리가 그 길로 행하리라 하리니 이는 율법이 시온에서부터 나올 것이요 여호와의 말씀이 예루살렘에서부터 나올 것임이니라"(사 2:3). 많은 백성들이 서로서로 주의 산으로 올라가자고 초청할 것을 예언한 이 다가오는 사건으로, 이사야는 그리스도 안에 있는 참된 공동체에 대한 열정과 구원을 성취하는 것에 대한 상호관심을 가르치고 있다. 왜냐하면 그리스도를 참으로 믿는 사람들은 누구나 그의 왕국을 선포하여, 그가 할 수 있는 그러한 사람들을 왕국으로 초청하지 않을 수 없기 때문이다. 시편 116:10은 '내가 믿는 고로 말하리라'고 노래하고 있다. 이제 주께서 그의 백성들이 몸의 지체들로서 밀접하게 연결되고 하나님의 생명 안에서 서로 돕는 것을 원하시기 때문에, 그는 예루살렘 혹은 그리심산(요 4:21)뿐만 아니라 온 세상에서 이러한 목적에 봉헌된 장소들에서, 바로 이 목적을 위하여 커다란 헌신을 가지고 거룩한 집회들이 개최되기를 원하신다.

예언에서 다음에 오는 "그가 그의 길을 우리에게 가르치실 것이라 우리가 그 길로 행하리라"(사 2:3)는 구절은 훌륭하고 견고한 교리를 가지고 그것을 따라 살아갈 참된 기독교 회중의 필요를 주로 보여 주고 있다. 주님 자신이 그의 백성을 가르칠 것이요, 그들에게 그의 길을 가르칠 것이라는 것이 주목되어야만 한다. 주님은 이러한 목적을 위해 그의 사역자들을 사용하시지만, 그분만이 그의 사역자들의 가르침을 효과적으로 만드시고, 그의 사역자들이 충실하게 성경으로부터 그의 길을 나타내고 추천하게 하실 수 있게 하신다(고전 3:5). 이것은 주님이 하늘로 승천하고자 하실 때 제자들에게 명령했던 바와 같고(마 28:18-20) 사도들이 오순절 날에 하기 시작했던 바와 같다. 이러한 이유로 그는 "율법이 시온에서부터 나올 것이요 여호와의 말씀이 예루살렘에서부터 나올 것임이니라"(사 2:3)라고 덧붙이고 있다. 우리는 이러한 말씀으로 두 가지를 배운다. 구원의 교리는 그리스도로부터만 그리고 교회 안에서만 추구되어야 할 것이고, 사도들이 맨 먼저 예루살렘에서 가르치기 시작한 것이 이 교리라는 것이다.

예언은 계속된다. "그가 열방 사이에 판단하시며 많은 백성을 판결하시리니 무리가 그들의 칼을 쳐서 보습을 만들고 그들의 창을 쳐서 낫을 만들 것이며 이 나라와 저 나라가 다시는 칼을 들고 서로 치지 아니하며 다시는 전쟁을 연습하지 아니하리라 야곱 족속아 오라 우리가 여호와의 빛에 행하자"(사 2:4-5).

여기서 죄들에 반대하는 심판의 엄격함이 교회 안에서 활성화되어 회개와 죄의 용서의 설교를 통해 참회하고 믿는 사람들에게 죄들이 용서될 것이나, 그리스도의 복음을 경멸하는 사람들의 죄들은 남아 있을 것이라는 것을 배우게 된다. 그러나 이제 어떤 사람이 이미 그리스도의 교회 안으로 받아들여졌는데 더욱 중대하게 비행을 저지른다면, 주님의 심판이 역시 그러한 사람들과 관련하여 분명하게 시행되어 그들이 참된 회개로 감동받고 회개의 참된 열매를 맺도록 촉구될 수 있어야 한다. 이러한 문제들에서 교회의 말을 듣지 않으려고 하는 사람들은 그리스도의 교제로부터 분리되어, 이방인들과 세리같이 여겨져야 할 것이다(참고 마 18:15-18).

그다음에 따라오는 '그의 백성들이 그 칼을 쳐서 보습을 만들 것이다' 등은 그리스도 왕국을 참으로 수용하는 그러한 사람들에 대해 언급되는 것이다. 왜냐하면 그들은 스스로를 부인하고 그들 자신의 구원이 아니라 그들의 이웃의 구원에 기여하는 것을 찾기 때문이다. "야곱 족속아 오라 우리가 여호와의 빛에 행하자"라는 말 속에, 거룩한 집회들에 열정적으로 자주 참석하며 그들이 이렇게 해서 주님의 빛, 즉 복음의 순수한 가르침을 더욱 분명하게 인식하고 더욱 열심히 따르게 하기 위하여, 그가 할 수 있는 사람들을 동일한 것으로 초청하지 않는 사람들은 야곱의 집, 다시 말해 그리스도의 교회에 속하는 것으로 간주되지 않을 것이라는 것이 드러난다.

그리스도 왕국에 대한 예언이 이사야 11장에서부터 나온다. "이새의 줄기에서 한 싹이 나며 그 뿌리에서 한 가지가 나서 결실할 것이요 그의 위에 여호와의 영 곧 지혜와 총명의 영이요 모략과 재능의 영이요 지식과 여호와를 경외하는 영이 강림하시리니"(사 11:1-2). 이러한 말씀들을 통해 우리는 그리스도 우리 왕이 스스로 아무것도 하지 않으시고 아무것도 가르치시지 않으며 모든 것을 그의 아버지의 뜻과 성령에 따라 하시는 것과 같이, 역시 어떤 교리, 어떤 의식, 어떤 치리도 하나님의 모든 아들들을 감동시키는 성령으로부터 제도화되어 나오는 것을 제외하면, 그리스도 왕과 그의 왕국에 귀속될 수 없다는 것을 배우게 된다(롬 8:14). 이러한 성령은 성경과 숨겨진 영감을 통해, 자신의 백성들을 모든 진리로 인도하고 그들을 모든 선행으로 가르치신다. 왜냐하면 그는 '지혜의 영', 다시 말해 하나님과 그의 사역들과 심판들에 대한 굳건한 인식을 제공하는 분이시기 때문이다. 그는 하나님의 사역들과 판단들의 참되고 건전한 이해력을 나누어주는, '총명의 영'이시다. 그는 우리가 해야만 하는 것에서 우리의 사랑과 심판을 지도하시는, '모략의 영'이시다. 그는 세상과 사탄의 모든 두려움에 대항하여 그 자신의 백성들의 마음을 강화시키고 그들이 언제나 모든 일에서 하나님의 영광과 그의 이웃의 구원을 구하게 만들기 때문에 '재능의 영'이시다. 그는 그의 백성들이 모든 일들에서 하나님의 영광을 알아서 의도하고 신중하게 성취할 수 있도록 만들기 때문에, '지식의 영'이시다. 그는 주를 경외하는, 다시 말해 '참된 신앙의 영'이시다. 그들이 하나님을 날마다 더욱더 열렬하게 예배함에 따라, 그리스도 왕국의 시민들이 이렇게 해서 그로부터 성령의 이러한 선물들을 더욱더 풍성하게 얻게 된다. 예언은 다음과 같이 계속된다. "그가 여호와를 경외함으로 즐거움을 삼을 것이며 그의 눈에 보이는 대로 심판하지 아니하며 그의 귀에 들리는 대로 판단하지 아니하며"(사 11:3). 여기서 우리는 실질적으로 그리스도를 믿는 사람들이 그를 향하여 나태한 위선자들로부터 구별될 수 있는 주의 심판이 교회 안에서 힘을 얻어야만 한다는 것을 배우게 된다. (참으로 그리스도의 심판이 있어야만 한다면) 이러한 심판은 인간의 총명의 단순한 행사로도 아니고, 보이는 것과 듣는 것을 토대로도 이루어져서는 안 된다. 하지만 어떤 나무는 열매로, 오히려 주에 대한 경외와 함께 신앙적으로 알려져서, 이것은 교회의 심판이 아니라, 홀로 '사람 안에 있는 것을 아시고'(요 2:25) 사람들의 마음 안에 숨겨진 선과 악을 보고 찾아내는 능력을 아버지로부터 받은 그리스도 자신의 심판이 되어야 한다.

예언은 계속된다. "공의로 가난한 자를 심판하며 정직으로 세상의 겸손한 자를 판단할 것이며 그의 입의 막대기로 세상을 치며 그의 입술의 기운으로 악인을 죽일 것이며"(사 11:4).

이것이 그리스도의 심판의 본성을 설명하게 될 것이다. 이 세상에서 가난하고 고통 받는 사람들, 그들에 대항하는 불 위에서 그들의 죄들의 짐과 하나님의 감당할 수 없는 분노를 느끼는 그러한 사람들을 위해, 그리스도 우리 왕은 회개와 죄들의 용서를 부여받은 이러한 사람들을 사탄의 권세로부터 끌어올려 그의 왕국에 연합시키신다. 이것은 주님이 '천국은 이러한 자들의 것이다'(막 10:14; 마 5:3)라고 말씀하신 바와 같다. 그리고 주님은 그들을 보존하셔서 아무것도 그들을 해할 수 없으며 오히려 모든 것들이 그들과 합력하여 구원을 이루도록 하신다(롬 8:28). 시편 72:2-4의 노래와 많은 다른 예언적인 공표들이 모든 경건한 사람들의 정당한 위로를 위하여 이러한 심판과 관련되어 있다.

그의 입의 막대기로 맞는 세상과 입술의 기운으로 죽임을 당하는 악인에 대하여 덧붙여진 것은 그 적들이, 복음의 지식의 선물을 통한 교정과 그들이 불경한 원수이기를 중단하는 것을 위해서든, 아니면 하나님의 아들들과의 어떤 연합으로부터 그들의 제거를 위해서든, 군대의 외적인 힘이 아니라 그리스도의 말씀과 영으로 공격 받아 죽임을 당하는 그리스도 왕국의 특성을 표현한다.

예언은 계속된다. "공의로 그의 허리띠를 삼으며 성실로 그의 몸의 띠를 삼으리라"(사 11:5).

우리가 그리스도의 참된 지체들이라면, 우리는 여기서 우리가 모든 의로 허리띠를 삼으며 복음이 우리에게 알려 준 성실로 띠를 띠어야만 한다는 것을 경고 받고 있다. 거기서 다음의 예언들이 따라온다. "그때에 이리가 어린 양과 함께 살며 표범이 어린 염소와 함께 누우며 송아지와 어린 사자와 살진 짐승이 함께 있어 어린아이에게 끌리며 암소와 곰이 함께 먹으며 그것들의 새끼가 함께 엎드리며 사자가 소처럼 풀을 먹을 것이며 젖 먹는 아이가 독사의 구멍에서 장난하며 젖 뗀 어린 아이가 독사의 굴에 손을 넣을 것이라 내 거룩한 산 모든 곳에서 해 됨도 없고 상함도 없을 것이니 이는 물이 바다를 덮음같이 여호와를 아는 지식이 세상에 충만할 것임이니라"(사 11:6-9).

이러한 말들은 우리에게 다음의 세 가지를 가르친다. 첫째, 우리는 이 세상에 태어날 때 교양 없고 무지하여 절망적인 상황에 있어서, 우리는 이리들, 곰들, 표범들, 늑대들, 그리고 가장 해로운 뱀들과 비교되는 것이 마땅하다는 것을 가르친다. 둘째, 우리가 그리스도 안에서 다시 태어나고 그의 왕국의 참다운 시민들이 되어 가고 있다면, 우리는 모든 사람이 그 밖의 다른 어떤 사람의 큰 실패를 관용할 수 있을 정도로 다른 사람들로부터 칭찬받을 그러한 자비와 열정으로 불타야 하고 오히려 모든 개인은 각자가 그의 모든 능력에 따라 이웃의 구원과 복지에 가능한 한 많이 기여하려고 노력해야 할 것을 가르친다. 마지막으로, 그리스도 왕국의 시민들의 이러한 인간성과 사랑은 신앙과 오직 그리스도에 대한 지식으로부터 솟아난다는 것을 가르친다(갈 5:5-6). 왜냐하면 신앙은 사랑을 통해 능력을 보여 주고, 그것은 언제나 사람들에게 유익을 주게 되고, 어떤 사람에게도 해를 끼치지 않게 되기 때문이다(고전 13:5).

사람들은 하나님의 지식이 모두에게, 멀리 그리고 널리 확산될 것이라고, 여기서 교회에게 얼마나 위대하게 약속되는지를 주의 깊게 주목해야만 한다. 그러므로 그리스도 왕국이 우리들 가운데 회복되기를 원하는 사람들은 모든 세례 받은 사람에게 주님에 대한 참다운 지식, 다시 말해 우리가 그것으로 살고 구원받는 유일한 것인 그리스도에 대한 굳건한 믿음을 풍부하게 전달할 유능하고 신실한 교사들이 개별적인 교회 안에 있어야 한다는 것을 주요 관심사로 삼아야만 한다. 그들은 설교와 성경의 설명으로, 무식한 자들의 교육으로, 그리고 사적인 권면과 증언들로 이것을 수행해야만 한다.

거기서 예언이 따라온다. "그날에 이새의 뿌리에서 한 싹이 나서 만민의 기치로 설 것이요 열방이 그에게로 돌아오리니 그가 거한 곳이 영화로우리라"(사 11:10). 여기서 예언자는 복음이 열방에게 효과적으로 설교되어 열방으로부터 가능한 한 많은 백성들이 구원하는 깃발이신 그리스도에게로 나아갈 것이요 그의 약속에 따라 그 안에서 현세와 내세에 그들의 영혼을 위한 영광스러운 안식을 발견할 것이라고 예언한다(마 11:28-30).

그리스도 왕이 복음의 신실한 선포로 모든 사람들에게 알려져 모든 선민들이 열성적으로 그를 찾고 열성적으로 그들의 유일한 구세주로서 그를 수용하고 포용해야만 한다는 것을 주목해야만 한다. 황제의 깃발이 아주 멀리서도 모든 군인들이 볼 수 있도록 군대의 한 가운데 높이 세워져 그들이 필요하다면 그의 주변에 쉽게 모일 수 있어야 하는 것과 같다. 그러므로 그들은 그리스도의 교회 안에 있다고 헛되이 자랑한다. 왜냐하면 우리가 그리스도 자신과 사도들이 무리들 가운데서 그리고 그들이 듣고자 하는 사람들을 만나는 곳마다 이 의무를 성취하였다고 우리가 읽고 있는 바와 달리, 그들 가운데서 그리스도의 백성들에 대한 복음의 분명하고 지속적인 설교가 제일 중요하고 강력한 활동의 문제가 아니기 때문이다.

이사야 32장으로부터 다음의 예언이 나온다. "마침내 위에서부터 영을 우리에게 부어 주시리니 광야가 아름다운 밭이 되며 아름다운 밭을 숲으로 여기게 되리라"(사 32:15).

이러한 말씀으로부터 우리는 성령의 영감과 갱신에 의한 것을 제외하고 어떤 사람도 그리스도 왕국으로 들어가 그 안에서 지속적으로 머물지 못한다는 것을 배우게 된다. 우리가 영감 받아 갱신되기 전에, 우리는 우리 자신들과 다른 사람들에게 짐이 되는 일들인 가시들과 찔레들만을 생산하는, 어떤 무서운 사막과 같았다. 그러나 우리 왕이 그의 복음을 보내신 후에, 또한 우리 위에 하늘로부터 성령을 쏟아 부으실 때, 이전에 생산력이 없는 사물 혹은 사망의 선인장 같았던 우리가 열매 맺는 나무들, 들의 곡식들을 닮은 그러한 풍성함으로, 이 들판이 숲과 같이 보일 정도로 그렇게 조밀하게 가득 채워져 이제 경작되어 비옥한 들판같이 모든 선행의 열매들을 풍성하게 맺을 것이다.

그러므로 다음의 예언이 따라온다. "그때에 정의가 광야에 거하며 공의가 아름다운 밭에 거하리니"(사 32:16).

다시 말해, 전에 주의 성령이 없어, 황무지와 같았던 백성들 가운데서 이제 주님의 심판이 지배할 것이며, 그래서 사람들은 그들의 죄를 인정하고 교정할 것이며 하나님의 법에 따라 사는 것에 자신들을 전적으로 넘겨 줄 것이다. 그래서 의는 그들 가운데서 그 자리를 확립하여 굳건하게 설 것이다. 그리하여 그들은 모든 잠정적이고 영적인 행복으로 채워질 것이며, 그들이 우수하게 경작된 들판과 같이 참으로 즐겁고 열매 맺게 될 것이다.

예언은 계속된다. "공의의 열매는 화평이요 공의의 결과는 영원한 평안과 안전이라"(사 32:17).

우리의 의는 신앙이며, 우리는 신앙으로 우리가 그리스도 주를 통해 은혜로운 하나님을 소유하는 것을 믿는다.[16] 우리가 하나님께서 우리에 대한 진노를 푸시고 우리를 그의 아들로 간주하신다는(롬 8:16) 것을 인정하는 바와 같이, 우리는 그때 또한 이 신앙으로부터 그만이 '모든 것에서 모든 것을'(고전 12:6) 성취하신다는 것을 알게 된다. 이제 우리는 혈과 육으로부터 혹은 심지어 영적인 하늘의 위험들로부터 무엇을 두려워해야 하겠습니까(롬 8:31)? 혹은 마지막으로 그것이 우리 육체에 아무리 짐이 되는 것 같다고 하더라도, 주께서 우리에게 명령하시거나 부과하시는 무엇이라도 감사하는 마음을 가지고, 인내하거나, 시도하거나, 수행하지 않을 무엇이 있겠는가?

그래서 우리의 믿음, 즉 우리의 의는 여기에 있으며(참고 롬 9:30), 우리가 하나님과 평화를 누리는 바와 같이, 우리는 또한 언제나 우리의 몫을 수행하는 것과 관련하여, 모든 사람들, 심지어 우리의 가장 격렬한 원수들과 화평을 조성하여 보존하는데 관심을 가져야 한다. 이렇게 해서 우리는 마음의 놀라운 안정과 거룩하게 감동된 확신의 생활을 영위하게 되고 우리는 주님의 이름을 거룩하게 하며, 그리스도만이 그의 백성들에게 주시는 그 평화를 누리게 되는 반면에, 세상은 '우리의 이해를 넘어서는 것'(빌 4:6-7)을 주지도 못하고 빼앗아 가지도 못하며, 누리지도 못한다.

거기서 다음의 예언이 따라온다. "내 백성이 화평한 집과 안전한 거처와 조용히 쉬는 곳에 있으려니와"(사 32:18).

그리스도의 교회의 이러한 거처들, 장막들, 그리고 자리들은 그리스도를 믿는 사람들의 거룩한 모임이다. 그리고 그 모임들 속에서 하나님과의 화평이 날마다 우리에게 제공되고 우리들 가운데서 확정되며, 거기서부터 화평의 복음과 그리스도의 성례들을 통하여 모든 피조물들과의 화평도 누리게 된다. 그러므로 우리는 최고의 안전과 만족 속에서 확신에 찬 행복한 삶에 이르게 된다.

그러나 우리가 세상과 그 군주들인 사탄에 대한 모든 충성을 거부하면서, 모든 성도들과 함께 그리스도와의 교제에 그리고 복음에 대한 순종에 전심으로 헌신할 때, 그리고 우리가 훨씬 더 큰 진보와 이익과 함께 그리스도와의 이 복된 교제와 그

---

16. *Iustitia nostra fides est, qua credimus nos propitium habere Deum per Christum Dominum.* 이것은 개신교 개혁자들의 기본적인 가르침의 요약이다. 부처의 저술들은 루터와 그의 추종자들이 주장했던 근본적인 교의들의 그러한 많은 간략한 서술들을 포함한다.

의 복음에 대한 순종을 지속적으로 보존해 갈 때, 우리는 그리스도의 교회들인 선택된 거처들, 장막들, 그리고 자리들에 앉게 된다.

그러므로 앞선 논의들로부터 다음의 세 가지 사항을 배워야만 한다. 첫째, 우리가 그리스도의 성령 안에서 중생하기 전에, 우리는 악하고 해로운 행위들만을 만들어 낼 수 있다는 것을 배운다. 둘째, 갱신되어 하나님의 아들에 의해 의의 행위를 하도록, 다시 말해 견고한 신앙을 가지고 하나님의 아들을 믿고, 그의 뜻으로, 신앙을 통해 모든 일들을 시작하고 완성하도록 인도받지 않는 사람들은 그리스도 왕국과 아무런 공통점을 가지고 있지 않는다는 것을 배운다. 이러한 의만이 모든 생활 속에 마음의 화평, 안전, 그리고 확신을 발생시켜 유지한다. 마지막으로, 우리가 그리스도의 교회 안에 거주하여 최고의 열정으로 거룩한 모임들과 그 밖의 다른 곳에서 그리스도와의 교제를 존경하게 된다는 것을 배운다.

이사야 40장에 다음의 말씀이 나온다. "아름다운 소식을 시온에 전하는 자여 너는 높은 산에 오르라 아름다운 소식을 예루살렘에 전하는 자여 너는 힘써 소리를 높이라 두려워하지 말고 소리를 높여 유다의 성읍들에게 이르기를 너희의 하나님을 보라 하라"(사 40:9).

여기서 그리스도 왕국의 특성이 우리에게 추천되어 그리스도의 모든 교회는 성도들의 모든 회중들 속에서 복음의 말씀이 가장 위대한 확신과 열렬한 열정을 가지고 지속적으로 들려지도록 복음의 담지자가 되어야만 한다. 그러므로 복음의 소리가 침묵하는 곳에 있는 교회들은 자신들을 헛되이 '그리스도의 교회'라고 부르는 것이다.

복음의 가장 중요한 핵심[17]이 역시 여기서 표현되고 있는데, 그것은 우리를 위해 하나님의 아들이 임재한 것으로 명시하여 제공하는 것이며, '너희의 하나님을 보라' 즉 '죄들의 용서자이시며 모든 좋은 것들과 영생의 수여자이신 하나님을 보라고 말하고 있다. 그리스도의 참된 교회는 '너희의 하나님을 보라'는 이 복음을 자신의 지체들뿐만 아니라 모든 사람들에게 사람이 할 수 있는 모든 방식으로 지치지 않고 가능한 분명하게 설교하고 선포해야만 한다.

거기서 다음의 예언이 따라온다. "보라 주 여호와께서 장차 강한 자로 임하실 것

---

17. *Summa Evangelii.*

이요 친히 그의 팔로 다스리실 것이라 보라 상급이 그에게 있고 보응이 그의 앞에 있으며"(사 40:10). 일단 우리가 사탄의 포로와 노예 상태로부터 그리스도의 힘으로 구원받고, 그만이 우리의 구원 사역을 성취한다면, 이러한 말씀들을 통해 우리도 그리스도만이 우리 안에 그의 왕국을 심는다는 것을 배운다. 비록 사람들이 때때로 많은 선한 일들을 시작하고, 그것들을 완성하기 위해 매우 강력하게 활동하지만, 그럼에도 불구하고 그들은 자신들의 노력들로부터 어떤 열매를 거두는 것으로부터 적지 않게 좌절하여, 그들도 다른 사람들도 그들이 자신들의 수고로부터 찾았던 어떤 보상을 받지 못한다. 그러나 우리의 왕과 주는 언제나 우리 구원의 완성된 작품과 누려야 할 영생을 주신다. 왜냐하면 '아버지께서 영생을 주게 하시려고', 그리고 아버지께서 그에게 주신 그러한 사람들을 모든 것들 안에서 완전케 하시려고, '모든 것들을 그의 손에 넘겨주셨고 만민을 다스리는 권세를 아들에게 주셨기' 때문이다(요 13:3; 17:2).

거기서 다음의 말씀이 따라온다. "그는 목자같이 양 떼를 먹이시며 어린 양을 그 팔로 모아 품에 안으시며 젖먹이는 암컷들을 온순히 인도하시리로다"(사 40:11).

그리스도의 통치의 질이 여기서 우리에게 추천되는데, 그는 교회 안에 있는 신앙에서 어느 정도 약한 사람들을 향해 최고의 온유함과 자비로 통치를 수행하신다. 이제 우리는 여기서 비록 그리스도께서 무리들을 돌보고 먹이시려고 자신의 개인적으로 선택된 사역자들을 사용하시지만, 그렇지만 구원의 실질적인 집행은 모든 경우에 정당하게 그의 개인적인 활동의 산물이라는 것을 배우게 된다. 마지막으로, 우리가 참으로 그리스도에게 속한다면, 양으로서 우리는 우리 목자의 음성을 알고 따라가야만 하고(요 10:3-4, 27) 우리 자신 혹은 어떤 다른 피조물을 신뢰하지 말아야 한다고 우리는 경고 받는다.

다른 양들 가운데서 우리의 한 마리 양이 어리석고 무력하며 스스로를 돌보거나 혹은 자신을 위해 초장을 찾을 수 없어서, 좋은 목자가 돌보거나 먹이지 않는다면, 그 양이 죽게 되는 것과 같이, 우리도 역시 우리 자신들을 위해 우리 구원에 속하는 어떤 것을 전혀 알 수도 없고 혹은 정리할 수도 없으며, 그래서 우리는 우리의 왕이시고 선한 목자 자신이 우리를 그의 우리인 교회로 인도하여 그 안에서 우리를 돌보고 먹이지 않는다면 게걸스러운 늑대들의 확실한 먹이가 되고 만다.

그리스도께서 이것을 수행하실 때, 그때 양떼 가운데서 칭찬받아 마땅한 것이 우리들 가운데서 효과를 나타내게 된다. 그들이 전혀 싸우기를 좋아하지 않는 한에서, 양들은 모든 방식으로 인간의 유용성에 기여한다. 양들은 양털을 제공할 뿐만 아니라 인내하면서 생명도 바치고, 메마른 초장에 만족할 뿐만 아니라 비옥한 초장 이상으로 메마른 초장도 실질적으로 잘 뜯어먹고 살아간다. 그래서 우리는 우리 자신들을 위하여 복수하지 않고, 이러한 목적을 위해 우리 재산과 목숨까지도 쏟아 부을 준비를 하면서, 우리 이웃의 유익과 구원을 위해 모든 것을 행한다. 그리고 우리는 우리에게 육체를 기쁘게 하는 일들을 인색하게 행하는 사람들의 복지를 향하여 기여한다. 참으로 우리가 새로운 생명, 하나님의 생명 안에서 훨씬 더 전진하면 할수록, 우리는 육체에 소망스러운 그러한 일들에 대하여 더욱더 적게 소유한다.

이사야 42장으로부터 다음의 말씀이 나온다. "내가 붙드는 나의 종, 내 마음에 기뻐하는 자 곧 내가 택한 사람을 보라 내가 나의 영을 그에게 주었은즉 그가 이방에 정의를 베풀리라 그는 외치지 아니하며 목소리를 높이지 아니하며 그 소리를 거리에 들리게 하지 아니하며 상한 갈대를 꺾지 아니하며 꺼져 가는 등불을 끄지 아니하고 진실로 정의를 시행할 것이며 그는 쇠하지 아니하며 낙담하지 아니하고 세상에 정의를 세우기에 이르리니 섬들이 그 교훈을 앙망하리라"(사 42:1-4).

여기서 예언자는 첫째로, 그리스도 우리 왕만이, 어떤 죄도 범하지 않으시고, 자신을 모든 일에서 하나님께 순종하는 종, 다시 말해 하나님이 명령하신 것의 가장 신실한 집행자로 보이시는 분으로서, 모든 일에서 영원한 아버지를 기쁘시게 하고, 아버지에 의해 인정받은 분이라는 것을 가르친다. 하나님께서 그에게 의존한다고 언급되는 것은 어느 정도, 그들의 특별한 충신들인 사람들의 어깨에 기대는데 익숙해져 있는 왕들과 군주들과 비슷하다. 둘째로, 정당하고 공평한 것, 다시 말해 참된 공의는 복음의 선포를 통해서 그리고 성령의 능력으로 오직 그리스도로부터 모든 나라들을 위해 나오게 된다. 이 속에서 우리는 다시 복음 선포가 그리스도 왕과 모든 그의 시민들의 주요한 임무이며 교회 안에서 이것에 대한 가장 특별한 부름을 받은 사람들의 주요한 임무라는 것을 배우게 된다. 셋째로, 예언자는 연약한 자들을 참아주고, 돌보아 주며, 구원하는데서 우리 왕의 놀라운 관용, 탐닉, 그리고 아량을 가르친다. 이러한 모든 특성들을 보이는 것은 역시 그의 목회자들에 있어서도 필수적이다. 그렇지 않으면, 그리스도는 그들 안에 살아서 활동하시는 것이 아니고, 그들도 그리스도의 참된 목회자들이 아니다.

동일한 예언으로 이사야 53장에 다음의 말씀이 나온다. "여호와께서 그에게 상함을 받게 하시기를 원하사 질고를 당하게 하셨은즉 그의 영혼을 속건제물로 드리기에 이르면 그가 씨를 보게 되며 그의 날은 길 것이요 또 그의 손으로 여호와께서 기뻐하시는 뜻을 성취하리로다"(사 53:10).

여기서 예언자는, 우선, 그리스도 우리 왕은 자신의 죽음을 통해 그가 '수명이 긴 씨'라고 부른 그의 백성들을 자신을 위해 돌이킨다는 것을 가르친다. 왜냐하면 우리의 왕은 말씀과 성령으로 우리를 중생시키셔서 우리가 그의 씨이고, 그는 우리를 영생으로 중생시키시기 때문이다. 교회의 영속성은 역시 '수명이 긴 씨'로서 예언된다. 그리고 "그의 손으로 여호와께서 기뻐하시는 뜻을 성취하리로다"가 첨가된다. 왜냐하면 아버지는 그의 죽음과 부활로, 모든 백성들 가운데 놀라운 성공과 함께 그를 통해 시행될 온 세계 안에 있는 선민들의 모든 구원을 의도하시기 때문이다.

거기서 다음의 말씀이 따라온다. "그가 자기 영혼의 수고한 것을 보고 만족하게 여길 것이라 나의 의로운 종이 자기 지식으로 많은 사람을 의롭게 하며 또 그들의 죄악을 친히 담당하리로다"(사 53:11).

예언자는 여기서 그리스도의 죽음의 열매를 더욱 충분하게 설명한다. 왜냐하면 그는 아버지에 대한 순종에서 이것을 감당하기 때문에, 그는 사탄의 전제 정치가 깨어지는 것을 보고, "사탄이 하늘로부터 번개 같이 떨어지는 것을"(눅 10:18) 보았기 때문이다. 그는 복음이 온 세상에서 열매 맺는 것을 보았다. 이렇게 해서 인간의 구원을 열망하면서, 그는 흡족하게 만족하게 된다. 다음으로 그는 우리 왕이 아버지와 화해하시고 왕이 사탄의 전제 정치로부터 구원하신 사람들을 의롭게 하시는, 다시 말해 아버지가 그들의 죄들을 용서하시고 그들의 합당한 정죄를 풀어 주시는 것을 가져오는 방법을 가르치신다.

여기서 예언자는 우리의 신앙을 더욱 각성시키고 강화시키려고, 그의 아들에 대하여 증언하면서, 아버지를 소개하고 있다. 그는 자신의 일이 아니라 아버지의 일을 막 시작하려고 하기 때문에, 아버지가 그의 아들을 그의 '종'으로 부르게 만들고 있다. 예언자는 그만이 하나님의 율법을 성취하고 어떤 죄도 범하지 않았기 때문에 그를 '의롭다'고 부른다. 그러므로 그는 하나님과 우리 사이에 중보자로 지명되었고 우리의 칭의의 근원이 되셨다. 그는 우리에게 그 자신에 대한 지식, 다시 말해 복음의 확실한 신앙을 조명하실 때, 우리에 의해 검증된 선물로서 우리 안에 이것(칭의)을 발생시키신다. 우리는 그 지식에 의해 참으로 그를 우리의 구원자이자 구세주로 인정하며, 그는 자신 위에 우리의 죄들을 짊어져 아버지가 우리에게 그 죄들을 전가시키지 않도록 그의 피로 우리를 위해 속죄하신다.

그러므로 여기서부터 "우리가 아직 죄인 되었을 때에"(롬 5:8) 우리를 그의 아버지의 은혜로 회복시키고 우리를 그의 왕국의 축복받은 참여자로 만들기 위하여 '그가 우리를 위하여 죽으셨다'는 것이 우리 왕의 특징이라는 것을 주목하자(롬 5:8-10). 따라서 우리의 칭의의 그 참된 교리, 즉 우리를 위하여 그리스도에 대한 믿음으로만 구성되는 교리의 확증을 여기서 발견하자.

마지막으로, 우리가 여기서 그리스도에 대한 신앙을 통해 강하게 되지 않은 어떤 사람도 그리스도 왕국에 속하지 않고 그리스도 교회의 참된 구성원이 되지 않는다는 것을 배운다는 것을 관찰하자.

이사야 54장으로부터 다음의 말씀이 나온다. "잉태하지 못하며 출산하지 못한 너는 노래할지어다 산고를 겪지 못한 너는 외쳐 노래할지어다 이는 홀로 된 여인의 자식이 남편 있는 자의 자식보다 많음이라 여호와께서 말씀하셨느니라"(사 54:1).

여기서 예언자는 그리스도 왕국의 시민들이 그들의 승천하신 왕에 의한 유일한 중생으로 탄생된다는 것과 이 탄생이 주목할 만하게 그들의 왕을 외적으로 빼앗긴 백성들이 잉태하지 못하는 과부와 같았을 때 유대인들의 거룩한 자들 가운데서 시작되었다는 것을 가르친다. 옛날에 유대인들 안에서만 하나님이 공개적으로 선포되고 알려졌으며, 주께서 영생의 이 축복을 어떤 다른 민족에게 나타내지 않았던 한에서 온 세상이 소수의 유대인들의 봉사를 통해 그리스도인들로 채워졌기 때문이다(시 76:2; 신 4:7; 시 147:19-20).

또한, 여기서 우리가 그리스도를 위해 가능한 많은 사람들을 얻으려고 어떠한 열정으로 불타야 하는지가 관찰되어야만 한다. 왜냐하면 이것은 참된 그리스도인들을 위해 매우 중요하여 그들이 그리스도 왕국으로 개종된 많은 사람들을 볼 때, 마음의 기쁨과 환희와 함께 그들은 환호와 환희의 소리를 터뜨릴 것이기 때문이다. 오직 한 사람의 죄인이라도 주님께 돌아오면 천사들도 기뻐할 것이라는 사실의 관점에서, 정말로 그러하다(눅 15:10).

이사야 60장으로부터 다음의 말씀이 나온다. "일어나라 빛을 발하라 이는 네 빛이 이르렀고 여호와의 영광이 네 위에 임하였음이니라 보라 어둠이 땅을 덮을 것이며 캄캄함이 만민을 가리려니와 오직 여호와께서 네 위에 임하실 것이며 그의 영광이 네 위에 나타나리니 나라들은 네 빛으로, 왕들은 비치는 네 광명으로 나아오리라"(사 60:1-3).

예언자는 이러한 말들로 두 가지를 가르친다. 첫째로, 하나님께서 그리스도 왕국에서, 다시 말해 신약의 교회들 안에서 더욱 충분하게 계시되어감에 따라, 이전보다 더욱 분명하게 선포되고 더욱 경건하게 경배 받으신다는 것을 가르치신다. 둘째로, 주께서 생명의 이 빛, 다시 말해 복음의 선포가 자신의 백성들 가운데서 가장 밝게 빛나게 만드실 때, 이 빛을 경멸하는 모든 백성들은 비교해 보면 자신들의 불경건의 어두움의 무게에 의해 더욱 짓눌리는 것을 배운다. 더 나아가, 그리스도의 백성의 모든 영광과 위엄은 그들이 참으로 그리스도 그들의 왕을 인정하고 견고한 신앙을 가지고 그를 경배하는 것에 존재한다(요 3:19-20; 9:39; 12:48)는 것도 배운다.

그리고 다음의 말씀이 따라온다. "네 눈을 들어 사방을 보라 무리가 다 모여 네게로 오느니라 네 아들들은 먼 곳에서 오겠고 네 딸들은 안기어 올 것이라 그때에 네가 보고 기쁜 빛을 내며 네 마음이 놀라고 또 화창하리니 이는 바다의 부가 네게로 돌아오며 이방 나라들의 재물이 네게로 옴이라 허다한 낙타, 미디안과 에바의 어린 낙타가 네 가운데에 가득할 것이며 스바 사람들은 다 금과 유향을 가지고 와서 여호와의 찬송을 전파할 것이며 게달의 양 무리는 다 네게로 모일 것이요 느바욧의 숫양은 네게 공급되고 내 제단에 올라 기꺼이 받음이 되리니 내가 내 영광의 집을 영화롭게 하리라 저 구름같이, 비둘기들이 그 보금자리로 날아가는 것같이 날아오는 자들이 누구냐 곧 섬들이 나를 앙망하고 다시스의 배들이 먼저 이르되 먼 곳에서 네 자손과 그들의 은금을 아울러 싣고 와서 네 하나님 여호와의 이름에 드리려 하며 이스라엘의 거룩한 이에게 드리려 하는 자들이라 이는 내가 너를 영화롭게 하였음이라 내가 노하여 너를 쳤으나 이제는 나의 은혜로 너를 불쌍히 여겼은즉 이방인들이 네 성벽을 쌓을 것이요 그들의 왕들이 너를 섬길 것이며 네 성문이 항상 열려 주야로 닫히지 아니하리니 이는 사람들이 네게로 이방 나라들의 재물을 가져오며 그들의 왕들을 포로로 이끌어 옴이라 너를 섬기지 아니하는 백성과 나라는 파멸하리니 그 백성들은 반드시 진멸되리라 레바논의 영광 곧 잣나무와 소나무와 황양목이 함께 네게 이르러 내 거룩한 곳을 아름답게 할 것이며 내가 나의 발 둘 곳을 영화롭게 할 것이라 너를 괴롭히던 자의 자손이 몸을 굽혀 네게 나아오며 너를 멸시하던 모든 자가 네 발 아래에 엎드려 너를 일컬어 여호와의 성읍이라, 이스라엘의 거룩한 이의 시온이라 하리라"(사 60:4-14).

선지자는 여기서 오히려 놀랍게 그리스도 교회의 최고의 행복과 영광을 묘사한다. 첫째로, 이 행복과 영광이 분산된 유대인들로부터 시작하여, 세상의 모든 지역에서부터 그리스도의 교회로 열심히 모여올 열방들의 다수에 의해 묘사된다. 이들은 정당하게 최초의 교회의 아들들과 딸들이라고 불렸는데, 이러한 예배를 위해 최고로 준비된 생활의 의지와 방식을 가졌던 사람들이다. 둘째로, 그들 자신들과 그들이 가졌던 모든 것을 교회에 봉헌하고 헌신하는 열방들의 열심에 의해 묘사된다. 왜냐하면 선지자는 미디안과 에바의 낙타, 스바의 금과 유향, 게달과 느바욧의 양 무리들에 대하여 예언한 것을 통해, 그는 이 속에서 제유법[18]으로 어떤 민족들이 그들에게 가장 소중하고 중요한 것이라도 주님께 가장 열심히 드릴 것인지를 나타내고 있다. 그러므로 그는 뒤에서 말한다. "그들의 은과 금이 그들과 함께 있다." 그가 열방과 그들이 함께 끌어올 유대인들을 흘러가는 구름과 창문의 높은 자리의 보금자리로 날아가는 비둘기와 비교할 때 그는 열방들이 교회에 오기 위하여 불붙어 가는 이러한 열의의 열정에 대한 그의 설명을 풍부하게 만든다. 마지막으로, 예언자는 이방인들이 왕국의 벽을 지을 것이며 왕들이 왕국을 섬길 것이고 교회를 섬기지 않는 열방들은 멸망할 것이라고 예언할 때 그리스도 왕국의 영광과 행복을 확장하고 있다. 마침내 그리스도의 교회의 원수들조차 왕국 앞에서 겸손할 것이다.

이러한 문단에서 예언자가 그리스도 우리 주와 왕이 지상에 모든 경건과 덕으로 장식된 왕국과 거룩한 도시, 다시 말해 교회를 소유하기 위하여, 그 자신의 이름의 영광을 위해 이러한 모든 일들을 시행할 것이라고 예언한다는 것이 주목되어야만 한다. 그는 교회 안에서만 하나님께서 자신을 이생에서 우리의 능력의 방식에 따라 비

---

18. 전체에 대하여 일부를 제시하는 언어의 비유법.

례하여 참으로 임재 하는 것으로 나타내시기 때문에 이것을 주의 발 둘 곳이라고 부른다. 다른 방식으로, '하늘'은 '그의 처소'이며, 여기서 하나님은 자신을 충분하게 계시하신다. 오히려 성도들을 위한 '지상'은 '그의 발판'이며(사 66:1), 우리가 여기서 이 선물을 받을 능력을 가지고 있는 한, 우리에게 부분적으로 자신을 나타내신다.

예언자가 교회로 올 열방들에게 주의 칭찬을 발표할 의무를 귀속시키는 것이 또한 주목되어야만 한다. 왜냐하면 이것이 모든 그리스도인의 정당하고 핵심적인 임무이기 때문이다. 그리고 주께서 동일한 예언자 안에서, 앞에서, 이사야 43장에서, 말씀하시는 바와 같이, 이러한 목적을 위해 거룩한 회중들이 주로 수립되었다. "내 이름으로 불려지는 모든 자 곧 내가 내 영광을 위하여 창조한 자를 오게 하라 그를 내가 지었고 그를 내가 만들었느니라"(사 43:7). 조금 후에 "이 백성은 내가 나를 위하여 지었나니 나를 찬송하게 하려 함이니라"고 비슷한 말씀을 하신다(사 43:21). 그러므로 그들 가운데서 주의 칭찬이 계속적이고 정력적인 열정을 가지고 선포되지 않는 백성들은 자신들을 그리스도의 백성과 교회라고 부를 권리를 가지고 있지 않다는 것이 이것으로부터 이해되어야만 한다.

이사야 61장에 다음과 같은 말씀이 나온다. "주 여호와의 영이 내게 내리셨으니 이는 여호와께서 내게 기름을 부으사 가난한 자에게 아름다운 소식을 전하게 하려 하심이라 나를 보내사 마음이 상한 자를 고치며 포로된 자에게 자유를, 갇힌 자에게 놓임을 선포하며 여호와의 은혜의 해와 우리 하나님의 보복의 날을 선포하여 모든 슬픈 자를 위로하되 무릇 시온에서 슬퍼하는 자에게 화관을 주어 그 재를 대신하며 기쁨의 기름으로 그 슬픔을 대신하며 찬송의 옷으로 그 근심을 대신하시고 그들이 의의 나무 곧 여호와께서 심으신 그 영광을 나타낼 자라 일컬음을 받게 하려 하심이라 그들은 오래 황폐하였던 곳을 다시 쌓을 것이며 옛부터 무너진 곳을 다시 일으킬 것이며 황폐한 성읍 곧 대대로 무너져 있던 것들을 중수할 것이며 외인은 서서 너희 양떼를 칠 것이요 이방 사람은 너희 농부와 포도원지기가 될 것이나 오직 너희는 여호와의 제사장이라 일컬음을 받을 것이라 사람들이 너희를 우리 하나님의 봉사자라 할 것이며 너희가 이방 나라들의 재물을 먹으며 그들의 영광을 얻어 자랑할 것이니라"(사 61:1-6).

여기서 예언자는 그리스도 왕국의 여덟 가지 특성을 설명한다.

첫째로, 그리스도 우리 왕과 같이, 복음의 모든 적합한 설교자들은 성령으로 이러한 의무와 직책으로 영감 받아야만 하며, 그리스도 왕국의 운동선수들로서 이러한 성령의 거룩한 기름부음과 함께 그 전투를 위해서 기름부음 받고 강건해져야만 한다.

둘째로, 참회하는 자들에게 교회를 통한 죄들의 용서를 선포하는 것이 복음의 요약이자 본질이다. 왜냐하면 아직 신앙 안에서 이것을 가지고 있지 않은 사람들은 영원한 파멸의 감옥에 갇힌, 사탄의 포로들이기 때문이다.

셋째로, 통회하는 마음을 가진, 다시 말해 참된 회개와 함께 그들의 죄를 회개하는 사람들만이 구원의 복음을 받는다.

넷째로, 복음이 분명하게 선포될 때, 이것이 하나님의 유일한 은총과 자비의 시간이나 나머지 사람들에게 이것은 진노와 복수의 시간이다. 그들이 은혜의 복음을 거부할 때 그들은 그리스도를 거치는 돌로 쳐서 깨어져(마 21:44), 그들은 그들의 상황에서 모든 정당한 이유와 건전한 권면을 박탈당한다. 조금 뒤에 이 돌이 그들 위에 떨어져 그들을 파손시키며, 다시 말해 그들을 완전히 파괴시킨다. 왜냐하면 우리 왕은 '이스라엘 가운데서' - 그리고 모든 다른 열방들 안에서 '많은 사람들의 패하거나 흥하게 하는 것을 위하여' 세움을 받았기 때문이다(눅 2:34).

다섯째로, 그리스도 왕국의 시민들은 누구라도 그들이 그의 영광을 보여 주기 위하여 심겨진, 의의 나무들이고 주의 심은 것들이어서, 모든 사람들이 이것을 분명하게 보고 따라서 선포한다는 것을 분명하게 나타내야만 한다. 왜냐하면 그리스도의 교회는 어디에 있든지 간에 숨겨질 수 없기 때문이다. 교회는 '언덕 위에 세운 도시'(마 5:14)이기 때문이다. 그리고 '하나님의 나라는 말에 있지 않고 오직 능력에 있다'(고전 4:20). 그래서 신앙의 빛은 모든 그리스도인들로부터 그리스도의 모든 교회에서 빛나야만 하고, 모든 사람들이 '그들의 착한 행실을 보고, 하늘에 계신 아버지께 영광을 돌리게 해야 한다'(마 5:16). 그러므로 동일한 장 뒤에서, 예언자는 그리스도의 백성들에 대한 이러한 증언을 제공한다. "그들의 자손을 뭇 나라 가운데에, 그들의 후손을 만민 가운데에 알리리니 무릇 이를 보는 자가 그들은 여호와께 복 받은 자손이라 인정하리라"(사 61:9).

여섯째로, 많은 세대 동안 황폐화되었던 모든 옛날의 폐허를 회복하는 것이 그리스도 왕국의 시민들의 정당한 의무이다. 다시 말해 그들이 여러 세대 동안 하나님에 대한 어떤 지식과 사랑도 박탈당하여 왔던 많은 백성들을 그리스도에 대한 신앙과 의의 발전으로 인도하는 것이다.

일곱째로, 참으로 시민인 사람들이 모두 비슷하게 하나님의 참다운 사제들, 다시 말해 그들의 입술의 고백과 그들의 전체적인 생활로 그들이 "어두운 데서 불러내어 그의 기이한 빛에 들어가게 하신 이의 아름다운 덕"(벧전 2:9)을 선포하는 이것이 역시 그리스도 왕국의 특색이다. 비슷하게 그리스도의 칭찬을 설교하는 것에 대해 자신이 너무나 적은 성향을 가지고 있거나 혹은 너무나 적게 준비되어 있다고 느끼는 사람은 이러한 외적인 방식들에 봉사를 해야만 한다. 왜냐하면 그리스도의 교회 안에서, 사람들은 잘 정리되고 배치되어 영적인 일들에서 더 나은 사람은 일시적인 일들에 많은 관심을 기울여서는 안 되고, 그리스도 왕국에 올바른 영적인 문제들을 향하여 별로 가르침을 받지 못했거나 혹은 성향을 갖추고 있지 않은 사람들은 생활의 필수품들을 공급하는데 봉사해야만 하기 때문이다. 철학자들의 저술들을 통해 증명되는 바와 같이, 인간의 이성은 정신보다 더 강한 근육을 가진 사람들이 자연법에 따라 더 나은 정신을 가진 사람들을 섬겨야만 한다는 것을 가르치고 있다(Plato, *Republic* II; Aristotle, *Politics* I).[19] 이것은 역시 마케도니아와 아가야의 형제들이 호의적인 교제를 넘어 예루살렘에 있는 가난한 형제들에게 구제금을 보내기로 결정했을 때 성령이 그들에 대하여 증언하는 것에 적용된다. 그들은 호의적인 교제를 넘어서기로 결정했는데, 여전히 그들은 성령이 거기서 분명하게 증언하는 바와 같이 채무자들이다. 그는 이러한 서술에 다음의 설명을 첨가한다. "저희가 기뻐서 하였거니와 또한 저희는 그들에게 빚진 자니 만일 이방인들이 그들의 영적인 것을 나눠 가졌으면 육적인 것으로 그들을 섬기는 것이 마땅하니라"(롬 15:27).

여덟째로, 열방의 모든 부들과 영광은 그리스도의 교회에 봉헌되어야 할 것이다. 이것에 관하여, 예언자는 여기서 유창하게 그리고 충분히 길게 말하고, 또한 앞에 나오는 이사야 45, 49장 그리고 비슷하게 뒤에 나오는 이사야 66장에서 말한다.

---

19. Plato, *Republic* II, 371 e; Aristotle, *Politics* I, 5, 1254.

제4장 교회의 다양한 시기들

여기서 우리는 계속해서 이러한 외적 영광과 행복이, 비록 어떤 특별한 때는 아닐지라도, 참으로 교회로 인해 발생하는 것이며, 교회에게 고유한 것임을 살펴보아야만한다. 왜냐하면 그의 종들의 무력함 속에서 그의 전능한 능력을 선포하고, 그에 대한 그들의 신앙을 보여 주기 위하여 우리의 왕께서 사탄이 그들에 대항하여 세상을 휘젓고, 그들이 그의 이름을 위하여 모든 사람들로부터 미움을 받는 지경에 이르도록 허락하시기 때문이며(마 10:21-22), 그 결과 그들은 형제에 의해서 형제가, 부모에 의해서 자녀들이, 자녀들에 의해서 부모들조차도 비인간적으로 잔인할 정도로 죽임을 당하도록 넘겨질 것이기 때문이다.

누가 사도가 사도행전 2, 4, 5장에서 묘사하고 있듯이, 초대 교회에서 우리의 왕께서 하신 것처럼, 비록 독재자들이 통치하는 상황 속에서도 그는 그의 종들에게 표면적 평화를 제공하시고, 사람들의 호의를 얻게 하시는 그같이 행복한 때가 있다.

이것 외에도 우리의 왕께서 콘스탄티누스 1세와 그를 계승했던 왕들의 통치 하에 그리스도께서 하신 것처럼, 우리의 왕께서 장엄하게 교회의 행복과 영광에 관해 언급된 예언들을 성취하는 때가 있다. 콘스탄티누스 1세와 그를 계승한 왕들은 자신들과 그들의 부와 백성들을 그들이 할 수 있는 한 최대한으로 그리스도의 교회에 접목시키고, 교회에 봉헌했다.[20]

복된 콘스탄티누스 1세는 열심에 불탔고, 밤빌리아(Pamphilia)의 에우세비오스는 이 왕자의 생애에 대한 자신의 연설 속에서 그리고 테오도레토스는 그의 「교회사」(Church History)의 첫 권을 통해서 관련되어 있다. 왜냐하면 에우세비오스는 자신의 네 번째 연설에서 그에 관하여 다음과 같은 내용을 쓰고 있기 때문이다. 그는 최고의 경외심을 가지고 모든 기독교 축제들과 의식들을 준수했고, 그의 기도문을 가장 헌신적으로 외웠고, 똑같은 종류의 열심을 가지는 모든 방법으로 그의 군대들과 왕실에 동기를

---

20. Eusebius, *Life of Constantine* Ⅳ, 14:18-24; 28.

부여했다. 왜냐하면 그는 자신이 부지런한 교사요 설교자임을 보여 주었고, 전쟁터에서 조차 그 자신이 참여한 가운데서 종교적 예배가 수행되도록 했기 때문이다. 그는 그의 공직을 수행하기 위해서 참으로 적합한 사람들로서 세상과 왕실의 사람들보다는 차라리 주님의 제사장들이라고 생각하여 주님의 제사장들에게 큰 경의를 표했다. 하나님의 백성이 증가되는 도시들에서 그는 구별된 성회를 위하여 성전을 지었다. 모든 장소에서 그는 우상에 대한 고백문과 설비를 없애 버렸다. 그는 처녀와 과부와 모든 궁핍한 사람들과 고아와 여성들을 도와주기 위해 국가로부터 받은 수입을 각 지역별로 연간 기부금으로 사용하여 그리스도의 교회들에게 중요한 기부금으로 만들었다. 그리고 그는 그러한 큰 관대함을 가지고 이것을 시행함으로써 이 같은 관대함의 3분의 1은 나중에 교회들을 위하여 더욱더 충분하게 되었다. 국가의 큰 필요가 콘스탄티누스 1세의 관대한 준비 분량보다도 못 미치도록 그를 압박했을 때, 황제 요비아누스(Jovinian)는 이것을 회복시켰다. 왜냐하면 그보다 앞서서 통치하던 사람, 곧 사악한 율리아누스는 교회로부터 콘스탄티누스 1세의 모든 재정들을 강탈해 갔기 때문이다.[21] 발생하는 싸움들과 논쟁들을 교회로부터 제거하고, 교회와 교회의 지도자들을 그리스도의 순수한 교리와 참된 종교적 예배에 일치하도록 보전하기 위하여 동일하게 이 콘스탄티누스 1세는 얼마나 많은 주의를 기울였던가! 이 「교회사」가 이 경건한 왕자의 종교에 관해서 말하고자 하는 내용을 읽은 후에, 어떤 사람도 충분할 정도로 존경하거나 찬양할 수가 없다. 또한 아무도 적절하게 그의 공손함과 인간성과 니케아(니카이아) 공의회의 318명의 거룩한 교부들에게 세심한 배려를 하거나 존경과 감사의 마음으로 대할 수가 없다. 그는 개인적으로 그들을 환영하였고, 그들이 공적인 교통수단으로 도착했을 때, 그들을 포옹하였고, 그들에게 그들의 의무를 다하도록 촉구하였다. 그 자신도 그 회의에 참석하였으나, 318명의 교부들을 위하여 마련해 둔 자리들보다도 더 겸손한 낮은 자리에 앉았다. 그는 세상적인 문제에서 하듯이 교부들처럼 영적인 문제에서도 그 역시 주님의 종과 감독이었기 때문에 종교적인 질문과 신앙고백에 관련된 그들의 토론에도 참가하였다.[22]

마찬가지로 거룩한 교부들과 교회 역사는 그들에 대한 그의 친절한 태도와 마찬

---

21. Theodoret, *Church History*, I, 2; IV, 4.

22. Theodoret, *Church History*, I, 7.

가지로 테오도시우스의 종교와 경건과 교회 평화에 대한 그의 열심과 관련된 수없이 많은 좋은 일들에 관해서 언급하고 있다.[23] 참으로 이 기간에 그리스도의 교회는 예언자들이 예언했던 그들 자신에 대한 주님의 풍성한 친절함을 경험했다. 그러나 또한 우리는 다음의 사실도 알아야 한다. 이 예언들 속에서 또한 예언자들은 성도들이 이생 후에 향유할 영원한 영광과 행복도 담고 있는 교회를 위한 일시적인 영광과 행복을 표현하였다. 그러나 교회는 예언자들이 예언한 위대한 행복과 영광을 거의 가지지 못했고, 이런 약속들이 그리스도의 유명무실한 백성들이 아니라, 그리스도의 참된 백성들에게 주어진 약속들임을 기억해야만 한다. 그리스도의 참된 백성들은 나머지 인류에 비교해 볼 때, 작은 무리에 한정됨으로써 그렇게 많은 숫자는 결코 되지 않았다.

그러나 만약 우리가 수많은 종류의 사람들이 죄악 가운데서 잃어버렸다는 사실을 고려할 때, 항상 모든 사람들 중에서 많은 사람들이 청함을 받되, 소수의 사람들이 택함을 받았다(마 22:14). 그러나 콘스탄티누스 1세와 그를 계승한 왕들의 시대에는 거룩한 예언자들을 통하여 약속된 그리스도의 교회의 행복과 관련하여 우리들은 확실하게 아무 부족함도 발견하지 못한다. 이때 교회는 세계 도처에 부흥했고, 특별한 경건 안에서 꽃을 피웠다.

그러나 아주 거룩한 사람들조차도 죄를 지으며, 다양한 유혹들에 의해 자신의 신앙을 시험하고 연단 받는 것이 주님을 기쁘시게 하는 것이다. 그래서 교회는 결코 이단들과 거짓 형제들 또는 세상 사람들에 의하여 자신의 정결함과 증언에서 부족함을 결코 보이지 않는다. 그들은 그렇게 되기를 원하지도 않을 뿐만 아니라, 이 땅에서 순례자로서 주로부터 떨어져 있는 삶을 살고 있다(참고 고후 5:6).

그러나 어려움이 많은 나라에서 여전히 존재하는데, 교회의 가장 어려운 시기는 적그리스도에 대한 예배 속에 있는 그렇게도 수많은 세기 동안 교회가 핍박을 당했을 때이다. 이와 같은 현상이 오늘날 16세기 유럽의 많은 국가들 속에서 목격될 수 있다. 왜냐하면 주님은 이 교회들 속에서 주님의 이름을 부름을 동반하는 주님의 복음과 거룩한 세례의 메아리를 보전하시기 때문에, 비록 이들 중에 어떤 사람들은 신앙의

---

23. Theodoret, *Church History*, V, 15ff.

연약함 속에서 너무나도 많은 큰 잘못들과 수고 속에서 포함되어 있을지라도, 주님은 여전히 그들을 통하여 자신의 많은 백성들을 가지고 계셨고, 지금도 여전히 가지고 계신다. 그들의 머리인 최고 높은 로마 가톨릭교회의 적그리스도를 따르고 있는 적그리스도들과 거짓 감독들과 성직자들은 먼저 성자들의 공로들과 자신들의 공로들에 대한 수없이 많은 해로운 설명들과 그들의 예배 의식들의 구원하는 능력에 관한 설명들을 포함하는 복음의 가르침에서 무서울 정도로 부패하였다. 이 모든 내용들은 너무나도 분명하게 불경건한 것이며, 또한 불경한 행위들을 조장하는 것들이다. 한 걸음 더 나아가서 그들은 알아듣지 못하는 외국어로 이 모든 것들을 그리스도의 백성들에게 현재케 하고, 성경을 읽는 것을 금지시킨다. 그 결과 마침내 그들은 성례전과 그리스도의 치리(권징)를 완전히 전도시키고, 그들이 회복되는 것과는 너무나도 거리가 먼 곳으로 가도록 하기 위해 그들에게 주어진 모든 힘을 사용한다. 이 같은 적그리스도들과 그들의 극에 달한 사악함과 완고한 고집 아래 있는 교회의 비참한 압박과 관련하여 성 베르나르(Bernard)는 그 당시에 다음과 같이 말했다.

"위선적인 바리새인들의 누룩으로부터 파생된 이 세대에게 화가 있으리로다! 만약 참으로 그것이 위선이라고 불려질 수 있다면, 그것의 풍부함을 위하여 숨겨질 수가 없으며, 추구되어질 수가 없을 때, 그것은 너무나도 철면피와 같은 것이다. 오늘날 16세기에 악취를 풍기는 페스트 병이 교회의 온몸을 통하여 득실거리고 있다. 이것이 더욱 넓게 확산되면 될수록 더욱더 파괴적이 된다. 이것이 더 깊어지면 깊어질수록 더욱더 위험하게 된다. 왜냐하면 만약 이단이 공적인 적으로 일어난다면, 이단은 던져지고, 시들 것이기 때문이다. 만약 난폭한 적이라면, 교회는 난폭한 적으로부터 숨을지 모른다. 그러나 지금 그것이 누구를 던질 것이며, 또는 누구로부터 그것이 자신을 숨길 것인가? 모두가 친구인 동시에 모두가 적이다. 모두가 모든 사람을 위하고 모두가 모든 사람을 대항하고 있다. 모든 사람들이 함께 살고 있으면서도 평화스럽지 않다. 모든 이웃들과 모든 사람들은 자기 자신들을 찾고 있다. 그들이 바로 그리스도의 사역자들이요 그들이 바로 적그리스도를 섬기고 있다. 그들이 바로 주님의 선한 일들의 명예에 참여하면서도 주님을 영화롭게 하지는 않는다. 그러므로 여러분이 매일 목격하는 모든 것은 매춘부 색깔들과 무대 의복과 왕실 예복들이다. 굴레와 안장과 돌출부 위에 금으로 입히고, 많은 돌출부가 제단들보다도 더 번쩍인다. 그 결과 탁자는 음식과 음료로 화려하게 차려지고, 환락과 술 취함이 있게 되고, 치터와 수금과 드럼 연주가 있고, 이 모든 것을 공급하고 있는 덜커덩 소리를 내는 포도주 압착기와 고기가 가득 찬 저장고가 있고, 색칠한 궤와 사치스런 돈지갑이 있다. 이것들을 위하여 그들은 교회의 지도자와 부제와 부주교와 주교가 되기를 원하고, 그들은 교회의 지도자와 부제와 부주교와 주교이다. 그들은 공로에 의해서 이것으로 오는 것도 아니고, 어두움 속에서 걷고 있는 행동에 의해서 이것으로 오는 것이 아니다(시 91:6). 한때는 예언되었고, 지금은 성취의 때가 도래하였다. 볼지어다! 평화를 위하여 가장 비참한 비참함이 있도다(사 38:17). 처음에는 순교자들에 대한 도살 속에서 더욱 비참하고, 후에는 이단들과의 갈등 속에서 더욱 비참하고, 지금은 교회의 종들의 성품들 속에서 가장 비참하도다! 사람들은 그들로부터 도피할 수도 없고, 그들을 추방할 수도 없다. 그들은 너무나도 강하게 되었고, 숫자 위에 숫자를 더하여 겹겹이 포개져 있다. 교회의 역병은 내장 안에 있고, 치유될 수가 없다. 그러므로 그것의 가장 더 비참한 비참함으로 통하여 평화를 얻을 수밖에 없다. 그러나 무슨 평화 속에서? 그것은 평화이면서도 평화가 아니다(렘 6:14). 그것은 이교도들로부터 오는 평화이며, 이단들로부터 오는 평화이다. 확실히 그것은 자녀들로부터 오는 평화는 아니다. 이 시대에 울부짖는 소리가 있다. 나는 자녀들을 양육하였고, 가르쳤다. 그러나 자녀들은 나를 무시하였다(사 1:2). 그들은 부끄러운 삶과 부끄러운 이득과 부끄러운 상업과 어두움 가운데서 행하는 사업으로 나를 멸시하였고, 나를 모욕하였다. 만약 그들이 그리스도 안에 조금이라도 남은 자들이고, 순전한 자들이라면, 만약 참으로 그가 현자들의 강물과 강자들의 급류를 흡수하고, 그의 입 안으로 흘러드는 요단강을 신뢰한다면(욥 40:23), 다시 말해 그들이 교회 안에 있는 순전하고도 겸손한 사람들이라면, 그들을 유혹하기 위하여 문제들 한 가운데로부터 발생하는 정오의 악마에게 남아 있는 것이 무엇이겠는가? 왜냐하면 이런 자는 적그리스도로서 자기 자신을 낮으로 부를 뿐만 아니라, 정오라고 부르며, 하나님으로 불리고, 하나님으로 경배 받는 모든 것보다도 더 찬양받게 된다. 주님이신 예수님께서 이런 자를 그의 입의 숨결로 죽이실 것이며, 그의 오심의 광채로 그를 파멸시키실 것이다(살후 2:8). 그 참되고 영원한 정오, 교회의 그 신랑과 변호사, 그분은 모든 것 위에 계신 하나님, 영원히 복 될지어다! 아멘."[24]

성 베르나르는 거의 500년 전에 이와 같이 유사한 일들에 대하여 불평하였다. 그러나 교회의 이런 악마들은 더욱더 증가하였고, 그 사이에 더욱더 증식되었다. 그러므로 참으로 유럽에 있는 그리스도의 교회는 로마의 적그리스도들 이후에 더욱더 나쁜 조건들 안에 있게 되었다. 로마의 적그리스도는 너무나도 많은 그리스도인들을 독재체제로 지배하게 되었고, 너무나도 많은 위대한 군주들과 국가들의 지지를 받아서 16세기 오늘날도 자신들을 유지시키고 있다.

마지막으로, 그리스도 왕국의 현재 시기는 아직도 변동하고 있고, 불확실하다. 왜냐하면 어떤 장소에서는 공권력을 행사하는 사람들이 범죄자들에 반대하여 진노하지 않고, 그 반대로 그리스도 왕국에 속한 자들에 반대하여 잔인할 정도로 광포하고 있기 때문이며, 다른 장소에서는 통제 안에 있는 사람들이 그들의 시민들에게 양보를 하고, 그들에게 그리스도 왕국을 고무시키는 것을 허락하고 있기 때문이다. 왜냐하면 비록 그들이 이것에 대하여 책임을 지고 있지 않고, 또한 어떤 불편함을 겪고 있지 않는 한, 그들은 그들에게 성경을 읽는 것을 허락하고, 복음의 설교를 허락하기 때문이다.

최근 30년 동안 어떤 곳에서, 특별히 독일에서 다음과 같은 사람들이 있었다. 그들은 복음의 올바른 설교가 받아들여짐을 보았고, 그리스도 종교의 올바른 수립에 대한 일차적 관심을 기울이게 하였다. 이런 이유 때문에 그들은 어떤 작은 위험들도 직면하지 않았다. 그러나 그리스도의 복음과 그의 나라에 전적으로 복종하고 우리의 왕의 법에 따라 철저하게 회복되어져야 할 기독교 종교와 교회의 치리를 허락했던 사람들은 여전히 극소수만이 발견될 수 있다. 그들은 유아 세례 받은 모든 사람들에게 신앙고백과 그리스도에 대한 순종을 요구하는 일들을 그들의 일차적인 과업으로 만들었다. 한때 그들은 성숙했을지라도, 다음의 사실을 보여 주어야 했다. 공적으로뿐만 아니라, 집에서나 사적으로 그들을 가르치고, 권면함으로써 모든 세례 받은 사람들에게 교회에서 해야 할 의무를 완전하게 수행하는 사람들이 되어야 한다. 그러나 이 교회의 사역자들은 이와 같은 일들을 많이 성취하지 못했다. 이것은 목사들과 교

---

24. Bernard of Clairvaux, *Sermon on the Canticles* XXXIII, 15(*MPL*, Vol. 183, cols. 958f.).

회 행정관들의 직무의 한 부분이기 때문에, 이것을 무시하는 사람들이 그들의 돌봄이 위탁되었지만, 죽어가는 사람들에게 책임을 지고 있는 것이다.

신임 받고, 인증된 교회의 사역자들에 많은 것이 허락되지 않았고, 많은 교회의 사역자들은 그것을 그들에게 위임된 것으로 인정하기를 원하지도 않았다. 개인적인 경고들을 듣지도 않고, 그들의 공적인 죄들을 그만두려고 하지 않는 사역자들은 전체 교회의 이름으로 이것을 위하여 선택된 교회의 장로들과 함께 그들에 의해서 함께 부름 받아야만 했다. 그들은 그들을 회개에 결부시키고, 교회의 동의를 얻어 구원에 대한 이런 치료책을 거부하는 자들을 이방인들과 세리들과 같은 자들로 간주하는 것으로 선포한다(마 18:16-17). 회개에 대한 이런 치리는 그리스도에 의해서 가장 진지하게 제정된 것으로 모든 사람들은 알고 있다. 만약 그것이 존중되는 가운데서 시행될 경우, 그것은 아주 큰 유익을 얻는 것이 된다.

대부분의 왕자들이나 행정관들이 죄에 대한 이런 효과적인 치료책을 받아들여서 그리스도의 사역자들에 대한 회개의 공적인 설교를 떠나지 아니하는 가능성은 너무나도 먼 것이었다. 다시 말하면, 이것은 백성들의 모든 질서들 속에 있는 모든 죄들에 대한 순전한 교정책이기 때문이다. 교회의 사역자들이 그리스도의 교제의 가장 거룩한 성찬을 각자의 신앙과 삶에 대한 어떤 검증도 없이 원하는 모든 사람들에게 베풀어 줄 것을 많은 사람들이 요구하기조차 하였다. 사역자들 중에 죄인들의 말에 귀를 기울이고 이런 사역의 증오를 경험하는 것보다 차라리 이것을 시행하는 것을 더 선호하는 사람들이 없지는 않았다. 그래서 주님께서 자신의 법 안에서 명령하셨던 것에 따라 주의를 기울이는 경우는 거의 없었다. 거룩한 날들은 주님에 의해서 사실상 제정되었는데 말이다.[25]

따라서 대부분의 경우 그들은 이런 일들을 그리스도의 복음으로부터 배웠던 것처럼 보인다. 첫째로는 로마의 적그리스도와 거짓 감독의 전제를 거부하기 위하여,

---

25. 이 구절은 종교 개혁자로서의 부처가 특별히 스트라스부르에서 행한 노력들과 겪은 경험들을 반영한다. 이 도시에서 부처는 교회 치리를 확립하기 위하여 반복적인 노력을 하였다. 그러나 그는 결코 완전하게 성공하지는 못했다. 비록 시의회가 종교 개혁을 지지 하였지만, 시의회는 복음적 설교자들이 시민들에게 그들의 통제를 통하여 강력한 힘을 미칠지도 모른다고 두려워했기 때문에 이런 요구에 동의하는 것을 거부하였다. 참고 François Wendel, *L'Église de Strasbourg, sa constitution et son organisation* (Paris, 1942), 118ff., 152ff., 179ff.; Walter Köhler, *Zürcher Eherericht und Genfer Konsistorium*, Vol. II(Leipzig, 1942), 448ff.

둘째로는 교황 제도 속에 남아 있고, 그들의 육신의 요구와 변덕에 따라 모든 것들을 확립하고 행하는 일종의 치리, 고해, 그리고 보편적인 종교의 굴레를 벗어버리기 위하여이다. 따라서 우리가 선행에 의해서가 아니라, 그리스도에 대한 신앙으로 칭의 받는 사실을 듣는 것은 그들에게 불쾌하지 않다. 그러나 그들은 여기에 대해 아무런 흥미가 없다. 그리스도에 대한 신앙의 본질과 능력에 대하여 그들에게 무엇이 설명되어야 하며, 그것이 선행의 열매를 맺기 위하여 얼마나 필요한지를 그들은 결코 진지하게 생각해 보지 않았다. 그들 중에 대부분은 교회의 풍부한 재산을 징수하기 위해서만 복음에 대한 어떤 설교를 받아드렸다.

많은 장소에서 그리스도 왕국에 대한 완전한 교리가 백성들에게 신실하게 선포되어지고 있는 일이 그렇게 일어나고 있지만, 나로서는 어떤 교회에서는 그것이 견고하게 수용되고, 기독교적 치리(권징)가 공적으로 확립되었다고 말할 수가 없다.

그러므로 이것이 그들에게 완전히 제공된 그대로 그들이 그리스도 왕국을 받아들이지 않는 한, 주님께서 정의로운 심판을 통하여 로마 적그리스도와 거짓 감독들의 독재를 제거하시고, 그들을 다른 많은 재난들의 시험들을 직면하게 하실 것이다.[26]

헝가리에서 주님의 은혜로 순수한 그리스도의 교리에 따라 견고한 기독교 치리를 받아드리고, 그것을 종교적으로 준수하는 많은 교회들이 있다. 우리의 왕이신 그리스도께서 많은 교회들이 이 교회들의 모범들을 따르도록 일하셨다. 이상으로부터 주님께서 이 세상에서 얼마나 다양한 방법들을 통하여 그의 교회를 취급하시는지를 볼 수 있다. 그러나 한편, 만약 그들이 자신들을 그리스도 왕국에 완전히 헌신한다면, 모든 교회들과 심지어 모든 사람들은 예언자들이 예언했던 이 세상에서, 매 시간 속에 조차 있는 모든 행복들을 받아드리며, 즐거움과 기쁨 안에서 하나님께 충분히 감사드릴 것이다. 왜냐하면 주님은 참으로 심지어 핍박 속에서조차도, 비록 현세의 것일지라도 백배를 갚아 주시며, 그의 이름으로 우리가 희생한 것이나 위로받지 못한 것에 대하여 위로하시기 때문이다(막 10:30). 예레미야 23장은 다음과 같이 말한다. "내가 내 양 떼의 남은 것을 그 몰려갔던 모든 지방에서 모아 다시 그 우리로 돌아오게 하리니 그들의 생육이 번성할 것이며"(렘 23:3).

---

26. 이것은 1547년 전쟁(the Smalcaldic War)에서 찰스 5세에 의해 독일 개신교의 패전과 관련된 구절이다. 그들의 로마 가톨릭교회 질서의 재건을 받아드려야만 하는 소위 '중간 평화'(interim peace, 1548)의 관점에서 그들에게 부과되었다.

그리스도의 교회는 전 세계를 통하여 모든 나라로부터 모아져야 한다는 사실을 예언자 예레미야는 가르친다. 다시 말하면, 이것이 바로 우리 왕 자신이 행하시는 고유한 사역이다. 그러나 거룩한 예언자들이 수없이 여러 차례 예언하고 있듯이, 이것은 그리스도께서 하시는 고유하고도 최고에 해당되는 일이기 때문이다. 그에게 속한 모든 사람들은 그의 목적에 부합하게 봉사해야 하며, 모든 사람들은 각자에게 맡겨진 몫을 감당해야 한다.

예레미야는 그다음에 다음과 같이 말한다. "내가 그들을 기르는 목자들을 그들 위에 세우리니 그들이 다시는 두려워하거나 놀라거나 잃어버리지 아니하리라 여호와의 말씀이니라"(렘 23:4). 이 말씀으로부터 우리는 다음과 같은 가르침을 받아야만 한다. 사람들은 그리스도의 교회로 모임 후에 모든 사람들의 일차적인 관심은 그리스도 왕국을 찾고, 그 안에서 각자가 맡은 분량에 따라 우리의 왕이신 그리스도를 섬겨야 하는 것이다. 이것을 가능하게 하기 위하여 적합한 목자들은 각각의 교회들을 책임지도록 배치되어야 하며, 목자들은 그들을 선한 믿음 안에서 양육하고, 다시 말해 깊은 관심을 가지고 그들을 왕이신 그리스도에 대한 신앙과 순종 안에 머물게 하며, 거룩한 교역의 모든 기능들과 역할들을 수행한다. 요약하면 목자들은 그리스도의 교리와 성례전의 참된 수행과 그리스도의 치리의 신실한 집행을 통해서 자신의 역할을 수행하는 것이다. 그 결과 그리스도에 대한 신앙이 그들 가운데 증가된 후에 모든 사람들이 주님 안에서 신실하게 행동할 것이며, 영적이면서도 현세적인 측면에서 모든 적들의 영이 주는 어떤 두려움이나 방해로부터 자유하며, 어떤 사람도 자신이 받아드린 그리스도 왕국의 은혜를 포기하지 않을 것이다.

예레미야는 계속해서 다음과 같이 말한다. "여호와의 말씀이니라 보라 때가 이르리니 내가 다윗에게 한 의로운 가지를 일으킬 것이라 그가 왕이 되어 지혜롭게 다스리며 세상에서 정의와 공의를 행할 것이며"(렘 23:5).

예언자 예레미야는 다음과 같이 증언한다. 첫째, 오직 주님이신 그리스도께서만 의로우시며, 그를 믿는 모든 자들을 의롭게 하신다. 둘째, 그만이 우리의 참된 유일한 왕이시며, 그 자신의 백성 가운데서 참된 나라를 다스리시며, 그들 가운에서 모든 일들이 시작되며, 모든 일들이 신중하고도 행복하게 추진되며, 그러므로 모든 일들이 올바르고도 선한 질서 안에서, 다시 말하면 의롭게 추진된다.

예레미야는 계속해서 다음과 같이 말한다. "그의 날에 유다는 구원을 받겠고 이스라엘은 평안히 살 것이며 그의 이름은 여호와 우리의 공의라 일컬음을 받으리라"(렘 23:6).

여기서 예언자 예레미야는 다음의 사실을 증언한다. 생명을 구원하는 확실한 방법은 그리스도 왕국 안에서만 발견될 수가 있다. 그리스도 왕국을 얻기를 원하는 모든 사람들은 이 영광스런 이름으로 그를 '주님은 우리의 의', 즉 그리스도는 우리의 왕이시오, 참 하나님이신 동시에 참 인간이시라고 감히 부를 수가 있다(여기서 응용된 칭호는 거룩한 이름에 해당되는 여호와이시기 때문이다). 그는 우리의 죄가 하나님의 심판 안에서 우리에게 전가되지 않고 그가 우리를 영원히 효과적으로 지배하고 통치하시기 위해, 우리를 화해시키고, 죄로부터 해방시키고, 의의 영을 얻으셨다.

그러므로 예언자 에스겔은 에스겔 34장에서 말한다. '나는 나의 양 떼를 보전하리라. 나의 양이 공격을 당하지 않으며, 나는 양과 양 사이에서 심판하리라'(겔 34:20-22).

그리스도 왕국은 하나이며, 동일하며, 이 구원하는 나라에서 참으로 받아들여진 어떤 사람도 멸망하지 않는다는 사실을 예언자는 가르친다. 그러나 또한 이 나라에서는 양과 양 사이에서 심판이 수행되며, 죄인들에 대한 경고와 교정의 활동이 수행된다.

에스겔서는 계속해서 다음과 같이 말한다. "내가 한 목자를 그들 위에 세워 먹이게 하리니 그는 내 종 다윗이라 그가 그들을 먹이고 그들의 목자가 될지라 나 여호와는 그들의 하나님이 되고 내 종 다윗은 그들 중에 왕이 되리라 나 여호와의 말이니라"(겔 34:23-24).

다시 예언자는 하나님의 나라와 그리스도 왕국은 동일하며, 선한 목자가 도움을 필요로 하는 양떼를 치고, 돌보는 것처럼, 그리스도 왕국은 아주 친절할 뿐만 아니라, 가장 정확하고도 유일한 구원의 돌봄을 가져다준다. '내가 한 목자를 그들 위에 세웠다'라는 말씀은 그가 그의 아버지 다윗을 호칭하듯이, 다윗의 아들이신 그리스도이시다. 마찬가지로 이 구절은 그다음에 '그가 그들을 먹이며, 그들의 목자가 되리라'는 구절을 통해서 우리는 다음과 같은 가르침을 받는다. '나의 종 다윗은 그들 가운데 왕자가 되리라.' 다시 말하면, 그리스도의 교회는 오직 하나의 머리가 되시는 그리스도, 왕자와 최고 목자만을 가지며, 그리스도 스스로가 항상 교회 가운데 계시며, 위에서 말했다시피, 비록 그리스도께서 사역자들을 사용하실지라도, 그는 결코 대리자들을 필요로 하지 않으신다.

이것은 또한 다음의 내용이 지켜져야 한다는 사실을 보여 준다. 우리가 우리의 목자이신 그리스도를 그의 우리 안에서 따를 때, 다시 말해 우리가 교회의 교제와 치리 안에 있을 때, 아버지 하나님은 영생을 주시는 자로서 우리의 하나님이심을 우리에게 보여 주신다.

예언자 에스겔은 계속해서 다음과 같이 말한다. "내가 또 그들과 화평의 언약을 맺고 악한 짐승을 그 땅에서 그치게 하리니 그들이 빈들에 평안히 거하며 수풀 가운데에서 잘지라 내가 그들에게 복을 내리고 내 산 사방에 복을 내리며 때를 따라 소낙비를 내리되 복된 소낙비를 내리리라 그리한즉 밭에 나무가 열매를 맺으며 땅이 그 소산을 내리니"(겔 34:25–27상).

이 말씀 안에서 예언자는 먼저 그리스도 왕국을 찾고 거기에 자신을 헌신하는 사람들은 모두 더 이상 해함을 받지 않고, 모든 일이 유익하게 될 것이라고 가르친다(참고 마 6:33). 비록 개인적으로 어떤 사람에게는 현재의 모든 것에 대한 희생과 혈육에 대한 희생을 요구하는 가운데서, 그의 선하심과 확실한 영원한 행복을 증언하기를 원하시지만, 모든 면에서 하나님은 이것을 그의 아들의 나라를 완전히 받아드리는 그의 백성들에게 주신다. 그러나 이런 경우에도, 하나님은 그들의 영을 견고하게 하시며, 그들이 하나님을 위하여 고통을 받고 있는 곳에서 그들이 진심으로 크게 기뻐하고 영광을 돌리는 하늘의 축복에 대한 맛을 보게 하신다.

그리스도 왕국에 관한 예언자들의 말씀으로부터 몇 가지 내용에 주의를 기울이고 알아보는 것이 나에게는 좋은 일로 생각되어진다. 왜냐하면 나는 위에서도 경고한 바와 같이, 그리스도의 날의 모든 특징들에 관하여 충분히 발견하고 아는 사람들은 여전히 극소수에 불과하기 때문이다. 나는 다음에는 시편, 복음서, 사도들의 증언으로부터 여기에 대하여 언급할 것이며, 앞에서 이미 언급한 예언서들로부터 그리고 주님의 말씀과 성령의 말씀으로부터 나는 그리스도 왕국을 정의하고, 그들 가운데서 이 그리스도 왕국을 지키기를 원하는 자들에게 요구되는 내용을 제공할 것이다.

시편은 다음과 같이 말한다. "내가 나의 왕을 내 거룩한 산 시온에 세웠다 하시리로다 내가 여호와의 명령을 전하노라 여호와께서 내게 이르시되 너는 내 아들이라 오늘 내가 너를 낳았도다 내게 구하라 내가 이방 나라를 네 유업으로 주리니 네 소유가 땅 끝까지 이르리로다"(시 2:6-8).

첫째로, 여기서 예언자는 무엇보다도 우리의 왕이신 그리스도께서 아버지에 의해서 기름부으심을 통해 세우심을 받고, 그의 교회, 즉 거룩한 시온 산의 왕으로 세우심을 받으심으로써, 세상의 나라들과 세상의 왕들과 왕자들이 그의 나라를 대항하여도 아무 소용이 없으며, 그들이 그리스도의 가벼운 멍에를 거부하고, 그리스도의 교리와 치리의 유익한 끈을 깨뜨릴 때, 도리어 그들은 파멸을 당할 것이다. 그러므로 예언자는 모든 왕들과 통치자들이 하나님의 아들에게 입 맞추며, 그를 그들의 왕으로 알 것을 촉구하고, 또 그의 진노 안에서 '그들이 길에서 멸망을 당하지'(시 2:12) 않도록, 다시 말하면, 현세로부터 '지옥'(게헨나)으로 던져지지 않기를 촉구한다.

다음으로, 예언자는 이 나라가 선포의 나라임을 가르친다. 다시 말하면, 성 바울 사도가 비시디아 안디옥 회당에서 이 구절을 해석하였듯이(행 13:32ff.) 하나님께서 그리스도를 죽은 자 가운데서 일으키셨을 때, 아버지께서 이 나라를 그에게 이룩하신 바, 주 예수는 하나님의 유일한 그리스도이시며 아들이심을 선포하는 것이 바로 이 선포이다. 복음서들이 말하는 모든 것은 확실히 요한 사도가 "오직 이것을 기록함은 너희로 예수께서 하나님의 아들 그리스도이심을 믿게 하려 함이요 또 너희로 믿고 그 이름을 힘입어 생명을 얻게 하려 함이니라"(요 20:31)라고 말한 것처럼, 주님에 관해서 기록되었다. 그러므로 우리는 여기서 우리 주님에 관한 이런 선포가 부재하는 곳에는 주님이나 주님의 나라도 현존하지 않는다는 사실을 알아야 한다.

마지막으로, 예언자는 그리스도 왕국이 모든 나라들과 관계된다고 가르친다. 이런 이유 때문에 가능한 한 멀리 그리고 폭넓게 그리스도 왕국을 확장시키기 위한 노력을 하지 않는 사람들은 그리스도에게 속한 사람들이 아니다.

시편 22편은 다음과 같이 말한다. "나라는 여호와의 것이요 여호와는 모든 나라의 주재심이로다 세상의 모든 풍성한 자가 먹고 경배할 것이요 진토 속으로 내려가는 자 곧 자기 영혼을 살리지 못할 자도 다 그 앞에 절하리로다 후손이 그를 섬길 것이요 대대에 주를 전할 것이며 와서 그의 공의를 태어날 백성에게 전함이여 주께서 이를 행하셨다 할 것이로다"(시 22:28-31).

여기서 예언자는 먼저, 그리스도 왕국이 모든 국가들의 나라이며, 죽은 자나 산자 모두가 여기에 속하며, 사회적 안정과 복지를 가지고 있는 사람이나 궁핍과 압제 속에 있는 자도 여기에 속한다는 사실을 가르친다.

다음에, 본문은 그리스도 왕국으로 들어갔던 사람들은 모두 '하늘로부터 내려오는' 생명의 떡을 먹고 있다는 사실, 다시 말해 그들은 그리스도의 거룩한 교제를 향유할 것임을(요 6:33) 가르쳐 준다. 왜냐하면 예언자는 위에서 다음과 같이 노래했기 때문이다. 그들이 그리스도를 경배하고, 영과 진리로 그리스도 안에서 아버지를 경배할 때 비로소 오는 만족으로부터 그들이 만족하고, 그들이 모든 일에서 자신들을 그에게 복종시키기 때문이다.

마지막으로, 예언자는 우리 뒤에 우리의 왕의 영원한 선하심을 가져오는 사람들에게 선포하고 통과하게 하기 위하여 의로운 교회의 영원성과 교회의 최고의 기능에 관하여 증거하고 있다.

시편 45편은 우리의 왕과 그의 나라, 즉 교회의 전능성과 중요성과 장엄함에 대하여 의미심장하게 그려 주고 있다.

시편 48편은 그리스도 왕국이 가져오는 기쁨이 얼마나 크며, 어떤 세상의 힘도 그의 힘을 능가할 수 없기 때문에, 그 안에 오직 하나님의 은혜로우심만이 빛나고, 올바르게 찬양받고, 마침내 큰 열심을 가지고 우리는 이 나라에 경의를 표해야 한다는 사실을 아주 분명하게 노래하고 있다.

소망의 성취 안에서 능력으로 일하시는 우리의 왕께서 세상에서 압제당하는 그의 사람들을 변호하시며, 그들에게 모든 이해가 도달하지 못하는 평화를 주시고(빌 4:7), 그들을 더욱 번성하게 하시며, 모든 나라들과 왕들을 그에게 복종시키시며, 그들을 겸손하게 하시고, 그의 자비로 모든 것들을 풍성하게 채우신다(시 96, 97, 98, 99, 122, 145편에서처럼).

시편 110편은, 첫째로, 아버지 우편에서 우리의 왕의 높아지심과 그의 모든 적들이 그의 발과 발바닥 아래 엎드러진 것을 노래한다. 둘째로, 이 우리의 왕의 홀, 즉 그의 나라의 통치가 시온으로부터 가장 강력하게 실현될 것이며, 그는 그의 적들의 한가운데서 다스리실 것임을 노래한다. 셋째로, 그리스도의 백성은 아침의 하늘 이슬처럼 거룩성의 광채가 더욱 빛날 것이며, 예배의 모임 안에서 하나님을 자주 영화롭게 할 것임을 노래한다. 넷째로, 그리스도 왕국은 하나님의 불변하는 맹세로 세워질 것이며, 그러므로 영원한 나라가 될 것이다. 이 멜기세덱이 아브라함과 그의 백성, 즉 모든 신자들을 축복한 것처럼, 멜기세덱의 반차를 따라 제사장직이 있을 것이며, 그를 기쁘게 하는 그와 같은 방법으로 그들에 의하여 은사들의 모든 방법을 통해서 그가 영광 받으실 것을 노래한다. 마지막으로, 하나님은 그의 오른편에 우리의 이 왕을 두실 것이며, 그의 적들을 완전히 쳐부수실 것이며, 하늘의 진노로부터 마심으로써, 다시 말하면, 성령의 위로와 강하게 하심으로 그는 하나님이 없는 자들의 손으로부터 오는 모든 고통과 괴로움 속에 있는 그의 지체들 안에서 이 왕을 위로하시고, 강하게 하실 것이다.

마태복음 1장에 보면 그와 약혼한 마리아와 관련하여 주님의 양 아버지 요셉에게 천사는 다음과 같이 말했다. "그에게 잉태된 자는 성령으로 된 것이라 아들을 낳으리니 이름을 예수라 하라 이는 그가 자기 백성을 그들의 죄에서 구원할 자이심이라"(마 1:20-21).

이 예언 안에서 우리는 다음의 사실을 배울 수가 있다. 그가 성령에 속한 듯이 우리 주 예수 그리스도는 죄가 없으시면서도 사람이 되셨다. 그들의 죄로부터 그들을 해방시키시기 위하여, 하나님의 선택의 나라를 세우시기 위하여, 바로 이 목적을 위하여 그리스도께서 오셨다. 그리스도의 교리와 치리의 수행을 통하여 사람들은 그들의 죄를 인정하고, 그에 의하여 죄로부터 자유롭게 되고, 의롭게 살게 될지라도, 그리스도께서 이것을 특별히 그의 나라 안에서 행하신다.

누가복음 1장에 보면 가브리엘 천사가 주의 모친 마리아에게 다음과 같이 말했다. "마리아여 무서워하지 말라 네가 하나님께 은혜를 입었느니라 보라 네가 잉태하여 아들을 낳으리니 그 이름을 예수라 하라 그가 큰 자가 되고 지극히 높으신 이의 아들이라 일컬어질 것이요 주 하나님께서 그 조상 다윗의 왕위를 그에게 주시리니 영원히 야곱의 집을 왕으로 다스리실 것이며 그 나라가 무궁하리라"(눅 1:30-33).

여기서 우리는 다음의 내용을 배우게 된다. 그리스도는 오직 하나님의 택하심 안에서만 통치하실 것이며, 야곱의 집을 다스리실 것이며, 그의 나라는 영원하여, 끝이 없을 것이며, 그의 나라는 세상 끝날까지 계속될 것이다. 그 결과 그리스도의 교회들이 있을 수 있는 곳에는 어디든지 그리스도의 교회들이 항상 있을 것이다.

마태복음 3, 4, 10장, 마가복음 1장, 누가복음 10장은 다음과 같이 말한다. '회개하라 천국이 가까이 왔느니라'(마 3:2; 4:17; 10:7; 막 1:15; 눅 10:9).

그러므로 그리스도 왕국 안에서 죄인들의 회개가 항상 선포되는 것이 그리스도 왕국의 특성이다. 게다가 그리스도 왕국이 진정으로 받아들여지는 곳, 거기는 모든 죄인들이 엄중하게 책망 받으며, 그들의 죄로부터 깨끗함을 받고, 의의 영을 부여받기 위해서, 사람들은 그들 자신들을 완전하게 그리스도의 왕권에 드리는 것이 필요하다.

마태복음 5장은 다음과 같이 말한다. '마음이 가난한 자들은 복이 있다. 왜냐하면 천국이 그들의 것이기 때문이다'(마 5:3).

그래서 만약 그가 진정으로 그의 죄들을 인정하지 않고 하나님의 진노의 불을 느끼지 않는다면, 어느 누구도 그리스도 왕국을 받아드릴 수 있는 능력을 가질 수 없을 것이며, 그래서 그는 마음이 가난하고 선한 것들의 결핍 안에 있다. 예를 들면, 그는 비천하고 참회하는 마음을 갖게 된다.

마태복음 7장은 다음과 같이 말한다. '나더러, 주여, 주여! 부르는 모든 사람이 천국에 들어가는 것이 아니라, 천국에 계신 나의 아버지의 뜻을 행하는 그가 들어갈 것이다'(마 7:21).

그래서 천국의 아버지를 기쁘게 하는 그 일들을 전심으로 하지 않는 자들이 자신들을 그리스도 왕국의 시민이요, 회원이라고 선포하는 것은 속이 텅 빈 헛수고에 불과하다.

마태복음 16장은 다음과 같이 말한다. 주님이 베드로에게 말씀하셨다. "내가 천국 열쇠를 네게 주리니 네가 땅에서 무엇이든지 매면 하늘에서도 매일 것이요 네가 땅에서 무엇이든지 풀면 하늘에서도 풀리리라"(마 16:19).

여기서 주님은 그의 나라가 어떤 사람에게는 닫히고, 다른 사람들에게는 열리는 것을 원하신다는 사실을 분명하게 가르치신다. 자신들의 삶의 증언을 통하여 증명된 자신의 신앙고백에 의하여 자신의 회개와 신앙과 관련하여 자신의 선한 신앙을 교회에 보여 주는 성인들에게는 그리스도 왕국이 열려 있고, 그리스도에 대한 이 같은 일종의 신앙고백과 순종을 거부하거나 자신의 입술만으로 신앙을 고백하고 있다는 사실이 자신의 사악한 행동에 의해서 부정되는 사람들에게는 그리스도 왕국이 닫혀 있다.

게다가 주님은 여기서 우리에게 다음과 같은 사실을 가르치신다. 시민과 관계된 문제에서 시민들이 자신들의 범죄로 인하여 투옥과 감금이 요구되는 경우가 종종 있는 것처럼, 주님의 나라가 죄 속에서 완고하고, 아주 심각하게 태만한 사람들에게 닫혀 있으나, 거룩한 사역을 통하여 회개로 나아가 치유가 여전히 가능해야 하며, 교회에게 회개에 합당한 열매를 보여 주어야 한다.

우리의 왕이신 주님께서 교회 안에서 묶고 풀었던 사람들은 하늘에서도 묶고 풀린다는 사실을 말씀하실 때, 그가 이 치리를 얼마나 중하게 제정하셨는가를 우리는 알아야 한다. 주님께서 마태복음 18장 후반부에서(마 18:15ff.) 분명하게 증거 하시듯이 이 본문에서 이 치리의 권한과 힘은 베드로나 그의 계승자들뿐만 아니라, 교회 전체에 주어졌다는 사실을 우리는 간과해서는 안 된다. 왜냐하면 비록 이 권한과 힘이 교회의 보통 사역자들에 의하여 행사되고 있을지라도, 이것은 전체 교회의 동의와 함께 시행되어야 한다. 바울 사도가 자신의 권위에 의존하여 근친상간한 고린도 교인들을 사탄에게 넘겨주기를 원하지 않고, 회집된 고린도 성도들에 의하여 그는 영으로 그들과 일치했던 것이다(고전 5:3-5). 베드로 역시 그의 신앙고백을 자신의 이름으로뿐만 아니라, 그의 모든 동료들의 이름과 교회의 이름으로 하였다. 성 아우구스티누스와 다른 거룩한 교부들도 훌륭하게 결론을 내린 것처럼 주님께서 베드로에 대한 자신의 답변을 전체 교회에 적용하기를 원하신다.[27]

마태복음 21장은 다음과 같이 말한다. "그러므로 내가 너희에게 이르노니 하나님의 나라를 너희는 빼앗기고 그 나라의 열매 맺는 백성이 받으리라"(마 21:43).

그 열매들, 즉 모든 '경건과 의의 행위들'이 현시되지 않는 곳에는 하나님의 나라가 남아 있지 않거나 심지어 존재하지 않는다는 사실을 배우도록 하자. 공적으로 이런 선행들의 불모지 현상이 어떤 나라들 안에 지배적으로 나타날 경우, 주님은 순수한 교리와 그의 유익한 치리를 통하여 그의 나라, 곧 인간의 구원의 시행을 다른 사람에게로 옮기신다.

주님께서 그의 나라를 좋은 씨앗을 뿌리는 자에게 비유하셨고, 좋은 땅에 뿌려진 사분의 일만이 열매를 맺었다(마 13:4ff.). 주님께서 그의 나라의 속성들을 설명하시기

---

27. Augustine, *On the Gospel of John* XI, 5(*MPL*, Vol. 35, col. 1478); L., 2(*ibid.*, col. 1762); Cyprian, *On the Unity of the Church*, IV(*MPL*, Vol. 4, cols. 512ff.).

위하여 사용하셨던 비유들을 우리는 존경심을 가지고 숙고해야 한다. 마찬가지로 좋은 들판에 밀과 함께 파종되었는데, 원수가 가라지를 뿌렸다(마 13:24ff.). 또한 좋은 고기와 나쁜 고기가 걸린 그물 비유도 있다(마 13:47ff.). 큰 연회가 베풀어진 왕의 잔치에 초대받은 사람들이 참석하기를 싫어하였고, 심지어 어떤 사람들은 그들을 잔치로 초대하기 위하여 보냄 받은 신하들을 가해하고 죽이기까지 하였다. 어떤 사람은 혼인 예복을 입지 않고 들어갔다가 바깥 어두운 곳에 내어 쫓김을 당했다(마 22:2ff.; 눅 14:16ff.). 마지막으로 어리석은 열 처녀의 비유에서 그들은 그들의 등과 함께 기름을 준비하는데 주의하지 않았다(마 25:1ff.).

이 비유들을 통하여 주님은 우리에게 알게 하신다.

첫째로, 다음의 사실을 가르치신다. 비록 진실 되게 그것을 받아드리는 사람들은 극소수에 불과하지만, 모든 사람들에게 제공되는 생명의 말씀이 하나님의 나라에 고유한 것이다. 어떤 방법으로든지 이 생명의 말씀을 복종하는 사람들은, 만약 그들의 겉치레가 분명하게 판명되지 않았다면, 교회로 받아들여질 수 있다. 그리고 그들의 사악한 행동에 의해서 그들이 자신들의 입술로 증언한 신앙고백을 분명하게 부인하기 전까지 그들은 그리스도에 대한 살아 있는 신앙으로 부름 받았다.

둘째로, 우리의 왕의 참된 종들은 모든 사람들에게 그의 나라를 제공하는 것을 중지해서는 안 된다. 왜냐하면 너무나 많은 모든 사람들이 그들의 마음 안에 그것을 받아드리지 않기 때문이다. 그리고 어떤 사람들은 바로 이 위대한 호의 때문에 모든 종류의 모욕과 실수들을 통하여 그들을 책망하기 때문이다.

마지막으로, 위선자들은 교회 안에서 관용을 받아야 하지만, 그들이 숨어 있는 한, 그럼에도 불구하고 위선자들은 마침내 성도들로부터 무서울 정도로 분리되어 사람들이 태어나서 마귀에 의해서 양육 받는 지옥으로 던져진다. 위선자들은 그리스도 왕국 안에서 스캔들 이외에 아무것도 아니다(마 13:41).

우리는 또한 온 종일 동안 다양한 시간에 그의 포도원을 위하여 노동자로 고용한 청지기 비유, 아침부터 밤까지 노동했던 자들처럼 오직 한 시간만 일했던 사람도 동일한 임금을 받았던 비유를 의식적으로 생각해 보아야 한다(마 20:1ff.). 왜냐하면 우리는 이 비유를 통해서 다음의 사실을 배우게 된다. 그리스도께서 참으로 통치하시는 바로 그곳에 항상 그의 나라를 실현시키는 사람들, 바로 이 목적을 위하여 부지런히,

열심히 주님을 섬기는 사람들이 있다. 비록 우리는 오랫동안 그리고 힘들게 일하고 그의 영광을 위하여 많은 고생을 했다고 생각할지라도, 인간의 공로에 의해서가 아니라, 우리 왕의 은혜에 의하여 주님께서 우리에게 돌려주시는 것이 얼마나 좋은 것임을 모든 사람들에게 동일하게 주어지는 동일한 임금을 통해서 우리는 알게 된다.

마태복음 마지막 장인 28장에서 주님은 승천하실 때 제자들에게 말씀하셨다. "예수께서 나아와 말씀하여 이르시되 하늘과 땅의 모든 권세를 내게 주셨으니 그러므로 너희는 가서 모든 민족을 제자로 삼아 아버지와 아들과 성령의 이름으로 세례를 베풀고 내가 너희에게 분부한 모든 것을 가르쳐 지키게 하라 볼지어다 내가 세상 끝날까지 너희와 항상 함께 있으리라 하시니라"(마 28:18-20).

여기서 주님께서, 첫째로, 우리에게 다음의 사실을 가르치신다. 주님께서 아버지로부터 사람들과 영적 존재들, 그리고 심지어 모든 피조물들에 대한 권한과 힘을 받았다. 둘째로, 그의 나라는 모든 나라들에게 공표되어야 한다. 계속해서 그의 나라의 시민들은 거룩한 세례를 통하여 주님 자신 안에 접붙임을 받고, 성찬식과 교회 치리에 헌신되어야 한다.

이와 관련하여, 그의 나라의 사역자들의 기능은 다음과 같다. 사역자들은 주님께서 명령하신 모든 것을 지키도록 하기 위하여 세례 받은 모든 사람들을 가르치는 것, 그들을 부지런히 그리고 참을성 있게 가르치며, 모든 방법으로 그리스도의 규정에 주의하고, 모든 일에서 더욱 완전하게 되도록 매일 매일 자신을 봉헌하게 하는 것이다.

이런 이유 때문에, 그리스도의 충성된 사역들은 또한 교리 문답을 통하여 무지한 그리스도인들을 부지런히 교육하고, 개인들을 사적으로나 집에서 그들의 임무들에 관하여 권면하고, 게으른 자들을 교정하고, 마지막으로 경건한 규칙들을 통하여 그리스도의 교리보다는 다른 어떤 교리에 집착하여 연약한 사람들에게 도움을 주는데 실패하지 않을 것이다(게다가 성경의 공적 해설과 성경으로부터 이끌어 낸 권면들을 전달하는 것). 그 결과 복음 신앙이 확고한 자들은 자신들을 거짓 교리의 물결에 의해 휩쓸리는 것을 허락하지 않을 것이다(엡 4:14). 마지막으로, 주님은 항상 그에게 속한 자들에게 현존하실 것이며, 그의 교회의 조직과 가르침을 효과적으로 만든다는 사실을 가르친다.

요한복음 3장은 다음과 같이 말한다. 주님께서 니고데모에게 말씀하신다. "진실로 진실로 네게 이르노니 사람이 거듭나지 아니하면 하나님의 나라를 볼 수 없느니라"(요 3:3). 잠시 후에 "진실로 진실로 네게 이르노니 사람이 물과 성령으로 나지 아니하면 하나님의 나라에 들어갈 수 없느니라"(요 3:3-5).

여기서 그것은 다음과 같이 정의됨을 볼 수 있다. 이것은 거룩한 세례(만약 실제 속에 있지 않다면 적어도 의도적으로 받아들인 것)와 성령에 의한 마음의 중생으로서 물과 성령으로 나오는 것이다. 만약 우리가 거듭나지 아니하면, 우리는 하나님의 나라에 들어 갈 수도 없을 뿐만 아니라, 하나님의 나라를 알 수도 없다.

바울의 로마서 14장은 다음과 같이 말한다. "하나님의 나라는 먹는 것과 마시는 것이 아니요 오직 성령 안에 있는 의와 평강과 희락이라"(롬 14:17).

우리는 이것으로부터 다음의 사실을 배워야 한다. 그리스도 왕국 안에서 우리는 완전한 외적 자유를 갖는다. 그리고 우리는 그리스도에 대한 믿음으로 의롭게 살아간다는 이 한 가지 일을 실현할 것을 추구해야 한다. 우리는 하나님과 사람과 함께 평과를 향유할 수 있으며, 따라서 우리는 모든 피조물과 함께 평화를 향유할 수 있다. 따라서 우리는 우리의 주님이시며 왕 안에서 연속적으로 즐거워하고 환호할 수 있다.

고린도전서 4장은 말한다. "하나님의 나라는 말에 있지 아니하고 오직 능력에 있음이라"(고전 4:20).

극도의 돌봄과 존경심으로 선포되어지고 성급하고도 생각함이 없이 함부로 낭비되어지지 않는 것이 그리스도 왕국, 즉 복음의 말씀을 위하여 참으로 적합하다. 비록 우리가 사용하는 말이 정확하고 주의 깊을지라도 또는 우리가 아무리 열심을 가지고 경청할지라도, 우리는 이것을 통하여서는 하나님의 나라를 얻을 수는 없다. 옛사람을 십자가에 못 박고 전멸시키고 새사람을 형성하고 완성하는 하늘의 힘이 현존해야만 한다(롬 6:6; 골 3:9).

고린도전서 6장, 갈라디아서 5장, 에베소서 5장은 다음과 같이 말한다. '실수하지 마시오! 불의, 간음, 우상 숭배, 간음, 남색, 도둑질, 탐욕'(이것을 행하는 자들은 부도덕하게 세상적인 것들을 찾는 사람들이다), '술 취하는 것, 중상하는 것, 이러한 것들은 하나님의 왕국의 물려받을 수 없을 것이다.' 그리고 이러한 것들은 하나님의 나라에서 어떤 부분도 차지할 수 없다(고전 6:9-10; 갈 5:19-21; 엡 5:5).

그러므로 명백한 사악함을 꾸준히 고집하는 사람들은 그리스도 왕국에 전혀 참여할 수가 없다. 일단 그들이 드러나게 되면 교회와의 어떤 교제도 할 수 없도록 교회의 치리를 통하여 제명해야 한다.

고린도전서 15장은 다음과 같이 말한다. "그 후에는 마지막이니 그가 모든 통치와 모든 권세와 능력을 멸하시고 나라를 아버지 하나님께 바칠 때라 그가 모든 원수를 그 발아래에 둘 때까지 반드시 왕 노릇 하시리니"(고전 15:24-25).

이 세계 안에서 그리스도 왕국은 하나님의 선택하신 사람들의 구원의 사역이다. 우리의 왕은, 아버지에 의해 그에게 주어진 자들을 죄로부터 깨끗하게 하시고, 한걸음 더 나아가 사탄의 힘으로부터 그들을 더욱 구원해 내시며, 그 자신에게 그들을 받아들여지도록 만드시며, 모든 악으로부터 그들을 지키신다. 이것이 부활 이후에 성도들 안의 어떤 부분에도 죄가 조금도 남아 있지 않는 이유다. "하나님은 모든 것 안에 모든 것이 되실 것이다"(고전 15:28). 그리고 그런 다음 그리스도 왕국에는 더 이상 어떤 부족한 것이 없을 것이며, 이 통치 안에서 하나님의 선택받은 자들은 죄와 악마들로부터 구원받을 것이다. 그때, 그러므로 그의 의무를 고유하게 내려놓으시고, 우리의 왕이신 그리스도는 그의 주권과 권능을 아버지께 드릴 것이다. 그리스도는 그의 주권과 능력을 통하여 그의 선택받은 자들은 모든 악으로부터 구원하시고, 그들을 하나님의 생명으로 인도하였고, 아버지와 함께 영원히 그들 안에서 사실 것이며, 그들에 의해서 영화롭게 되실 것이다.

그런 다음 사람이든지 영들이든지, 그리스도 왕국에 봉사를 했든지 반대했든지 차별 없이 그리스도께서 모든 통치와 모든 능력과 모든 힘을 멸절시키실 것이다(엡 1:21). 왜냐하면 그가 외부의 정부나 규율이 필요하지 않는 모든 의로움 안에서 완전해진 천국에서 그와 함께 그의 거룩한 사람들을 가질 것이기 때문이다. 그러나 그리스도께서 영들이든지 사람들이든지 사악한 자들을 지옥으로 던지실 것이다(마 13:42). 지옥으로부터 이들은 더 이상 성도들을 괴롭힐 어떤 힘도 가지지 못할 것이다. 그러나 이러한 모든 것이 이루어질 때까지, 선택된 사람들은 여전히 이 세상에 있고, 이 세상에는 우리 왕이신 그리스도의 적들이 남아 있다. 그리스도께서 불경건으로부터 그들을 회심시키심으로써 또는 거절을 통해서 지옥에 보냄으로써 그의 모든 적들을 그의 발아래 두실 때까지 그리스도는 그의 사람들을 위하여 구원을 베푸시고, 그들을 죄와 사탄으로부터 보호하심으로써 통치하신다.

그러나 그리스도 왕국의 사역과 통치는 하나님의 선택받은 자들의 중생을 통해서만 완성될 것이다. 성도들 안에 있는 복된 부활과 영생과 그 완전한 의가 성경에서 가끔 '하나님의 나라'로 불린다. 주님께서 이미 그의 고난을 앞에 두고 제자들에게 다음과 같이 말씀하셨다. "내 아버지께서 나라를 내게 맡기신 것 같이 나도 너희에게 맡겨 너희로 내 나라에 있어 내 상에서 먹고 마시며"(눅 22:29-30). 바울 사도도 고린도전서 15장에서 동일하게 말한다. "형제들아 내가 이것을 말하노니 혈과 육은 하나님 나라를 이어 받을 수 없고 또한 썩는 것은 썩지 아니하는 것을 유업으로 받지 못하느니라"(고전 15:50). 이 말을 통하여 그는 우리에게 다음의 사실을 가르친다. 우리가 현재의 혈과 육을 짊어지고 있는 동안에, 우리는 완성된 구원과 회복을 받아들일 수가 없다. 완성된 구원과 회복을 통해서 하나님은 우리에게 모든 것이 되실 것이다. 이런 이유 때문에 우리는 먼저 육체적 죽음과 복된 부활을 통하여 새롭게 되어야 하며, 완전히 영적으로 되어야 한다. 더 언급되어야 할 그리스도 왕국에 대한 내용은 다음과 같다. 그리스도께서 이 세상에서 복음과 그의 성령을 통하여 그의 사람들을 사탄으로부터 보호하심으로써, 그들을 성화시키심으로써, 그들을 아버지께 인도하심으로써 그들을 통치하신다.

우리가 여기서 제시한 본문들을 진지하게 숙고하는 자는 누구든지 그리스도 왕국의 속성들과 함께 그리스도 왕국의 본성과 형성을 쉽게 이해할 것이며, 그들 가운데 그리스도 왕국을 견고하게 회복시키기를 원하는 자들에 의해서 추구되어야만 하고 간과된 내용을 볼 것이다.

그러므로 이 본문들로부터 우리는 그리스도 왕국에 대한 조직화된 정의를 제시할 것이며, 독자들에게 더욱 분명하게 하기 위하여 질서정연한 방법으로 그리스도 왕국의 속성들을 요약할 것이다. 또한 우리는 구원을 위하여 이러한 일들이 얼마나 필요하며, 이것들 모두가 얼마나 진지하게 새로워지고, 회복되어져야 하는지를 보여 줄 것이다. 너무나도 애석할 정도로 이것을 무시하는 사람들은 오늘날에도 적지 않게 존재하는데, 그들은 오직 공허한 말로 그들 가운데 그리스도 왕국에 관하여 영광을 돌릴 수 있게 된다. 왜냐하면 그들은 여전히 그리스도 왕국의 실재성으로부터 완전히 결핍된 상태에 있기 때문이다.

제5장 그리스도 왕국은 무엇이며, 그리스도 왕국의 회복을 위하여 무엇이 필요한가

우리 구주 예수 그리스도 왕국은 하나님의 선택된 사람들의 영생을 관리하고 돌보는 곳이다. 바로 이 하늘의 주와 왕께서 이 목적을 위해 선택하신 적합한 사역자들을 통해 집행하시는 가르침과 교리로 그 선택된 사람들을 자신에게로 모으신다. 이들은 세계 도처에 흩어져 있는 자들로서 그에게 속한 자들이지만 그럼에도 불구하고 그분은 이들이 이 세상의 권세들에게 복종하기를 원하신다. 예수님은 백성들을 자신과 교회에 통합시키시고, 그래서 죄들로부터 날마다 더욱더 충분하게 정화되어 가는 그 백성들을 교회 안에서 통치하신다. 그들은 여기서는 물론이고 오는 시대에도 복되고 행복하게 살 것이다. 그러나 일단 이 짧은 문장들을 통하여 이해가 되었다면, 보다 좀 더 길게 그리고 보다 더 분명하게 작업을 하는 것이 아마도 그리스도 왕국에 대한 정의를 위해서 도움이 될 것이다.

하나님의 나라에 대한 보다 더 정교한 정의

그러므로 하나님의 나라는 이 세상에서 하나님의 선택받은 사람들의 영생에 대한 관리와 돌봄이다. 이 목적을 위하여 그에 의해서 선택된 사역자들을 통하여 그들에게 그의 복음을 보내시고, 그의 성령을 보내신 후에 하나님의 독생자는 그들을 세상으로부터 모으신다[비록 그가 그들이 세상의 권세들에게 그리고 참으로 그 자신이 그들을 이웃으로 만들었던 세상 안에 있는 사람들에게 선을 위하여 복종하기를 원하신다(벧전 2:13)]. 이렇게 모인 사람들을 그리스도께서 자신과 그의 거룩한 교회에 연합시키신다. 그의 거룩한 교회는 가장 거룩한 세례와 엄숙한 신적인 언약에 대한 계약과 체결에 의한 그의 몸이다. 다시 말하면 그것은 하나님의 자녀로 입양됨이다. 그러므로 그들을 매일매일 더욱더 죄로부터 정결케 하시며, 모든 경건과 의와 영생 안에서 그들을 세우심으로써 그들을 그 자신과 그의 교회에 연합시키신 사람들을 다스리고 통치하신다. 또한 그는 이 목적을 위하여 그의 말씀과 성례전의 사역을 공적으로, 집에서, 사적으로 합당한 사역자들을 통하여 그리고 역시 회개뿐만 아니라, 예식들과 삶에서 그의 치리의 치밀한 집행을 통하여 그들을 형성시키고 완전하게 하신다.

그렇다면, 하나님의 나라에 대한 위의 정의로부터, 만약 여러분이 원한다면, 그리스도 왕국에 어떤 것이 고유한 것이며, 참으로 그들 가운데 그리스도 왕국이 회복되기를 바라는 자들에 의하여 무엇이 요구되며 무엇이 발견되는지를 요약하고자 한다.

이것들 중에서 첫째 되는 것은 다음과 같다. 교회 안에서 행해지는 모든 것은 사역에 속해야 하며, 죄로부터 정결케 되고, 그리스도를 통하여 하나님과 화해되는 그와 같은 방법으로 사람들이 구원을 얻는 것에 기여해야 한다. 그 결과 그들은 모든 경건과 의 안에서 주 그리스도 안에서 하나님을 예배하고, 하나님을 영화롭게 해야 할 것이다.

이 목적에 기여하지 않는 것은 무엇이든지간에 어떤 것도 이 목적을 위하여 하나님의 아들에 의하여 제정된 어떤 것도 할 수가 없고, 우리에게 명령된 어떤 것도 할 수가 없다. 이것들은 그들 가운데서 그리스도 왕국이 회복되기를 원하는 사람들에 의하여 거부되고 폐기되어야만 한다. 그러므로 예를 들면 성경으로부터 도출한 종교의 모든 교리들은 거부되고 폐기되어야만 한다. 마찬가지로 순수하지 않고 불경스런 사람들은 교회 안에 있는 제사장직을 제어하고자 한다. 성스런 의식(예식)들은 백성들을 위하여 각 나라의 언어로 수행되어야 한다. 그리스도의 성례전에 대한 타락하고 사악한 오용이 있다. 성례전은 인간의 고안에 의해서 첨가되었고, 자신에게 주어진 순례자의 삶을 마친 성도들에 대한 중보기도도 있다. 이 중에는 우상들이 있고, 우상과 같은 것들도 있다. 그러므로 다음과 같은 결론을 내리는 것은 타당할 것이다. 모든 일에서 자신들을 그리스도 왕국에 복종시키지 않고, 자신들 가운데 회복시키기 위하여 그들의 모든 수고들을 그리스도 왕국을 위하여 헌신하지 않는 사람들은 영생의 참여자들이 아니다.

그리스도 왕국이 갖는 또 다른 속성은 복음의 선포를 통하여 주님 자신에 의하여 선택되고, 보냄 받은 사역자들이 적합하게 사역함으로써 그리고 신앙의 영이신 성령의 동시적인 숨을 내쉼과 함께 선택된 자들이 세상으로부터 모여서 이 나라로 들어가는 것이다. 여기서 복음에 대한 참된 신앙을 가지도록 하기 위하여 신앙은 성령을 통하여 주어진다. 이런 방식으로 분명하게 주님이신 그리스도와 그의 사도들은 세계 안에 '하나님의 주권'을 회복시켰다.

하나님의 나라가 자신들 가운데 회복되기를 원하는 사람들이 가장 중요한 이로서 하나님께 기도하는 것과, 하나님께서 그의 백성과 교회들에게 복음의 참되고도 신실한 설교자들을 보내시는 것이 필요하다. "보내심을 받지 아니하였으면 어찌 전파하리요"(롬 10:15상)라고 우리의 대제사장이며 왕이신 예수 그리스도께서 말씀하신다.

왜냐하면 그의 몸 안으로 그의 선택된 자들을 뽑고, 모으기 위해서, 교회에게 "어떤 사람은 사도로, 어떤 사람은 선지자로, 어떤 사람은 복음 전하는 자로, 어떤 사람은 목사와 교사로"(엡 4:11) 교회에 주시는 일은 오직 그만이 하시는 일이기 때문이다. 이러한 이유 때문에, 우리의 왕 그리스도께서 '이 땅의 낮은 부분에까지 내려가셨으며'(엡 4:9), '우리 죄 때문에 죽음에까지'(고전 15:3) 내려가셨다가, 다시 하늘로 올라가서 아버지의 오른편에 앉아계신다(롬 4:24-25).

주님 자신이 부활 후에 그의 제자들에게 다음과 같이 말씀하셨을 때, 바로 이런 사실을 선포하셨던 것이다. "예수께서 또 이르시되 너희에게 평강이 있을지어다 아버지께서 나를 보내신 것같이 나도 너희를 보내노라 이 말씀을 하시고 그들을 향하사 숨을 내쉬며 이르시되 성령을 받으라 너희가 누구의 죄든지 사하면 사하여질 것이요 누구의 죄든지 그대로 두면 그대로 있으리라 하시니라"(요 20:21-23). 그러므로 그의 복음에 대한 적절하고 효과적인 설교자들을 보내고, 구원의 길 안에 있는 그들의 임무를 수행하기 위하여 성령을 통하여 그들을 교육하는 분은 오직 하나님의 아들이시다.

게다가, 추수하는 주님께 이르되 "추수할 일꾼들을 보내 주소서"(마 9:38)라고 기도하며, 천국의 덕으로 교육받은 그와 같은 전도자들을, 비참하게 핍박받고 분열된 주님의 교회들에게 더 많은 복음 전파자들을 보내어 달라고 기도하는 사람은 누구든지 이 과업을 위하여 그들의 나이와 처한 조건과 관계없이 주님께서 지정하신 자들을 부지런히 찾아내는 일과 씨름에서 실패할 수가 없고, 모든 면에서 그들을 도와 줄 수 있게 되는 바, 그들은 구속적으로 가장 거룩한 이 거룩한 부름에 적합하기 위하여 철저하게 준비되어지고, 증명되어지고, 성화되어야 한다.

이러한 이유 때문에, 왕들과 통치자들의 주요한 기능은 하나님께서 각 시민을 위해 그의 삶에 무슨 특별한 역할을 계획하셨는지를 찾고 탐구하며, 이 목적을 위해 각 사람이 어릴 때부터 살고, 준비하고, 도움을 받도록 관심을 기울이는 것이다. 그러므로 확실히 이와 같은 사람들은 자신들의 신하들 가운데서 최고의 관심과 일차적인 배려를 가져야 한다. 어디에서든지 가능하다면, 주님께서 이 최고의 유익한 일, 어떤 다른 일들보다도 복음의 설교에로 지명된 것처럼 보이는 사람들은 추적하여 찾아야 한다. 그러므로 바울 사도는 "내 어머니의 태로부터 나를 택정하시고"(갈 1:15)라고 말씀했다. 그들은 가장 거룩한 이 직분을 위하여 어릴 때부터 입문하여, 훈련받는 그와 같은 사람들을 발견할 수 있을 때, 이 기능을 위하여 그들의 선한 때에 사용되어지기 위하여 정식으로 테스트 받고, 인증된 사람들을 돌보아야 한다. "주님의 나라가 임하옵시며"(마 6:10)라고 그들의 마음으로부터 기도하는 하나님의 백성의 왕들과 왕자들에 의하여 가장 큰 열심이 실현되어지기 위하여 이것이 무엇보다도 먼저 필요하다.

우리가 이미 언급한 그리스도 왕국의 세 번째 특성은 다음과 같다. 비록 이 그리스도 왕국이 하늘의 것이며, 이 세상에 의해서가 아니라, 오직 주님이신 그리스도에 의해 통치될지라도, 그리스도 왕국의 모든 시민들과 모든 목사들과 교사들은 이 세상의 통치자들에게 순종해야만 한다. 주님께서 그들에게 칼을 사용하도록 위임하셨기 때문에, 세상의 통치자들은 자신들의 능력에 따라 모든 사람들에게 유익한 모든 일에 경주해야 한다. 나중에 우리가 국가의 의무에 관하여 언급하겠지만, 우리가 우리 가운데 그리스도 왕국의 회복을 위하여 가능한 어떤 방법이나 수단들을 통하여 설명할 때, 교회의 참된 사역자들에게는 국가로부터 면제되는 것이 적합하다.

만약 어른들이 처음에 충분히 그리스도의 복음으로 가르침을 받고, 그들이 자신의 죄를 시인하고, 애통해 하며, 세상과 사탄과 관계를 단절하고, 복음에 대해·완전히 순종할 것을 고백하고, 이런 고백과 반대되는 생활과 습관을 보여 주지 않을 경우, 그 어른들을 그리스도 왕국, 곧 그의 교회에 들어오게 해서는 안 된다는 사실이 우리가 이미 언급한 그리스도 왕국의 네 번째 특성이다. 그다음, 그들의 죄가 가장 거룩한 세례의 성례전, 즉 구원의 계약(언약) 안에서 용서되고, 제거될 때, 하나님의 자녀들에로의 입양은 확증과 인치심이 되고, 그때에 그리스도 왕국이 그들에게 주어진다. 이런 방식으로 요한과 사도들이 세례를 베풀고, 사람들을 그리스도 왕국으로 받아들어졌다는 사실을 우리는 성경에서 발견한다(마 3:11; 막 1:4-5; 눅 3:16-21; 행 2:38-41; 16:15). 고대 교회도 이 일을 행할 때, 이런 방식을 종교적으로 준수하였다. 그 결과 무엇보다도 먼저 일개 무리들에게 복음이 선포되어지고, 각자가 복음에 대한 자신의 신앙을 고백하고, 교회들은 그리스도의 교리 문답과 모든 경건의 교리로 그들에게 기초를 놓고,

그들을 주님의 제자들로 만들고, 그때 마침내 그들에게 세례를 베푼다. 그들이 자신들의 죄를 고백했을 때, 세상과 사탄으로부터 절교를 선언하고, 그리스도에 대한 순종을 고백하게 된다.[28]

부활 이후에 주님께서 그의 나라를 선포하고, 교회를 모으기 위하여 그의 제자들을 파송하실 때, 주님께서 명령하셨던 바로 그 정확한 절차이다. 왜냐하면 주님께서 제자들에게 다음과 같이 말씀하셨기 때문이다. "그러므로 너희는 가서 모든 민족을 제자로 삼아 아버지와 아들과 성령의 이름으로 세례를 베풀고"(마 28:19), 다시 말하면 모든 족속들을 가르치고,[29] 가르침을 통해서 그들을 제자로 삼는 것인 바, 우리가 그리스도의 교리를 가르침 받지 않고, 그것을 고백하지 않는다면, 우리는 이것을 할 수가 없다.

성 베드로도 '(물은 예수 그리스도의 부활하심으로 말미암아) 이제 너희를 구원하는 표니 곧 세례라 육체의 더러운 것을 제하여 버림이 아니요 오직 선한 양심이 하나님을 행하여 찾아가는 것이라'(벧전 3:21)고 이와 비슷하게 가르쳤다. 이 말씀을 통하여 베드로는 세례 받은 어른들은 그들의 신앙에 대하여 질문을 받아야 하며,[30] 교회에서 그것을 공적으로 고백해야만 한다는 사실을 분명하게 충고하고 있다.

그러나 우리의 유아들 역시 '내가… 너와 네 후손의 하나님이 되리라'(창 17:7)는 주님의 약속에 따라 세례를 받아야 한다. 그리고 세례 받은 유아들의 부모들과 사역자들 모두 다음과 같은 책임을 져야 한다. 그들이 성숙해지자마자 그들은 부지런히 교리 교육을 받아야 하며, 그리스도의 교리의 훈계를 들어야 한다. 그래서 그들 자신들 스스로 교회에서 공적으로 그들이 세례 받던 유아 때는 불가능했던 그들의 신앙고백을 해야 한다(입교). 다시 말하면, 그들은 자신들의 죄를 고백하고, 유아 때 자신들에게 베풀어진 세례의 은혜를 가장 감사한 마음으로 포옹하며, 세상과 사탄으로부터 절교하며, 그리스도에게 순종할 것을 맹세해야 한다.[31] 인간이란 자신이 무엇을 약속했을

---

28. 참고 Tertullian, *On Baptism* 2, 7, 8, 18-20(*MPL*, Vol. 1, cols. 1309, 1315f., 1329ff.).

29. 부처는 마태복음 28:19의 그리스어 원문을 인용하고 있다.

30. 부처는 그리스어 'eperōtēma'를 사용하고 있다. 이 전체 구절에서 부처는 다음과 같은 그의 확신을 피력하고 있다. 기독교적인 삶과 치리는 성경적 교리와 성경적인 윤리의 가르침에 기초해야 한다는 것이다.

31. 여기서 의미하는 '입교'(confirmation)는 부처에 의하여 스트라스부르의 교회에 처음으로 도입되었다. 어떤 독자들[예를 들면, 독일 경건주의의 '아버지들' 중 하나인 야콥 슈페너(Jacob Spener)]에 대한 부처의 문서화된 변호(이 한 가지처럼)의 영향을 통하여, 이

지라도, 주님이신 예수님께서 그들 안에 효과적으로 불러일으키지 않는 경건의 어떤 것도 나타낼 수가 없다. 사람들은 주님께서 그들 안에 효과를 일으키는 모든 것을 필연적으로 나타낸다. 그럼에도 불구하고, 만약 그들이 엄숙하게 어떤 것을 약속했다면, 이 동일하신 주님께서 그것을 그의 선물로 만드시고, 그것은 자신의 선택받은 사람들에게 박차를 가하는 동기부여가 된다.

이러한 이유 때문에, 우리가 출애굽기 24:7; 신명기 29:10ff.; 31:10ff., 그리고 여호수아 24:16ff.에서 발견하듯이, 구약의 백성들은 너무나도 자주 자신들의 순종을 공적으로 고백함으로써 구원의 계약을 확인하였다는 사실을 주님은 기뻐하셨다. 이러한 본문들은 그리스도 왕국이 자신들 가운데 널리 보급되기를 원하는 모든 사람들에 의하여 부지런히 읽혀지고, 상고되어져야 할 것이다. 그리고 신명기 29, 31장에서 여성들과 아이들이 참석한 가운데서 7년마다 그의 백성과 계약이 갱신되어지기를 주님께서 원하셨다는 사실이 가장 특별하게 관찰되어야만 한다.

그러나 비록 인간들이 (그들이 속임수로 생각하는) 자신의 이익을 제외하고 자신의 약속, 심지어 자신의 맹세까지도 지키지 않는 것을 우리가 볼지라도, 하나님은 이것을 사람의 본성 속으로 주입시키셨다. 만약 우리가 우리의 입술로 맹세하고, 선한 시민이나 파트너에게 맹세하지 않는다면, 어떤 시민도 어떤 상태로나 어떤 합법적인 파트너십으로 들어갈 수가 없다.

그러므로 사람들에게 그리스도에 대한 참된 순종을 불러일으키는 것과 관련하여 중요한 것은, 그리스도 왕국을 추구하는 모든 사람들에게 최고로 이용해야 하는 이것이 그리스도의 교회에 특별히 적용된다는 것을 누가 의심하겠는가? 그들은 각 그리스도인에게 각자의 인격적 신앙고백과 기독교적 순종을 요구해야 한다. 세례 받기 이전에 어른들과 유아로서 세례 받은 사람들은 그리스도의 복음 안에서 교리 문답을 하고, 교육을 받아야 한다. 만약 어떤 사람이 교리 교육을 받지 않으려 하고, 그리스도의 모든 규정을 따르는 것을 거부하고, 그리스도와 교회에 의해서 행해지는 합법적인 신앙고백과 순종을 거부할 때, 그들은 성도들의 교제와 성례전을 통한 교통으로부터 거부되어져야 한다. 왜냐하면 이런 종류에 속하는 자들은 공적으로 세례의

___

것이 처음에는 루터주의 속에 도입되었고, 나중에 역시 다른 개신교 그룹 진영에도 도입되었다.

은혜를 거부하고, 자신을 그리스도 왕국으로부터 분리시키기 때문이다. 주님의 규정과 명령은 마태복음 28장에 분명하게 나타난다. 세례 받은 사람들은 주님 자신이 명령하신 것을 지키도록 가르침을 받기 때문이다.

그리스도 왕국의 다섯 번째 특징은 다음과 같다. 그리스도 왕국의 참된 시민들은 삶 전체를 통하여 그리스도를 통해서 지배되고, 통치되며, 즉 죄로부터 모든 경건과 의에로 깨끗하게 되며, 영생에로 교육받고, 훈련받고, 완전하게 되기 위하여 자신들을 왕이신 그리스도께 바치는 것이다. 이것은 교회의 거룩한 사역을 통하여 이루어진다. 그러므로 모든 그리스도의 교회에는 정식으로 구성된 이 같은 사역, 즉 사역자들[32]이 필요하다. 큰 열심과 인내심을 가지고 사역자들은 교리와 성례전의 시행을 통하여 자신들의 돌봄 안에 있는 회중의 모든 회원들 각자를 교육하고, 영생을 향해 발전시킬 수가 있고, 발전시킬 것이다. 또한 사역자들은 자신들 편에서 뿐만 아니라, 자신이 집에서 책임지는 사람들의 편에서 자신들의 삶의 거룩한 모범을 통하여 사람들에게 흥미를 불러일으켜야 한다.

디모데와 디도에게 보낸 바울의 편지, 특별히 디모데전서 1:1-13과 디도서 1:5-9에서 표현되고 설명되어 있듯이, 성령께서 교회의 사역자들의 자격들과 의무들과 관련하여 요구하시는 것[33]이 무엇인지를 우리는 알고 있다. 이 정경의 말씀을 분명하게 존경심을 가지고 준수해야 하고, 실현해야 한다. 왜냐하면 "너희 말을 듣는 자는 곧 내 말을 듣는 것이요"(눅 10:16)라는 말씀은 교회를 책임지고 있는 사람들에게 적용되지 않는 곳에는 그리스도 왕국의 구현이 올바르게 이룩될 수가 없기 때문이다. 만약 어떤 사람이 자신이 입술로 고백한 내용을 그의 행동을 통해서 부인할 경우, 그는 교회 안으로 받아들여질 수가 없다. 만약 어떤 사람이 그리스도를 사랑하는 것을 참으로 발견하지 못했다면(고전 16:22), 어떤 사람도 교회의 돌봄과 통치 안에서 용납되어서는 안 된다. 사람들을 그리스도 왕국에로 인도하는데 관심이 없거나 그들을 모든 의로움 속으로 인도하지 않는 사람들은 합당하지 않다(딤후 2:2). 얼마나 많은 노력들이 이 속에 확장되었는지 모른다. 합당하고 신실한 목자들이 각 교회에 맡겨졌으며, 성

---

32. *Presbyteros et curatores.*

33. *Canon Spiritus sancti de conditione et munere ministrorum Ecclesiae.* 부처는 말씀에 의해 교회의 직무가 규정된 것을 믿었다.

령께서 장로들[34]에게 명령했으며, 그리스도를 위하여 바울과 바나바가 교회를 위하여 기울였던 기도와 금식과 함께 이 두 사람의 예들을 통해서 분명하게 가르치신다(행 14:23). 이와 동일한 이유로 바울은 디도를 그레데에 남겨 두고, 각 도시를 위하여 장로들을 임명하였다(딛 1:5).

그러나 여기서 편지나 언어에서 그리고 심지어 공적인 가르침의 능력에서 조차도 모든 장로들이 훈련받는다는 것이 반드시 필요한 것이 아님을 우리는 알아야 한다. 비록 이것은 장로들의 직분에 속할지라도, 이 직분은 특별히 장로들 가운데서도 첫 번째 위치를 차지하는 사람들에게 해당된다. 이런 장로들에게 '감독'이라는 이름이 유일하게 주어진다.

이러한 직무는, 비록 이것이 또한 장로들의 것이라도, 장로들 중에서 첫 번째 위치를 차지하고 있는 사람에게 특별하게 관계한다. 주교라는 이름이 유일하게 주어진다. 교회를 주재하기 위하여[35] 그 사람이 적합하다는 증거로서 다음의 사실로 충분한다. 이런 사람은 비록 평범한 방법으로 수용적이며 그리고 신실하게 그리스도의 사역을 수행하는 자이지만, 다른 사람을 가르치고, 교회를 다스리기 위하여 영적인 신뢰와 열심을 가진 자이며, 어떤 사람도 그가 받은 은혜로부터 타락하지 않도록 그의 자신의 보호 아래 두는 자이다.

그런 사람들은 그리스도의 교리와 성례전을 다른 동료 사역자들과 함께 치리를 시행하고, 사적으로 그리고 자신의 가정에서 자신이 책임지고 있는 형제들을 권면할 수 있는 사람이다. 어떤 사람이 교회의 이름으로 권면을 받아야 하거나 교정을 받거나 회개에로 나아가거나 출교되어질 때, 출석하여 신중하게 판결을 하고, 그들에게 합당한 교사들처럼[36] 자신을 진실되게 보여 주어야 한다(딤전 3:2). 예를 들면, 자신이 가르칠 때, 참을성과 신실성을 가지며, 권면에서 건전한 교리를 가지며, 진리를 부인하

---

34. *Presbyteros*. 부처가 인용하고 있는 이 구절에서 관련된 내용은 '장로들'의 임직을 위해서 만들어졌다는 사실에 유념해야 한다.

35. 여기서 부처는 '시니어'(senior)로서 주재하는 장로나 감독을 가리킨다. 부처가 행한 장로들 사이에 두 종류의 구별은 주목할 만한 사실이다. 부처가 스트라스부르에서 인정하였을 뿐만 아니라, 그것을 확립하기를 원했던 교회의 사역은 (그리고 그의 사역 안에서 재권고에 따라 영국에서도 역시) 자신들의 과업을 위하여 훈련된 설교를 하면서 가르치는 장로들과, 더 나이 많은 사역자들과 함께 치리의 시행을 위하여 책임지는 훈련받지 않은 평신도 장로들과, 가난한 자의 구제와 자비의 시행을 책임지는 집사들의 직분들로 구성시키는 것이었다. 참고 칼뱅, 「기독교강요」 최종판(1559), IV xi 1과 6 그리고 IV iv 2.

36. 부처는 다시 신약성경의 그리스어 단어 'didaktikous'를 인용하다. 디모데전서 3:2이 감독의 자격에 대하여 정의하고 있다는 사실에 우리는 눈여겨보아야 한다.

는 자들을 책망하는데도 자신의 강함을 나타내는 데 적절하고 열심을 기울이는 사람은 적합한 자이다(딤전 1:9). 성 암브로시우스는 이런 종류의 장로가 회당과 초대 교회에 있었으며, 이 제도의 폐지로 말미암아 교리가 부패하고, 교회가 손해를 볼 수밖에 없었다고 증언한다. 암브로시우스는 디모데전서 5장의 앞부분을 다음과 같이 주석한다.[37] "장로를 비난하지 말라. 그러므로 회당과 (고대) 교회 이후에 장로의 어떤 심사숙고 없이 교회 안에서 어떤 것도 행해지지 않았다. 만약 교사들의 게으름 또는 교만이 그들이 자신들을 어떤 것이 되는 것처럼 원했다면, 얼마나 큰 태만이 내가 알지 못하는 이것을 폐지시켰던가!"

그리스도의 양들 중 한 마리라도 사라져서는 안 된다는 사실 이상으로 더 큰 관심을 가지고 주의를 기울여야 하는 것이 없다. 만약 어떤 양이 목장에서 사라질 경우, 가능한 한 추적하고, 찾아서 데리고 돌아와야 한다. 그리고 비록 교회 안의 교제에 남아 있을지라도 어떤 양이 규정을 깨뜨릴 경우, 다시 말해 심각한 죄에 빠져 있다면, 부과된 벌칙을 준수하게 하는 유익한 회개의 돌봄을 통하여 치료할 수 있다(겔 34:16).[38] 약한 가운데 신앙이 자라나기 시작한 사람들은 시간이 되면 강해져야 한다. 그리고 그들의 선한 목자와 함께 우리에 남아 있는 건강한 양은 기꺼이 풀을 뜯어먹는, 다시 말하면, 모든 경건에서 발전한다.

독신으로서 어떤 개인이 선한 목자의 그와 같이 많은 직분들을 성취할 수 있을까? 그러므로 교회의 초기부터 말씀과 성례전을 수행하는 사역자들, 즉 주재하는 장로들과 감독들과[39] 그리스도의 몸으로부터 온 다른 사람들을 참여시키는 것을 성령께서 기뻐하셨다. 여기서 교회로부터 온 다른 사람들은 진지하고, 다스리는 재능이 있는 사람들로서 각 사람들에게 관심을 기울이고, 그리스도의 치리를 지키고 강화시키기 위하여 도움을 주는 사람들이다(고전 12:28).

시민 행정 기관에서나 심지어 작은 마을에서조차 어떤 상담자들과 조력자들은 종교 책임자들에게 밀착되어 있고, 영원한 구원의 시행은 오직 한두 사람에게만 위임

---

37. Ambrisiaster, *Commentary on the Epistle to Timothy*(*MPL*, Vol. 17, col. 502).

38. 부처의 교역에 관하여 다음의 책을 참고하라. *Von der Waren Seelsorge*[Martin Bucer, *Schriften der Jahre 1538–1539*, ed. Robert Stupperich(Vol. Ⅶ of *Deutsche Schriften*), 67–245].

39. *Primariis presbyteris et episcopis*.

되어 있어서, 그들이 지혜와 정의에서 그들을 능가할 것을 믿는 사람들을 제외하면, 그들은 그리스도의 백성 가운데 주님에 대한 호의와 권위를 거의 받지 못한 자들이 대부분이다. 이것은 마치 사람들이 쉽사리 교정을 받아들이지 않음을 경험하게 하는 문제가 된다. 이 모든 상황들은 우리를 참지 못하게 한다.

이 거룩한 사역의 의무들은 그리스도의 가르침과 그의 성례전의 집례와 그의 치리의 시행을 포함한다.

제6장 그리스도 교리의 경륜

모든 교리는 틀림없이 성경으로부터 온 것이다. 그것은 어떤 것도 더하거나 빼는 것이 허용되지 않는다(신 4:2; 13:32). 그것은 이러한 방법으로 사람들에게 틀림없이 명백하다. 첫째로, 성경을 읽는 것에 의해서이다. 다음으로, 성경의 해석에 의해서, 먼저 그것은 특별하게 성경 그 자체로부터 파생되었다. 그다음에 종교의 건전한 가르침에 의해, 같은 말로, 우리의 신앙의 교의에 대한 명쾌한 설명과 틀림없는 확신에 의해서이다. 그 다음에, 같은 성경으로부터 취해진 경건한 권고, 훈계, 재증명, 그리고 증빙서들에 의해서이다. 다음에, 그것은 무지한 사람들의 종교적인 교훈에 의해, 그리스도의 교리로부터 들어왔던 것의 반복에 의해서이다. 더 나아가 만약 어떤 사람이 기독교 교리의 어떤 텍스트에 어려움이 있다면, 혹은 심지어 그것들을 반박한다면, 그리스도의 교리는 약한 자에게 더욱 완전하게 설명하고 반대자들에게 대항하여 더욱 확실하게 주장할 수 있는 거룩한 대화와 논쟁에 의해서이다. 마지막으로, 사적인 가르침, 권고, 위로 그리고 교정에 의하여 유래되었다.

우리는 교회의 왕자요, 목자요, 선생이신 그리스도께서 복음을 가르치는 사역에서 이 모든 것들을 종교적으로 지키셨다고 읽었다. 나사렛에 있는 회당에서 예언자 이사야의 책이 예수께 주어졌을 때 그는 그 책으로부터 어떤 특별한 것을 읽었다. 예수님은 그 책을 해석했고 그것으로부터 유익한 교리와 교훈을 이끌어 냈다(눅 4:16-17).

모든 복음 전파자들은 구원의 교리에 대해 어떤 것을 묻는 자들에게 뿐만 아니라 공개적으로 그와 그의 가르침을 공격하고 그를 비난할 거리를 찾는 자들에게도 그리스도가 얼마나 민첩하게 반응했는지를 배움의 목적을 위해 풍성히 입증했다.

그러나 제자들이 어떤 종교적인 영으로 주님의 이런 모범을 따랐는지 누가는 사도행전에서 입증했다. 그가 다시 회상했을 때 비시디아 안디옥에 있는 회당에서 바울과 바나바가 그 백성을 권고할 기회를 가졌을 때, 모세오경과 예언서들을 읽은 후에 그들은 전적으로 성경으로부터 비롯된 그리스도에 대해서 설교를 전했다(행 13:14-43). 종교적 토론과 회의를 통해서조차 바울이 복음의 교리를 급하게 강론하고 모든 사람들에게 논증했다는 사실은 다음 사실로부터 볼 때 아주 명백하다. 회개 직후 바울은 주 예수께서 그리스도라고 성경으로부터 제시하면서(행 9:20-22), 다메섹의 회당에서 토론함으로써 유대인들을 놀라게 했다. 바울은 또한 아덴에서 에피쿠로스 학자와 스토아 학자들과 복음의 교리에 대해 논쟁하기를 주저하지 않았다(행 17:8).

확실히 어떤 교리도 영생의 교리처럼 모든 다양한 교수법에 의해서 그렇게 정확하게 확증되거나 전해지지 않았음이 틀림없다. 심지어 지금도 그리스도의 학식 있는 제자들의[40] 모든 신실한 교수들은 그들의 저자들을 해석하고 그들이 뜻하는 것을 공공연히 가르치는 것 외에, 저 똑같은 교리가 적절한 토의와 토론에 있어서 마음이 무딘 자들에게 더욱 확실히 설명하고 확증할 준비가 되어 있고 반론자들에게서 더욱 완전히 그들을 방어하고 보호할 준비가 되어 있다.

그 같은 진실한 교사들의 공통적으로 똑같은 노력에 일치하여 모든 사람들이 교리 문답에 의해서 가르침을 받을 많은 배움이 더욱 없는 자들을 위해서 그것이 얼마나 유용하고 필요한지를 인정해야만 한다. 그들의 나이에 따라서나 그들의 지각의 정도에 따라서 어린아이든지 간에 그들은 우리의 종교의 기초들 안에서[41] 적절한 질문과 대답을 함으로써 개인적으로 가르침을 받을 수 있을 것이다. 왜냐하면 어떤 신실

---

40. 부처는 'Omnes fideles disciplinarum professor'라고 쓰고 있다. 그는 대학의 교수들과 학식 있는 제자들의 대표자들을 염두에 두고 있다. 게다가 부처는 중세 대학에서 사용된 교수 방법들에 대하여 간략하게 기술하고 있다. 그들이 자신들의 전공 분야에서 대표적인 저자들을 제시했던 강의들 외에 교수들은 보다 더 작은 학생 그룹들의 교육을 위하여 컨퍼런스들을 개최하였다. 또한 교수들은 학생들이 익혔던 교육의 진리를 방어해야 했던 공개 논쟁(토론)들을 주재하였다.

41. De primariis religionis nostare capitibus. 부처 자신은 여러 가지 교리 문답서들을 작성한 저자였다. 사람들 가운데 그들의 가르침을 확산시키기 위하여 모든 개신교 종교 개혁자들이 사용했던 중요한 수단들이 바로 교리 문답식 교육이었다.

한 학교 교사나 어떤 치리나 예술 교사는 그의 학생들에게 좋은 저자들을 추천한다는 것 혹은 치리와 예술에 관한 규칙들을 전수해 준다고 생각한다. 그리고 학생들이 각자 그 문제를 얼마나 이해했는지 알아보는 질문을 함으로써 그리고 학생들이 충분히 이해하지 못한 어떤 것에 대해 교사에게 물어볼 기회를 그들에게 줌으로써 교사가 학생들이 더 잘 배우는 효과를 설명하거나 참여했던 무엇에 대하여 시험하지는 않는다.

왜냐하면 내가 올바르게 말한 것처럼, 영원한 구원에 대한 지식보다도 더욱 성실히 가르쳐야만 하는 어떤 교리도 없기 때문이다. 그러므로 불타는 열정과 근면한 돌봄으로 우리는 어떤 곳에서도 사용되는 것들을 훨씬 능가하는 교육 방법들과 교리 문답들을 만들어야 한다.

초대 교회와 회당 둘 다 이런 종류의 교리 교육을 시키기 위한 독특한 관심을 보여 주었다. 또한 우리 주 예수 그리스도가 그의 부모가 알지 못한 채 예루살렘에 남겨진 열두 살 때 이런 종류의 교리 문답에 참여했다. 그러므로 사도 누가는 그에 대해 다음과 같이 기록한다. '그들은 예수가 그들의 말을 듣기도 하고 그들에게 질문도 하면서 그 선생들 가운데서 성전에 앉아 있는 것을 발견했다. 그리고 그의 말을 들은 모든 이들은 그가 이해하고 대답하는 것에 놀랐다'(눅 2:46-47). 그러므로 예수는 그때 들었다. 누구에게서 말인가? 의심할 여지없이 그와 다른 소년들에게 교리 문답을 가르치는 교사들로부터 들었다. 왜냐하면 예수님은 모든 것에서 항상 가장 온건함을 보이셨기 때문이다. 참으로 교리 교육의 특징으로서 교사들이 질문했을 때, 예수님은 교사들에게 질문도 하고 답변도 하셨다.

그렇기에 고대 교회들은 항상 이 교리 문답 교육을 시키는 의무가 주어진 어떤 사역자들이 있었는데, 그들은 '교리 문답 교사들'(catechists)이라 불렸다. 우리는 「교회사」 제6권 15장에서 오리게네스가 알렉산드리아와 또한 헤라클레이온의 교회에[42] 있는 교리 문답 교사들 중에 한 사람이었다는 사실을 발견하게 된다. 다른 교회들에서도 다른 교리 문답 교사들이 있었다. 이런 방법들에 의해서 교육되는 기독교적 가르침은 그리스도께서 견고한 주권을 가지시는 곳에서는 어디서든지 공적으로 이루어졌다.

---

42. Eusebius, *Church History* Ⅳ, 15.

그들의 직무를 완전히 수행하기를 원하고, 멸망해 가는 양떼의 피로부터 자신들을 깨끗하게 지키기를 원하는 그 교회들의 목사들과 교사들은 그리스도인의 교리를 공개적으로 수행했을 뿐만 아니라 또한 신앙심에 기여하는 것이면 무엇이든지 간에 이 구원의 원리를 거절하지 않는 모든 사람들 사이에서 가정에서 그리고 각 개인 한 사람에게조차도 하나님을 향한 회개와 우리 주 예수 그리스도에 대한 신앙과 경건에 기여하는 것은 무엇이든지 알리고, 가르치고, 다루어야만 했다.[43] 이것과 관련해서 우리는 성 바울이 예루살렘을 위해 출발했을 때 밀레도로 불려온 에베소 장로들에게 했던 연설을 읽고 경건하게 숙고해야만 한다(행 20:17). 왜냐하면 신실한 그리스도의 사역자들은 그들의 주인이요 교회의 목자장을 본받아야만 하기 때문이고, 그 무리로부터 방황하는 100번째 양을 포함해서, 하나님의 양 우리에 남겨진 99마리를 뒤에 남겨 둔 채, 잃어버린 것은 무엇이든지 가장 사랑스런 마음으로 찾는다(마 18:12).

얼마나 즉각적으로 주님께서 가정과 개인에게조차도[44] 천국의 교리를 베풀어 주셨는지를 복음 전파자들이 풍성히 입증했다. 그는 저 사마리아 여인이 비록 순전한 삶을 살지 않았을지라도 그녀에게 교리 문답을 가르치는 것에 수고를 아끼지 않았다. 정말로 그는 저 여인에게 구원에 대해 가르치기 위해 영적으로 너무나 열정적이었다. 그래서 그가 비록 지치고 배고프다고 할지라도 그는 먹을 다른 음식이 있다고 말하면서 그의 제자들에 의해서 그에게 가져온 음식을 가져가는 것을 결코 거절하지 않는다. 즉 다시 말하자면 저 가엾은 여인의 구원을 획득하는 것을 결코 거절하지 않는다 (요 4:10-34).

그러므로 역시 또한 복음 전파자들은 예수님께서 즐거운 마음으로 가정집에 들어가셨는데, 친구와 참된 제자들의 가정집뿐만 아니라, 그가 말씀하고 행동하셨던 모든 것을 비방하는 습관을 가졌던 죄인들과 세리들의 가정집에도 들어가셨다는 사실을 환기시킨다. 또한 예수님은 그들의 공동체 안에서도 손님들의 죄뿐만 아니라 주인들의 죄들을 지적하심으로써, 그리고 그의 나라의 신비를 설명하심으로써 영생의 교리를 계시하셨다(눅 10:38-42; 마 9:10-13; 눅 7:36-50; 14:1-24). 그러므로 이것으로부터 우리는 교리가 어떻게 진행되어야만 하는지를 적절하게 볼 수 있다. 그리고 이것은 거룩한

---

43. 이것은 부처가 스트라스부르에서 옹호하였던 실천들에 대한 서술이다.

44. *Apus omnes privatos.*

사역의 첫 번째 기능이다.

제7장 성례의 집행

거룩한 사역의 또 다른 기능은 성례전의 집행이다. 그리스도께서 제정하시고, 우리에게 명령하신 성례전에는 분명하게 두 가지가 있다. 더욱이 사도들은 우리가 사도행전 13:3에서 읽었듯이 교회의 사역자를 세울 때, 손을 이용한 안수의 성례를 너무나도 종교적으로 사용했다. 디모데전서 4:14; 5:22; 디모데후서 1:6에서도 그들이 주님의 명령에 따라 이것을 행했다고 분명히 나타난다. 왜냐하면 바울은 디모데에게 이것이 마치 영원히 수행해야 할 실천의 성례전이라고 기록하듯이 이 안수례의 상징의 사용에 대해서 기록하고 있기 때문이다. 왜냐하면 바울은 디모데에게 어떤 사람들에게든 성급하게 함부로 안수하지 말라고 경고하기 때문이다. 그러나 우리는 우리가 세례와 성찬식을 위하여 행하는 것처럼, 성경 안에서 안수례에 관한 그리스도의 명령에 대한 표현을 발견할 수가 없다.

게다가 '죄를 고백하는 자들'(penitents)을[45] 화해시킬 때 행하는 안수례에 대한 표지를 사용했다는 사실을, 우리는 초대 교회가 그리스도에 대한 신앙 안에 있는 세례 받은 자들의 입교에서와 같이 발견하게 된다.[46] 이 안수례의 '표지'(sign)를 통해서 세례를 받는 자들에게 성령을 수여하는 사도들의 예들에 따라 주교들은 관습적으로 안수례를 행했다(행 8:17). 따라서 그리스도 왕국이 그들 중에 단번에 즉시 세워지기를 원하는 사람들은 세례와 성찬식의 합법적 시행을 확립하기 위해 특별한 수고를 해야 했다.

그러나 성례전은 다음과 같은 과정을 수반한다. 첫째, 거룩하고 흠이 없는 사역자들이 각 성례전을 집례하며, 주님의 말씀에 따라서 흠이 없고 거룩하다고 사역자들이 알고 있는 사람들에게만 성례전을 베푼다.

---

45. 참고 Cyprian, *Letters* XV, 1; LXXI, 2.
46. 참고 Tertullian, *On Baptism* 8(*MPL*, Vol. 1, col. 1206).

세례에 의해 사람들의 죄가 씻기고, 영생을 위해 중생하고, 다시 새로워지며, 주님이신 그리스도의 교회에 가입되고, 그리스도로 옷 입게 되어야 한다. 그리고 이 모든 것들은 영생으로 선택된 사람들에게만 보전된다(행 22:16; 딛 3:5; 고전 12:12-13; 갈 3:27). 신자들의 유아들에게 세례를 베푸는 문제와 관련해서 다음과 같은 충분한 주님의 말씀이 있다. '나는 너의 하나님이요, 너의 근원이다'(창 17:7). '너의 자녀는 거룩하다'(고전 7:14). 그러나 우리가 위에서 언급한 것처럼 어른들은 그들이 세례받기 전에 교리 문답 교육을 받아야 하고, 자신들이 입술로 고백한 것을 자신의 마음으로 믿는지에 대하여 부지런히 테스트 받아야 한다.

또한 그리스도의 사역자들은 그들이 베푸는 성찬식에 참여하는 자들의 열매들로부터 죄에 대한 회개와 주님이신 그리스도에 대한 견고한 신앙의 증거를 발견하는 것이 합당한 일이다. 이것에 대해 헌신적으로 수고한 성 크리소스토모스는 다음과 같이 말했다. "그는 주님의 몸을 자격이 없는 자에게 주기 전에 자신의 생명을 내려놓아야 한다. 그리고 주님의 가장 거룩한 피를 가치 있는 사람보다 다른 어떤 사람에게 제공하느니 차라리 자기 자신의 피를 흘리는 고통을 겪어야 한다"(Homily 83, On Matthew).[47]

그러므로 거룩한 교부들의 시대에 교회를 다니는 집사들은, 동일한 크리소스토모스가 증명한 것처럼,[48] 무가치한 사람은 누구든지 주님의 식탁 앞에 나아가지 않는 것을 주의 깊게 보았다. 어떻게 하나님에 의해 선택된 사역자들이 이 가장 거룩한 구원의 신비들을 신앙과 경건이 있는지를 알지 못하는 자들에게 베푸는 것을 허락하겠는가? 사역자들은 주님께서 제정하신 것을 인간들에 대한 심판과 저주로 오용할 수 있다는 사실에 대하여 참으로 두려워해야 한다(고전 11:27).

둘째, 이 성례전을 통해 죄에 대한 사면과 그리스도와의 거룩한 교제가 제공되고, 영원한 구원의 약속이 보증되고, 확증된다. 이런 신비들은 전 교회가 참석하는 가운데서 이 성례전에 참여하는 모든 사람들에게 설명되고, 성례전이 가능한 한 경건하게 축하되어야 할 필요가 있다. 그러므로 고대 교회들은 세례에 대한 신비들을 축하하기 위해 완전히 8일간의 축제일을 보냈다. 더욱 효과적으로 이것을 수행하기 위해서, 만약 누군가가 죽음의 위험 안에 있지 않는 한, 오직 부활절과 오순절에만 세

---

47. 참고 Chrysostom, *On the Gospel of Matthew*, Hom. LXXXII(*MPG*, Vol. 58, col. 746).
48. 참고 *Ibid.*, cols. 744f.

례를 집행했다. 이와 관련해서 샤를마뉴 대제와 그의 아들들 이전 시대에도 '규범과 법'(canons and laws)이 있었다.[49]

이 성례전들 중에 어느 하나를 베풀 때, 성경으로부터 나온 적절한 교훈은 가능한 한 경건하게 읽혀지고 설명되어져야만 한다. 그 후 사람들이 성례전의 가치를 진지하게 받아들일 것을 권고 받아야 한다. 또한 주님에게로 향한 가장 열렬한 기도와 감사와 또한 경건한 헌물이 첨가되어야 한다. 왜냐하면 이 성례전들에 의해서 사람들은 하나님의 궁극적인 유익들, 죄사함과 영생에 대한 유산을 받기 때문이다. 확실히 그들은 하나님의 면전에서 빈손으로 나타나서는 안 된다(출 23:15).

또한 큰 존경으로 초대 교회 안에서도 지켜졌던 성찬의 관습을 제정하셨기 때문에, 그 결과 그들은 그리스도 안에서 하나의 빵과 하나의 몸이다. 마찬가지로 거룩한 성찬에 참여하는 모든 사람들은 이 성례전을 통하여 주님의 몸과 피가 축하되고, 신자들에게 제공된 영원한 구원의 바로 그 하나의 빵과 잔에 참여해야 한다(고전 10:16-17).

거룩한 성찬의 사용은 불타는 열정으로 그리고 확신을 가지고 교회들에게 환기시켜야 한다. "이것은 내 몸이니라", "받아서 먹으라"라고 말씀하신 주님께서 "잔을 가지사 감사 기도 하시고 그들에게 주시며 이르시되 너희가 다 이것을 마시라 이것은 죄 사함을 얻게 하려고 많은 사람을 위하여 흘리는 바 나의 피 곧 언약의 피니라"고 말씀하신다(마 26:26-28). 주님께서 그렇게도 사랑스럽고도 친절하게 그들을 초대했을 때, 그에 의하여 제공된 영생의 양식과 음료를 취하기를 거절하는 자들은 주님과 주님의 신비들을 얼마나 심각하게 멸시하는 잘못을 자신에게 범하는 것이 아닌가?

확실히 주님께서 성찬 성례전을 받아드리라는 명령을 하지 않았다고 감히 말하는 자들에게 이 말씀이 들려져야 한다. 왜냐하면 사도들은 잔에 대해서 말씀하시는 주님의 말씀을 환기시키기 때문이다. "이것을 행하여 마실 때마다 나를 기념하라"(고전 11:25). 그리스도의 그러한 위대한 유익을 멸시하는 이 불쌍한 자들은 바울 사도가 전체 이야기의 도입 부분에서 말씀한 내용을 고려하지 않는다. "내가 너희에게 전한 것은 주께 받은 것이니"(고전 11:23).

그러나 주님은 진실로 우리를 위해 유익하고, 그를 무시하지 않고는 무시당할 수

---

49. 참고 Tertullian, *On Baptism* 19(*MPL*, Vol. 1. col. 1331).

없는 것 이외에 아무것도 우리에게 주시지 않았다. 그러나 그는 우리가 그의 빵을 먹고 그의 잔을 마실 때 자신을 기억하라고 명령하셨을 뿐만 아니라, 그가 만찬에서 제정하셨고, 넘겨주셨던 바로 이 일을 우리가 행할 것을 명령도 하셨다. "이것을 행하여 나를 기념하라"고 주님께서 말씀하신다. '가져가서 먹어라' 그리고 '가져가서 마셔라'의 명령들은 우리에게도 해당된다.

그러나 그리스도의 그런 유익들을 싫어하는 자들은 이 신비들 안에서 외적인 일들만을 생각한다. 영생의 양식과 음료, 즉 신앙과 완전히 새롭고도 복된 생명의 유지, 강화와 증가를 위하는 이 성례전 안에서 구세주이신 그리스도께서 그의 자신 가운데 계시며, 그들에게 희생제물 자체가 되심을 그들은 인식하지 못한다(요 6:54-56). 여기서 어떤 것도 육체적으로나 세속적으로 생각될 수가 없다. 왜냐하면 그것은 배(육신)를 위한 양식과 음료의 문제가 아니라, 영을 위한 문제이기 때문이다. 그것을 통하여 몸은 더욱 쉽게 영에게 복종하고, 장차 올 부활을 위해 성화된다.

그러므로 그리스도의 통치권이 진실로 완전히 받아들여지는 곳에는 어디에든지 그들이 기록한 것들, 즉 그리스도의 규정에 일치하는 성례전과 초대 사도 교회의 모범을 실시하는 것이 회복되어야만 한다.

그러므로 믿음이 있는 자들에게 더욱 경건하고 가치 있는 이런 성례전의 표현 때문에 그들이 전 교회 혹은 교회의 더 큰 부분이 함께 모여질 때와 불신자와 가치 없는 자들이 제거될 때를 제외하고 표현되어져서는 안 된다는 것은 더욱 적절하다. 신자들에게 이 성례전은 더욱더 경의롭고, 유익하다는 사실을 표현하기 위하여, 전체 교회나 교회의 더 큰 부분이 모였을 때 이외에는 이 성례전이 베풀어져서는 안 된다는 사실은 분명히 합당하다. 비종교적이고 가치가 없는 사람들은 제외되고, 모든 사람들이 참석한 가운데, 그들은 그리스도와의 교제를 통하여 영생의 모든 소망 가운데 살아가고, 그것을 소유하고, 성찬에서 자신들에게 제공된 그리스도와의 교제를 가능한 더욱더 간절한 마음으로 받아드린다. 주님이신 그리스도 안에서 살며, 거하기를 추구하지도 않고, 그를 위하여 그들 안에 살거나 거하지도 않는 사람들은(요 15:4) 이 거룩한 신비들을 황홀하게 쳐다보지도 않고, 거룩한 회중으로부터 배제되어야 한다.

세례와 성찬의 시행과 관련한 이 모든 것들은 우리의 왕이요, 거룩한 대제사장이신 주 예수 그리스도에 의해서 명령되고 전승되었고, 사도들을 통해 교회들이 있는 곳은 어디에서나 명령되었다. 또한 그리스도의 교회들은 그들이 참된 감독들에 의하여 통치 받던 시대에는 이것들을 신실하게 준수했다. 그러므로 이 모든 일들이 교회들에게 환기되고, 종교적으로 준수되기를 전심으로 노력하지 않는 사람들은 하늘에 계신 아버지에게 '그의 나라가 임하신다'라고 기도하는 것은 헛수고에 불과하다(마 6:10).

우리는 위에서 교회의 거룩한 사역으로 임직되는 사람들을 위한 안수에 대해서 언급했다. 비록 우리가 주님으로부터 어떤 명령도 받지 않았다 할지라도, 그럼에도 불구하고 우리는 사도들의 본보기(행 6:6; 13:3)와 디모데서의 교훈(딤전 4:14; 5:22)이 있다. 그 결과 사도들은 주님의 명령에 따라 교회의 직분에 대한 안수식을 위한 저 표지를 사용했다는 것은 전적으로 비슷하다. 이 근거에 따르면 이 의식은 초대 교회 안에서 아주 종교적으로 준수되었다. 그리고 다시 그것이 개혁 교회에서 거룩하게 사용하는 쪽으로 되살아났다.[50]

더욱이, 바울 사도가 "경솔히 안수하지 말고"(딤전 5:22)라고 안수 문제에 대해 언급한 내용은 가장 성실히 준수되어야 한다. 왜냐하면 이 영원한 구원의 신비들을 위탁받은 사람들은 가장 비판적으로 시험받아야 하기 때문이다. "이에 이 사람들을 먼저 시험하여 보고 그 후에 책망할 것이 없으면 집사의 직분을 맡게 할 것이요"라는 말씀은 거룩한 성령의 규정이라는 사실이 분명하다(딤전 3:10). 그래서 교회들이 사역자들을 선택하든지 왕자들과 감독자들에 의해서 그들에게 보냄 받을 때, 무엇보다도 먼저 그들은 가장 정확하게 시험받아야만 된다. 그리고 이것은 거룩한 성령의 기준에 의해서 바울의 편지인 디모데서와 디도서에서 기록되어 있는데, 인간에 관하여도 분명한 만큼이나 교회에 대해서도 아주 분명하다. 따라서 그들은 우리의 영혼의 목자장과 감독이신 예수 그리스도의 뜻에 따라 그리스도의 교회를 위한 사역을 수행할 수도 있고, 원할 수도 있다.

그다음에 또한 성례전의 제정이 있는 사도들의 본보기는 경건하게 환기되어야 한

---

50. 루터의 권고(1525)에서, 사역자들의 임직은 안수함으로써 비텐베르크에서 실시되었다. 다른 종교 개혁자들도 동일한 실천을 채택했다. 참고 칼뱅, 「기독교 강요」(1559), IV iii 16. 부처의 견해의 영국 실천에 미친 영향을 위하여 다음의 문헌을 참고하시오. Francis F. Procter & W. H. Frere, *A New History of the Book of Common Prayer* rev. ed.(St. Martin's Press, Inc., 1901), 662ff.

다. 성 누가는 사도행전 13:3; 14:23에서 전 교회 앞에서 그리고 기도와 금식을 하면서 축하해야 한다고 우리에게 상기시킨다. 따라서 적절한 성경 교훈들이 이 의식에서 읽혀져야만 하고 성실히 사람들에게 설명되어야만 한다. 그 결과 그들이 주님께 더욱 불붙는 기도를 쏟아 부을 수 있을 것이다.

제8장 생활과 생활규범의 치리에 관한 사역

이제 우리는 거룩한 사역의 세 번째 기능인 교회의 치리에 관하여 취급해야 한다. 교회의 치리를 세 가지로 나눌 수 있는데, 첫째는 생활과 생활규범에 관한 치리, 둘째는 만약 어떤 사람이 심각하게 타락했을 경우 회개에 관한 치리, 셋째는 거룩한 의식들에 관한 치리이다.

　　교회의 공적인 사역자들(비록 주요 사역자들일지라도)뿐만 아니라, 그리스도인 각각조차도 그들의 이웃을 돌보는 실천을 해야 한다는 사실 안에 생활과 습관의 치리가 있다. 우리 주 예수 그리스도의 '권위와 통치'(magisterium)에 의하여 각 사람은 이것이 가능한 곳은 어디든지 그의 이웃들을 강화시키고 발전시켜야 하고, 하나님의 제자들로서 자신의 신앙과 지식에서 하나님의 생명 안에서 이웃들이 전진하도록 촉구해야 한다. 그리고 만약 어떤 사람이 교리의 오류 혹은 생활이나 생활규범의 악에 빠진다면, 누구든지 최고의 열정을 가지고 기독교 교리의 순수성과, 자신의 삶이 하나님의 의지에로 부지런한 일치를 위하여 모든 거짓 교리와 타락한 행동으로부터 떠나도록 그와 같은 사람들에게 환기시켜야 한다.

　　왜냐하면 우리는 주님의 분명한 규정을 갖고 있기 때문이다. "네 형제가 죄를 범하거든 (그리고 그리스도인은 오직 하나님에 대한 공격만으로도 그것이 자기 자신에 대한 공격이 됨을 알아야 한다) 가서 너와 그 사람과만 상대하여 권고하라 만일 들으면 네가 네 형제를 얻은 것이요"(마 18:15). 그러므로 이 말씀을 통해서 우리는 명령을 주시는 분의 위엄과 우리가 주님의 이 명령에 순종하면서 받을 신적 상급을 고려하도록 하자.

왜냐하면 주님께서 '만약 너의 형제가 너의 말을 듣는다면 너는 너의 형제를 얻게 된다'라고 특별히 영생과 구원을 위해서 말씀하셨기 때문이다. 그러므로 성령께서 갈라디아서 6장에서 다음과 같이 명령하셨다. '형제들아, 만약 한 사람이 죄 안에서 영향을 받는다면, 영으로 충만한 너희는 온전한 영 안에서 그를 되불러서 원상회복 시켜야 한다'(갈 6:1). 그리고 데살로니가전서 5장은 '그러므로 너희가 하고 있는 것처럼 서로서로 용기를 북돋아 주고 세워 주라'고 말하고, 잠시 후에, 무질서하게 사는 다른 사람들을 가르치고 올바르게 하도록 하며 소심한 사람들을 안위하게 하고 약한 자를 관대하게 대하고 지지하도록 권고한다(살전 5:11, 14).

왜냐하면 우리의 주인이며, 통치자이신 그리스도는 그리스도인 각 사람 안에서 살고, 활동하시기 때문이다. 그러므로 각자의 사역을 통해서 그리스도께서 잃어버린 자들을 찾아 구원하신다. 이런 이유 때문에 참으로 그리스도에게 속한 사람은 그리스도의 권세와 힘에 의지하여 자신들의 형제들에게 항상 깨어서 관심을 기울이고, 자신들의 의무를 할 수 있는 자들을 권고하며, 그들의 능력에 따라 모든 사람들을 죄로부터 멀리하게 하며, 죄에 빠진 사람들을 건져내는 것이 필요하다.

그러므로 주님의 규정에 따라 그들의 형제들에 의해서 경고 받고, 교정 받은 사람들은 그들 안에 그리스도의 권위와 통치를 인정하고, 받아드리며, 감사와 진지함으로 이러한 종류의 권면과 교정을 받아드리고 따르는 것이 필요하다. 마침내 그들은 그리스도의 선한 제자들이 된다. 만약 어떤 사람들이 주님의 말씀을 통해서 충고하고 교정해 주는 사람들을 멸시했다면 이 사람들은 곧 그리스도 자신을 경멸한다는 것과, 헌신적으로 교정하게 하고 격려하는 사람들에게 주의를 기울이는 자들은 곧 그리스도 자신을 경청하는 것이라는 사실을 그들은 의심해서는 안 된다.

더욱이 그리스도인 각자는 사적으로 어떤 경우에도 그리스도의 이 같은 치리의 실천에 부족하지 않아야 하기 때문에, 교회와 장로들의 책임을 질 경우 그들의 능력을 벗어나서는 안 된다. 이런 이유 때문에 장로들의 숫자는 사람들의 숫자에 비례하여 증가되어야 한다. 그들은 이 문제에서 사적인 사람들에 의해서 무시된 것을 부지런히 개선해야 한다. 그러므로 그들은 개인적으로 그리고 교회의 집사들을 통하여 그들이 책임져야 할 사람들을 잘 알고, 하나님의 생명 안에서 어떤 발전이 있었는지 얼마나 태만한지를 부지런히 관찰해야 한다. 태만에 빠졌을 경우, 그들이 범한 잘못이 무엇이든지 간에 거룩한 권면을 통하여 그들의 현재 속에서 교정을 해야 한다. 이 문제에서 영혼의 책임을 지고 있는 자들은 학생들의 정신을 형성시키는 인문학과 예술 분야의 어떤 교사보다도 더 큰 근면성을 보여야 한다. 왜냐하면 영생의 지식이 구원을 위해 어떤 다른 예술과 과학보다도 더 중요하고, 더 필요하기 때문이다.

그러므로 주님으로부터 그의 양을 책임 맡은 사람들은 자신들의 태만으로 양이 실족한 것은 무엇이든지 책임 맡은 자들로부터 요구된다는 사실을 진지하게 숙고해야 한다. 양을 책임 맡은 자들은 주님께서 예언자 에스겔을 통하여 그들에게 하신 말씀과 경고하셨던 말씀을 철저하게 생각해야 한다. "인자야 내가 너를 이스라엘 족속의 파수꾼으로 세웠으니 너는 내 입의 말을 듣고 나를 대신하여 그들을 깨우치라 가령 내가 악인에게 말하기를 너는 꼭 죽으리라 할 때에 네가 깨우치지 아니하거나 말로 악인에게 일러서 그의 악한 길을 떠나 생명을 구원하게 하지 아니하면 그 악인은 그의 죄악 중에서 죽으려니와 내가 그의 피 값을 네 손에서 찾을 것이고"(겔 3:17–18).

연약한 양을 강하게 아니하고, 병든 양을 고치지 아니하고, 상한 양을 싸매어 주지 아니하고, 쫓긴 자를 돌아오게 아니하며, 잃어버린 양을 찾지 아니하는 목자에 대해 예언자 에스겔을 통하여 주님께서 불평하신 그들은 주의 깊게 고려하고 숙고해야 한다(겔 34:4). 바울의 준엄한 훈계가 에베소 장로들의 마음에 울리는 소리를 들어보자. "여러분은 자기를 위하여 또는 온 양 떼를 위하여 삼가라 성령이 그들 가운데 여러분을 감독자로 삼고 하나님이 자기 피로 사신 교회를 보살피게 하셨느니라"(행 20:28). 이와 마찬가지로 그는 디도에게 명령했다. '이것을 말하라, 간곡히 권하고 정정하여, 모든 권위를 가지고 그들이 너에게 복종하도록 하라'(딛 2:5).

감사한 마음을 가지고 그들은 그리스도의 이 복을 최고로 필요하고 유익한 것으로 포용해야 한다. 성령이 바울을 통하여 데살로니가 사람들에게 다음과 같이 촉구하는 말씀을 그들 자신들에게 적용해 보라. "형제들아 우리가 너희에게 구하노니 너희 가운데서 수고하고 주 안에서 너희를 다스리며 권하는 자들을 너희가 알고 그들의 역사로 말미암아 사랑 안에서 가장 귀히 여기며 너희끼리 화목하라"(살전 5:12–13). 그리고 히브리서 13:17은 "너희를 인도하는 자들에게 순종하고 복종하라 그들은 너희 영혼을 위하여 경성하기를 자신들이 청산할 자인 것같이 하느니라 그들로 하여금 즐거움으로 이것을 하게 하고 근심으로 하게 하지 말라"고 말한다. 이것이 바로 생활과 생활규범의 치리를 구성한다.

제9장 회개의 치리에 관한 사역

회개의 치리는 보다 더 심각한 죄에 빠져 있는 사람들에게 해당된다. 우리가 앞에서 이미 언급했기 때문에, 그리스도의 신실한 사역자들은 그리스도의 참된 제자들과 추종자들이 되기 위하여 주님의 규정에 따라 자신들의 삶을 통하여 인정될 수도 인정되어서도 안 되는 사람들을 제명하여 그리스도의 성례전에로 받아들여서는 안 된다. 범죄들과 사악함과 같은 보다 심각한 죄에 빠진 자들은 회개의 치리를 명백히 거절하고, 그리스도의 멍에를 부수며, 자신의 입술로 고백한 경건을 자신의 행위를 통하여 부정하는 자들이다. 이런 이유로, 죄를 범한 이들이 진심으로 자신들의 불경건함에 대한 두려움을 심각하게 인식하고 그것을 개탄하며, 불경건한 삶을 후회하는 회개가 일어나지 않는다면, 이들이 행하는 하나님을 대항하는 행위들과 하나님의 아들에 대한 반항은 용서될 수 없다.

그리고 이러한 과실을 저지른 이후 진실한 회개가 잘 자라게 될 때, 그것은 열매들을 맺는데 실패할 수 없다. 열매들이란 죄에 대한 쓰라림을 갖고 뉘우치는 행위, 육체에 대한 깊은 수치감과 육체의 병든 욕심들을 십자가에 못 박는 것이다. 이 목적을 위하여, 성령께서 요엘 1, 2장(욜 1:13-14; 2:12-17)에서 매우 진지한 규정들을 통해서 가르쳐주시는 대로, 인간은 육체의 모든 쾌락의 포기뿐만 아니라, 올바른 금식과 열정적인 기도도 사용해야 한다.

이러한 이유로, 회개는 회중의 종교적 예배 가운데 빈번히 일어나야 한다. 그 이유는 하나님 말씀을 통한 예배는 회개에 의해 그들의 죄를 지적할 수 있을 뿐 아니라, 죄 용서를 위한 열심 있는 기도를 불타오르게 한다. 그 이유로 그들 자신의 지칠 줄 모르고, 열정적인 기도자들을 통해서 하나님께서 용서하실 마음이 생기도록 할 뿐만 아니라, 교회와 개별적인 형제들로부터 상호간의 도움을 추구하게 된다.

그들은 또한 모든 종류의 선한 사역들에 온전히 자신들을 헌신해야만 하고, 가장 절제하는 모습을 보여 주어야만 하고 그들의 모든 현재적 행실을 거룩하게 하며, 꾸준하고 용감하게 역경들을 참아내고, 그들의 이웃을 구체적인 물건과 선한 행위를 통해 친절함과 열정적인 방법으로 돕고 잘 대접해야만 한다. 사람은 온 맘으로 하나님을 사랑하기 때문에 하나님에게 대항하는 모든 공격에서 깊은 슬픔에 또한 빠질 수 있다. 그러나 회개에서처럼 하나님의 다른 선물과 사역에서처럼 성령은 자신에 대하여 신실하시며, 모든 그의 활동들 안에서 동일한 일을 행하신다.

성경에서 우리에게 예로써 제시되는 사람들의 회개는 내가 언급했던 회개의 열매들을 풍성하게 맺었다는 사실이 분명한데, 이런 사람들은 다윗, 니느웨 백성들, 므낫세, 베드로, 바울과 같은 사람들이다(삼하 12:13; 요 3:5-10; 대하 33:12-13; 마 26:75; 행 9:3-6; 고후 2:5-11; 7:8-11; 12:21). 이러한 회개의 열매들은 죄에 대한 살아 있는 회개에 의하여 (즉 사람들이 자신들의 죄에 대하여 진심으로 참회하는 것을 충분히 알게 될 수 있을 때) 진실하고 안전하게 감동된 모든 이들의 그 마음으로부터 필연적으로 발생한다. 그들이 하나님의 위엄에 보다 심각한 죄들로 도전했을 때, 그러한 죄의 열매들의 값어치를 보여 주지 않는 이들은 여전히 그들의 엄청난 사악함을 인식하지 못하고 있으며, 그들에게 살아 있는 회개는 감동이 되지 못하는 것은 의심의 여지가 없다. 그러므로 그들은 성 요한이 그들을 불렀던 것과 같이, 그리스도의 제자들과 그의 나라의 참여자들이라기보다 뱀들과 독사들로 간주된다(마 3:7).

죄와 관련된 영적 참회를 촉구할 뿐만 아니라 회개의 실천과 회개의 열매를 보여 주는 것과 그리스도의 권위에 의하여 묶임은 교회 안에 있는 교구 목사들과 장로들의 직무 안에 있다. 이러한 사람들은 그들의 참된 회개와 그리스도에 대한 순종의 회심과 관련하여 회개의 참된 열매들을 통하여 그리스도에 대한 좋은 신앙을 보여 주기까지는 그 끈을 해체시킬 수가 없다. 누구나 말로만 자신의 죄에 대한 잘못을 시인하는 것으로 충분하다고 자신의 죄들에 대한 참회를 말하는 것과 우리가 언급한 회개의 표징과 사역을 수반할 필요 없이 그의 삶을 지속하기를 원하는 것은 적그리스도의 사제들이지, 그리스도의 목회자는 아니다.

회개의 이러한 심각성뿐만 아니라, 필요성과 유익성과 관련하여, 순교자 성 키프리아누스가 많은 그의 편지들(Epistle 3, Book 1; Epistle 14와 16, Book 3)과 특별히 「배교자에 대한 설교」[51]에서 기록했던 것과 그가 성경의 분명한 증언을 통해서 증언했던 내용은 읽혀지고, 숙고되어질 수 있을 것이다.

계속해서 성 키프리아누스는 「배교자에 대한 설교」에서[52] 당시의 몇몇 사람이 하나님의 사제들에게 자신의 영적으로 감추어진 슬픈 죄조차도 꾸밈없이 고백하고, 양심으로 죄 고백하고, 그들의 영적인 짐을 덜어내고, 유익한 해결책을 구하는 것, 즉 회개를 행하는 것과 자기 부정의 방법을 통하여, 그러나 작고 겸손한 모습으로 해결책을 구하는 것을 환기시킨다. 거룩한 순교자는 이 사람들의 더 위대한 신앙과 더 깊은 경의 때문에 그들을 칭찬한다.

이런 양심적 사례에 의하여, 죄에 대한 비밀스런 고백이 점진적으로 교회 안에서 수용되어졌으나, 이후 이것은 거짓된 감독들에 의하여 사악하게 강요되었고, 심지어 원하지 않는 이들에게도 강요되었다. 그러므로 우리는 교회에 알려진 것보다 더 심각한 죄에 빠진 이들에 의한 죄의 명백한 고백을 가지고 있는 것처럼 우리는 이것과 관련된 주님의 어떤 명령도 갖고 있지 않다.

참으로, 모든 사람이 그러한 비밀의 고백을 유익한 방법으로 만들지는 않는다. 이런 고백은 개인적 교훈이나 위로가 필요한 양심들에게만 유익한 치료책일 수 있고, 한 걸음 더 나아가 이것으로 하여금 그리스도의 사역자들을 요청한다. 이것은 그리스도의 영을 부여받은 교회의 보호자들과 함께함으로써만 유익한 방법 속에서 발생할 수 있다. 그리스도의 영으로 그들은 이 경우에 신앙에서 더욱 무지한 자를 더 잘 교리 교육시킬 수가 있고, 그들의 죄를 결정적으로 인정하는데 덜 회개시킨다는 사실을 경험하는 사람들을 도와줄 수 있다. 그들은 죄 때문에 그들 안에 정직한 슬픔을 불러일으킬 것이며, 낙심한 영혼들을 신적 자비에 대한 소망으로 월등하게 고양시킬 것이며, 죄를 피하기 위하여 효과적인 방법을 발견하고, 선전할 것이다.

보다 심각한 죄를 짓고, 주님께서 우리에게 명령하신 회개의 길을 거부하는 사람들은 제명되어야 하고, 이방인과 세리로 간주되어야 한다는 사실이 그리스도의 백성의 더 좋은 부분에 의하여 인정된 방법 속에서 얼마나 심각한 지를 이미 보여 주었다. 이와 관련하여 주님과 성령께서 명령하신 내용은 부지런히 읽혀지고, 종교적으로 숙

---

51. Cyprian, *On the Lapsed*(MPL, Vol. 4, cols. 477ff.).
52. Cyprian, *On the Lapsed Ch. XXVIII*(MPL, Vol. 4, col. 503).

고되어야 한다(마 18:15-18; 고전 5:4-5; 고후 2:5-11; 살후 3:6).

"만일 그들의 말도 듣지 않거든 교회에 말하고 교회의 말도 듣지 않거든 이방인과 세리와 같이 여기라"(마 18:17)고 우리의 왕이요 구주께서 말씀하셨다. 이런 사람들은 종교에서나 삶의 다른 영역에서 하나님의 백성과의 어떤 교제로부터도 떨어져 있어야 한다. 그러므로 바리새인들은 주님을 꾸짖는다. 왜냐하면 그가 세리들과 더불어 식사하였기 때문이다(요 4:9; 마 9:11; 눅 15:2; 19:5-7).

이것은 그 같은 회개의 치리를 환기시키기 위하여 우리로 하여금 열심을 품게 한다. 왜냐하면 주께서 그의 통상적인 강조법을 사용하면서 "진실로 너희에게 이르노니 무엇이든지 너희가 땅에서 매면 하늘에서도 매일 것이요 무엇이든지 땅에서 풀면 하늘에서도 풀리리라"(마 18:18)고 말씀하시기 때문이다. 하나님의 이 말씀으로부터 우리가 배우는 것은 회개의 치리가 죄들에 대항하는 하늘의 치료책이며, 더욱 심각한 죄들에 빠져 있는 사람들을 회개함으로 묶어 두며, 가치 있는 회개의 열매들을 보인 참회를 보여 주었던 사람들을 굴레로부터 풀어 준다는 사실을 배운다. 우리의 구원을 위탁받아, 돌보아야 하는 사람들이 우리 주님께서 사용하도록 전해 주고 명령하셨던 모든 치료책에서 분명하고도 심각하게 결점들을 보인다는 사실이 얼마나 큰 범죄인가! 하나님과 그의 백성들에 대한 얼마나 큰 불경건인가!

고린도 교인들 가운데서 근친상간의 죄로 인하여 주님께서 바울 사도에게 다음의 말씀을 기록하게 하신 바, 성령께서 고린도 교인들이 회개의 치리를 행하도록 그들을 얼마나 엄숙하고도 날카롭게 책망하셨던가! "그리하고도 너희가 오히려 교만하여져서 어찌하여 통한히 여기지 아니하고 그 일 행한 자를 너희 중에서 쫓아내지 아니하였느냐"(고전 5:2). 성령의 이 말씀을 관찰하고, 열심히 숙고해 보자. 고린도 교인들이 도리어 의기양양해 한다는 책망이 주어진다. 다시 말하면, 그들은 자신들이 더욱 의로운 것으로 생각하고 기뻐한다. 그들은 자신들의 잘못을 인정하지 않는다. 왜냐하면 교회 전체가 애통해 하지 않으며, 이 사악함으로 임한 하나님의 진노를 피하기 위하여 금식과 기도도 하지 않고, 그들의 교제로부터 근친상간 자들을 배제시키는 것을 거절했다. 오직 교회의 한 회원(지체)의 악과 타락이 치료되지 못했을 때, 하나님의 진노는 교회의 몸 전체를 곧바로 태워 버리시기 때문이다. 우리는 아간과 베냐민 지파의 예를 심사숙고해야 한다(수 7:10-26; 삿 20장).

이 본문 안에서 또한 우리는 다음의 내용을 관찰해 보자. 성령께서 전체 교회를 모으시기를 원하셨다. 왜냐하면 이같이 근친상간을 범한 사람은 모든 사람들의 공통된 심판에 의해서 제명되어야 할 뿐만 아니라, 같은 사도의 사역에 의해서도 출교되었기 때문이다. "주 예수의 이름으로 너희가 내 영과 함께 모여서 우리 주 예수의 능력으로 이런 자를 사탄에게 내주었으니 이는 육신은 멸하고 영은 주 예수의 날에 구원을 받게 하려 함이라"(고전 5:4-5).

어찌되었든지 간에 사탄에게 넘겨짐을 통하여 육신의 징계와 고통이 동반되는 것이 분명하다. 근친상간한 사람은 자신의 사악함에 대한 회개로 촉구되었고, 자신이 영의 최고의 질병 속에서 지배되었다는 위험이 있었다. 그러므로 하나님의 영 안에서 성 바울은 고린도인들에게 더 이상 심각하게 그를 받지 말고 하나님과 교회의 호의로 그를 받을 것을 촉구한다. 일단 바울 사도는 그의 죄에 대한 영의 회개를 충분히 증명했기 때문이다. 그들은 그들이 (참회에 대한 그의 선언 이전에) 교회의 교제로부터 제외되도록 명령했던 사람을 위한 회개를 실시하는 끈을 풀 수 있을 것이다. 성도의 교제로부터의 그의 거절에 해당되는 이러한 처벌에 대한 알림과 고통, 즉 책망은 이 사람에게 유익이 된다(고후 2:6-8).

그러므로 이 모든 것으로부터 분명한 사실은 다음과 같다. 치료책이 필요할 때, 그들이 최고의 엄중성과 심각성을 가지고 이 같은 구원의 치료책을 그 사람들을 위하여 사용하기를 노력하지 않을 경우, 전체 교회는 이 사람들의 멸망에 자신들을 묶어 둔다는 사실이다.

또한 성령께서 다른 일들 가운데서 다음과 같이 하시는 말씀들이 고려되어야만 한다. "적은 누룩이 온 덩어리에 퍼지는 것을 알지 못하느냐 너희는 누룩 없는 자인데 새 덩어리가 되기 위하여 묵은 누룩을 내버리라"(고전 5:6-7). 왜냐하면 이러한 말씀으로부터 성령께서 다음의 사실을 가르치신다. 전체 교회들이 몇몇 악한 사람들, 참으로 한 사악한 사람의 전염에 의해 부패되고, 멸망 받는다. 기독교적 치리가 느슨할 때, 사탄이 교회로 기어들어오도록 열어준 작은 틈이 있을 경우, 우리가 그렇게도 수많은 세기들 속에서 일어나는 것을 보았고, 오늘날도 여전히 일어나고 있듯이, 하나님의 정당한 심판 안에서 너무나도 많은 악들이 결과적으로 발생한다. 그러므로 성령은 여기서 악한 자들과 공개적으로 식사조차 함께하지 말라고 금하시며 그들 가운데 악을 제거하라고 말씀하신다(고전 5:11, 13). 그럼으로 우리는 종교적인 회복을 위한 이유로 이 치리를 받아드리자. 성령께서 엄하게 이를 요청하고 있고 그가 모든 그리스도의 백성들에게 너무나도 유익하다고 가르치고 있기 때문에, 교회들 자신들을 위한 것과 똑같이 범죄 한 사람들을 위하여 그렇게 시행하기 위하여 우리 가운데 널리 확산되어야 할 것들을 허락하자.

마지막으로 우리는 다음의 내용을 실천해 보자. 성령께서 바울을 통해서 데살로니가후서에서 다음과 같이 쓰셨다. '규모 없이 살아가는 형제들을 피하라'는 것이다. 이들은 주님의 몸 안에서 자신의 위치를 지키지 아니하고, 선한 일에 공헌하기 위한 자신들의 소명을 따르지 않고, 게으르게 행동하며, 참견하기를 좋아한다(살후 3:6, 11-15).

이 본문을 통하여 범죄한 형제들에게 유익한 절제와 피함의 치료책을 적용하기 위하여 얼마나 많은 권위가 우리에게 주어졌으며, 주님께서 형제들의 상처를 치유하는데 해야 할 바로 이 일을 얼마나 원하시는가를 우리는 깨닫는다. 전적으로 소망이 있는 자들을 위하여 형제들과 전체 교회의 교제로부터 배제되어지는 것과, 주 예수 그리스도에 대해 세속적이며 이방인들처럼 모든 사람들로부터 떨어진다는 것은 참을 수 없는 고통이다. 이런 압박이 사용될 때, 다른 어떤 처벌보다 더욱 효과적으로, 죄 짓는 형제들은 회개로 나아가며, 그들의 의무 수행으로 나아간다.

그들의 시인들과 역사가들이 증언하듯이, 이방 국가들은 남아 있는 자연의 빛에 의해 이것을 인내하면서 실현했다기보다는 차라리 그들의 정부들을 조직했다. 이러한 방법에 의하여 스파르타 사람들은 확실히 그들의 시민들에게 덕에 대한 관심을 놀랄만할 정도로 불러일으켰고, 그 상태로 계속적으로 지속시켰다. 크세노폰이 공화국에 관한 책에서 증언하듯이,[53] 누구도 거주지나 공동으로 하는 육체적 경기나 경기에서 한 편에서나 많은 다른 일들과 생활 속에서 보다 심각한 곤란들 속에서 유지해야 할 위엄과 위신을 악당들과 불량배에게 빼앗기지 않았다. 그러므로 우리가 범죄와 연루된 이런 형제들로부터 거룩한 엄격성의 이 치료약을 빼앗아버렸을 때, 우리가 죄지은 형제들과 전체 교회에게 얼마나 큰 손해를 끼쳤는지 생각해 보아야 한다.

회개의 치리에 대해서 더 언급할 것은 다음과 같다. 우리가 열거했던 그리스도의

---

53. Xenophon, *On the Republic of the Lacedaemonians* IX, 4-5.

규정들을 따라, 전체적인 회복을 위하여 큰 열정으로 일하지 않는 사람들은 그들이 그리스도 왕국을 찾고 있다고 참으로 말할 수 없다. 주님이신 예수님을 사랑하고, 주님의 복된 주권과 통치권을 그들 가운데 널리 확산시키기를 원하는 사람들은 우리가 최고로 유익한 치리에 관하여 언급하였던 내용과 이 치리의 실천을 환기시키기 위하여 에너지가 넘치도록 우리가 일했던 내용을 바로 주님의 말씀으로부터 알고 있다.

제10장 교회 의식(ceremonies)의 개혁: 첫 번째, 교회 건물들을 신성시하는 것

의식들의 치리가 교회들 안에서 어떻게 개혁되어야 하는가를 알아보도록 하자. 다음의 의식들은 참으로 모든 그리스도인들에게 필요하고도 공통된 의식들이다. 기독교 종교가 공적으로 수행되는 장소들의 축복, 백성들이 주님 안에서 성장하고 종교를 위하여 시간을 갖는 절기들을 거룩하게 하는 것, 말씀과 성례전과 치리의 사역에 대한 어떤 규정, 헌물과 가난한 자들을 위한 이 헌물의 분배이다.

　그리스도인들을 위해 가장 먼저 필요한 것은 거룩한 모임을 위하여 지정된 장소와 주님이신 그리스도에 의해서 그들에게 전달된 예배의 형식들이다. 만약 극도로 필요한 경우가 이것의 사용을 강요하지 않는 한, 이 장소는 다른 용도로 개방되어서는 안 된다. 주님은 다음과 같은 일을 하심으로써 이것을 우리에게 아주 진지하게 가르치셨다. 주님은 모든 희생제물을 위한 공급을 준비하기 위하여 성전 안에서 희생물을 파는 판매대를 설치했던 사람들을 성전으로부터 쫓아내셨다. 주님은 환전의 탁자들을 뒤집어엎으셨다. 환전해 주는 사람들에 의하여 순례자들은 희생제물을 만들고, 한편으로는 명령되고, 한편으로는 하나님의 법에서 추천된 대로 헌금을 드리기 위하여 도움이 되었을 것이다(마 1:12-13). 그러나 '그는 아무나 기구를 가지고 성전 안으로 지나다님을 허락지 아니하셨다'(막 11:16).

　이런 이유 때문에 기독교 백성들의 어떤 필요성이 다르게 요구되지 않는 한, 그들 가운데서 공적인 예배가 없을 때, 초대 교회들은 항상 닫혀 있었다.

이런 실천을 위하여 교황주의자들이 오직 불경건한 조롱거리 같은 이름을 간직하고 있는 성직의 거룩한 계급에 해당되는 문지기라는 제도를 확립하는 데까지 이르렀다. 왜냐하면 예배가 공적으로 진행될 때, 어떤 가치 없는 사람이(불신자) 거룩한 모임에 섞이지 않게 하며, 어떤 사람도 거룩한 모임에서 기독교 종교와 일치하는 것으로부터 벗어나는 어떤 것도 행하지 못하는 것이 그들의 기능이었다.

복음에 대한 가르침의 공적인 전달이 시작된 이후와 주님의 성찬에 대한 예배가 시작된 이후에 이 사람들은 부제(집사)에 의하여 정렬된 사람들을 교회로부터 떠나게 하는데, 처음에는 교리 문답을 받는 사람들, 그다음에는 참회자들이다. 신비들이 계속 진행되는 동안, 그들은 예배가 끝나기를 기다렸다. 우리는 여기에 대한 증언들을 그들이 임명받을 때, 감독들의 권고에서, 다른 편으로 성 크리소스토모스의 마태복음에 대한 18번째와 25번째 설교와[54] 그의 고린도후서 8장에 대한 설교와[55] 많은 다른 곳에서 발견한다.

그러므로 그리스도 왕국과 그들 가운데 참으로 개선되고, 꽃을 피우는 종교를 소유하는 책임을 가지고 사람은 누구든지 교회 모임과 기독교적 예배를 위하여 봉헌된 건물들이 성경에서 '하나님의 전'과 '기도하는 집'(마 12:4; 눅 19:46)으로 불린다는 사실을 심사숙고해야 한다. 그러므로 가끔 예배가 교회 안에서 진행되고 있을 때조차, 그들과 같은 다른 사람들과 불경건하고 세속적인 일들에 대하여 이야기하고, 잡담하여 너무나도 세속적인 길거리와 장소처럼 주님의 교회들을 위협할 때, 하나님의 위엄을 거슬리는 죄를 짓는 것이 얼마나 무서운 신성모독이라는 사실을 그들은 인정해야 한다.[56]

왕자나 왕에 관하여 말하는 것이 아니라, 어떤 개인에 관한 말은 다음과 같은 사람에게는 묵인될 수 있을 것이다. 만약 특별히 그런 사람이 남편의 배은망덕하고 무가치한 어떤 것들에 말할 때 재잘거리며, 작게 속닥거리는 바, 자신의 바로 눈앞에서 변덕스럽고도 음란하게 자신의 집 주변을 활보하기를 위하는 사람이 아니겠는가? 이것은 확실히 하나님의 현존에 대한 큰 멸시와 같은 것이며, 가장 잔인한 고통에 의하

54. John Chrysostom, *On the Gospel of Matteuw*, Hom. XVIII, 6; XXIII 3(*MPG*, vol. 57, 271, 311).
55. John Chrysostom, *On the Second Letter to the Corithians*, hom. XVIII(*MPG*, vol. 61, col. 526f.).
56. 이것은 부처가 스트라스부르에서 종종 말했던 불평이었다.

여, 오직 그것은 우리가 지구로부터 완전한 파멸을 받을 만하다. 그리스도에 대한 이런 큰 모독은 수많은 세기 동안 허용되어 왔다. 왕자들과 행정관들과 교회의 고위 성직자들은 이것을 간과하였고, 그러나 그들은 자신들의 실천의 모범을 통해 이런 실천을 가르치고, 강화시켜야 한다.

그러므로 그리스도에게 속하기를 원하고, "우리는 이 사람이 우리의 왕 됨을 원하지 아니하나이다"(눅 19:14) 하면서 그리스도를 무시하는 자들에 속하지 않기를 원하는 자들은 분명하게 자신의 소명과 의무에 따라 그리스도에 대한 그와 같은 모든 큰 모욕이 멀리 사라지는 일이 일어나도록 노력해야 한다. 교회들은 어떤 세속적인 일들을 위해 열지 말고, 오직 종교적인 예배를 위하여 열어야 한다. 물론 내가 앞에서 말했다시피, 인간에게 긴급한 필요성이 요구되는 경우는 예외이다.

왜냐하면 그리스도에게 속하고, 그들 안에 그리스도께서 사시는 사람은 누구든지 말만 해서는 안 되고, 말씀을 참으로 증명한다. '주의 집을 사모하는 열성이 나를 삼킨다'(시 69:9; 요 2:17). 그러므로 그런 열심을 가지고, 그 자신을 통하여 (각자의 소명에 적합한 방법으로) 그리스도께서 교회에서 바깥의 사업을 거래하려고 시도하는 사람은 누구든지 몰아내시고, 그들이 그의 말씀과 성례전과 거룩한 기도의 사역에만 성별되고, 헌신되게 하신다.

제11장 하나님께 예배하기 위한 확실한 시간의 준비

다른 보통의 그리스도교 예식은 장소들뿐만 아니라, 기독교의 종교적 예배를 위한 정해진 시간도 규정하는 것이다. '주님'은 참으로 '모든 시간'과 '그가 통치하시는 모든 장소'에서 '찬양 받으셔야' 한다(시 34:2; 103:22). 그러나 이것은 회집된 신자들의 모임과 함께 그리고 더 깊은 종교적 정신으로 행해져야 하기 때문에, 그들이 특별한 장소들을 가지고 있는 것처럼, 이를 위하여 특별히 성별된 시간들을 가지는 것이 그의 신자들에게는 주님을 위하여 좋은 것처럼 보인다(민 28:2). 여가를 가지고 있는 사람들이 그의 말씀을 듣고 기도하기 위하여 아침과 저녁에 모였던 구약 시대의 그의 백성들을 위하여 주님께서 매일 개최된 두 가지 예배 외에, 주님은 그들이 어디에 살고 있든지 그의 전 백성을 위하여 매주 하루씩 성별하였다. 이때 그들은 특별한 방법으로 그를 예배하는 시간을 가질 수 있게 되었다. 가능한 한 엄격하게, 그는 그의 백성에게 속한 모든 사람들이나 그의 백성들 가운데 거하는 사람들에게 그 자신을 위하여 그 하루를 거룩하게 지킬 것을 명령하셨다. 그러나 그날에는 사람이나 짐승에 의해서 어떤 노동을 해서는 안 되며, 회당에 함께 부름 받고 회집된 그의 백성들과 함께 연합된 어떤 방법 안에서 모두를 위하여 거기서 그의 규정들을 듣고, 그에게 기도를 바치며, 그의 모든 축복에 대한 감사를 드리며, 그의 말씀에 대한 신앙과 모든 경건을 확고하게 하기 위해서다(출 20:8-11; 신 5:12-15; 막 1:21; 눅 13:10; 행 17:2; 18:4). 그러나 약속의 방주가 있었던 곳에서 그는 그날에 두 배의 거룩한 제물을 바칠 것을 명령하셨다(민 28:9-10).

그는 이러한 안식일 예배를 거룩하게 하셨고, 그것을 범하는 자들은 그의 백성으로부터 끊어지고, 돌멩이질에 처해지도록 명령하셨다(출 31:14-15; 35:2). 그리고 우리가 하나님에 대한 믿음으로 살기 때문에 그것은 당연한 것이다(합 2:4). 그러나 문제는 매우 심각한 회복을 필요로 한다. 왜냐하면 사탄과 우리의 육체는 그것을 약화시키는 것을 결코 멈추지 않기 때문이다. 지금 우리를 향하여 그의 특별한 자비 안에 계시는 우리의 하나님께서 우리의 신앙의 기초와 그러므로 우리의 영생을 위하여 7일 중에 하루만을 거룩하게 하셨고, 그날에 거행되는 종교적 예배들이 우리의 구원을 위하여 효과적이 되게 축복하셨다. 그의 주님이신 하나님을 영화롭게 하기 위하여 그날을 거룩하게 하고 그의 자신의 구원을 얻으려는 열심이 없는 자는 누구든지 (특별히 하나님은 그의 영광을 위한 현재의 삶을 유지하기 위하여 우리의 사업과 노동을 위하여 6일을 양보하셨다) 자기 자신을 우리에 대한 하나님의 놀랄만한 축복을 비웃는 잃어버린 자임을 보여 주고, 하나님의 백성 가운데 살고 있는 전적으로 무가치한 자로 보여 줄 것이다.

이런 일들은 분명하게 '우리의 배움을 위하여 쓰였다'(롬 15:4). 우리가 모세의 모든 교육 방법으로부터 해방되었을지라도, 그리고 우리가 구약의 백성들에게 명령된 안식일과 다른 절기들의 종교에 의해 묶여 있지는 않았을지라도, 그가 구약의 백성들을 위하여 명령한 다른 절기와 같이 동일한 '날과 달과 절기'를, 옛사람들에게 의무로 주어졌던 방법으로 '준수해야만 한다'(갈 4:10; 골 2:16). 그럼에도 불구하고, 그리스도 왕국이 보다 완전하게 계시된 사람들로서 우리는 구약 경륜의 사람들이 했던 것 이상의 더 많고 더 큰 열렬한 열의로 그리스도를 믿는 신앙을 증가시키는 데 공헌할 수 있는 것은 무엇이든지 우리 자신을 위하여 확립하고 수용해야 한다. 그리고 종교적인 예배들을[57] 위하여 일주일에 하루를 공적으로 거룩하게 하는 것은 확실히 우리의 의무이다.

성전에 모이는데 습관이 되었던 초대 교회 그리스도인들과 같이, 매일의 종교적 모임에 오는 사람들이 소수임을 우리는 보고 있다. 왜냐하면 어떤 사람들은 그들의 일용할 양식을 구할 필요성 때문에 방해받고, 다른 사람들은 종교적 무관심 때문에 방해받는다. 그러므로 그것이 얼마나 유익한 것이지를 알기를 원하지 않는 사람은 누구인가? 그리스도의 백성들을 위하여 일주일에 하루가 있는 것이다. 예배의 회중에서 모이는 것 외에 어떤 다른 것을 허용하지 않는 종교적인 예배에 봉헌하게 되며, 하나님의 말씀을 듣고, 하나님께 우리의 기도를 쏟아 부으며, 신앙을 고백하고, 하나님께 감사를 드리며, 성별된 헌물을 바치며, 하나님의 성례전에 참여하며, 그 결과 특별한 열심으로 하나님께 영광을 돌리고, 신앙 안에서 성장하는 것이다. 왜냐하면 이 모든 것들이 이 거룩한 날의 일들이기 때문이다.

이런 이유 때문에 주님의 날이 사도들 자신들에 의하여 그와 같은 일들을 하기 위하여 성별되었다(고전 16:2; 행 20:7; 계 1:10). 초대 교회들은 이러한 제도를 가장 종교적으로 준수했다. 콘스탄티누스 1세가 가장 무게 있는 권위를 가지고 그것을 제정하였다는 사실을 카이사레이아의 에우세비오스가 그의 생애에 대한 네 번째 연설에서 증언하였다.[58] 다른 황제들 또한 이 문제에서 그를 따랐는데, 테오도시우스, 발렌티니아누스, 아르카디우스, 레오, 그리고 안테미우스가 그렇다. 법전 안에 포함된 (축제일들에 관하여) 그들의 법들 속에서 찾아볼 수 있는 것처럼, 이날에 관람을 하거나 쾌락에 빠지는 것은 가장 엄한 처벌을 통해 금지되었다.[59]

---

57. *Religionibus.*

58. Eusebius, *Life of Constantine* IV, 18.

59. *Codex Justiniannus, Code* III, 12, 2, 6과 9. 황제 유스티니아누스 1세(483–565)가 만들도록 원인을 제공했던 로마법의 수집과 편집(*Corpus Iuris Civilis*로 알려진)은 다음의 네 부분으로 구성되어 있다. *Codex constitutionum; Digesta* 또는 *Pandecta; Institutione; Novellae(Constitutiones).* 이에 대한 영어 번역이 있다. S. P. Scott, *The Civil Law* 17 vols. (1932). 우리는 이 번역의 *Institutes, Digest, Code, Novellae* 제목들 아래의 이러한 부분들과 각주들을 참고했다.

하나님의 법 안에서 거룩하게 지킬 것이 명령된 제7일보다도 차라리 일주일의 첫 날에 사도들과 초대 교회가 종교적 활동들에 헌신했던 이유로 두 가지가 제시된다. 첫째로, 그들은 그리스도인들은 모세의 법들에 얽매이지 않는다는 점을 증언하기를 원하였다. 둘째로, 이러한 방식으로 그들은 주의 첫날에 발생했던 그리스도의 부활 을 축하하기 위해서였다.[60]

그 후에 어떤 다른 특별한 경우들은 부활절, 성령 강림절(오순절), 사순절, 성탄절, 주현절의 축제들처럼 주일에 첨가되었다. 순교자들을 추모하는 특별한 축일들은 가 끔 교회 안에서 제쳐 두게 되었다. 그리고 고대인들(고대 교회)은 역시 종교적 예배와 금 식과 함께 매주 수요일과 금요일을 지켰다. 어떤 특별한 재난들이 교회를 휘감았을 때, 하나님의 축복이 교회를 새롭게 하거나 중요한 순간을 시작하는데 몰두할 때, 고 대인들은 그와 같은 일들을 하였다. 경건한 왕자들이나 감독들은 그러한 엄숙함을 가르쳤다.

그리스도의 백성이 종교 안에 더 잘 기초를 내리고, 모든 헌신에로 충분하게 불 을 붙이는 이 한 가지 일을 목적으로 성일들이 제정되고, 어떤 일도 주님의 안식일에 자신의 의지대로 하도록 주어진 것이 아니기 때문에, 성일의 문제는 사람들 가운데 주일 종교시행이 새로워지고 확립시키는 일이 회복되는 그리스도 왕국을 원하는 자 들에게 특별한 관심이 문제가 되어야 한다(사 58:13).

그리스도의 중요한 활동들, 예를 들면 그의 성육신, 출생, 현현, 수난, 부활, 승 천, 오순절을 기념하기 위한 어떤 거룩한 날도 지키는 것이 우리의 경건과 일치한다.[61]

여기서 중요한 것은 많은 성일들이 제정되어야 한다는 관심의 문제라기보다는 차 라리 사람들이 제정했던 것은 무엇이든지 주님에게 거룩하게 지켜져야 한다는 것이 문제이다. 선지자 이사야가 아주 무시무시한 말을 하였듯이(사 1:13-15; 58:3,13) 왜냐하면 만약 성별된 날에 우리가 우리 자신의 뜻을 행하고, 육신의 욕망을 따른다면, 하나님 은 그것을 너무나도 혐오하시기 때문이다. 그러므로 무슨 특별한 날들은 다양한 교 회들 속에서 발견되는 것은 좋은 것으로 여겨진다. 그러므로 특별한 어떤 날이든지

60. 참고 사도행전 20:7; 고린도전서 16:2, Justin Martyr, *Aoplogy* I, 67, 3과 8(*MPG*, Vol. 6, col. 428).

61. 1536년까지 주일 이외의 다른 날들을 준수하는 것은 미신적인 것으로 간주하였다. 그러나 1537년에 성탄절을 지킬 것을 재천명하 였고, 그때부터 다른 중요한 기독교 절기들도 회복되었다.

간에, 그것이 다양한 교회들 안에서 지켜지는 것이 좋은 것처럼 보이며, 그것들이 전적으로 주님에게 거룩하게 지켜지도록 철저한 경계가 있어야 한다. 다시 말하면, 이같은 날에는 유용한 육체적 노동들도 제외되고, 더 많은 육신의 일들도 피해야 한다.

우리는 여기서 그리스도의 이름과 함께 각인된 사람들이 종종 넘어지는 것을 보기 때문에, 하나님이 하나님의 예배를 위해 특별히 성별해 둔 그러한 날들처럼 하나님이 진노하시는 날이 없다는 사실을 보게 된다. 따라서 교회가 종교에 성별했던 모든 날들이 모든 사람들에 의하여 주님에게 거룩하게 지켜져야 한다는 사실에 각자 자신의 분량과 소명에 따라 주의를 기울이지 못했던 왕자들, 사제들, 교회의 장로들, 그리고 사실 모든 그리스도인들은 주님을 위해 성별된 날에 백성들에 의해서 범해진 하나님에 대한 모든 죄들과 모독에 대하여 책임을 지게 된다.

제12장 사순절과 다른 축제들, 그리고 음식을 먹는 것

어떤 사람들은 사순절을 준수하는 것이 사도들에 의해서 도입되었다고 믿고, 다른 사람들은 후에 도입되었다는 의견이다. 그러나 고대 기록들의 증거에 따르면, 모든 교회가 이것을 동일하게 시행한 것이 아니라, 부활절 전 하루만 금식하거나 다른 교회는 7일 동안 또는 다소 더 길거나 짧게 지켰다. 그러나 완전한 사순절을 지키는 교회들은 그렇게 하지 않는 교회들을 책망하지 않았다. 왜냐하면 사순절을 온전히 지키는 교회는 자신의 교인들에게 어떠한 강요도 하지 않고 경건한 권유 차원에서 초대했기 때문이다. 일주일 중의 하루(어떤 곳은 5일째, 다른 곳은 7일째)에, 그들은 금식을 준수했다 (Chrysostom, Homily 11, *On Genesis*; ; and Saint Augustine, Letter 86, to Casulanus).[62]

특정한 날에 그들은 하나님의 말씀과 성찬을 그날 9시, 즉 저녁때까지 나누었다. 그들의 예배가 끝난 후, 금식을 했던 사람들은 처음으로 음식을 먹게 되는 것이다. 그

---

62. 참고 Chrysostom, *On Genesis*, Ho. XI(*MPG*, vol. 53, cols. 92ff.); Augustine, *Letter* 36(*MPL*, Vol. 33, cols. 145ff.).

러나 동시에 거룩한 교부들은 그들의 몸의 약함 때문에 미리 음식을 먹었던 사람들도 위로하고 칭찬했기 때문에, 그들의 약함에도 불구하고, 그들은 신성한 모임에 참석하고, 하나님의 말씀을 들었다.[63]

또한 금식 역시 구원에 필요한 그 자체와 같은 어떤 것으로 규정하는 것은 반(反)기독교적인 것이다(크리소스토모스의 창세기 설교 10).[64] 비록 주님과 사도들이 금식을 의식으로부터 삭제하는 것에 대해서는 정죄하셨을지라도, 금식의 준수는 그리스도인들의 자유에 맡기셨다. 금식이 기뻐하고 즐거이 하고자 하는 영과 함께 시작되지 않을 경우, 금식은 경건하게 성취될 수가 없다(마 6:16-17; 9:15; 고전 7:7; 고후 6:5).

그러나 주님 자신과 그의 제자들이 아주 강력하게 교회에게 금식을 권고하셨기 때문에, 확실히 금식하지 않는 사람들은 그리스도의 영과 주권 속에서 영광을 결코 돌릴 수가 없다. 따라서 그리스도 왕국을 보기 원하는 사람들에게 최소한 일 년 중 며칠이라도 금식의 치리를 회복하는 것이 필수적이다. 그리고 특별히 어떤 재앙이 교회를 압박하거나 교회 중에 어떤 사람들이 더 심각한 죄에 빠졌거나 교회가 하나님의 영광을 위해 어떤 엄청난 과업을 하려고 한다면, 백성들은 거룩한 공회로 모여서, 죄를 진심으로 회개하고, 하나님께 기도하도록 초대되었다는 사실을 성경으로부터 알 수 있다(욜 1:14; 2:12; 고전 7:5).

이날 동안에는 육체를 위한 불법적인 즐거움이 금지되었을 뿐만 아니라, 허용될 수 있는 즐거움조차 금지되었다. 그러나 필요한 음식과 음료를 어느 정도로 금해야 하는지에 대해서는 개인적 양심에 자유롭게 맡겨져야만 한다. 이 경우에도 백성들의 성격과 습관이 공식적으로 고려되어야 했다. 많은 날들이 금식에 할애되어, 그 결과 금식이 경건하게 지켜졌다는 소망이었을 것이다.

이러한 문제들 속에서 하나님에 대한 예배를 위해 제정된 의식들이 하나님에 대한 신성모독으로 왜곡되지 않도록 모든 주의가 항상 요구되어야만 한다. 우리는 이런 일들이 적그리스도의 목자들 아래서[65] 발생했다는 사실을 보게 된다. 사순절과 다른 금식 절기 동안에도 대분의 경우 설교와 개인 기도가 사람들 가운데서 준수되었고,

---

63. 참고 Tertullian, *On Fasting* X(*MPL*, Vol. 2, cols. 1017f.); Eusebius, *Church History* V, 24, 12.

64. *MPG*, vol. 53, cols. 81.

65. *Sub Antichristis pastoribus.*

금식은 구원에 필요한 것으로 선포되었다. 그러나 금식의 참 본질을 알고 있는 사람은 거의 찾아볼 수 없었고, 그 결과 그들 가운데 금식의 시행이 부재했다.

그들은 금식을 했던 고대인들 가운데 저녁 예배가 끝날 때까지 아무것도 먹지 않았다는 내용을 읽었다. 이 실천을 따르는 것을 나타내기 위해서 그리고 저녁 기도 이전까지 아무것도 먹지 않기 위해서 그들은 이런 기도를 3시에 하거나 늦어도, 4시나 5시에 드린다고 그들은 말하고 있다. 이것은 하나님을 조롱하는 것 외에 무엇인가? 그들은 외국어로 백성들을 위한 공적인 예배를 드릴 때도 이것을 똑같이 행한다. 사람들은 죄에 대한 참되고도 살아 있는 회개에 대한 어떤 설교를 통해서 교훈하지 않는다. 그러므로 이런 혐오들은 그리스도의 교회로부터 추방되어야 하며, 그것들에 대한 어떤 흔적도 남겨 두어서는 안 된다.

이런 이유 때문에, 다음의 사실은 매우 바람직하다. 정부는 다른 날 동안 더 많은 고기의 공급을 가능케 하며, 생선이 편리하게 공급되게 하기 위하여 이 특정한 날에 고기 사용을 금지시켜야 한다고 생각하는 사람들은 사순절보다는 다른 시기를 선택하고자 한다. 다른 날에 금식과 고기의 절제라는 구실로 종교적인 금식을 먼저 한 사람들은 적그리스도들에 의하여 하나님의 조롱거리로 바꾸어졌다.

초기 교회의 거룩한 교부들이, 성경에 소개된 대로, 주중에 하루를 종교적인 것에 유일하게 집중하기를 원했을 때, 그들은 유대인들이 준수했던 일곱째 날을 선택하지 않았다. 왜냐하면 그들은 그리스도의 교회에서 모세의 안식일을 강요하고 애쓰는 유대인들과의 차별을 보여 주기를 원했기 때문이다. 따라서 후기 교부들은, 그들이 심지어 일요일에 미신적인 금식보다는 경건한 금식을 추구했음에도 불구하고, 그들은 마니교도의 미친 일에 어떤 것도 허용하지 않는 것처럼 보이게 하기 위하여, 하나님을 모독하는 것과 같은 금식을 금지시켰다.[66] 다른 기타 문제에서처럼 음식물의 선택, 달력의 제정에서 적그리스도들과 일치하는 모든 외양으로부터 우리를 도피시키는 것이 얼마나 더 큰 유익을 줄 것인가?

더욱이, 어떤 날에 고기를 먹는 것에 대한 금지가 없음에도 불구하고, 다양성을 위한 생선의 경제적 사용은 여전히 유지될 수 있다, 단지 고기 부족의 압력 때문이

---

66. Augustine, *Letter* 36. 28(*MPL*, Vol. 33, cols. 148f.).

아니라, 사람의 기호의 다양성에 의해서 말이다. 이것은 터키인들 가운데서 발생하고 있고, 태초부터 그 이전에 모든 나라들 사이에서 일어나고 있다. 각 사람들은 자신들이 먹을 수 있는 음식은 무엇이든지 사용했고, 언제든지 이것이 허용되었다. 만약 그리스도의 가난한 자들을 억압하는 일종의 금지보다는 어떤 사람들의 자기 방종의 사치에 대한 제한과 지나친 탐욕의 억제가 있다면, 그것이 고기 공급의 유지에 기여할 수 있을 것이다. 이런 금지 사항들과 관계된 사람들의 판단으로 발생하는 것은 무엇이든지간에, 그럼에도 불구하고, 공공 정책들을 교회와 그리스도 왕국의 실천과 준수를 혼합시키는 무가치한 것이다. 그 결과 극소수 사람들의 미신이 확고하게 자리 잡게 되고, 많은 선한 사람들이 불편을 겪게 된다.

제13장 의식 규정

그리스도인들의 의식(儀式)에서 공통된 세 번째 일은 그리스도의 거룩한 모임들 가운데서 말씀, 성찬식, 그리스도의 치리, 기도와 시편 찬송가와 같은 예배 형식들의 규정과 배열이다. 이러한 것들은 누구에게나 신앙의 참된 구축을 위하여 존경스럽게, 즉 '정당하게 하고 질서대로'(고전 14:40) 시행되고 교류되어야 한다. 이런 문제에서 그리스도의 교회들은 자신들의 자유를 가져야 한다. 각 교회는 성경 본문의 제시, 성경의 해석, 교리 문답 교육, 성례전의 집례, 기도문과 시편, 그리고, 유사한 것들로서 죄인들의 공적 회개, 회개의 부과, 회개를 통해 교회를 만족시켰던 사람들에 대한 화해에 대한 내용과 방법을 정의할 수 있다. 이와 같은 모든 일에서 각 교회는 교회의 백성들에게 가장 큰 유익이 되도록 판단함으로써, 이런 활동의 결과로 교회의 백성들은 참되고도 살아 있는 회개로 이동하고, 그리스도에 대한 신앙 안에서 강해지고, 발전된다.
　　그러나 교회가 있는 어떤 나라나 왕국에서 사람들의 성격들은 그렇게 많이 바뀌지 않기 때문에, 덕 자체를 위해서뿐만 아니라, 예배의 기독교적 형태들에 대한 선한 의견을 생성시키기 위해서도 가능한 한 많은 일치와 함께 아주 편리하게 준수될 수 있을 것이다.

제14장 가난한 자들에 대한 돌봄

모든 교회들과 그리스도 왕국에 적합한 자들이 공통으로 준수할 네 번째 일은 가난한 자들과 궁핍한 자들에 대한 '돌봄'이다. 왜냐하면 주님께서 명시적으로 그의 백성 중에 가난한 자들을 허락하는 것을 누구에게라도 금지하셨기 때문이다(신 15:4). 예루살렘에서 초기 그리스도 교회는 이것을 아주 종교적으로 준수하여, 형제들에 의해서 모금된 구제금의 일부들이 각 사람이 규모 있게 그리고 경건하게 살아가는데 필요한 만큼 충분하게 분배한 결과, 그들 중에 어느 누구도 궁핍 가운데 있지 않았다(행 2:44-45; 4:34-35). 가난한 자들을 위한 돌봄은 더욱 잘 수행될 수 있었던 바, 사도들은 전 교회의 탁월한 동의와 기도와 안수를 사용하여, 이 일을 책임질 '일곱 명의 승인된', '평판이 좋고', '성령과 지혜가 충만한' 사람들을 세웠다(행 6:1-6).

적그리스도들이 이 실천을 손상시킬 때까지, 교회들은 높은 정도의 존경심을 가지고 이것을 준수했다. 이 직분을 성직 계급의식에 도입했던 이 분야의 사역자들은 이 직분을 가진 사람들을 '집사들'로 불렀다. 비록 이 사람들은 '장로들'[67]의 봉사에 동참하여, 그리스도의 치리의 보전과 실천 및 성례전의 집행을 돕는 의무를 가졌을지라도, 집사들의 주된 의무는 교회에서 그리스도의 모든 가난한 자들의 명부를 유지시키고, 가난한 각 사람의 생활과 성격에 정통하고, 그들이 적당하고도 경건하게 살기 위하여 그들을 위해서 필요한 것은 무엇이든지 신자들의 공동헌물들로부터 각 개인들에게 나누어 주는 일이다. 왜냐하면 자신들이 일을 할 수 있으면서도 자신의 사업과 노동으로 자신들의 생활의 필수품들을 구하기를 거부하는 자들은 교회로부터 배척되어야 하기 때문이다. "누구든지 일하기 싫어하거든 먹지도 말게 하라"(살후 3:10).

---

67. *Presbyteris*.

그러므로 그리스도 왕국을 받아들이기를 깊이 열망하는 모든 사람은 최대한의 돌봄으로 그들 가운데서 이러한 실천을 회복해야만 한다. '세상의 재물을 가지고 있으면서 형제의 궁핍을 보고서도 그들에게 자신의 마음을 닫는 사람들에게 하나님의 사랑'(요일 3:17)은 있지 않다. 그런 사람들에게는 그리스도 왕국도 현존하지 않는다.

이제 그리스도와 성령을 듣는 사람들은 주님과 성령에 의해서 그들을 위해 결정되었다고 인정하는 그와 같은 질서와 방식 안에서 모든 선한 일에 착수하고 실행하는 것을 열망한다.

그리고 하나님께서 엄숙하게 그의 백성들이 그들 중에 누구라도 구걸하는 것을 금지하시고, 가난한 자들을 위한 돌봄이 교회 안에서 어떤 공인된 사람에 의해서 시행될 것을 확립하시고, 신자들의 '구제금'(alms)이 각자의 필요에 따라 필요한 개인들에게 분배되어지는 것은 명백한 사실이다. 주님 자신이 명령하셨고, 성령께서 초대 교회에서 확립하셨던 가난한 자들에 대한 돌봄의 이 같은 방식이 회복시키는 모든 노력을 확장시키지 않는 사람들은 의심할 여지없이 '그의 나라가 오기를'(마 6:10) 경솔하게 기도한다.

'구제의 돌봄'은 하찮은 것으로 간주되어서는 안 된다. 돌봄을 하지 않는 사람들은 그리스도의 궁핍에 의무가 있는 그 무엇을 훔치는 첫 번째 거짓말쟁이가 된다. 또한 구제의 돌봄에서 인간에 대한 찬양과 인간의 호의를 위한 어떤 야망도 구제 직분과 타협할 수가 없다. 이 악은 어떤 대가를 치르고서라도 피해져야만 한다는 것은 주님께서 구제에 대한 계명을 주셨을 때, "오른손이 하는 것을 왼손이 모르게 하여"(마 6:3)라고 분명하게 가르치셨다. 만약 모든 사람이 주일에 하나님의 축복의 일부를 가난한 자들을 위해 사용하는 헌금으로 얼마만큼 넣게 되고, 행할 수만 있다면(고전 16:2), 이런 의무는 매우 편리하게 이행될 수 있을 것이다.

각 사람이 그 자신을 위해 그의 구제금을 나눠 주기를 바라는 것은, 첫째로, 성령과 성도들의 합법적인 교통이 제정한 제도를 침해하는 것이다. 둘째로, 그리스도의 형제들에 대한 최소한의 구제, 그러므로 그리스도 자신에 대한 구제가 가끔은 가치 있는 것 이상으로 가치 없는 것처럼 주어진다. 어떤 사람도 자신이 우연히 만나는 가난한 사람들 중에 각각을 그가 알 수 없고, 조사할 수도 없다. 왜냐하면 최소한의 가치를 가진 사람들은 가난한 사람들에게만 분배되어야 할 구제금을 구걸하고, 강탈하도록 교육을 받았기 때문이다. 게다가 사람들은 자신의 손으로 구제금을 드릴 때, 아주 큰 어려움을 가지고 사람들의 가치 인정과 칭찬을 위한 욕망을 자신의 마음으로부터 배제되기를 바란다. 자신이 사람들로부터 이 텅 빈 보상을 받았을 때, 진실하고, 확실한 사람은 하나님으로부터 기대되어지지 않는다. 셋째로, 자발적으로 자신을 구걸하는 자들에게 자신을 드리는 사람들은 모든 범죄에 익숙한 사람들이다. 거지들을 양육하는 사람들이 하는 또 다른 일은 바로 사회에 아주 해로운 페스트 질병을 지탱하고, 지지하는 것이다.[68]

그러므로 부동산에 관하여 지금까지 현명하게 기록했던 어떤 사람도 그러한 사람들이 이 안에 관용되어서는 안 된다는 사실에 대한 견해가 있어 왔다.[69] 이 문제에 대해서 유스티니아누스의 법전 속에 있는 발렌티니아누스의 법이 잔존한다.[70]

비록 그들이 구제의 실천이 얼마나 필요하며, 이것이 그리스도의 유익한 종교의 한 부분임을 깨닫지 못하는 것은 아닐지라도, 복음과 그리스도 왕국을 수용한 가운데서 영광을 돌리는 사람들도 여전히 구제 제도를 확립하는데 여전히 실패하고 있다. 참으로 우리는 지금도 여전히 적그리스도에게 봉사하는 많은 지역에서 가난한 자에 대한 올바른 돌봄이 이미 회복되어졌어야 함을 우리는 부끄러워하고 슬퍼해야 할 것이다.

그러므로 우리가 언급했던 이런 실천들이 그리스도 왕국을 위해 더욱 고유한 것이며, 그리스도께서 명령하셨던 대로, 그것들이 회복되어지는 것을 보기를 진지하게 열망하지 않는 모든 사람들은 그들 자신에 관하여 공개적으로 증언하고 있다. 그러나 그들은 이것을 실제적으로 인정도 하지 않고, 신실하게 찾지도 않으면서도 그리스도 왕국에 대하여 말로만 영광을 돌리고자 한다.

그러므로 우리가 인용했던 성경의 증언을 포함하여, 우리가 여기서 제시했던 것

---

68. 여기서 부처는 종교 개혁 당시에 조직된 가난한 자의 구제에 대한 입문으로 지배했던 주된 사상들을 요약하고 있다. 루터의 지도력 하에, 개신교 종교 개혁자들은 구걸과 개인 구제의 시행에 대해 날카롭게 비판하게 되었다. 참고 Karl Holl, *Gesammelte Aufsätze zur Kirchengeschichte*, Vol. I, *Luther*, 2d ed. (Tübingen, 1923), 515("Die Kulturbedeutung der Reformation"); 영어 번역: *The Cultral Signification of the Reformation*, tr. by Karl Hertz et al(Meridian Books, Inc., 1959), 91ff.; W. Pauck, *Das Reich Gottes*, 82ff.; Otto Wickelmann, *Das Fürsorgewesen der Stadt Strassburg*(Lepzig, 1922), 94ff.; E. M. Leorard, *The Early History of English Poor Relief*(Cambridge, 1900).

69. 참고 Plato, *Laws* XII, 936 1.

70. *Code* XI, 26.

을 존경하는 마음으로 숙고하는 자는 누구든지 그리스도 왕국이 무엇이며, 그리스
도 왕국에 고유한 것이 어떤 일들과 어떤 준칙 사항들이며, 그리고 자신들 가운데 그
리스도 왕국을 다시 회복시키기 위하여 진리 안에서 찾고 있는 모든 자들(주님의 은사들과
각자의 부르심에 따라 각자에 의하여)에 의해서 다시 환기시켜야 할 필요성이 무엇인지를 쉽게 이
해할 것이다. 지금, 그러므로 모든 인류들을 위하여 이것이 얼마나 유익하며 현재와
미래의 구원과 행복을 위하여 얼마나 필요한지에 대한 내용이 진술될 것이다. 왜냐하
면 그리스도인 각자는 온갖 주의와 전력을 다하여 노력을 해야 하며, 이루어져야 할
그리스도 왕국의 내용을 우리가 보여 준대로, 그리스도 왕국이 충분하게 받아질 것
을 주님으로부터 얻었기 때문이다. 비록 자신의 생명이 소진되어야만 한다고 하더라
도, 이것은 각 그리스도인의 의무이다.

**제15장 깊은 관심 속에 그리스도 왕국을 향하는 목표와 사역, 그리스도의 몸 안에 있는
자신의 위치와 그리스도로부터 받은 은사에 따라, 그리스도 왕국이 견고하게 회복되는
것이 모든 사람들에게 얼마나 유익하며 모든 그리스도인의 구원에 얼마나 필요한가**

하나님에 의해서 각자가 기여할 수 있는 것이 무엇이든지 간에, 우리 가운데 완전히
포옹해야 할 그리스도 왕국을 위하여 구제가 얼마나 유익하며, 깊은 관심과 불타는
열심을 가지고 자신의 구원을 위하여 여기에 기여하는 것이 얼마나 필요한지를 보여
주는 제안에 서서 초점이 없는 과제를 시작한 것처럼 나에게 보이는 것 같다. 복음을
통하여 어느 정도 접촉하였던 사람들 누구도 여기에 대해서 알지 못하거나 여기에 관
해서 어떤 의심을 가지는 자로 보이는 것처럼 원하는 사람은 아무도 없다. 왜냐하면
주님께서 "그들의 열매로 그들을 알지니"(마 7:16)라고 말씀하셨기 때문이다. 그러므로
그리스도 왕국의 굳건한 재건 안에서 너무나도 더디게 지연되었을 뿐만 아니라, 복음
에 대하여 배우고 학식 있는 교수들 중에 많은 사람들조차도 그리스도 왕국의 회복
에서 태만하였다. 자신들의 육신적 지혜로 사는 적지 않은 사람들은 이것을 행하는

것이 국가를 위하여 해로운 것으로 생각하였고, 다음과 같은 현실 자체가 다음의 사실을 증명하고, 알리고 있다. 즉, 그리스도 왕국의 견고한 재건축과 수용이 모든 행복을 위하여 참으로 얼마나 유익하며, 얼마나 필요한지를 깨닫는 사람은 여전히 거의 없다는 사실이다.

그러므로 자신이 주님으로부터 받은 강함이 무엇이든지 간에, 그리스도의 완전한 나라를 받아들이는 것이 얼마나 유익하며, 그리스도 왕국의 회복을 위하여 노력하는 것이 각자에게 얼마나 필요한지를 우리는 분명하게 하나님의 영원하고도 변하지 않는 말씀으로부터 배워야 한다는 사실을 우리가 서로 서로에게 권고할 때, 그것은 결코 성취된 사실이 아니었다. 하나님의 나라에 관하여 특별히 많이 배우고, 열광적인 사람으로 간주되기를 원하는 사람들 가운데조차도, 모든 피조물에게, 특별히 아직도 교육받지 못했던 사람들에게조차 하나님의 나라의 복음을 설교하기를 부끄러워하거나 지루하게 만들어 버린다. 비록 그들이 독자적으로 자신들이 모은 물질들을 바로 그 사람들에게 위탁할지라도 말이다. 참으로 수많은 교구들의 수입을 가지고 있는 사람이 도우는 자들이나 자기 자신들을 통해서 어떤 특정한 한 사람에게 조차도 사역을 시키지 않는 것은 얼마나 공공연하고 무서운 신성모독인가! 당신은 이런 사람들을 수없이 발견하게 된다. 만약 그들이 1년에 한 번 또는 두 번 또는 그 보다 약간 더 설교를 하는 이 화려하고도 출석률 좋은 장소에서 그들은 자신들의 의무가 경탄할만하다고 생각하며, 그들의 시간의 모든 나머지 시간들을 여가와 사치와 세상의 허례허식으로 보낸다.

그러면, 우리는 감독들과 귀족들의 편에서 그리스도 왕국에 대한 이해에 관해서 무엇을 말할 것인가? 감독들과 귀족들은 교회를 타락시키는 자들에게 사제의 다수의 이익들을 제공하고, 가끔 그들로부터 이익을 얻기 위하여 일반 사회의 세속적인 사람들에게 교구를 수여하고, 그들로 하여금 교구들을 책임지게 한다. 교구들을 맡은 세속적인 사람들은 이 역할에 대하여 부적합하며, 이를 위하여 보다 적은 월급을 받고 고용된 사람들이다.

복음의 거룩한 설교를 원하는 자들이 보다 극소수의 복음주의자들에게만 제한되어 있는 상황에서, 세상적인 방법 안에 있는 사람들은 지금 그리스도 왕국에 관하여 무엇을 생각하겠으며, 참으로 복음이 완전히 빠져 버리는 것을 원한다. 그들이 거짓되게 말하는 것처럼, 이런 설교에 의하여, 그들 가운데 논쟁들과 방해들이 소용돌이 치고 있지 않는가? 강력하며, 무장하고 있는 이 세상의 왕자가 사람들로 하여금 외적 인 소요에 의하여 고통을 당하고 혼란에 빠지거나 심지어 그리스도 왕국에 대한 설교 를 통하여 방해의 위험에 처하는 것보다는 차라리 조용하고도 침묵하는 가운데서 그 들을 쾌락에 묶어 두는 것을 이들은 더 좋아 한다. 왜냐하면 그리스도 왕국은 부패의 쇠사슬 안에 있던 하나님의 선택된 백성으로부터 부패들을 제거해 버릴 것이다.

우리의 구원의 첫 번째 사역은 모든 피조물에게 복음을 선포하는 것이라는 사실 을 우리는 알고 있다(막 16:15). 이것을 향해서 그리스도 주님 자신과 그의 사도들과 모 든 참된 그리스도인들은 스스로 항상 가장 큰 열정으로 헌신했다. 그러나 똑똑하고 잘난 추종자들은 그것이 유익하지 않을 뿐만 아니라, 심지어 사회에 해롭다고 판단했 다. 그리스도께서 구원하는 왕이 아니시며 그의 나라는 사회에 유용하지 않다는 견 해를 가진 그들은 자신들에 관한 분명한 증언을 가지고 있지 않았던 것이 아닌가?

그러나 주님은 모든 삶과 회개의 수행과 또한 거룩한 의식(儀式)에서 아주 분명하고 도 진지한 말씀을 가지고 제자들을 임명하셨다. 내가 말하지 않는 그리스도인들 중 에서 가장 유명하게 되기 위하여 시작했던 사람들 가운데서도 그것을 그의 마음으로 부터는 원하지만, 적어도 이 유일한 구원하는 치리를 시도하는 것이 유용하다고 생각 하는 사람은 얼마나 극소수인지 당신은 발견할 것이다. 우리 시대는 이 치리가 초대 교회에서 부흥했던 시대들과는 다르다고 그들은 말한다. 사람들도 지금은 다르다. 이 치리의 회복을 통하여 교회가 세워지기 보다는 방해를 받고, 사람들이 복음에 관심 을 갖기 보다는 복음으로부터 멀어질까봐 두려워해야 하며, 마침내 이런 시도가 그리 스도의 백성에 대한 거짓 성직자의 새로운 독재 안으로 극에 도달할 것을 두려워해야 한다고 그들은 말한다.

이 같은 말과 충고를 통하여 그들은 그리스도 왕국의 유용성과 유익에 관한 자신 들의 끔찍한 무지를 증명하는 것이 아닌가? 왜냐하면 그들은 그리스도 왕국이 모든 시대들과, 구원을 위하여 선택되었던 모든 사람들의 나라인지를 의식하고 있지 않기 때문이다. 인류의 구세주이시며, 그의 양에게 가장 탁월한 목자이자 왕이신 그리스 도께서는 그분이 제정하고 명령하신 모든 때와 장소에서 그 자신에게 유익하지 않다 면 그 어떤 것도 제정하고 명령하지 않으셨다.

그러므로 그리스도 왕국을 완전히 받아들이는 것이 얼마나 유익하며, 그 나라가 우리 가운데 회복되도록 자신들의 모든 힘으로 일하는 것이 모든 사람을 위하여 얼마나 필요한지에 대한 큰 무지가 모든 곳에서, 심지어 그리스도 왕국을 분명하게 사랑하고 찾기를 원하는 사람들 가운데서조차 우리는 여전히 보게 된다. 우리를 위하여 이 문제에 대하여 경고하는 것은 소용없는 일이 아니며, 참으로 그리스도에게 속한 모든 사람들에게 요구되는 의무이다.

그래서 나는 하나님과 우리 주 예수 그리스도의 아버지께서 그의 선택된 자들에게 진리에 대한 이해를 허락하시도록 그에게 기도한다. 그리스도 왕국에 속한 '어떤 것을 육신에 속한 사람은 파악할 수 없으며'(고전 2:14), '이것들은 세상의 지혜로운 자들에게는 감추어져 있지만'(마 11:25), 오직 그리스도 안에 있는 확실한 믿음을 통하여 성경으로부터만 배워질 수 있고, 알려질 수 있다(딤후 3:15). 우리는 주님께서 그의 자신에 대한 신앙을 증가시킬 계획을 하신다고 소망한다. 주님께서 그들이 살고 있는 어떤 시기에도, 그들이 압박을 받고 있는 육체의 어떤 연약함에서든지, 또는 그들이 안절부절 하는 세상의 어떤 사악함에 의해서도, 하나님의 모든 아들들(자녀들)의 구세주로서 이 세상에 오셨다. 주님께서 제정하고 명령하신 것을 참 신앙 안에서 수용하고, 받아들이는 모든 사람들에게 유일하게 유익하지 않는 어떤 것도 가르치시지도, 제정하시지도, 명령도 하지 않으셨다. 따라서 이것은 모든 사람들에 의하여 필연적으로 요구되어야 하며, 새로워져야 한다. 그렇게 하기를 무시하는 자들은 그리스도 자신과 그의 나라를 거절하는 것이다. 그러므로 우리에게 부과된 의무와 일치하게 영원한 아버지께서 그의 아들에 관하여 증거 하셨던 그 무엇과 아들이 자신에 관하여 증거 하셨던 그 무엇을 고려하고 숙고하자. 육신의 지혜가 반대의 것으로 제안하거나 타락한 관습에게 기회를 제공하거나 우리의 타락한 욕망들이 우리를 유혹할지라도, 이 모든 것을 우리의 마음으로부터 멀리 추방하면서, 우리의 전적인 존재를 가지고 이 증언들에 붙어 있게 하자.

그러므로 아버지는 아들에 관해 '그는 시온의 왕으로 기름부음을 받았다'(시 2:6)고 증언하신다. 즉 참된 왕이 가르치고, 제정하고, 명령하시는 모든 것이 그의 선택된 백성에게 그 자신의 영원한 구원을 위하여 기여하지 않는 것이 아무것도 없다. 이런 이유 때문에 그는 우리가 모든 것 안에서 그를 들을 것을 명령했다(마 17:5). 그가 증거 하시는 전체 성경을 통해서 주님은 다음의 사실을 증거 하신다. 우리의 왕이신 바로 이 그리스도만을 통해서 현재와 미래의 교리와 기초가 우리에게 제공되었으며, 모든 일에서 그를 듣지 않는 자들은 완전하게 그리고 영원히 멸망할 것이다. 우리가 그리스도 왕국에 관해서 보다 일찍이 인용했던 이 몇몇 구절들로부터 위의 내용은 명백한 사실이다.

성 세례 요한이 말한 내용을 우리는 진지하게 주목해야 한다. "아들을 믿는 자에게는 영생이 있고 아들에게 순종하지 아니하는 자는 영생을 보지 못하고 도리어 하나님의 진노가 그 위에 머물러 있느니라"(요 3:36). 만약 그가 가르치고 명령한 모든 것이 영원한 생명에 관한 규정이라는 사실을 참된 것으로 확신하지 않는다면, 아무도 참으로 그리스도를 믿지도 않고, 듣지도 않는다. 마찬가지로, 이런 사람은 주님이 자신에 관해 증언한 다음의 말씀도 받아들인다. "하나님이 그 아들을 세상에 보내신 것은 세상을 심판하려 하심이 아니요 그로 말미암아 세상이 구원을 받게 하려 하심이라 그를 믿는 자는 심판을 받지 아니하는 것이요 믿지 아니하는 자는 하나님의 독생자의 이름을 믿지 아니하므로 벌써 심판을 받은 것이니라"(요 3:17-18). 그러나 그리스도에게 속한 제정이나 규정 모두가 신앙과 실천에서, 구원과 영생을 위하여 필요하다고 인정하지 않는 사람은, 우리가 이미 말했다시피, 그리스도를 믿는 자가 아님이 확실하다. 자신이 그리스도의 규정도 무시하거나 전력을 다하여 이 모든 규정이 모든 사람들 가운데 수용되고 지켜지도록 노력하지 않는 사람들이 있다면, 그리스도의 규정들이 (그들이 무지하고, 무지한 것처럼 구실을 내세운) 구원과 영생을 위하여 필요한 것을 인정하고 있다고 거의 말해질 수 없다. 그러므로 그들이 하나님의 아들을 믿지 않을 때, '하나님의 진노가 그들 위에 머물러 있고', '그들은 이미 게헤나로 정죄되었다'(요 3:36, 18).

또한 주님께서 "나는 세상의 빛이니 나를 따르는 자는 어둠에 다니지 아니하고 생명의 빛을 얻으리라"(요 8:12)고 하신 말씀을 숙고해 보자. 모든 일에서 그를 따르며, 그의 모든 규정을 지키고자 열망하지 않는 자는 누구든지 영원한 죽음의 어두움에 확실하게 고착되어 있다.

또한 우리는 다음의 말씀을 존경심을 가지고 숙고해 보자. "도둑이 오는 것은 도둑질하고 죽이고 멸망시키려는 것뿐이요 내가 온 것은 양으로 생명을 얻게 하고 더 풍성히 얻게 하려는 것이라"(요 10:10).

이와 같이 "내 양은 내 음성을 들으며 나는 그들을 알며 그들은 나를 따르느니라 내가 그들에게 영생을 주노니 영원히 멸망하지 아니할 것이요 또 그들을 내 손에서 빼앗을 자가 없느니라"(요 10:27-28). 이러한 것들로부터 다른 무엇이 따라오는가? 모든 것에서 그리스도의 음성을 듣지 않는 자들뿐만 아니라, 그들의 삶에서 선한 목자를 따르지 않는 자들은 영생을 거부하고, 영원히 기억에서 잊힌 바 되고, 악한 마귀의 전리품으로 바쳐지게 된다.

또한 계속 이어지는 주님의 말씀은 우리 마음속에 계속해서 울린다. "사람이 나를 사랑하면 내 말을 지키리니 내 아버지께서 그를 사랑하실 것이요 우리가 그에게 가서 거처를 그와 함께 하리라 나를 사랑하지 아니하는 자는 내 말을 지키지 아니하나니"(요 14:23-24). 그러나 "만일 누구든지 주를 사랑하지 아니하면 저주를 받을지어다"(고전 16:22)라고 성령께서 말씀하신다. 여기서 주님께서 요구하시는 것에 주의해야 한다. 우리는 육체의 지혜를 따라 선하게 보이는 것을 행할 것이 아니라, 그의 모든 교훈들을 지켜야만 한다. 왜냐하면 주님은 그의 제자들에게 세례 받은 자들을 가르치고 자신이 명령하신 모든 것들을 지키도록 명령하셨기 때문이다(마 28:19-20). 그러므로 마음을 다해 그리스도의 교훈들을 지키는데 헌신하지 않는 사람들은 주 예수 그리스도를 사랑하지 않고, 아들의 사랑을 멸시하듯이 아버지의 사랑도 멸시하며, 그들은 자신들과 함께 집을 만든다.

왜냐하면 성 베드로가 증언한 것처럼, 우리의 왕은 모세를 뒤이어 우리에게 주어진 선지자이신데(행 3:22-23), 우리는 그가 하는 모든 말을 들어야만 한다. 누구든지 그의 말을 듣지 않는 자는 백성 중에서 멸망 받을 것이다. 누구든지 모세를 통해 주어진 주님의 교훈들을 가감하는 것은 하나님의 뜻을 거스르는 것이다. 하나님에 의해 규정되지 않고 사람들 보기에 선하게 보이는 어떤 방식으로 하나님을 섬기는 것은 하나님의 뜻을 거스르는 것이다(신 4:2; 12:32). 스스로 그리스도에게 속해 있다고 자랑하는 사람은 그들이 원하는 대로 예수님의 말씀과 교훈들을 가감하여 예수님께서 우리에게 전달해 준 것과는 다른 종교적인 사역들을 만들어 내는데 이것은 사악한 것이다. 그러므로 우리는 이 말씀을 유념해야 한다. 만약 모세를 통해 주어진 율법의 말씀들에 신실하지 못한 자들에게 저주가 선언되었다면(신 27:26), 하나님의 아들의 말씀들에 충실하지 못하는 자들에게 얼마나 더 큰 저주가 있겠는가?

만약 땅에서 모세나 다른 선지자들이 말하는 것을 경멸한 자들이 형벌로부터 피할 수 없고 두 명의 증인에 의해 확증된 사람들이 자비 없이 죽임을 당한다면, 하늘로부터 땅을 진동하며 들리는 목소리를 알면서도 거부하는 자들은 얼마나 견디기 힘든 형벌을 받을 것인가? 하나님의 아들을 경멸하는 자들은 하나님의 아들을 짓밟고 자기를 거룩하게 한 언약의 피를 부정한 것으로 여기고 은혜의 성령을 욕되게 하는 자이다(히 10:28-29; 12:5).

그러므로 그 반대로 인간의 지혜가 우리에게 제안하는 것이 무엇이든지, 우리의 부패한 욕망들이 우리를 설득하는 것이 무엇이든지, 악한 습관의 독재가 우리에게 요구하는 것이 무엇이든지, 우리는 다음과 같이 항상 응답해야 한다. 우리가 누구에게로 가야 하며, 누구에게서 돌아서야 하는가? 여기 우리 구세주와 왕께서 '영원한 생명의 말씀을 가지고 계신다'(요 6:68). 만약 우리의 구원에 반드시 필요한 율법의 준수가 아니라면, 그분은 우리를 속이거나 우리에게 무언가를 부과하지 않으신다. 그분은 우리에게 "먼저 그의 나라를 구하라"(마 6:6)고 명령하신다. 즉 말씀과 성령으로 우리의 모든 것들을 통치하고, 우리의 행복을 위해 소원할 수 있는 것은 무엇이든지 우리에게 더해 주신다. 그러므로 만약 우리가 다른 모든 것보다 앞서 그의 나라를 구하지 않고, 우리 안에서 하나님의 나라가 완전히 회복되도록 열정적으로 최선을 다해 행동하지 않는다면, 각자가 주님으로부터 받은 각자의 소명과 은사에 따라 열심히 행동하지 않는다면, 우리는 현재와 미래의 축복을 빼앗길 것이며 게다가 지옥으로 떨어질 것이다.

만약 이 섬의 어떤 도시나 마을이 선해 보이는 폐하의 법들을 포용한다면(오늘날에는 적지 않은 법들이 하나님의 영원한 아들의 법과 관련되어 있다), 폐하를 영국의 왕으로 인정하는 사람은 누구든지 그의 법과 칙령에 순종하도록 노력하지 않겠는가? 오늘날 교회가 왕 되신 그리스도께 드리는 순종이 그렇게 완벽한 순종인가? 누가 하나님의 아들보다 더 많이 완전하게 우리를 통치하고 있는가? 누가 우리를 창조하고 새롭게 하고 있는가? 누가 그 통치에 따라서 우리에게 현재에 그리고 미래에 영원한 구원을 주는 분이신가?

플라톤은 그의 「법률」의 1권과 「정치학」에서, 보다 더 젊은 사람들, 참으로 사람들 중에 어느 누구도 인간의 법에 대한 토론을 허용하는 것을 원하지 않는다. 비록 한때 그들이 공화국 안에[71] 받아들였을 때도 말이다. 비록 그는 입법이 현명하게 고안 되지 않더라도, 법은 항상 모든 상황에서 모든 사람들에게 유익이 될 것을 인정했다. 그러므로 거기에는 매우 많은 '소중한 사람들이'(epieikeia) 있을 필요가 있다.[72] (그는 가장 현명한 제후들과 장관들에게 모든 시민들의 행복을 위해 법을 해석하고 적용할 수 있는 권리를 부여해 주기를 원했다.)[73] 우리로서 선한 것에 대해 완전히 무지하면서도, 불쌍한 사람들인 우리를 위하여 하나님의 아들의 법을 수정하고, 하나님의 아들의 법이 항상 그리고 어디서든지 건강하지 않는 것은 어떤 것도 명하지 않을 때조차도, 우리 자신의 충동에 따라 하나님의 아들의 법망을 피해 다니는 것이 옳은 것인가?

진실로 우리는 우리의 왕 그리스도의 법과 명령과 입법들을 반드시 진지하게 이해를 추구해야만 한다. 그때 우리는 주저 없이 그가 우리의 예수님 즉 영원한 구세주로서 이 모든 것들 속에서 자신을 계시하신다는 것을 알아야만 한다. 마지막으로, 세상의 왕자와 세상의 신을 가진 세상이 그 반대로 생각하거나 행동할지라도, 그것이 우리의 육신에는 고통스런 짐이 될지라도, 우리 안에 있는 모든 것을 가지고 이 일들을 준수하고, 그것들을 활동적으로 성취하는데 우리 자신과 우리가 가지고 있는 모든 것을 우리는 사용해야 한다. 왜냐하면 영원한 진리는 참일 수밖에 없기 때문이다. "나의 멍에를 메고 내게 배우라." 모든 삶의 주인인 나의 말을 들으라. "나는 마음이 온유하고 겸손하니 나의 멍에를 메고 내게 배우라 그리하면 너희 마음이 쉼을 얻으리니 이는 내 멍에는 쉽고 내 짐은 가벼움이라"(마 11:29-30).

하나님의 말씀에 대한 신앙을 가진 사람은 누구나 쉽게 이것을 이해할 수 있을 것이다. 그리스도 왕국에 대한 성경의 또 다른 증언들, 즉 주 예수 그리스도가 우리를 위해 명령하시고 확립하신 어떤 것들은, 만약 그것이 그가 명령하시고 확립하신 것처럼 지켜진다면, 확실히 우리의 구원을 위해 중요할 것이다. 사람과 시대가 변할지라도 말이다. 그리스도 자신과 그의 모든 주권을 무시하고, 부인하지 아니하면서, 어떤 이유에서도 우리는 이러한 것들을 알고, 신중하면서도 이것들을 소홀히 하거나 생략할 수 없다.

---

71. Plato, *Law* I, 634e.
72. '동등성'(equity)에 대한 해석.
73. Plato, *Politics* 294aff.

이것은 성경을 읽고 성경이 신적인 것임을 믿는 모든 사람들에게 명확하게 될 수 있다. 모든 사람들에게 할당되고, 그렇게도 필요한 각자에게 주어진 구원처럼 (하나님의 교회 안에서 각자의 위치에 따라 자신이 주님으로부터 받은 은사와 능력이 무엇이든지 간에) 외적인 일들, 가령 보초 서는 것, 일, 싸움, 노동에서조차 이보다 더 큰 의무는 없다. 우리의 왕이시며 구세주이신 그리스도의 모든 규정들과 가르침들이 모든 사람들에게 전달되고 열렬하게 받아들여져서 최고의 존경심으로 준수될 수 있을 것이다.

지금 우리는 이 작품의 세 번째 부분으로 넘어가고자 한다. 주님께서 허락하시는 것처럼, 폐하가 그의 왕국에서 가장 편리하게 그리스도 왕국을 확립하고, 그것을 세우고, 그것을 이룩하실 수 있다는 사실을 내가 믿는다는 사실을 보여 주기 위해서이다. 비록 오늘날 바랐던 목적이 도달되지는 않았을지라도 말이다(왜냐하면 오늘날 그리스도 왕국에 대한 싫어함과 증오가 사람들 가운데 보편적으로 널리 확산되지는 않았을지라도 그리스도 왕국에 대한 무지는 가장 무서운 것이다).

그리스도 왕국에 대한 제1권의 책을 마친다.

그리스도 왕국론 제2권

제1장 헌신된 왕에 의한 모든 방법들과 수단들로 그리스도 왕국이 개혁될 수 있고 개혁되어야만 한다

시작하면서, 나는 우리가 요구하고 우리 중의 모든 구원이 요구하는 그리스도 왕국의 개혁을 국왕이 볼 수 있다는 것을 의심하지 않는다. 이런 그리스도 왕국은 실제로 주교들로부터 거의 기대될 수 없다. 이 나라의 능력과 그들 자신의 공직의 책임성을 충분히 인식하고 있는 사람들은 그들 중에 거의 없는 반면에, 이 개혁에 감히 헌신하지 않고 모든 방법을 동원하여 반대하고, 연기하며, 뒤로 미루는 자들은 너무나 많이 있다. 폐하시여, 이 왕국의 주권적 능력은 가장 높으신 왕 중의 왕이시며, 주 가운데 주이신 하나님에 의해 당신께 위임되었다는 것을 기억하셔야 한다. 주교들과 모든 성직자의 영혼을 포함하여 모든 영혼들은 당신의 왕적인 능력에 굴복되어진다(롬 13:1). 왕께서 진지하게 그들의 의무와 사역의 회복을 위해 관여하시고, 바로 이 목적을 향해서 보다 불타는 에너지를 가지고 행동하시는 것이 바람직하다는 사실이 바로 이 이유에서이다. 이 직무에 대한 갱신은 모든 자들의 구원에 더 많이 기여하는 것과 같이 이 직무에 대한 무시는 더욱 위험하게 하고, 이 직무에 대한 방탕은 모든 사람의 구원을 더욱더 해치게 된다.

폐하의 사상과 성실한 모범을 위하여 가치 있는 다음과 같은 사람들의 예가 있다. 성경에서 그들의 경건에 대해 널리 찬양하고, 나라를 이상적으로 관리했던 다윗과 솔로몬, 아사, 히스기야, 요시야, 느헤미야와 같은 모범에서 알 수 있다. 당대에 참종교가 심각하게 타락하고 모든 제사장들이 치명적으로 타락했을 때 이러한 사람들은 왕적인 권리와 의무로써 종교를 갱신하는 일에 착수했다. 이 거룩하고 어려운 목적을 위해 왕들은 그들 주변에 충고자와 보좌로서 제사장과 선지자들과 다른 경건한 사람들을 두었다. 그들은 하나님을 아는 지식과 참으로 많은 것을 성취할 수 있는 그들의 열정 속에서 약속을 주었다. 그들은 무엇보다도 하나님의 율법을 사람들 앞에서 열정적으로 선포하고 설명하는 일을 맡았다. 다음으로 모두를 설득시켰고, 그들은 공공연하게 율법에 대한 순종을 다짐하고, 보다 전심으로 주님의 언약을 받아들이고 언약에 대한 두려움을 갖게 되었다. 마침내 하나님의 율법에 따라서, 그들은 재산과 제사장의 사역들과 레위 사람들과 종교의 집행을 새롭게 구성하고 갱신했다. 그리고 그들은 그들이 행하였던 것을 누구도 파괴하지 못하도록 가장 주의 깊게 감시했다. 그들의 백성들을 위해서 하나님의 나라를 다시 세우기를 원했던 이러한 경건한 왕들의 노력들과 시도들에 관해서는 다음의 성경 본문에서 언급되고 있다. 다윗과 관련하여 사무엘하 6장, 역대상 13, 14, 15, 16, 23장에, 솔로몬과 관련하여 열왕기상 8장, 역대하 5, 6, 7장에, 아사와 관련하여 역대하 15장에, 히스기야와 관련하여 열왕기하 18:1-7과 역대하 29, 31장에, 요시아와 관련하여 열왕기하 22, 23장, 역대하 34, 35장에, 느헤미야에 관련하여 느헤미야서 전반에 나타난다. 이 모범들과 역사들 속에서 먼저 왕은 다른 사람에 대한 재산과 직무가 그의 특권 아래서 보호받는 것처럼, 그의 공적인 역량 안에서 중요한 제사장적인 질서와 임무의 갱신에 착수했다는 것을 분명하게 보게 될 것이다.

제2장 누가 그리스도 왕국 건설을 위한 조언자로 사용될 수 있는가

그러면 또한 왕께서는 다음의 사실을 보게 될 것이다. 위대한 칭호를 가진 제사장들과 신학자들은 스스로 그러한 사람들이라고 주장하며, 이 가장 거룩한 직무에 대해 사치스런 사례비를 받는 자들인데, 이들은 충고자로서 신뢰해서는 안 된다. '다윗이 충고한 것처럼' 종교의 갱신에 관하여 그가 천부장과 백부장과 모든 지도자들과 상의했듯이, 차라리 그리스도 왕국에 대한 지식과 사랑을 가지고 다른 사람들을 능가하며 자신들의 열매를 부여받은 사람들이 충고자로서 적합하다(대상 13:1).

왜냐하면 그리스도의 멍에에 완전히 복종하는 자만이 그리스도 왕국의 회복을 위한 충고와 사역에 지속적으로 기여할 수 있기 때문이다. 참으로 우리의 왕 그리스도는 자신이 선택한 인류의 처지와 신분이 무엇이든지 간에 바로 거기서부터 자신을 위하여 중생시키고, 형성한다. 그는 이런 축복을 사람들의 어떤 특정한 계급에 국한시키지 않는다. 그러나 그러한 사람들은 텅 빈 칭호를 가진 위선자들은 아니다.

그리스도 왕국이 의미하는 것과 그의 회복을 진실로 소원하는 통찰을 가진 사람들이 더 소수이지만, 더욱 열심히 그들이 찾아져야 하고 선택되어져야 한다. 그들은 그리스도 왕국을 세우는 목적 있는 일을 감당하고, 모든 그리스도의 백성들을 그에게로 되돌아오게 하는 일을 위해 왕의 첫 번째 충고자가 되어야 한다.

몸의 건강을 확실하게 가지기를 원하는 사람은 좋은 직함과 많은 재산이 있는 의사를 찾지 않는다. 오히려 그들은 치료에 대한 믿을 수 있는 지식과 치료에 있어 진정한 유익을 주는 사람을 찾는다. 마찬가지로 어느 누구도 항해자의 이름이나 수입을 보고 그 배에 기꺼이 자신을 맡기지는 않는다. 모든 사람들은 그가 누구인가 하는 것보다도 어떻게 항해하는가를 더 선호한다.[1] 비록 그의 이름이 알려지지 않고, 그의 재능은 평범할지라도, 그럼에도 불구하고 모든 사람들은 배를 항해하는데 필요한 지식과 경험을 본다.

---

1. Plato, *Republic* I, 341c ff., VIII, 551c ff.; *Politics* 298aff.

그러므로 우리의 왕 그리스도께서 폐하에게 종교 개혁을 위한 최고의 위원회를 위하여 다음과 같은 충고자들을 선택하시기를 기원한다. 선택해야 할 충고자들은 특별히 자기 자신을 위해서뿐만 아니라, 다른 사람들을 위해서도 그리스도 왕국의 능력을 알 뿐만 아니라, 전심으로 그리스도 왕국을 실현하기를 소원하는 자들이다. 이런 사람들은 인간적 유익이나 호의에 고려하지 않고, 그리스도 왕국을 심고 경작하는 기회를 놓치기보다는 차라리 육체적 불편함의 한계를 참고 견디는 준비를 하는 사람이다.

이러한 목적을 위해서 그들은 또한 영적인 신중함이 있어야 한다. 그들은 그 중요한 순간의 문제를 창조적으로 시작하며, 그것을 효과적으로 이룩해야 한다. 만약 이러한 종류의 사람이 백성들 중에서 명성과 권력과 평판에 있어서 탁월하다면 훨씬 더 이 목적에 기여할 수 있을 것이다.

그러나 이 모든 것보다도, 그들은 종교에 대한 견고한 지식을 가지고 있어야 하며, 불같은 열정이 있어야 하며, 또한 그들은 하나님의 나라의 갱신과 확산을 위해 필요한 영적인 신중함을 가지고 있어야 한다.

제3장 그리스도 왕국은 칙령에 의해서 뿐만 아니라 헌신적인 설득에 의하여 갱신되어야 한다

게다가 왕은 이것을 성경적인 모범으로부터 고려해야 할 것이다. 성경은 다음의 내용을 우리에게 제안하고 있다. 경건한 왕들과 제후들은 그들의 백성들을 칙령에 의해서 억압하지 않고 그들은 진지하고 헌신적인 교훈으로 그들을 설득함으로써 그리스도 왕국을 회복시켰다. 고대의 현명한 제후들과 입법자들은 그들의 시민들을 위하여 국가들 안에서 법들을 공포함으로써 그와 같은 종류의 일을 했다(Cicero, 2, *De legibus*).[2] 만

---

2. Cicero. *De legibus* II, 5, 11ff.; Plato, *Law* IV, 722b–723a.

약 사람들이 이 법이 자신들에게 유익하다는 사실을 교훈 받고, 감동되지 않는다면, 적어도 그것이 신적인 법일지라도, 사람들은 법을 수용하지도 않고 지키지도 않기 때문이다.

그러므로 왕께서는, 개인적으로나 하나님으로부터 은사를 부여받은 다른 사람들을 통해서, 가장 근면하고 성실하게 설득하는 데에 주의를 기울여야 한다. 이런 일을 위하여 먼저 의회라 불리는 왕국의 거대한 회의를 받아들이고, 그다음에 의식(儀式)과 치리와 마찬가지로 교리에서 그리스도의 종교의 완전하고도 견고한 회복을 위한 전반적인 계획을 받아들여야 한다. 이 계획은 왕의 가장 높은 사적인 종교 회의에서 분명하게 구성되고 주의 깊게 평가되어야 한다. 한 장소에 거대한 사람들이 모이는 것이 불가능하기 때문에, 다윗, 아사, 히스기야와 다른 왕들이 한 것처럼, 폐하께서 그들을 위하여 함께 모일 수 있는 왕국의 다양한 장소에서 사람들이 모일 수 있도록 준비시켜 주셔야만 한다.

제4장 승인된 복음 전도자들이 왕국의 모든 영역, 모든 곳으로 파송되어야 한다

게다가 그리스도 왕국에 대한 그와 같은 커다란 무지함이 모든 곳에 편만해 있기 때문에, 그들이 아무리 주의 깊고도 정확할지라도, 사람들에 대한 그리스도 왕국의 힘과 유익한 효과와 유해하고도 파괴적인 것을 그리스도의 나라로부터 제거하는 것은 한두 번의 설교로 설명되고, 가르쳐지고, 제시될 수가 없다. 그러므로 먼저 그리스도 왕국에 대해 진정으로 배우고 동기가 부여된 복음 전도자들을 왕국의 모든 교회들에게 보내져야 한다. 그들은 부지런히 그리고, 열정적으로, 시의 적절한 방식으로 모든 장소에 있는 사람들에게 그리스도의 복음을 전해야만 한다. 그들은, 힘과 열정을 가지고, 그리스도 왕국에 속해 있는 것은 무엇이든지, 그리고 현재와 미래의 행복을

위해 믿고 행하는데 필요한 것은 무엇이든지 복음으로부터 가르쳐야 한다.[3]

이러한 사람들을 파견하면서 많은 관심이 기울어져야만 한다. 전체의 삶과 헌신의 태도를 가지고 있지 않는 사람들은 파송에서 제외되어야 한다. 그들은 이 직무에서 자신들의 이익을 고려하거나 추구할 것이 아니라, 그리스도의 영광과 교회의 회복에 속한 모든 것들만을 고려하고 추구하는 것이 분명하다. 그러므로 어떤 사람이 설교를 기술적으로 유창하게 잘 한다고 하여, 이 사람이 그 직분에 적합하다고 판단하는 것이 전적으로 불가능하듯이, 그들로부터 한두 편의 설교를 듣는 것으로는 불충분하다. 그들이 그리스도 왕국을 회복하기 위하여 가지고 있는 재능과 의지가 얼마나 강한 지를 보기 위하여, 그들의 전체의 삶과 행동 습관과 특별한 관심들에 대한 질문과 조사가 이루어져야 한다.

이 점에 있어서는, 바로 이 문제와 관련된 디모데와 디도에게 보낸 편지에서 성령의 지배가 잘 표현되어 있다. 다시 말해 모든 사역자들은 교회의 책임을 맡도록 되어 있기에 매우 경건해야만 한다. 기준으로서 이 같은 것을 가지고 그들은 교회의 기초를 세우기 위해 먼저 파견된 자들이 요구하는 모든 것들을 잘 들어줘야 한다(딤전 3:1-13; 딛 1:5-9). 복음을 설교함으로 이러한 기초들 위에 있는 의무를 지닌 자는 그리스도 왕국을 위한 지식과 열정에 있어서 한때 기초를 세우면서 상부 구조를 지었던 자들보다 훨씬 뛰어나야 한다는 사실이 엄격하고도 주의 깊게 고려되어야 한다(고전 3:10). 성령의 규정으로부터 이끌어 낸 경전적 시험을 위해 적절한 체계를 시험관들에게 지시하는 것이 유용하다.

개인들을 테스트하는 책임을 지고 있는 사람들이 성령의 규정을 따라야 하는 이유는 그들이 주님으로부터 주어진 은사와 주님의 나라의 재건을 위한 강한 재능과 의지와 같은 것을 충분하게 조사하지 못한 어떤 것으로 인하여 이 가장 거룩한 직책을 위한 교회들에게 고통을 주기 때문이다. 만약 어떤 사람이 그리스도의 교리에 대한 대답을 한두 번 잘하고, 사역에서 신실한 사역을 하겠다고 약속하는 것을 듣는다면, 확실히 어떤 사람도 그리스도의 그와 같은 은사들을 충분하게 조사할 수 없다. 내가 앞에서 말했다시피, 그들의 이전 삶과 경건에 대한 그들의 참된 열매로부터 판단

---

3. C. Hopf(*Martin Bucer and the English Reformation*)는 지금 기술하고 있는 내용과 다음에 충고하는 내용이 영국에서 얼마나 수행되었는지를 적고 있다.

되어야 하는 바, 일정한 기간 동안 각자가 살았거나 심지어 사역을 했던 경건한 사람들과 교회의 중요한 증언이 있어야 하며, 주님께서 그의 나라의 회복을 위하여 각자에게 주셨던 능력이 얼마나 많으며, 무슨 은사들이 있는지, 이 모든 일을 위해 자신을 불태울 수 있는 얼마나 큰 열망과 열심이 있는지가 확정되어야 한다. 성령께서 여러 곳에서 그렇게도 진지하게 말씀하셨던 것처럼 복음의 설교자들을 조사하고 시험하는데 있어서 이같이 최고의 근면과 엄격함을 무시하는 자들은, 진실로 왕이신 그리스도를 오락으로 삼고, 선택된 자들의 구원을 불경건하게 배반하는 자들이다.

　　복음 전도자들의 설교가 일정하고 같은 방식으로 이루어지고, 종교의 참된 기초들이 그와 같은 방식으로 그들에 의하여 놓이기 위해서 다음과 같은 것들을 규정하는 것이 큰 도움이 될 것이다. 분명하고도 확정적인 용어들을 가지고 그리스도의 주요한 교리들에 대한 요약, 이 시대에 논쟁되고 있는 특별한 사항들, 교회에서 성경을 읽고 설명하는 방법, 교리 문답과 개인 교수법, 성례전의 올바른 사용, 교회의 보편적인 교제, 생활과 습관에 대한 치리, 회개와 다른 실천들―우리가 이것들에 관하여 이미 간략하게 기술했던 것처럼 말이다.

제5장 그리스도 왕국은 법령에 의해서라기보다는 경건한 설득과 복음의 정확한 설교에 의해서 개혁되어야 한다

나는, 가장 고귀한 왕, 그리스도 왕국의 회복을 위한 준비에 관심이 있다. 그리스도 왕국의 회복은 폐하께서 양육을 위하여 당신의 경건에 위탁했던 백성에게 아주 유용한 것이며, 필요한 것이다. 그리스도 왕국의 회복은 일차적으로 내가 언급했던 복음의 설교를 통해서 행해져야 하며, 또한 폐하의 설득과, 당신이 이 과업을 위하여 가장 적합하다고 발견하게 될 회의에 참석하는 자들의 설득에 의해서 행해져야 한다. 무엇보다도 경건한 왕과 제후들은 성령의 인도하심을 따라 행해야 한다. 한때 이러한 방법이 그들의 백성 중에서 그리스도 왕국을 회복하는데 성공적으로 사용되었는데, 이것은 그리스도이신 우리의 왕께서 사용하셨던 것과 동일한 방법과 길이다. 다른 무엇보다 그리스도께서는 그의 사도들에게 모든 민족들에 천국 복음을 선포하도록 명령하셨다(마 24:14).

참으로 그들의 백성들 중에 누구도 공개적으로 이 언약을 어기거나 이 법들을 범하지 않도록 하기 위하여, 경건한 왕과 제후들이 통치하는 지역 내에서는 주님의 언약이 갱신되었고, 하나님의 율법이 받아들여졌다. 내가 이미 여기에 관련된 어떤 것을 언급했다. 그럼에도 불구하고 누구도 자발적인 것을 제외하고는 그리스도 왕국의 진실된 백성이 될 수 없기 때문에, 모든 그리스도인 심지어 제후들도 주님께서 그들에게 부여하신 것의 정도에 따라 원하지 않는 위선자들을 그리스도 왕국으로 몰고 갈 것이 아니라, 차라리 원하고 있는 시민들을 그리스도 왕국으로 데리고 가도록 노력해야 한다. 먼저 복음의 꾸준한 선포를 통하여 그리고 그다음 자신의 편에서와 왕국의 백성 중에서 가장 거룩하고도 큰 권위를 가진 사람들의 설득에 의하여, 자신들의 신하들 가운데서 그리스도 왕국의 회복에 진력하는 것이 종교적 제후들에게 얼마나 적합한가를 누구든지 쉽사리 알 수 있다.

그러나 경건한 제후들은 칼의 능력(권능)으로, 주님으로부터 받았던 모든 권능으로, 그리스도 왕국을 건설하고 전파해야 한다. 또한 그들의 의무는 경건한 복음의 교리를 공적으로 대항하고 그것을 손상시키는 사람들을 용납하지 않는 것이다. 그러나 지금까지 그리스도의 교리와 치리는 자주 억압받아 왔고, 수 세기 동안 사람들의 마음을 지배했던 수많은 미신들이 있었다. 그럼에도 불구하고, 적그리스도에 속하지 않는 모든 사람들은 그리스도 왕국으로 들어가기 위하여 세례를 받고, 그들은 오류가 있는 '사제들'(vicars)이 부과한 것을 지킨 것이 아니라, 그리스도께서 명령하신 것을 지키는 것을 배워야만 했다. 감히 이런 것들에 반대하여 반란을 일으키고, 이런 것들을 부패시키는 사람들은 적지 않게 많다.[4]

이전의 가르침들이 충분하지 않을 때, 얼마나 많은 악이 야기되었는지를 왕이 깨달아야 한다. 단순한 행동과 칙령에 의해 거짓된 의식들은 당신의 백성으로부터 지워지고, 불경건의 도구들은 강탈되어지고, 참된 종교의 사역이 명령되었다. 이런 이유

---

4. 앞의 구절들은 참된 종교의 수립과 유지에 대한 정치 지도자들의 책임에 관한 부처의 오랜 확신에 대한 진술을 대표한다. 참고 W. Pauck, *Das Reich Gottes*, 53-63; 방델이 편집한 *De regno Christi*의 16, n. 12에 소개된 참고 문헌.

로 어떤 사람들은 무서운 선동의 방향으로 나아가고, 다른 사람들은 그 지방에서 위험할 정도로 소요를 일으켰다. 오늘날 그들이 강력한 곳은 어디에서든지, 그들은 문제를 일으키거나 이미 광포한 싸움을 유지시키고 증가시키고 있다. 희생 제사를 드리는 사제들 중에 적지 않는 사람들이 그리스도의 거룩한 성찬을 교황의 미사로 제시한다. 백성들은 이와 다른 생각을 가지고 참여하는 사람은 없다. 그러므로 그들이 이전에도 미사를 축하하는 것처럼, 많은 장소에서 그들은 지금도 하루 세 번 미사를 축하하며, 이 미사들을 성 니콜라스의 미사, 복된 동정녀의 미사 또는 다른 성자들의 미사라고 부르면서 미사에다가 성자들과 주님의 모친의 이름을 붙인다. 그리고 희생 제사를 드리는 사제나 성물을 관리하는 사람을 제외하고는 그 누구도 주님의 식탁에서의 성만찬에 참여하기 어렵고, 또한 기꺼이 원하지도 않는다. 그리스도의 종교에 대한 이런 끔찍한 조롱들로 인하여 하나님의 진노는 아주 준엄하게 일어나게 된다.[5]

그러므로 우리는 우리의 왕, 구주 예수 그리스도의 모범과 교훈에 의해 그리고 주께서 자신의 나라를 사람들에게 제공하거나 그것을 회복하기 위해 지금껏 그 사역을 사용하셨던 모든 경건한 왕자들의 모범에 의해 명확하게 가르침을 받게 된다. 그리스도 왕국의 회복을 위하여 무엇보다도 우선되어야 할 점은 그리스도 왕국의 신비를 가능한 한 부지런히 사람들에게 제시하고, 설명하고, 거룩한 설득을 통하여 그들로 하여금 그리스도의 멍에를 메도록 촉구하는 것이다. 폐하께서 여기에 대한 전적인 집중과 관심을 실천할 자신의 의무를 인정해야 할 것이다. 오직 칙령과 법에 의해서만 그리스도의 종교를 사람들에게 부과하기를 원하는 사람과 만약 예배가 사람들이 기뻐하는 어떤 방법으로 그리스도의 사람들을 위하여 진행되어진다면, 그것으로 충분하다고 말하는 사람들은 경청되어서는 안 된다.

그리스도의 종교에 대해 조금도 자격이 없는 사람들에게 그리스도의 종교를 위해 그들을 사용하게끔 시도하는 사람들에게 그리스도의 종교의 시행을 회복하기를 원하는, 대적하는 영에 의해서 이 같은 사람들이 동요된다는 사실은 매우 염려해야 할 일이다. 그 결과 탐욕스런 사람들이 교회의 재산과 권세를 망칠 뿐만 아니라, 점차적

---

5. 이것은 1549년에 영국에서 일어났던 소요들에 관한 것인데, 특별히 소위 '서부 반란'이 있었다. 참고 Gustav Constant, *The Reformation in England*, Vol. I, 116ff.; Philip Hughes, *The Reformation in England*, Vol. II(London: Hollis & Carter, Publishers, Ltd., 1953), 165ff.

으로 그리스도의 종교를 완전하게 파괴하는 것을 이 같은 사람들이 가능하게 한다. 왜냐하면 교회의 지도력이 파괴되었을 때, 교회의 거룩한 사역을 위하여 신실하고도 진지하게 자신을 준비하기를 원하고, 여기에 적합한 사람들이 더 이상 없게 될 것을 이 대적하는 영들은 바라기 때문이다. 교회의 거룩한 사역이 부적절하고 진실하지 못한 사역자들에게 넘겨졌을 때, 그리스도의 종교가 사람들 가운데서 완전히 실패했다는 사실은 수 세기의 경험들을 통해서 우리는 알 수 있다.

제6장 복음 전도자들이 발견되어야 할 적합한 곳, 그리고 고등 교육 학교들의 개혁 문제

그러나 어떤 사람들은 그리스도의 복음이 이 왕국에 있는 모든 사람들에게 올바로 선포되고 설명되기 위하여 우리가 요구하는 그런 종류의 복음 선포자들이 충분한 숫자가 없다고 주장할 것이다. 이러한 것들에 대해서는 그러한 사람들을 찾아야 할 때 아무도 그러한 사람들을 찾지 않았기 때문에 오늘날에 이르기까지 이런 유형의 사람들이 거의 발견되지 않았다는 대답이 주어져야 한다. 내가 지금까지 배울 수 있었던 것만큼이나, 비록 내가 이 나라로 이민 와서 지금까지 여기 있는 대부분의 시간 동안 중병과 씨름해 왔음에도 불구하고,[6] 만일 부지런히 그들을 찾았다면, 지금 일반적으로 믿어지고 있는 것 이상으로 복음화의 이 사역을 위하여 적합한 더 많은 사람들이 발견될 수 있다는 사실을 나는 의심하지 않는다.

　　그러나 이 왕국 안에는 엄청난 수의 이러한 사람들이 있다는 것보다는 거대한 집단의 기독교 백성들이 있다는 사실이 고백되어야 한다. 그리고 주님께서 기독교 세계의 나머지 부분에 있는 다른 모든 사람들 앞에서 주님께서 이 왕국을 얼마나 호의적으로 대해 오셨는가를 고려한다면, 이 많은 숫자들의 사람들이 올바르게 이용되어야 한다는 사실도 고백되어야 한다. 경건한 왕들과 다른 제후들 그리고 다른 성(여성)의 충

---

6. 참고 본서 편집자의 해설, 207.

성심을 통하여 그분은 탁월한 장점들을 가지고 날마다 복음을 진전시키는 일을 위하여 적합한 설교가들을 준비시키는 호의들을 베풀어 주셨다. 유럽의 나머지 부분에 있는 어떤 교회들이나 대학들도 이 왕국의 두 대학들만큼 좋은 법들을 가지고 기부되고 설립된 대학들을 갖지 않았다.[7] 만일 이러한 대학들 안에서, 그것이 지금까지 충성스럽게 결정되어 왔듯이, 두 선생이 의술에 할당되고, 두 선생이 시민법에 관한 과학에 할당되는 것 외에, 그 외에 다른 모든 선생들이 건강한 신학을 연구하고,[8] 또한 교회에서 그것을 가르치는 것을 그들의 의무로 간주해 왔더라면, 많은 무리의 인정받은 복음 전도자들이 교회를 위하여 배출되지 않았겠는가!

그러나 적그리스도라는 전염병이 이러한 대학들에도 가장 심각하게 침투해 들어왔고, 사악한 수도승과 그릇된 경전들의 유행이 지나간 후에 이러한 대학들 안에 있는 선한 재산들을 게으르게 오용하였고, 자신들을 참된 신학과 교회의 사역에 헌신하기를 원하는 보다 더 젊은 사람의 자리와 기회를 썩게 만들고, 불경건한 안일과 도박을 증가시켰다. 그것이 교회에 심각한 해악을 끼쳤음에도 불구하고, 그들 대부분은 이러한 완고함에 만족하지 않고, 그들 중에 대부분은 그리스도의 순수한 교리를 공격하여, 그들은 어디서나 젊은이들의 마음을 그것으로부터 소외시킬 뿐만 아니라, 심지어 그들을 두렵게 하여 쫓아버릴 수 있었고, 이것을 감행했던 것이다.[9]

그리고 그리스도 왕국 복음화에 올바로 위임받은 사람들의 수가 적을수록, 더 빠르고 더 엄격하게 폐하가 두 대학교와 이러한 문제들 속에 있는 대학들의 개혁을 시작하고 완성할 것이다. 무엇보다도 첫째로, 어느 누구에게도 그리스도의 순수한 교리를 공개적으로 공격하도록 허용하지 않을 것이다. 둘째로, 배움의 기간을 마치고 교회의 가르침에 자신을 적응시키려 하지 않는 사람들은 가능한 빨리 대학을 떠남으로써, 그 결과 그리스도 왕국에 속한 것을 신실하게 배울 준비가 되어 있고, 적당한 시기에 이러한 것들을 최대한의 열정을 가지고 교회에게 전달해 줄 젊은이들에게 대학들을 자유롭게 공간을 제공하도록 해 주어야 한다.

---

7. I.e., Oxford and Cambridge.

8. 부처는 1550년 5월 25일에 칼뱅에게 다음과 같이 편지를 쓴다(*Calvini Opera*, vol. XIII, 575). 모든 단과 대학마다 두 명의 문학 선생들이 법의 연구를 위하여 할당되었고, 두 명은 의학 선생들로, 다른 모든 사람들은 신학을 연구하도록 기대되어진다. 확장된 공식적인 문서에는 이것에 대한 확증이 없다.

9. 참고 Hopf, *Martin Bucer and the English Reformation*, 69ff., 82ff., 122ff.

하나님의 교회의 적들이나 어떤 교회의 교제와 교회의 수입에 대한 참여로부터 분명하게 제외되어야 할 그와 같은 사람들에게 너무나도 큰 동정을 가지고 있는 어떤 현명하지 못한 자비로운 사람들이 여기에 연루되어 있다(살후 3:7-10). 교회에 손해를 입히거나 사기를 치지 못하도록 주님의 규정에 따라 이 사람들을 막아야 한다. 이 같은 불경건한 사람들에게 사기를 당하고, 그 결과 심각하게 손상을 입은 교회들에게 가지는 감정보다도 더 큰 감정을 이런 사람들에게 그들은 가지고 있다. 그들은 그렇게도 오랫동안 거기에 있었던 사람들을 쫓아내는 대학의 비인간적이고도 몰가치함에 대해 외치고 있다. "누구든지 남에게 대접을 받고자 하는 대로 너희도 남을 대접하라"(마 7:12)는 계명을 우리가 신중하게 생각해야 한다고 그들은 말한다.

이러한 반대를 통해서 볼 때, 그들이 그 밖의 모든 것들은 그리스도의 영광과 교회의 유익을 위하여 양보되어야 하며, 진정한 사랑과 자비는 하나님의 교훈을 따라 하나님과 교회에 해가 되지 않을 때 이웃에게 보여줘야 한다는 것을 아직 배우지 못했다는 것을 뚜렷하게 증명한다. 만약 어떤 사람이 다른 방법으로 설득을 통해서 단명하지 않을 때, 그는 하나님에 의해서 명령된 합법적인 힘에 의하여 옮겨져야 한다. 이것은 어떠한가? 이러한 사람들은 분명히 자주 호언장담하고 있듯이 바르게 생각하지 않는다.[10] 도대체 그 결과는 무엇인가? 이러한 사람들은 이제껏 오랫동안 그리스도의 교회를 속여 왔고 적합하고 필요한 사역자들을 갖는 일을 함께 기뻐하지 않고, 자신의 탐닉과 배를 위해서 이런 일과는 담을 쌓아 왔다. 그럼에도 불구하고 그들에게 동정심을 보여 주어야 하고 그들이 훨씬 더 오랫동안 하나님의 교회에 그런 해를 끼치는 것을 허용해야 하는가? 그들이 우리가 남에게 받고자 하는 대로 남에게 대하라는 주님의 계명에서 그리스도인들은 타인에게 무슨 일이든지 용서를 보여 주어야 한다는 것을 추론하여 말하는 이런 사람들에게 무슨 상식이 있는 것처럼 보이는가? 그들은 마치 주님께서 우리들에게 우리의 이웃이 무엇을 요구하든지, 그들의 동기가 아무리 악할지라도 빌려주는 것을 원하시는 것처럼, 사악하고 나쁜 의도로 허락받고 인정받기를 원하는 사람들이다. 그들은 하나님의 말씀에서 이끌어 낸 정당한 원리에 따라 우리에게 이뤄지거나 주어져야 할 그러한 것들만을 우리가 이웃들에게 행하거

---

10. *Quid? nec certe, de qua non parum gloriantur, hi dialecticam veram tenent.*

나 해주는 것을 도리어 원하지 않을 것이다.

그러나 만일 대학들로부터 온 어떠한 사람이 나이나 질병으로 교회에 대한 자신의 임무를 수행할 수 없게 되었으면, 교회들은 이러한 사람들을 방관하거나 곤궁한 가운데 있도록 해서는 안 되기 때문에, 이런 사람들은 경건하고 행복하게 살기에 부족함이 없도록 돌봄을 받아야 한다. 그러나 부유하고 몸이 건강하며 주님을 따라 살아갈 수단을 가지고 있는 사람들 혹은 사제의 지위나 다른 수단들을 쉽게 발견할 수 있는 사람들에게 왜 "일하지 않거든 먹지도 말라"(살후 3:10)는 주님의 그 율법을 적용시키지 않아야 하는가? 적당한 시기에 교회에서 더 좋고 유익한 사역을 하기 위해 선한 예술들과 거룩한 성경에 대한 지식을 얻길 원하는 사람들만을 가장 거룩한 대학 기관에서 자리를 갖도록 하라.

그러므로 폐하의 대학교들과 그 단과 대학들이 가능한 빨리 회복되어 철저하고도 엄격하게 하나님의 말씀에 따라 정해진 대로 자신의 고유한 역할로 돌아가야 한다. 그들을 무가치하게 통제하고, 그 결과 심각하게 타협하는 사람들과 관련하여, 절차의 방법과 자비의 행위는 다음과 같은 내용으로 구성되어야 한다. 폐하께서 사람들로 하여금 그와 같이 큰 잘못들을 가지고 하나님의 교회를 괴롭히는 일을 못하게 하셔야 하며, 교회의 재산들이 이 같은 변명을 하는 자들의 무신적인 나태함과 탐욕에 의해서라기보다는 차라리 신실한 사람들의 영원한 구원을 위하여 너무나도 필요한 적절한 사역자들에 의하여 돌보아져야 한다. 이방인 작가였던 키케로는 이것을 우정의 결속에 있어서의 첫 번째 법칙으로 언급하면서, 우리는 친구들로부터 점잖은 것을 구하고, 친구 모임의 솔직한 원인들을 추구하고, 친구들에게 수치스런 것을 부탁하거나 부탁받았을 때, 그러한 것을 해서는 안 된다고 말했다(Laelio).[11] 그리고 소크라테스 학파는 건전한 치료와 아주 큰 유익은 죄를 저지른 사람들, 즉 그로 인해 단순한 처벌을 받기로 되어 있는 사람들에 의해 얻어진다는 사실을 인정했다(Gorgias).[12]

오직 참으로 자비하고 관대하신 하나님의 계명에 의해, 우리가 하나님의 규정과 교회의 유익에 반하는 어떤 사람에게 어떤 관대한 양보가 주어져야 한다는 것을 생각지 못하도록 하기 위해, 진정으로 엄격하게 처리했어야 할 사람에게 불경건한 관대함

---

11. Cicero, *On Friendship* XIII. 44; XII. 40.
12. Plato, *Gorgias* 476a–477a; 480 b–d.

과 어리석은 자비로 인해 제사장 엘리(삼상 2:27-36; 4:12-18), 사울 왕(삼상 15장), 그리고 이스라엘 백성들 전체가 고통을 당했다는 사실을 우리는 경고로 받아들여야 한다. 기독교적 온유함과 자비는 그리스도의 양들에게 늑대들로부터 그들을 보호하기 위해 주어져야 하고, 양들을 흩어버리고, 파괴할 늑대들에게 주어져서는 안 된다.

이러한 단과 대학들은 그리스도의 큰 축복임이 분명하다. 그러므로 그들을 그리스도이신 주님과 그의 교회에 적합하게 하며 그들을 본래의 목적에 맞게 회복시키기 위해, 하나님의 친절을 대적하는 끔찍한 배은망덕함과 폐하에게 위임된 하나님의 교회에 심각한 오류에 폐하를 동여매지 말고, 도리어 계명에 있는 모든 힘과 능력으로 가능한 빨리 모든 노력을 경주하기 바란다.

제7장 교회의 복음 전도자들과 목사들의 자원과 후원자

그러나 심지어 오늘날 두 대학교의 모든 단과 대학들의 개혁이 가능한 한 완전하게 수행된다 하더라도, 그럼에도 불구하고, 이 그리스도의 복음을 전하기 위해 당연히 파송되어야 할 사람들이 그들로부터 그렇게 빨리 나아갈 수는 없을 것이다. 그러므로 그리스도에 의해 이 일을 위해 이미 교육받은 사람들을 우리는 이 왕국에서 샅샅이 더욱더 부지런하게 찾아야 한다. 좋은 믿음으로 찾는다면 결코 적지 않은 숫자에 도달할 것이라는 사실은 의심의 여지가 없다. 지금 교구 일을 훌륭히 하고 있고, 그들의 교구들을 잘 세운 사람들이 한동안 즉 그들이 최근에 거룩한 사역을 위해 자신을 주님께 구별하여 드리기로 한 사람들로 교체될 기간 동안에 복음을 전하는 일을 위하여 놓임 받는 것도 적절할 것이다.

그러나 여기서 다른 어려움이 생길 수 있다. 누가 이러한 복음 전도자들을 위하여 비용을 지불할 것인가? 그러나 그들 대신에 그리스도의 복음을 전하기 위해 복음 전도자들이 가게 될 교구의 수입을 받는 사람들 외에 누가 이 의무를 아주 분명하게 가지겠는가? 그리고 그런 필요한 일을 위해 그들로부터 받은 것이 충분하지 않다면,

그 나머지 액수는 대부분 당연히 감독들로부터 요구되어야 한다. 왜냐하면 감독들의 고유한 의무는 그들이 책임지고 있는 교회들을 위한 복음 전도자들뿐만 아니라, 영구적인 교사들과 목자들을 파송하고 지원하는 것이기 때문이다. 그들이 각자의 교구에서 그리스도의 복음을 선포하는 사람들을 후원하는 것은 짐이 아니라, 의무이다. 이것은 훨씬 더 많은 권리를 요구받게 될 것인데, 그 이유는 그들의 나태함으로 인해 하나님의 교회들이 그렇게 오랫동안 합법적인 사역자들과 복음에 적합한 사자들 없이 지내 왔고, 기독교 종교의 모든 것들이 거의 폐지에 가까울 정도로 사람들 사이에서 심하게 제거되는 일이 일어났기 때문이다. 그들은 또한 다른 사람들이 하는 모든 세속적인 사업을 떠나야 하며, 신성모독적인 사역자들의 짐을 자신에게 지우지 말고, 그들과 함께 예배드리는 사람들과 함께 이 한 가지 일에 그들의 모든 자원들을 바침으로써, 그들 각자의 책임 하에 있는 교회들에게 올바르게 제공되어야 한다. 그러므로 사역과 목회적 치리에 자신을 바쳤던 사람들만이 사역자들로서 그것에 관여해야 한다.

그러나 상당히 많은 그리스도인의 무리가 그 (모든 것이 폐하의 권위에 의해 이뤄지는) 왕국 전체를 통하여 기회가 닿는 곳에 있는 각각의 축제에 모인 후에, 그리스도의 복음이 가능한 한 투명하게 선포되고, 가능한 한 널리 설명되고, 그리스도 왕국을 완전히 성취하는데 필요한 모든 것이 투명하게 드러나고 진지하게 강조(이 문제에 대해서는 합당한 분량의 시간이 주어져야 한다. 최소한 7일 내지 8일 축제일이 주어지고 매일 두 편의 설교가 전달되어야 한다)된 후에, 당신의 큰 회의뿐만 아니라, 당신의 모든 백성들에게 설득력 있는 토론을 그들이 민첩한 마음으로 수용하고, 경건의 풍성한 열매를 가지고 그것을 간직하도록 많은 부분에서 온전하고, 완전한 교회의 개혁을 하나님께서 폐하에게 주실 것이다.

그러나 동시에, 내가 앞서 언급한 종교적인 명분들에 대해 폐하와 폐하의 최고 회의에 의해서 요약된 대로 기초한 주님의 명백한 규정과 규칙에 따라, 주님께서 교구에서 사역하도록 명령하신 잘 교육받은 사람들이 그들이 파송 받은 교구들 안에서 일단 배치되었을지라도, 주의가 요구된다.[13]

교회의 진실한 목사들에게 그리스도의 교회를 위한 그들의 순수한 사역이 수행

---

13. 참고 본서 제2권 제4장.

되도록 하기 위해서 생활필수품들이 공급되어질지 모른다. 그들이 말하듯이, 이것은 통합되거나 전유(專有)된 교구들을 가지고 있거나 혹은 어떤 방식이든 통제가 되어 스스로 수입을 받는 사람들에게 요구되어져야 한다. 폐하의 부친께서 어떤 개인에게 하사하셨던 수도원들과 교구들의 수입은 충분히 풍족하지 않아서, 지금 이 수입원을 가지고 있는 사람들에게 어떤 짐을 지우지 않고서는 상당한 액수가 그들로부터 목사들에게 쉽사리 지급될 수 없다는 사실은 거의 신빙성이 없다. 그러나 그러한 수입원은 폐하께서 모든 일을 위하여 권위를 부여하셨던 헌신되고, 양심적인 사람들을 통해서 확립되고, 규제되어야 할 것이다.

만일 어떤 교구가 이러한 종류의 수입에 의해 돌봄을 받을 수 없다면, 그때, 감독과 다른 더 부유한 고위 성직자들은 그들이 가진 풍성함으로 곤궁한 교구들을 돕도록 요청받아야 할 것이다. 그들은 교회들의 거룩한 사역을 위해서 그리고 가난한 사람들을 위해서 사용하지 않았던 것은 무엇이든지 남겨 놓아야 한다. 그들은 이것이 신적인 법과 경전의 법 모두에 의해 선포되었다는 사실을 모르는 바는 아니다. 그러므로 감독들로 하여금 마침내 그들의 아주 심각한 죄들, 즉 그들이 너무나 오랫동안 그리고 너무나 지독히 교회들을 무시하고 황폐화시켰음을 인정하도록 하라. 그들은 성도들을 가르침에 있어서 그리고 그들에게 적절한 사역자들을 제공함에 있어서 자신들의 감독의 의무를 행하지 않고, 도리어 그들에게 가장 무가치한 사람들을 한 번 이상, 매우 자주 보냈다. 다른 좋은 사람들의 사역뿐만 아니라, 그들 자신의 사역을 통해서 교회들을 회복시키면서, 자신들이 교회에 입혔던 큰 손해를 배상하기 위해 그들로 하여금 노력하게 하라.

제8장 어떻게 종교의 완전한 회복이 옹호되고 활성화되어야 하는가

그러므로 이 왕국 전체에 복음의 충분한 선포 후에 그리스도 왕국에 대한 완전한 수용에 대한 이 왕국의 대회의에 의해서도 동의가 주어졌다는 사실을 주님께서 허락했을 때, 그리스도 왕국에 대한 열심으로 그들의 열매를 나타내고, 이 왕국에서 아주 많은 호의와 위엄을 가진 사람들이 선택되고, 각각의 모임들에 파송되어야 하는 바, 이들이 교회의 개혁을 폐하의 이름 안에서 진지하게 옹호하고 추천할 것이다.

이것이 행해질 때, 주님의 언약이 왕국의 최고 권위에 의해 한 번 이상 받아들여지고, 설립될 때, 위반자들에 반대하여 거룩한 법들과 정당한 규정들을 가지고 이 계약을 인준하며, 이것을 가장 주의 깊게 그리고 항구적으로 보존하는 것이 폐하의 의무일 것이다. 전능한 하나님께서 그리스도의 종교(민 15:40; 신 13:4-18; 17:2-3)에서 지키고 보호하시는 것과 관련하여 확립하신 법들을 신하들 가운데서 열심히 재가(裁可)하시고, 참으로 회복시키실 것이다.

제9장 첫 번째 법: 어린이들은 하나님에 대해 교리 문답 교육을 받아야 한다[14]

그리고 첫 번째 가장 거룩한 세례에 의해 모두가 '그리스도 왕국'의 일원이 되어, 영원한 구원의 언약을 받은 것과 마찬가지로, 폐하께서 거짓 교리나 나쁜 도덕으로 그들의 자녀들을 더럽히거나 그들로 하여금 다른 사람들에 의하여 오염되게 만드는 사람들에게는 부과된 정당한 징벌을 가지고, 그들의 자녀들을 그리스도에 대한 믿음과 순종 안에 교육하고 세우도록 부모들에게 명령하는 법을 만들 것이다. 다음으로 그것은 자녀들이 이해할 정도로 충분히 자랐을 때, 부모들이 교회의 교리 문답을 가르칠 것을 규정해야 한다. 교회의 기초가 그리스도에 대한 교리 문답을 통하여 어렸을 때 굳게 되지 않으면, 그 위에 건물을 세우는 것은 그때부터 매우 부실하게 진행될 것이다. 그들이 세례에서 그리스도 주께로 바친 사람들을 최대한의 열정을 가지고 교훈하고 훈련하는 수고를 하지 않는 사람들은 무시무시한 징벌에 자신들을 노출시킬 것이다. 왜냐하면 이것을 무시하는 사람들은 자신들이 주님께 바쳤던 어린이들을 자신

---

14. 이 문제에 대해 토론된 곳을 보자. A. G. Dickens, *The English Reformation*(London: B. T. Batsford, Ltd., 1964), 205ff.; P. Hughes, *The Reformation in England*, Vol. II, 150ff.

들 통제 안으로 탈취하여 사탄의 지배에 넘겨주게 될 것이기 때문이다.

제10장 두 번째 법: 거룩한 날들의 성화

더욱이 특별히 하나님께 바쳐진 종교적인 날들의 참된 성화에 관한 하나님의 법들은 회복되어져서(출 31:12-17; 35:2-3; 민 15:32-36), 누구도 그러한 날들에 형벌을 받으면서 불필요한 육체적인 일들을 하지 않도록 해야 한다. 심지어 그 일들이 그 자체로 유익할지라도, 그렇지만 하물며 거룩한 모임에서 빠지고 육신의 일을 하지 않도록 해야 한다. 육신의 일이란, 이를테면 부끄러운 소득을 얻는 것, 빚을 갚을 것을 요구함으로써 형제들의 종교적인 영을 방해하는 것, 세상의 사업의 추구를 강요하는 것, 그리고 마찬가지로 타락한 게임에 몰두하는 것, 과도한 저녁 식사 그리고 다른 악한 쾌락들이다. 점잖은 오락은 진정으로 사람들에게 적당한 시기에 허락되어야 하지만, 하나님의 이름으로 거룩해진 날들에 개인적으로 유익한 육체적 일을 하는 것은 엄격히 금하셨기 때문에 그러한 날들이 스포츠와 노동에 의해서 대부분 해롭게 모독되었을 때, 그가 얼마나 더 많이 엄중하게 진노하셨던가?

"엿새 동안 너는 일 할지니라"고 말씀하시는 주님께서 이 현재의 삶을 보존하고 심지어 만족시키는데 도움이 되는 일들을 하라고 말씀하신다. "일곱째 날은 주를 위하여 남겨 두고 너는 아무 일도 하지 말지니라"(출 20:9-10)는 말씀은 분명히 그날에는 주님 자신이 하라고 규정하지 않으신 것은 아무것도 하지 말라는 말씀이다. 그러나 그가 명령하신 것들은 거룩한 날에 행하는 가장 고귀한 종교 활동들이다. 주께서는 이 날에 그의 백성들이 자신의 이름으로 모여, 그의 말씀을 듣고, 그에게 기도들을 쏟아놓고, 받은 은총으로 인하여 감사하고, 그의 성찬을 나누며, 거룩한 예물을 드리도록 모든 경건을 확립하도록 하셨다(사 58:13; 사 66:23; 렘 17:21; 행 13:14-15).

그러므로 폐하께서는 어떤 입법자도 법과 관련된 지혜나 선함에 있어 하나님과 견줄 수 없고, 어떤 사람도 범죄자에 대하여 하나님보다 더 큰 진정으로 진실하고 건전한 관용을 베풀 수 없다고 생각하신다. 그러나 하나님은 거룩한 날의 종교를 신성하게 하셔서, 그의 안식일을 어긴 사람들은 누구든지 회중들에 의해 돌을 맞도록 명령하셨고, 사람들로 하여금 그러한 죄악에 대해 자신의 결백을 입증하거나 하나님에 대한 그런 모욕에 대해 개인적으로 진실함을 입증하도록 하셨다(민 15:32-36). 우리 존재 자체와 우리가 가지고 있는 모든 것을 우리는 하나님의 은혜로우신 선물로 받은 것이며, 매일 우리는 이것을 받는다. 그가 우리에게 제정해 주신 말씀과 성례전을 통하여 그를 예배함으로써, 그가 우리에게 끊임없이 요구하시는 거룩한 기도를 드림으로써, 그에게 감사드리고, 우리 가운데 종교를 확립하기 위하여 날마다 모이는 것은 우리에게 올바르고도 합당한 것이 아닌가? 그러므로 신적 위엄에 대한 불경과 경멸, 우리의 구원에 대한 이 같은 활동들에 한 주간의 하루조차도 자신을 드리지 않는 것은 얼마나 충격적인가?

우리 모두는 그렇게 약하고 파도치는 신앙을 가지고 있어서, 그것을 지속적으로 확증하고 회복하는 것이 전적으로 우리에게 필요하다. 우리 자신의 일에 너무 많은 시간을 사용하는 것, 즉 이생의 문제들, 그리고 주님의 도우심과 호의와 더불어 이것을 하는 것, 그리고 우리 가운데서 경건을 촉진시키고 증가시키기 위한 목적으로 주님께 드려진 날들 동안 우리의 구원을 이루기 위해 그에게 전적으로 성화되기를 원하지 않는 것, 게다가 거의 모든 사람들이 공통적으로 하듯이, 다른 날보다 이러한 날에 하나님을 진노하게 하고, 하나님의 위엄을 모욕하는 것이 얼마나 큰 범죄인가를 누가 충분히 말로 표현할 수 있겠는가?

그러므로 하나님에 대한 이 같은 큰 모욕과 거룩한 날들에 대한 고삐 풀린 신성 모독에 반대하여, 내가 앞에서 충고했듯이,[15] 신적인 법을 회복하는 것과, 모든 문제와 관련하여 우리가 알고 있는 경건한 제후들의 법의 예를 따르는 것은 다함께 폐하에게 고유한 일이다.

그날에 극장의 연극이나 경기나 야생동물들의 애처로운 쇼에 참여하는 것을 허락되지 않았고, 군에 복무시키고, 유업을 박탈하는 것이 그 축제의 날에 쇼에 참여하거나 외설적인 기쁨으로 자신을 더럽히는 사람들에게 적합한 처벌이라고 그들은 생

---

15. *Corpus Iuris Civilis, Code* III, 12, 9; 참고 본서 제1권 제11장의 각주.

각했다.

만일 사람들이 이러한 행동들(하나님께서 어떤 사람보다 더 위대하시기 때문에 공적이거나 사적인 이익과 인간의 만족을 위해 정해진 어떤 날들에 더 많은 관심과 위로를 주는 이 같은 일)에 의해 종교적인 예식과 하나님을 향한 예배에 바쳐진 시간들을 거룩하게 하는 일에 다시 익숙해지도록 하기 위해 왕적인 권위에 의해서 뿐만 아니라 날마다 하나님의 말씀의 가르침과 거룩한 권고에 의해서 영향을 받지 않으면, 그리스도 왕국은 이러한 유형의 사람들 가운데서 결코 진정으로 회복될 수 없을 것이다.

그러나 왕자들과 정부들 또는 단체들에 의해 오로지 사람의 즐거움만을 위해 정해진 축제일들의 가장 완전한 준수를 위하여 보통 사람들이 얼마나 큰 관심을 가지며, 얼마나 주의 깊게 준비하고 있는지 그리고 이 축제일에 유익하고 긴급한 일이 일어날지라도 사람들은 다른 일들을 얼마나 안전하게 피하고 있는지를 우리는 보고 있다. 정말로, 가족 결혼, 친구들과 갖는 다른 축제들 그리고 오락을 위한 모임들에 대해서 말하자면, 그때 사람들은 자신의 목적과 기쁨을 위해서 다른 사람들을 그들의 결혼과 잔치와 모임에 초대할 때, 다른 모든 것들에 대한 염려와 관심을 그들의 마음에서 떨쳐버리고 얼마나 부지런히 준비하는가?

사람들이 우리의 영원한 구원의 확립과 성취를 위하여 우리 하나님에 의해 구별된 날들을 바르게 지키는 것을 무시했을 때, 여기서 사람들에 의해서 하나님에 대한 얼마나 큰 모독이 범해지고 있는가! 그러므로 그것은 하나님이 최고의 권위를 가진 목자들, 즉 왕들과 왕자들로서 하나님께서 자신들에게 맡겨주신 사람들의 일은 자신들의 모든 힘을 가지고, 이 법들을 어기는 자들에 반대하여 거룩한 법들과 정당한 규정들을 가지고 이 악에 대항하는 것이다.[16]

---

16. 그의 일생 내내 부처는 (종교 개혁의 다른 중요한 지도자들보다도 더욱 많이) 다음의 문제에 지대한 관심을 가졌다. 거룩한 날들과 특별히 주일은 거룩하게 지켜져야 한다[참고 그의 「복음서 주석」(Enarrationes in Evangelia) 제3판(1536), 300f]. 이 관점에서 그는 영국 퓨리타니즘의 선구자와 특별히 '주일 성수주의'(Sabbatarianism)의 선구자로 간주되어야 한다. 참고 A. Lang, Puritanismus und Pietismus, 254. 영국에서의 주일 성수 역사에 대한 논의를 알기 위해서는 다음의 책을 보라. Max Levy, Der Sabbat in England. Wesen und Entwicklung des engluschen Sonntags(Leipzig, 1933). 유감스럽게도 레비(M. Levy)는 부처에 관하여 논의하지 않고 있다.

제11장 세 번째 법: 교회들의 성화

앞 장(제1권 제10장)에서 살펴본 바와 같이 교회를 정화하는 것은 하나님 경배를 가능하게 만들고 오직 하나님께 가까이 나아가게 하며 신성불가침을 지키는 것이다.

그러나 이러한 끔찍한 교회 안에서의 신성모독은 흔히 일반적으로 있어 왔다. 하나님의 현존, 경외에 대한 주의 없이 사람들은 그들의 환상에 의해 그곳을 찾아왔고, 마치 그들은 평범한 장소와 거리에 있는 것같이, 아무런 종교적 연합 없이 그리고 그들은 순수하지 못한 일에 대하여, 하나님을 불쾌하게 하는 일에 대하여 잡담을 하였다. 그래서 이것은 이러한 하나님의 신성에 대한 부끄러운 공격을 제거할 필요가 있다. 그것은 하나님의 말씀, 성경 말씀을 가르치고 경건한 권면을 하는 것뿐만 아니라 경건한 왕과 왕자들에 대한 심각한 법률, 그리고 이러한 법률에 대한 일관되고 즉각적인 집행을 할 필요가 있다. 이와 같이 하여, 이 법률은 다음과 같은 일을 만들어 낼 것이다. 하나님의 거룩한 교회에 어느 누구라도 하나님께 대한 신성을 부인하지 않으며, 누구라도 그곳의 종교적 경외심의 분위기를 그 자신에게 적용시킬 것이다.

그러므로 백성의 구원은 폐하께 다음의 내용을 규정할 것을 요구한다. 주님께 바쳐졌던 활동들 외에 어떤 다른 활동들을 위해서 지고하신 분에게 바쳐진 교회들을 사용하는 것을 금하는 법을 폐하께서 세우셔야 한다. 곧, 주님께 바쳐진 활동들이란 성경을 읽고 설명하는 것, 성례전 집례, 기도와 감사 그리고 교회 치리의 시행이다. 이 법률은 또한 교회의 활동 외에 어느 누구의 활동이나 행동에 대항하여 지켜 나간다. 그러므로 폐하는 충만한 시편 말씀을 불러일으킬 것이다. "그의 성전에서 그의 모든 것들이 말하기를 영광이라 하도다"(시 29:9). "하나님이여 우리가 주의 전 가운데에서 주의 인자하심을 생각하였나이다"(시 48:9). "오직 나는 주의 풍성한 사랑을 힘입어 주의 집에 들어가 주를 경외함으로 성전을 향하여 예배하리이다"(시 5:7).

제12장 네 번째 법: 교회 사역의 회복

더 나아가 적합한 사역자들이 주님의 뜻을 심고 물주고(고전 3:5-8), 우리가 이미 말한 것처럼[17] 영원한 사역에 의해 교회 안에 하나님의 모든 신비들을 분배하기 위하여 그의 나라를 완전히 회복시킬 것을 계획하셨다. 그리고 교회에서 "어떤 사람은 사도로… 어떤 사람은 복음 전하는 자로, 어떤 사람은 목사와 교사"(엡 4:11)로 삼는 것을 기뻐하셨다. 곳곳의 하나님의 모든 영역을 통해 교회 안에서 거룩한 사역을 가능한 한 빨리 성령과 일치하고 안전하게 회복시키는 일이 모든 능력을 가진 폐하께 부과될 것이다.

이러한 임무는 대단한 어려움을 가져오는데, 그런 어려움은 흔하게 발생한다. 유감스럽게도, 성직자들의 서열과 모든 계급의 거의 무한한 완고함, 그리고 적그리스도로서 그의 요새와 약탈품을 그가 할 수 있는 한 그리스도의 나라로 가는 모든 길을 차단함으로써 완고하게 지키려고 한다. 이러한 목회 활동들의 보상은 하나님께서 선택하신 사람들의 구원을 위해 필요한 것과 같은 수준으로 어려운 것은 아니다. 폐하는 마땅히 그들이 믿음 안에서, 하나님께서 능력 주시는 범위 안에서 모든 일을 할 수 있다는 것을 생각해야만 한다. 사실, 만약 모든 것이 경건하고 일관된 노력으로, 근면 성실한 사역으로 만들어진다면 쉽게 될 수 있다(막 9:3; 마 17:20).

지금, 우리는 사도 시대 이후로부터 전해지는 성령께서 선하게 보시는 것에 관해 깊게 검토해 볼 필요가 있다. 교회의 관리직인 장로들은 그들 사이에서 주로 헌신적인, 다른 모든 사람들을 대하는 배려와 돌봄, 성스러운 목회와 교회를 뛰어나게 돌보는 사역을 행했다. 왜냐하면 그 이유는, 주교의 이름으로 특별히 교회의 대표 관리자들이 행해왔기 때문이다. 비록, 그들은 다른 장로들(성경에 있는 일반 목회에서 주교라 불리는)과의 협의를 거쳐 결정을 내리더라도 말이다(빌 1:1; 딛 1:7). 그러므로 폐하는 주교의 서열을 개혁하는 모든 일을 처음부터 착수해야만 한다.

---

17. 참고 본서 제1권 제5장.

위엄 안에서 성스러운 목회의 서열의 나머지 모든 사람들과 교회를 위한 관여의 우선적인 권한을 갖게 됨에 따라 그들은 그들의 의지와 열정을 마땅히 헌신할 것이다. 그리고 그들은 자신을 성장시키는 모든 기회 안에서 뛰어나게 될 것이다. 그들이 성경을 알고, 고대 사제들의 작품을 알고, 경건한 왕들의 법률을 아는 것만으로는 불충분하다. 그들은 충분히 승인된, 전수되어져 오는 것들을 알고, 신적인 법률, 초기 교회의 성경, 고대 교부들의 작품, 그리고 마침내 경건한 왕들의 많은 법률 승인들을 철저히 알고 있어야 한다.

주교들은 모든 다른 사제들과 교회의 관리자들을 세상의 모든 일과 상황에 벗어나게 하고, 오직 성경을 가르치고 읽는데 헌신하게 하며, 하나님께 향한 공적, 사적인 기도에 전념하도록 하게 할 필요가 있다. 그리고 목회의 모든 종류의 교리와 그리스도의 훈련에 헌신하게 하며, 모범적인 삶, 또한 학교를 돌보며 가난한 사람들을 돌보는 일을 통하여서도, 그들 자신이 더욱 하나님의 사람들로 인정받을 만큼 도와주어야 한다.

또한 그들의 임무는 각 교회들을 지켜보고 살펴보는 것에 있다. 각 교회의 정평이 있는 목회자와 사제들, 그들은 목회자의 사역을 충실히, 신중하게 하고 있다. 그들은 또한 흠 없이 교회의 거룩한 사역을 성실히 잘 해나가고 있을 뿐만 아니라, 그들의 특별 관리의 책임감, 또한 가능한 한 많이 각 개인이 빠질 수 있는 죄로부터 그들을 지켜내며, 만약 그들이 죄에 빠졌다할지라도 그들을 유익한 고행이나 속죄를 통해 다시 일으켜 세우며, 지속적인 경건의 진보를 이루게 한다.

이런 이유로, 각 주교는 그의 교구의 교회들을, 설령 건강상의 이유나 교회의 더 심각한 일이 있더라도 일 년에 한 번씩 방문해야 한다. 교리와 그리스도의 수련에 나쁜 영향을 미치는 어떤 결점과 잘못이건 그는 경건의 심각성을 올바로 잡아야 하며, 바로 잡는 설교를 제공하며, 그리스도의 계명에 따르는 종교의 모든 관리직을 안정시켜야 한다.

성령께서 사도행전 20:28ff.; 디모데전서 3:1-7; 디도서 1:5-9; 베드로전서 5:1-4에서 감독들의 직무와 관련하여 규정하셨던 내용을 우리는 읽어야 하고, 부지런히 검토해야 한다. 마찬가지로 초기 회의들의 경전들도 읽을 수 있으며, 참으로 역시 그라티아누스가 다양한 회의들과 거룩한 교부들의 규정들로부터, 그리고 제23부터 제96번째 구분들로부터 편집하였던 것도 읽을 수 있다.[18] 그는 참으로 수많은 풍문 (風聞)과 미신을 섞어 버렸는데, 특히 교회 사역자들의 독신 제도, 로마 주교의 한계 없 는 전제 정치, 그리스도의 순수한 종교와는 생소한 어떤 문제들을 혼합시켜 버렸다. 교부들이 거룩한 사역들에 관한 성령의 바로 그 경전으로부터 가져온 것들은 그들을 충분하게 설명했다. 또한 우리는 경건한 황제들이 그리스도의 사제들(감독들과 성직자들에 관 한 법전)[19]의 직무들에 관해 공포했던 내용, 아우텐티카(Authentica) 제6장의 "감독들은 어떻 게 행동하는가?"에서 그리고 "다양한 교회 장(章)들" 속에 있는 것들을 읽어야 한다.[20] 비록 성령의 경전에는 생소한 어떤 것들, 예를 들면, 교회의 사역자들의 독신 제도와 수도원 제도들과 관계되는 것들이 여기에 삽입되어 있을지라도, 다른 모든 것들은 성 령의 동일한 경전에 의존하고 있다. 우리는 또한 크리소스토모스의 세 번째 책 「사제 직의 위엄성에 관하여」와[21] 나지안조스의 그레고리오스의 「변증가」에서[22] 그리고 성 히 에로니무스의 「신플라톤주의자에게」와[23] 그 밖의 다른 교부들이 이 직무에 관하여 남 겨 둔 작품 안에서 사제직에 관한 내용을 읽을 수 있다.

그러므로 우리는 성경과 교부들의 문헌뿐만 아니라, 너무나도 많은 세기 동안에 일어났던 후회할 만한 경험으로부터 다음의 사실을 배운다(감독들은 오랫동안 그러한 것을 위해서 줄곧 해왔던 것처럼, 그들은 그들의 직무에서 해이해졌다). 그리스도의 종교는 교회의 다른 지도자들 가 운데서 뿐만 아니라, 백성들 가운데서도 끔찍할 정도로 부족했다. 우리는 생활 속에 서 어마어마한 불경건과 불결함이 요구하는 방법들 안에 있는 모든 것을 지배하고 있 음을 알기 때문에, 확실히 더 큰 원천을 가지고 감독의 질서와 직무의 완전한 개혁, 다시 말하면 성령께서 그의 성경에서 분명하게 우리를 위하여 규정하시면서 남겨 두 셨던 그와 같은 형태로의 회복, 내가 방금 제시했던 요약을 확립하고, 수행하는 것이 폐하의 의무인 것이 확실하다.

그러나 오늘날 폐하의 왕국에 있는 감독의 관구들을 허락받은 어떤 명목상의 감

---

18. *Corpus Iuris Canonici: Decretum Gratiani* I, dist. 23-96.

19. *Code* I, 3.

20. *Novellae* 6과 123.

21. John Chrysostom, *On the Priesthood* III(*MPG*, Vol. 48, cols. 640ff.).

22. Gregory Nazianzen, *Apologetic Oration* II(*MPG*, vol. 35, cols. 407ff.).

23. Jerome, *Letter* LII(*MPL*, vol. 22, cols. 527ff.).

독들 모두는 그들의 삶의 방법과 모든 행동에서 다음의 내용을 공개적으로 보여 주었다. 만약, 교회의 가장 높은 정부가 그들에 위임된다면, 그들은 교회에 대한 돌봄과 구축에 대한 참된 책임을 감당할 자격이 어떤 면에서도 조금도 없기 때문에, 교회들은 영적인 면에서 뿐만 아니라, 물질적인 면에서도 매일매일 그들에 의하여 해를 입고 있다.

많은 사람들은 다음과 같이 말한다. 그렇게 많은 세기들의 습관에 따라, 그가 받았고, 소유했던 위엄과 수입의 어떤 것을 빼앗는 것은 비인간적이라는 것이다. 내가 이전에 설명했다시피, 그들이 외적으로 뿐만 아니라, 그리스도의 바로 그 종교를 너무나도 비참할 정도로 파손시켰던 그리스도의 교회를 위하기보다는 차라리 교회를 탈취할 때, 가장 명백한 신성 모독까지 하면서 한때 교회의 수입들을 취했던 사람들에게 어떤 사람들은 더 많은 자비로 마음이 움직이고 있다.

공공 평화와 인간성을 위하여 그렇게도 오랫동안 형성되어 축적된 오류들로부터 벗어날 수도 없고, 벗어나려고도 하지 않는 사람들을 향하여 타락한 교회의 어떤 부분에 해당되는 감독의 자리를 떠나게 하는 결정을 폐하께서 하실지라도,[24] 이것은 감독직의 완전한 수행을 위하여 필요한 어떤 것도 부족하지 않는 그와 같은 방법으로 규제되어야 할 것이다. 게바, 바울, 아볼로와 전 세계는 그리스도의 교회에 속한다. 그러나 그리스도께서 하나님께 속하는 것처럼, 교회는 우리의 한 왕이신 주 예수 그리스도에게만 속한다(고전 3:22-23). 그러므로 그들의 복지는 거짓 감독들의 개탄스러운 탐욕에 앞서지 않고, 세계의 모든 투명한 이익들에 앞선다. 교회는 하나님의 아들이신 그리스도의 신부들이며, 그리스도는 그 자신의 피를 통해서 교회들을 사셨다. 이런 이유 때문에, 그들은 숨길 수 있는 어떤 이유를 통해 어떤 것을 교회의 권리로부터 없애 버리고, 그들이 그럴 수가 있고, 마땅히 그렇게 해야만 할 때조차도, 비방자들의 길에 벗어나 있다.

중간기에 그리스도의 백성을 위한 감독의 의무를 방면하기 위해 감독이 나이나 질병으로 그의 직무에 무용해질 때, 감독을 위하여 감독보(監督補)로서 어떤 사람을 제

---

24. *Episcopis aposkopois.* Henry VIII세에 의하여 임명되었고, 교회의 개혁에 참가하는 것을 거절했던 감독들은 자신들의 직무를 내려놓았을 때, 연금이 주어졌다. 참고 A. F. Pollard, *England Under Protector Somerset*(London, 1900), 124.

공하는 것이 고대 교회의 관습이었다.[25] 그들이 교회에 너무나도 크게 무용할 뿐만 아니라, 해롭게까지 하기 때문에, 교회에 훨씬 더 많은 참된 감독들을 유지시키기 위하여, 감독직을 위하여 적합한 사람들이 영의 질병과 마음의 빈약한 건강에 있는 자들을 오늘날 대체시켜야 한다. 그들은 다음과 같은 이상으로 교회에 얼마나 더 큰 해로운 일을 할 것인가! 그들이 감독의 위치를 유지한 이래로 그들은 백성을 위하여 그리스도의 교리와 치리를 시행하지 않을 뿐만 아니라, 다른 사람들을 통해 유용한 사역도 하지 않는다. 참으로 그들은 한 사람 이상을 다음과 같은 사람들에게 사제직을 수여한다. 이런 사람들은 교회로부터 어떤 목회적 돌봄이라도 빼앗아 버리는 것 외에, 거짓 가르침으로 자신들을 혼동하고, 불순한 생활을 통해 그리스도에 대한 순종으로부터 가능한 한 멀리 완전하게 물러가 있다. 그들은 학교를 세우거나 가난한 자들에 대한 돌봄에는 전혀 관심이 없고, 감독의 수입을 거의 세속적 사람들과 세속적 놀이에 낭비해 버린다. 여기서 그는 자신을 총독처럼 의기양양한 행진을 벌인다.

그러므로 자신들의 의무를 수행하기 위하여 올바르게 생기가 넘치고, 교육받은 감독들 중에서 누구든지 발견되면, 그 사람들에게 다음의 내용들을 제안하는 것이 폐하를 위하여 편리할 것이다. 내가 역시 언급했던 것처럼, 일반적인 시험관들과 마찬가지로, 종교의 명분 안에 있는 주요 고문들로서 그들을 사용하면서, 내가 언급했던,[26] 그리스도의 교리와 치리에 대한 일반적인 요약이다. 그들은 선한 믿음 안에서 자신들의 감독 직무를 수행할 것이라는 이 양식(樣式)이나 진술에 따라, 서약 또는 맹세하는 것이 그들에게 요구되어야 한다. 이런 서약은 이 감독들이 자신들의 약속에 대해서 매이게 한다는 장점들을 가지고 있을 뿐만 아니라, 그들이 함께했던 종교 개혁에 진전할 때, 그들이 너무나도 엄격하다고 불평하는 사람들이 이런 열정은 이 서약 때문에 필요한 것이라고 그들에게 말할 수 있기 때문에 장점이 있다. 그러므로 경건한 종교 개혁의 사역(使役)은 치료받을 수 있는 사람들의 공격과 분개를 감소시키면서 수행되고, 완성될 수 있다.

그러나 자신들의 임의적인 판단만을 가지고 하는 것이 아니라, 장로들과 집사들과 상의하면서 교회를 다스리는 것이 감독의 의무이기 때문에, 교회의 사역들이 흩

---

25. *Corpus Iuris Canonici* c. 7, q.1.
26. 본서 제2권 제4장.

어지고, 무질서하게 되는 만큼, 비록 감독이 장로들의 어떤 회의와 집사들의 사역에 대부분 동의했을 때조차도, 감독들 중에 각각이 참여하는 것이 필요하다.[27] 그 직분을 주님으로부터 받아들여질 것인지의 여부를 알아보기 위하여 이 장로들과 집사들도 진지하게 시험받고, 테스트 받아야 한다. 뽑힐 장로들과 집사들은 도와주는 충고자들로서의 장로와 순종하는 사역자들로서의 집사로서 교회의 행정과 돌봄에서 감독자들의 도우미가 될 수 있고, 또 그렇게 되기를 소원해야 한다.

이런 시험과 검증에서, 장로들과 집사들이 함께 동참해야 하는 감독은 자신이 일종의 집정관인 것처럼 특별히 경청해야 한다. 장로들과 집사들은 집정관에게 의원들과 부하들로서 부속되어 있다. 그래서 감독 자신이 그들을 그 위치에서 가치 있는 것으로 인정하게 된다. 이런 이유 때문에, 감독은 그들을 더욱 강한 사람으로 받아들이고, 보다 즐거운 마음으로 그리고 보다 은혜롭게 교회의 구축을 위하여 그들과 그들의 충고를 사용한다.

그리고 이런 이유 때문에, 맹세(서약)는 다음과 같은 약속과 함께 장로들과 집사들에게도 요구된다. 장로들과 집사들은 신실하게 자신들의 직분을 수행할 것과, 교회를 돌봄에 있어서 좋은 신앙과 최고의 존경으로 감독을 섬길 것이라는 약속으로 서약을 한다. 교회의 행정에서 감독들의 특별한 도우미들과 조력자들인 장로들과 집사들이 전체 시험관들에 의해서 선택되고, 감독들에 의하여 지명되었을 때, 폐하의 질서와 법에 의해서, 이것은 감독들로 하여금 이런 선택의 적의(敵意)로부터 자유로우며, 교회 안에 있는 그 같은 장로들과 집사들에게 더 큰 권위조차 제공한다.

이 모든 일들에서 가장 중요하고도 매우 긴급하게 고려해야 할 것은 폐하께서 어떤 것도 시험되지 않는 채로 남겨 두어서는 안 되며, 모든 일들을 확립하여, 교회가 진실하고 적합한 사역들에 대한 전망을 가지게 하며, 사역자들은 교회에서 가장 높은 영향과 권위를 향유하게 해야 한다.

지금, 감독들에게는 외적인 일들에 대한 모든 관심의 짐을 벗겨 주어, 그들이 전적으로 영혼이 구원을 얻는 일에만 집중하게 하는 것이 필요하기 때문에, 고대의 교부들에게는 이런 일들을 원하지 않는 감독들이 모든 감독직에 대한 사례비를 규제하

---

27. *Corpus Iuris Canonici* I, dist. 95, c. 5; dist. 93, c. 14.

기 위해 성직자들과 그리스도의 백성으로부터 선택된 경영자들로 주어졌다는 것을 좋게 보았던 것 같다. 그러므로 폐하의 특권의 범위 안에서 이 목적을 위하여 감독들을 그들의 특별한 일들을 성취하기 위하여 외적인 일들로부터 벗어나도록 호출하여야 한다.[28] 이 문제에서, 교회의 선거와 함께, 성 베드로가 지혜와 죽을 영혼들을 돌보는 것을 제외하고, 과부들과 가난한 자들을 돌보는 일곱 집사들을 세웠을 때, 베드로에 의하여 주어진 성령의 규정에다가 더욱더 큰 중요성을 부가하기를 폐하께 바라는 바이다. 사도들이 다음과 같이 말씀하신다. "열두 사도가 모든 제자를 불러 이르되 우리가 하나님의 말씀을 제쳐 놓고 접대를 일삼는 것이 마땅하지 아니하니 형제들아 너희 가운데서 성령과 지혜가 충만하여 칭찬 받는 사람 일곱을 택하라 우리가 이 일을 그들에게 맡기고 우리는 오로지 기도하는 일과 말씀 사역에 힘쓰리라 하니"(행 6:2-4).

참으로 경영자들[29]과 집사들과 부집사들은 주님의 법에 따라, 감독들과 장로들의 회의의 지식과 인정을 가지고 우리가 말한 것에 관하여 교회의 일들을 수행하는 것이 요구된다. 그들은 계약 시에 약정서를 그들에게 주어야 한다. 그러나 교회의 사업의 실제적인 행정은 감독들에 의해서가 아니라, 경영자들과 집사들과 부집사들을 통해서 수행되어야 한다. 그 결과 감독은 보다 더 자유롭고 보다 더 효과적으로 종교에 관한 행정을 위한 시간을 가질 수 있을 것이다.

이미 교회의 이러한 참된 폭우 안에서 이 시대에 폐하의 항해를 더욱 견딜만하게 하고, 폐하의 용례들을 왕국의 행정 안에서 도와주는 사람들이 감독들 중에 있다. 왜냐하면 그들은 폐하를 위하여 보다 적절한 형태 안에서 뿐만 아니라, 그리스도의 종교의 명분을 위한 더 큰 성공을 가지고 행동할 수 있다. 그리스도의 종교는 이 위치에서 예리하고도 용의주도한 수행원들을 요구하고 있다. 그들이 왕국의 문제들에 대한 부재뿐만 아니라, 왕국의 문제들에 대한 몰두 때문에, 그들이 자신들의 교회에 관심을 덜 가지면 덜 가질수록, 우리가 그들에게 지시하면서 제시했던 장로직과 사역이 더욱더 필요해진다. 감독들이 교회로부터 부재한 왕국의 일들 안에 연루되어 있는 반면, 그러한 감독에게 위탁된 교회의 행정과 관계된 모든 일이 보다 조화롭게 그리

---

28. *Corpus Iuris Canonici* I, dist. 89, c. 2-5.

29. *Oeconomi.*

고 질서정연한 방법으로 행해질 수 있기 위하여, 이 범주에 있는 각각의 감독들은 모든 감독 기능들을 신실하게 행사하는 장로들 중에 뽑힌 사람들을 위해 임명된 약간의 감독 대리를 가질 필요가 있다. 장로들과 집사들이 교회를 돌보는 데서 감독들과 동참하는 것처럼, 이 감독 대리들도 종교 안에서 일치하고, 같은 방법으로 임명되어지는 것이 필요하다.

종교, 즉 하나님의 선택된 자들의 구원에 대해 위로가 되고, 양심 있는 관심 이상으로 실천하고, 돌보아야 하는 것, 가장 높으신 분에 의하여 추천된 이상으로 인간들을 돌보아야 하는 것은 아무것도 없다. 여기에 대한 관심 이상으로 다른 문제에 관심을 두고, 교회의 사역자들을 통한 교회 사역의 완전한 성취를 수행하는 길에 어떤 장애물을 놓은 것은 최고의 모독에 해당된다. 모세는 하나님의 성령에 충만하여, 놀랄만한 지혜 안에서 탁월했다. 또한 모세는 참된 종교를 파종하고, 보존하기 위한 가장 큰 열정으로 불태웠다. 그러나 그가 하나님의 명령에 따라 이스라엘 전체 공동체를 다스려야 했을 때, 그는 그의 형 아론과 그의 아들들을 종교에 책임지게 했다. 그 결과 그들은 이 종교 문제에만 전적으로 집중할 수 있었다. 이런 이유 때문에, 레위 지파들의 사역은 그들에게 맡겨졌으며, 그들 중에 수천 명이 있었다(출 29:1-35; 민 3:39; 8:5-26; 26:57-62).

참으로 마카비서는 시민 행정과 교회 행정을 함께 연결시킨다. 그러나 역사는 어느 정도 성공적이었다고 증언 한다(마카비전서 14:47). 이런 이유 때문에, 하나님의 법에 따라, 감독들은 종교를 돌보는 데에만 집중해야 하며, 모든 다른 문제들을 떠나야 한다. 그러나 비록 인류에게 도움을 줄지라도, 이 사람들은 자신을 전적으로 이 문제에만 헌신하며, 신적으로 이 문제에 전적으로 전문화하는데 준비된 사람들이다. 초기 교부들은 종교적으로 절차상의 이 문제를 보전하였고, 이것은 교회에 아주 유익하게 사용되었다. 프랑크족들과 왕들이 감독들을 시민의 문제에서 사용하기 시작하자마자, 그들은 무서울 정도로 붕괴되고 해체되기 시작했다.

이 거룩한 사역은 좋은 양심상 이런 감독들에게 분명하게 맡겨질 수 없다. 지금까지 그들은 감독직을 맡아서, 감독이 해야 할 직무를 무시하고, 심지어 그리스도의 순전한 교리와 참된 치리를 반대까지 하였다. 왜냐하면 만약 어떤 사람이 그리스도 왕국에 대한 특별한 지식을 갖추고, 그리스도의 날에 대한 아주 큰 열정을 가졌는지 여부가 철저하게 조사되고, 충분하게 테스트되지 않을 경우, 어떤 사람에게도 이 기능을 허락해서는 안 된다는 사실을 천지를 창조하셨던 하나님의 법이 명령하고 있기 때문이다(롬 12:7-8; 딤전 3:10; 5:22; 딛 1:7-9). 그러므로 우리가 방금 언급했다시피, 인간성이 무엇이든지 간에, 폐하께는 그들이 지금까지 점유했고, 소진했던 교회들이 이 감독의 직무를 위한 참된 사역자들이나 보조 사역자들이 부족하지 않는지를 이 사람들에게 보여 주시는 것이 좋아 보인다.

이런 종류의 감독들(참으로 감독과 같지 않는 감독들), 종교에 관한 폐하의 결정들을 받아들이고, 따를 준비가 되어 있으며, 그러므로 자신의 감독직의 행정에 남겨 두어야 한다고 말하는 자들에게 폐하는 귀를 기울이지 말아야 한다. 그러나 그들은 폐하의 결정에 동의하지는 않고, 차라리 자신들의 감독직의 위엄과 부를 지키기 위한다는 사실은 지금까지 자신들의 직무에 대한 영원한 무시와 참으로 타락으로부터 볼 때, 그리고 왕의 경고의 두려움으로 감히 그것들을 유지하는 만큼 그들이 여전히 유지하고 있는 교황적 미신으로부터 볼 때, 오늘날조차도 폐하의 권위에 의해서 어쩔 수 없이 해야 하는 일들 외에는,[30] 그들은 확립된 종교 개혁 중에 어떤 것도 받아들이지 않고, 그것을 촉진시키려 하지 않는 사실로부터 볼 때, 분명하다.

그들이 구술적으로 또는 공적으로 설교를 통해서 무슨 변명을 하든지 간에, 그들이 다르게 증언하는 것이 무엇이든지 간에, 초신자, 즉 그리스도의 신앙으로 개종한 최근의 개종자들에게 이 감독의 직무를 허락하는 것을 금지하고 있는 성령의 규칙은 '아포스코푸스'(aposkopous)에 반대하여 승리하고 있다(딤전 3:6).[31] 거룩한 경전의 이 장(章)이 고안됨에 따라 성 바울, 암브로시우스, 그리고 다른 사람들에게서 빛나고 있는 것처럼 그와 같이 그리스도의 교회를 구축하기 위한 지식과 열정과 비슷한 어떤 것을 이런 사람들은 나타내 보여 주지 않는다. 비록 그들이 신앙의 가치 있는 열매들을 통하여 하나님의 교회에로 그들의 회개를 충분히 증명할지라도, 성령께서 그리스도에게로 최근에 개종한 사람들을 사제들이나 감독들의 질서에로 받아들이는 것을 금지

---

30. 일치법은 1549년 1월 21일 국회에 통과되었고, 1549년 3월 14일에 왕적 동의가 얻어졌다. 참고 G. Constant, *The Reformation in England*, Vol II, 88f.

31. 이 번역을 수정하는데 도와주었던 샤트레(Satre) 교수는 부처가 종종 (episkopoi와 관련된) 단어에 관하여 애매모호한 방법으로 사용하는 'aposkopoi'라는 단어는 아마도 '거짓 감독들', 즉 그들의 양무리로부터 '쫓아내 버려야' 하는 사람들을 의미할 것이라고 제안한다.

하셨다. 만약 성령의 능력이 그들 안에 그렇게 탁월하지 않는데도, 그들이 성령에 의하여 교회의 거룩한 사역으로 부름 받았다고 하는 것이 성령의 이 금지 조항이 얼마나 분명하지 않는가? 따라서 지금까지 이것을 증명하는 어떤 열매들에 의하여 마음의 어떤 변화도 보여 주지 않고, 자신들을 그리스도 왕국의 원수들로 보여 주었던 사람들에게 성령의 금지 조항을 적용해야 할 것이 아닌가? 비록 어떤 사람이 설교는 잘할지라도, 이런 책임을 맡기에는 부적합한 사람이 있다. 내가 이미 충고했다시피, 요구되어지는 내용이 교회의 구축을 위하여 목회적 전체 기능에 대한 견고한 지식과 영원한 위로의 관심이다. 이들 중 각각은 후보자의 과거 시절에 기초하여 교회를 위해서 철저하게 조사되고, 검증되어야 한다.

용의주도하게 그리고 효과적으로 일하는 것이 감독들의 의무이다(참고 딤후 4:5). 각자가 책임 맡기로 명령되고, 인정된 각 교회에서 신앙이 있는 목사들은 양심적인 방법으로 종교의 관심사들을 가지고 봉사한다(자신의 목회적 돌봄을 책임질 수 없거나 책임지려 하지 않으면서 교구들을 맡고 있는 사람들은 적지 않게 많다는 사실을 말하는 것은 슬프다). 정확하고도 엄격한 사찰이 처음부터 신뢰를 받으면서 교구들을 맡고 있는 각 감독에 의해서 시작되어야 한다. 많은 사람들이 목사들을 위하여 후원자가 되었지만, 교회의 회원(지체)들을 못살게 구는 뻔뻔스러움으로 횡포를 부리는 목사들의 직무 안에 있는 교회는 황폐화되는데, 이 같은 목사들이 있다면, 그들은 폐하의 권위와 능력의 도움을 받아야 할 것이다. 그리스도의 양 우리로부터 늑대들과 도적들과 약탈자들을 쫓아내기 위하여, 이 목적을 위하여[32] 폐하의 왕국에서 큰 영향력과 권위를 가지고, 폐하의 적절한 명령들을 준비된 사람들의 도움을 받아 폐하께서 감독들에게 동참하게 하시는 것이 요구된다. 만약 그들이 그리스도의 양을 흩어서 잃어버리는 것을 금지시키지 않고, 명백한 신성 모독을 통하여 교회를 파괴하는 것을 금지시키지 않을 경우, 여기서 그리스도의 양들의 늑대들과 도적들과 강도들에(요 10:8, 12) 대한 자비를 베풀어 주어야 한다는 터무니없고 불경건한 추천에 의하여 골치 아픈 일들이 그들의 강력한 시도를 통해 발생할 것이다. 그들이 그리스도의 영광과 그의 양 떼들의 영원한 구원이 전 세계에 겉으로만

---

32. 참고 J. Gairdner, *The English Church in the Sixteenth Century*(London, 1904), 247ff. 글로스터(Gloucester)의 감독인 후퍼(John Hooper)에 의해서 수행된 시찰 탐방에 관하여는 다음 자료를 참고하라. A. G. Dickens, *The English Reformation* (London: B. T. Batsford, Ltd., 1964), 242f.

유익해 보이는 것들보다 더 우선시되는 것을 그들이 의심할 때, 그리스도의 원수들의 사악한 탐욕에 대해서는 언급하지 않으면서 그들을 그리스도인들로 간주하는 것이 과연 좋은 일인가?

그러나 만약 해롭게 교구를 차지하려는 사람들 중의 어떤 사람이, 그들의 불경건을 거부하면서, 그들의 방식을 고치고, 주님께로 개종하고자 한다면, 우리가 앞에서 입증한 것처럼, 그들이 행복하게 그리고 경건하게 사는데 부족한 것이 아무것도 없이 그들이 생활필수품들을 가질 것을 확증해 주어야 한다.

그러나 그들이 자신들을 하나님의 나라의 적으로서 계속 보여 줄 때, 나는 당신에게 묻노니, 아주 나쁜 그런 범죄 속에 있는 그들을 보살피고 양육하는 것이 과연 얼마나 인간적이며 자비가 될 것인가? 확실히 우리는 적들이라도 배고프고, 목마를 때 그들에게 먹을 것과 마실 것을 주어야 한다(롬 12:20). 그러나 그러한 방법으로 그들은 하나님의 교회에 문제를 일으키기 위해서나 모든 영적이고도 물질적인 재화들로부터 그들을 훼손시키기 위한 이 같은 친절의 기회를 발견하지 못할 것이다.

여기서 우리는 예수님이 자신을 따르고 있던 군중에게 하셨던 말씀을 생각하고 참으로 행해야 한다. "무릇 내게 오는 자가 자기 부모와 처자와 형제와 자매와 더욱이 자기 목숨까지 미워하지 아니하면 능히 내 제자가 되지 못하고"(눅 14:26). 그리고 모세가 레위 지파의 찬양에서 이렇게 말했다. "그는 그의 부모에 대하여 이르기를 내가 그들을 보지 못하였다 하며 그의 형제들을 인정하지 아니하며 그의 자녀를 알지 아니한 것은 주의 말씀을 준행하고 주의 언약을 지킴으로 말미암음이로다"(신 33:9).

여기서도 역시, 교회를 적절하게 감독하는 직무에 딱 맞는 소수의 사람들이 있다는 사실에 대한 반대가 있을 것이다. 이러한 반대에 나는 전과 똑같은 대답을 할 것이다. 첫째, 만약 우리가 직무에 맞는 사람들을 진지하게 찾는다면, 지금 생각하는 것보다 더 많은 유용한 사람이 발견될 것이다. 둘째, 그러한 자격을 가진 사람이 매우 적을 경우, 늑대, 도둑, 강도 혹은 적어도 삯군과 같은 그러한 목사들을 가지고 있지 않는 것이 교회를 위해서 더 낫다. 왜냐하면 자신의 것만을 찾고, 그리스도에게 속한 것은 어떤 것도 찾지 않는 사람은 누구든지 그리스도의 교회에 해만 될 수 있기 때문이다. 게다가 아직 목사들을 배정받지 못한 교구들은 당분간 이웃에 있는 목사들에 의하여 도움을 받아야 한다. 마지막으로, 만약 대학들에 대한 적절한 개혁이 완수

되면, 앞에서 지시했던 것처럼,[33] 주님께서 교회를 유익하게 섬길 수 있는 사람을 매일 제공하실 것이다. 그리고 우리의 태만과 잘못된 욕망 때문에 아무리 큰 어려움이 이 문제 속에 존재할지라도, 하나님의 말씀은 어떤 피조물에게도 굴복할 수가 없다. 하나님은 자신에게 복종하는 자를 영원히 구원하시고, 자신을 거부하는 자를 영원히 저주하시기 때문에, 하나님의 말씀이 모든 인간들의 지혜와 뜻보다 우선해야 한다는 사실을 조금도 의심하지 말자. 모든 감독과 사제는 비난받지 않을 뿐만 아니라, 또한 특별히 모든 미덕을 갖추어야 한다(딤전 3:2-7). 그리고 그리스도의 사람을 가르치기 위한 믿음 있는 말로 연단되어 "이는 능히 바른 교훈으로 권면하고 거슬러 말하는 자들을 책망하게 하려 함이라"(딛 1:9). 이와 같이, 그리스도의 사역들은 '다른 사람들을 가르치는데 신실하고 적합한 사람들에게만 위탁되어져야'(딤후 2:2) 한다. 그러므로 다시 그들이 먼저 테스트받고, 그다음에 이러한 사역들이 맡겨지게 된다(딤전 3:10; 5:22).

더 나아가, 사람은 쉽게 나쁜 일들에 빠질 수 있으므로, 이것은 주교와 함께 행해져야 한다. 교회의 행정을 위하여 그에게 동참했던 최고 장로회와 집사 중에서 선택된 몇 명의 모임에서 각자는 그들의 교회들을 매년 시찰하지만, 교리나 그리스도의 치리에 반대하여 교회들 안에서 행해졌던 어떤 잘못이 있는지를 이해하기 위하여 자주 교회를 감독해야 한다.

어떤 일이 그와 같은 경우에 해당되는지를 제 때에 감독들이 그것에 대해서 알기 위하여, 옛날에 분할되었던 관구들이 회복되어야 한다. 매 20교구들로부터 다른 것들보다도 먼저 이 기능을 위해서 적합해 보이는 그들의 행정관들 중에 한 사람이 '보좌 감독'(chorepiscopus)으로 책임을 져야 한다.[34] 보좌 감독은 사탄의 덫과 모욕에 대항하여 이 교회들을 특별히 보호할 것이다. 만약 그가 혼자서 그가 돌보도록 명령된 그의 동료들 가운데서나 사람들 중에서 고칠 수 없는 일이 있을 경우, 그는 가능한 한 빨리 그것을 감독에게 알려야 한다.

그리고 교정이나 처벌 없이 아무것도 진행되지 않도록, 이 직무를 받은 사람들은 특별한 시기에 자주 그의 동료들을 불러서 그들로부터 박탈된 성경에 대한 설명과 권

---

33. 참고 본서 제2권 제6장.
34. 부처는 코레피스코푸스(chorepiscopus)라는 단어를 사용하고 있으며, 이 칭호는 지금 '부감독'(suffragan bishop)의 직분과 동등하다.

면을 통해서, 또한 그들 모두 가운데 경건한 대화를 통하여 자신뿐만 아니라, 그의 동료들을 위하여 그리스도에 대한 신앙과 지식을 강화시키고, 그리스도 왕국을 위한 소원과 열정을 점점 더 불붙여야 한다. 그들 자신의 교구들의 관심들이 허락할 때, 그리고 그들 자신의 교구들의 관심이 허락되고, 그들에게, 특별히 그리스도 왕국에 대해 알지 못하거나 열정이 없는 목사들을 가지고 있는 그와 같은 교구들에게 영생의 말씀을 선포해야 할 때, 역시 그들에 명령된 각 지역[35]의 백성들을 방문해야 한다.

총회가 경건한 황제들의 그렇게도 많은 경전들과 법들 안에서 준비되었던 것처럼, 더욱이, 매년 두 번의 총회를 개최하는 것이 각 지방의 감독들의 의무가 될 것이다.[36] 이 총회들 속에서 도시들의 감독들뿐만 아니라, 지방의 감독들과 다른 사제들과 '부제들'(deacons)도 초청되고, 그들의 말도 경청되어야 한다. 이들은 모두 교회 안에 깊숙이 침투한 악들이 효과적으로 교정되고, 모든 사람들의 경건이 새로워지게 하기 위하여 그리스도 왕국에 대한 보다 완전한 지식과 열정을 가지고 태어난 사람들이다.

옛날의 경건한 황제들과 왕들이 교회들의 가장 높은 선을 위하여 종종 그랬던 것처럼, 만약 폐하께서, 당신의 이름으로, 수도를 총회 안에서 주재하기 위한 가장 높은 권위를 타고 났고, 그리스도의 종교에 대한 열정을 가진 사람들을 임명할 경우, 이 총회들은 매우 유익할 것이며, 질서를 유지할 것이다.

우리가 고대 회의들의 활동 안에서 읽을 수 있듯이,[37] 칭송할 만한 가치가 있는 방법으로 콘스탄티누스가 니케아(니카이아) 공의회를 경축하면서 개최했던 것처럼, 다른 황제들과 왕들이 다른 회의에서 그렇게 했던 것처럼, 그들은 가끔 총회를 개최하기도 하고, 토론에 참가하기도 했다. 모든 영혼들은 왕의 명령에 복종해야 하기 때문에(롬 13:1), 그리스도의 종교[38]와, 거룩하고도 유익한 방법으로 다스려지고, 모든 실패로부터 보전된 모든 영혼들의 영원한 구원을 포함하고 있는 사제 직분을 어떤 다른 것보다 더 관심을 기울이는 것이 그들의 의무이다.

그러므로 교회들은 폐하로부터 이 네 번째 법을 기다려야만 한다. 이 네 번째 법

---

35. *Cura.*

36. *Novellae* 123. 10. 부처는 그의 생애 내내 스위스, 특별히 베른에서 종교 개혁의 도입과 연관하여 그들의 유용성을 처음으로 준수하고 있던 '총회'(synods)의 옹호자였다. 참고 Wendel, ed. *De Regno Christi*, 129, n. 35.

37. 참고 Eusebius, *Life of Constantine* III, 10과 13; Theodoret, *Church History* I, 12f.; II, 29; Ii, 31.

38. *Christi religio.*

에 의하여 성직의 모든 질서가 회복될 수 있으며, 참으로 여기서 요약된 대로 성령의
치리에로 돌아가게 될 것이다.

제13장 다섯 번째 법: 주님이신 그리스도를 위한 교회 재산에 대한 주장과 그것의 경건한 사용

만약 폐하께서, 성직 매매의 모든 현상에 따라, 줄곧 허락되어 온 교회들의 이같이
저주받을 만한 신성 모독과 무시무시한 그 같은 강탈을 제거하지 않는다면, 감독들
과 다른 사제들과 성직자의 사역들이나 교회들이나 총회들에 대한 올바른 감찰은 교
회들 안에서 회복될 수 없다. 성직자들의 사례금은 가장 가치가 없는 이 같은 사람들
에게 호의와 대가로 수여되었다. 둘, 셋, 넷, 다섯, 또는 그 이상이 하나에도 만족하
는 욕망을 가지지 않는 한 사람에게 분배되었다.

　만약 사제직이, 교회들이 신실하고도 적합한 사역자들을 통해서 그리스도에 대
한 신앙을 구축하기 위한 것과는 다른 이유와 목적으로 어떤 사람에게 수여된다면,
또는 어떤 물질적인 고려, 다시 말하면, 대가나 봉사나 호의가 사례비 수여에 포함되
었다면, 이 같은 문제가 계속 발생할 것이다.

　교회들의 약탈에 관한 또 다른 명백한 신성 모독은 바로 로마 가톨릭 교회의 적
그리스도는 감독들과 다른 사제들로부터 '첫 해의 열매들과 십일조'를 요구하는 것이
다.[39] 여기에 대한 견해에서 폐하는 이 문제에서 그리스도의 원수들을 모방하는 것이
그리스도에 대한 자신의 경건이 얼마나 생소한가를 충분히 잘 이해하실 것이다. 참으
로 그들이 할 수 있는 만큼 준비된 마음으로 왕국의 필요들을 채우기 위하여 폐하를
돕는 것이 교회들과 종교의 모든 사역자들의 의무이다.

　"각 사람은 위에 있는 권세들에게 복종하라 권세는 하나님으로부터 나지 않음이

---

39. The so called annates.

없나니 모든 권세는 다 하나님께서 정하신 바라"(롬 13:1). "너희가 조세를 바치는 것도 이로 말미암음이라 그들이 하나님의 일꾼이 되어 바로 이 일에 항상 힘쓰느니라 모든 자에게 줄 것을 주되 조세를 받을 자에게 조세를 바치고 관세를 받을 자에게 관세를 바치고 두려워할 자를 두려워하며 존경할 자를 존경하라"(롬 13:6-7).

이와 같이, 이러한 권리를 기초하여, 신앙심 깊은 황제들은 국세의 납입과 교회법에 의거한 교회나 성직자들이 소유한 재산의 양도를 요구했다.[40] 그리고 이것은 매우 엄격하여, 만약 어느 시점에 교회들이 어떤 다른 방법으로도 국세의 채무를 갚을 수 없다면, 그들은 이러한 채무들을 갚기 위해 교회 조직의 가장 성스럽게 금지되어진 다른 물적 재산의 양도를 승인해야 했다.[41] 교회들은 또한 도로와 다리들의 건설과 또한 예상치 못한 요구들로부터 오는 갑작스런 비상사태의 발생에 대한 비용을 기부했다.[42] 교회들과 성직자들은 하수 처리의 의무와 이례적인 증언과 법정 수행원 또는 민병대를 환대하는 부담을 제외하고는 계속적인 면제가 되지 않는다.[43]

한편, 이러한 통치자들은 성직자들에게 봉급을 주었던 것처럼, 그들 역시 제국의 공적 수입으로부터 가난한 사람을 도와주었다. 우리가 앞에서 언급했듯이, 이것은 콘스탄티누스 대제에 의해 시작되었다. 율리아누스가 완전히 교회로부터 가져갔고, 요비아누스가 그들에게 반환한 이 기증물의 세 번째 부분은 교회가 성직자의 봉급과 빈민 구조금과 관련하여 교회들을 만족시키기 위하여 청중들의 요구에 의하여 영향을 받았다. 그러나 이러한 경건한 율리아누스 왕자는 창궐했던 기근이 완화되어지자마자 콘스탄티누스 대제가 설립한 것을 자신이 회복시킬 것이라고 교회들에게 약속했다.[44]

이 경건한 황제들은 교회의 소유물들을 극히 신성하게 되도록 보관했다. 하지만 그들은 교회로 들어와서 그 소유가 동등하거나 더 나은 가치를 가지지 않는 한, 결코 그것들을 양도하지도, 제국의 소유와 바꾸지도 않았다. 이러한 점에서 유스티니아누스의 법령은 우리의 생각에 속하는 많은 부분들을 포함하기 때문에 여기서 인용한

40. *Code* I, 2, 5; I, 3, 3.

41. *Novellae* 46, 1.

42. *Code* I, 2, 5, 7.

43. *Code* I, 3, 1.

44. Theodoret, *Church History* I, 11; IV, 4.

다. "만약 공공복리의 번영과 관계된 어떤 일반적인 유익과 명분이 있다면, 만약 우리가 이미 제안한 것과 같은 참된 부동산의 소유가 요구된다면, 거룩한 교회들과 다른 유서 깊은 집들과 단과 대학들로부터 그것을 받을 수 있도록 허락해야 한다. 항상 성전을 살피고, 다른 것들과 동등하거나 그 이상의 가치를 갖는 것으로 보상한다. 하나님께서 황제에게 부와 힘을 주셨는데, 황제가 이것 외에 더 나은 것을 드려야 하는 것이다. 그래서 그가 쉽사리, 특히 거룩한 교회들에게 줄 수 있다. 교회들에게 주어지는 것이 장엄하다는 주장은 탁월한 법칙이다. 따라서 그러한 일이 사업과 같은 방법으로 우연히 일어나고 발생한다면, 황제가 그것의 어떤 부분을 받는 요구 조건을 가지고, 더 낫고, 더 부유하고, 더 유용한 것이 보상으로 주어질 때 교환한 것을 영구적으로 보관해야 한다. 멀리 떨어진 쪽에 있는 집을 책임지고 있는 사람들과 행정에 책임을 지고 있는 사람들은 경건한 기억의 레오(Leo)에 의해서 협박받고, 우리에 의해서 확증된 처벌들에 대한 불평과 두려움이 없이 완전하게 하라. 사제직과 제국은 다른 사람들과도 다르고, 보통의 공적인 소유와 다르기 때문에, 제국의 풍부함으로부터 거룩한 교회에게 유용하게 사용하도록 하는데 대하여 동의하는 바이다. 어떤 벌금도 후한 보상을 위해서 어떤 사람에게도 부과되지 않는다. 그러나 우리는 제국이나 어떤 개인과 함께 이루어진 어떤 다른 판매나 교환 계약은[45] 무효하다고 선언한다."[46]

경건한 왕자들은 교회에게 물건을 주고, 그것들을 유지하며, 교회 사역을 위한 상당한 월급과, 생활필수품이 가난한 자들 중에 어떤 사람에게도 모자라지 않는 수단들을 진실되게 그리고 존경하는 마음으로 제공함으로써 이 한 가지 정책을 따랐다. 이런 이유로 그들은 합법적으로 교회에서 사역하지 않는 사람들에게나 참으로 궁핍하지 않는 사람들에게 교회의 재산을 분배하는 것을 금지시켰다. 그리고 아마도 이런 종류의 법에 나타난 글들의 일부분을 인용하는 것은 무익하지 않을 것이다.

「교회 신성불가침법」(Codex De sacrosanctis ecclesiis)은 다음의 내용으로 규정된 발렌티니아누스와 마르키아누스 법을 내포하고 있다. "그러므로 일반적인 법과 제도에 의하여 왕자들이 가지고 있는 특권은 정통 종교를 가진 거룩한 교회에 부여되었기 때문에, 우리는 이것이 견고하고도 손상되지 않는 상태에서 영구적으로 보전되도록 명령

---

45. *Emphyteusis*.
46. *Novellae*.7, 2.

을 해야 한다. 교회 경전법과 관련하여 호의 또는 이익을 위해 만들어진 모든 실용적인 제가(制可)들이 힘과 능력이 없음을 우리는 명령해야 한다. 그리고 이것은 어떤 필요한 것에 유익하고, 도움을 주기 위한 우리의 인간성에 기인하는 것이므로, 그 본질은 가난한 자에게 부족한 것이 아니며, 공적인 도움들의 다양한 종류를 위하여 거룩한 교회에게 지금까지 수행되었던 허락된 것들이었다. 우리는 지금 곧바로 감소되지 않고, 손상되지 않은 채로 수여되며, 이 가장 큰 관대함에게 영원한 힘을 부여하는 바이다.”[47]

마찬가지로 세 번째 아우텐티카(Authentica)에는 끝 부분에 다음과 같이 기록되어 있다. “우리가 교회에 속한 양식들에 대하여 기술하자면, 거룩한 주교와 존경받는 성직자는 다음의 사실에 주의를 기울였다는 것은 적절한 처사이다. 교회의 수입으로부터 받은 나머지 부분들은 다음과 같은 목적 외의 다른 목적에 사용되어서는 안 된다. 경건하고도 하나님을 기쁘게 해드리는 명분들은 참으로 궁핍하고, 생존을 위하여 다른 어떤 원천도 가지고 있지 않는 사람들의 재물이 될 때이다(왜냐하면 이것은 주님이신 하나님을 기쁘시게 하는 것들이기 때문이다). 교회의 용도를 위하여 제공된 것은 무엇이든지 후원자나 인간적 욕심을 위한 부로나 생활필수품이 필요한 자들에 대한 갈취로 분배되어서는 안 된다. 지금 행정관들이든지 장차 행정관들이 될 사람이든지, 행정관들은 자신들이 하나님의 크신 사랑 안에 있는 자들임을 알라! 만약 그들이 이러한 일들에서 어떤 방법으로든지 태만하다면, 그들은 하늘의 벌을 받을 만할 뿐만 아니라, 그들의 자신의 본질로부터 거룩한 교회에게 보상해야 할 것이다.”[48]

그리고 58번째 아우텐티카(Authentica)는 다음과 같이 진술하고 있다. “어떤 빈 기도실들을 채울 때나 아마도 그들 중에 어떤 사람을 대체할 때, 또는 그들이 차지하고 있는 거룩한 교회로부터 완전히 물러나야 하는 그런 경우에, 성직자들 중에 많은 사람들은 너무나도 가끔 숭엄한 보상을 받자마자, 그들은 거룩한 신비들과 전혀 관계없는 일들을 하는 것이다(동기가 무엇이든지 간에 그들은 잘 알고 있다). 그러므로 이 같은 장애가 거룩한 사역에 해를 끼치지 않도록 하기 위하여, 하나님의 큰 사랑 안에서 이 교회들을 책임지고 있는 감독들이 그러한 일들을 지각했을 때, 그들은 다른 사람들에 의하여 대

---

47. *Code* I, 2, 12.

48. *Novellae* 3, 3.

체되어야 한다. 왜냐하면 그들이 그들 자신의 이익을 교회로부터 빼앗아 간 보상으로 바꾸는 것에 대하여 조금도 우리는 용인하기를 원치 않기 때문이다. 다른 사람들을 갈취함으로써 이익을 얻는 어떤 사람들에게 어떤 변명이나 기회를 주지 말고, 차라리 처음부터 사용할 수 있는 보수는 무엇이든지 시간의 제한 없이 계속되어야 한다. 거룩한 사역이 이 문제로 타락하고 손상되어서는 안 된다. 교회로부터 물러나는 사람들은 자격증을 가지지 않을 것이다. 대체한 장소로부터 어떤 것을 빼앗기 위하여 만약 그들이 돌아오기를 원할지라도, 거룩한 주교나 지방 감독들에 의해서 임명된 다른 사람들이 그들을 대체해야 한다. 그들은 대체자들과 돌아오기를 원하는 자들에게 이중적 보상을 받도록 강요할 수 없다. 그러나 (우리가 가장 간단하게 말한다면) 만약 그들이 돌아온다면, 그들이 받아들여져서는 안 된다. 그러나 조기 은퇴한 후에 궁핍한 자들에게 매년의 연금이 지급되어야 하는 바, 그들을 위해 관습적으로 제공되었던 사람들로부터 빼앗은 어떤 이익을 가지고 해서는 안 된다. 상속에 대한 유전적 부속물로서의 대체로부터 받은 연금과 다른 연금과 관련하여, 그러한 일들에서 이익을 남기려고 애쓰는 사람들은 다음의 사실을 알고 있다. 만약 그들이 사기 친 것으로 발견될 경우, 그들의 세습 재산의 어떤 소유는 우리의 개인적 종교적 기금을 위하여 몰수될 것이다. 왜냐하면 그것을 빼앗은 사람에게로 그것이 지불되어야 하기 때문이다."[49]

위의 사실로부터 폐하께서는 교회를 잘 목회하는 자들이나 참으로 가난한 자들을 위한 생활필수품을 공급하기 위하여 교회는 존경하는 마음으로 물자들의 올바른 목적을 위하여 물자들을 보관하며, 물자들을 되찾아야만 한다는 사실을 쉽사리 이해하실 것이다.

그래서 폐하께서 첫 해의 열매들에 대한 강탈과 같은 그러한 성직 매매가 나타나지 않는 그와 같은 방법으로 위급한 필요나 공적인 사업을 위하여 동산과 사람들의 재정적 경전적 의무들을 부과해야 한다. 그는 이 왕국의 다른 시민들보다도 그리스도의 참된 사역자들과 필요한 학교들과 가난한 자들에게 더 열심히 집중해야 하며, 그는 그의 조상들이 했던 것보다 더 중요한 일로서 그리스도 왕국을 보전하고 확장시키는 것이다. 그들은 올바르고 참되다고 생각했을 때, 그들은 학교들과 가난한 자들을

---

49. *Novellae*, II, pr. 그리고 c. 1.

위한 사업과 심지어 교회의 타락하고 거짓된 사역들에게까지 너무나도 풍성한 물자를 사용했음을 보여 주고, 화려한 궁전을 유지하고, 성공적으로 어려운 전쟁을 수행했다.

그러나 만약 폐하께서 주님으로부터 받은 모든 강함과 능력을 가지고 하나님과 교회에 대한 자신의 의무를 하려고 노력하지 않는다면, 폐하께서는 사람들에게만은 보이지 않지만, 하나님에 의해서 심판받으실 것이다.

첫째, 경의를 가지고 교회에서 이 사역들을 성취하지 않는 어떤 사람도 교회의 거룩한 사역들을 위해 정해진 급료를 받아서는 안 된다. 이런 이유 때문에, 폐하께서 교회에서 사역하지도 않고, 참으로 궁핍하지도 않는 자들에게 그들이 전해 준 연금을 어떤 사제들과 고위 성직자들이 빼앗은 그와 같은 신성 모독 행위를 금지시켜야 한다. 왜냐하면 도움의 다른 손길이 없고 궁핍 중에 있는 다른 사람들을 위하여 교회의 신실한 사역자들에게 전해진 연금은 더욱 부유한 성직록으로부터 가져와야 하기 때문이다.

만약 어떤 사람이 그가 받은 것보다 더 좋거나 최소한 동등한 가치를 가진 교회의 소유를 주기를 원하지 않는다면, 어떤 이유에서든지 어느 누구도 교회 또는 교회의 사역자들이 가지고 있는 재산의 교환이 허락될 수 없다. 왜냐하면 사람들은 다음과 같이 말하기 때문이다. 이전에 어떤 아주 가치 있는 소유들이 교환이라는 명목 하에 어떤 단과 대학들과 교회들로부터 취해졌고, 탈취된 교구들의 재산을 제외한 재산들은 선취한 재산들 대신에 단과 대학들과 교회들에게 전달되었다.[50]

둘째, 개인의 소유에 관습적으로 부과되는 세금은 교회와 교회의 사역자들의 소유 동산에 부과되는 세금보다 더 많아야 한다. 만약 그렇게 필요하거나 유익하지도 않고 모든 선행을 위하여 주님에 의하여 우리에게 명령되지도 않았던 국가와 교회에 대한 봉사를 수행하는 다른 사람들보다 더 많은 세금을 내고, 그리스도의 종교, 즉 영생의 참된 사역자들을 더 낮은 존경과 거의 보잘 것 없는 존재로 취급된다면, (우리가 가지고 있는 것은 무엇이든지 인간성과 친절로 수여하는 사람들에게) 누가 명백한 불경건으로부터 용서받을 수가 있는가?

---

50. 참고 A. F. Pollard, *England Under Protector Somerset*, 122f., 169; A. G. Dickens, *The English Reformation*, 205ff.; G. Constant, *The Reformation in England*, vol. II, 156ff.

우리가 요셉에 관한 이야기에서 읽는 바와 같이, 이집트의 왕들은 제사장들의 땅들만을 면제해 주었지만, 참된 교회들은 이 면제를 위하여 동요해서는 안 된다. 그들은 사람들 중의 다른 그룹들이나 개인들보다도 더 불리한 위치에서 취급되지 않는 한, 그들은 보통의 세금의 모든 지불에 분개하지 않는다. 그리고 모든 사역자들은 인간들의 영원한 구원을 위하여 교회들에게 빚지고 있는 예배의 심각한 손상이 없이 그들이 대처할 수 없는 적어도 이 같은 의무사항들로부터 면제되어야 한다.

마지막, 셋째, 재능들이나 교구들의 소유들을 가지고 있는 자는 누구든지, 이 교구들의 수입으로부터, 만약 잉여분이 있다면, 신실한 사역들을 그리스도의 교구들에게 시행하고 있는 자들에게 지불할 기금을 조성하는 것에 대하여 폐하께서 제도 정비를 해야만 할 것이다. 그러나 우리가 앞에서 말했다시피,[51] 만약 신실한 사역자들을 돌보는 것을 가능하게 하는 교구로부터 얻은 잉여금이 충분하지 않을 경우, 그때는 확실히, 그와 같이 부패한 교구들을 위해 제공하는 수단들은 감독들과 더욱 부유한 사제들로부터 찾아내야 한다. 여기에 성도의 교제가 실천되어야 하는 바, 풍부하게 가지고 있는 교회들은 궁핍 중에 있는 사람들을 도와야 한다. 왜냐하면 사람들은 다음과 같이 말하기 때문이다. 풍부한 수입으로부터 더 이상 남은 것이 없는 교구들이 적지 않는데, 그들은 4파운드나 5파운드 또는 그보다 더 작은 돈을 사용했다.

주님의 법은 그렇게 적용시키신다. '일꾼은 자신의 먹을 것을 받는 것이 마땅하다'(마 10:10; 눅 10:7). "잘 다스리는 장로들은 배나 존경할 자로 알되 말씀과 가르침에 수고하는 이들에게는 더욱 그리할 것이니라"(딤전 5:17). 그러나 이것들은 다른 그리스도인들에게도 모범으로서 가르쳐져야 한다. "우리가 먹을 것과 입을 것이 있은즉 족한 줄로 알 것이니라"(딤전 6:8). 성령께서 또한 다음과 같이 말씀하신다. "이제 너희의 넉넉한 것으로 그들의 부족한 것을 보충함은 후에 그들의 넉넉한 것으로 너희의 부족한 것을 보충하여 균등하게 하려 함이라 기록된 것같이 많이 거둔 자도 남지 아니하였고 적게 거둔 자도 모자라지 아니하였느니라"(고후 8:14-15; 출 16:18).

그러므로 폐하께서 다섯 번째 법을 교회에 주어야 할 것이다. 성령께서 전해 주셨고, 이미 앞에서 언급된 계획에 따라, 이 다섯 번째 법에 의하여, 교회의 재산들과 재

---

51. 참고 본서 제2권 제7장.

산 항목들의 합법적인 용도들을 위하여 요구되고, 회복되어야 한다.

폐하의 보고(寶庫)가 오랜 전쟁들에 의하여 어느 정도 약해졌다는 사실을 나는 듣고 있다.[52] 그러므로 교회들 역시 교회의 사역자들과 학교들과 가난한 자들과 똑같이 그들 자신이 속한 공화국의 모든 유용성을 위하여 가능한 한 완전히 그것이 회복될 수 있도록 도와야 한다. 그러나 이것은 모든 면에서 잘 조직된 왕국들 안에서 공통적으로 가지고 있는 수단들에 의하여 가능해질 수 있다. 그러므로 로마의 적그리스도의 신성 모독적인 발명품들을 모방할 필요는 전혀 없다. 왕국의 보화를 회복시키기 위하여 책임을 지고 있는 사람들이 자기 자신의 이익에 관심하는 것보다 폐하의 것과 공화국의 것에 더 관심을 갖도록 예방책이 강구되어야 한다.

어떤 방법으로든지 수용되지 말아야 할 것은 다음과 같이 말하는데 습관이 된 사람들의 탄원이다. "폐하의 부친께서는 수도원들과 교회들의 재산으로부터 너무나도 많은 사역자들을 부유하게 하셨다. 왜 그의 아들이신 폐하께서는 자신의 사역자들과 관련하여 아버지의 관대함을 따르시지 않는가?"[53]

여기에 대하여 이방인 키게로(Cicero)는 다음과 같이 대답한다. "친절은 어떤 사람의 소유보다 더 커서는 안 되며, 친절의 원천은 친절에 의해서 고갈되지 않아야 한다."[54] 오늘날 수도원의 소유가 어디에 있든지 간에 폐하께서 그것을 사역자들에게 증여할 수 있는가?

그러나 만약 그가 감독들과 다른 고위 성직자들의 재산을 공격해야 할 경우, 폐허가 된 교구들에게 영원한 구원에 필요한 사역을 회복시키고, 학교들을 수리하고, 근면한 사람들을 양육하고, 가난한 자들을 돌보아 줄 수단들이 어디에서 발견될 것인가?[55]

그러나 그들은 다음과 같이 말한다. 교회들, 학교들, 또는 가난한 자들의 어떤 필

---

52. 헨리 8세는 스코틀랜드(1542; 1544; 1545-1546)와 프랑스(1543-1546)와 전쟁을 하였다. 섬머셋(Somerset) 공작의 섭정 정치 동안 영국은 스코틀랜드(1547-1548)와 프랑스(1549-1550)와 전쟁을 했다.

53. 참고 H. A. L. Fisher, *The History of England from the Accession of Henry VII to the Death of Henry VIII*(London, 1906), 499ff.; S. B. Biljegren, *The Fall of the Monasteries and the Social Changes in England*(Lund, 1924), 32-118.

54. Cicero, *De officiis* I, 14; II, 15.

55. 특별히 워익(Warwick) 공작(1550년 이후 주의 섭정자)의 명령에 의해서, 감독의 소유에 대한 몰수에 관하여 다음을 참고하라. G. Constant, *The Reformation in England*, Vol. I, 16ff. P. Hughes, *The Reformation in England*, vol. II, 150ff.

요들을 위해 감독들과 부유한 성직자들은 오늘날 교회의 부를 어떻게 사용하고 있는가? 그들은 게으르고, 자력이 없고, 세속적인 사람들을 먹여주고, 스스로 즐기며, 모든 사치와 세속의 허식에 탐닉한다. 만약 그들이 누군가에게 관대하다면, 육체적으로 자유로운 사람들에게 관대하다. 그들은 귀족들 보다 더 뛰어나 보이지 않기 위해 아내와 자녀를 꾸밀 것이다.

그러나 교회는 참으로 무엇으로 대답하며, 교회의 신랑이신 주님이신 그리스도께서는 이 일들에 대해 무엇이라고 응답할 것인가? 나의 교회들의 거짓 감독들과 기만하는 교회 장관들이 지금까지 십자가에 못 박힌 자의 세습이라고 성급하게 불러지지 않았던 나의 세습을 찢어 내고, 파괴하였기 때문에, 그들의 신성 모독적인 강탈이 나를 위하여 남겨 놓은 것을 소모하고, 파괴하기 위하여 나의 복음 안에서 영광을 돌리는 당신에게 이것이 진행되고 있는 것이 아닌가? 당신이 그들을 새로운 수벌로 참여시키고, 그들이 여전히 남겨 둔 나의 벌들의 모든 꿀을 먹는 나의 벌들의 꿀을 가져가는 수벌들에 관하여 그렇게 불평할 것인가를 당신은 생각하는가? 나의 벌들의 벌통으로부터 이런 수벌들을 추방하고, 그들의 꿀을 모든 수벌로부터 보호하는 것이 당신의 의무라는 사실을 당신은 인정하는가? 종교와 영생의 나라에서 당신을 통치하기 위하여 나를 원하는 마음이 당신 속에 있는지 없는지 생각해 보았는가?

만약 당신이 우리 가운데 나의 나라를 회복시키기를 원하신다면, 이 목적을 위하여 나의 나라의 사역들을 위하여 나에 의해서 선택된 사람들을 교육하고, 체계를 세우고, 양육하며, 그러므로 어디에서든지 학교들을 재정비하고, 내가 탁월한 재주를 가진 사람들로 추천하는 사람들을 양육하고 돕는 것이 필요한지 어떤지를 보기 바란다. 그렇지 않을 경우, 이것은 성취될 수 없다는 사실 말이다. 그러므로 나의 나라는 다음의 내용을 요구한다. 나를 믿는 사람들 가운데 모든 사람들에 대한 사랑과 일상적인 생활에 필요한 물품의 나눔이 이루어지며, 누구든지 경건하고도 복되게 살기 위하여 필요한 수단들이 부족하지 아니할 것이다. 나의 나라가 자신의 보고와 부유한 한 사람을 가져야 하는지의 여부를 판단하시오. 이 보고와 이 사람은 바로 그들이 공화국에게 경건하고도 유용한 삶을 살 수 있도록 나의 가난한 자들에게 이것들을 제공할 그 보고와 그 사람이다. 마지막으로, 궁핍에 대한 관대함은 나의 나라에 가치가 있다는 사실을 말해 보라! 이교도들이 관대함은 부족한 가운데 있는 모든 사람들에 대한 의무라고 판단할 때, 특히 그는 그 자신의 재산을 통해서 강도로부터 포로된 자들을 속량하고, 친구들의 빚을 갚아주기 위해 돈을 꾸어야 하며, 딸들의 결혼을 도와주어야 하고, 추구되어야 하고 이뤄져야 할 모든 것에 있어 선하고 정직한 시민들을 후원해 주어야 한다.[56]

고대 시대의 거룩한 교부들이, 교회의 신성한 기물들과 장식들이 뜯어져서 팔려야 한다고 판단했던 것은 확실히 바로 관대함의 목적 때문인 것이다. 이 점에 대해서 우리는 성 암브로시우스가 그의 책에서 한 말을 읽는다.[57] 이것들이 보물을 요구할 때, 사람들은 쉽사리 어떤 정교한 지출서를 상상할 수 있다.

그러나 모든 사람에게 부요하시고 모든 사람에게 아낌없이 주시는 주님은 비열하고, 배은망덕한 사람들에게 다음과 같은 말씀을 하신다. '오! 죽을 수밖에 없는 가련한 너희여, 지옥에 들어갈 가치밖에 안 되는 너희에게 나는 모든 것을 관대하게 베풀며, 나의 사역자들과 너희의 영원한 구원을 위해 내가 경영하는 나의 사역을 위해 준비된 사람들, 진실로 나 자신을 위하여 너에게 부탁한다. 나는 허망하게 나의 선을 바꾸는 기쁨 또는 허영 또는 사치를 부탁하는 것이 아니라, 배고픈 자에게 먹을 것을, 목마른 자에게 마실 것을, 추운 자에게 피난처를, 헐벗은 자에게 옷을, 병든 자에게 돌봄을, 갇힌 자에게 위로를 주기를 요청한다(참고 마 25:35-36). 그리고 너희는 너희에게 경건하다기보다는 유익한 이런 필요들에 대해서 나의 재산과 은사를 사용하지는 않고, 오히려 너의 조상들이 이런 목적을 위해 나에게 바친 것을 강탈하고, 쏟으며, 너에게 저주가 되도록 소비하고 있다.'

진실로, 너무나도 야만적이고, 불경건하지만, 인간의 관할권에 예속된 공적, 사적 문제들을 예외로 하고, 종교에 봉헌된 신성한 물건들을 유지하지 않는 공화국 또는 사회가 있는가?[58] 그리고 이러한 물건들은 그러한 이교도들에게는 신적 법에 관련된 문제이고, 모든 물건들이 너무 신성하기에, 사회가 불가피하게 필요로 할 경우에, 이 물건 중의 몇 가지가 사회의 필요를 위한 대체물로 받아들여진다면, 그들은 정부가 그러한 곤경으로부터 벗어나게 된 즉시로, 당장에 그 신성한 용도를 틀림없이 회

---

56. Cicero, De officiis II, 16; Demosthenes, De corona 268.

57. Ambrose, On the Duties of Ministers II, 28, 136-143(MPL, Vol. 16, cols. 148ff.).

58. Digest I, 8, 1.

복하고, 또 회복되기를 바라는 것이다. 왜냐하면 그들에게 있어, 죽을 인생이 영원한 신으로부터 나온 아무것도 사용할 수 없다는 것은 자연법과 국가법의 일부분이라고 하는 믿음이 우세하기 때문이다.[59]

이런 종교에는, 만약 어떤 사람이 어떤 신성한 것을 취한다면, 이것은 불경한 것으로 판단되고, 공적 재산을 사유화한 행동보다 더욱 중대한 것으로 간주된다.[60]

만약 그것들이 주님의 공헌에 바쳐진다면, 주님은 참으로, 공적 필요는 말할 것도 없고, 사적 필요에 그것들을 지출하는 것을 승인하시며, 기뻐하신다. 하나님의 백성을 위하여 앗수르 군주로부터 평화를 얻기 위해서, 히스기야 왕은 그에게 '그가 하나님의 집에서 발견하는 모든 은'을 주었고, 성전의 문과 기둥에서 은을 발견한 뒤, 그것에서 은을 제거했다(왕하 18:14-16). 그리고 주님은 백성의 유익을 위하여, 그러한 행동을 반대하지 않았다. 그러므로 하나님의 백성의 구원을 언급할 때, 이러한 외적 물건들 곧 그의 세상적 선물들이 자신의 피로 산 바 된 그의 백성의 공적 이익을 위하여 자유롭게 확산된다면, 그것은 주님을 기쁘게 하는 것이다. 왜냐하면 그는 하늘과 땅, 그리고 거기 있는 모든 것이 그의 백성의 구원을 위한 공헌이 되기를 바라기 때문이다. 그러나 그는 그의 나라에서 자신의 사역 가운데서 보호하시기 위해서 그리고 그의 가난한 자를 지원하고 돕기 위해 그의 교회들이 사적 재산, 그의 이름에 봉헌된 물건들을 갖기를 바라신다. 명예와 자리를 빼앗고, 관리자와 양 떼를 기르는 목자의 수입을 나쁘게 강탈하는 돈만 아는 사람, 강도, 도둑에게 보상하지 않고, "말씀과 가르침에 수고하는 이들에게는"(딤전 5:17-18) 음식과 적당하고 적절한 보수를 주기를 원하신다. 그러므로 연명의 수단은 학교에 유용할 것이다. 예를 들어, 경건하고 선한 예술을 가르치는 선생들, 교회의 사역에 적합한 면학에 힘쓰는 청년과 젊은 남자들, 그리하여 고아, 과부, 노쇠함의 병으로 아픈 자, 그리고 다른 곤궁한 사람들은 도움을 받아 살아갈 수 있을 것이다.

그는 우리의 구원의 목적이나 전에 그의 이름에 봉헌된 것 또는 그에게 새롭게 바쳐진 것으로부터 남겨진 무엇이든지, 신성하게 보존되기를 원하시고, 다른 목적으로 바뀌기를 원하지 않으신다. 그래서 다른 어떤 방법으로 그것들을 다루는 자는 누구

59. Cicero, *De haruspicum responso* 14.
60. *Digest* XLVIII, 13, 4 and 11.

든 많은 저주 아래, 신성 모독의 죄를 범하게 될 것이다(레 27:28-29). 그는 종교와 동등하게 우리가 책임지거나 떠안아야 할 다른 의무들, 예를 들면 구원의 경영이 없다는 것을 인정하기를 원하고, 우리가 연방의 어떤 시민도 이 의무를 선한 믿음 안에서 대처하는 자들보다 더 유용한 자들이 없다고 생각하기를 원하고, 우리가 곤궁한 자들에게 무엇을 소비하든지 그것이 무한한 이윤으로, 현세와 내세에 모든 좋은 것 중에서, 우리를 위한 배당을 산출한다는 것을 의심하지 않기를 바란다. 이것은 주님의 곤궁한 자들이 우리를 '영원한 처소로 영접할' 것이기 때문이다(눅 16:9).

그러나 이것의 몇 가지 목적은 다음과 같다. 교회의 물품들은 큰 범위로 모아졌으며 잘못 설득된 사람들의 불경건한 속임수와 사기 행위로 축적되어, 연옥으로부터의 자유와 하늘 보좌가 칼리지와 채플에게 부여된 기부금으로 구입될 수 있었다. 그러므로 그것은 공동체와 구별된 가족으로부터 신성 모독적인 사기 행위로 받아들여졌으며, 그래서 교회의 이러한 부정 수입의 얼마가 공동체와 귀족에게 돌려져야 하는 것이 정당하다. "무릇 나 여호와는 정의를 사랑하며 불의의 강탈을 미워하여"(사 61:8). 사기 행위를 참지 않으시기 때문이다.[61]

이러한 반대에 대하여 대답되어야 할 것은 충분히 명확하다. 첫째, 이러한 물품들은 연방의 활용보다는 신적 법의 재가(裁可) 아래서 더 확실하게 보존될 수 있으며, 기독교의 보존과 확산 그리고 소자들 가운데 있는 우리 주 예수 그리스도를 양육하고 공급하는데 더욱 유용하게 사용될 수 있다. 둘째, 거짓된 성직자로부터 불경건한 설득과 약속으로 교회의 재산을 빼앗긴 가족에 관하여, 나는 묻기를, 이러한 가족 중에 얼마나 많은 수가 남아 있는가? 만일 그들이 남아 있고, 곤궁한 가운데 있다면, 그들은 교회의 관대함으로 사람들 앞에서 도움을 받아야 한다. 나머지에 관해서, 법률에 종사하는 자들의 견해는, 공동체에 형성된 기부금이, 불경한 용처에 주어졌을 때라도 힘을 가지고 있다는 것이다. 그래서 만일 어떤 이가 불순한 과시를 위해 유산을 시에 증여한다면, 그런데 그 시는 기독교로 인해 시민들에게 그것을 공개하기를 원치 않는다면, 유산 수령인은 이러한 이유로 상속자에게 그것을 넘겨줄 필요가 없

---

61. 이것은 교회 소유의 완전한 사유화를 옹호했던 사람들에 의하여 진전되었던 논쟁이었다. 모든 중요 종교 개혁자들처럼, 부처는 이런 소유들은 교회들과 학교들과 가난한 자들의 구제를 위하여 사용되어야 할 것을 추천했다. 이런 맥락에서, 그는 종교 개혁자로서 그의 생애 시작으로부터 쓰고, 말했다.

게 된다. 그러나 유산은 그것을 받은 시의 공적 통제에 남게 된다. "시장은, 그들에게 맡겨진 문제들을 활용하는 방법에 관하여 상속자들의 요구를 무시해야 한다. 거기서 유언자의 기록은 법적인 것과는 다른 방식으로 경축된다."[62] 그러므로 기부된 물건들이 거짓 성직자들에 의해서 불경건한 미사나 기부자의 잘못에 의한 다른 거짓 예식에 사용될 예정이라 할지라도, 교회에 기증된 물건들이 그들의 통제 가운데 남아 경건한 용도로 변화되어야 한다.

그러나 그러한 반대를 하는 자들은, 사적인 사람들뿐 아니라 그리스도의 교회에게, 사기 행위와 강탈 행위를 두려움 속에서 스스로 삼가며, 약탈자와 사기 행각자에게 교회를 팔지 않기를 바란다. 우리는 제한되지 않고 단절되지 않는 사람을 복음의 충실한 사역자에게 맡기는 것을 선호하기보다는, 사제직의 부요함을 그리스도에 대한 모욕, 교회에 대한 손해로, 이미 불경하게 성직을 갖고 있는 사람에게 주기를 더 선호하는 많은 사람들이 있다는 것을 본다.

그리스도 왕국과 종교에 비해서 폐하의 영토는 아주 중대하게, 교회의 재산에 대한 지시된 약탈과 분산의 위험이 있기에, 폐하는 빠르고 양심적으로 그것에 대해 보살피셔야 하며, 정부가 그 재산과 보물을 소유하듯이, 우리의 영원한 왕 예수 그리스도는, 그가 폐하의 영토에서 자신의 왕국을 갖듯이, 그의 보물과 재산을 소유해야 한다. 이것은 매우 경건하게 이루어져서 폐하 자신이 그것으로부터 그의 관대함을 행사해서는 안 되며, 참된 종교의 진실하고 충실한 사역자들, 즉 진실로 충성되게 일하며, 이 사역을 위해 가르침과 교육을 받는 자, 그들의 교사와 선생, 진실로 곤궁한 자들을 제외하고, 그 안에 있는 그의 어떤 주제라도 허용해서는 안 된다.

주님은 그의 모든 사역자들과 그의 친절을 받기에 합당한 모든 사람에게, 그 자신을 매우 후하고 관대하게 나타내실 수 있도록, 주님은 그가 그의 나라와 의를 우선적으로 구하는 바와 같이(마 6:33), 폐하에게 다른 모든 것들을 의심할 여지없이 그리고 가장 풍성하게 주실 것이다. 이교도의 교사들이 바르게 진단한 것과 같이, 이러한 경고는 관대함과 선한 행위 안에서 준수되어야 한다. 첫째, 관대함은 명백하게 그것을 받아들이는 자 또는 다른 이들을 침해해서는 안 된다. 둘째, 친절은 한 사람의 재산

---

62. *Didest* XXXIII, 2, 16.

을 넘어서는 안 된다. 그리고 각 개인의 가치성에 따라 부여되어야 한다.[63] 저명한 엔니우스(Ennius)가 이렇게 말했기 때문이다. "나는 잘못 놓인 선행을 악행으로 판단한다."[64]

제14장 여섯 번째 법: 구제

그의 이름과 예배에 오랫동안 봉헌된 물건들이 보존되고, 되도록 많이 그리고 우리가 그를 신뢰하고, 우리의 구주와 모든 선한 것들의 수여자로 사랑하는 만큼, 그리스도 우리 주님께 성화 되었을 때, 그리고 그리스도 왕국의 교회를 위하여 법 6조항이 요구됨으로써, 공정한 재산이 비축되고, 충분한 유산에 의해서, 구성되었을 때, 폐하는 성령이 우리에게 규정하고 명령한 가난한 자, 궁핍한 자들을 위한 거룩한 준비를 회복하실 것이다(행 2:45; 4:32-34; 5:1-11; 6:1-6). 그것이 없다면 성도 간에 다른 진정한 교제도 있을 수 없고, 폐하는 각 교회가 가난한 자 구제를 맡은 집사를 두도록 해야 한다. 집사에 관하여 나는 전에 충고한 바가 있는데,[65] '탁월한 칭찬을 받는 자들, 영과 지혜가 충만한 자들이어야' 한다. 각 교회는 궁핍한 자들을 돌볼 필요만큼, 가난한 자의 숫자에 맞게 집사를 두게 될 것이다.[66]

그들의 임무와 직임은 이러한 표제에 담겨져 있다. 첫째, 그들은 각 교회에 진실로 가난한 자들이 얼마나 되는지 조사해야 하는데, 그들에게 교회가 생필품을 공급하는 것은 공정한 일이다. 그리스도의 교회는, 자신의 힘으로 스스로 살아갈 수 있으나, 이것을 무시하고 빌린 음식을 받으며, 무절제하게 살아가는 사람들을 교회의 교제로부터 단절시켜야 한다(살후 3:6). 그러한 불경건한 게으름 가운데 있는 사람들을 돌보는 것은 확실히 교회의 임무가 아니다. 그러므로 다음의 말씀이 지켜져야 하는 것

63. Cicero, *De officiis* I, 14.

64. Cicero, *De officiis* II, 18.

65. 본서 제1권 제14장.

66. 가난한 자들을 위한 구제에 대한 부처의 제안에 관하여, 다음 책에 나타난 토론을 보라. W. Pauck, *Das Reich Gottes*, 92ff.; C. Hopf, *Martin bucer and the English Reformation*, 116ff.

이다. "누구든지 일하기 싫어하거든 먹지도 말게 하라"(살후 3:10).

성령이 과부에 대해서 명령한 것도 역시 궁핍한 자들에 관련하여 이해되고 준수되어야 한다. "만일 믿는 여자에게 과부 친척이 있거든 자기가 도와주고 교회가 짐 지지 않게 하라 이는 참 과부를 도와주게 하려 함이라"(딤전 5:16). 그러므로 만일 어떤 궁핍한 사람들이 혈통이나 결혼이나 다른 어떤 특별한 관계나 관습에 의해서 다른 단체에 속해 있다면, 돕기를 원하거나 도울 수 있는 어떤 가정이나 가족이 없는 사람에게 공급하고 도와주기 위해서, 자신의 생필품으로 공급하는 것은, 만일 그들이 주님의 자원을 가지고 있다면, 확실히 그들의 임무이다.

성령의 이러한 무서운 선언은 모든 사람의 마음속에 울려 퍼져야 한다. "누구든지 자기 친족 특히 자기 가족을 돌보지 아니하면 믿음을 배반한 자요 불신자보다 더 악한 자니라"(딤전 5:8). 특별히 친밀한 관계로 주님이 우리에게 주신 사람들은 두 번째로 큰 계명에 모든 법이 여기에 담겨 있고 성취되는 바, 이 계명이 아래에 있는 것인데, 그것은 "네 이웃을 네 자신 같이 사랑하라 하셨으니"(마 22:39)이다.

주님은 혈통, 결혼, 가정 예배 또는 다른 특정한 관습에 의해 연합되고 관련시킨 사람들을, 각자에게 특별한 의미에서 이웃으로 주신다.

구제의 사역을 맡은 집사에게 첫 번째로 필요한 것은, 진짜로 가난한 사람들이 누구인지, 자신의 곤경을 스스로 감당할 수 없는 사람들이 누구인지, 필요를 거짓으로 꾸미거나 게으름이나 편안한 삶을 위해서 도움을 요청하는 사람들이 누구인지, 자신의 짐을 맡거나 도와줄 이웃이 없거나 있는 사람이 누구인지를 부지런히 조사하는 것이다. 집사는 특별히 기록된 명부들, 도움의 종류, 그리고 생필품을 얻을 수 없다고 밝혀진 사람들과 도움을 받을 수 있는 가까운 사람이 전혀 없는 사람들의 행동을 잘 간직하고 있어야 한다. 때때로 집사들은 그들이 얼마만큼 충성된 자들의 구제를 누리고 있고, 어떤 때라도 그들이 필요한 것들이 무엇인지 더욱 정확하게 알기 위해서 그들을 방문하거나 초청해야 한다.[67] 사악한 자들이 절대로 만족하지 못하고 거지들이 절제와 한계를 알지 못하듯이, 신중하고 평판 좋은 사람들은 그들의 필요를 숨기고, 은폐하며 교회가 그들에게 공급하는 것들이 매우 많다고 판단한다. 그러나

---

67. 부처가 추천하고 있는 내용들은 스트라스부르 시가 따랐던 실천들과 거의 일치한다. 참고 O. Wickelmann, *Das Fürsorgewesen der Stadt Strassburg*.

성령은, 어떤 사람도 궁핍한 가운데 있지 않도록, 경건하고 부요한 삶을 살기 위해서 필요한 것들이 각자에게 공급되도록, 교회의 재산을 어떤 식으로, 얼마만큼 분배할지를 정하신다(행 2:45; 4:35). 그리고 교회가 구제의 일을 감당하기 위해 이러한 종류의 집사를 선출하는 것과 어떤 사람이 궁핍한 가운데 있고 그가 원하는 것이 무엇이며, 고상하고 거룩한 삶을 위하여 교회로부터 얼마나 많은 것들이 공급되어야 하는지에 관해서, 우연히 하는 것이 아니라, 정확하게 정보를 조사하고 정보를 얻는 것이 얼마나 필요한 일인지 누가 보지 못하는가? 만일 궁핍한 때에 그들을 도우라고 주님이 주신 자연적인 도움의 근원인 식구들이 있다면, 그들은 이것을 받아들여야 한다. 그들 자신을 돌보는 것은 교회에게 주어진 의무이며, 이런 목표를 위해, 그리스도의 완전한 치리를 위해서처럼, 집사는 주교와 장로 가까이 있어 도움이 되어야 한다.

집사 직무의 다른 기능은, 재산의 이익금이나 충성된 자들의 공급으로부터 그들이 가난한 자들의 도움을 위하여 교회에 해당되는 계좌를 가지고 있어야 하며, 이것으로부터, 가난한 자들이 주님의 가르침에 따라 살기 위하여 필요하다고 생각되어지는 모든 것들을 제공해야 한다. 그리고 그들은 지출 기록부에 이것에 관한 충실한 기록들을 유지하고 있어야 한다.

왜냐하면 그들은 모든 수입과 지출에 관한 기록들을 주교와 장로에게 넘겨주어야 하기 때문인데, 이것은 사도의 모범을 따라, 주님 앞에서나 사람들 앞에서의 정직함을 목표로 한 것이다(고후 8:21). 이것에 관하여 성령은 집사에게 요구하시는 바, 그들은 그리스도의 백성들 가운데서 좋은 평판으로 인정받아야 한다. 사람이 돈에 대한 욕심으로 일하는 것처럼, 가장 최소한의 이유로, 그들은 공적 자금을 운영하는 사람들에게 불공정한 혐의를 지운다. 그리스도의 영으로부터, 풍부에도 처할 줄 알고, 궁핍에도 처하라는 가르침을 배우지 않는 가난한 사람들이 이러한 문제에 있어 강하게 의심하고 불평하는 것이다(빌 4:12).

그리고 이러한 이유로, 집사들이 그리스도의 전체의 양 떼에게 더욱 완전한 권위를 갖도록 그리고 그의 신실함에 있어 더욱 확실하게 믿겨지도록, 초대 교회들은 그들에게 장로의 위엄에 가까운 서열을 주었고, 그들에게 가르침과 성찬이라는 성스러운 사역의 일부분을 감당하도록 하였다. 적그리스도들은, 다른 성직에 있는 사람들과 같이, 이러한 사람들의 직임을 확실하게 제거한다. 그리고 그들의 직임을 의의가 없는 활동으로 축소시킨다. 그래서 오늘날 집사가 주교와 사제의 미사를 돕고 거기서 복음서의 말씀을 읽는 것 외에 다른 기능이 있다는 것을 생각하는 사람이 거의 없다. 내가 말했듯이, 이것은 원래 이 직임의 부수적인 책임이었고, 하나님의 백성 가운데서 가난한 자들을 돌보고 그리스도의 치리를 주장하는 그들의 사역은 위대한 신임뿐 아니라 위대한 권위를 가지고 있었던 것이다.

교회의 재산을 관리하는 것과 그것으로부터 나온 수입과 가난한 자들을 돕기 위해 지정된 수익금을 모으는 것은 부집사와 경영자의 직임인데, 이것은 집사들이 자신에게 온전히 시간을 들이기 위해서이다. 첫째로, 이미 모아진 교회 재산의 바른 분배에 있어, 각 사람이 주님의 가르침대로 살도록, 각 사람이 진정으로 필요로 하는 것만을 주기 위하여, 둘째로, 교회로부터 공급받은 사람들 가운데서 그리스도의 규율이 유지되기 위해서, 이 목적을 위해 교회로부터 음식을 공급받은 사람들이 그리스도의 가르침에 따라 살게 될 것이다. 셋째로, 그리스도인 중 그 밖의 사람들 가운데서 이러한 규율이 향상되도록 하기 위함인데, 그들의 삶과 삶의 체질은 가난한 자들을 향한 관심 때문에, 그들이 더 잘 알 수 있을 것이고 더 잘 조사할 수 있을 것이다. 이런 식으로 집사와 부집사의 일을 분배하는 것은, 로마 주교 성 그레고리우스의 많은 서신에서 보는 바와 같이 그의 시대에 준수되었다.[68]

교회가 구제를 위해 임명한 집사가 얼마나 입증되고 현명하든지, 가난한 자들은 그들에게 부여된 물자가 풍부하지 않다면 거의 도움을 받지 못할 것이다. 그리고 궁핍한 자들의 필요를 공급할 수 있도록 교회에는 국왕의 제공이 있어야 한다.

전에, 충성된 자들로부터 온 재산이나 선물이나 기부금으로부터 온 교회의 모든 재산의 사분의 일은 가난한 자들을 위해 비축되었다.[69]

게다가, 경건한 군주나 부요한 사람들은, 건강이 좋은 궁핍한 사람들을 보살피고 돕기 위해서, 유아를 위해서, 또 고아들을 위해서 노쇠하여 병약한 사람들을 위해서, 아픈 상태로 일하는 사람들을 위해서, 순례자들을 위해서, 유랑민을 위해서, 가정과 병원을 설립했다.[70]

---

68. 참고 Gregory I, *Letters* I, 2(*MPL*, vol. 77, col. 445); II, 32(*MPL*, vol. 77, cols. 566ff.).

69. *Corpus Iusis Canonici* II, c. XII, 9.

70. *Code* I, 22.

이러한 영역에서, 폐하의 조상들과 많은 경건한 귀족들과 사람들이 궁핍한 자들의 구제를 위해 많은 것들을 기부하였고 공급한 영역이 있었다는 것은 의심할 여지가 없으며, 시간이 지나면서 가난한 자들의 구호품을 관리하던 잘못된 수도사들과 승려들이,[71] 궁핍한 형제들의 몸에 대한 염려뿐만 아니라, 그들 자신의 영혼과 그리스도와 모든 종교에 속한 사람들에 대한 관심까지도 거부한 채, 하나님을 섬기기 위한 예배—예를 들어, 그들의 저주받은 미사를 쌓아올리는 것과 다른 혐오할 만한 의식들—를 확산시키려는 열심이라는 구실 아래, 그러한 물품들을 넘겨주기로 한 후에, 그것들을 자신의 즐거움과 허영을 위해 변화시킨 것이다.

그들은 왕과 합법적 통치자로부터 모든 힘과 권력을 제거했고, 일반인을 설득하기를, 그리스도가 이런 것으로 가난한 자들을 먹이고, 목마른 자에게 마실 것을 주고, 순례자들과 집 없는 자들을 보살펴 주고, 벗은 자를 입히고, 아프고 갇힌 자들을 방문하는 것보다는, 이러한 물건들이 산 자와 죽은 자를 위하여 그들의 불경한 의식에 지출된다면, 더욱 좋은 것이라고 설득한 것이다.

그러므로 만약, 교회를 방문할 때, 가난한 자들을 위해서 부여된 어떤 것이라도 발견된다면, 폐하께서는 그리스도의 가난한 자를 위하여 그들에게 확실히 요구해야 한다. 그리고 그것들이 원래 주님께 바쳐진 용도로 사용되도록 회복시켜야 한다.

그러면, 내가 전에 말한 바와 같이,[72] 많은 규정에서 규정된 대로 교회 수입의 사분의 일의 한도 내에서는 가난한 자들을 먹이기 위해, 일을 잘하는 성직에 얼마간의 보수가 주어지는 것이 적당할 것이다.

그리고 무가치한 사람들이, 진짜 곤궁한 사람들로부터, 교회와 충성된 자들의 구호품을 전유하지 못하도록 폐하는, 어떤 사람도 구걸이 허용되지 않도록, 그러나 그들 자신의 삶을 노동에 의해 살아갈 수 있는 사람들이 일하도록 강요되고 교회에 의해 보살펴지지 않도록, 하나님의 법과 발렌티니아누스의 법을 새롭게 해야 한다. 각자는 우리의 형제와 친구들이 풍성하도록 구걸 없이 자신의 자원으로 살아야 한다(신 15:4; 살후 3:6, 10–12).[73]

---

71. *Pseudocoenobitae.*

72. 참고 본서 제2권 제13장.

73. *Code* XI, 26. 개신교 종교 개혁자들 가운데서 부처는 구걸을 가장 강하게 주장한 사람이다. 헨리 VIII세는 1536년에(27 Henry

이러한 일이 더욱 알맞고 공평하게 일어나기 위해서, 폐하는, 각 사람은 가족과 그와 특별히 관련된 가난한 자들을 위한 먹을 것을 공급해야 하고(만약 그의 수단들이 그로 하여금 이런 일을 하기에 가능하게 한다면), 각 도시와 마을은 자기 가족으로부터 부양받지 못하며 다른 이에게로 보낼 수도 없는 가난한 자들을 돌보아야 한다는 법령을 포고해야 한다.

그러나 어떤 지역이나 마을에서는, 생필품을 가난한 자들에게 공급하기에 충분하지 못한, 빈약한 자원을 가지고 있을 수도 있는데, 이러한 자들을 효과적으로 돌보는 희생은 폐하의 몫이다. 이것은 폐하의 권한으로, 그 자신의 교회의 힘으로 보살핌 받을 수 없는 사람들을 더 부요한 교회로 옮기기 위하여, 각 지역에서 영적 신중함을 가진 경건한 자들이 이러한 임무를 감당케 하는 것으로 시행될 수 있다. 그리스도인인 우리 모두는 서로 서로 형제들이다(엡 4:25). 그리스도인이란 이름 아래서 이방 교회들은, 때때로 바울 사도의 영감에 의해, 유대에서 기근으로 고통당하는 교회를 도왔고 그렇게 하는 것이 그들의 임무임을 인정했다(롬 15:26-27).

마지막으로, 우리는 우리의 본성으로부터 하나님께 반역적이고 타락한 존재들이기에, 우리는 계속해서 하나님의 교훈과 가르침을 타협한다. 그리고 우리의 욕망과 잘못된 판단에 의하여, 우리는 항상 하나님이 정해주신 길과는 다른 길을 따르려 한다. 가난한 자들을 돌보는 것이 얼마나 경건한 일인지에 상관없이, 가난한 자들을 위한 구제품을 공공 기금에 드리기를 거부하고, 개인적인 관대함으로 가난한 자들을 도와주는 것을 더 선호한다(만약 그들에게 그렇게 하는 것이 좋게 보인다면)고 말하는 사람들이 있을 것이다. 그들의 교만은 폐하의 법과 교회의 규율에 대해 대항하게 될 것이다. 만일 어떤 사람이 사적으로 가난한 자에게 어떤 것을 제공하는 것에 사로잡혀 있다면, 주님의 기금에 이중적 기부를 규정하는 법에 의해서, 교회의 치리에 의해서는, 만일 어떤 사람이 주님의 기금에 아무것도 넣지 않는다면(신 15:7; 16:16), 그는 교회의 사역자들에 의해, 그는 하나님의 말씀으로부터 그의 임무에 관한 훈계를 받아야 하며, 만일 그가 단호하게 이런 훈계들을 거절한다면 이교도와 세리로 규정되어야 한다. 얼마만큼 소자들을 위해 그리스도께 바치기를 소망하는지에 관한 모든 개인적 판단이 남아있지만, 교회의 어떤 사람도, 하나님의 명백한 교훈에 대항하여, 빈손으로 주님 앞에 나

VIII. c. 25; *Statutes of the Realm*, vol. III, 558) 구걸을 금지하는 법을 공포했는데, 이 법은 1550년에 재개정되었다.

오도록 허락되지 않는다. 그가 가난한 자들의 보살핌에 대한 성령의 가르침을 완전히 무시할 것이기 때문이다(행 6:2-4). 진실로 그는 그의 사적 구제를 통하여 그것을 뒤집고 있는 것이다.

그러나 하나님 앞에 내세우려는 인간의 지혜는, '충성된 자들이 그 자신의 판단에 따라, 진정 가난한 상태에 있는 것으로 발견된 자들에게 선한 일을 할 수 없도록 묶여 있다는 것은 비인간적이다'라고 반대할 것이다. 가난한 사람 중에는 그들이 얼마나 가난하든지, 교회의 구제를 부끄러워하는 훌륭한 사람들이 발견되어져야 하기 때문이다. 이것에 대하여 다음과 같이 대답할 수 있다.

첫째로, 어떠한 사람의 손도 이 법에 의해, 그가 공급할 수 있고 공급할 어떤 가난한 자에게라도 그의 손을 여는 것을 간섭하도록 묶여 있지 않다. 그러나 하나님의 교훈과 성령의 가르침에 따르면, 하나님의 아들들이, 그리스도의 가난한 소자들에게 진정으로 주어야 할 것들을, 그리스도의 적들에게 또는 가난하지 않은 자들에게 또는 명백하게 자신의 가난을 과장하는 자들에게 주지 않도록, 보살핌이 있어야 한다. 내가 전에 말한 대로 사적인 사람은, 교회로부터 주어진 임무인 바, 가난한 사람을 최고의 열정으로 매일 만나는 사람들처럼, 가난한 사람을 조사할 수 없다. 그리고 주님은, 그가 선택하여 성령으로 그 직임에 부르신 사람들에게 그의 은사와 성령의 증가를 부여하시는 데 있어 실패하지 않으신다(고전 12:7-11).

둘째로, 어떤 사람이 가난한 이웃을 잘 알고 그들의 사는 것을 잘 안다고 할지라도, 다른 사람들이 그의 예를 통해서 구제 없이 사는 것을 희망하지 않도록 하기 위해서이며, 거의 잘 알지 못하는 사람들에게(가장 하찮은 구제를 받은 사람은 그들에게 더욱 무례하고 교활하게 구걸하는 습관이 있다는 사실의 견지에서), 모든 사람들이 그가 만나는 도움이 필요한 사람들을, 그가 그들이 얼마나 선하고 덕스러운지 잘 안다 할지라도, 그들이 집사들로부터 필요한 것을 얻기 위해, 교회의 집사들에게 보내는 것이 더욱 좋다는 것이다. 우리가 하나님 앞에서 지혜롭다고 생각하고, 하나님의 교훈과 가르침으로부터 이쪽저쪽으로 우리의 목표를 돌이키려는 우리의 타고난 교만에 틈을 주지 않도록 아주 주의해야 한다.

그리고 만약에 그들이 차라리 전적인 집사 직무로 향하지 않을 바에야 부끄러움을 겪게 하는 편이 나으니, 그들에게 그들의 필요를 집사들 중에 한 사람에게 현재케 하라. 혹은 만약 이것이 그들에게 있어 너무 힘들다면, 그들의 필요와 정직성을 철저하게 잘 아는 사람들은 그들로 하여금 집사들에게 주의를 기울이게 하고, 그들을 위한 필요한 구제금을 얻을 것이다.

그리스도인은, 그가 비록 가난에 떨어질지라도, (그리고 그가 한때 즐겼던 상류 사회의 신분에 괘념치 않고) 결코 그리스도의 십자가와, 궁핍을 통해 주님에 의하여 시행된 치료책을 부끄러워하지 않아야 한다. 주님의 바로 그 손으로부터 오는 것처럼 그의 교회의 사역을 통하여 그들의 궁핍을 경감시키는 것을 재난처럼 간주하는 것은 그리스도인들에게 더욱더 부적절하다. 가장 의로우신 주님께서 그들에게는 더욱더 큰 구원이 되셨고, 그들 삶의 빈궁과 인간성에로 던져지는 심판을 감당하셨다.

그러나 이것은 또한 집사들의 권한에 속한 것이다. 비록 이것이 그들의 살고 있는 조건들에 따라 이것에 습관이 된 다른 사람들에게 만족을 줄지라도, 그들은 다양한 사람들의 필요뿐만 아니라 그들 마음의 가냘픔까지도 고려해야 하며, 신중성과 관대성을 가지고 가난으로 인한 고통에다가 부끄러움의 고통을 어떤 경우에도 더해지지 않는 그런 방법으로 도움을 제공해야 하며, 주님께서 이전에 쉽사리 축복하셨고, 식량과 의복의 견딜 수 없는 거칠음에 대하여 위로하셨던 사람들에게로 감소시켜서는 안 된다. 여기서 우리는 성령의 규정을 고려해야 한다. 우리는 사람이 거룩하고도 잘살기 위해 사람이 필요로 하는 것은 무엇이라도 각자에게 분배해야만 한다(행 2:45; 4:35). 그러나 명백한 것은 모든 사람의 몸의 건강이 똑같지 않으며, 또한 모든 삶의 방식을 똑같게 맞출 수도 없다. 그래서 어떤 이들은 더 많이 필요하며, 다른 이들은 더 적게 필요하다. 어떤 이는 더 부드럽게, 다른 이는 더 거칠게, 식사, 의복, 다양한 다른 것들이 필요하다. 여기에 대한 올바른 가치 평가에서 귀족들과 여성들이 롬바르드족에 의해서 손상을 입었을 때, 성 그레고리우스는 교회의 소유로부터 그들을 위한 관대한 연금을 특별히 명령했다.[74]

따라서 폐하께서 그리스도와 그의 교회에 이 여섯째 법을 제공하시기를 바란다. 첫 번째 장에서 그는 아무도 구걸하지 말아야 할 것을 포고해야 한다. 각 사람은 혈연과 결혼에 의하여 그의 가족과 친척들의 지체들을 위해, 만약 그가 그렇게 하는 수

---

74. Gregory I, *Letters* I, 39(*MPL*. Vol. 77, col. 493).

단들을 가지고 있다면, 제공해야 한다. 도시와 동네, 혹은 마을은 가족으로부터 도움을 받을 수 없는 그들을 부양할 수 있다. 만약에 부족함을 겪는 어떤 도시, 동네 혹은 마을이 가난함에 원조할 수 없다면, 각각의 행정 구역에 뛰어난 행정관을 거주하도록 판결해야 한다. 그리고 가난한 자들을 행정 구역의 약간의 더 부요한 교회에로 책임을 넘겨주어야 한다.

두 번째 장에서 그는 다음의 내용을 규정해야 한다. 각 교회의 첫 번째 방문에서 우리가 이미 기술했듯이[75] 사람들 가운데 인증된 집사들과 가난한 자들을 시중드는 사람들이 방문자들에 의하여 선택되어야 한다. 우리가 명시했던 규범에 따라 그는 의무적으로 그들에게 동참하며, 임명된 시점에서 감독과 장로의 규정과 비용 때문에 그들이 할 수 있거나 하는 것에 따라 그들은 다양한 사람들이 필요를 철저하게 조사하고, 그들에게 이것들을 신실하게 제공해야 한다.

세 번째 장에서 그는 하나님의 규정과 성령의 교훈에 따라(행 4:34) 사적인 구제를 금지하고, 그의 백성들로 하여금 내적인 교만에 따라 그리고 하나님의 말씀과 성령의 교훈에 반대하여 개인적으로 그것들을 처분하기보다는 차라리 그들의 연보들을 이것을 위하여 지정된 교회와 교회의 사역자들에게 위탁하도록 촉구해야 한다.

네 번째 장에서 그는 이용될 수 있도록 여전히 발견된 이 목적을 위하여 그리스도에게 제공된 우리의 선조들의 가난한 자들을 위한 연보들과 선물들을 요구해야만 한다. 이 기부들의 나머지 분량이 어느 정도로 덜 발견될지라도, 그렇게도 많은 경전들에 따라 책임을 지고 있는 교회들의 모든 수입의 사분의 일의 분량 정도로 가난한 자들을 돕기 위하여 보다 더 많은 관대한 지불을 더 부유한 사제들에게 부과해야 한다.

다섯 번째 장에서 그는 이 가장 큰 성령의 교훈을 감히 신성 모독하거나 어떤 사람을 이 규정으로부터 멀리 떠나게 하는 사람들에 대한 무거운 처벌을 규정해야만 한다. 어떤 것이 집사들 가운데서 그리고 가난한 자들을 위한 돌봄에서 고쳐져야 할 것이 어떤 사람에게 있는 것처럼 보일 때 그는 명령해야 하고, 그는 특별히 집사들에게 그것에 관하여 충고해야만 한다. 그리고 만약 그들이 이 적당한 훈계에 따라서 행동하지 않을 경우, 그는 이 문제를 감독과 장로에게 알려서, 모든 일들에서 하나님의

---

75. 참고 본서 제1권 제14장, 그리고 본 장(본서 제2권 제14장)의 첫 번째 문단.

말씀의 권위가 확산되고, 하나님에 의해서 세워진 어떤 것도 시인하지 않는 사악한 사람들은 모든 곳에서 제 때에 반대에 직면하게 될 것이다. 그러면 그리스도의 사람들의 기도는 최소한 그리스도의 형제들에게 우리가 마침내 행복하게 이 말을 듣게 될 것처럼 매우 은혜롭게 제공됨으로 응답될 것이다. "그때에 임금이 그 오른편에 있는 자들에게 이르시되 내 아버지께 복 받은 자들이여 나아와 창세로부터 너희를 위하여 예비 된 나라를 상속 받으라"(마 25:34).

음식, 피난처와 의복을 극단의 궁핍에 처한 자들에게 공급하는 것은 그리스도인들의 친절로서는 충분하지 않다. 앞에서 말했던 대로,[76] 그들이 받았던 하나님의 선물들을 아주 관대하게 주어야 한다. 그들은 다음과 같은 일들을 할 수가 있다. 정직하고 경건한 혼기에 달한 소녀들에게 기부하고 도와주는 것, 왜냐하면 그들은 결혼관계를 공정하게 유지할 수 있는 신부 지참금이 없기 때문이다. 그래서 그들은 적당한 시기에 결혼할 수 있도록 하며, 적절한 남편과 함께 살게 한다. 그들은 눈에 띄는 능력을 가진 보호자가 없는 소년들을 신성한 교회의 사역을 위한 공부를 하는 쪽으로, 교육받게 도울 수 있다. 결국 그들은 실업자가 된 신실한 사람들을 선물과 대부(貸付) 모두를 통해 도울 수 있다. 그들은 그들의 아이들에게 먹을 것을 주고 상업을 하며 삶을 살아간다. 그리고 그들은 주님 안에서 교육받는다. 그리고 그들 자신이 더 유익한 공화국의 시민임을 보여 준다.

왜냐하면 예수 그리스도의 교회들에게 이것으로는 충분하지 않기 때문이다. 그들의 백성은 단지 살아갈 수 있을 뿐만 아니라, 다음의 내용이 그들에게 제공되어야한다. 그들은 다른 사람들 가운데서 그리고 국가와 교회 안에서 어떤 상호 유용성을 위하여 주님에 대하여 살아야 한다.[77] 따라서 예수 그리스도 안으로 세례 받은 모든 사람들은 어릴 때부터 적당하게 교육을 받으며, 건전한 기술들을 배워, 각자는 자신의 분량에 따라 어떤 것을 통해 공공선에 기여하고, 자신을 그리스도의 참되며, 유용한 지체로서 입증해야 한다는 사실을 교회가 제공해야만 한다. 그리스도의 지체들의 특징에 관하여 우리는 이미 위에서 설명했다.[78] 가난한 자들의 구제에 대한 우리의 설

---

76. 본서 제2권 제13장.

77. *Ad certam et mutuam inter se atque totius reipublicae et Ecclesiae utilitatem.*

78. 본서 제1권 제2장, 제3장.

명들은 여기서 종결짓는다.

제15장 일곱 번째 율법: 성화와 결혼에 관한 규정들

이러한 일들 외에, 우리의 왕이신 그리스도와 그의 교회는 폐하께서 역시 결혼 규정에 대한 고유한 책임을 지실 것을 요구한다.[79] 올바른 법이 없고, 효과적인 계획이 이 아주 거룩한 관계성과 인류의 근원을 위하여 하나님의 말씀에 따라 작성되지 않은 이래로, 얼마나 많은 선한 양심들이 여기에 얽히고, 고통을 당하고, 위험에 빠졌다는 사실을 어떤 사람도 말할 수가 없다.

결혼은 정치의 일이기 때문에 사람들이 올바르게 계약을 맺고, 결혼을 시작하기 위하여, 사람들은 그것을 존경하는 마음으로 준수해야 하며, 극단의 필요성에 의하여 강요되지 않는 한, 파혼해서는 안 된다. 그들은 교리와 교회의 치리에 의해서 방향지워지고, 영향을 받을 뿐만 아니라, 국가의 법과 판단들에 의해서 결혼을 향하여 독려 받고, 도움 받고, 강요받아야 한다. 이것을 인정하고 여기서 자신들을 국가들의 법에 적응시키면서 경건한 황제들은 결혼에 대한 합법적인 계약과 축하식과 결혼에 대한 올바른 존경에 관계된 법들을 만들었다. 또한 결혼이 취소될 때, 여기에 대한 불행한 필요성이 요구되었다. 25항목의 제목을 통해서[80] 5권의 시작으로부터 유스티니아누스의 법전에서 이 같은 내용을, 유스티니아누스의 법과[81] 어떤 다른 곳에서와 마찬가지지로, 볼 수 있다.

로마 가톨릭교회의 적그리스도들은 황제들의 권한을 자신들의 것으로 변경시키기 위하여, 그들이 대부분의 다른 문제들에서 한 것과 똑같이, 처음에는 속이는 설

---

79. 결혼과 이혼에 대한 부처의 개념의 발전은 다음 참고 문헌들 속에 기술되어 있다. François Wendel, *Le mariage à Strasbourg à l'époque de la Réforme*(Strasbourg, 1928); Walther Köhler, *Zürcher Ehegericht und Genfer Konsistorium*, vol. II(Leipzig, 1942), 427ff.

80. *Code* V, 1–24.

81. *Novellae* 22, 74, 4.

득을 통해서, 그리고 나중에는 무력조차 동원하여 결혼에 관하여 재판하고 규정한 모든 권한을 인수받았다.

그러므로 어떤 시대에는 왕들과 정부들은 자신들의 권한 안에 있는 영역으로서 이 문제에 관심과 행정을 위임받지 않았다. 그러나 한편, 그리스도의 복음은 그리스도의 종교가 요구하는 것처럼, 로마 가톨릭교회의 적그리스도의 법들이 거절되어야 한다는 입장을 견지한다. 일단 이런 법들과 재판은 정당하게 거부되어야 한다. 만약 왕들과 정부들이 이런 책임을 지지 않고, 법의 권위와 재판의 엄격성에 의하여 그들은 결혼이 경건하게 계약되어, 시작되며, 존경하는 마음으로 보존될 것을 확증한다. 만약 이혼이나 파혼이 요구될 경우, 계약은 합법적으로 해체되어야 한다. 어떤 혼란과 문제가 이 가장 거룩한 관계성 위에 발생할 것이며, 어떤 고통이 바로 이 많은 탁월한 양심들에게 기다리고 있는가를 예측하는 것은 분명하다. 만약 견딜 수 없는 일이 발생할 경우, 그들은 따라야 할 법도 인용해야 할 어떤 선례도 가지고 있지 않다.

결혼은 그리스도의 뜻에 따라 계약되고, 존중되어야 하며, 정당한 이유 없이 해체될 수 없다는 사실은 공화국의 덕과 복지를 위하여 얼마나 중요한지 모른다! 누가 이것을 이해할 것인가? 만약 첫째이며 가장 거룩한 남녀의 결합이 거룩한 방법으로 세워지지 않는다면, 어떻게 가정 치리가 하나님의 규정에 따라 배우자들 가운데서 번창하며, 어떻게 우리가 좋은 사람들의 종족을 기대할 수 있겠는가?[82]

따라서 폐하께서는 다음의 사실을 인정해야 한다. 결혼 또한 폐하의 의무이다. 사람들 가운데 이 첫째 되며, 신적인 제도의 종교적 질을 재가하고, 보호하기 위하여, 거룩한 법과 재판을 통해서 결혼에 대한 고유한 관심과 행정을 받아들이는 것은 확실히 첫째로 중요한 한 가지 일이다. 모든 현명한 입법자들은 특이한 열심을 가지

---

82. 이 구절은 *quis probatorum civium proventus possit expectari*[*Complete Prose of John Milton*, vol. II, ed. by Ernest Sirluck(Yale University Press, 1959)], 442에 대한 존 밀턴의 번역이다. *The Judgement of Martin Bucer concerning Divorce*(London, 1644)에서 존 밀턴은 「그리스도 왕국론」의 제2권 제15-47장의 광범위한 부분을 번역했다. 이 부분은 밀턴의 산문 작품(Vol. II, 416-479)에 대한 예일의 편집본 속에서 지금 쉽사리 접근하여 읽을 수가 있다. 그런데 이 책은 윌리암스(Arnold Williams)의 서문 및 각주들과, 편집자인 써러크(Ernest Sirluch)의 출판된 밀턴의 산문(137-158)에 대한 논의도 함께 담고 있다. 윌리암스 역시 "'The Judgement,' etc. 안에 있는 번역에 대한 밀턴의 방법에 대한 각주들"(808-818)을 제공하고 있다. 밀턴이 "부처의 논의가 아무리 유용하지 않을지라도, 가끔 지루하고, 느슨하고 은혜가 없는 부처의 스타일을 발견했어야만 했다"라고 윌리암스는 생각한다(808). C. Hopf(*Martin Bucer and the English Reformation*, 107-115)는 부처의 견해들을 튜더 왕조의 영국에서 유행했던 것들, 특히 1551-1553년에 형성되었던 크랜머의 「교회 왕국의 개혁」(*Reformatio legnum Ecclesiasticarum*) 안에 기술되었던 것들과 관련시킨다.

고 과거에 이것을 하였고, 정부들의 기초자들과 기독교적 국가들의 황제들은 동일한 방법으로 행동했다.

제16장 약혼과 거룩한 결혼의 시작에 관해서 무엇이 확립되어야 하는가

그러므로 첫 번째, 폐하께서 당신의 신하들에게 올바른 약혼과 거룩한 결혼에 관한 법을 제안해야 한다. 만약 이 계약에서 다른 사람과 함께 참여되어지고, 경건을 입증했던 사람들에게 적합한 것처럼, 이 결합에 관한 계약이 근엄하게, 신중하게, 종교적으로 시작되지 않았던 경우가 아니면, 어떤 사람도 결혼에서 다른 사람과 연관되지 않을 것이다.

제17장 어떤 사람들이 결혼하는 것에 합당한가

무엇보다도 먼저 폐하에 의해서 확립되어야 할 일은 어떤 사람이 결혼할 것을 원하시는지에 관한 것이다. 하나님의 법과 황제들의 법은 오직 혈연관계에 있는 자들에 대한 결혼만을 금지시킨다. 즉 조상과 자손 사이의 가계, 방계적으로 부계 아주머니와 모계의 아주머니, 자매, 자매의 딸과 손녀, 그 형제의 딸, 그 밖에 친척에 의한 의붓딸, 계모, 며느리, 장모,[83] 형제의 아내, 아버지의 아내, 그 아내의 딸과 손녀까지(레 18:7-18)[84] 의심의 여지없이 황제의 법들에는 형제와 자매의 손자와 손녀들이 추가된다.[85] 그

83. *Code* V, 4, 17.
84. *Code* V, 5; *Digest* XXIII, 2, 13, 3.
85. *Code* V, 5, 9.

들은 또한 너무 다른 종류의 삶의 상태를 가진 자들과의 결혼을 금지시킨다. 따라서 평민은 원로원의 딸과 결혼할 수 없거나 원로원은 평민이나 자유인이 된 노예와도 결혼할 수 없다.[86] 그들은 또한 양녀들과[87] 대모와 대부의 자녀들과의 결혼도[88] 그리고 학생의 후견인의 자녀들과의 결혼도[89] 금지시킨다. 혹은 지방의 행정관이나 혹은 그의 아들이 그의 신민 중에서 아내를 취하는 것도 금지시킨다.[90] 비록 그들이 두 자매를 통하여 관계하든지 형제와 자매를 통하여 관계하든지, 다시 말해 그들의 관계가 아버지의 형제들 또는 자매들 쪽이든지, 곧 바르게 말하면 사촌들 간이든지 간에, 하나님의 법과 황제들의 법은 모두 사촌 간의 결혼을 허가한다. 아우구스티누스는 「하나님의 도성」 제15권 제16장에서 환기시키고 있다시피,[91] 그의 시대에는 사촌들 간의 결혼이 법에 의하여 금지되었다. 그럼에도 불구하고, 이 법은 아르카디우스와 호노리우스의 법과[92] 유스티니아누스의 법전에서[93] 분명하게 나타나듯이, 사촌간의 혼인 금지법은 일단 깨어졌다.

어떤 로마 주교들은 7세대까지의 친척들 간의 결혼을 금지시킨다.[94] 그 후에 그들은 이 금지법을 4세대까지로 감소시켰다.[95] 그러나 그레고리우스 I세는 앵글로 족의 사촌 이내의 결혼을 허가하고, 그들의 이촌 간의 결혼은 금지시켰다. 그는 이 금지에 대한 피상적인 이유를 말하고 있다. 왜냐하면 그는 그의 경험으로부터 이것을 배웠으며, 후손은 그러한 결혼을 통하여 얻을 수 없는 것이라고 쓰고 있기 때문이다.[96]

성 아우구스티누스는 앞에서 우리가 인용했던 구절에서 왜 그리스도인들이 자신들의 친척 가운데서 배우자들을 취하는 것이 적합하지 않다는 두 가지 이유를 제시

---

86. *Digest* XXIII, 2, 23, 27, 44; *Code* V, 7과 3.

87. *Institutes* I, 10, 1.

88. *Code* V, 26, 2.

89. *Digest* XXIII, 2, 59와 60.

90. *Digest* XXIII, 2, 38, 57, 63, 65.

91. Augustine, *The City of God* XV, 1 6, 2(MPL, Vol. 41, col. 459).

92. *Code* V, 4, 19.

93. *Institutes* I, 10, 4.

94. *Decret.* II, c. XXXV, q. 2와 3,c.20.

95. *Corpus Iuris Canonici* X, IV, 14, 8.

96. *Decret.* II, XXXV, q. 2와 3,c.20.

한다.[97] 첫째로, 국외자들에 대한 친화감에 의하여, 사람들 가운데 자비와 상호의존성이 더욱 팽창될 수 있기 위함이고, 둘째로, '혈연으로 인해 기인하는 존경을 가지고 여성과의 결합(婚)으로부터 오는 하나 됨을 지키려는 인간 안에 자연적이고도 칭찬할 만한 어떤 것이 있다. 결합(婚)은 인구 증가도 가능하게 하지만, 그럼에도 불구하고, 탐욕스럽다. 하나 됨은 부부간의 덕의 수줍음으로 나타남을 우리는 본다.'

게다가, 우리는 고대 거룩한 조상들, 아브라함과 이삭 그리고 다른 사람들로부터 그들의 자녀들을 그들의 친척들과 결혼시키는 것을 보게 된다. 그들은 친척들이 가진 성격과 거룩한 교육에 대한 더 많은 지식을 가졌다(창 20:12; 24:40; 29:10-28). 그리고 분명하게도 이것은 결혼을 진행시키는데 있어서 다음의 내용이 기대되어야 한다. 이방인들 중에서보다는 친구들과 친척들 중에서 쉽사리 결정될 수 있는 종교와 생활 방식에서 고유한 일치 안에서 이들은 영향 관계 안에 있었다는 것이다.

게다가, 만약 혈연관계를 무시하는 그리스도의 사랑이 친척들 사이에 있는 사랑을 불러일으키고, 보전하지 않는다면, 우리는 다음의 내용을 고찰해야 한다. 사람들의 친척들과 국외자들 사이에 존재하는 관계들은 보다 폭넓은 선의(善意)와 사랑의 수단들로 나타나기보다는 차라리, 아주 가끔 갈등, 증오, 가끔은 전쟁을 가져온다. 결혼 시 결혼에 의하여 친척들에게 전달된 소유가 무엇이든지 간에, 그리스도의 영에 의하여 감동받지 않은 혈연적 친척들은 그런 결혼이 그들 자신의 집착으로부터 잘못되게 빼앗겼다고 생각한다.

이런 이유 때문에, 내 자신의 견해로는 다음과 같다. 특별히 경건한 황제들 역시 그들의 법에서 인간적 판단보다는 신적 제도를 따르는 것을 더 좋아했기 때문에, 사람들이 고안하고, 준수했던 것보다는 차라리 성경에서 칭찬되고 있는 하나님의 법과 거룩한 족장들의 예들을 따르기 위하여 결혼 관계에 적합한 혈연과 인척의 정도에 관하여 정의하는 것이 경건한 왕들과 국가들의 통치자들에게 적합할 것이다.

나는 다음의 사실을 고백한다. 이것이 외적인 상황들과 세계의 요소들에 속하고 있는 한, 그리스도 안에서 자유로운 존재가 된 우리는 고대 이스라엘에게 주어진 의식법 이상의 어떤 법인 모세의 시민법에 매여 있지 않는다. 그럼에도 불구하고, 만약

---

97. Augustine, *The City of God*. 위의 각주 91번에서도 아우구스티누스의 「하나님의 도성」을 인용했다.

그것들이 하나님의 판단 하에, 우리의 일들과 활동들에게 적용된다면, 영원한 지혜이시며, 선이신 하나님 자신이 제정하셨던 법들보다 더 명예롭고, 의롭고, 유익한 법들은 있을 수가 없다. 나는 그리스도인들 자신의 행함에도 속하는 문제에서 왜 그리스도인들이 어떤 사람들의 법들보다는 하나님의 법을 따르지 않아야 하는 이유를 말하고자 하지 않는다. 우리는 주님께서 특별히 모세를 통해서 유대인들에게 명령하셨던 할례, 희생제물, 몸에 대한 복수적인 정결법과 외적 실천들을 준수할 필요가 없다. 그러나 주님께서 그러한 문제와 관련하여 명령하셨던 것들로부터 우리는 어떤 경외감을 가지고 올바르게 그리고 경건하게 다음의 일들을 해야 하는지를 배우게 된다. 우리는 경외감을 가지고 거룩한 세례와 성찬을 집례 해야 하며, 이것들을 잘 받아야 하며, 우리는 큰 정결함과 정숙함을 가지고 신체적인 모든 일들의 사용을 유지해야 한다. 우리는 주님께서 명령하셨던 것과, 주님께서 거룩한 결혼과 관계하여 주셨던 예들을 통하여 가르치신 것들을 준수해야 한다.

우리는 하나님의 제도를 고대인들 못지않게 사용한다. 이 모든 것은 적절하게 결혼에 참여하는 사람들에 관하여 말해야만 하는 내용이다.

제18장 약혼하는 사람들에 대한 권위를 가지고 있는 사람들의 동의가 없거나 적절한 충고자들 없이 합의된 결혼은 무효화되어야 한다

거룩한 결혼을 한 뒤, 오늘날 사람들은 더욱 피상적으로 그리고 부주의하게 행동함으로써, 결혼 관계는 상당한 염려의 문제로 전락하여, 만약, 그것이 책임적으로 시작되지 않으면, 그들은 위험에 빠지게 되기에, 분명히 폐하께서도 여기에 자신의 신하들의 인간적 약함에 대한 도움을 주어야 할 것이다.

로마 가톨릭교회의 적그리스도들이 모든 면에서 해체시키려고 시도했던 하나님과 교회의 법에 반대하여, 그들은 저 최고의 하나님 없는 교의(교리)를 도입했다. 그들은 말하기를, 만약 사춘기에 계약을 한 사람들의 경우, 계약하는 당사자들에 의해 구술적으로 이루어진 결혼의 계약은 일단 매이게 된다. 그러한 계약은 눈먼 사랑과 육신의 정욕으로부터, 대부분의 경우, 유혹하는 자들의 교활함과 유혹받는 자들의 방탕으로부터 생기는데, 비록 부모가 알지 못하거나 동의가 없어도 그 계약은 무효화되지 않는다.[98]

그러나 이것은 황제들의 법은 물론 하나님과 자연의 법 그리고 국가들의 법에 모순되는 것이 분명하다. 비록 그들은 자신들의 부모의 권위로부터 완전히 해방되지도 않았고, 부모들의 통제로부터 벗어나지도 않았음에도 불구하고, 결혼에서 종종 일어나고 있듯이, 부모들의 권위 아래 있는 아이들은 부모들이 알지 못하거나 동의하지 않는 것을 중요한 순간에 행동하거나 시도한다. "이러므로 남자가 부모를 떠나 그의 아내와 합하여 둘이 한 몸을 이룰지로다"(창 2:24). 하나님 다음으로는, 분명하게 어린 이들로부터 그들의 부모들에게로 최고의 영예와 경외가 당연히 돌려져야 한다. 그러나 자녀들에 의하여 부모에게 가해질 수 있는 더욱 큰 경멸은 무엇이며, 그렇게도 중요한 순간과 큰 위험의 문제에 대한 부모들의 충고를 자녀들이 무시할 때, 그리고 그들이 자신들에 대한 가장 큰 사랑의 증표를 가지고 있는 부모들을 무시하고, 부모들의 품으로부터 물러서고, 하나님께서 그렇게도 거룩하게 그들이 그렇게 되도록 명령받은 권위를 무시할 때, 이런 행동들 이상으로 부모들에게 더 큰 모욕을 주는 것이 무엇이겠는가?

그러므로 부모가 알지도 못하고 동의도 하지 않았는데, 비록 여성은 동의를 했을지라도, 만약 어떤 사람이 결혼을 위하여 여자와 함께 동침했을 때, 초대 교회와 경건한 황제들의 법은 그것을 강간으로 정의한다.[99] 만약 어떤 사람이 다른 사람의 뜻과 반대하여 작은 돈이나 어떤 동물이나 결코 어떤 방법으로도 자녀들과 비교될 수 없는 어떤 다른 것들을 훔쳤을 때, 법은 엄한 형벌을 가하기 때문에, 부모들이 이 세상에서 어떤 것보다도 더 사랑스럽고도 더 귀한 자신들의 자녀들을 부모로부터 가져가는 자들에 대해 얼마나 더 큰 형벌이 가해져야 할까?

만약 참으로 그들이 주님 안에서 이것을 한다면, 양친들은 그들의 딸들의 남편으로 보고, 그들의 아들의 아내로 맞이하고, 그들은 아들과 딸처럼 될 수 있는 사위와

---

98. *Corpus Iuris Canonici, Decret.* II, c. XXXI, q. 3과 c. XXXII, q. c. 14. 참고 Peter Lombard, *Sent.* IV, dist. 28.

99. *Decret.* II, c.XXXVI, q.1, c.3; q.2.2, 6, 8,10; *Novellae* 150. I.

아들을 준비할 것이다. 부모들이 자녀들을 결혼시켰을 때, 그들은 자녀들로부터 물러서거나 그들의 봉사를 잃지 않는다. 그들이 딸을 줄 때, 충직한 사위를 맞이하고, 그들의 아들을 위한 아내를 맞이할 때, 그들의 아들과 함께하는 며느리를 얻게 된다. 그들은 아들과 딸들의 봉사를 이중적으로 받게 된다. 만약 자녀들이 부모의 동의 없이 결혼했을 경우, 결혼은 지금 일어나고 있는 것과 전혀 달라질 것이다.

만약 맹세가 그녀의 아버지를 기쁘시게 하는 것이 아니라면, 하나님은 딸의 맹세를 유효하게 하시기를 원치 않으신다(민 30:4-6). 그렇다면 과연 소녀가 자신의 아버지의 의지에 반대해서 남자에게 약속을 했다면 유효할 수 있겠는가?

이러한 일들로부터 볼 때, 폐하께서는 백성들의 안녕을 위하여 분별력 없고, 하나님이 계시지 않는 결혼 계약에 반대하여 하나님과 자연의 법을 회복시키고 인가하는 것이 얼마나 필요한가를 쉽사리 이해하실 것이다. 분별력 없고, 하나님이 계시지 않는 결혼 계약은 부모의 충고와 동의 없이 만들어졌거나 부모의 출석이 없이 부모를 대신할 수 있는 후견인들(가정교사), 보호자들, 친척들, 후원자들 그리고 특별한 친구들, 경건과 신중함 안에서 남다르게 눈에 띄는 그들의 권고 없이 행해진 결혼을 합법적으로 인정하는 것이다.

이 같은 부모들도 없고, 보다 확실하게 하나님의 마음과 뜻을 알 수 있는 그와 같은 중요하고도 경건한 사람들의 충고도 없이, 어떤 사람이 결혼 계약, 즉 인간 본성의 지속적이고도 가장 높은 결합에 들어가면, 사람은 불경건하게 행동한다. 돈, 다른 문제들, 그리고 돈을 가지고 있는 것보다는 가끔 더 유용할 수 있는 투자와 연관된 덜 심각한 문제에서 자신의 판단을 신뢰하지 않는 사람들은 그러한 문제에서 자신들보다 약간이라도 더 많은 지식을 가지고 판단하는 상담자나 충고자들을 사용한다. 그러므로 누가 다음의 사실을 보지 못하는가? 남자에게는 하나님의 뜻에 따라, 그의 몸이 되고, 생의 조력자인 한 여성과 해체될 수 없는 계약으로 들어가는 것과, 그리스도께서 자신을 구세주로 교회의 머리로 그의 교회에게 보여 주시듯(엡 5:22-30), 소녀에게는 자신을 그와 같이 증명하는 남자에게 동일한 연합 안에서 연결되어지는 것이 불경건한 만용과 유해한 탐욕의 표지가 될 수 있는가?

지난날에 로마인들 사이에서 이혼은 유효하지 않았다. "일곱 살 이전을 제외한 성숙한 로마의 시민들, 그 밖에 자유민은 이혼할 수 있었다."[100] 만약 더 이상의 충고, 증거, 그리고 심각성이 없다면, 이같이 합법적인 결혼 계약이 요구하는 만큼을 누가 의심하겠는가?

외적인 기부금을 가지고 거의 배타적으로 해결하는 경전들은 다음의 경우를 제외하고 결합을 고려하지 않았다. 만약 그들이 자유롭고, 신중하고, 평판이 좋고, 정직한 일곱 사람들에 의하여 증언을 받는 경우는 예외가 되었다.[101] 충고자도 없이, 상담자도 없이, 증인도 없이, 계약이 유효할 수가 있는가? 몸과 물질의 계약뿐만 아니라, 영혼의 계약은 그와 같이 확실하게 결혼 계약 안에서 발생한다. 왜냐하면 결혼은 '모든 삶의 공유'요, '신적 권리와 인간적 권리의 상호 교통'이기 때문이다.[102]

이 사악한 만용과 끝없는 경솔함은 오늘날까지 결혼 문제에서 거짓들만을 산출하였고, 대부분의 개인들과 함께 그들이 비밀히 그리고 증인 없이 체결했던 결혼 계약을 버려버리게 했다.

그러므로 하나님의 바로 그 법이 명령하시는 규범, 국가들과 자연의 법이 가르치는 규범, 허락하고 있는 것과는 반대되게 확립된 관습과 성문법으로서 모든 경건하고 정직한 사람들이 따르는 규범에 따라, 다음의 사실이 확립되어야 한다. 어떤 결혼의 동의도 체결하는 사람들에 대한 권위를 가지고 있는 사람들의 동의와 함께 성취되었을 때만 효력이 있다. 만약 어떤 사람이 부모나 친척이나 칭찬할 만한 충고나 동의를 가지고 있는 특별한 후원자들을 가지지 않을 때, 그들은 적어도 요구되어지는 서너 명의 경건하고도 정직한 사람들의 충고, 동의, 증언을 사용할 수 있다. 모든 것이 보다 엄숙하게 진행되고, 하나님의 말씀과 기도에 의하여 이 계약이 더욱더 큰 열정으로 성화되기 위하여 대부분의 종교인들은 이 계약을 위하여 교회의 어떤 사제를 사용한다. "끝으로 형제들아 무엇에든지 참되며 무엇에든지 경건하며 무엇에든지 옳으며 무엇에든지 정결하며 무엇에든지 사랑 받을 만하며 무엇에든지 칭찬 받을 만하며 무슨 덕이 있든지 무슨 기림이 있든지 이것들을 생각하라"(빌 4:8).

이러한 것들은 그리스도의 몸 안에서 위치와 직책을 따라 우리와 모든 사람들에

---

100. *Code* V, 4, 18, 20, 25.

101. *Code* VI, 23, 21.

102. *Digest* XXIII, 2,1.

의해 추구되고 행해져야 한다. 하나님은 이 법을 우리를 위하여 제정하셨다. 이제 아무도 자녀들이 그들의 부모의 동의가 없이는 무엇이든 시도하거나 또는 시도하지 않는 것 그리고 그들과의 상담과 그들의 권위 없이 그러한 중요한 순간들과 위험을 감행하지 않는 것이 존경할 만하고, 의로우며 거룩하다는 것을 의심하지 않는다.

따라서 누구든지 결혼의 계약을 시작한 사람은 육체의 정욕을 따라 그것을 하지 않으며, 그렇게 중대한 문제에 있어서 깊은 사려와 부모의 동의에 의해 허락된 신중하고 신앙심이 깊은 사람과 해야 한다. 그리고 분명하건대, 모든 그리스도인들은 그가 가능한 한 모든 사람에게 이러한 방향으로 행하도록 영향을 주고 동기를 부여해주어야 한다.

그러나 여기서 자녀들이 때때로 결혼을 위한 욕구나 결혼을 하기를 소망하는 사람의 신분을 부모들에게 드러내는 것에 대하여 느끼는 당황함에 의하여 그렇게 하는 것이 방해되는 것은 거부하여야 한다. 또한 어떤 경우 부모들이 그들의 자녀들의 결혼을 적절하지 못하게 오랫동안 저지하거나 그들에게 원하지 않는 결혼을 강요한다. 그러나 그러한 것들에 의한 추정되는 당황함은 아무것도 아니다.

자녀들이 그들의 부모들에게 순결하고 거룩한 결혼을 묻는 것에 대하여 부끄러워하는 것은 적절하지 않다. 왜냐하면 그러한 간청은 존경스럽고 부끄러워할 일이 아니기 때문이다. 하지만 오히려 그들은 그들이 부모를 업신여겨 그들의 부모나 부모의 위치에 있는 사람들과의 상담과 그들의 동의 없이 그들 자신에게 서약만 하면 된다는 망상에 따라 하나님이 주신 그리고 인간적으로 부모에게 주어진 권리를 침해하는 것에 대하여 부끄러워해야 한다. 그리고 이러한 지극히 해로운 뻔뻔스러움은 역시 부끄러운 것이고 불명예스러운 것이기 때문에 그러하다. 부모들의 거룩하고 존경스러운 조언을 묻지 않고 부모의 권위를 공개적으로 무시하며 그들이 가진 신적, 인간적 권위에 대항하여, 불경건한 경솔함과 탐욕으로 함께 합하기 원하는 자와 동거하는 것이 그들이 당혹스러워해야 할 일이다.

더욱이, 만약 부모가 그들의 자녀들의 명예로운 서약을 허락하기를 꺼려하고 더 나아가 그들이 자녀들에게 가지는 권위를 남용한다면 그들은 경고와 기도와 교회의 장로들에 의하여 책훈과 설득을 받아야 할 것이다. 만약 무자비한 부모들이 이러한 모든 권고를 무시한다면 행정관들은 그들의 권위로 개입하여 자녀들이 그들의 악한 부모들에 의하여 적절한 시간보다 결혼을 지연하게 된다거나 또는 적절하지 못한 결혼으로 몰리게 되는 상황을 겪지 않도록 막아야 하며 그 또한 자녀들이 명예롭지 못하고 경건하지 못한 부패한 사람들과 합하려는 상황이 전제되어야 한다. 심지어 로마의 법에서도 이러한 일들에 대한 조령이 있었다.[103]

이로부터 폐하께서는 하나님이 적법한 권위를 갖도록 권리를 부여하기를 기뻐하신 사람들의 충고와 동의 없이 결혼에 서약할 수 없도록 하고, 어떤 결혼도 종교적 지도자의 신중한 상의와 증언 없이 허락되지 않도록 하며, 매우 신중한 논의가 필요한 이러한 문제를 접한 자들이 그들의 불경건함으로 인하여 그들의 저속한 욕망들을 하나님과 인간적 권위 앞에 두는 사람들이 마땅히 받아야 할 처벌을 받도록 하는 법안을 제정함으로써, 보호책을 제공하는 것이 얼마나 중요한 폐하의 임무인지를 충분히 인지할 수 있을 것이다.

제19장 결혼의 약속이 이루어지기 이전에 폐기되는 것이 허락되는가

여기에서 일어나는 또 다른 문제는 약혼, 다시 말해 결혼 약속에 관한 것인데 그것이 전적으로 유효하고 바뀔 수 없을 때의 문제이다. 왜냐하면 신앙이 있는 황제들이 신부가 집으로 들어오고 결혼의 엄숙한 의식(儀式)이 마치게 되었을 때까지 그 약속이 와해될 수 없도록 온전히 지켜져야 한다는 의견에 동의하는 입장이 아니었기 때문이다. 그들은 그러한 입장이 자연법적으로 또한 신적인 정당성에 있어서 적절하지 않으며 행정관들 앞에서 확정되지 않은 덜 중요한 계약들을 포기할 수 있고 가장 정확한 사려와 논의가 요구되는 가장 거룩한 결혼을 위한 계약을 거부할 수 있는 시간이 주어졌을 때에도 인간의 연약함으로 그 일의 결론에 이르는 것에 대하여 적절하지 않게 생각했기 때문이다. 그러나 그들은 또한 그들과 결혼하기로 서약한 사람과의 의지에

---

103. *Digest* XXIII, 2, 19, 21, 22; *Code* V, 4, 12.

대항하여 결혼의 약속에 대한 파기의 이유에 대한 법적인 허락 없이 결혼의 약속을 파기하는 자들에게 대한 처벌을 선포하였는데 그들은 그들의 결혼 확증을 위하여 지불한 돈의 두 배의 위자료를 계약의 상대방에게 지불해야 하거나[104] 판사가 그들이 아내로서 취한 약혼자 또는 그들의 부모에 의하여 짝지어진 약혼자에게 지불하도록 선포하는 액수의 위자료를 지불해야 하는 법안을 선포하였다.[105] 약속되어진 결혼에 대하여 후에 다른 생각을 갖게 되거나 결혼 약속의 파기에 대한 적합하고 명예로운 이유들이 발견되기도 하기에 옛 황제들이 그러했던 바와 같이 신앙심이 깊은 제후들이 특별히 육체적 교합이 없는 결혼을 위한 약속의 상태에서 그러한 상황에 처한 자들을 위하여 약속된 결혼을 포기하는 것에 대한 규율을 만드는 것은 그들에게 낯선 임무가 아니었다. 두 사람 사이의 진실한 마음의 동의가 없는 진정한 결혼은 없기에 제후들은 특별히 그들의 신하들이 이러한 진정한 동의와 사랑이 없이 결혼하지 않도록 각별한 수고를 하는 것은 적절한 일이다. 결혼의 의식이 모두 끝나고 육체적 교합이 이루어지기 시작했을 때 비로소 결혼의 약속이 그것에 대하여 온전한 확증을 하게 되는 적절한 시간에 이르기 때문이다.

나는 폐하께서는 로마의 법에 의하여 구속되지 않고 다른 외국의 법에 의해서 구속되지 않으며 그의 영지를 다른 법들의 의무에서 자유롭게 다스릴 수 있다는 것을 고백한다. 하지만 그리스도인 제후가 그가 경건하고 거룩하며 의롭고 적절한 이유들을 위하여 행해져야 한다고 배운 어떤 것이라도 그리고 그 자신과 진실하고 경건하고 그러한 그의 백성들을 위하여 마땅히 행해져야 하는 것들을 포용하고 따르는 것은 그들의 의무이다(빌 4:8).

신적인 율법들이나 거룩한 교부들의 책에서 우리가 이러한 문제에 대하여 아무것도 읽을 수 없다는 사실을 볼 때에, 고대 이스라엘에게 아내가 전적으로 기쁨이 되지 못하며 그녀에게 진정한 사랑을 돌릴 수 없을 때에는 그는 그녀에게 심지어 긴 시간의 동거 기간과 육체적인 교합 후에도 이혼 증서를 주어 떠나게 하는 기회를 부여한 것(신 24:1; 말 2:16)은 놀랄 일이 아니다. 어떤 경건한 제후라도 내가 언급한 결혼의 약속

---

104. *Code* V, 1, 5.
105. Aulus Gellius, *Noctes Atticae* IV, 4. 밀턴은 이 구절을 생략하고, "또는 재판관이 선고해야만 하는 만큼만, 다른 쪽의 손해와 방해를 만족한다면"(*Complete Prose Works*, Vol. II, 445)이라고 기록하고 있다.

에 있어서 바꿀 수 있는 권한을 부여하는 것에 있어서 이것으로 충분하다. 그러한 이유에서는 먼저는 적그리스도들은 현재를 위하여 이루어지는 결혼의 약속을 와해할 수 없는 것으로 만들었고,[106] 또한 주님이 지정하신 대로 결혼이 이루어지도록 그가 할 수 있는 한 최선을 다하여 이 문제를 돌보는 것이 모든 경건한 제후들의 의무이기 때문이다. 모든 사람들은 우리가 성경에서 읽는 바와 같이 아담이 하와를 그 자신의 일부로 받아들인 것과 같이 사랑과 애정으로 받아들여야 하고 그리하여 우리가 결혼으로 합하여진 자들이 한 몸을 이루고 하나님 안에서 하나가 되는 것을 소망해야 한다 (창 2:24).

제20장 결혼 예식의 거행

폐하의 신하들이 진실 되게 동의한 결혼 관계로 들어가고 결혼식의 시간까지 상호간에 허락된 결혼에 들어가서 서로를 존중함으로 이 모든 것들을 이루기 위하여 이 부분에 대하여 「공동기도서」에 제정되어 있다.[107] 그러나 그들이 낭독하고 권고하고 기도해야 하는 결혼 예식의 부분에 있어서 매우 많은 사제들이 낭독하고 권고하며 기도하는데 이들은 매우 냉담하고, 혼돈되며 그리고 비종교적으로 하며 신랑과 신부를 포함하여 그곳에 함께한 사람들이 대부분의 경우 어떤 신앙심을 이끌어 낼 수 없도록 제압되어진 목소리로 행한다. 한편 어떤 사람들은 교회 안을 떠돌아다니며 잡담을 나누고 그들 자신이 즐거워하는 일을 행한다.

그러한 행위들이 때로는 심각하게 주 하나님께 불명예스러운 것들을 포함하기에 폐하께서는 그의 신하들이 거룩하게 구별되어진 결혼 예식에 참여하여 그들에게 사제를 통해 들려지는 모든 말들에 주의를 기울여 들으며 참여한 자들 중에 동참하여 전능하신 하나님과 구세주 그리스도께서 보는 앞에 서서 그의 사제를 통하여 주님께

106. *Corpus Iuris canonici* X. IV, 4, 3과 5.
107. 부처가 영국에 도착 후 곧바로 읽었던 「공동기도서」의 초판(1547)과 관계된다.

듣고 그에게 기원해야 하도록 그의 권위와 법이 개입하도록 해야 함을 인정해야 할 것이다. 사제들은 그리스도의 참된 사제에게 합당하도록 그리고 하나님의 신비의 신실한 청지기로서 결혼 예식에 대한 「공동기도서」를 읽고 훈계하고 최상의 헌신으로 그 기도문들을 통하여 기도해야 한다.[108]

왜냐하면 하나님께서 그가 보시기에 그의 회중 가운데 사람들이 지극한 존경과 그를 경외함이 없이 나타나고 살아 있는 참회와 올바른 믿음 없이 예배에 임하고 오히려 불경건하게 행하고 그의 위엄을 가볍게 만드는 것에 진노하시고 불쾌해 하시는지는 이사야(사 1:11-15; 58:13), 예레미야(렘 7:10-11, 21-23), 시편(시 50:14-23) 그리고 또 다른 많은 예언서와 사도에 의한 책들에서도 발견할 수 있다.

이것은 거룩한 결혼 예식의 경건한 계약의 주제와 그것의 합법한 승인과 거룩한 시작과 성결하게 구분하는 것에 있어서 결론이 된다.

제21장 거룩한 결혼의 유지

합법적으로 동의되고 존경함으로 들어가게 된 결혼 관계는 그들이 경건하게 그리고 신중하게 계약한 것과 동일한 사려와 신중함으로 유지되어야 하기 때문에, 각 교회에 개별적으로 남편들이 그들의 아내에게 온전한 인도자로 그리고 수호자로 보여 주고 있는지 그리고 그들의 아내들을 진실한 사랑으로 보호하고 아끼고 사랑하며 그들을 돕고 있는지 또한 특별히 그들에게 이 인생의 편의를 제공하고 있는지 살피며 조사하는 직책을 가진 중요하고 신앙이 깊은 자를 임명해야 한다. 그들은 또한 아내들이 그들의 남편들에게 진실하게 순종하고 그들을 돕기 위해 노력하되 특히 모든 경건의 사항에서 그러하며 그리고 삶의 다른 활동들에서 그러한지 살펴야 한다(엡 5:22-33; 골 3:18-19). 만약 이러한 결혼의 수호자들이 배우자들 사이에서 다른 무엇인가가 월권하

---

108. *Summa religione.*

는 것들을 발견하면 가령 그들이 힘써 서로에게 결혼의 의무를 다하지 않는다거나 합법적이거나 긴급한 이유 없이 배우자로부터 멀리 떠나 오랜 시간 동안 있다거나, 또는 무책임하고 순결하지 못한 삶에 대한 의심을 주거나 명백한 죄악에 빠졌을 때에 그들은 신중하게 그리고 시의적절하게 그러한 의무에서 이탈한 자들을 훈계하고 다시금 그들의 의무에 최선을 다하도록 모든 최선의 노력을 다하여 훈계해야 한다.

그러나 만약 어떤 사람이라도 그들의 권위를 업신여긴다면, 이 결혼의 수호자들[109]은 그들의 권한을 일반 행정관들에게 넘겨 그러함으로써 그들이 결혼 관계의 범법자들이 주어진 의무에 책임을 다하도록 처벌을 부과하게 하고 그들이 자신을 악함과 또한 가능한 의심되는 죄악들로부터 지키도록 해야 한다. 만약 어떤 사람이든지 다른 자들과 의심스러운 성교를 한 사실을 인정한다면 행정관들은 그러한 연합으로부터 그들이 떠날 것을 분부해야 하고 그들이 그러한 악한 행위들을 피하지 않는다면 그들을 간통자들로 처벌하되 유스티니아누스의 법에 따라 해야 한다.[110] 왜냐하면 선한 시민 의식과 거룩한 결혼의 원천과 돌봄이 모든 실패와 혼란으로부터 유지되지 않는다면, 내가 앞에서 언급한 바와 같이, 앞으로 도래할 선한 시민들의 세대들에게 있어서 그리고 적절한 질서와 국가의 성화에 있어서 무엇이 소망되어질 수 있겠는가?[111] 우리는 그리스도인들이 악한 일들로부터 삼가는 것으로 충분하지 않고 가능한 한 진실하게 가능한 모든 악하게 보이는 것들을 피해야 하는 것을 분명히 알고 있다(딤전 5:22).

제22장 고대 교회가 합법적 이혼에 대하여 어떻게 생각하였는가[112]

---

109. *Custodes Matrimoniorum*. 이러한 결혼의 수호자들은 의심할 여지없이 평신도 장로들이었을 것이다. 이것은 부처가 가진 그리스도인 동맹 그리고 이와 연관되어 국가와 교회의 관계를 보여 주는 개념으로써 결혼의 수호자들은 교회에서 일어나는 부적절함을 시민 행정관에게 보고할 것을 주장했다. 참고 Pauck, *Das Reich Gottes*, 33.

110. *Novellae* 117, 9.5.

111. *Quid queat··· de bonorum civium proventu··· sperari?*

112. 다음에 따라오는 25개의 제목이 여기에 이어진다. 이 제목 하의 내용들에 대한 완전한 번역은 아직 제공되지 않았다. 왜냐하면 부처의 의견에서 기독교 공화국에서 공포되고 성행해야 하는 법들의 논의에서 후퇴하는 것으로 여겨지기 때문이다. 더욱이, 이 부분은 밀턴(John Milton)이 이혼에 대한 '마르틴 부처의 심판'에서 영어로 번역하기로 선택한 "그리스도 왕국에 대하여" 부분과 동일한 부분이다. 우리는 이미 이 부분에 대하여 언급했는데, 밀턴의 산문들에서 이미 구할 수 있는 것들이다. 부처의 이혼에 대한 장황하고 반복적인 옹호 그리고 재혼에 대한 권리는 다음의 이유들 때문에 주목할 만하다. (1) 그는 결혼에 대한 통제가 실은 교회가 아

제23장 고대의 교부들은 독신 서약 후에도 결혼을 허락하였다

제24장 고대 교부들 중 누가 이혼 후의 결혼을 허락하였는가

제25장 이혼에 대한 우리 주님의 말씀들 그리고 사도 바울을 통한 성령의 말씀들에 대한 논의

제26장 하나님은 그의 율법에서 특정 사람들에게 이혼을 허락할 뿐 아니라 명령하신다

제27장 하나님이 고대 사람들에게 허락하고 명령한 이혼은 그리스도인들에게도 적용된다

니라 공공권력의 기능이라고 주장한다. (2) 그는 왜 이혼이 결혼한 사람들에게 허락되어져야 하는지의 이유로 간통 외에 다른 여러 이유를 근거로 든다. (3) 그는 합법적으로 이혼한 자들의 재혼할 권리를 옹호한다. (4) 그는 이 부분에서 제한적인 추리를 하며 그가 전적으로 성경을 뒷받침하며 또한 고대의 교부들을 지지하는 것을 보여 준다. 특별히 그는 마태복음 5:31-32과 19:3-11에 기록된 예수의 말씀에 대해 이혼을 간통의 경우 외에는 금지하는 것으로 보아서는 안 된다고 주장한다.

제28장 우리 주 그리스도는 결혼과 이혼에 대하여 그리고 다른 시민의 문제들에 있어서 새로운 법을 만들고자 의도하지 않으셨다

제29장 예수님의 말씀들을 그것들의 의도 이상으로 규제하는 것은 악하다

제30장 복음서들의 모든 이야기들은 서로 연결되어야 한다

제31장 주님이 마태, 마가, 누가의 복음서 기자들이 기록한 그의 말씀에서 간통으로 인한 허락된 최종적 이혼을 허락했는지의 문제

제32장 명백한 간음녀는 이혼되어야 하고 어떤 진정한 그리스도인도 그녀와 결혼 관계로 함께할 수 없다

제33장 간통은 사형으로 처벌되어야 한다

제34장 아내들이 간통한 남편을 떠나는 것이 허락될 수 있는가와 다른 사람과 재혼하는 것을 허락할 수 있는가의 문제

제35장 사도 바울을 통하여 우리에게 주어진 글들 안에서 이혼에 대한 성령의 말씀들의 주석

제36장 복음서들에서 우리 주님이 오직 간통의 경우에 이혼을 허락하는 것으로 보일지라도 다른 이유들의 경우에도 이혼을 허락하셨다

제37장 어떤 남자들과 여자들에게 시민법에서 이혼이 허락되는가

제38장 하나님이 우리에게 거룩한 결혼 생활에 대하여 설명하시는 성경의 본문들에 대한 주석

제39장 거룩한 결혼의 특징들의 정의

제40장 시민법에 나열된 범죄들이 하나님께서 보시기에 결혼을 와해하는가

제41장 버림받은 남편 또는 아내가 다른 사람과 결혼할 수 있는가

제42장 결혼의 의무들을 이행할 수 없도록 하는 고칠 수 없는 무능력은 이혼의 근거가 된다

제43장 지금까지 나열한 이혼의 원인들로 인하여 이혼을 허락하는 것은 그리스도가 이혼에 반대하여 말씀한 말씀들과 일치한다

제44장 합법적으로 이혼한 사람들에게 재혼이 허락되어야 한다

제45장 주님에 의하여 결혼으로 운명되어진 자들이 있으므로 어떤 이유에서이든 그들에게 결혼을 금해야 한다는 어떤 사람의 주장도 하나님의 선포에 반대되는 것이다

제46장 독신을 찬양하는 고린도전서 7장의 성령의 말씀에 대한 주석

제47장 결혼에 대한 전체적인 논의의 결론

가장 현명한 폐하께 하나님의 말씀을 따라서, 어떤 이유 때문에 기독교 제후들과 국가를 다스리는 자들이 유쾌하지 않지만 매우 필수적인 이혼의 방편과 재혼의 방법을 허락해야 하는지 설명하기 위하여 또한 주님의 말씀이 이러한 문제에 대한 동의를 위하여 어떻게 서로 연관되는지를 보이기 위하여 우리가 이러한 것들을 끌어대는 것이 좋겠다. 내가 언급한 것들은 진실로 많은 분량이고 또한 많은 하나님의 신탁(神託)의 말씀들의 인용들과 함께 그리고 첫 원리들의 인용들과 함께 정교하게 다루어졌다. (특별히 내가 제기한 의견들의 더 나은 이해를 도울 필요가 있는 것으로 보일 때 그러했다.) 여기에서 언급된 하나님의 신탁의 말씀들과 원리들은 이 문제에 대하여 분명하게 알기 원하고 이 문제에 있어서 어떻게 행해야 하고 주님의 판단에 따라서 어떤 것들이 허락되어야 하는지 알기 원하는 사람의 마음에 심겨져야 하는 것들이다. 그러나 만약 우리가 어느 정도까지 적그리스도가 이 주제를 모호하게 했으며, 얼마나 강렬하게 많은 수의 사람들이 거룩한 결혼을 독신의 수행을 추악하게 경멸하기를 지속하고 있으며 심지어 하나님께 그것에 부름 받은 사람들에게 있어서도 그러한지를 생각한다면, 저는 지금까지 언급되어진 모든 것들이 사람들로 자신이 하나님보다 더 거룩하고 현명하다고 생각하는 망상으로 간통의 악함뿐 아니라 강간과 간음을 쉽게 행하고 적법한 결혼을 허락하는데 인색한 것을 멈추도록 하는데 충분하지 않을까 두렵다.

우리 주 예수 그리스도는 사탄의 모든 악한 일들을 멸하시기 위해 우리에게 오셨고(요일 3:8), 모든 그리스도인들에게 그의 성령을 주기 원하시되 특별히 교회와 국가의 행정을 담당하는 기독교 통치자들에게 주신다. (나는 폐하의 판단에 대해서도 의심하지 않는데, 이는 그가 제약 없이 하나님의 성경을 읽는 줄을 알기 때문이다.) 그리스도는 우리가 얼마나 불결함을 참을 뿐 아니라 또한 키워 감으로 인하여 하나님의 우리를 향한 진노를 불러일으키는지 알기를 원하신다. 따라서 경멸해야 할 간음들과 범법들에 대하여 자주 눈감아지게 될 때에 겨우 적그리스도의 설득에 넘어가 거룩하고 존경받을 결혼이 회복의 치료 없이는 그들 자신을 영원한 죽음에서 구원할 수 없는 사람들에게 금하여지게 될 것이다.

우리가 진정으로 순결하게 되고 모두가 그렇게 되는 것에 경건한 제후들과 국가의 통치자들이 관심을 집중해야 하며, 이것이 등한시되었을 때 분명히 완전한 의로움을 이루지 못하고 하나님 경외함을 실패하고 진정한 경건 생활을 전적으로 불필요하게 여기게 될 것을 조금이라도 정직한 사람은 부인하지 않을 것이다.

모든 시민들이 태어나는 가정에서부터 삶의 순결과 거룩함을 찾을 수 없다면 공공 생활에서도 이러한 것들을 찾을 수 없을 것이다. 그러나 이것을 이루기 위해서는 현명하고 명예로운 삶을 사랑하는 그 어떤 사람도 제후들과 국가의 통치자들이 지극히 신중함으로 또한 법적인 형벌로써 간음의 유혹들을 진압할 뿐 아니라, 모든 떠도는 정욕을 통한 범죄들을 진압하며 남자와 여자 사이의 모든 불법적인 연합을 제압해야 하는 것을 부인하지 않을 것이다. 그렇다면 그들은 파수꾼으로서 이 문제에 있어서 가능한 한 최선을 다하여 통제하여 결혼이 먼저는 책임 있게 계약되고 또한 믿음 안에서 유지될 수 있도록 해야 할 것이다. 만약 이혼을 해야 하는 불행이 결혼에 닥친다면 결혼이 와해될 수도 있을 것이다. 그러나 오직 합법적으로 이루어져야 하며 하나님의 율법이 허락하며 경건한 제후들이 선포한 바와 같이 그리고 성경의 분명한 권위와 거룩한 교부들의 증언들과 비망록을 통해서도 언급하였던 바와 같이 재혼은 허락되어야 한다. 오직 주님께서 우리가 그분의 온전하고 언제나 의로운 영원한 말씀을 (너무나도 많은 사상에 뿌리내려 있는) 적그리스도가 고안한 하나님의 말씀에 대한 거짓되고 하나님을 모독하는 해석들보다 더 선호할 수 있도록 도와주시길 기도한다. 아멘.

이것은 내가 성결함과 인류의 씨앗의 근원이 되고 선한 시민의 샘물이 되는 거룩한 결혼의 순결함을 고수하는 것에 대하여 말해야만 하는 것들이다. 이제 열매를 맺는 젊은이들의 공공 교육에 대하여 살펴보자.

제48장 여덟 번째 법: 젊은이들의 공공교육과 나태함의 억제

비록 주님은 그를 사랑하고 그의 계명을 지키는 자들에게 천대까지 호의로 대하겠다고 말씀하시지만(신 7:9), 즉 미덕과 경건함으로 살도록 그가 정하시는 자녀와 손자 손녀 그리고 그의 후손이 오랫동안 계속되도록 하시며 또한 그 자신의 이익보다 하나님 나라를 먼저 구하는 자들에게 자유롭게 그 다른 모든 것들을 더하겠다고 말씀하시지만(마 6:33), 이것은 각 개인에게만 적용되는 것이 아니라, 모든 국가와 공화국에게도 적용되는 것으로서 그들은 지극한 신중함으로 그들의 자녀들을 교육하고 훈련하여 그들이 하나님께서 적절하게 모든 사람들을 위하여 만드신 활동들과 기술들에 그들 자신을 적응시킬 수 있도록 해야 한다. 그러므로 각 사람은 국가의 건강하고 유능한 구성원으로서 그의 맡은 직분을 국가 전체의 이익을 위하여 공헌하고 어떤 게으른 사람도 다른 사람들의 노동에 의존하여 생활하지 않도록 해야 할 것이다. 왜냐하면 하나님의 법이 말씀하시기를 "누구든지 일하기 싫어하거든 먹지도 말게 하라"(살후 3:10-11)고 하였기 때문이다.

그러므로 교회가 그들의 교제로부터 게으른 삶을 영유하는 사람들을 누구든지 배제하여야 하듯이 기독교 국가[1] 또한 그들의 공동 이익에 공헌하는 정직한 노동에 기여하지 않는 사람들을 배제해야 한다. 만약 그들이 그러한 노동에 헌신하지 않는다면 사탄은 그들의 삶을 악하고 해로운 목적과 행동을 위하여 사용할 것이다. 왜냐하면 만약 이러한 종류의 사람들이 불결하게 그리고 수치스럽게 (그들이 닮도록 창조되어진) 하나님 곧 그의 창조물들에게 언제나 선한 것으로 제공하기 원하시는 그분의 본성과 형상을 거부한다면, 그들은 그들이 속한 공동체에서 이웃들과 전체 공동체에 이득을 줄 수 있는 근면한 시민임을 포기하는 것이고, 그들은 사탄의 변덕에 포로가 되어 다른 사람들에게 해를 끼치는데 사용되는 도구가 될 것이다.

그들은 반역을 행하고 수치스러운 행동들을 생각해 내며 추악한 쾌락을 꾀하는

---

1. *Respublica Christiana.*

자들이다. 그들은 참을 수 없는 음식과 방탕함, 옷들 그리고 몸을 치장하는 모든 것들에 있어서의 사치를 꾀하고 법들을 위태롭게 하고 공공 도덕을 뒤엎는 자들이다. 그들은 제후들과 행정관들에게 합당한 공경과 순종을 뒤엎으며 신중함과 권위에 출중한 자들에 대한 공경과 순종을 뒤엎는다. 그들은 절도를 행하고 남의 피를 흘리며 강도를 행하고 폭동을 일으킨다.

그리고 내가 선하고 경건한 많은 사람들로부터 듣기로 너무나도 많은 사람들이 이 영역에 있어서 게으름으로 인하여 부패하게 된다고 한다.[2] 왜냐하면 귀족들뿐 아니라 특정 주교들과 수도원장들까지도 게으른 사람들의 수많은 무리들을 먹이고 있고 다른 사람들은 최선을 다하여 그들의 게으름을 본받고 있기 때문이다. 그 결과 교회와 학교에 맡겨진 사람들 중에 노동자들이나 기술력이 있는 사람들이 많지 않게 되고 배우는 것에도 매우 부진하고 저조해졌다. 결국 농업을 무시하는 가운데, 인건비가 증가했고 매일 오르고 있다. 너무나 많은 하층민들이 게으름에 빠지면서, 결혼과 출산이 줄어들고, 그로 인해 시민 수가 감소하는 결과를 얻게 되었다. 그들이 정직하지 않은 일에 종사하고, 독신의 생활(천국을 위한 것이 아닌 그들의 게으름 때문에)을 하는 동안, 그들은 내가 전에 말한 바와 같이 순결에 대해 매우 큰 위험을 만들게 되며, 매우 위험한 재앙을 야기한다. 더욱이, 하나님의 분노가 그리스도에 대한 지식으로부터 분리된 나라들에게 나타나기 때문에 사악한 것이다. 그러므로 얼마나 조금 하나님은 그의 나라에서 하나님을 찬양하고 있는 사람들 중에 벌을 받지 않은 채로 그러한 것들을 남겨 두어야 할까? 그리고 폐하에게 부여된 많은 사람들의 구원은 그 공동체의 이 골칫거리, 이 게으르고 해로운 나태에 반하는 유익한 법을 극성스럽게 요구하고 있다. 이것은 이 사악한 악마의 뿌리를 자르고, 이 나라에 유용한 신성한 산업을 제공하기 위해, 그리고 어린 시절부터 생산적인 업무에 대한 열망을 향하여 모든 이들을 정위시키기 위하여 이 법의 엄격한 감시를 요구한다.

그러한 법의 첫 번째 목표는 다음과 같은 것을 형성하는 것인데, 그것은 모든 마

---

2. 게으름과 실직에 연관된 악의 경감에 대한 부처의 견해에서 그는 다른 많은 영국의 도덕적 사회적 개혁자들과 한마음을 가졌다. 이 본문은 그가 영국의 사회적, 경제적 문제들에 대한 그의 구체적 지식은 사회 개혁의 옹호자들 중에 어떤 사람들과의 개인적 접촉으로부터 얻었다는 사실을 보여 준다. 방멜의 「그리스도 왕국론」의 서론에서의 논의(LIIf.)와, 같은 책 제2권의 각주와, 다음의 자료를 참고하라. Helen C. White, *Social Criticism in Popular Religious Literature of the Sixteenth Century*(The Macmillan Company, 1944); W. Pauck, *Das Reich Gottes*, 70–92.

을, 도시, 시에 인구에 비례하여 해당 인원들이 배치되어야 한다는 것이다. 그들은 남다른 경건, 지혜, 그리고 신중함을 가진 사람들로서 그들의 주된 업무는 모든 관할 지역에서 어린 시절부터 성년 때까지 교육을 담당하며, 모든 시민들이 그의 아이들에게 어떠한 기술적 능력을 갖도록 하며 그리고 각각은 마치 주님께서 그를 이러한 젊은 지도자들의 의견에 가장 적합한 사람으로 만드신 것처럼 특별한 기술을 습득하도록 한다. 모든 사람은 그 자신보다는 그리스도 주님, 교회, 그리고 국가를 위해 아이를 낳아야 한다. 플라톤도 그것을 인식한다(Laws XI).[3]

그리고 우리는 태어날 때부터 가난하고 상태가 비천한 모든 이들이 '하나님의 형상'으로 지음 받았으며, 이 형상의 회복을 위하여 하나님의 아들의 피로 구원 받았음을 인정하기 때문에, 주님이 이 일에 대하여 그들의 목사를 사용하기를 원하시는 한, 신실한 하나님의 사람들의 목사는 그들의 통치에 위탁된 개개인이 구원의 지식에 있는 경건한 배움과 모든 미덕을 향한 신실한 행동에 의해 하나님의 바로 그 형상으로 회복되어야 한다.

그리고 (성 그레고리우스 1세가[4] 경건하게 기록했던 그의 "모든 피조물들에게 보내는 하나님의 편지"라는 제목의 글처럼) 근면한 성경 읽기는 '하나님의 형상'의 회복에 가장 큰 공헌을 하기 때문에, 불경건한 게으름을 종식함으로써 성스러운 산업을 회복할 수 있는 법의 또 다른 표제가 모든 그리스도인들, 소녀들, 그리고 소년들이 가능한 한 성실하게 읽고 쓰기를 배우도록 법으로 제정되어야 한다. 이것이 바로 고대 교부들이 각 교회마다 학교를 소유하기를 소원했던 이유이며, 그 학교에서 거룩한 세례를 통하여 주되신 그리스도께 헌신된 모든 어린이들에게 기독교 교리 문답과 쓰기를 가르쳐야 한다고 한 이유이다.[5]

이미 언급한 바와 같이, 만약 우리가 그리스도의 완전한 통치를 받기를 원한다면, 이러한 학교들이 많이 세워져야 한다. 그러므로 모든 어린이들이 우리 기독교의 쓰기와 교리를 거기서 배우기 위해 이 학교들로 보내지도록 조치가 취해져야 한다. 그

---

3. Plato, *Laws* I, 643 b–d; VII, 804d; XI, 923a.

4. Gregory I, *Letters* IV, 31 (*MPL*, Vol. 77, col. 706)

5. 교육에 대한 이러한 변호는 모든 주요 종교 개혁자들에게서 나타나는 특징이다. 그러나 모든 것 중 교육에 대한 관심이 특별히 남달랐다는 부처의 말이 전해진다. 다음과 비교하라. A. F. Leach, *English Schools at the Reformation*(Westyminster, 1896), 114ff.; G. M. Trevelyann, *Illustrated English Social History*(London: Longmans, Green & Co., Ltd., 1954), vol. I, 108ff.; A. G. Dickens, *The English Reformation*, 211ff.

들이 그렇게 할 수 있는 나이가 되면, 그리고 그럴 능력이 있게 되면 이것은 가장 빨리 실행되어야 한다. 하급 시민의 자녀들은 다른 일을 맡기 전인 십대에 우리 기독교의 읽기와 쓰기 그리고 교리들의 작품을 배워야 한다. 더욱이, 자녀들을 읽기와 쓰기 그리고 여러 다른 특별한 기술로 훈육하기에 충분한 방법을 갖지 않은 경건한 시민들은 자녀들이 배움에 대한 재능을 발휘하도록 교회의 도움을 받아야 한다.

그러나 소년들이 우리 기독교의 교리와 저술들을 습득할 때, 청소년 교육의 지도자로서 소년 감독관[6]은 소년들 중 누가 보다 더 배움에 재능이 있는지를 파악하고 이러한 소년들이 문학, 언어, 그리고 예술 면에서 보다 자유롭게 가르침을 받으며 교회와 국가에 보다 더 봉사할 준비가 되도록 조절할 필요가 있다. 만약 주님께서 부모들에게 풍성한 재물을 주셨다면 그 부모들의 경비로, 그렇지 않다면 교회의 비용으로, 그들은 보다 나은 가르침이 가능한 다른 곳으로 보내지거나 남겨질 수도 있다.

왜 교회와 국가는 그들 자신을 위해 영생과 현재 삶의 많은 복을 주는 목사를 준비하기에 부담스럽게 느끼는가? 부모들은 교회들이 이러한 훈육을 위해 아이들을 취하고, 그들 개인 비용으로 그들의 공부를 지원하고 양육하도록 허락하는데 거절할 수 없다. 앞서 언급한 바와 같이, 그들은 그들의 자녀를 그리스도와 주와 그의 교회와 그리고 국가를 위하여 낳았으며, 그들을 세례의 새로운 탄생으로 서약시키고 신앙을 갖도록 봉헌하였기 때문이다.

그러므로 그가 그리스도 주와 그의 모든 복들을 동시에 거절하기를 원하지 않는다면, 그 교회와 국가의 업무가 무엇이든, 주님은 그들이 준비되고 훈련되어야 한다고 말씀하셨기 때문에, 그는 그의 자녀들을 양도하고 그들을 매우 간절함으로 그 업무들을 향하여 나아가는 것이 부담임을 발견했다. 그 누구도 그리스도 우리의 창조자이며 구원자께서 개개인을 운명 지은 이유보다 더욱 공정하고 삶을 축복되게 하는 조건을 선택할 수 없다.

추가적으로, 만약 이미 읽기와 쓰기, 그리고 기독교 신앙의 신조를 배운 어떤 소년들이나, 심지어 얼마 동안 그들 자신을 자유스러운 예술을 배운 사람들은 추가적인 학문적인 훈육을 배우도록 주님에 의해 선물을 받은 것으로 보이지 않는다면, 이

---

6. *Paidonomoi, praefecti educationi iuventutis.*

사람들은 추구해야 할 다른 것들로 향하도록 하며, 각각은 보다 자연적으로 타고나서, 주어진 재능들을 위해 나아가도록 하라.

제49장 다양한 기술들과 정직한 이윤의 추구의 회복

그의 크신 자비로, 주님은 이 나라에 고품질의 순모를 매우 풍성하게 공급하셨다. 순모를 만드는 데 있어서 얼마나 많은 기교들과 얼마나 다양한 정밀 기술들이 스페인, 프랑스, 벨기에*가, 그리고 심지어 터키로부터 수입된 기술로 증명되었는가? 이 모든 기술들은 영국인에 의해 사용될 수 있으며, 그래서 순모 수출과 순모 제품 수입, 그리고 이 제품들을 제조하는 데 확장될 그 많은 양들이 이 나라를 위하여 취해질 수 있다. 영국인들은 충분한 능력이 있고 그래서 그들은 그들이 마음먹은 어느 기술이라도 배울 수 있음은 확실하다.[7]

이와 같은 방법으로, 사악하고 유해하게 확산된 게으름과 불건전한 상인들의 폭리가 국가를 위해 감소될 수 있다. 그러므로 여기서도 역시 이 나라에서 이것이 허락되는 곳이면 어느 곳이든 그곳으로부터 기술자를 고용함으로써 그리고 그들을 이러한 기술을 위하여 주님에 의해 주어졌다고 생각되는 청춘남녀와 젊은이들에게 위탁함으로써 모든 가능한 순모 제조 기술을 발전시키기 위한 노력이 취해져야 할 필요가 있다. 주님은 영국인들에게 그렇게 풍부한 순모 제조 재료를 제공하셨고 또한 그들의 순모가 다른 이들에 의해 사용되도록 멀리 보내지 않고, 그들 스스로 사람들이 사용하도록 이 재료를 준비해야 하는 탁월한 근면성을 그들에게 요구하신다.

비록 영국인들이 그들의 순모를 최대한 그들의 능력과 필요에 따라 제조할지라도, 거기에는 여전히 다른 사람들에게 수출할 풍부한 잉여분이 있게 될 것이다. 만약

---

7. 참고 Trevelyan, *op. cit.*, 129f.; Pauck, *Das Reich Gottes*, 87ff.

---

* 지금의 네덜란드

들판이 성실함으로 경작되고 모든 대지가 실력으로 나라의 이익을 위하여 순모에서 나는 이윤의 경비(전체가 아니라면 적어도 일부)로 경작되었고 경작된다면, 이제 이 섬은 하나님에 의해 지금 할 수 있는 것보다 더욱 풍부한 농작물을 생산할 수 있는 좋은 토양과 기후로 장식되어 왔음이 명백하다. 이 이익이 단지 해로운 화려함과 사치만 제공하는 한, 그것은 하나님의 자녀인 인류에게 자양물을 주기 위한 용도로 전도되는 것이다. 그들에 의하면, 순모에 있어서 이러한 무역이 너무 증가하여 대부분의 장소에서 한 사람은 얼마 전에 천 명의 사람보다 더 많은 생명을 돕기 위해 사용되었던 만큼의 땅을 그의 양을 위한 목초지로 사용할 수 있다.[8] 그러나 그리스도의 정신이 완전히 결여되지는 않은 어떤 사람이라도 기독교적 군주들이 하나님의 영광을 위해 살아가는 좋은 사람들이 가능한 어디든지 있어야 한다는 주요 프로젝트를 만들어야 한다는 사실을 인정하는데 실패할 수 있다. 그러므로 그러한 군주들은 나라의 이익보다 그들 자신의 이익을 우선하려 하고, 탐욕의 무한한 자극에[9] 흥분된 사악하고 해로운 사람들을 땅에서 추방하고, 그 나라에서 큰 부와 장식물들을 탈취하지 않도록, 그리고 교회와 천국을 하나님을 찬양하는 경배자들로부터 빼앗지 못하도록 모든 방면에서 보호받아야 한다. 잠언 14:28을 숙고해야 한다. 그의 백성들이 증가하며 더해진다면 왕께 큰 영광을 돌리라. 만약 그의 백성들이 숫자 면에서 줄어든다면 그것은 권세의 하락의 의미이다.

그리고 농업에 대한 지대한 관심과 모든 농장일이 발생하도록, 이 부분이 불경건한 나태를 압도하는 법에 포함되어야 한다.

이것을 위해서 다음과 같은 것들이 필요하다. 첫째로, 주님 자신이 그의 관대함으로 이러한 일을 하셨고 하나님을 믿는 믿음의 선진들이 이 일에 따랐던 양의 목초지를 지명하기 위해서. 둘째로, 수도자들의 땅이 현재의 삶을 지탱하기 위해 필요한 모든 것을 위해 그칠 줄 모르는 탐욕이 매일 증가하는 그러한 사람들의 힘에 편승된 후에 이러한 가격이 급상승하였기 때문에, 식목을 위해 적합한 땅이 공정한 가격으로 경작되도록 대여되어야 한다. 셋째로, 농업의 지식과 열정과 성실에 특별한 재

---

8. '울타리를 침'이라는 문제에 관해서는 방델이 편집한 「그리스도 왕국론」에서 인용한 논문들을, 특히 다음 자료를 참고하라. Richard H. Tawney, *The Agraran Problem in the Sixteenth Century*(London, 1912), 147ff.; 185ff.; 219ff.; 351ff.; 362ff.

9. 참고 Hopf, *Martin bucer and the English Reformation*, 19, 122ff.

능이 있는, 그리고 그들이 공헌한 시골 지역이면 어디든지 추천함으로써 찾게 된 사람들은 나태를 극복하고, 다른 농부들의 무력증을 바로 잡아야 한다. 이러한 방식으로, 여러 장소에 있는 많은 총명한 사람들은 수년 내에 놀라울 정도로 그들의 소작농들 사이에서 거의 죽은 그리고 거의 도울 수도 없는 땅이 된 그리고 농업을 무시하는 것이 그들을 주도해 온 농지를 회복하였다.

이러한 방식으로, 현재 그런 것처럼, 시각과 후각의 즐거움이 제공될 뿐만 아니라, 여러 질병에 잘 준비된 치료법들과 함께 많은 유익한 양육법이 제공되도록 원예에 대한 관심이 생길 것이다.

이러한 것들에, 많은 사악함의 부르짖음이 나타내듯, 남성보다 여성들을 더 괴롭히는 게으름을 제거하도록 방적업이 추가되어야 한다. 이 인위적인 노동은 그것의 사치성이 남용되는 것만큼이나 경멸받는다. 그러므로 잘 준비된 영국의 땅은 아마 섬유 생산을 거절하지 않을 것이며, 영국 여성들은 만약 그들이 단지 그들 자신의 산업을 이러한 목적으로 적용한다면 그들 자신과 그들의 남편의 다양한 사용을 위하여 그것을 준비할 능력을 원하지도 않을 것이다.[10]

그리고 이러한 농업 기술과 근면성이 회복될 때, 남성이나 여성 안에 있는 육체와 영혼의 유해한 게으름은 고용과 기술로 상호 교체될 것이며, 육체로 나라를 위해 준비된 시민은 강하게 될 것이고, 심장은 모든 미덕(국가를 위하여 아주 큰 유익이 되는)을 향하여 박동할 뿐만 아니라, 연간 수확량이 쉽게 생산될 것이며 목초지로부터 방대한 양의 축산이 공급될 것이다.

하나님이 노동력에 축복을 더하시는데 그 노동력은 그들이 노동자 자신들과 나라에 많은 다양한 방법에 유용한 것보다 더욱 하나님과 자연을 정당하게 여기는 사람들에게 기쁨이 되는 노동력이다. 마치 일과 노동이 놀라울 정도로 병역을 위해 그들의 몸을 강하게 하는 것과 같이 단련시키며, 평상시에 그들이 근면하고 활발한 농부인 것처럼 그들이 전시에도 그들 나라의 방어를 잘 할 만큼 강하고 잘 준비된 것처럼 그들 스스로를 보이도록 그들의 영혼은 특별히 힘과 용기로 고양되고 수여된다.[11]

---

10. 이것과 비슷한 제안을 모어(Thomas More)가 그의 작품인 「유토피아」(Utopia)(68ff.)에서 하였다. 게으름에 반대하여 제안된 여덟 번째 법과 관련하여 부처의 제안들 중에 여러 가지가 잘 정돈된 공화국에 대한 모어의 아이디어들과 매우 유사한 점을 지니고 있다.

11. Plato, Laws V, 737e.

그리고 나라가 이러한 한 번의 조작으로 자생하는 방법을 얻을 것이고, 그리고 필요시에 방어 자체는 외부 또는 내부의 병역을 필요로 하지 않을 것이며, 그것은 사치와 게으름에서 상실된, 전시에 유해한 것과 마찬가지로 평화 시에도 유해하다. 확실히 로마 공화정은 그들이 장군과 독재자가 쟁기로부터 소환되었을 때보다 그리고 병역을 위한 모병 제도에서, 시골 사람들이 도시 사람보다 더 선호될 때보다 더욱 명예롭게 또는 성공적으로 방어되지 않았다.[12]

농경지와 정원 경작에서와 마찬가지로 축산업에서도, 농장이 이러한 방식으로 회복될 때, 다른 나라들이 그러한 대단위 수량의 가죽이 이 나라로부터 수출되는 나라들에게 보이는 것과 같은 좋은 제품들처럼 사람들이 많은 유용한 것들을 만들 수 있는 가죽에서 큰 성장이 있을 것이다. 그리고 다양한 가죽 제품을 만드는 이러한 기술들이 이러한 사람들에게 인기가 있게 된다면, 그 가죽 사업은 가죽이 다른 나라로 수출되는 것보다 여기서 이루어지도록, 아주 대단한 이점이 이 나라에 생길 것이다. 그러나 그러한 것들과 그들의 동반하는 유용성은 명성 있고 유용한 작업에서 정신의 경건하고 정직한 직업과 육체의 활동을 통하는 것보다 더 좋은 방법은 있을 수 없다.

더욱이, 이 분야에서 전문가는 사람의 사용을 위해 다수의 사람이 정직하게 그리고 유용하게 고용될 수 있는 것의 광업과 준비에서, 이 섬의 많은 곳들이 여러 다양한 종류의 금속에서 부족함이 없다는 것을 확신한다.[13] 그리고 이것은 사형의 형벌이 가해지지 않는 범죄자들을 위한 형벌의 확립을 위한 기회를 제공한다. 그러한 형벌은 범죄로부터 평안하게 살기를 제지당하고 실패한 사람들, 더욱이, 공공의 이익을 위하여 어떠한 작업 상품을 생산할 지도 모르는 그런 사람들을 교화하는데 (현재 강제화된 것들보다 더욱) 효과적일 수 있다. 이러한 방식으로, 고대 로마인들과 다른 민족들은 그러한 위험한 사람들을, 어쨌든 사람의 삶에 유용하고 그리고 매우 자주 필요한 것인, 금속을 채광 하거나 채석장으로 그리고 다른 더욱 고되고 더러운 업무로 저주하곤 했다.[14]

---

12. Columella, *De re rustica*, 서문.
13. 여기서 부처는 토마스 스타키(Thomas Starkey)의 팸플릿의 내용에 의존하고 있는 것 같다. Thomas Starkey, *A Dialogue between Cardinal Polee and Thomas Lupset*, ed. by J. M. Cowper and S. Herrtage(Early English Text Society, Extra Series, vols. XII와 XXXII; london, 1871-1878), 173; John Hales, *A Discourse of the Common Weal of this Realm of England*, ed. by E. Lamond(Cambridge, 1893), 92, 126ff.
14. *Digest* XLVIII, 19, 8, 4-10; *Code* IX, 47, 11. 참고 More, *Utopia*, 69.

사람들이 쇠사슬과 감옥의 나태에서 붙들림 받고 그리고 감옥이나 쇠사슬에서 또는 외국인 민족들 사이에서 억울하게 추방된 유배지에서 그들이 보낸 시간의 길이에 의해 미래에 불필요한 것으로 표현된 대부분에 대하여 오랫동안 붙들림을 받을 때, 범죄자에게 벌을 주는데 있어서 이러한 방식은 이제 우선하는 사람보다 얼마나 좋은 방식인가!

그런 다음, 또한 많은 양의 옷감이 이 나라에서 부족하게 되었는데, 그 나라로부터 대단한 양의 걸레의 공급이 종이, 그리고 이제 외국 땅으로 수출되고 그리고 좋은 질은 아니지만 비싼 종이로 다시 수입되는 걸레를 만들기 위해 수집될 수 있다. 그러므로 만약, 종이를 만들기 위한 풍차나 공장이 세워진다면, 싸게 이루어진 것처럼, 또한 널리 알려진 이러한 기술은 이 나라에서 고무될 수 있고 많은 사람들이 그들과 그들의 가족들에게 정직한 삶으로 그리고 결실이 있는 성실성으로 공공의 이익을 공급함으로써 이러한 작업으로부터 이익을 얻을 수 있다.[15]

그래서 만약 어린 시절부터 모든 개개 시민들은 철학이나 수공업에서 어떤 특별한 기술을 추구하도록 할당된다면, 그리고 만약 정부를 위한 봉사나 종교적인 봉사나 또는 문학이나 철학 또는 국가를 통치하거나 방위하는 데 정말 적당하지 않은 사람들이 수작업이나 기초 노동으로 밀려난다면, 악덕, 불경건한 나태, 근원으로부터 제거됨이 모든 일반 사람들로부터 쉽게 쫓겨날 것이며, 가장 도덕적인 완성과 모든 덕에 순응하는 국가를 위한 거대한 이로움이 얻어질 것이다.

이것은 그것의 당위성과 같이, 특별히 귀족들은 일반 사람들에게 빛나는 본보기가 되는 사례가 될 것이다. 그들이 이러한 일들과 그리고 특별히 더욱 많이 철학에 대한 넓은 지식과 지혜에서 그리고 덕의 모든 형식에서 다른 이들을 능가한 것처럼, 이것은 귀족들이 그러한 부를 하나님으로부터 받았고 이름과 지위가 명예롭게 되는 것이 목적이라면, 그들은 전시와 마찬가지로 평시에, 국가 전체와 개개 시민들의 능력과 관심과 이익을 얻을 수 있는 데까지 찾아 나서는 특별한 사례가 될 것이다.

모든 이들은 귀족들의 주요한 책무가 다음과 같은 것임을 안다. 평시에, 폐하가 정의롭고 그리고 그에게 부여된 하나님의 사람들에 대한 관대한 통치를 하도록 헌신

---

15. More, *Utopia*, 157f.

적으로 돕는 것이다. 전시에는, 용감하고 유익한 방어자가 되도록 하는 것이다. 만약 이러한 계급에 속한 사람들이 그들 자신을 이러한 의무에 맞도록 준비하기를 원한다면, 그들은 분명히 매우 바쁠 것이며 그들의 나태를 극복할 것이다. 그들이 두 가지 종류의 의무, 평화와 전쟁을 위해 필요한 것들을 위하여 그들의 힘과 능력을 준비하는 동안, 그들은 하나님의 사람을 잘 통치하기 위한 준비를 위하여 다음과 같은 것들을 획득해야 한다. 정교한 지혜와 정부에 대한 이해 가능한 지식, 법을 가진 친밀성, 공의와 신성, 이러한 것들은 통치자가 필요로 하는 신뢰성과 권위와 깊이 관계된 것이다. 필연적이고 성공적인 방위를 위하여 군사적 지식, 위험에 대한 과감한 거부, 덕과 나라와 모든 인류에 대한 거대한 사랑, 그리고 마지막으로 범상한 힘과 몸의 민첩성이 필요하다.

그러나 이 계급에 있는 사람 누군가가, 자주 있는 경우처럼, 육체 또는 정신적 장애나 또는 둘 다에 의해 충고를 함에 있어서, 판결을 함에 있어서, 통치를 함에 있어서, 또는 싸우는데 있어서 국가에 봉사를 제공하는데 장애가 된다면, 그는 그 자신을 농업, 원예, 그리고 축산업에 헌신하도록 하여야 한다. 만약 그것이 귀족과 아브라함, 이삭, 야곱, 욥, 다윗과 성경에서 높이 찬양된 수없이 많은 다른 교부들을 위해 무가치한 일이 아닌 이상, 귀족 대부분이 땅과 소를 가지고 있기 때문에, 이러한 기술의 실행은 귀족들에게 적합하다. 페르시아의 위대한 왕, 키로스는 크세노폰이 그의 관심과 농경에 대한 사랑으로 그렇게도 칭찬했던 사람들로서 성경의 인물들과 같은 급에 속한다.[16] 그리고 로마인들 사이에 다음과 같은 사람들이 있었다. 이탈리아의 고대 민족인 삼나움을 이긴 큐리우스(M. Curius), 옛 이탈리아 중부의 사비눔 사람들, 옛 그리스의 에페이로스 왕인 피루스(Pyrrhus), 그의 통치권을 쟁기로부터 회수하였던 씬씬나투스(L. Quintius Cincinnatus), 그리고 이것은 로마 정부를 위한 가장 행복한 점쟁이었다. 농사꾼으로서의 삶을 100년째 되는 해까지 연장했던 코르비누스(M. Valerius Corvinus), 로마 감찰관이었던 카토(Cato), 그리고 다른 수없이 많은 사람들이 있었다.[17]

만약 귀족들의 명령이 그러한 산업으로 전환된다면(그리고 그것들을 위해 보다 적정하고 고귀성의 성장과 유지를 위해 보다 유용한), 유해한 행상인과 소매업자들의 이익 추구에 의해 가능하게

---

16. Xenophon, *Oeconomia* IV, 20-24.
17. Cicero, *De senectute* 59, 55, 56, 60, 51.

된 불경건하고 나태한 것들을 위한 모든 경우를 제거하기 용이할 것이다.

제50장 시장의 개혁

만약 그것이 잘 살기 위해 국가에 유익한 것들의 수입과 수출에 제한하고, 영적인 전쟁에서 불경한 허세와 사치를 조장하는 것들이 아니라면, 시장은 국가를 위하여 정직하고 필수적인 사업이다. 사람의 경건에 이득이 되기 위해서 이 목적은 절대로 그리스도인으로서의 사상과 행위를 결여하지 말아야 한다. 그러나 그것은 항상 가능한 한 꼼꼼하고 면밀하게 고려되어야 하고 무게를 두어야 한다.

그러므로 상인들이 꽤 일반적으로 이 목적을 거절하는 한, 사악한 성직자들 옆에 국가에 보다 전염성이 강한 사람이 없도록 하기 위하여 그들은 사악함과 탐욕에 갑자기 사로잡힐 것이다.[18] 첫 번째 장소에서, 그들이 그들의 사악한 기술을 통하여 적은 작업으로 막대한 양을 축적하는 이익의 달콤한 냄새를 위해 그리고 양이나 한계를 인식하지 못하는 허례와 사치의 호화로움을 위해, 그들은 보다 특별한 능력을 끌어당기는데, 그것은 만약 그들이 철학에 종사한다면, 그것은 국가와 교회 모두에게 매우 큰 유익을 줄 것이다. 두 번째 장소에서, 플루투스(Plutus)가 눈먼 그리고 두려운 것으로 비현실적으로 묘사하지 않은 것과 같이,[19] 그들은 훌륭하게 태어난 아이들과 청소년들의 마음을 눈멀게 하고 나약하게 한다. 그들이 고집스런 판단의 흑암으로 그들의 마음을 뒤덮고 있기 때문에, 중요한 아무것도 판결할 수 없고, 단지 선과 악의 방법을 통하여 재산을 축적하는 데, 그리고 모든 종류의 무가치한 삶의 방식에 축적된 경비 지출에만 탁월하다.[20]

---

18. 'Pleonexian'(탐욕).

19. Aristophanes, *Ploutos*, v. 86ff.

20. 부처는 큰 의심과 심지어 적개심을 가지고 이윤추구를 하는 모든 사업과 무역을 바라보았다. 왜냐하면 그가 그것들은 기독교적 도덕성과 화해될 수 없다고 믿었기 때문이다. 참고 Plato, *Republic* VIII, 544b-555a; *Laws* XI, 916d-917e; Aristotle, *Politics* I, 9, 14, 1257b.

이 '잔인하고 탐욕스런 사람들'(harpies)이 그들 자신을 전방으로 밀어내고, 그런 다음 그들이 발견할 수 있는 제자들 중 그들의 파괴적인 활동을 저지할 능력이 있다고 의심되는 모든 이들을 대상으로, 그들을 동시에 그들의 선물의 수여자로 만들면서, 큰 아첨으로 굴복시키고 나약하게 만드는 것처럼, 이 사실은 질투에 대한 근엄한 경우이며, 많은, 실제로는 코먼웰스 전체에 유해하고 위험한 것 없이는 발생하지 않는다. 그리고 그들이 자주 무절제하게 살아야 하기 때문에, 그들은 사업에서 사기죄를 범하고, 그들이 할 수 있는 어느 곳에서든 이윤을 증대시키고, 그들의 끝없는 사치뿐만 아니라 그들이 취하고 있는 이자의 고정적인 증가를 위해서 이익을 만들기 위하여 독점을 증가시킨다.[21] 그들의 교묘한 속임수에 방해되는 것들을 제거하기 위하여, 그들은 또한 심의회에 영향력을 행사하며 그들 자신의 돈을 위하여 군주의 법정을 방해하기를 자주한다. 그들은 베레스(Verres)를 흉내 내는데, 그에 의하면 그는 그 자신이 사치하기에 아주 충분할 정도뿐만 아니라, 자신의 후원자와 변호자와 그가 그의 도둑질에 대한 벌을 면할 수 있도록 판사들에게 주기에 충분할 정도의 돈을 훔쳤다.[22]

더욱이, 그들은 매일 단지 불경건한 허례와 사치를 위해 디자인되고 준비된 그들의 사소한 상품의 구매를 위해 놀랍도록 유혹하는 것들을 발명하며 또한 귀족들과 그들이 물건을 사는데 조금 검소한 다른 부유한 사람들을 속인다. 그리고 귀족과 그것의 사회적 상태의 장식물로 간주되는 이러한 사소한 물건들을 위한 돈이 충분치 않을 때, 상인들의 돈과 그러나 이자를 붙여서, 그리고 아주 짧은 시간 내에 전 가족이 파괴되고 무너지게 되는 그러한 독소적인 이자가 그들의 손에 있다.[23]

이러한 파괴의 시점까지, 보다 존경스러운 가문과 계급의 사람들이 그것을 사악한 기술을 통하여 불분명하고 더러운 계급으로부터 떠오른 상인들을 망친 것에 대하여 망신거리로 판결하는 동안, 국가의 고리대금업자는 화려한 사치로 수많은 사람을 이끌었다. 그리고 이것들이 호화로움과 그들 건물의 웅장함에서, 그리고 그들의 옷과 다른 장식물들의 허례와 화려함에서, 연회의 낭비와 다른 사치스런 것들의 과시에서

---

21. 참고 C. Hopf, *Martin Bucer and the English Reformation*, 122ff.

22. Cicero, *In Verrem actio prima* XIV, 40.

23. 1545년의 법(37 Henry VIII, c. 9, *Statutes of the Realm*, vol. III, 996)은 10%의 이자로 제한했지만, 실제적으로 이자는 종종 훨씬 더 높았다.

그들은 그들 자신의 세습 재산은 파멸로 이끌고 그들의 더 나은 소장품들이 그 상인들 스스로에게 전달될 그들의 자원에서 실패하게 된다. 그러므로 수년 사이에 이루어 놓았던 수많은 유명한 귀족 가문들의 파멸에서 보여 진 바와 같이, 그리고 힘과 우아함에서 옛 가문을 계승한 사람들 중에 국가에 유용한 모든 목적들에 관하여 무책임하고 나태에 의해 보여 진 바와 같이, 국가는 매일 보다 더 순화되고 보다 관대한 영으로 바뀌게 된다.

이러한 수많은 방법에서, 이러한 부정직한 종류의 상인들과 무역상들은[24] 하나님의 사람에게 유해하고 사악하기 때문에, 불경건한 나태의 은폐를 위하여 유익한 산업이 회복되어질 법 아래에서 상업화를 재형성할 장이 있어야 한다.

그리고 여기서 다음과 같이 정돈되어야 한다. 그 첫째는, 비록 그가 경건하고 개인적인 관심에 대한 사랑보다 국가를 더 사랑하고, 절제하고 절주하고, 방심하지 않고, 부단히 노력하며, 그리고 근면할지라도, 공직자들이 이러한 종류의 일에 적합하다고 판단을 내린 사람이 아닌 그 누구도 상품을 취급하는 것이 허락되어서는 안 된다는 것이다. 둘째는, 이것들은 상품을 당신의 왕이 선포하는 것 외에 다른 상품을 수입하거나 수출하지 말아야 한다. 그래서 폐하는 그 영역의 사람들이 실제로 충분히 가지고 있는 것들만이 전해질 것이라고 선포할 것인데, 이것은 그것들을 외국으로 가져가서 이득을 낼 사람들에게보다는 이 영역의 사람들, 즉 남을 정도로 가지고 있는 사람들에게 그들의 전함이 적지 않은 이득이 되게 하기 위함이다. 그래서 그는 또한 백성들로 하여금 경건하고 건전하고 유익하게 사용하는데 좋을 거라 판단되는 것 이외의 것을 들여오는 것을 허용해서는 안 된다. 결국, 명확하고 공정한 가격은 상품의 개별적 품목들에 대해서 매겨져야 하며, 그것은 쉽게 배열될 수 있으며, 시민들 가운데 정의와 예의를 보존하기 위해서(인간의 탐욕은 매우 사납다) 매우 필수적이다.

동일한 맥락이 소상공인들과 소매인들, 그리고 그들의 일에 적용되어야 하는데, 그 일은 매우 태만하고 불결한 것처럼 만약에 그가 능력에 있어 부족하거나 육체적 장애를 가지고 있지 않다면 어느 누구도 용인되어서는 안 되는 일이다. 그것은 마치 플라톤이 주장했던 바와 같이 보다 자유로운 기술들에 대해서 그를 부적절하게 하기

---

24. Chrēmatistōn.

위함이다.[25]

제51장 대중 술집들에 대한 주의

게다가 대중적 관대함은 대중 술집들과 호스피스들이 경건하고 자비롭고 품위 있는 것으로 인정받은 사람들의 특별한 돌봄에만 맡겨져야 함을 요구한다. 그것은 그들이 손님들의 육체적 편안함뿐만 아니라, 삶과 도덕이 하나 되는 거룩함 가운데서도 이득을 취할 수 있게 하기 위함이다. 여행 중이건, 거류하는 사람이건 간에 자신들의 유산을 낭비하는 게으른 사람들은 그들의 처소에서 추방되어져야 한다.

제52장 고귀한 기술들에 맞지 않은 사람들은 육체노동과 비천한 일을 맡아야 한다

어떠한 특별한 기술을 부여받지 않은 것으로 발견되는 사람들은 비천하고 보다 어려운 일을 맡도록 해야 한다. 그들의 필요에 따라서 그날까지 일을 하든지 혹은 어떤 특정 시간 동안 서비스를 제공하든지에 관계없이 말이다. 일을 함에 있어 그들에 대한 신뢰와 근면함을 결정하고 적절한 방식으로 그 노동에 대해 사례하는 것은 감독자의 의무일 것이다.[26]

25. Plato, *Republic* II, 371 c-d.
26. Plato, *Republic* II, 371e; *Laws* XI, 921 a-b.

제53장 완벽한 사람들은 틀림없이 기술과 노동에 대해서 지목된다

사고체계나 기술적인 것에 관계없이 시민들로 하여금 고결하고 통합적인 삶으로 인도하는 이 과정과 사회의 유익을 위한 그들의 임무에 있어서 숙련공과 비숙련공의 계층들과 각각의 재능들을 책임지는 보호자들과 관리자들이 임명되어야 할 필요가 있을 것이다. 이것은 각자가 자신들에게 주어진 일과 기술에 대해서 진지하게 고려하는 일을 보다 확고히 하기 위함이다. 그리고 사람들이 자신의 의무에 태만히 하는 것이 발견되거나 종교의식이나 국가에 대한 의무에 대해서 벗어나고자 한다면, 그들에게는 보다 더 기본적인 일들과 능력들이 재 할당되어야 한다. 게으른 자들은 어떠한 시민 계급에 있어서도 용납되어져서는 안 되며, 특히 근면의 본이 되어 다른 시민들 보다 탁월해야 하는 학자 층과 종교인들에 있어서는 더욱 그러하다.[27]

제54장 정직한 놀이들

게다가, 인간 본성은 진지한 일들에 항상 집중할 수 없는 약점을 안고 있고 수면을 제외한 다른 휴식을 요구하기 때문에 일과 유용한 학업으로부터의 휴식, 그리고 영과 육 모두의 강건함을 위한 어떤 유희가 있어야 한다. 그것은 특히 진지하고 중요한 의무들이 적절한 절제와 신중함 가운데 만족되어질 때 더욱 그러한데, 사악한 게으름 가운데 양심이나 기쁨에 대한 긴장이 완화되는 것을 두려워할 필요가 없는 어른들과 젊은이들을 위한 유희의 종류가 처방되고 또 그것으로부터 정신의 함양을 비롯하여 어떠한 육체의 강건함까지 얻어내기 위함이다. 한 이교 철학자는 다음과 같이 기술했

---

27. Plato, *Republic* III, 415 b-c.

다. "우리는 본성적으로 적응하는데 문제가 있어서 힘든 일이나 진지하고 중요한 일들에 대해서보다는 오히려 게임이나 운동에 대해서 여러 가지를 해왔던 것처럼 보인다."[28]

이러한 놀이 또는 유희는 틀림없이 음악이나 신체적인 것과 관련된 예술로부터 비롯된다.[29] 음악으로부터 사람들은 그리스도인의 신앙고백에 무익하고, 음란하거나 사악한 것이 아니라, 오히려 성경에 표현된 바처럼 모든 사역과 판단들에서 나타난 하나님과 구세주에 대한 찬양을 드러내고 선포하는 노래와 시들을 취할 것이다. 구체적으로 그것은 여러 가지 덕목들과 그 덕목에 있어서 뛰어난 인간들에 대한 칭송이며, 경건한 삶의 법과 교훈들, 그리고 잘 알려지고 유용한 역사적 이야기들에 대한 것이다.

이러한 것들에게 순결하고 거룩한 노래들에[30] 맞추어 출 수 있는 춤(하지만 경건한 소녀들의 춤은 젊은 소년들의 춤과는 구분됨이 틀림없다)이 더해질지도 모르는데, 그것은 모세의 누이 미리암이 춤추었고 이스라엘의 여인들이 출애굽 이후 하나님의 인도하심에 대해 찬양을 하였던 것과 같이 신앙을 고백하는 사람들에게 어울리는 고결하고 절제된 움직임으로 나타났다(출 15:20-21). 다윗과 사울이 팔레스타인의 노략자들을 무찌르고 돌아왔을 때(삼상 18:6) 승리의 노래로 그들을 축하했던 거룩한 소녀들의 춤이었으며, 그것은 시편 149:3; 150:4에서 시편 기자가 '소고와 춤으로 주를 찬양하라'고 말할 때 성경이 요구했던 그런 종류의 춤인 것이다.

우리를 향한 하나님 사랑의 헤아릴 수 없는 축복과 유익들 보다 더 많이 이 세계 속에서 우리를 기쁨과 감격으로 적절하게 채워가는 것, 그것을 우리는 기억하고 찬양하는 것인데 그것은 과연 무엇인가? 하나님은 우리의 창조와 우리를 위한 만물의 창조 가운데서 우리에 대한 이 사랑을 명백히 하셨다. 그리고 매우 현명하게 통치하시고 우리 때문에 전체 세계와 우리를 아낌없이 보존해 주시는 가운데 그것을 계속해서 명백히 하신다. 그는 또한 자신의 사랑을 드러내시는데, 그것은 자신의 법과 종교, 신적이고 생명의 지혜, 그리고 우리의 영원한 보호자이신 그의 아들을 주시는 것 가

---

28. Cicero, *De officiis* I, 29.
29. Plato, *Republic* II, 376e.
30. Plato, *Laws* II, 654ff.

운데 명백해지며, 또 모든 만물과 성령, 새로운 하늘의 삶, 교회의 복된 친교, 그리고 공적이고 사적인 것 모두에서 드러나는 많은 외적 유익들과 선물들과 더불어 드러나는 것이다.

따라서 경건한 노래 가운데, 우리는 그러한 광대한 하나님의 선함으로부터 주어진 이러한 선물들을 되새기게 된다. 그래서 영은 즐거움과 기쁨, 흥분과 더불어 육체로 하여금 이 즐거움에 증인되고 행위로써 이 즐거움을 표현하도록 하기 위해서 육체를 넘어서지는 말아야 하는가? 그러나 그것은 분명 모든 세대와 모든 나라들에게로 확장된다. 확실히 다윗은 하나님의 궤가 들어올 때에 왕이었음에도 불구하고 하나님이 주신 축복들의 모음들이 그를 강하게 움직이도록 하였던 것이다. 그래서 그를 춤추도록 하기 위해서 말이다(삼하 6:12-15). 그는 우리 유럽 사람들보다 훨씬 더 감정적이고 자유로웠던 나라의 팔레스타인이었던 것이다. 그러나 우리의 젊은 사람들이 춤추며 기뻐하는 가운데, 왜 그러한 춤들이 그리스도의 피를 통해서 하늘의 시민[31]이 된 우리 가운데 소개되지 않았는가? 그것은 그들이 하나님의 선하심에 대한 경건하고 거룩한 높임으로부터 나오는 것이요 모든 경건에 대한 열망 가운데 영을 환호케 하고 불붙게 하는 것을 증가시키고 강화시키기 위함이다.

확실히 만일 우리가 그리스도에 속하고, 그가 우리의 생명이시고, 영원한 구원이 그로부터 비롯된 것이라면, 모든 기쁨과 감격의 근원은 우리의 것이 되어야만 하는 것이다. 그리고 영육 양자의 완전한 환희가 일어나야 하는데, 그것은 이를테면 "네 마음을 다하며 목숨을 다하며 힘을 다하며 뜻을 다하여 주 너의 하나님을 사랑하고"(눅 10:27)를 조금이라도 경험하고, 인간의 사랑과 승리에 찬 환희의 힘에 대해서 조금이라도 알고 있는 사람이 인식할 것이다.

이것은 분명히 그리스도를 믿는 모든 이들에 대해서는 사실일 것이다. "너희 의인들아 여호와를 즐거워하라 찬송은 정직한 자들이 마땅히 할 바로다 수금으로 여호와께 감사하고 열 줄 비파로 찬송할지어다 새 노래로 그를 노래하며 즐거운 소리로 아름답게 연주할지어다"(시 33:1-3).

마찬가지로 다음의 말씀이 있다. "내가 여호와를 항상 송축함이여 내 입술로 항

---

31. *Quibus coelestis contigit per sanguinem Christi municipatus.*

상 주를 찬양하리이다 내 영혼이 여호와를 자랑하리니 곤고한 자들이 이를 듣고 기뻐하리로다"(시 34:1-2).

그리고 또한 다음의 말씀이 있다. "하나님이여 내 마음이 확정되었고 내 마음이 확정되었사오니 내가 노래하고 내가 찬송하리이다 내 영광아 깰지어다 비파야, 수금아, 깰지어다 내가 새벽을 깨우리로다 주여 내가 만민 중에서 주께 감사하오며 뭇 나라 중에서 주를 찬송하리이다 무릇 주의 인자는 커서 하늘에 미치고 주의 진리는 궁창에 이르나이다"(시 57:7-10). "나의 영혼이 만족할 것이라 나의 입이 기쁜 입술로 주를 찬송하되"(시 63:5). "내 영혼아 여호와를 송축하라 내 속에 있는 것들아 다 그의 거룩한 이름을 송축하라"(시 103:1). "나의 생전에 여호와를 찬양하며 나의 평생에 내 하나님을 찬송하리로다"(시 146:2). "내 영혼이 주를 찬양하며 내 마음이 하나님 내 구주를 기뻐하였음은"(눅 1:46-47).

사람들은 비록 암울하고 더럽지는 않더라도 공허하며, 무익하고 우스꽝스러우며 무가치한 것을 제외하고 어떠한 것도 기뻐할만 한 것이 없는 매우 비참하고 상실된 상태에 있다. 또한 플라톤의 주장에 따르면, 순결하고 거룩하고 경건을 함양하기로 옷 입혀진 이들을 제외한 어떠한 노래나 춤도 개인적으로 용인되어져서는 안 된다고 한다.[32] 이러한 이유에서, 공사에 무관하게 어떠한 노래나 춤도 허용되어서는 안 되며, 왕에 의해서 이러한 책임을 언도받은 지혜자와 종교인들에 의해서 허용되어지지 않고 있다.

청년은 또한 희극과 비극을 공연할 수 있으며, 사람들이 그러한 수단에 의해 경건의 함양에 기여할 오락의 유용한 형태를 무대에 올릴 수도 있다. 그러나 그리스도 왕국을 경험한 독실한 지혜자들이 이러한 희극과 비극을 만들어 내는 것이 필요하며, 희극이나 비극에 나타나는 일상적이거나 독특한 내용에 관계없이 인간의 계획들, 행동들, 그리고 사건들이 무대 위에 그려질 것이다. 이 모든 것이 도덕적 교정과 삶에 대한 경건한 정향에 기여할 것이다.[33]

만약에 하나의 희극이 공연된다면, 예를 들어 아브라함과 롯의 양 떼의 충돌, 그리고 그들의 분리에 대한 소재를 취해 보자(창 13:5-12). 비록 아브라함과 롯이 비극에

---

32. Plato, *Laws* II, 66oa; VII, 801 c-d; 802 a-c
33. Aristotle, *Poetics* II, 1448a.

적절한 영웅적 인물일지라도, 너무 많은 양들 때문에 발생한 그들의 목자들 사이의 다툼은 일상적이고 평범한 내용이다. 이러한 거룩한 집안의 대표들이 그들 하인들의 다툼에 의해서 다소 혼란스러워지게 되는 것도 또한 일상적인 것이었다. 아브라함이 곧바로 서로가 떨어져야만 하겠다고 결정한 것도 마찬가지이다. 이러한 종류의 희극에서, 유용한 유희와 경건의 유익을 위해서 다음의 주제들이 다루어지고 제시되어야 할지도 모르겠다.

첫째, 아브라함과 롯이 하나님의 부름에 그들의 본토와 친척들을 떠난 것과 같이 하나님께서 그를 위해 어떠한 것을 떠난 모든 사람들을 얼마나 친절히 이끄시는지이다.

둘째, 사탄의 계략과 인간 자신의 본성에 의해서 많은 인간들은 자신들의 외적인 일들에 있어서 하나님의 보다 많은 자유로운 축복들을 대면하는 가운데 여러 가지 불이익들이 자신들에게 미치지 않도록 자주 간구한다. 마치 아브라함과 롯의 목자들이 자신들의 양의 큰 무리들을 가지고 서로 가운데 분란을 일으켜 그들의 주인들을 혼란케 했던 것과 마찬가지이다.

셋째, 하인들과 거류민들의 고질병은 그들의 주인들로 하여금 불의한 논쟁들로 인해서 서로에 대한 잘못되고 부적절한 비난들을 부추기는데 익숙하게끔 하는 것으로 묘사될 수 있다.

넷째, 상호관용과 평온을 유지하는 인간 본성의 연약함이 설명될 수 있다.

다섯째, 친구들과 친족들이 따로 살면서 전보다는 드물게 접촉하고 함께 거주하거나 혹은 공격적인 느낌이나 혼란스러움 내지는 그것에 대한 위험을 내포한 채로 함께하는 것보다는 더 친근하고 평화롭게 서로에 대한 느낌을 유지하는 것이 훨씬 나을 것이다.

여섯째, 아브라함의 예는 참된 인간성과 경건한 겸손의 역할로 찬양될 수 있다. 그것에 의해서 그는 연장자와 삼촌으로서 어린 자, 그의 조카에게 땅을 선택할 권한을 양보했고, 그러한 겸손의 결과, 아브라함을 향한 하나님의 후히 주심과 친절함을 산출해 내었다.

이런 식으로, 종교극은 물질적 부요함과 경건의 형성을 위한 아주 적절한 것을 제공받을 것이다. 이삭이 그의 신부 리브가를 찾아서 결혼하는 이야기가 그러하다(창

24:2–67). 이 이야기로부터 자녀의 종교적 결혼을 모색하는 부모의 경건한 갈망이 묘사될 수 있다. 참된 신앙과 훌륭한 하인의 유익, 거룩한 기도의 힘, 경건한 기도의 응답으로서 사건들에 대한 바람직한 결과, 겸손하고 친절한 여인의 성격과 마찬가지로 그들의 딸을 경건하게 결혼시키려는 부모의 자진함, 또한 연합되기를 원치 않는 이들과 함께하지 않는데서 드러나는 그들의 모습, 그리고 마찬가지로 사람들을 결혼 가운데 연합시키는 하나님의 놀라운 능력도 그러한데 그것은 리브가의 경우에서 분명히 드러난다. 그녀가 기꺼이 한 번도 본적이 없는 남자와 결혼하는데 동의하였을 때, 이것은 부모와 형제들, 집 안의 모든 소유, 그리고 그녀의 모국을 포기한다는 것을 의미한다. 리브가는 경건한 남자와 결혼하는 것을 기꺼이 고백하는데 부끄러워하지 않는 모습을 보였는데, 여기서 겸손의 탁월함에 대한 칭찬이 드러난다. 그리고 이삭을 보았을 때 그녀가 낙타에서 내려 그녀의 얼굴을 덮은 것은 정직한 겸손의 힘을 다시 보여준다. 또한 이삭의 경건도 선포되어질 수 있는데, 그가 연소했음에도 불구하고 매우 신실하게 저녁 기도 시간을 준수했다는 점에서 드러난다. 마찬가지로 아내에 대한 그의 사랑도 그러하다. 또한 거룩한 결혼을 칭찬하는 것도 유용할 수 있는데 그것은 종교에 의해서 서로 알려지고 참여되는 이들에 의해서 접촉되는 것이다.

　　유사한 줄거리가 또한 야곱의 이야기로부터 드러날 수 있다. 야곱이 형에 대한 두려움 속에 그의 부모를 떠나서 라반 삼촌에게로 가서 하나님의 선함에 의해서 두 아내와 아이들, 그리고 풍성한 부로 풍족하게 된 것을 묘사하는 부분에서이다. 거기서 그 삼촌을 위해 그가 수행했던 충실한 섬김이 그 원인이 되었다. 마찬가지로 그의 귀환 가운데서 그는 형의 호의를 다시 회복했다(창 28:10–33:20). 또한 천사와의 씨름과 도중에 주님의 출현 속에는 이 이야기에 대한 비극적인 측면이 있다. 그러나 이러한 하나님의 위로들이 어떤 그리스도인들에게는 낯선 것이 아니다. 비록 그것들이 야곱에게서와 마찬가지로 이러한 종류의 비전과 표지들 속에서 모두 나타나지는 않을지라도 말이다. 그것은 하나님 안에, 하나님 앞에서 살아가고 있으며 그들을 묶어 주는 아버지와 아들, 그리고 그들을 인도하는 천사들을 가지고 있는 모든 그리스도인들의 분명한 표지가 된다.[34]

---

34. 희극적 문학에 대한 논의에 있어서 종교 개혁의 시기에는 다음과 같은 작품이 발표되었다. 참고 Hugo Holstein, *Die Reformation im Spiegelbilde der dramatischen Litteratur des sechzehnten Jahrhunderts*(Halle, 1866) 그리고 특히 Gunter Sknopnik,

비록 성경이 그리스도인들에게 어울리는 거룩한 희극들이 묘사될 수 있는 많은 이야기들을 포함하고 있음에도 불구하고, 적절하고 경건한 시인들은 매일의 삶 속에서 일어나는 일들과 이야기들로부터 그러한 많은 것들을 산출할 수 있다.

성경은 모든 곳에서 비극을 위한 충분한 자료들을 제공한다. 인류의 첫 아버지였던 아담의 때부터 거룩한 군주들과 왕, 예언자들 그리고 사도들의 모든 이야기 속에 그러한 것들이 있다. 이러한 이야기들은 예상되었던 것에 반대가 되는 것, 즉 아리스토텔레스가 역이라고 부른 것으로 드러난 신적이고 영웅적인 인물, 감정, 습성, 행위, 그리고 사건들로 가득 차 있다.[35] 그러한 모든 것들이 하나님에 대한 신앙을 확고히 하고 하나님을 향한 사랑과 갈망을 불타오르게 하고 마찬가지로 경건과 의에 대한 열망, 그리고 모든 가난과 경건하지 않은 것에 대한 혐오를 자아내고 증가시키는 데 있어서 놀라운 힘을 가지고 있기 때문에, 그리스도인들이 이러한 것들로부터 그들의 시들을 창작해 내는 것이 얼마나 유익한지 모르겠다. 그 속에서 그들은 이교도들의 무신적인 우화나 이야기들 보다 더 위대하고 놀라운 인류의 계획들, 노력들, 인물들, 감정들, 사건들을 드러낼 수 있는 것이다.

그러나 시적이고 물질적이고, 우주적인, 그리고 비극적인 두 종류 가운데서 인간의 활동들과 죄악들이 눈으로 보이는 것으로 묘사되고 드러날 때, 사악한 인간들의 죄악들과 관련되어 있음에도 불구하고, 죄에 대한 두려움과 하나님의 판단에 대한 두려움이 이러한 것들에서 보여야 하며, 수치를 모르는 도도함과 범죄에 대한 환호하는 기쁨은 표현되어져서는 안 된다는 것이 준수되어야 한다. 방관자들의 경건을 함양하기 위한 관심부터보다는 오히려 시적 적합성으로부터 무언가를 끄집어내는 것이 더 나은데, 그것은 죄의 모든 현현에 있어서 인간 양심에 대한 비판과 하나님의 심판에 대한 두려움이 느껴지는 것을 요구한다.

그러나 경건하고 유익한 행위들이 보일 때, 그것들은 신적 자비에 대한 행복하고 안정적인, 확신하는 느낌을 가능한 분명하게 표현해야 한다. 그러나 자아에 관해서는 절제하고 차이를 두어야 한다. 그리고 하나님과 그의 약속들에 대한 기쁨에 찬 신뢰는 선을 행하는데 있어 거룩하고 영적인 즐거움과 더불어 분명히 표현되어야 한다.

Das Strassburger Schltheater(Frankfurt, 1935).

35. Aristotle, *Poetics* XI, 1452a.

사람들이 가장 유효하게 성자의 특성을 표현할 수 있는 방법은 바로 이런 것이며, 삶의 방식과 사람들 사이에서 모든 경건과 덕목을 세우는 감정을 드러내는 방식이기도 하다.

그리스도의 사람들이 이러한 기쁨을 거룩한 희극들과 비극들로 얻기 위해서, 그리스도 왕국을 향한 알려지고 지속적인 열정뿐만 아니라 시에 대한 남다른 이해를 가지고 있는 사람들이 또한 이러한 일에 책임을 져야 한다. 그것은 이러한 사람들이 공연을 위해 적합한 것으로 간주하지 않는 희극이나 비극이 상연되지 않게 하기 위함이다. 이러한 것들은 또한 얕고 허구적인 어떠한 것도 공연하는데 받아들여지지 않는다는 사실에 주의를 기울인다. 그러나 모든 것이 성인들만을 위해서 비록 동의한 행동일지라도 거룩하고 진지한 수단에 의해서 모든 것이 보여 진다. 그리고 그 속에서 인간의 행동들과 그들의 감정들, 고난들보다는 오히려 그들의 도덕과 특성이 드러나게 된다. 이러한 것들은 거룩하게 계획되고 올바르게 수행된 것이 구경꾼들로 하여금 열의 있게 모방하게끔 하는 방식으로 보여야 한다. 그러나 잘못 계획되고 수행된 것은 그것에 대한 그들의 혐오를 강화시키고 그들로 하여금 맹렬하게 그것을 회피하도록 자극한다.

이러한 주의들이 잘 준수되었을 때, 젊은이들의 오락을 위한 다양한 자료들, 즉 좋은 덕목을 함양하고 증진시키는데 유용한 것들이 확실히 나타날 수 있는 것이다. 특히 자국어와 라틴어, 그리스어 모두로 이러한 종류의 희극과 비극들을 향한 바램과 관심이 일어날 때에 그러할 것이다. 지금은 사람들이 기뻐하지 않을 수 없는 유용한 희극과 비극들이 많이 있다. 우리 시대의 희극들 속에서 학자들은 사람들이 칭찬해마지 않는 아리스토파네스, 테렌티우스(Terence), 플라우투스 가운데 있는 언어의 정교함과 재치, 그리고 유희를 상실하였고, 비극 속에서는 소포클레스, 에우리피데스, 세네카의 대화의 깊이, 지혜, 그리고 우아함을 상실하였다. 그럼에도 불구하고 그리스도 왕국을 알기 원하고 하나님에 대한 살아 있는 지혜를 배우고자 하는 사람들은 이러한 사람들의 문학 작품 속에서 하늘의 교리, 감정들, 행위, 언어 그리고 모험들을 놓치지 않는데, 그것은 하나님의 아들에 가치가 있는 것이다. 그러나 하나님께서 이러한 종류의 재능을 더 많이 주신 사람들은 부적절한 비판으로 다른 사람들의 경건한 열의를 제지하기보다는 하나님의 영광을 위하여 그것을 사용하는 것이 바람직하다. 특출한 재능과 언어적 능력을 함양하기 위한 목적에서 야비하고 추한 모방이 도구가 되어 정신과 행동이 더럽혀지는 것보다는 비록 사람들의 문학적 기교가 부족할지라도 영원한 삶에 대한 지식이 멋지게 드러나는 희극과 비극을 무대에 올리는 것이 보다 만족스러울 것이다.

이제, 육체적 기교로부터 이러한 유희들이 청년들에게 제시되어져야 할 것이다. 그것들은 그들로 하여금 건강과 육체의 보전, 그리고 충만한 움직임을 산출하는데 기여하는 것 외에 군 복무와 유익한 무기의 사용을 위해 적절하고 도움이 된다. 따라서 젊은 사람들은 개방된 백병전투, 전투 대열의 배치, 캠프의 위치 결정, 그리고 모의 전투를 위해서 유용한 모든 무기들을 다루고 달리고, 뛰고, 격투하는데 그들 스스로를 훈련시켜야 한다.[36] 이것들을 위해서 귀족들은 사냥 연습을 추가할 수도 있다.[37]

군사학에 적절한 이러한 훈련들은 플라톤이 말한 바와 같이 가능한 한 실전에 가장 근접한 방식으로 진행되고 구성되어야 하는 것이다.[38] 만약에 젊은 사람들이 좋은 법과 경건한 법 집행자들 아래에서 집과 자신의 국가에서 군사 과학과 전투 수행을 학습할 수 있다면, 군사 복무를 위해서 그들을 외국 땅으로 보낼 필요는 없을 것이다. (이러한 시대에 수행되는 전쟁이 정당하다는 전제 하에) 그 전투는 실제로 기독교 군인들에 대해서 요구하는 모든 규율에 있어서 부족함과 사악함으로 가득 찬 것이다. 전투에서의 성공과 하나님으로부터 승리를 기대하는 그들은 자신의 아들들을 그러한 전쟁으로 보낼 수가 없는데 이것은 시편의 말씀에 근거한다. "이 하나님이 힘으로 내게 띠 띠우시며 내 길을 완전하게 하시며"(시 18:32).

이전에 친절하게 언급했던 바와 같이, 이러한 유희들을 책임짐에 있어서 사람들은 항상 관련된 그 분야에 있어서 경험이 있어야 하며, 모든 경건과 덕목에 대하여 가장 열정적인 보편적 지혜의 소유자이어야 한다. 따라서 이들은 모든 활발한 유희와 여러 덕목들의 실행과 열의에 연관시키고 적용하는 힘과 권위를 가지는 것으로 칭송을 받는다. 그리고 이것은 사실 그리스도인들 사이에 행하는 모든 유희들에 대한 하나의 목표가 된다. 왜냐하면 우리는 하나님을 찬양하고 그의 이름을 높이기 위해 지음 받

---

36. Plato, *Laws* VII, 803c, 813 d–e.

37. Plato, *Laws* VII, 824 a–c.

38. Plato, *Laws* VII, 813 d–e.

았고 우리 모두의 구속을 얻기 위하여 하나님의 아들의 피에 의해서 구속받았기 때문이다. 그것은 결코 우리가 해롭고 텅 빈 공허함 속에서 파괴되기 위함이 아니다.

따라서 놀이(유희, 게임), 음악, 댄스에 대한 경건하고 유익한 규제를 위해서 법의 이러한 일곱 번째 장이 나와야 할 것이고, 그것에 의해서 경건한 산업은 사람들 가운데서 적절하게 수용될 것이다. 이러한 방법들에 의해서 각각의 시민이 어린 시절부터 사회에 유익한 좋은 기술들과 여러 실제들을 접하였을 때, 우리가 이야기했던 다양한 유희들의 사용이 주문될 것이며 모든 사악함과 악들의 지속적이고 분출하는 근원이고 무신적인 해롭고 악한 나태함이 시민들로부터 제거될 것이다. 그들을 위해 경건하고 거룩한 산업이 획득될 것이고 모든 특성과 편리함으로 가득한 소진되지 않는 기운이 획득될 것이다. 그리고 그것으로 말미암아 사회는 영적으로, 육체적으로 돋보이게 될 것이고 훌륭하게 도움을 얻을 것이다. 우리들은 매우 많은 고대의 국가들이 하나님에 대한 무지에도 불구하고 나태함과 게으름을 매우 엄격하게 몰아내고 그들의 백성들로 하여금 교육을 받아 국가에 유익한 활동을 하도록 하게 했다는 사실에 대해서 부끄러워해야 하며 매우 많이 개탄스러워해야 할 것이다[아테네 사람 드라코(Draco)가 게으름을 사형 죄에 해당하는 것으로 간주했다는 것을 읽어 보았을 것이다.[39]]. 그리고 우리 스스로를 하나님의 자녀들로 간주하는 우리가 이슬람교도들이 우리를 조롱하고 싫어하는 이러한 거룩하고 유익한 일들에 대한 책임을 무시하였다는 사실에 대해서도 그렇다.[40] 그들은 사람들과 힘 모두에 있어서 충분한 결과, 그리고 주목할 만한 승리들을 이루었고 그것을 계속해 나가는 것을 가지고서 가정이든 군대이든 게으른 사람들을 용인하지 않고 있다.

젊은이들의 시민적 교육을 위해서 많은 것들이 있는데, 그것은 게으름에 대한 억압, 그리고 정직한 재능들과 사업을 도입하고 소개하는 것이다.

---

39. Plutarch, *Vita Solonis* XVII, 1-2.
40. 16세기 초 (예를 들어 종교 개혁의 시기) 술라이만 2세(Suleiman II) 치하의 이슬람인들이 발칸 반도로부터 거룩한 로마제국을 침입하기 위해 위협했다는 사실 때문에, 그들 이슬람인들은 두려움과 걱정 속에서 바라보기도 하지만 동시에 매우 흥미를 끌기도 하는 것이 사실이다. 왜냐하면 그들은 이교도들이었기 때문이다. 하지만 그들의 정치적, 사회적 규율은 봉건적 그리스도 왕국에 대한 비판자들과 프로테스탄트 종교 개혁자들에 의해서 매우 칭송받았다.

제55장 아홉 번째 법: 사치와 무익한 소비에 대한 통제

쾌락과 사치는 건전한 노동을 방해하는 가장 큰 함정이기 때문에, 폐하는 그의 백성들을 위해서 인간 생활에 있어서 이러한 해악들에 대항하는 윤리 규제적 법률을 확립해야 한다. 그것은 경건을 고백하는 이들에게 있어서 부적절한 모든 사치, 허식, 집과 의복, 그리고 몸의 치장과 먹는 것에 있어서 과도한 것을 금지하기 위함이다. 그와 같은 것들은 사회의 참된 유용성과 영적 덕목에 유익하기보다는 육체의 기쁨에 더욱 유익한 모든 것들이다.[41] 왕은 모든 그리스도인들에게 있어서 그들이 무엇을 하든지, '무엇을 먹거나 마시거나 혹은 무슨 일을 하든지, 다 하나님의 영광을 위하여 주 예수의 이름 하에서 수행되어져야 한다'는 것을 그가 고려하였을 때 이러한 모든 것을 위하여 우리의 신앙에 적절한 규범을 기꺼이 제정할 것이다. 그리고 그것은 이러한 것들과 우리의 행위들 가운데서 '우리가 그를 통해 하나님과 아버지께 감사하고' 그리고 유대인이나, 그리스인이나, 하나님의 교회와 같은 어떠한 통로에 있어서도 결코 장애물을 두지 않기 위함이다.

그러나 우리는 재산이나 쾌락에서 '우리 자신의 유익을 추구하지 않고, 모든 것에서 모든 사람을 즐겁게 하기 위해서' 일해야 한다. '그러나 그것은 구원받을지도 모르는 많은 사람들에게 유익하다.' 고린도전서 10장, 골로새서 3장에서 우리에게 알려 주신 성령의 이러한 말씀은 종교적으로 숙고해야 하는데, 그가 우리에게, 그 몸의 생명을 유지하고, 육성하고, 장식하는 모든 것의 사용과 규제에 대한 어떤 법칙을 우리를 위하여 여기에서 규정하기 때문이다(고전 10:31-32; 골 3:17; 롬 15:2).

동일한 성령이 그의 사도들, 베드로, 바울을 통해서 특별히 명령했던 여성의 옷과 장식품에 관한 말씀이 더해지도록 하자. 바울은 다음과 같이 말한다. "또 이와 같이 여자들도 단정하게 옷을 입으며 소박함과 정절로써 자기를 단장하고 땋은 머리와 금이나 진주나 값진 옷으로 하지 말고 오직 선행으로 하기를 원하노라 이것이 하나님

41. 참고 More, *Utopia*, 27, 75.

을 경외한다 하는 자들에게 마땅한 것이니라"(딤전 2:9-10).

그리고 바울을 통해서 다음과 같이 말씀하신다. "너희의 단장은 머리를 꾸미고 금을 차고 아름다운 옷을 입는 외모로 하지 말고 오직 마음에 숨은 사람을 온유하고 안정한 심령의 썩지 아니할 것으로 하라 이는 하나님 앞에 값진 것이니라 전에 하나님께 소망을 두었던 거룩한 부녀들도 이와 같이 자기 남편에게 순종함으로 자기를 단장하였나니"(벧전 3:3-5).

그러나 보다 약한 성으로서, 여성을 지시한 것처럼 성령의 이러한 교훈에 주의를 기울이자. 하나님은 항상 적은 장식품과 그 몸에 대한 관심을 갖고 있다. 그래서 그의 백성에 대한 그의 특별한 축복 중에서 그렇게 많이, 그는 조각되고 장식된 성전의 모퉁이 또는 어느 예외적으로 잘 만들어진 궁전의 모퉁이와 비교하여 딸들의 장식품을 계수했다(시 144:12). 그러므로 이러한 교훈이 얼마나 더 많이, '하나님의 형상'을 가장 정확하게 표현하는데 적합한 남자, 그들의 머리로서 신성의 완전한 발전에서 여성을 능가하는데 적합한 남자를 언급하는지에 주의를 기울이자(참고 고전 11:7).

그러므로 우리는 지켜보자. 그리스도인(여성과 보다 많은 남자들)의 모든 치장과 장식품은 내향적인 사람에게서와, 경외와 명상과 온화함과, 부패하지 않는 애정에 의해서 방해되고 타락된 영혼에서, 선한 일에서 발견된다. 이 선한 일은, 즉 우리가 다른 사람에게 그들을 먹임에 의해서, 그들에게 마실 것을 주고, 우리의 지붕 아래에 그들을 받아주고, 의복에, 위안을 위한 돌봄에 의해서, 이러한 봉사가 필요한 누구에게나 이익을 주려고 하는 일이다(마 25:35-40). 진실로 그러한 것에 대한 진실한 의도가 있는 누군가는 세속적인 의상과 장식품에 적은 관심만을 가지고 있을 것이다. 실로 그들의 몸의 장식품에 소모할 어떤 시간이나 돈이든지, 그들은 모든 사람의 진실하고 신성한 장식품에 대해서 잊었다고 생각할 것이다. 그들이 그것에 의해서 하나님과 천사와 하나님의 교회의 인정을 얻기 위하여 애쓴다.

그리고 성령은, 그리스도인의 내부적이고 고유한 복장과 장식품에 관한 이러한 교훈은 어리석고 외부적인 의상으로 아이 같은 허세 부리는 것을 막기에 충분하지 않을 것이라고 판단하면서, 추가하자면, 그리스도인은 곱슬머리나, 금, 은, 보석, 비싼 의복으로 치장하지 말아야 한다. 이것은 남자들, 특별히 성도에게 사용하라고 주어지는 하나님의 선물 때문이 아니라, 비록 그의 아들들이 이러한 선물을 사용할 수 있고 사용해야 할지라도, 그것이 각 사람의 직업과 기능에 따라 공적인 단정함을 보여 주는 것으로 제공되는 이러한 재능이라고 할지라도, 그는 이러한 문제에 대한 그들의 관심을 둘 그의 방식을 바라지 않는다는 것을 보여 주기 위하여, 그들은 이러한 장식품에 빠지지 않도록 하고, 정돈된 훈련과 정부의 약속의 준수에 대한 그들의 직업이나 그들의 시민의 임무보다 그들에게 더 중요한 것을 붙이지 않고, 그들에 의해서 사로잡히지 않도록 한다.

이러한 것을 숙고하고 규제하는 데에, 누구든지 자신을 속이지 않도록 해야 한다. 성령은 몸의 의복과 장식품에 관련한 교훈을 마칠 때는 존중할 만한 어떠한 표준을 설정했다. '이것은 선한 일을 통해서 하나님에 대한 신앙심과 예배를 고백하는 여성에게 알맞다'(딤전 2:10). '그래서 하나님께 희망을 둔 거룩한 여성은 그들 자신을 꾸민다'(벧전 3:5). 하나님에 대한 신앙과 예배에 대한 고백에까지 이르도록 살기를 바라는 사람들과 살아 있는 하나님 안에 그들의 모든 희망을 두는 사람들은 분명하게 하나님에 대한 즐거운 예배를 보여 주고 하나님의 거룩한 이름을 영화롭게 하고, 그의 왕국을 아름답게 꾸미고, 심지어 의복에서도, 집에서도, 음식과 음료에서도 그렇다. 그 몸을 돌보고, 모든 육신의 문제와 활동, 그리고 이러한 문제 안에서 그들 자신을 "세상이 나를 대하여 십자가에 못 박히고 내가 또한 세상을 대하여 그러하니라"고 선언할 수 있는 그러한 방법으로 그리고 "주 예수 그리스도의 십자가"(갈 6:14)로 이루는 모든 영광을 혐오하는 방법으로 그들이 예수 안에 있는 까닭에, 모든 그리스도인은 그들 자신을 예수 그리스도 안에 있는 새로운 피조물임을 모든 복장과 몸의 장식 안에서 보여 주어야 한다. 새로운 피조물의 전적인 관심은 '괴상하고 비난 받을 욕망을 가진 옛사람을 벗고, 우리 주 예수 그리스도로 옷을 입고, 육신과 그것의 욕망에 관심을 가지지 않는'(롬 13:14; 엡 4:22) 것이다. 이런 이유 때문에 이 세대, 즉 이 세상의 잃어버린 바 된 사람들에게 어울리는 모든 길로부터 벗어나는 것이다(롬 12:2).

이교도 저술가 키케로는 의복에 있어서 준수해야 할 표준과 몸에 대한 다른 돌봄은 '우리와 함께 살고 우리 가운데 사는 사람들에 의해서 인정된' 이것에서 발견되어야 한다고 추천했다.[42] 그러나 우리는 이 세상에 있지 않다. "우리의 시민권은 하늘에

---

42. Cicero, *De officiis* I, 35f.

있는지라"(빌 3:20). 우리는 항상 어디에서나 하나님 아버지, 아들, 성령, 그리고 모든 것 중에서 하늘과 땅에 있는 하나님의 천사와 거룩한 사람들을 바라보면서 살아야 한다. 그러므로 이러한 것에서, 하나님, 우리의 하늘의 창조자와 아버지, 그의 아들, 우리를 위해서 십자가에 못 박히신 분, 우리의 대속자, 성령, 우리의 선생이며 온전하게 하는 분, 그리고 모든 그의 천사와 성도들 앞에서 몸의 모든 의복과 장식품에 대해서 우리 자신이 승인 받고, 승인 받기 위해서 일하고, 어려움을 겪는 것은 필수적이다(마 16:27).

이런 것에 주의하고 항상 심사숙고 하는 사람은 모든 외부적인 모습에서 실천적이고 어울리는 겸손을 준수하는데 결코 실패하지 않을 것이다. 그것은 하나님을 기쁘게 하고, 하나님의 교회에 유용하고, 그는 과도한 소비에 의해서 누군가를 위하여 사랑의 의무를 줄이거나 약화시키거나 방해하지 않을 것이다. 그러나 사람들의 눈에 띄는 장식품을 혼란스럽게 하고, 무시하고, 더럽히지 않게 하기 위해서, 그것은 이러한 문제에 있어서 적절하게 준수되어야 하는 것이다. 왕자나 귀족이나 특권층이나 행정관의 그러한 것처럼. 그래서 이러한 규칙에 따라, 여러분의 통치자는 그의 백성에게 의복과 사치에 대한 법을 줄 것이다 그는 집과, 식사와, 의복과 그러한 것에서의 장식품에 대한 모든 사치를 제어할 것이다. 그리고 그는 그리스도인에게서 필수적인 겸손과 그의 백성들 사이에서의 검소를 행복하게 자극하고, 증진시키고, 강하게 할 것이다. 그래서 그는 또한 그의 나라에서 큰 공적 그리고 사적인 해로운 것을 없앨 것이며, 외국과 국내 모두에서 고안된 사소한 것에서 요즘 극도로 사치스러운 것으로부터 일어나는 해로운 것을 없앨 것이다.

제56장 열 번째 법: 시민법의 개정과 완성

폐하가 그의 사람들을 위해 지시된 방법으로 건전한 산업을 지원하고 강하게 할 때, 그래서 어린이로부터 모든 사람이 교육을 받고 공화국에 유익한 삶 안에서 일정한 일과 기능에 할당되고, 모든 사람이 그의 의무를 참을성 있고 효과적으로, 정력적으로 수행하게 될 때, 그가 또한 모든 폭음, 사악함, 사치 등을 잠재우고 쫓아 낼 때, 해야 할 다음 것은 그러한 법을 명확하고 강력하게 하는 것이다. 그 법에 의해 의무 사항 전달과 상품 교환이 사람들 사이에서 조절된다.

재산과 그것의 교환, 상속, 그리고 다른 종류의 사회 무역, 계약과 관련된 이러한 영역의 법이 매우 모호하고 복잡해서, 괜찮은 편에 속한 사람들은 쓸모없는 언어로 쓰인 이 법을 이해하기 위해 열심히 추구하는데, 그 언어를 열심히 배우지 않은 사람들은 그 누구도 이해할 수 없는 법이라고 불평하는 것을 나는 어디서나 듣게 된다.

그 때문에 이러한 법들을 알게 된 매우 많은 사람들이, 정의보다는 법의 조언자가 된다. 사람을 위한 덫이요 돈에 대한 그물과 같은 이러한 법을 남용하게 된다. 그리하여 그 나라에서 이런 불이익이 허용될 수 없기 때문에, 사람들은 가장 뛰어난 왕자(제후) 폐하의 아버지가 한 번 행차하여 이러한 법을 고치고 설명할 어떤 사람을 임명하기를 원한다고 말한다.[43]

그러나 이러한 선택된 법의 개혁가들은[44] 그 업무의 범위에 의해 위협과 방해를 받고, 다른 일에 의해 주위가 산만해지므로, 아직 이런 사악한 것에 대한 처방을 마련하지 못했다. 날마다 더 오용되고 악용되는 법들에 대해 여러분의 통치자가 빠르고 확실한 방법을 만들어 내야 할 의무가 있다고 사람들은 이야기한다. 그리고 그 방법에 의해 이러한 법은 가능한 한 올바르고 쉽고 분명하게 될 수 있다. 그래서 방식에서 뿐만 아니라 언어로도 잘 정의가 되어서―그것은 모든 시민에 의해 준수되어야 하는 까닭에, 또한 모두에게 읽히고 이해되어야 한다. 좋고 단순한 사람들을 당황하게 하고 그들의 유리한 점을 이용하게 하는 모든 소송이 평판이 안 좋은 법률가와 악덕 변호사에게서 없어져야 한다.[45] 모든 현명한 사람은 이것에 동의한다. 통치는 하나님의 명령과 처방으로써 시민들이 받아들이고 따르는 그러한 법 없이는 설 수 없다.[46] 그러

---

43. 여기서 부처는 옛 프랑스어로 쓰인 공통법을 가리킨다. 토마스 무어(Thomas More)(Utopia, 114)와 토마스 스타키(Thomas Starkey)(Dialogue, 122, 136, 192ff.)는 비슷한 불평을 했다. 부처가 제안한 대로, 시민법을 성문화하기 위하여 헨리 8세(Henry VIII)에 의해서 시작된 계획에 대한 기록은 존재하지 않는다.

44. *Instauratores regum*.

45. 참고 토마스 스타키의 동일한 불평. Thomas Starkey, *Dialogue*, 191.

46. Cicero, *De legibus* II, 5; III, 1.

나 무슨 차이가, 법이 존재하든지 또는 존재하지 않든지 간에, 시민에게 알려지지 않게 하는가?

그러므로 그의 백성 중에서 그리스도 왕국의 회복을 위하여, 그의 백성들의 정의와 평화와 복지의 획득과 보존을 위하여, 여러분의 통치자는 온 나라에서 가장 우수한 사람을 선택하는 데 주의를 기울일 것이다. 그는 하나님과 국가를 향해서 경건한 사람, 그는 또한 선한 것과 공정한 것에 대한 열망과 지식을 가지고 있다. 그가 일을 모든 사람에게 할당할 가능한 빠른 속도로, 모든 법을 정의하고 설명하는데, 그 법이 여러분의 통치자의 시민에게 영향을 주고 의무를 부여할 모든 법, 하나님과 국가와 이웃의 공의에 대한 개인적인 의무와 명확함, 간결함, 그리고 정돈된 이것으로, 그들은 모두에 의해서 이해될 뿐 아니라, 쉽게 기억되고 지켜지게 될 것이다.

이것을 더 편리하게 하기 위하여, 성장하는 어린이들이 어린 시절 교육 환경에서 쉽게 배우고, 모든 사람들이 간단한 문장과 노래로 그것들을 불렀던 고대의 방법을 따라 수정되어야 한다.[47] 시민권을 향상시키기 위해 진술했던 것으로 알려진 이교도인 현명한 사람의 근면과 열심 또한 그리스도인 왕자(제후)에게도 적용되어야 하지 않겠는가?[48]

인간의 삶과 행동을 규제하려고 만들어진 어떤 규정이나 법률도 하나님의 주요한 율법으로부터 기원하여 모든 일들에 선견지명이 있는 통치자의 마음에 수용되지 않는다면, 법률의 이름을 지탱할 수 없으며, 그래서 역시 하나님의 모든 율법과 예언자들의 전체적인 가르침은 우리 구주 예수 그리스도께서 주장했던 바와 같은 이러한 두 가지 제목에 의존하고 있다. '네 마음을 다하며 목숨을 다하며 힘을 다하며 뜻을 다하여 주 너의 하나님을 사랑하고 또한 네 이웃을 네 자신같이 사랑하라'(눅 10:27). 틀림없이 모든 법들은, 하나님에 의해 전승되었든지 아니면 인간에 의해 공표되었든지 간에, 이러한 두 가지 제목에 관련되어야만 한다. 그러므로 알려지고, 명령되고, 혹은 금지되는 모든 일에서 법률들을 제공하고, 수정하고, 그리고 제도화하는 모든 사람들은 맨 먼저 하나님에 대한 순결하고 신실한 예배와 이웃을 향한 굳건하고 충실한 사랑과 자선에 적응된 사람들에게 규정되는 것만을 유의하고, 이러한 것들에 반대되

---

47. Plato, *Laws* II, 665c; Plutrach, *Vita Solonis* III, 4.
48. Plato, *Laws* I, 630e–631d; Cicero, *De legibus* I, 22.

는 것은 무엇이라도 금지되어야 한다는 것만을 유의하라.

그러므로 폐하가 예수의 참된 종교의 가르침과, 강하게 함과, 증진과 보호에 관계되는 무슨 명령을 내린다고 해도, 우리가 전에 충고했던 것에 관하여,[49] 신적 첫 기록에 포함되어 있는 것은 그의 왕국의 법에서 첫 자리를 유지할 것이다. 그리고 그들이 다음의 네 가지 계명에 참여한 것처럼 경건의 모든 의무를 포괄할 것이다(출 20:2-10). '진실하신 한 분 하나님, 그분은 그 자신을 성경에 계시하신 것같이, 귀를 기울여 예배를 받으신다. 성경에서 추천되지 않은 모든 이상한 신과 제사를 피해야 하고 비난해야 한다. 신성한 이름에 대한 위증과 모든 비난을 멸해야 한다. 또한 그의 이름과 하나님 아버지, 아들, 성령의 통치에 대한 가장 거룩한 고백과 축하가 있어야 한다. 안식일은 거룩하게 지켜져야 한다. 즉 항상 어느 곳에서든 하나님에 대한 지식과 예배 준수, 기도와 하나님께 대한 찬양과 감사, 복음의 설교와 훈계, 성례의 사용, 전체 그리스도인의 훈련을 통해 확산되어야 한다.'

십계명의 다섯 번째에 포함되어 있는 다음의 선언과 금령을 따른다. 부모를 복종하고 존경하라는 명령을, 가르치고 충고하고 다스리고 고치고 양육하고 보호하고 돕는 업무에서 부모의 위치를 지키고 있는 모든 사람을, 시민과 교회의 교육과 그 자신의 일에 각 사람이 적용하는 부분에서, 우리가 얼마 전에 말했던 것에 대해서,[50] 이것에서 주요하게 자신의 본성, 능력, 미덕, 그리고 산업 생산의 비율에서[51] 모든 공화국의 유용성에 대해서 자신에게 임무, 영예와 보수를 모든 사람에게 속한 것에 따라 나누는, 이른바 분배 정의의 본질, 즉 플라톤이 정치적 정의라고 말했던 것이 포함되어 있다. 그들이 공화국의 이익을 향한 능력과 노력에서 본질적으로 다른 사람들에게 동등한 승진, 위엄과 직업을 주는 것은 죄이기 때문이다.

세 번째 입장으로는, 상품의 교환, 삶의 봉사, 자발적이나 비자발적 계약을 규제하는 법을 따라야 한다는 것이다. 여기에 가장 높은 규칙은 모든 사람은 그가 자기에게 했으면 하는 데로 다른 사람에게 하라는 것(참고 마 7:12)이고, 그리고 진정한 사랑으

---

49. 본서 제2권 제4장.

50. 참고 본서 제2권 제9, 48, 49, 54장.

51. Plato, *Laws* VI, 757 b-c; *Republic* I, :'*iustitia distributiva*'라는 용어는 아리스토텔레스의 「니코마케안 윤리학」(*Nicomachean Ethics*) V, 5, 2, 1132b의 라틴역에서 나타난다.

로부터 이것을 하라는 것이다. 이러한 종류의 법의 공식화, 수정, 해설에 우리는 모든 사악한 시민의 상거래가 들어오지 못하도록 매우 큰 주의를 기울여야 한다.[52] (즉 자신을 위해서 존경, 쾌락 등을 추구하는 과도한 탐욕) 또한 모든 사기와 속임의 시민의 상거래와 같은 것이 들어온다면, 가장 엄격한 주의를 받아들여야 하고 없애야 한다. 그 사람은 그리스도의 교회에서 또는 어느 그리스도인의 공화국에서도 허용되어서는 안 된다는 것을 시민들은 깨달아야 한다. 그는 공공보다는 개인의 이익을 좋아하는 것으로 발견되고, 자신의 이익을 다른 사람의 이익 보다 더 추구하고, 그리고 그는 그의 이웃 사이에서 상호 자애와 선행, 신뢰, 정직, 그리고 감사로 교화되기가 어려운 경향이 있다.[53]

그의 이웃을 속이고, 빼앗고, 해를 끼치는 의지와 욕망이 있는 사람이 누구든지, 비록 그가 사람의 외양과 이름을 가지고 있다고 할지라도, 그는 본성과 포악한 짐승의 욕구 안에 있는 것이다. 그는 아무것도 부족한 것이 없으나 사적인 시민뿐만 아니라 공화국 자체도 전복할 지경이다.[54]

그는 기회를 붙잡을 준비가 되어 있을 것이다. 그것은 모든 방법에서 인류에 대해서 파멸을 가져오기 때문에, 그는 사탄의 포로이고 자신의 속이는 욕망에 복종되어 있다. 성령은 이것에 대한 증언을 한다. 그가 "그 형제를 미워하는 자마다 (그리고 자신을 미워하는 사람에게 알면서 의지적으로 해를 끼치는 사람은) 살인하는 자"(요일 3:15)라고 확언한다. 그러므로 모든 무신적인 것에 대한 저주에서, 성경은 항상 사기, 악, 거짓말에 대해 특별히 주의하고 있다.

모든 법 안에서 모든 사람은 다른 사람과 함께 그 안으로 들어가고 계약을 만드는 동일한 선한 믿음으로 모든 것을 그들과 행하고, 그의 이웃을 포용하고 돕고, 무엇보다도 먼저 모든 이기심과 욕심[55]을 저지하는 것이 필요하다. 그러므로 이러한 것은 모든 법을 고치는 사람에 의해 고려되어 간주되어야 한다. 그 법은 이른바 상호 정의의 준수를 위해서 공표된다. 그것에 의해 사람은 그들이 그들 자신을 위해서가 아니라 하나님, 교회, 나라와 이웃을 위해서 태어났다는 지식을 갖게 된다. 그리고 그가

---

52. *Pleonexia.*
53. Cicero, *De officiis* III, 5.
54. Cicero, *De officiis* I, 30; III, 6, 20.
55. *Pleonexia.*

하나님과 공화국을 악하게 해치고, 만약 그들이 어떤 문제에서 그 자신의 유익을 공화국과 그들 이웃의 유익보다 더 좋아했다고 발견된다면, 인간 공동체로부터 거부될 만하다. 이것은 실로 여러분의 통치자의 나라에서 모두 고백하는, 복음의 부분이 아닌, 자연법의 부분이다.[56]

제57장 열한 번째 법: 행정관의 임명

더욱이, 법이 얼마나 현명하게 제정되고, 얼마나 완전하게 설명이 되는지가 그 증거이기 때문에, 만약 그들이 일반적인 행정관에 의해서 부단히 방어가 되지 않는다면 그리고 모든 복종이 매우 엄격하고 정확하지 않다면 그것들은 공화국의 복지에 유용하지 않다. 좋은 행정관은 살아 있는 법이라고 불린다.[57] 그리고 여러분의 통치자는 공화국을 사랑하는 경건하고 거룩하고 분별력이 있는 행정관이 그의 백성들에게 결코 부족하지 않도록 열렬히 돌볼 것이다. 왜냐하면 모든 부덕에 대한 인간의 약한 성향은 덕이나 경건에 대해서 지켜보거나, 감시하거나, 감독할 필요가 없는 사람이 아무도 없는 것과 같은 그런 것이다.

사람 안에 무엇이 있는 줄 알고(요 2:25), 불신앙, 사악함, 의문의 타고난 병으로부터 자신의 구원을 필요로 하는 처방이 무엇인지를 아는 우리 하나님이, 그의 백성을 위하여 모든 열 가정은 그들을 대표하는 '한 명'(decanus)의 보호자, 관리자, 중재자, 지도자를 갖도록[58] 행정관의 명령을 확립했을 때, 이것을 충분하게 선언했다. 그리고 열 명을 대표하는 지도자 다섯 명 중에서 뽑은 한 지도자가 오십 명을 대표했다. 오십 명을 대표하는 지도자 두 명 중에서 한 백부장이 세워졌고, 열 명의 백부장 위에는 천 명을 대표하는 한 지도자가 세워졌다. 천 명을 대표하는 리더는 모든 다른 행정관

---

56. Cicero, De officiis III, 5-6.

57. Novellae 105, 2, 4. 참고 Cicero, De legibus III, 1-2.

58. Decanus.

과 함께 중재자로서 각 족속의 최고 사령관에게 복종했다. 그리고 모든 사람의 통치자와 최고 재판관으로 한 명이 이 모든 것 위에서 의장을 하였다(참고 출 18:21, 25; 신 1:15; 삿 2:16).

행정관의 이 구분으로부터 공화국은 이러한 이익을 얻게 된다. 살아 있는 개별적 시민의 정확한 숫자를 알고, 모든 악덕이 알아차리게 되고 제 시간에 고쳐지고, 덕이 격려되고 보호되고 증진 된다. 만약 낮은 행정관이 결함이 있으면 높은 행정관은 그들의 소홀함을 다소 빠르고 유익하게 즉시 고치고 수정할 수 있다.

이러한 것을 양심적으로 일관성 있게 수행하기 위해, 주님은 그의 백성의 행정관을 극도로 조심성 있게 선택되도록 했다. 각 개인에게 준 재능에 대한 정확한 조사로, 그들은 특별히 '하나님을 두려워하고 선을 사랑하고 더러운 욕심과 이익을 미워하는 영웅적인 덕행을 장려하는 사람'(출 18:21)이 선택되도록 했다. 그에게 고상한 정신이 없다면, 공화국에 봉사하는 사람들에게 일어나는 위험과 그들이 겪어야 하는 이 위험에 대해서 그에게 부주의하지 않는다면, 그리고 행정관의 의무를 위해서 전적으로 필요한 어떤 것을, 자신으로부터 모든 존경을 제거한다면, 정의에 대한 사랑이 없다면, 악행 하는 자들(죄인은 어디에나 있고 항상 숫자가 많다)에 반대하는 법과 정의를 보존하려는 사람은 없게 될 것이다.

그러나 정직이, 하나님을 대적하는 부정직하고 불경건한 사람들 사이에서 번성할 수 없다. 모든 기독 행정관의 첫 번째 관심은 이것을 따라야 한다. 시민이 충성되게 가르쳐지게 하고 열심히 순수한 종교를 배우도록 해야 한다. 그러므로 기독교에 대한 열심과 기독교에 대한 지식 모두가 다른 사람들보다 뛰어나야 하는 것은 행정관 자신에게 필수적인 것이다. 이것은 법에 대한 행정관이 하나님 경외와 그의 이름에 대한 참된 예배에 있어서 승인되어야 하고 칭찬할 만한 가치가 있어야 한다고 명하신 이유이다.

그러나 하나님에 대한 경외의 부족함을 따라오는, 인간사에서 모든 부정한 요인은 이것으로부터 온다. 천성적으로 속이고 거짓을 말하는 것으로 태어나는 것 같은 그들은, 완전히 충성스럽고 솔직함을 가지고 또한 속임수와 영리함 또는 가장함과 위선 없이는, 서로에게 아무것도 계약하거나 수행하지 않는다.

사람들의 특성과 행동의 교정을 책임졌던 행정관들은 어떤 특정한 적의(敵意)가 없이 모든 사기와 기만과 위험한 위선을 소추(訴追)해야 하며, 계속적으로 진리와, 순수성과 진정성에 대한 열정을 불태워야 한다. 그러므로 이런 이유 때문에, 진리의 사람들, 다시 말해 신실함을 특별히 사랑하는 자들은 이것들의 지지자들과 투사들로서, 그의 백성의 행정관들이 되도록 요구하신다(출 18:21).

시민적 고통과 공화국의 혼란의 주된 원인들 중 하나가 바로 탐욕이다.[59] 첫째로, 이 질병에 의해 모든 사람들은 부와 이생의 안락에서 다른 사람들을 능가하거나 자신의 명예와 쾌락의 몫 이상을 얻으려 애쓴다. 둘째로, 공평과 선한 양심을 가지고, 각 사람에게 각각의 권리를 수여하면서 공화국을 통치하는 가운데, 부유한 사람들은 그들의 소유에 탐닉해 있다는 사실이 경험이 증거 하는 문제이다. 셋째로, 모든 사람들은 사역자들에게 특별한 관대함과 관용이 요구됨을 알고 있다. 따라서 이런 이유들 때문에, 하나님께서 그들에게 모든 야비한 이득과 사악한 탐욕을 미워하라고 명령하신다. 그 결과 그들은 소유에 대한 모든 부당한 욕심을 삼가고, 정의롭고도 공정한 것을 더욱 분명하게 보고, 더욱더 항구적으로 보호하게 될 것이다. 그때 그들은 공화국을 인간 사회의 이 역병과 공정한 이상으로 가지려는 욕심으로부터 보호할 것이다(그들이 더욱더 엄격할수록, 그들은 이 일에서 더욱더 성공할 것이다). 또한 그들은 인간성과 친절과 관대함을 불러일으키고, 조장하고, 보호할 것이다.

지금 이 모든 덕들, 즉 영웅적인 견고함을 지닌 정신, 하나님에 대한 신실한 종교와 경건, 정직성, 관대성, 그리고 친절을 가진 사람들, 다른 덕에서도 탁월한 사람들은 다른 사람들을 통치하기 위하여 다른 사람들에게 소개되는 것은 적절한 일이다. 그들은 경건하고도 유익한 통치에 대한 이 신적인 직무를 올곧고도 행복하게 수행할 것이다. 그러므로 그들은 성경에서 '신들'이라 불린다(시 82:6).

그리고 그와 같은 사람들이 전 국민들 가운데로부터 가장 최고로 부지런히 찾아져야 한다. 이런 종류의 사람들이 다른 사람들에 의하여 추천되었을 때, 그들이 그러한 사람인지의 여부를 결정하기 위하여, 가장 엄격하게 조사되고, 시험되어야 한다. 여기서 시험관들은 주의를 하나님의 백성에게 기울일 것이 아니라, 바로 이 사람들에게 기울여야 하는 바, 그들은 참으로 모든 불경건과 사악과 불의를 저지하고, 억제하

---

59. *Pleonexia.*

며, 경건과 검소와 정의에 대한 모든 소원을 보전하고, 증진시키고, 고무하고자 하는 소원이 있는 사람들이어야 한다.

이러한 조사에서, 각각이 어린아이 시절부터 어떻게 살아왔는지를, 그리고 그가 자신을, 내가 하나님의 법으로부터 언급했던 그러한 덕을 열정적으로 추구하고 그의 모든 삶에서 모든 선한 사람들 앞에서 증명하는지를 근면하게 검토되어야 한다. 플라톤은 부모의 덕과 거룩함에 대한 지식이 필요하다고 생각했다.[60] 비록 하나님이 9시나 11시에 매우 많이 자신들(참고 마 21:5-6. 일찍 왔던 많은 사람보다 많은 덕으로 그들 자신을 치장하고 그의 왕국에 때때로 늦게 왔던 사람들)을 불렀다고 할지라도, 그럼에도 불구하고 행정관의 모든 선택에서 사람은 성령의 법칙을 따르는 것이 옳다. 그리고 공화국을 통치하는 신성한 임무를 지명하고 증진시키기 위해서, 특별히 어떤 범죄에 대해서도 깨끗하고, 모든 독실함과 정의로운 사람으로 추천되고, 선한 사람들의 부단하고 빈번한 증언을 통해서, 공화국에 지배를 부과함으로 위험을 초대하지 않도록, 단지 선하고 현명한 사람으로 보이는 사람을 선택하는 것이 옳다. 실로 선하고 인정된 사람들은 백성들 사이에서 보다 많은 신뢰와 권위를 갖는 것을 좋아할 것이다.

이러한 것들로부터 사람은 악하고 심각한 타락으로 오염된 공화국으로부터 얼마나 멀리 떨어져야 하는 것인가를 즉시 알 수 있다. 그들은 몇몇의 군주국들을 침공했고, 이른바, 직할시도와 다른 행정 기관들은 육적인 선호와 가격을 위하여, 때로는 그들의 많은 것을 한 사람에게 양도했다.

그들이 이러한 의무에 약속이 되었다면, 누군가가 그들의 책임에 대한 행정을 위해서 어떤 대체물이든지 받아들일 것이다. 이는 그들을 대리하는 의무에 보다 적합한 사람이 아니라 그들의 동료이거나, 그러한 대체물에게 보다 많이 지불하거나, 이러한 임무에 대해서 약속된 급여보다 더 많은 부분을 그들에게 주는 사람이다. 이런 탐욕의 자격과 욕망에의 초대에 의해서 그것은 오게 된다.[61] 왜냐하면 행정관은 이익을 추구하기 시작하고, 그들은 가장 타락하게 행정의 일을 한다. 실로, 모든 사람은 행정관으로 그가 지불했던 비용의 이자까지 더해서 대가를 받으려고 안달한다.

이런 두려움으로, 황제 유스티니아누스는 행정관으로 입문하는 사람들에게 맹세

---

60. Plato, *Republic* III, 412e, 413c; *Laws* VI, 751c.

61. *Licentia tes plenonexias.*

를 요구하기를 결정했다. 그들은 행정의 임무에 어떠한 돈도 사용하지 않을 것을 맹세한다. 그리고 후원자와 시민을 위해서 어느 누구에게도 아무것도 약속하지 않을 것을 맹세한다.[62] 그들은 지배자에게 만들어 준 추천에 대해서 어떠한 것도 주지 않았고, 주지 않을 것을 맹세한다. 그리고 그들은 약속한다. 그래서 그들은 순수하고 무보수로, 좋은 신념으로, 무료로 행정관 일을 하기로 하고 아무것도 계약하지 않는다.

공적 자금으로부터 받는 일상적인 급료로 그들의 과제와 업무를 수행한다. 테오도시우스와 발렌티니아누스의 법이 또한 고려될 수 있다. 그것은 「율리아누스의 금품 강요 처벌법」(Cod. Ad legem Iuliam repetundarum)에서 발견된다. 맹세에 대한 신조에서, 그것은 황제 유스티니아누스의 '아우텐티카'(Authenticae) 중 9번 항목에 있다. 여기에서 주목해야 할 것은 행정 업무를 맡는 사람들은 "그들이 할 수 있는 한에 있어서는 그들이 가장 거룩한 종파인 보편성을 지켰고 지키겠다는 것을 맹세하고 하나님의 사도의 교회, 그리고 그들은 언제나 어떤 방식에서도 그것을 반대하지 않겠다는 것, 누구에게도 그렇게 하는 것을 허락하겠다는 것"[63]을 맹세하는 것이다.

여러분의 통치자는 또한 하나님의 법에 일치하여 보초로, 모든 신실하고 현명한 방백의 모범으로 있을 것이다. 먼저 어느 누구에게도 공적인 임무를 주지 않고 부하 직원에 의해서 그에게 수여되게 하고, 그의 경건, 예의, 덕이 없다면, 정치적인 지식은 조사되고 확언되어 왔다. 그래서 의심할 것 없이 그는 건강한 방법으로 공화국에 대한 그의 의무를 할 것이고 할 수 있다. 즉 하나님의 영광의 명예를 위하여, 그리고 백성들의 복지의 증진을 위하여 할 것이다. 하나님의 왕국을 먼저 찾지 않는 사람에게, 그리고 그의 정직은 사탄의 노예이고, 그들은 단지 그들 자신이 전염병이라는 것을 보여 줄 것이다. 이는 공화국에 보다 해로우며 그들이 그것에서 보다 충분한 힘을 얻게 된다. 하나님에 의해서 갖춰지지 않은 사람은 재능과 통치에 대한 능력을 가지고도, 그들은 그들 자신을 좋고 평판이 좋은 시민 개인이라고 할지라도 좋은 다른 사람에 대한 좋은 지배자의 일을 한다고 가정할 수 없다.

다음은, 여러분의 통치자가 마치 그가 모든 공공 정부의 모든 임무를 무료로 제공해 주는 것처럼 돌보아 줄 것이다. 그리고 하나님의 백성의 복지를 위하여 이러한

---

62. *Amisthon.*
63. *Code* IX, 27.

임무의 좋은 통치를 통해서 하나님의 영광을 촉진시키는 것보다 다른 어떤 것의 우호적인 것이나 고려함이 없이, 그래서 또한, 모든 그의 방백과 상위 장관들은 행정관을 선택하고 임명하는 데, 세속적인 호의나 강력한 백성들의 중재에 어떠한 방법으로도 지체되지 않으면서, 그리고 무엇보다도 가격과 또는 개인적인 호의가 아니라, 같은 고결함과 성실성과 책임을 따라야 한다.

이러한 임무는 사람들의 재능이 아니다. 그것은 의지와 열망에 따라서 올바르게 개인에게 기증된 것이다. 그러나 그것들은 하나님의 백성의 행복과 구원을 얻는 것과 하나님의 이름의 신성을 위하여 그것을 수행하기로 기대될 수 있는 사람에게만 단지 주어져야 하는 할당된 성스러운 책임이다. 이러한 부단한 성스러움과 행정관의 수용성에 대한 관찰의 비용은 매우 무거운 형벌을 제정할 것이다. 누군가로부터 어떤 것을 받기로 계약했거나 받은 사람이나 어떤 것을 줄 약속을 하거나 주었던 사람, 또는 행정관을 위하여 누군가에게 무엇인가를 지불하는 것으로 이해해 왔던 사람들에 대한 무거운 형벌을 제정할 것이다.

그렇지만 그는 공화국을 통치하기 위해 잘 준비한 누군가에게 수행된 두 행정관은 거의 없는데, 한 사람이 모든 요구를 만족시킨다는 것은 거의 불가능하므로, 매우 많은 주의와 일이 요청된다. 그가 어떤 공적 업무를 대체해야 하는 누군가에게 인정받는 것은 훨씬 적고, 무엇보다, 좋은 신앙이 있는 그 행정의 업무를 수행하는 개인적으로 집행하지 않는 어떤 행정관의 어느 누구든 어떤 행정관의 급여의 일부를 받아야 한다. 이러한 탐닉의 어떤 것은 행정관에게 공화국에 대해서 덜 경외하고, 덜 성실하고, 덜 건전하게 수행되도록 하기 때문이다.

공직을 수행하는 동안, 공직자들이 대부분의 장소에서 그리고 다른 시대에도 보여 주었던 경비에 대한 무익하고도 해로운 남용은 없어져야 한다. 이런 오용을 하면서도 이 직무에 매우 적합했던 사람들은 가끔 행정직으로부터 제외되었다. 왜냐하면 자신들의 부동산에 대한 인색함 때문에, 이런 종류의 낭비를 지불할 수가 없었기 때문이다. 그러므로 하나님의 이름을 책임적으로 부르는 것과, 그리스도인들의 온갖 사치와 허식에 대한 배제와 함께 이 같은 신적인 책임들이 착수되고, 수행되지 않았을 때, 하나님께서도 모욕을 받으시고, 하나님은 정부가 수행할 수 있는 그의 복을 부인하신다.

폐하는 또한 각각이 그의 행정관직을 전적으로 무료로 받았는지를 측정할 것이다. 그래서 그는 또한 그것을 무료로, 충실하게 그리고 좋은 믿음에서 행정의 일을 할 것이다. (그리고 당신의 통치자가 이런 범죄에 대해서 매우 진지한 형벌을 제공할 것이다.) 그에게 속한 어떤 신하로부터 어떤 선물을 받은 것은 범죄로 생각된다. 비록 만약 그것들이 진실한 거룩한 자산의 목적으로 주는 것이라면 선물을 주고받는 것은 자비의 기능이다. 그럼에도 불구하고 인간 본성의 약함은 심지어 현명하고 뛰어나게 정직한 사람도 쉽게 선물에 의해서 타락되고 그리고 진리와 정의로부터 멀어지게 인도하게 할 수 있게 한다. 그것은 하나님에게 좋은 것으로 보인다. 그는 홀로 현명하고 진실한 사람을 사랑하는 분이다. 재판에서 통치와 사회를 수행하는 사람에게 뇌물[64]을 단독 수령하는 것과 선물의 수령은 완전히 금지되어야 한다.

이것은 출애굽기 23:8의 명령이다. 신명기 16:19은 말한다. '뇌물을 받지 말라. 뇌물은 현자의 눈을 멀게 하고, 공정한 배심원을 부패케 한다.' 보라, 홀로 인간 안에 무엇이 있는지를 아시는 하나님은(요 2:25) 단언했다. 뇌물은 심지어 현자도 눈을 멀게 하고, 선한 통찰력의 사람도, 선, 진리, 공의를 명확하게 보고 발견해 나가는데 주의 깊고 통찰력이 있는 사람도 멀게 한다. 정의를 사랑하고 추구할 사람의 설교와 판단을 빗나가게 한다. 그러므로 당신의 통치자는 가장 엄격한 법으로 예방 조치를 취할 것이다. 당신의 통치자가 재판의 통치와 그의 백성의 정의를 맡기는 사람의 누구도, 적법의 모든 책임과 건강한 통치를 파멸시킬 선물의 수령을 통해서 그 자신에게 실명과 부정의 그렇게 큰 위험을 초래해서는 안 된다.

더군다나 '인간 마음의 모든 공상과 느낌은 그가 젊었을 때부터 악해지기가 쉽다' (창 8:21). 불경건, 사악, 불법에 대해서, 하나님에 대한 타고난 무지와 권력과 존경과 쾌락에 대한 끝없는 욕망[65]의 이유로 또한 그로 인해서 사람의 권리뿐만 아니라 하나님의 법도 위반한다. 플라톤이 썼던 것처럼[66], 풍랑치는 바다 한가운데서 이곳저곳으로 영속적으로 흔들리는 배처럼, 각 나라에 대한 언급이 필요없이, 그들의 연령이 어떻든간에, 그들은 자신을 위해서 모든 것을 얻기를 바라고 힘쓰고 있는 바, 아주 세심

---

64. *Dōrodoxia.*
65. *Pleonexia.*
66. Plato, *Laws* VI, 758a.

한 관찰과 용이주도한 방향성을 항상 필요로 한다. 그러므로 어떤 마을이나 읍내에서도 경건한 행정을 부지런하게 열심으로 책임지는데 인정받은 행정관들과 감독자들이 남겨져야 한다. 그들은 정부라는 배가 사치, 불경건, 불의 – 이것들은 사탄이 자신의 제안들의 숨은 능력을 가지고 휘젓는 것을 쉬지 않는 것들이다 – 로부터 손해를 입지 않고, 어마어마한 고안물들과 광포의 바람과 폭풍으로부터 해를 입지 않도록 세심한 주의를 기울여 감시해야 한다. 어마어마한 고안물들과 광포에 의하여 사탄은 인간의 법과 하나님의 법, 즉 모든 법을 방해하기 위하여 사람들을 끔찍한 노예로 만드는 데 결코 실패하지 않는다.

항상 이러한 사악에 대비해서 준비된 것이 있으므로 다음의 것은 우리 하나님에게 좋은 것으로 보인다. 먼저, 앞에서 말했듯이, 열 명마다 그들의 행정관이 있어야 한다. 그 열 명이 모인 다섯 그룹 오십 명에 대해서도 한 명의 지도자가 있어야 한다. 그 오십 명이 모인 두 그룹에 한 명의 백부장이 있고, 백 명이 모인 열 그룹에는 천 부장 한 명이 있어서, 각 천 명은 한 최고 지도자가 있어야 한다. 그리고 모든 지파의 리더 그리고 모든 백성에 대한 최고 재판관과 통치자가 있어야 한다(참고 신 1:15; 삿 2:16). 그래서 각 도시와 성읍은 그들의 재판관과 장관을 가지고 있어야 한다. "네 하나님 여호와께서 네게 주시는 각 성에서 네 지파를 따라 재판장들과 지도자들을 둘 것이요 그들은 공의로 백성을 재판할 것이니라"(신 16:18).

이러한 그가 해야 했던 대로 법을 준수하기 위하여, 그들은 신의 율법에서 교육 받았기 때문에, 다윗은 레위인 중에서만 육천 명의 재판관을 하나님의 백성을 위해서 장관을 지명했다(참고 대상 23:4). 이상에서 다윗이 신성한 법에서 다른 사람들 보다 배우고 분별력 있는 것으로 발견되는 만큼의 많은 통치자와 재판관을 지명했다는 것을 주의 깊게 봐야 한다. 이 독특한 신성한 의무는 현명하고 분별력 있는 사람들에게 맡겨진 것이다(신 4:6).

그러므로 정부의 규제 법규의 제4장은 다음의 내용을 담고 있어야 한다. 비록 작을지라도 모든 공동체에는 경건하고 검소하고 정의로운 삶을 위하여 감독자들과 지도자들이 있어야 한다. 인구가 더욱 밀집된 지역에서는 더 큰 힘과 능력을 행사하듯이, 더욱 충분한 지혜와 거룩성과 공평성을 가지고 있는 다른 지도자들과 감독자들이 이런 열등한 행정관들을 책임져야 한다. 이들을 위해서 다시 다른 사람들이 있어야 한다. 그 결과 사람들 가운데서 뿐만 아니라,[67] 백성의 집정관들과 통치자들 가운데서도 감독받지 않는 것은 아무것도 없도록 해야 한다. 또한 그 결과 공공 봉사를 위해 임명된 사람들과 똑같이 개인으로서 누구든지, 만약 자신이 어떤 면에서 실패하거나 어떤 방법으로 죄를 짓는다면, 그 사람이 자신의 의무를 다하도록 촉구하는 감시자, 검찰, 감독자를 모시게 된다.

이것은 공화국에 유용함을 위해서 편리하게 영향을 받고, 성공적으로 깨달을 수 있게 하기 위해서, 폐하는 자신은 또한 적당한 때에 그의 나라의 지역을 방문할 것이다. 경건하고 현명한 왕의 예를 따라서. 그는 그들이 어떻게 통치되고 또 그가 배운 명예가 공화국에서 그들의 의무를 충실하게 행하고 있는지를 조사할 것이다. 그리고 그는 그가 그들 자신을 처리해 나가는 것을 발견한 사람을 주의 깊게 살펴볼 것이다. 이 일이 가장 거룩한 일이므로, 하나님의 업무[68]와 통치처럼 좋은 신앙과 거룩한 방법으로 수행되도록 공공의 일의 모든 장관과 행정관의 의무를 최고의 관심으로 하게 하기 위해서다.

폐하는 개인적으로 너무 종종 지역의 조사를 할 수 없었기에, 그는 이 일을 매년 또는 최대한 격년으로 수행하기에 적합한 사람을 통해서 하도록 확실히 했다. 여러분의 통치자는 거의 그리스도인의 통치가 그것의 책임에서 심하게 실패했다는 것을 알지 못했기 때문이다.[69]

그러나 거룩한 성령은 우리에게 여호사밧 시대의 왕의 업무에 대한 뛰어난 본보기를 제공한다. 즉 당신의 통치자가 지방 조사를 위해 개인적으로 할 수 있는 것뿐만 아니라 그가 대리인을 통해서 할 수 있는 것 두 면에서, 그는 그것을 가져오는데 최고의 주의를 수행할 것이다. 그의 백성들이 어디에 있든지 선한 믿음에서 하나님의 법과 권리를 배우고, 행정관과 재판관에 의해서 같은 법에 따라서 그들은 열심히 다스리고, 그들은 이러한 예를 심각히 고려하고 꼼꼼하게 그것을 따라 하기를 원해야 한다. 그리고 그래서 당신의 통치자가 개인적으로 할지 모르는 그 왕국의 방문에 관련해서, 우리는 왕, 여호사밧의 이야기에서 다음의 내용을 발견한다.

---

67. *Ibid.*, 760a.

68. *Indicium* = judicial office.

69. *Nam, ut horrende collapsa sit religio Christianae gubernationis, Serenissima Maiestas Tua haudquaquam ignorat.*

"여호사밧이 예루살렘에 살더니 다시 나가서 브엘세바에서부터 에브라임 산지까지 민간에 두루 다니며 그들을 그들의 조상들의 하나님 여호와께로 돌아오게 하고 또 유다 온 나라의 견고한 성읍에 재판관을 세우되 성읍마다 있게 하고 재판관들에게 이르되 너희가 재판하는 것이 사람을 위하여 할 것인지 여호와를 위하여 할 것인지를 잘 살피라. 너희가 재판할 때에 여호와께서 너희와 함께하심이니라. 그런즉 너희는 여호와를 두려워하는 마음으로 삼가 행하라. 우리의 하나님 여호와께서는 불의함도 없으시고 치우침도 없으시고 뇌물을 받는 일도 없으시니라 하니라. 여호사밧이 또 예루살렘에서 레위 사람들과 제사장들과 이스라엘 족장들 중에서 사람을 세워 여호와께 속한 일과 예루살렘 주민의 모든 송사를 재판하게 하고 그들에게 명령하여 이르되 너희는 진실과 성심을 다하여 여호와를 경외하라. 어떤 성읍에 사는 너희 형제가 혹 피를 흘림이나 혹 율법이나 계명이나 율례나 규례로 말미암아 너희에게 와서 송사하거든 어떤 송사든지 그들에게 경고하여 여호와께 죄를 범하지 않게 하여 너희와 너희 형제에게 진노하심이 임하지 말게 하라 너희가 이렇게 행하면 죄가 없으리라. 여호와께 속한 모든 일에는 대제사장 아마랴가 너희를 다스리고 왕에게 속한 모든 일은 유다 지파의 어른 이스마엘의 아들 스바댜가 다스리고 레위 사람들은 너희 앞에 관리가 되리라 너희는 힘써 행하라 여호와께서 선한 자와 함께하실지로다 하니라"

(대하 19:4-11).

이 뛰어나고 진실한 법적인 예에서, 폐하는 이러한 것을 준수할 것이다. 첫째로, 왕 여호사밧이 그의 나라의 백성들을 방문하기를 다시 시작했다고 쓰여 있다. 따라서 사람은 그가 이전에 그의 백성에게 조사의 이런 이익을 승인했고 경건한 왕이 필요한 것으로 그것이 요구되도록 판단했던 것을 이해해야 한다. 둘째로, 이러한 신앙심이 있는 왕이 그의 왕국의 모든 백성을 그의 나라의 끝인 브엘세바에서부터 에브라임 산지까지 방문했다. 더군다나, 그의 백성에 대한 이런 조사에서 그는 주로 종교의 회복에 관심이 많았다.

왜냐하면 그는 그들을 주 그들의 하나님에게로 되돌리고자 했기 때문이다. 그러므로 이런 조사는 한가하거나 쓸데없는 것이 아니다. 신앙심이 있는 왕은 그것을 하나님의 진정한 경배가 개인이나 공공 모두에 의해서 받아지도록 하게 되었다. 그 누구도 지금 말과 행동에서 감히 반대함이 없었다. 그리고 만약 누군가가 이것은 신실한 마음으로 하지 않고, 가장하는 마음으로 했다면, 그는 그 자신뿐만 아니라 다른 사람에게도 해를 끼치는 것이다. 이 왕은 그가 사람의 구원과 종교의 부흥에서 그의 진정한 노력에서 이완될 수 없다는 것을 깨달았다.

다음의 내용이 보다 더 고려되어야 한다. 왕이 전적으로 그의 나라의 모든 도시에서 재판관, 즉 통치자를 임명하는 것은, 범죄에 벌을 주기 위해서가 아니라, 범죄를 막기 위해서이다. 그리고 각 도시는 그들과 연결된 촌락을 가지고, 그들도 주님의 법인 출애굽기 18:26과 신명기 16:18에 따라 자신들의 정의를 가지고 있다. 더군다나 그들이 재판관들을 신중히 임명할 것을 그가 진지하게 충고한다. 그들은 주님을 대신해서 재판하게 되고, 사람을 대신해서가 아니다. 그리고 그들과 함께 주님은 모든 재판에 계신다. 시편 82:1의 말씀에 따라("하나님은 신들의 모임 가운데에 서시며 하나님은 그들 가운데에서 재판하시느니라") 왕 여호사밧의 훈계로부터, 사람은 그의 백성을 위해서 하나님에 대한 신앙심의 경외와 두려움이 의심할 바 없는 그런 사람들을 재판관으로 통치자로 임명할 것이라는 것을 사람은 쉽게 이해한다.

그것은 또한 준수되어야 한다. 그가 예루살렘에 최고의 재판소를 구성하고, 제사장들과 레위 사람들 중에서, 하나님의 율법과 종교적인 관심의 지식을 고려해서, 그것 안에 다른 사람보다 뛰어난 자들이 적합하다. 그리고 또한 모든 백성의 아비들 중에서 지혜, 정의, 거룩과 권위에서 뛰어난 사람들을, 이 최고 재판소가 가장 충분하고 정확한 책임으로 관리되고, 권위와 힘으로 모든 사람이 동의할 만하고 그들의 경외를 받을 가치가 있도록 이런 사람들로 구성되도록 하는 것이 준수되어야 한다.

어느 누구도 왕이 그의 장관과 재판관에게 말했던 것을 가장 경외하면서 주의 깊게 생각하는 것에서 실패하지 않아야 한다. '진노가 너의 백성에게 임하지 않도록 하나님 앞에서 죄를 초래하지 않도록 가르쳐라'(대하 19:10). 모든 백성은 공적인 묵인에 대한 죄에 대한 책임이 있기 때문이다. 아간의 도적질 때문에 그가 전 백성을 치셨을 때(참고 수 7:1), 또한 끔찍한 죄를 범한 아들들을 향한 엘리 제사장의 어리석은 욕망 때문에 백성을 치셨을 때, 하나님은 이것을 충분히 보여 주셨다(참고 삼상 4:4, 11-18).

마지막으로, 그가 종교적인 임무를 책임지는 높은 제사장을 두었고 나라의 왕의 관심사를 책임지는 강력한 왕을 두었다는 것은 고려되어야 한다. 이러한 일은 다른 지식을 그리고 그리하여 다른 목회자들도 요구하기 때문이다. 그리고 각 책임은 전체 사람들에 대한 것보다 더 크게 요구한다.

이 왕이 적당한 대리인을 통해서 만든 조사의 본을 조사해 보자. 우리는 역대하 17장에서 이것에 대해서 읽는다. "그가 왕위에 있은 지 삼 년에 그의 방백들 벤하일과 오바댜와 스가랴와 느다넬과 미가야를 보내어 유다 여러 성읍에 가서 가르치게 하고 또 그들과 함께 레위 사람 스마야와 느다냐와 스바댜와 아사헬과 스미라못과 여호나단과 아도니야와 도비야와 도바도니야 등 레위 사람들을 보내고 또 저희와 함께 제사장 엘리사마와 여호람을 보내었더니 그들이 여호와의 율법책을 가지고 유다에서 가르치되 그 모든 유다 성읍들로 두루 다니며 백성들을 가르쳤더라 여호와께서 유다 사방의 모든 나라에 두려움을 주사 여호사밧과 싸우지 못하게 하시매 블레셋 사람들 중에서는 여호사밧에게 예물을 드리며 은으로 조공을 바쳤고 아라비아 사람들도 짐승 떼 곧 숫양 칠천칠백 마리와 숫염소 칠천칠백 마리를 드렸더라 여호사밧이 점점 강대하여"(대하 17:7-12).

이 이야기에서 처음에, 왕 여호사밧은 얼마나 신속하게, 그의 통치 3년에, 그의 마음을 그의 백성에 대한 종교와 통치의 신실하고 거룩한 통치를 회복하는데 두고, 이 노력은 그의 전체 왕국과 그 자신을 위하여 행해진 위대한 성공이었다는 것을 알려 주는 것이 틀림없다.

그다음으로, 뛰어난 방백의 대리인, 레위인, 왕이 그의 나라의 첫 조사를 위하여 보낸 장관을 보냈다는 것을 알려 주는 것임에 틀림없다. 그리고 그는 단지 명령과 불경건의 구현의 제거에 의해서 종교적 또는 공적 통치의 개혁에 영향을 주기를 원하지 않았기 때문에, 그는 먼저 율법 책으로부터 유도해 낸 주의 깊은 교육을 제공했다. 그는 그의 백성을 통치하는데 가능한 신실하게 주의를 기울였다. 그 나라의 모든 땅에서 뛰어난 그의 대리인을 통해서, 그리고 이것은 그의 나라의 단지 모든 지방과 지구를 통해서뿐만 아니라 도시의 각각에도 그렇다. 그리고 이런 가르침의 확실함과 청결을 강조하기 위해서, 그는 대리인에게 그들과 함께 율법 책을 수행하도록 명령한다.

이것으로부터 폐하는 그 자신과 그의 나라에 뛰어난 유익을 주고, 어디에 있든지 신실하고 신중하고, 공정하고, 영웅적인 영혼과 모든 욕심과 타락에 완전히 이방인인 그들의 행정관, 감시자, 통치자로서 그의 백성에게 제공하기 위해서, 그것이 지금 진실로 왕의 일이라는 것을 쉽게 알 것이다.

그는 또한 개인적으로 그리고 이것에 대해 적합한 대리인을 통해서 그들을 방문하고 조사하도록 계획을 짤 것이다. 이들은 신앙심과 지혜와 공의와 유익한 충성과 영혼의 위험을 가지고 이들을 대표해서 권위를 소유하는 사람들이다. 그래서 종교이든지 나라의 다른 부분에 대해서이든지 그는 부단히 그의 백성이 어떻게 통치되고 다스려지는지를 보고하고, 그리고 각 행정관은 그의 의무를 수행하고 악이 들어오는 무엇이든지 찾아서 고친다. 그리고 그는 특별한 수단을 취할 것이다. 법 집행의 느슨함에 의해서 강제 범죄를 꾀함에 의해서 그들의 백성을 깨뜨리고 빼앗음에 의해서, 어떤 기본적인 이익으로라도, 그들의 높은 업무의 통치를 오염시킴에 의해서 그들의 임무를 수행하는 데 실패하는 공직자에 대한 특별한 수단을 취할 것이다.

제때에 그러한 악에 대해서 보고가 되게 하기 위해서, 그들을 그들이 받을 만한 가혹함으로 벌을 주기 위해서, 당신의 통치자가 그의 행정관을 위해서 법을 통과시키는 것은 매우 유용하다. 그러한 많은 고대 국가가, 아테네와 다른 국가, 그들 자신을 위해서 가장 현명하게 세웠던 것처럼, 즉 대중의 업무에서 봉사하는 사람은 요구된 시간에 그들의 봉사와 행동에 대한 공공의 책임을 수행해야 한다. 그들이 그들의 업무로부터 해방되었든지, 그들이 아직 그 일을 수행하든지 간에 그들은 그들 자신을 준비되도록 해야 한다. 그들 자신을 그가 그들을 반대해서 어떤 것을 수행한다고 모든 사람에 의해서 고소되도록 두어야 한다. '누가 책임을 맡을 것인가'라고 선구자는 외친다.

만약 폐하가 자신의 행정관에 대해서 약속, 승인, 방문, 수정, 조사와 처벌에 관한 법령을 정하고, 거행하고 이러한 것을 강제로 하게 한다면, (어느 누군가 그의 의무에서 실패한 것으로 판명되는 경우에) 주님은 그의 영혼과 효험의 증가를 더하고, 그래서 당신의 통치자는 항상 그러한 업무를 발견할 것이다. 그의 신하를 위해서 신앙심이 있는 통치와 유익한 보호를 위해서 필요한 모든 것을 얻어 내고 보호할 사람들을 통해서, 그의 백성과 시민은 어릴 때부터 신중하고 신실한 교육을 통해서, 훌륭한 법을 통해서, 그리고 부단한 가르침과 엄격한 법의 실행을 통해서 될 것이다. 그들은 하나님 예배와, 생활의 모든 방면에서의 순결함과 모든 자비와 외국인들과 마찬가지로 시민들과 교제하는 인간성과 친절함 그리고 영예스런 기술들과 유익한 산업에 대해 익숙해지고, 그 방향으로 촉진될 것이다. 게으름은 법을 어기게 된다는 사실의 관점에서, 모든 사람은 이러한 기술을 적절할 때에 배울 것이다. 그리고 그것들을 수행할 것이다. 기술과 필생의 작업이 무엇이든지 모든 개인이 하나님에 의해서 만들어진 모든 개인을 위해서, 그가 공화국의 통치자에 의해서 할당되어 있는 것에, 신실하게 점차로 삶의 의무를 수행할 것이다. 모든 사람은 그 자신과 그의 가족에게 정직하게 행할 뿐 아니라, 어떤 교회와 나라와 심지어 개인들에게도 어떤 불만이 없이, 그러나 그는 또한 개인적으로나 그의 가족을 통해서 공화국을 매우 부유하게 하고 돕게 할 수 있을 것이다. 선하고 건전한 시민을 선출함에 의해서, 공공의 선에 기여하도록 함에 의해서 공공의 지출은 관대하게 유지될 수 있기에, 그리고 그것은 가난한 사람에게 제공될 수 있는 것이 가능할 것이다. 단지 시민 중에서뿐만 아니라 외국인에게서도, 그들이 옳게 살기 위해서, 그리고 공화국에게 유용한 방식으로 사는데 필요한 것들을 제공할 수 있다.

모든 사람에게, 이러한 선하고 덕스러운 그리스도인의 삶에 대한 기초들이 어릴 때부터 주의 깊고도 지속적으로 거룩한 교육과 지도를 통해 시민들의 마음속에 아주 견고하게 놓여 고정되지 않는다면, 미래의 몰락을 피할 수 없다. 다시 말해, 당신이 그 이후에 선한 법과 법정의 엄격함을 통해 쌓으려고 하는 것이 선한 도덕이라고 할지라도 또는 오래도록 오염되는 것으로부터 저지하는 깊은 천성의 악에 대해 효율적인 처방이 있다 할지라도, 의사가 오랜 무절제[70]를 통해 약해진 몸을 고치는 것보다 더 아무리 엄격하게 지켜봄과 근면한 수정이 있어도, 극도의 돌봄으로 그들에게 통치한 많은 유익한 약이 있다 할지라도, 미래의 몰락을 피할 길이 없다.

그러므로 폐하는 조심과 인내와 근심으로 규정을 만들어야 한다. 일단 법과 모든 신앙이 있는 사람의 삶은 부단히 깨끗하게 되고 질서 있게 되면, 그는 이러한 법에 의해서 신앙심과 지혜와 모든 덕이 있는 재능이 있는 사람을 임명해야 하고, 공화국에 대한 모든 열심과 사랑이 타오르는 사람을 임명해야 한다. 그들이 모든 그의 지방과 시골과 도시와 나라에서 선생으로, 조언자로, 감독으로, 조사관으로, 보호자로 다스릴 수 있도록 가장 경계하고 중대한 것으로 당신의 통치자가 적절한 조사와 조치를 통해서, 그리고 각 봉사의 임무가 수행된 것으로부터 적합한 때에 요구함에 의해서 그들의 의무를 수행하는 이 사람들의 근면과 책임을 보호하고 지킬 것이다.

---

70. Bucer, *Opera Latina*, Vol. XV *bis*, 271.

우리 하나님과 하늘 아버지에 의해 그들의 사역에 대한 복을 가지고 있는 이러한 공무들의 활동들은 어릴 때부터 폐하의 시민들 속에 모든 불경건, 사악, 불의, 증오할 만한 게으름에 대한 부끄러움과 공포감에 대한 느낌을 심어 줄 것이다. 재판관의 역할은 법과 선한 행위에 반대되는 것은 무엇이든지 처벌함으로써 그것을 교정하는 것인 바, 재판관은 모든 경건, 검소, 정의, 그리고 유익한 산업에 대한 열심을 실천할 어떤 일거리도 가지고 있지 않다.

그리고 주님은 이러한 모든 삶의 진실한 유익을, 먼저 그의 나라와 그의 정의를 구하는 사람에게 더하여 주는 데 실패하지 않기 때문에(마 6:33), 의심할 바 없이 사람이 그의 삶에서 바랄 수 있는 모든 것에 풍부함이 있을 것이다. 하나님은 또한 선한 업무의 행동이 그들을 가장 평등하게 축복으로 보존함을 인정할 것이다. 그들에게 그들이 교환하고 나누는 대로, 그의 현재의 삶의 사용을 위해서 필요한 모든 것을 제공하고, 누구도 다른 사람의 손해로 자신의 이익을 추구하는 것을 허락하지 않을 것이다. 마지막으로, 하나님 그 자신이 공화국의 그러한 거룩한 통치를 통해서 관리하고 다스릴 때, 이 나라는 모든 적에게 무서움의 대상이 될 것이다.

제58장 열두 번째 법: 법정과 판결의 확립과 정정

문서화된 법과 살아 있는 법 즉 행정관의 이러한 회복과 정정에 대해서, 법정의 개혁을 다음에 따라야 한다. 그것에 의해서 적당한 처방이 법 위반에 대해서 공화국에 제공될지 모른다. 이러한 것들에 관련해서, 엄청난 불만이 의심 없는 경건한 사람들에 의해서 공적으로 유포된다.[71]

먼저, 그들은 온 나라에서 행해지는 재판이 순수한 종교에 대해서 적대적이거나 쉽게 무시하는 사람들과, 공개적으로 욕심이 많고, 다른 부도덕을 취해서 악덕하고

---

71. Starkey, *Dialogue*, 117f.; Henry Brinkelow, *The Complyant of Roderick Mors*, ed. J. M. Cowper(Early English Text Society, Extra Series, Vol. XXII; London, 1874), 20.

잘못된 많은 방법으로 판결을 행하며 뇌물을 취하는 것이 준비되어 있는 사람들 아래에서 일어난다고 불평한다. 그리고 이러한 사실은 모두에 대한 너무 분명한 증거이다. 사악한 재판관이 피고나 원고에게 불리한 판결을 함으로 그들 자신의 은혜나 이익을 위해서 자신을 감히 만족하게 하지 않을 때, 그들은 놀랄 만하게 속이는 절차를 전개하게 된다. 그래서 만약 그들이 어떤 피고가 고발의 권리를 넘는 면책을 받게 되기를 바란다면, 그들은 그를 멀리 있는 감옥으로, 원고가 모르는 지역의 감옥으로 보낸다. 그래서 재판이 그 장소, 원고가 모르는 장소에서 열릴 때, 원고가 없기 때문에, 선고 받아야 하는 권리를 가지고 있는 피고는 매우 심각한 죄로부터 면제된다.

반면에, 만약 영향력과 힘이 있는 사람들이 범죄에 대해서 잘못 고소된, 결백한 피고이기를 원하지만, 얼마 동안 감옥에서 쇠사슬에 묶여서 억류되어서, 그의 석방에 대해 절망하게 된다면, 그들은 매수하게 된다. 그리고 처음 원고가 아무것도 증명하지 못한 후에, 피고가 면제 되었을 때, 그들은 또 다른 재판에서 그에게 대항하여 가져올 당신의 통치자의 일의 어떤 것을 가지기를 요청하기 때문에, 그들은 그가 고발된 채로 감옥에 남아 있게 되는 것에 대해서 중재하고 요청한다. 그래서 몇 달 동안, 불행한 사람들은 옳고 거룩한 것에 반대되게, 그에게 대항하여 드러나는 중상자의 불평 없이, 강제로 그의 건강과 동시에 그의 자산의 적지 않은 손실을 당하게 된다. 감옥의 비참한 조건 때문에, 그리고 그의 가족의 주문 때문에, 그들은 그의 돌봄과 제어가 부족하게 된다. 그 동안에 그는 어떤 일을 할 수 없고, 그의 종들에게도 어떤 일을 하게 할 수도 없다.

게다가 다른 재판 절차의 다양하고 부정직한 면과 좌절케 하는 지체에 대해서 빈번한 불평이 들린다. 그것은 법에 의지하는 사람에게는 극도로 짜증나는 일이나 법관들, 변호사, 고발자, 무신론자인 소송 당사자에게는 수지맞는 일이다. 부분적으로 법의 모호하고 복잡함 때문이다. 내가 이것에 대해서 앞에서 이야기했듯이,[72] 부분적으로 이러한 사람들의 탐욕스러운 욕망 때문이고, 그리고 끝없는 낭비, 이러한 욕망의 부모 때문이다.

그리고 "재판관들에게 이르되 너희가 재판하는 것이 사람을 위하여 할 것인지 여

---

72. 참고 본서 제2권 제56장.

호와를 위하여 할 것인지를 잘 살피라 너희가 재판할 때에 여호와께서 너희와 함께하심이니라"(대하 19:6)는 것에 주의하는 폐하는 가장 주의 깊고 효율적인 보호로 그의 백성을 순수함과 법정의 경건으로 회복하도록 일할 것이다. 그리고 먼저, 그는, 모든 선한 사람의 증거에 따라서, 거룩함이 준수되고 증거 되며, 노력하고 축복된 신앙심이 있고, 법적 능력과 덕이 있는 사람이 아니라면, 판결의 임무는 어느 누구에게도 맡겨지지 않는다. 이 사람은 사악한 사람들과 대항하기를 두려워하지 않고, 영원한 것을 말하고 실행하며, 모든 부덕과 사악한 행동에 대해서 무자비한[73] 증오를 갖는 사람들이다.

또한 폐하는 판사들의 수가 많아졌고, 편한 장소로 나뉘어 있어서 어디서나 나쁜 일을 겪는 사람에게 책임 있는 판결의 처방이 항상 가능하고, 법을 어기거나 공화국에 대항하고 좋은 도덕에 대항하는 사람들에게 벌칙을 줄 준비가 되어 있다는 것을 알 것이다. 하나님은 공의의 통치가 가능한 한 나쁜 사람들에게 벌을 가해지도록 요구하신다(눅 18:2ff.).

타당한 이유를 가진 모든 사람이 자신의 경우에도 행해지기를 바라는 것처럼 그리고 나라가 평화롭고, 평온한 가정이 있다면 경건한 판사가 이것 앞에 바르게 판결할 수 있는 다른 책임이 없다. 왜냐하면 이것은 그들의 고유의 임무이고 그들이 하나님을 예배해야 하고, 인간사에 도움을 주는 관심사이기 때문이다. 이것을 깨닫고 콘스탄티누스 1세는 '사람이 고발되는 어떤 때나' 개인적인 원고가 있는 곳이나 법정 앞으로 그를 데려왔던 대중의 관심사의 문제가 있는 곳에는 재판의 조사가 즉시 행해져야 한다. 그는 범죄인으로 벌을 받든지 결백한 사람으로 풀려나든지 해야 한다.[74]

더군다나, 그들의 의무를 행하는데 있어 행정관에게 요구되는 것과 같은 신성함은 판사에게도 요구된다. 그래서 그들은 거저 그들에게 부여된 주의가 필요한 공화국의 역할을 수행한다. 그리고 또한 뇌물의 유혹과 모든 욕망을 거부함으로 그것에서 거저 책임을 벗어난다(참고 대하 19:7).

마지막으로, 이것은 판사에게 또한 필수적이다. 그들은 법에 따라서, 즉 그 법의 적절한 의미에 따라서, 어떤 사건에서 그들 자신을 법의 어느 한 부분으로 완화시키

---

73. 참고 디모데후서 3:3.
74. *Code* IX, 4, 1 서문.

도록 하지 않고서, 신실하게 판결한다. 만약 어떤 사건이 법의 개정을 요구한다면, 또는 다른 사건에서 배분이 필요한 경우라면, 이것은 상급심과 이러한 목적을 위해서 지명된 행정관, 폐하로부터 찾도록 되어야 한다. 왜냐하면 가능한 한 많은 판사가 필요하고, 그것에는 좋은 법을 만들고 그것들을 보수하고, 그들의 예외 사항을 결정하도록 단지 몇몇의 의무만이 있기 때문이다.[75] 그러므로 아리스토텔레스는 올바르게 충고했다. 가능한 곳에서, 어떤 경우에 무엇이 발생하든지 법에 의해서 설명되어야 하고 정의되어야 한다. 그래서 한 가지를 제외하고 가능한 적게 판사에게 맡겨져서 결정하거나 수정되도록 해야 한다. 범죄 행위가 법정으로 와야 하는지의 여부, 그것이 정당하게 행해졌는지의 여부, 더 많은 위반이나 더 적은 위반이 있는지의 여부는 법에 의해서 설명되고 규정되어야 한다.[76] 그리고 판사는 다음의 내용을 서약해야 한다. 그들이 법에 따라서 판결을 할 것이고, 이것은 그들에게 요구되는 극도의 신성한 것으로써 이를 명백하게 좋은 믿음으로 행동하지 않는 사람은 가장 심하게 벌을 받아야 한다는 것이다.

그러나 이런 사람들은, 법에 의해서 좌절시키는 지연과 결론과 휴회를 만드는 원인이 되지 않게 하기 위해서, 폐하는, 조사와 판단을 만들기 위해서 어떤 잘 설명된 방법이 규정되어 있고, 그것에 의해서 어떤 소송이 가능한 한 빨리 발생되고 공정하게 청취되고 판단되도록 하는, 적당한 절차를 통해서 가능한 한 엄숙한 방법에서 효과적으로 모든 사람에게 준수되도록 할 수 있도록 준비할 것이다.

제59장 열세 번째 법: 고발된 사람들의 보호

이 왕국에서 고발된 사람에 대해 다소 거칠고 불공정한 수감 행위로 인해서 하나님에 대해 범하는 중대한 죄의 죄책에 대한 것이다. 분명하게 결백한 사람들이 때때로

---

75. Thomas Aquinas, *Summa theol*, la llae. q. 97, a. 1–4; lla llae. q. 67, a. 4.
76. Aristotle, *Rhetoric*, I, 1, 1354 a–b.

가벼운 의혹에도 감옥에 던져진다. 그리고 거기서 그들의 사건이 판결되기 전에 몇 개월 동안 억류된다. 이것이 불공평하고 잔인하다고 생각하지 않는 사람은 없다.[77] 왜냐하면 이것은 그라티아누스, 발렌티니아누스, 그리고 테오도시우스에 의해, '수감된 사람에 관해서는, 우리는 유죄인 사람은 그의 형벌을 즉각적으로 져야 하고, 자유롭게 여겨지는 사람은 오랜 투옥으로부터 고통 받지 않아야 한다고 분명하게 명령한다'라고 수감자에 관해 말해진 것처럼,[78] 신성한 법의 명령이고 자연의 법칙이기 때문이다. 심지어 한 시간 동안이라도 결백한 사람을 괴롭히게 하는 것은 분명히 불공평하고 잔인하다. 그리고 재판관이 결백한 사람을 모든 잘못으로부터 판단하고 공정하게 하고 해방시키는 것보다 무엇이 더 유용하고 필요한 것이라고 여겨져야 하겠는가?

그리고 또한 여러분의 통치자는 공화국의 이러한 문제에도 적합한 해법이 적용되도록 돌보실 것이다. 먼저, 이러한 언급에 근거해서, 그들이 말하는 대로, 그가 중죄를 지었다는 매우 중대하고 진지한 의심으로 체포되기 전에는, 그는 '아무도 그가 유죄가 확정되기 전까지는 감옥으로 던져지지 않는다'라고 포고할 것이다.[79] 그리고 고발자는 '탈리오 법'(lex talionis) "눈에는 눈으로"(신 19:21)에 종속된다. 만약 그 고발자가 하나님의 법에 따라서, 중상모략한 것으로 밝혀진다면 그것에 대한 책임을 져야 한다(신 19:17-21).

여러분의 통치자는 또한 그렇게 투옥된 사람들의 송사가 있자마자 발언의 기회를 얻을 수 있도록 돌보실 것이다. 그래서 경건한 황제들이 한 것처럼, 죄를 지은 사람은 신속히 처벌되고, 결백한 사람은 자유로운 사람으로서 그의 활동을 회복할 수 있게 될 것이다.

비록 수감자가 사악한 시민에게 적용되는 강제력에 의해서 어떤 형벌을 받게 될지라도, 그럼에도 불구하고 그들에 대해 다른 종류의 형벌을 고안하는 것이 나을 것 같다. 약간의 노동을 선고하는 사례 같은, 이런 처벌은, 보다 효과적으로 범죄를 단념하게 하기 때문에, 자신이나 그의 가족에게 이익이 될 것이다. 감옥에 있는 사람들

---

77. 하든(W. Haddon)이 부처의 장례식에서 행했던 연설에서, 부처가 케임브리지에 머물러 있는 동안 죄수들의 운명에 대하여 개인적인 관심을 가졌다고 언급했다(*Scripta Anglicana*, 891).

78. *Code* IX, 4, 5 pr.

79. *Code* IX, 3, 2 pr.

은 쉽게 덜 치욕스럽게 되고, 그리고 그들 자신과 다른 사람에게 무용하지도 않고, 일종의 해로운 방법보다 나은 것이다.[80]

제60장 열네 번째 법: 형벌의 변경

마지막으로, 비행과 범죄가 공화국 안에서 계속 조사되어서, 그의 백성의 복지를 위해서 폐하는 형벌에 대해 진지하고 철저하게 조절 변경하도록 한다. 그러나 아무도 하나님이 그의 법에 기록한 것보다 공화국에 대해서 더 적절하고 건전한 접근 방안을 기술할 수 없으므로, 악행 하는 자들에게 벌을 주는 하나님의 방법을 가장 열심히 따르는 것이, 하나님이 그의 백성 위에 그들을 세운 것을 깨달은 모든 왕과 군주의 의무인 것은 확실하다. 우리가 그리스도 주를 통하여 모세의 가르침으로부터 자유롭게 되었으므로, 우리가 모세의 법의 시민법을 준수하는 것은 더 이상 필수적이지 않다. 즉 그럼에도 불구하고, 그것들이 기록된 환경과 방식의 맥락에서, 이들 계명의 본질과 고유한 목적이 관련되는 한, 그리고 특별히 모든 공화국을 위하여 필요한 규율과 결속한 것들, 그러한 계명이 양심적으로 준수되어야 한다고 간주하는 누구라도, 최상의 지혜나 우리의 구원에 대한 올바른 관심사를 확실하게 하나님께 귀속하고 있는 것은 아니다.

　따라서 하나님께 성별 된 모든 나라에서, 주요한 벌은 종교를 감히 해하려고 하는 모든 자들에게 명령되어야 하는데, 하나님을 바르게 예배하는 것으로부터 백성을 멀어지게 하여, 하나님을 경배하는 데 있어서 거짓되고 불경건한 교리로 인도하는 자(신 13:6; 17:2-5), 하나님의 이름과 엄숙한 예배를 망령되게 하는 모든 자(레 24:15-16), 안식일을 어기는 자(출 31:14-15; 35:2; 민 15:32-36), 부모의 권위에 반역하여 욕되게 하며 그들 자신의 삶을 사악하게 사는 자(신 21:18-21), 최고 재판의 판결에 순종하기를 거부하는 자

---

80. 참고 본서 제2권 제49장.

(신 17:8-12), 피 흘리게 하는 자(출 21:12; 레 24:17; 신 19:11-13), 간통(레 20:10)과 간음(민 22:20-25)하는 자, 유괴(민 24:7)하는 자, 중요한 소송에서 거짓 맹세하는 자(민 19:16-21)에게 해당한다.

하나님보다 더 인간의 구원이 무엇을 위한 것인가에 대해 잘 알고, 부지런하게 제공하는 사람은 없다. 이러한 하나님의 금령에서, 우리는 죽음의 벌이 그의 백성으로부터 제거되어야 한다고 그가 판단한다는 것을 안다. 어느 누구도 하나님 보다 인간의 구원을 위한 그 무엇을 더 잘 알고, 더 부지런히 준비하는 자는 없다. 하나님의 벌칙 규정 속에서 우리는 하나님께서 사형을 다음과 같은 일은 하는 그의 백성으로부터 배제되어야 한다고 판결하시는 것을 보고 있다. 비록 하나님의 평범한 수행자들인 가족과 국가의 아버지들을 통해서 법이 집행되었을지라도, 하나님으로부터 공개적으로 도피해 있거나 하나님을 멸시하고 있는 자, 참된 종교를 배반하고 반역하도록 다른 사람들을 설득하는 자, 하나님의 이름을 모욕한 자, 하나님의 권위로부터 완고하게 물러서 있는 자, 이웃이나 그의 아내와 자녀들의 생명을 탈취하려고 시도한 자이다. 그렇게 큰 죄에 관련이 있는 사람이 인류에게 큰 고통을 입히지 않을 수 없다. 모든 선한 사람들의 책임 있는 협동에 의해서, 이러한 역병은 인간 사회에서 제거된다. 그들은 그들을 조각내어 먹으려고 그들을 찢기 위해서 인간을 때때로 공격하는 난폭한 늑대, 사자, 호랑이, 용, 악어와 마찬가지다.

왜냐하면 우리는 하나님 안에서만 '살며 기동하며 존재'(행 17:28)하고, 하나님의 특별한 자비로 우리가 원하는 모든 것들을 얻기 때문이다. 그러므로 하나님을 거부하고, 자신들을 하나님께 원수들로 만드는 사람들은 자신들과 다른 사람들로부터 모든 선한 것들을 빼앗아 버리는 것이다. 이런 것이 하나님을 자신들의 하나님으로 알지도, 경청하지도, 부르지도, 예배도 드리지 않고, 하나님의 말씀에 대한 신뢰 속에 있는 그런 예배를 자신 속에 증가시키는 것을 끊임없이 추구하지 않는 사람들에게는 참으로 분명하게 있다.

이러한 사람들은 하나님으로부터 하나님의 신성을 제거하고, 그들이 할 수 있는 한, 공개적으로 그가 하나님임을 거부하고, 그래서 그들은 그 앞에서 그들 자신과 다른 피조물을 더 좋아한다. 그러므로 무슨 사악이든지, 그것은 하나님의 말씀 듣기를 완고하게 거부하는 불경건을 따라 나아가는 사람들로부터 바랄 수 있는 것이 아닌가? 그러므로 하나님 그 자신을 거부하는 것으로, 그가 그들의 하나님인 것을 알기를 거부하는 것으로, 십계명의 첫 계명에 의해서 우리에게 요구되는 것, 즉 "나는… 네 하나님 여호와니라"(출 20:2) 등을 거부하는 것이다. 만약 그들이 또한 감히, 진실한 하나님 대신에 그들 자신에 의해서 만들어진 형상을 숭배하고, 그들의 마음의 상상으로, 그리고 그들의 손의 작업을 진실한 하나님으로 경외하고자 시도하는 것은 불신앙의 필수적인 결과가 아니겠는가? 하나님은 이상한 신과 우상을 섬김을 금지함에 의해서 십계명의 두 번째 계명에서 이것을 막으셨다(출 20:3-5). 얕고, 기초적이고, 미신적인 문제나 행동에 대해서 거룩한 이름을 사용하여 그들이 그들의 성급함으로 신성한 주재를 어리석게 하고 망령되이 하느냐? 하나님은 그들을 십계명의 세 번째 계명에서 이것으로부터 멀리 떨어뜨려 놓게 한다. '위증'이란 용어를 통해서, 그는 그의 이름을 무시하는 모든 기도를 금지한다(출 20:7). 즉 그들은 감히 하나님에 의해서 명령된 거룩한 날을 경멸하고 무시하고, 종교 전체의 다스림의 내용인 영생 안에서 모든 참된 지식과 하나님 경외가 보존되고 증가된다(출 20:8). 그들은 그들 자신을 하나님으로부터 명백하게 변절된 죄인으로 보여 준다. 그리고 하나님, 모든 것을 만드는 자를 위협하는 정신을 가진 죄인으로 보여 준다. 아무것도 아닌 이름이나 헛된 이름으로 그리고 마침내 그들은 모든 그의 성경과 종교를 사기와 협잡으로 비난한다. 그러한 불경건의 죄를 가지고 있는 사람들은 다른 사람에게도 또한 말로 행동으로 그것을 어쩔 수 없이 강요하게 된다. 모든 사람은 그의 마음의 소중한 것으로부터 거기에 저장된 것이 나오게 된다(참고 마 12:35). 사탄은 그러한 사람을 그가 좋아하는 쾌락을 따르는 포로로 잡아둔다. 항상 인류를 황폐하게 하는 의도를 가지고 있고, 그들을 사람에 관한 모든 가능한 해로운 고통을 주는 무기로 사용한다.

평범한 무신성, 하나님 없음, 악마의 아들들인 사람들처럼 공화국에 해를 끼치는 위험한 짐승들이 없는 것이 명백하다. 신명기 13:5은 말한다. 하나님의 모든 아들들은 "너는 이같이 하여 너희 중에서 악을 제할지니라"(사실, 히브리 말은 '태우다'이다)는 주님의 말씀에 따라서, 가능한 한 공동체를 그런 역병에서 정결하게 하도록 자신의 최대한의 관심과 모든 힘을 기울여야만 한다.

그러므로 삶이 사악하고 완고하며, 그의 가족과 국가의 아버지들의 권위와 판단을 능동적으로 거부할 만큼 공적이며, 사적인 적당한 교육과 훈련(치리)을 참지 못하는 사람들이 모든 공적이고도 사적인 예의와 질서, 평화 그리고 복지를 손상시키는 것

이외에 어떤 것을 할 수 있겠는가? 그러므로 특히 공공 사회의 통치자들과 행정관들에게 적용될 수 있는 바, 부모들을 존경하고, 순종하라는 하나님의 이 다섯 번째 계명을 공공연히 반대하는 사람들과, 가르침, 권고, 교정, 양육, 그리고 보호를 하는 부모들의 의무들을 면제하는 사람들 가운데 속하는 그리스도인들에게는 어떤 관용도 있어서는 안 된다.

그리하여 그 사람 때문에 인간의 삶이 안전하지 않게 되고, 부인과 딸에게 자비가 없고, 삶 자체 보다 정직한 마음에 중요함을 두는 자신의 백성들의 자유가 없게 하는 그러한 사람은 허용해서는 안 된다. 그러므로 그리스도 주에게 바쳐진 모든 공화국에서, 피 흘림으로, 개인적으로나 다른 사람을 통하여, 거짓 증언, 중상모략으로 여섯 번째 계명과 아홉 번째 계명을(출 20:13, 16), 누군가의 부인, 약혼자나 딸을 유혹하여 일곱 번째 계명을(출 20:14), 동포의 것, 즉 자유인의 것을 도둑질하여 여덟 번째 계명을(출 20:15) 어기는 모든 사람에게 엄벌이 주어진다.

만약 사람이 그러한 악덕한 범죄와 사악한 행동을 죽음 그 자체보다 더 증오하지 않는다면, 어떻게 그들 사이에 정직과, 진실한 자선과 자비로움과 선의 건전하고 필요한 나눔이 거기에서 보존될 수 있겠고, 인간이 가치 있게 되겠는가? 이러한 사악은 공화국에서 완전히 없어지고 태워지기 위해서, 하나님의 영광을 내보여 줌과 인간의 구원 얻음을 향한 진실한 갈망이 필요하다. 그리고 심지어 그들의 이름을 남기지 않고 추적이 되지 않도록 하기 위해서, "음행과 온갖 더러운 것과 탐욕은 너희 중에서 그 이름조차도 부르지 말라 이는 성도에게 마땅한 바니라"(엡 5:3)는 말씀을 따른 것이다.[81]

이러한 것을 초래하기에, 규범을 어기는 두려움이 널리 퍼지도록 하기 위해서, 하나님은 이러한 범죄와 비행의 죄는 공화국에게 죽음의 벌을 지우게 하는 것이 필요하다고 판단하셨다. 그러한 죄에 의해서 그들은 불이행의 허용을 제안하여 피해를 보기 때문이다. 그래서 죽음보다 약화된 벌로 이러한 불경건의 비행과 사악함이 그리스도인의 공화국에 들어오지 못하게 하고 쫓아 버리도록 결정하는 누구든지, 필연적으로 그 자신을 더 현명하게 하고 사람을 구원하신 하나님보다 더 사랑하게 만든다.

---

81. 여기서 부처는 다시 'pleonexia'라는 단어를 사용하고, 괄호 안에다가 이 정의('공평할 수 있는 이상으로 그 자체를 위하여 추구하는 욕심')를 첨가한다.

범죄와 사악함을 막는 다수의 세속적으로 현명한 사람은, 하나님이 명령한 형벌이 완화되어야 한다고 주장함으로써 하나님이 명령한 가혹함에 대한 반대에 익숙하다. 더 심각한 죄로 떨어진 사람은 반드시 참회를 통해서 새로 되어야 하고, 그것은 동시에 공화국에 매우 독특하게 유익하고 필요하다. 나는 그러한 궤변에 대해서 앞에서 대답한 바,[82] 나는 그들에게 간통한 자에게 죽음의 벌이 내려지라고 명령했던 하나님의 법에 일치하게 대답했을 때, 주님은 그의 백성의 목자에게 하나님보다 더 현명하고, 온유하고, 너그럽게 보이도록 원하는 재능을 부여하기를 원치 않으신다. 그 결과 그들은 마침내 하나님을 기쁘시게 하는 희생이 무엇인지 알게 되고, 하나님 없이 범죄하고 사악한 인간들에 대한 정당한 처벌이 인류의 치명적인 질병에 대한 치료책으로써 얼마나 필요하고 효과적인지를 알게 된다. 그들에게 하나님의 마음을 따르는 사람인 방백과 왕의 본을 생각하고 즉시 따라하게 하자(삼상 13:14). 시편 101:8은 이렇게 노래한다. "아침마다 내가 이 땅의 모든 악인을 멸하리니 악을 행하는 자는 여호와의 성에서 다 끊어지리로다."

도둑과 강도에게[집에 침입하여 붙잡힌 경우 제외, 하나님이 사람에게 그를 붙잡아 그를 죽이도록 한 경우 제외(출 22:2)] 하나님은 5배, 4배, 2배, 같은 보상이든지, 오직 보상의 벌을 명령한다. 로마의 법은 단순한 절도에 무거운 벌로 복수하지 못하게 했다.[83] 그러나 이방인의 대부분은, 약한 벌칙으로 그들이 무모한 도적질을 진압하기 위해서는 적절할 수 없으므로, 도둑은 죽음이나 고생스러워 보이는 심한 벌로 처벌했다.[84]

그러나 도둑을 매우 난폭하게 다루는 이유가 무엇이라고 말할 수 있을까? 강간과 간통에 너무 많이 눈을 깜빡거리는 것, 신성한 예배에 대항하는 범죄, 인간의 현재와 영원한 구원 모두가 포함되어 있는 하늘의 원칙을 왜곡시키는 것, 그리고 신성한 주재를 망령되게 하는 것에 비해서 왜, 돈과 영원한 부가 하나님 자신과 그들의 영생과 예의와 정직보다 사람에게 그렇게 많이 더 중요할까?

오늘날 처세에 능한 사람들은 평범한 도둑들에 대하여 너무나도 엄격하다. 그것

---

82. 본서 제2권 제33장.

83. *Institutes* IV, 1, 5.

84. 절도는 일반적으로 영국에서 사형(참수형)으로 집행되었다. 참고 Pauck, *Das Reich Gottes*, 73. 많은 사람들이 이것의 엄격성에 대하여 반대했다. 참고 More, *Utopia*, 20, 29ff.

은 협력할 뿐만 아니라, 심지어는 보다 위험한 도둑, 즉 가장 사악하고 파멸적인 고리대금업자와 독과점가들에게, 즉 그들의 동포를 잘못 인도하고 강탈하는 천 가지의 다른 사기범에게 더 관대한 것이 아닌가? 확실하게 사람은 이것에 대해서 다른 이유를 생각할 수 있다. 공화국에 그렇게 해롭고 큰 도둑에는 부자요 힘이 있는 사람이 포함되어 있다는 사실 때문이다. 통치 기관의 통치에 대한 의장을 하고 있고, 그들에게 의무를 지워 주는 그러한 것을 제어하는 사람들을 평가하고 소유하고 있다. 그러나 보다 일반적인 도둑질은 중요하지 않는 사람에 의해서 저질러진다. 그는 거의 그들 자신의 부가 없고 강력한 후원자도 없다. 일반적인 독일의 격언은 우리 사이에서 알려져 있다. '도둑질과 사기로 돈을 축적한 큰 도둑은 금 목걸이로 교수형에 달리고, 작은 도둑은 삼 고리에 달린다.'

공화국으로부터 사람의 이웃에 대해서 부정과 속임과 손해를 몰아내는 것이 좋은 것으로 보인다면, 그것은 적합하다. 그리고 하나님이 그의 법과 예언서에서 필요로 하고 강제로 하게 하는 것처럼, 분명한 그러한 도둑, 강도 그리고 약탈자는 가능한 한 매우 심하게 먼저 벌을 받아야 한다.

사람에게 가장 손해와 해를 주는 것, 예를 들면 잔인한 고리대금업자, 독점가, 상품에서 터무니없는 사기꾼, 돈의 계산에서 속임, 금의 사악한 가격, 착복과 가치 절하, 농산물과 현재의 삶에서 필수품에 대해 사악하게 증가된 가격에 대한 것이다.[85]

폐하는 이러한 사기와 거짓에 대해서 형벌을 명령해야 한다. 그의 이웃을 공공적으로나 개인적으로 해롭게 하는 모든 시도는 그의 백성으로부터 쫓아내고 짓밟히도록 해야 한다. 그래서 사고팔고, 빌리고 갚고, 이런 현재의 삶에서 모든 상업을 행하고, 그가 자신의 이익을 앞에 두고, 모든 이웃에게 공공에게 뿐만 아니라 개인적인 이익을 전 마음으로 그가 찾고 바라도록 그것을 분명하게 만드는 그러한 방법에서, 모든 사람이 다른 사람의 이익을 진실로 지지하고 추구하도록 해야 한다. 더구나, 사치의 축제의 화려함이 그렇게 파괴적인 해로운 욕망을 만들어 낸다. 그리고 공화국과 개인 모두를 강탈하는데 뻔뻔스럽도록 잠을 깨우고 용기를 북돋아 주는 이러한 인간

---

85. 이 모든 것들은 튜더 왕조 시대에는 공통된 불평들이었다. 참고 C. W. C. Oman, *The Tudors and the Currency*[*Transactions of the Royal Historical Society*, New Series, Vol. IX(London, 1895)], 167ff.; A. G. Dickens, *The English Reformation*, 160ff.; 또한 방델이 편집한 「그리스도 왕국론」의 292, n. 11.

생활의 역병은 또한 없어져야 하고 매우 큰 형벌의 수단에 의해서 보통의 생활에서 몰아내야 한다.

이런 교육과 수정과 벌칙의 강화에서 폐하는 그의 믿음과 공화국을 다스리는 열심을 그리스도 주, 우리 하늘의 왕을 위하여 거룩한 방법으로 증명할 것이다. 만약 모든 단독 범죄와 비행 또는 범죄에 대해서 그는 주님 그 자신이 허용한 그러한 벌칙을 만들고 부가한다면, 이러한 수단에 의해서 또는 이에 대해서 죄를 지은 사람들을 변화시키고, 진실한 회개를 일으키게 함에 의해서, 그는 다른 사람들을 공포와 죄에 대한 두려움으로 칠 것이다. 그리하여 그는 단지 잘못한 행동에 대해서 모든 부도덕하고 뻔뻔스러움만 아니라 그것에 대한 모든 간절함과 열망을 태워버리고, 즉 깊이 삭제하고 없앨 것이다. 이것은 하나님이 그의 법에서 제안한 형벌과 벌칙이다.

모든 사람의 본성은 태어나면서부터 매우 부정하고, 범죄와 사악에 대한 그러한 경향을 가지고 있기 때문에, 말씀에 의해서 수행되는 가르침과 권고, 설득과 징계에 의해서뿐만 아니라, 힘과 권위, 벌칙의 부과를 수반하는 배움과 정정에 의해서, 그것은 악덕을 버리고 방해하고 그리고 덕을 요청하고 강요한다. 이런 종류의 처방은 선천적인 악과 싸우는 인류에게 매우 효과적이고 유익해서, 플라톤은 만약 어떤 범죄를 행했다면 자기 자신이라도, 그리고 만약 그들이 어떤 방식으로 의무를 태만히 했다면 친한 친구와 친척이라도, 행정관 앞에 고발을 요청하는 것이, 그리고 제일 중요한 필수 약으로서 법에 의해서 규정된 처벌을 찾는 것이 진실한 수사학의 기예의 고유한 역할이라고 옳게 판단했다.[86]

마지막 장 결론

여기서 이번 작업을 결론 맺는 것이 좋아 보인다. 영원하고 유일하고 유익한 하나님의

---

86. Plato, *Gorgias*, 480 b–d.

말씀이 우리를 가르침에 따라, 그리스도인의 왕과 방백과 모든 통치자는 백성을 위해 우리의 유일한 구원자이신 하나님의 아들의 복된 왕국을 굳건하게 회복할 수 있고 회복해야만 한다. 즉 우리 구세주이자 최고 왕이신 그리스도의 마음을 따라 종교에서뿐만 아니라 일반적인 삶의 모든 부분에서도 통치가 새롭게 되고, 마련되고, 설립되도록 해야 하는 방법들과 수단들에 대해 나는 완전한 설명보다는 제안이나 조언을 하려고 했다.

나는 많은 말을 했다. 그러나 만약 당신이, 매우 해로운 많은 악이 교회와 국가 모두의 통치에 침입했고, 그리고 단지 소수만이 하나님의 사람들의 아픔과 치명적인 병을 깨닫고 이해하고, 그리고 그것에 대항할 참되고 적당한 처방을 사용할 준비가 되어 있다면, 나는 거룩한 성경을 매일 경건함과 근면함으로 읽고 묵상하는 여러분의 통치자가 이러한 나의 의견과 충고가 그 품질이 어떻든지, 매우 좁게 제한되어 있다고 판단할 것이라는 것을 안다.

마찬가지로 최소한 십자가의 복음을 고백하는 몇몇의 교육받은 사람들이 있을 것임을 나는 안다. 만약 그들이 나의 주석을 읽었다면, 거기에서 비평할 많은 것을 발견할 것이다. 그들은 일반적으로 알려지고 공지되고 고려된 것으로 어떤 것을 비평할 것이다. 단지 폐하에 의해서뿐만 아니라, 학문으로 다소 들어간 사람들과 평범한 방법으로 그리스도의 종교에 들어왔던 사람들에 의해서도 알려지고 공지되고 고려된 것이다. 그러나 그들은 우리의 시대와 우리의 백성들의 방식과 견해와 다르고 일치하지 않기 때문에 너무 역설적인[87] 것으로서 설립하거나 깨닫기가 불가능하다.

그러나 그들이 일반적이고 진부하기 때문에 우리 중에 그리스도 왕국의 회복에 대한 이러한 제안과 충고를 불쾌해 하는 사람들은 유창한 웅변가인 이소크라테스(Isocrates)가 니콜레스(Nicoles)에게 썼던 것 못지않게 거룩한 것을 심사숙고해야 한다.[88] "삶과 도덕의 교훈에 대해서 사람이 쓴 것은 새롭거나 들어보지 못한 것이어서는 안 된다"(하나님은 이러한 것에 관계되는 유익한 규정을 넘치게 사람에게 태초로부터 항상 공급해 왔다). '그러나 무엇이든지 가장 좋은 것으로부터 선택되어야 한다.' 태초로부터 전달되어 온 하나님의 말씀에 거룩하지 않는 것을 더하거나(참고 신 4:2), 그것으로부터의 주의를 딴 데로 돌리게 하

---

87. *Paradoxa*('contrary to opinion').

88. Isocrates, *In Nicoclem* 41.

거나, 어떤 방법에서 그것을 바꾸는 것은 그리스도인에게 거룩하지 않다. 그는 어떤 새롭고 최근에 발명된 것을 삶의 어떤 원리나 삶의 가르침 안으로 주입하지 않도록 특별한 조심을 해야 한다. 그러나 나는 이소크라테스가 덧붙인, '가능한 우아하게 이런 것을 표현하라'는 것을 행할 수 없기 때문에, 나는 그것들을 단순하고 정직하게 설명하도록 노력한다.

더구나, 내가 제시하는 것이 현재 일하는 방식과 선구적인 사람들의 사고와 너무 차이가 나서, 실천 가능성보다는 희망적인 사고의 문제로 여기며, 내가 소위 플라톤의 공화국이라 불리는 것을 '설계하기'를 원한다고 생각하는 것이다. 나는 이러한 사람에게, 그 왕국과 우리 주 예수 그리스도의 도래와 우리 모두가 공동으로 소유할 구원을 위하여, 내가 이 시대나 혹은 이전 시대 사람들의 판단의 토대 위에서가 아니라, 영원하고 변할 수 없는 하나님의 말씀의 토대 위에서 내가 제안하고 제시했던 것을 판단하고 평가할 것을 간절하게 요청한다. 이것을 하려고 진심으로 노력하는 사람들은 이러한 모든 일들이 그리스도의 통치를 영화롭게 하려는 선구적인 사람들의 목표와 실천으로부터 동떨어지거나 다르지 않으며 오히려 이러한 일들이 주이신 그리스도를 부정하지 않으려고 결정한 모든 사람들이 수용하여 지키기에 쉬운 것이고['우리는 이러한 사람이 우리를 통치하기를 원하지 않는다'(눅 19:14)] 그리고 그것들이 인류의 구원을 위하여 지금뿐 아니라 영원히 필요하다는 것을 의심할 여지없이 알고 인정하게 될 것이다.

사람이 어떻게 신인이시고 우리의 유일한 구세주이신 그리스도를 또한 자신의 그리스도, 구원자, 왕, 그리고 하나님으로 인정하여 경배하면서, 모든 그의 말씀들을, 그것들이 사실인 바와 같이, 영생의 말씀들로 수용하여 전심으로 그것들을 따르려고 노력하지 않을 수 있겠는가? 영생의 말씀이 주어진 그러한 사람들이 그리스도 주께서 그의 복음 안에서뿐만 아니라 성례와 그의 훈련의 모든 교훈들 속에서 제시하신 구원을, 창조주께서 모든 피조물보다 뛰어나시고, 하나님께서 사람들보다 탁월하시며, 그리고 확실하고, 영원한 생명과 행복이 거짓되고 공허한 의견과 선의 상상된 외관보다 뛰어나므로 마음의 훨씬 더 열렬한 소망과 훨씬 더 큰 감사를 가지고 받아들이고 포용하는 것이 필수적이지 않은가?

실로, 이것은 더 이상 열렬하게 들리지 않을 것이다. 어떤 비교를 넘어서도, 그리고 그리스도의 말씀과 교훈보다 더 굳은 믿음으로 어떤 것도 따르지 않을 것이다. 그들 모두 그의 성례보다 헌신과 더 큰 영적 기쁨으로 그들은 아무것도 받지 않을 것이다. 그리고 마침내 그들은 자신의 훈련이 그들 가운데서 꽃을 피우고 있다는 사실을 더욱 부지런히 그리고 열심히 관찰하고 염려하는 일에 조금도 힘쓰지 않는다.

그리하여 그들은 만약 그가 의무를 이행하지 않는다면 교회에서 어떤 자의 죄에 눈을 깜박거리지 않을 것이다. 그러나 그들은 그들이 신적으로 드러나는 것같이 유익한 비난의 처방을 그에게 사용하지 않을 것이다. 그리고 그들은 죄를 지었던 사람들을 경건하고 효과적인 회개를 하도록 변화시킬 것이다. 그리고 신앙심이 있는 가르침과 설교에 의해서, 공적으로나 사적으로, 정규적인 교회의 지도자와 목자의 부분뿐만 아니라 그리스도의 구성원으로써 개개인 형제의 활동으로도, 그들은 모든 한 사람을 경건의 모든 의무를 하도록 결코 초청하거나, 영향을 주거나, 그리고 강요하기를 중단하지 않을 것이다.

따라서 하나님의 아들이 이런 종류의 사람들 중에 통치한다면, 어떻게 진실한 거룩함과 의무적인 자선이 우세하지 않을 수 있을까? 그들은 사람들에게 항상 배우게 하고 어떤 선한 일을 하게 한다. 그래서 모든 사람이 교회에서 사용하도록 그의 몫을 기부할 것이다. 이리하여 교회는 각각 매우 번성하고 그리스도의 모든 구성원은 필수적인 음식, 거처, 의복뿐만 아니라 주님, 우리의 왕 예수 그리스도, 그의 보편적인 교회 안에서 행복하고 잘 살기 위한 다른 어떤 종류의 필수품에 대해서도 아무도 빈곤하지 않을 것이다.

그러므로 만약 왕국의 한 관리자와 모든 것의 능력과 보호자, 왕이신 그리스도가 그의 백성에게 영원한 주권과 자유로운 공화국의 관리를 맡긴다면, 그들은 이러한 그들의 왕을 사랑하고 경배하기 때문에 '마음을 다하며 목숨을 다하며… 뜻을 다할'(눅 10:27) 것이다. 그는 그들에게 또한 모든 정치적인 힘과 모든 영원한 힘을 줄 것이다. 그래서 그의 왕국과 그의 순수하고 진실한 종교는 그들 중에서 성장하고 풍성해지고 가능한 어느 곳에서든지 널리 퍼질 것이다.

따라서 그리스도의 이러한 백성 중에서 외부적이고 정치적인 힘을 가지고 있는 누구든지, 그리스도 주에게 세례에 의해서 성별 되는 그의 백성 중에서, 순수한 종교에 대한 어떤 분명한 무시도 참지 않을 뿐 아니라, 언어나 행동에서 그리스도에게 반대되는 어떤 작은 악이라도 허용해서는 안 된다. 그러나 그는 또한 다음의 사실을 우선적으로 보아야 한다. 교회들은 정직과 신뢰성이 있는 적격한 사역자들을 좋아해야한다. 이것이 지금까지 늘 부족하지 않도록, 그들은 또한 학문과 경건의 많은 학교가 있게 하고, 하나님에 의해서 여기에 예정된 모든 사람들은, 그들이 부유하게 또는 가난하게 태어났든지 간에, 교회의 사역들을 위하여 그들 안에서 교육받고 훈련받아야한다.

게다가 그들은 보통 백성들의 누구도 어떤 것도 부족하지 않다는 것을, 그리고 그것에 의해서 그와 그의 가족이 그리스도의 성도들과 그의 교회에 생산적으로 유익하다는 것을 보여 줄 수 있다는 것을 알 것이다.

그러므로 이것들은 모든 사적인 사람과 단체와 공화국 자체는 그들 자신의 자원을 가지고 유지할 것이고, 그들이 누구든지 간에, 도둑이나 횡령에 의해서 사적이고 공적인 부와 자원을 취한 모든 자들에게 매우 심한 벌을 내릴 것을 고려하게 하는 것처럼, 그와 같이, 우리가 그리스도의 교회에 헌신해야 하는 것과 하나님이 온 세상과 천사들 자신에게 약속했던 것에 대한(고전 3:22), 높은 관심과 갈망에 일치해서, 그들은 또한 교회가 자신들의 소유, 다시 말해 실로 자신들의 머리와 남편, 곧 십자가에 달린 자의 유업을 유지하기 위해서, 그리고 그것을 극히 신성한 것으로 유지하기 위해서 모든 것을 할 것이지만, 반면 신앙심 없는 힘이나 거만으로 그것을 감히 공격하고 파괴하려고 했던 자들에게 그들은 매우 심한 벌을 내릴 것이다.

그러므로 그들은 다음의 경우를 어떤 방법으로도 허락하기를 원치 않는다. 해당자가 그들의 부친이나 아들이라 할지라도, 교회에 가치가 없거나 유용하지 않는 사람에게 종교와 학교와 가난한 자들을 위해 사용하도록 주님께 바쳐진 재물들에 참여할어떤 구실이나 변명을 주어서는 안 된다. 교회를 위하여 또는 사역에 대한 준비와 교육에 대한 참되고도 연속적인 사역을 위하여 또는 어떤 사람이 참여할 수 없는 분명한 필요를 위하여 그것이 수행될 때, 어떤 사람에게도 하나님의 말씀에 따라 하나님의 구원하시는 사역을 위해 해당되는 것 이상으로부터 분배되거나 허락되어서는 안된다.

공평한 돌봄으로, 죄에 대한 유혹과 죄를 위한 기회가 다가오지 않는지를, 그들은 지켜보고 있을 것이다. 공적이고 사적인 대가, 즉 명예, 등급, 보상에 의해서 그들은 사람이 덕에 대한 열망을 가져오도록 애쓸 것이다. 그리고 매우 심한 벌칙으로 위협함으로 그들은 죄나 범죄를 그만두게 하거나 멀어지게 할 것이다. 타락한 사람은 그 나라에서 명예가 허락되지 않을 것이다. 또는 명예스러운 직무나 특권이 허락되지 않을 것이다. 마지막으로 그들은 어떤 게으름뱅이에게도 참지 않을 것이다. 그러나 그들은 모든 그들의 시민을 강제로 공화국을 위해서 신앙심이 있고 열매가 많은 산업으로 보낼 것이다.

요약하자면, 내가 충고하고 주장한 내용이 하나님의 아들이 그들 가운데서 통치하시기를 원하는 자들에 의해 모든 열심을 가지고 회복되어지고 성취되어야 한다는 것이다. 그러나 그의 성경 안에 수없는 곳에서 그리스도 주님 자신에 의하여 가장 분명하게 계시되었고, 거룩하게 명령되었다는 사실을 내가 방금 언급했다는 것을 인정하지 않는 용의주도한 영으로 그의 복음을 지금까지 읽은 사람이 있다면 그는 누구인가?

진실로 그리스도에게 속한 자들은 그들의 구주 그리스도의 모든 말씀들과 계명들이 '생명'과 '영원한' 구원의 '말씀들'과 '계명들'이라는 것을 알고 느낀다(요 6:68). 어떻게 그들이 아는 것에 실패할 수 있는가? 그들은 무겁지 않을(요일 5:3) 뿐만 아니라 가장 열렬한 열심을 가지고 맛보고 경험해야 하는 것들을 매우 많이 추구해야 한다. 모든 그의 계명과 말씀처럼 '주가 계신다는 것이 얼마나 좋고 기쁜가'(시 34:8). 주의 멍에가 매우 쉬워서 그의 짐은 매우 가볍다는 것을 그들은 안다(마 11:30). 어떤 사람도 그들의 모든 마음으로 이 멍에와 노동에 굴복되지 않는 영혼을 위한 진실한 쉼과 평안에 도달할 수 없다. 그러므로 내가 여기서 제안하고 충고했던 모든 것에 새로운 어떤 것이 없다는 것을, 하나님의 실제 아들을 위하여 일반적이지 않은 것이 아무것도 없다는 것을, 아버지에 의해 주 예수 그리스도에게 주어진 모든 사람에 의해서 전심으로 항상 추구되고 실천한 것을 발견할 것이다.

게다가 내가 그리스도 왕국의 완전한 회복과 갱신에 관하여 쓰기 시작했을 때, 나는 오직 다음과 같은 사람들만을 필연적으로 마음에 두었다. 즉 하나님께서 '자신을 위하여 세상으로부터 선택되고'(요 15:19), '세상 창조 전에 선택되고, 예지되고, 예정되고'(엡 1:4), 또한 그의 때에 '부름받고, 칭의받고, 영화된'(롬 8:29-30) 사람들이다. 세상에 있는 사람들은, 그것들 내지 예수 그리스도가 아니라, 세속적인 것에 대해서 현명하다(롬 8:5). 그들은 그와 그의 모든 구성원을 죽이고 싫어했고(요 15:18-19), 지금까지 그들은 그의 말씀을 수용하는 데서 멀리 있고 그들은 악에 처해 있고, 하나님의 진노는 그들을 품고 있는데, 이는 아들은 그들을 위해 기도하지 않기 때문이다(요 17:9). 그러므로 나는 그리스도 왕국을 다루고 있었기 때문에, 이 왕국의 저주받은 적들을 인정하거나 불인정한 것, 또는 그들을 지지하거나 받아들이지 않는 것은 나에게 적합하지 않다.

지나가는 세상에 대한 그들의 동역과 교제는 방해받지 않을 정도의 범위 안에서만 그리스도 왕국이 회복되기를 원하는 사람들은 세상이 세상 사람들로만 가득 차 있다고 말한다. 왜냐하면 주님 자신이 '부름 받은 사람은 많되, 선택된 사람은 적다'(마 22:14)고 말씀하셨기 때문이다. 적어도 국가 안에서의 외적 평화를 유지할 목적으로 그리스도 왕국의 회복을 간주하는 사람들에게는 이것이 어떤 이유가 된다.

그러나 사도들은 그가 고린도 교회에 편지를 썼을 때 여기에 대해 다음과 같이 대답했다. '무슨 협력이 정직과 부정을 가지고 있느냐? 또는 무슨 우정이 빛과 어둠을 가지고 있느냐? 그리스도와 벨리알이 일치되느냐? 믿지 않는 자와 믿는 자 사이에 공통점이 무엇인가'(고후 6:14-15). 로마서에서와 같이, '이 세계에 순응하지 말라'(롬 12:2). 그리고 갈라디아서에서 '나는 세상에 대해서 십자가에 못 박혔다. 그리고 세상은 나에게 대해서 그러하다'(갈 6:14)라고 말씀한다.

게다가, 영원한 평화를 위하여, 경건한 사람은 우리의 구세주이신 왕께 기도해야 하고, 아버지는 하늘과 땅의 모든 권세를 그에게 주었다는 것은 분명하다(마 28:18). 그리고 이 평화는 단지 그의 주권에 그들 자신을 복종시키는 사람에게만 약속되었다. 그것에 반대하거나 완전히 받아들이지 않는 사람, 그의 은혜와 영광을 좋아하고 잃어버린 사람들에 대한 은혜가 있는 자에게는 평화가 아니다. 이것은 우리에게 달려 있기 때문에, 외적인 평화는 추구되어야 하고 유지되어야 한다. 모든 사람에게 가능한 한, 그러나 그들에게 양보하는 것과 연기하는 것은, 우리에게 속한 것에서, 그리고 하나님의 아들, 우리 주 예수 그리스도나 그의 교회에(마 5:9, 10, 13; 롬 12:18) 속한 것이 아니다. 우리는 모든 사람을 기쁘게 하기 위해서 일해야 하지만, '선을 위하여' 그리고 모든 사람들의 구원에 대한 '교화를 위하여'(롬 15:2) 일해야 한다. 다른 방법으로 사람들을 기쁘게 하는 사람들은 예수 그리스도의 종이 될 수 없다(갈 1:10).

다윗과 히스기야와 요시아 시대에도 그리스도를 적대하는 자들이 엄청 많았으나, 그의 왕국을 위해 참으로 열심을 가진 자는 거의 없었다. 히스기야와 요시아 시대 때 주님의 선지자들인 이사야와 예레미야가 했던 것처럼, 다윗 역시 너무나도 많은 시편 속에서 불평하고 있다. 왜냐하면 이 왕들은 하나님께서 우리에게 요구하시는 것들 중에 조금이라도 하나님을 믿는 신자에게 어떤 것도 불가능하지 않다는 것을 알았기 때문이다. 악한 마귀들과 사람들이 그들을 원하지 않고, 그들을 대적하고, 종교 속에 모든 악들과 사악을 뿌리고, 나머지 생명을 제거하고 있다는 사실에도 불구하고, 그들은 하나님께서 그의 백성에게 명령하신 모든 것을 회복시켰다. 하나님께서 그들과 함께하심으로써, 그들은 하나님의 이름으로 항구적인 신앙으로 일하기 시작하였고, 또한 그들은 성공적으로 성취할 수 있었다.

히스기야와 요시야 통치에서 마음에 불경건을 지닌 많은 사람들이 있었고, 그들은 강제로 외부적으로 거부했던 마음, 그럼에도 불구하고 하나님을 기뻐한다고 했던, 그가 모든 백성에게 매우 큰 축복을 부여하고 그들에게 그들이 받을 벌을 용서했던 그들의 때에 그의 왕국을 위하여 이러한 경건한 왕의 노력이 있다.

그러므로 '하늘과 땅은 지나가나, 그러나 하나님의 말씀과 법의 일점일획도 없애지 못할 것이다'(마 5:18). '그리고 하나님은 나라의 계획을 헛되게 하고, 사람들의 계획을 좌절시킨다. 그러나 그의 계획은 영원히 서고 그의 생각은 세대에서 세대로 확장된다'(시 33:10-11). 폐하는 사람들이 결정한 잘못되고도 파멸적인 결정들을 원래대로의 결정으로 만드실 것이다. 세상 신을 가지고 있는 전 세상이 모순을 낳고 양산할지라도, 폐하는 항상 참되고, 항상 유익한 하나님의 말씀과 판단 안에서 강한 마음을 가지고 따를 것이며, 거하실 것이다.

이러한 하나님의 말씀과 판단으로부터, 그는 무엇이 그리스도 왕국에 속하고, 이 나라에서 가능한 한 완전히 그의 왕국을 회복하는데 가장 좋은 방법을 배울 것이다. 그리고 그는 이 방법은 매우 정확하고 분명하게 윤곽이 잡혀 있다는 것으로 결론을 내릴 것이다. 이 목적을 위하여 구별된 의회를 그 자신에게 연결시키고, 그리스도의 왕을 위하여 뛰어나게 동기를 부여하고, 그가 모두 견고하게 사람의 구별된 의회에서 교육될 것을 알 것이다. 그리고 그러한 봉사와 노동에 의해서 그는 모든 나라에서 복음 전도자로 인정된 사람들을 찾고 보낼 것이다. 그는 뛰어난 믿음과 경건한 기법으로 그들에게 설교하고, 모든 그리스도의 복음을 설교하고, 모든 그의 왕국을 우리에게서 회복시키는 모든 수단을 설교할 것이다.

이런 절차가 귀족들과 왕국 의회에서 승인될 때, 그는 그 일에 적합한 사람들을 통하여 그것을 백성들에게 추천하고, 합법적으로 그것을 공고히 할 것이다. 우리의 영혼의 최고 목자장과 감독이신 우리 주 예수 그리스도께서 제정하시고 그것이 그렇게 되도록 명령하신 것처럼, 최고의 열정을 가지고 교회를 위한 그들의 모든 목회적 의무를 다하기를 원하는 사람들을 그가 가능한 빨리 발견하여 그러한 직무에 적합한 사람들을 모든 감독좌와 교구좌에 임명할 것이다.

이러한 위치에 적당한 목회자를 얻기 위하여 그는 교회의 진실한 사용을 위하여 그들의 원래의 구성에 대해 가능한 한 빠르고 온전하게 대학들을 회복할 뿐만 아니라, 그는 또한 많은 다른 학교가 교회의 목회자를 위하여 가능한 한 많은 적합한 사람들이 교육받고 길러질 수 있는 열린 곳이 되도록 해야 한다.

또한 이들에게 그리고 모든 가난한 그리스도인에게, 실로 그리스도 주님 그분에게, 거룩하고 행복한 삶이 필요하고, 교회 목사의 바른 부양이 필요한 모든 것을 공급하기 위해서, 그것은 그들의 배우자의 거룩한 유산과 확실한 소득을 교회를 위하여 준비하고 보존하는 데 극도로 가장 열심을 가져야 한다. 그리고 만약 국가의 사용을 위하여 그것이 아직 교회의 재산으로부터 어떤 것을 취하는 것이 아직 좋게 보인다면 (왜냐하면 어떤 것도 다음의 예외 경우 이외에는 이 자원으로부터 어떤 개인들에게 유용될 수 없기 때문이다. 예외란 교회에 대한 신실한 봉사를 위해 그들에게 부과되는 경우. 이런 사역들과 가난한 자의 구제 준비를 위하여 연구에 필요한 경우이다) 그것을 취한 대로 두어라. 나머지 부분은 우리의 구세주이고, 십자가에 못 박히신 분을 위한 용도로 바쳐진 것과, 교회의 필요한 사역들과 학교와 궁핍한 자에 대한 지원을 위해서 할애된 것으로 지정되어야 한다. 따라서 어느 다른 절도나 강탈의 죄를 지은 사람보다도, 그리스도 우리 구주와 그의 교회의 권리가 사람의 어떤 공적 내지 사적 권리보다 우리의 마음에 와 닿아야 하는 정도로, 속이고 인위적이고 기만하는 것에 의해서 십자가에 못 박힌 분(이것은 신성 모독 때문이다)의 유산으로부터 무엇인가를 자기 자신을 위하여 취하고 요구하는 누구든지 엄격한 처벌이 있어야 한다.

그리스도 왕국이 이러한 책임 있는 정신에서 그의 시민을 위해서 회복이 되었다면, 여러분의 통치자는 또한 그들을 모든 그의 왕의 힘과 권력을 가지고 그것을 위하여 준비시키기를 추구할 것이다. 그리고 그는 그것을 입법과 신실하고 부단한 법의 적용을 통해 이룩할 것이다. 먼저, 모든 개인의 집은 거룩하게 유지되고, 연합되고자 하는 하나님의 의지가 신실하고 종교적인 결혼으로 연합되고, 그리고 연합되었고, 그들은 그의 신성한 사회의 명령을 가장 거룩한 방법으로 만들어 낸다. 그리고 일단 그의 명에 의해서 연합이 되었다면, 이것이 그들 자신의 복지와 사회 복지를 위해 필요하지 않을지라도, 결코 서로로부터 헤어지지 않는다. 다음으로 주님께서 그분의 공화국에 주신 모든 아이들은 그리스도이신 주님과 그의 교회를 위하여 교육받고 교훈받고 훈련받아야 한다. 그리고 어린이 각자는 주님이 만들고 지정하신 것처럼 보이는 것을 위한 생활의 기술들과 의무들을 할당받아야 한다. 그의 왕국의 어떤 곳에서도 놀고 있는 자들이 있을 장소가 없다. 그 대신 모든 사람은 공화국에 유익한 수고들과 과업들을 가치 있게 사용해야 한다.

이런 일들이 영속적으로 그리고 항구적으로 보존되기 위하여 폐하께서는 폐하의 신하들의 모든 활동들과 일들을 포괄하는 법이 되도록 주의를 기울여야 할 것이다. 기록된 법이 수정되고, 선명하게 되어, 폐하의 시민들에게 분명하게 되고, 유익하게 될 것이며, 백성들의 생활과 활동에 빛을 비추어 줄 것이며, 백성들은 이익이나 나쁜 행동을 위하여 환상이나 무구한 사람들을 포획하여 집어 던지는 그물이나 덫을 속임수로 꾸밀 수 없을 것이다.

그리고 쓰인 법도, 공화국의 체계나 구성도, 그러나 정확하고 주의 깊고, 어떤 좋은 것을 유지하거나 유용한 것을 연장시킬 수 있다. 만약 사람이 살아 있는 법, 현명하고 경건하고 경계를 늦추지 않는 행정관이 결핍하고 책임성 있고 공정한 판사, 그리고 또한 악인에 대한 공정하고 엄한 벌이 있다면, 여러분의 통치자는 그러한 행정관과 판사를 그의 백성에게 어디서나 제공하기 위하여 노력할 것이다. 그리고 그는 모든 범죄와 사악함에 대한 벌을 수립하고 강제할 것이다. 그래서 가득하고 완전한 왕국의 표시, 하나님의 판단의 결핍이 없도록 할 것이다.

폐하가 이러한 기초를 놓고 그것을 설립하려고 할 때, 그리고 그가 이러한 것을 완성하려고 노력하면 할수록, 날마다 그는 그리스도 왕과 영원한 생명을 주시는 분은 항상 그의 시민과 백성과 같이한다는 것을 알게 될 것이다. 그리고 모든 악은 매우 감소되고 모든 좋은 것은 누적되고, 그의 나라는 행복해지고 모든 것에서 성공적이 될 것이다. 그의 왕국과 그의 정의를 가장 우선 추구하는 사람에 의해서 요청되는 모든 것을 더하는데(참고 마 6:33), 그리스도 우리 왕에게는 모든 다른 것을 가장 풍부하고 자유롭게 더하는데 실패할 수 없기 때문이다.

여러분의 통치자는 아주 얼마 안 되는 왕의 친구를 가지고 있고, 그는 육체에 불가능한 이 위대한 일, 그리스도 왕국의 완벽한 회복에서 그 자신이 노력하는 데 거의 혼자 행동한다는 것에서 방해 받게 하지 않을 것이다. 그는 이런 점에서 그리스도 전능자 안에서 조력자와 지도자를 가지고 있기 때문에, 그의 목표의 어떤 것이 수행되지 않고, 무슨 세상과 육체가 반대편에서 꾀하겠는가? 그것은 그의 영혼을 낙담시키지도 않을 것이다. 지금까지 많은 신실한 목회자가 그의 나라에 이 일을 위해서 나타나지 않았다고 해도, 왜냐하면 그리스도가 그의 왕국을 그의 백성을 위하여 영화롭게 회복시키는 데 익숙해졌고, 그들의 적들을 그의 발아래 두는 데 익숙해졌고, 심지어는 매우 적은 수의 매우 약하고 세계의 눈으로는 경멸 받을 만한 목회자의 사용에도 익숙해졌기 때문이다(고전 15:25; 1:27-28).

또한 여러분의 통치자는 이때, 그리스도 왕국의 완전한 회복의 예시가 없으므로 늦추지 않을 것이고, 그의 하나님의 명령을 가지고 있기 때문에 그는 그의 성경에서 묘사된 예시를 가지고 있기 때문에 그리고 그들은 열심 있는 모조품의 어느 정도에 대해서 모든 경건한 제후를 위하여 매우 충분하다. 그리고 마지막으로, 사탄에 의해서 무슨 반대가 만들어져도 개인적으로, 또는 그에게 종이 된 사람들을 통해서 여러분의 통치자는 그를 강하게 할 것이다. 매우 넉넉한 하나님의 약속을 가진 사람과 함께, 우리는 하나님의 나라가 사람의 느낌보다 확실한 것처럼 우리가 경험했던 어떤 것보다 확실하게 되도록 붙잡아야 한다.

부족하지 않는 알려진 본보기가 있다. 고대의 것도 아니고(그럼에도 불구하고 그들은 우리에게 거룩한 성경을 제공했으므로 하나로 매우 충분하다), 그러나 우리 자신의 시대에, 그리스도 우리의 왕이 놀랍고 강하게 현재에 모든 그의 종들과, 그리고 왕과 제후와 함께한다는 것은 매우 명확한 증거다. 그것은 그들이 우리 중에 그의 왕국의 완전한 회복을 수행했던 사람들에게 그들이 바라는 성공을 주는 분이다. 그리고 문제가 다른 점에서 발생할 때는 언제나, 원인은 노력의 불경건이 있었고, 불성실한 열심의 명백한 반칙이 있었다는 것을 발견할 수 있다. 마카베오의 시기에서처럼, 또한 지금 독일의 재앙에서도,[89] 그리스도 우리의 왕은 살아서 아직도 모든 곳에서 그 자신의 방식대로 행동하시기 때문이다(참고 히 13:8).

그러므로 하나님이 주었던 그의 어떤 종들과 책임성 있는 제후[90]에게 제공했던 것보다 더 많이, 그가 전심으로 하나님의 영광을 미리 보여 주고 그의 말씀과 계명에 따라 그의 백성들의 전적인 구원을 얻기를 추구하기 때문에, 폐하는 이런 일에서 하나님으로부터, 다소 아끼지 않는 지원과 그의 노력에 대한 행복한 결과를 받기를 기대할지도 모른다. 이것은 완성될 것이다. 사실 그것은 우리 주 예수 그리스도, 왕 중 왕, 주의 주에 의해서 될 것이다(계 17:14). 여러분의 통치자는 도중에 이러한 책임을 얻게 된다. 다윗, 아사, 여호사밧, 히스기야, 요시야의 경우에 못지않게, 고결한 부요가 매일 증가함으로, 그는 그의 백성에게 그 자신을 왕으로 증거 한다. 그의 외부적이나 내부적인 적들 앞에서도, 전적으로 구원하고 성공적이고 위엄이 있고 정복되지 않는 증거를 나타냄으로써, 그는 결코 이 나라에서 그리스도의 이의 없이 수용되어 결코 부족함이 없는 왕일 것이다. 어떤 위험과 수고가 있을 것이고, 또한 어떤 위험과 수고가 마땅히 있어야만 하기 때문에, 폐하께서는 무한하고도 영원한 상급을 마음에 새기실 것이다. 이 무한하고도 영원한 상급은 짧고도 순간적인 기간에 당하는 이 같이 작은 위험과 수고를 위하여 그를 기다리고 있다. 하나님의 아들께서 자신의 무한한 슬픔과 가장 잔인한 고통을 통해서 그를 위하여 이 상급을 준비하셨다.

같은 주님, 우리의 구원자 예수 그리스도, 그가 여러분의 통치자에게 특별한 이해와 이러한 모든 것에 대한 갈망을 주었던 것처럼, 그렇게 또한, 가능한 한 그에게 드러나고 통합되도록, 그가 가능한 효과적으로 시작하고 개시할 수 있도록 그리고 그를 통해서 더욱 그의 나라의 이러한 회복이 완벽하게 되기를! 아멘, 아멘, 아멘.

나는 폐하가 호의적으로 이러한 문제에 대한 나의 제안과 충고의 작은 일을 받아들이기를 기도한다. 그리고 여러분의 통치자 또는 그 밖의 누군가가 내가 하나님의 영원한 말씀에 동의하지 않는 어떤 것을 제안할 의견이 있다면, 나는 이러한 훈계에 대한 충고를 청한다. 마치 내가 모든 것에서 항상 순수한 하나님의 말씀 그 자신을 따르

---

89. 이것은 슈말칼덴 전쟁에서 독일 루터파의 패배에 대한 암시이다.

90. *Religiosis principibus.*

도록 그리고 항상 나의 전적인 자신을 그것에 희생할 준비가 되어 있다.

이 저술을 일찍 시작했으나 완성은 늦어졌다. 이것은 나의 건강이 병과 많은 나이 때문에 약해진 사실 때문이다. 그리고 여러분의 통치자에 의해서 나에게 맡겨진 성직 사무의 요구가 있었기 때문이다. 여러분의 통치자는 자신의 가치 없는 종이요 목사인 나를 주님께 기도드리는 사람으로 추천하여 주셨다. 우리의 하늘의 하나님, 우리의 주 예수 그리스도는 여러분의 통치자를 지켜 주시길 기도한다. 그리고 그가 모든 것에서 성공하게 해주기를, 그의 자신의 영광이 커가고, 그의 나라의 모든 백성에게 놀랄만한 위로와 구원을 주기를, 이 나라와 다른 나라 안에서, 항상 간구, 아멘, 아멘.

그리스도 왕국에 관한 책을 마침.

하나님께 영광이 있기를![91]

---

91. *τῷ θεῷ δόξα.*

참고 문헌 BIBLIOGRAPHIES

I. Melanchthon

Erasmus, Desiderius Roterodamus. *Ausgewählte Werke.* ed. Hajo Holborn. München, 1933.

_____. *Opus Epistolarum Ersmi.* ed. P. S. Allen. Oxford, 1906ff.

Klode, Th. *Die Loci communes Ph. Melanchthons.* 4th ed. Leipzig, 1925.

Melanchthons Werke in Auswahl. ed. Robert Stupperich, Vols. Ⅰ and Ⅱ. Gütersloh, 1951–1952.

The Loci Communes of Philip Melanchthon. ed. and tr. Charles L. Hill, 2nd ed. Boston: The Meader Press, 1944.

Bizer, Ernst. *Theologie der Verheissung. Studien zur theologischen Entwicklung des jungen Melanchthon* (1519–1524). Neukirchen, 1964.

Breen, Quirinus. *Christianity and humanism: Studies in the History of Ideas.* ed. Nelson P. Ross. Grand Rapids: Wm. B. Eerdmans Publishing Company, 1968.

Elliger, Walter. *Forschungsbeiträge zur 400. Wiederkehr seines Todestages.* ed. Philipp Melanchthon. Göttingen, 1961.

Hannemann, Kurt. *Reuchlin und die Berufung M.'s nach Wittenberg, in Festgabe Joh. Reuchlin.* Pforzheim, 1955. 108–38.

Herrlinger, A. *Die Theologie Melanchthons in ihrer geschichtlichen Entwicklung.* Gotha, 1879.

Joachimsen, Paul. *Loci communes. Eine Untersuchung zur Geistesgeschichte des Humanismus und Reformation, in Lutherjahrbuch* 8. 1926. 27–97.

Lohse, B. "Die Kritik am Mönchtum bei Luther und Melanchthon." Vilmos Vatja. ed. *Luther and Melanchthon in the History and Theology of the Reformation.* Philadelphia: Fortress Press, 1961. 129–45.

Manschreck, Clyde L. *Melanchthon: The Quiet Reformer.* New York: Abingdon Press, 1958.

Maurer, Wilhelm. *Melanchthon-Studien.* Gütersloh, 1964.

_____. *Melanchthons Loci communes von 1521 als wissenschaftliche Programmschrift in Lutherjahrbuch 27.* 1960. 1–50.

_____. *Zur Komposition der Loci Mel. v. 1521. Ein Beitrang zur Frage Melanchthon u. Luther. Lutherjahrbuch* 25. 1958. 146–80.

_____. *Der junge Melanchthon zwischen Humanismus und Reformation.* Göttingen 1967.

Neuser, Wilhelm H. *Der Ansatz der Theologie Ph. Melanchthon.* Neukirchen, 1957.

Pauck, Wilhelm. "Luther and Melanchthon." in Valtja. ed. *Luther and Melanchthon.* 13–31.

Pelikan, Jaroslav. *From Luther to Kierkegaard.* St. Louis: Concordia Publishing House, 1950.

Schäfer, R. *Christologie und Sittlichkeit in Melanchthons Frühen Loci.* Tübingen, 1960. (See the
    criticism by E. Bizer in *Theologie der Verheissung,* 9–33.)

Schwarzenau, P. *Der Wandel im theologischen Ansatz bei Melanchthon.* Gütersloh, 1956.

Sperl, Adolf. *Melanchthon zwischen Humanismus und Reformation.* München, 1959.

Stupperich, Robert. *Melanchthon.* Berlin, 1960. (English translation, Philadelphia: The
    Westminster Press, 1965).

II. Bucer

Bucer, Martin. *Deutche Schriften.* ed. Robert Stupperich. To date, Vols. I, II, III, VII. Gütersloh,
    1960ff.

_____. *De Regno Christi.* (Vol. XV of *Martini Buceri Opera Latina*). ed. Francois Wendel. Paris,
    1955.

_____. *Scripta Anglicana.* Basel, 1577.

Anrich, Gustav. *Martin Bucer.* Strassburg, 1914.

Bornkamm, Heinrich. *Martin Bucers Bedeutung für die europäische Reformationschichte.*
    Gütersloh, 1952.

Bromiley, G. W. *Thomas Cranmer, Theologian.* London: Lutterworth Press, 1956.

Clebsch, William A. *England's Earliest Protestants, 1520-1535.* Yale University Press, 1964.

Constant, Gustave. *The Reformation in England.* 2 Vols. London, 1939–1942.

Corpus Iuris Civilis. English translation, *The civil Law.* S. P. Scott, 17 Vols. Cincinnati, 1932.

Courvoisier, Jaques. *La notion d'Église chez Bucer dans son developpement historique.* Paris, 1933.

Dickens, A. G. *The English Reformation.* London: B. T. Batsford, Ltd., 1964.

Eells, Hastings. *Martin Bucer.* New Haven, 1931.

Fisher, H. A. L. *The history of England from the Accession of Henry VII to the Death of Henry VIII.*
    London, 1906.

Gairdner, James. *The English Church in the Sixteenth Century.* London, 1904.

Holl, Karl. "Die Kulturbedeutung der Reformation." *Luther* (Vol. I of *Gesammelte Aufsätze zur
    Kirchengeschichte*), 2d ed. Tübingen, 1923.

Holstein, Hugo. *Die Reformation im Spiegelbilde der dramatischen Litteratur des sechzehnten*

Jahrhunderts. Halle, 1866.

Hopf, Constantin. *Martin Bucer and the English Reformation*. Oxford: Basil Blackwell & Mott, Ltd., 1946.

Hughes, Philip. *The Reformation in England*. 3 Vols. London: Hollis & Carter, Ltd., Publishers, 1950–1953.

Hughes, Philip E. *The Theology if the English Reformers*. London: Hodder & Stoughton, Ltd., 1965.

Koch, Karl. *Studium Pietatis. Martin Bucer als Ethiker*. Neukirchen, 1962.

Köhler, Walther. *Zürcher Ehegeicht und Genfer Konsistorium*. Vol. II. Leipzig, 1942.

Kohls, Ernst–Wilhelm. *Die Schule bei Martin Bucer in ihrem Verhältnis zu Kirche und Obrigkeit*. Heidelberg, 1963.

Lang, August. *Der Evangelienkommentar Martin Butzers und die Grundzüge seiner Theologie*. Leipzig, 1900.

_____. *Puritanismus und Pietismus*. Neukirchen, 1941.

Leach, Arthur F. *English Schools at the Reformation*. Westminster, 1896.

Leonard, E. M. *The Early History of English Poor Relief*. Cambridge, 1900.

Levy Max. *Der Sabbat in England, Wesen und Entwicklung des englischen Sonntags*. Leipzig, 1933.

Liljegren, S. B. *The Fall of the Monasteries and the Social Changes in England*. Lund, 1924.

McConica, James K. *English Humanists and Reformation Politics Under Henry VIII and Edward VI*. London: Oxford University Press, 1965.

Milton, John. *Complete Prose Works of John Milton*. Vol. II, ed. Ernest Sirluck. New Haven: Yale University Press, 1959.

More, Sir Thomas. *Utopia*. Vol. 4. *The Complete Works of St. Thomas More*. ed. Edward Surtz and J. H, Hexter. New Haven: Yale University Press, 1965.

Müller, J. *Matin Bucer Hermeneutik*. Gütersloh, 1961.

Nottingham, W. J. "The Social Ethics of Martin Bucer." Dissertation. Columbia University, 1962.

Oman, C. W. C. *The Tudors and the Currency*. Transactions of the Royal Historical Society, New Series, Vol. IX. London, 1895.

Parker, T. H, L. ed. *English Reformers*. LCC, Vol. XXVI. Philadelphia: The Westminster, 1966.

Pauck, Wilhelm. *Das Reich Gottes auf Erden. Utopie und Wirklichkeit. Eine Untersuchung zu Butzers De Regno Christi u. der englischen Staatskirche des 16. Jahrhunderts*. Berlin, 1928.

_____. *The Heritage of the Reformation*. rev. ed. New York: Oxford University Press, Inc., 1968.

_____. *Thomas Cranmer and the English Reformation*. London, 1904.

Porter, Harry C. *Reformation and Reaction in Tudor Cambridge*. Cambridge: Cambridge University Press, 1958.

Rott, J. "Le Sort des papiers et de la bibliothèque de Bucer en Angleterre." *Revue d'Histoire et de Philosophie Religieuses.* Vol. 46. 1966. 46–367.

Skopnic, Günter. *Das Strassburger Schultheater.* Frankfurt, 1935.

Smyth, Charles H. *Cranmer and the Reformation Under Edward VI.* Cambridge, 1926.

Strohl, Henri. *Bucer, Humaniste Chrètien.* Paris, 1939.

Stupperich, Robert. "Die Kirche in M. Bucers theologischer Entwicklung." *Archiv für Reformationsgeschichte.* Vol. 35. 1938. 81–101.

_____. "Bibliographia Bucerana" in H. Bornkamn, *Martin Bucers Bedeutung,* 39–96.

Tawney, Richard H. *The Agrarian Problem in the Sixteenth Century.* London, 1912.

Torrance, T. F. *Kingdom and Church: A Study in the Theology of the Reformation. The Eschatology of Love: Martin Bucer.* 73–89. Edinburgh: Oliver & Boyd, Ltd., 1956.

Trevelyan, G. M. *Illustrates English Social History.* Vol. I. London: Longmans, Green & Co., Ltd., 1954.

Vogt, Herbert. *Martin Bucer und die Kirche von England.* Dissertation. University of Münster, 1966(published in typescript, 1968).

Wendel, François. *Le Mariage à Strasbourg à l'èpoque de la Rèforme.* Strassbourg, 1928.

_____. *L'Église de Strasbourg, sa constitution et son organisation.* Paris, 1942.

_____. "Un document inédit sur le Séjour de Bucer en Agleterre." *Revue d'Histoire et de Philosophie Religieuses.* Vol. 34. 1954. 223–33.

White, Helen C. *Social Criticism in popular Religious Literature of the Sixteenth Century.* New York: The Maxmillan Company, 1944.

Winckelmann, Otto. *Das Fürsorgewesen der Stadt Strassburg.* Leipzig, 1922.

Zeeveld, W. G. *Foundations of Tudor Policy.* Cambridge, Mass.: Harvard University Press, 1948.

색인 INDEXES

일반 색인

가
가브리엘 비엘 42
가죽 사업 434
게오르그 스팔라틴 49
결혼 224, 252, 406, 419
결혼식 418
고백 204, 207
공동기도서 237, 418
공의회 108, 109
공적 161
공휴일의 성화 366
관리 93, 102, 107, 213
광업 434
교리 문답 237, 305, 310, 429
교리 문답 교육 365
교황 286, 328, 357
교황제 171, 184
교회 231, 300
교회와 국가 234
교회의 시기 279
교회 재산 383, 390, 394, 399
구걸 금지 338, 400
구약과 신약 178
군사학 449
귀족 438
귀족의 책임사항 435
그라티아누스 371
그리스 교회 110
그리스도 41, 55, 69, 123, 157, 202, 230,
263, 270, 391
그리스도와의 교제 316
그리스도 왕국 231, 232, 244, 298, 300, 343
그리스도 왕국과 세상의 왕국 247
그리스도의 교회 275
그리스도의 법 347

그리스도의 죽음 272
그리스도의 통치 232
금식 333

나
나지안조스의 그레고리오스 372
나태함 427, 450
노동 227, 400, 427, 440, 441
노예제도 95
놀이 441
농경 434
뇌물 465
니케아 공의회 109, 112, 115, 280, 382
니콜라스 카 225

다
다마스코스의 요안네스 41, 54
다윗 350, 442, 466
독신 104, 112, 372, 425, 428
독일 종교 개혁 284
동등성 347
드라코 450

라
라우렌티우스 발라 61
레오 10세 34
로돌푸스 아그리콜라 44
로이힐린 36
로저 아샴 225
루크레티아 82
루터 34, 35, 37, 39, 42, 43, 45, 47, 49, 112,
145, 171, 184, 192, 194, 220, 221, 240
루피누스 208
리브가 445
리비우스 142

마

마르틴 부처의 생애 ⋯⋯⋯⋯⋯⋯⋯⋯ 220
마케도니아의 알렉산드로스 ⋯⋯⋯⋯⋯ 63
만민법 ⋯⋯⋯⋯⋯⋯⋯⋯⋯⋯⋯⋯ 93, 94
매리 ⋯⋯⋯⋯⋯⋯⋯⋯⋯⋯⋯⋯⋯ 236
매튜 파커 ⋯⋯⋯⋯⋯⋯⋯⋯⋯ 225, 238
멜란히톤 ⋯⋯⋯⋯⋯⋯⋯⋯⋯ 220, 222
면죄부 ⋯⋯⋯⋯⋯⋯⋯⋯⋯⋯⋯⋯ 209
모세 ⋯⋯⋯⋯⋯ 258, 330, 345, 377, 410
미리암 ⋯⋯⋯⋯⋯⋯⋯⋯⋯⋯⋯⋯ 442
미사 ⋯⋯⋯⋯⋯⋯⋯⋯ 116, 210, 357

바

바르트부르크 ⋯⋯⋯⋯⋯⋯⋯⋯⋯⋯ 35
바실레이오스 ⋯⋯⋯⋯⋯⋯⋯⋯⋯ 208
바울 ⋯⋯⋯⋯ 250, 306, 310, 312, 326
발렌티니아누스 ⋯ 256, 339, 385, 400, 463
벌레이 경 ⋯⋯⋯⋯⋯⋯⋯⋯⋯⋯ 239
벌칙 ⋯⋯⋯⋯⋯⋯⋯⋯⋯⋯⋯⋯ 478
법 ⋯⋯⋯⋯⋯⋯⋯⋯⋯⋯⋯⋯⋯ 228
법정 개혁 ⋯⋯⋯⋯⋯⋯⋯⋯⋯⋯ 473
베드로 ⋯⋯⋯⋯⋯⋯⋯⋯⋯⋯ 250, 322
베레스 ⋯⋯⋯⋯⋯⋯⋯⋯⋯⋯⋯ 438
베르나르 ⋯⋯⋯⋯⋯ 57, 66, 114, 282
보름스 칙령 ⋯⋯⋯⋯⋯⋯⋯⋯⋯⋯ 35
보속 ⋯⋯⋯⋯⋯⋯⋯⋯⋯⋯ 115, 209
복음 ⋯⋯⋯⋯⋯⋯⋯⋯ 117, 133, 175
브레텐 ⋯⋯⋯⋯⋯⋯⋯⋯⋯⋯⋯⋯ 35
비고용 ⋯⋯⋯⋯⋯⋯⋯⋯⋯⋯ 427, 432
비텐베르크 대학교 ⋯⋯⋯⋯⋯⋯ 34, 36
빈민 구제 ⋯⋯⋯⋯⋯ 226, 337, 338, 405

사

사기 ⋯⋯⋯⋯⋯⋯⋯⋯ 458, 461, 483
사랑 ⋯⋯⋯⋯⋯⋯⋯⋯⋯⋯⋯⋯ 266
사랑의 공동체 ⋯⋯⋯⋯⋯⋯⋯⋯ 234
사랑의 법 ⋯⋯⋯⋯⋯⋯⋯⋯⋯⋯ 456
사면 ⋯⋯⋯⋯⋯⋯⋯⋯⋯⋯ 205, 208
사모사타의 파울로스 ⋯⋯⋯⋯⋯⋯ 109
사벨리오스 ⋯⋯⋯⋯⋯⋯⋯⋯⋯ 109
사순절 ⋯⋯⋯⋯⋯⋯⋯⋯⋯⋯⋯ 333
사역자⋯⋯⋯ 231, 251, 256, 263, 270, 289, 294,
296, 300, 308, 313, 317, 337, 370, 401, 461, 488
사역자의 사례 ⋯⋯⋯⋯ 362, 383, 385, 387, 388
사울 ⋯⋯⋯⋯⋯⋯⋯⋯⋯⋯⋯⋯⋯ 82
사치와 무익한 소비에 대한 통제 ⋯⋯⋯ 451
사치하는 상인 ⋯⋯⋯⋯⋯⋯⋯⋯ 438
사형 ⋯⋯⋯⋯⋯⋯⋯⋯⋯⋯⋯⋯ 479

살루스티우스 ⋯⋯⋯⋯⋯⋯⋯⋯⋯ 142
삶의 향상 ⋯⋯⋯⋯⋯⋯⋯⋯⋯⋯⋯ 45
상인 ⋯⋯⋯⋯⋯⋯⋯⋯⋯⋯⋯⋯ 437
서원 ⋯⋯⋯⋯⋯⋯⋯⋯⋯⋯⋯⋯ 103
선행 ⋯⋯⋯⋯⋯ 126, 154, 160, 162, 163
설교 ⋯⋯⋯⋯⋯⋯⋯⋯⋯⋯⋯⋯ 355
설득 ⋯⋯⋯⋯⋯⋯⋯⋯⋯⋯⋯⋯ 355
성경 ⋯⋯⋯ 40, 46, 52, 53, 73, 75, 88, 89, 90, 96,
105, 108, 109, 118, 120, 161, 195, 214, 221
성령 ⋯⋯⋯ 41, 76, 86, 120, 182, 187, 192, 221,
251, 264, 267, 269, 292, 325, 372
성례 ⋯⋯⋯⋯⋯⋯⋯⋯⋯⋯⋯ 174, 195
성례전 ⋯⋯⋯⋯⋯⋯⋯⋯⋯⋯ 282, 313
성찬 ⋯⋯⋯⋯⋯⋯⋯⋯⋯⋯⋯⋯ 314
성화 ⋯⋯⋯⋯⋯⋯⋯⋯⋯⋯⋯⋯ 191
세례 ⋯⋯⋯⋯ 196, 198, 203, 255, 296, 313
세례 요한 ⋯⋯⋯⋯⋯⋯⋯⋯⋯⋯ 200
소명 ⋯⋯⋯ 227, 242, 252, 326, 329, 333, 346
소비 ⋯⋯⋯⋯⋯⋯⋯⋯⋯⋯⋯⋯ 454
소송 ⋯⋯⋯⋯⋯⋯⋯⋯⋯⋯⋯⋯ 189
소크라테스 ⋯⋯⋯⋯⋯⋯ 46, 71, 76, 88
수도원제도 ⋯⋯⋯⋯⋯⋯⋯⋯⋯⋯ 105
수입과 수출 ⋯⋯⋯⋯⋯⋯⋯⋯⋯ 437
순종 ⋯⋯⋯⋯⋯⋯⋯⋯⋯⋯⋯⋯ 305
술집 ⋯⋯⋯⋯⋯⋯⋯⋯⋯⋯⋯⋯ 440
스코투스 ⋯⋯⋯⋯⋯⋯⋯⋯⋯⋯⋯ 65
스코투스주의 ⋯⋯⋯⋯⋯⋯⋯⋯⋯ 79
스콜라주의 ⋯⋯⋯ 37, 38, 39, 41, 55, 56, 61, 63,
64, 66, 79, 84, 86, 88, 89, 96, 97, 103, 131,
132, 137, 142, 145, 146, 148, 153, 158, 163,
169, 170, 178, 188, 195, 197, 203, 213, 216
스트라스부르 ⋯⋯⋯⋯ 220, 223, 227, 236
시민법 ⋯⋯⋯⋯⋯⋯⋯⋯⋯⋯ 95, 454
신앙 ⋯⋯⋯ 48, 140, 161, 165, 167, 175, 266, 268
신조 ⋯⋯⋯⋯⋯⋯⋯⋯⋯⋯⋯ 430, 463
신학의 본질 ⋯⋯⋯⋯⋯⋯⋯⋯⋯⋯ 54
실족 ⋯⋯⋯⋯⋯⋯⋯⋯⋯⋯⋯⋯ 216
십계명 ⋯⋯ 96, 180, 183, 186, 191, 228, 457, 480
썬씬나투스 ⋯⋯⋯⋯⋯⋯⋯⋯⋯⋯ 436

아

아담 ⋯⋯⋯⋯⋯⋯⋯⋯⋯⋯ 67, 69, 93
아리스토텔레스⋯⋯⋯ 36, 39, 40, 41, 44, 45, 46,
52, 58, 65, 71, 80, 138
아리스토텔레스주의 ⋯⋯⋯⋯⋯⋯⋯ 38
아리스토파네스 ⋯⋯⋯⋯⋯⋯⋯⋯ 448
아마 섬유 생산 ⋯⋯⋯⋯⋯⋯⋯⋯ 433
아브라함 ⋯⋯⋯ 146, 154, 410, 436, 444

아우구스티누스 ····· 42, 43, 57, 68, 85, 102, 182,
　　　　184, 188, 194, 212, 294, 409
아테네 471
안식일 98, 330, 332, 335, 367
알레고리의 해석 106
암브로시우스 42, 53, 378, 392
야곱 446
약속 120, 145, 149, 156, 158, 174, 178, 196
약혼 416
양심 81, 91, 113, 130, 142, 170, 188, 209, 214
양심의 자유 114
엄벌 481
에드문트 그린덜 225, 238
에드워드 6세 235, 236, 237, 239
에드윈 샌디스 225, 238
에라스무스 ····· 36, 37, 40, 43, 44, 45, 46, 49, 221
에우리피데스 95, 448
에우세비오스 279, 331
엘리자베스 238
여호사밧 467
영국의 대학교 359
영국 종교 개혁 238
예배의 자유 336
예배의 형식 327
예정론 60, 61, 66
오리게네스 41, 42, 53, 89, 311
완전주의 48
왕에 의한 개혁 349, 352
왕이신 그리스도 245, 344, 495
외논 64
외콜람파디우스 37
요비아누스 280, 384
요시아 228, 237, 256, 350, 490
요한네스 에크 37, 61, 171
우연 60
울타리를 침 432
원죄 67, 87
월터 하든 225
유스투스 요나스 49
유스티니아누스 228, 384, 409, 462
유용성 228, 234, 271, 342, 382,
　　　　390, 405, 434, 451, 457
유토피아 229
유희 441
육신 76, 88, 192
육욕 192
율법 55, 59, 77, 79, 90, 98,
　　　　125, 131, 179, 184, 217

율법과 복음 117, 121, 124, 134
은혜 47, 55, 83, 118, 136, 202
음악 442
의 268
의식 112, 183, 187, 282, 327, 334
의식법 105
의지 58, 61, 64
의회 353, 491
이삭 446
이성 58, 59, 87, 88, 91, 176, 193
이소크라테스 485
이웃 사랑 165, 167
이자 124, 438
이혼 224, 239, 420
인간의 본성 81
인문주의 39, 222
인정법 106, 217
일 229, 361, 400, 428, 440
임직 317
입교 304

자

자연법 91, 118, 326, 393, 412, 413, 414,
　　　　416, 431, 459, 477
자유 59, 65, 66, 79, 114, 182, 184, 186
자유의지 58, 66, 160, 192, 203
장로 307, 322, 337, 370, 374, 420
장식품 451
재산 94, 101
재판관 469, 473
재혼 425
전도자 302, 353
전통 111, 113, 214, 217
절기 332, 334
절도 482
정부 231
정서 47, 48, 62, 66, 74, 82, 86, 88, 96, 141, 191
정원 경작 434
제논 46, 71, 88
제르송 114
제명 298, 321, 323, 325
존 밀턴 239
존 브레드포드 225
존 외콜람파디우스 36
존 제웰 238
존 체크 223
존 포넷 237
존 휫기프트 238

종교극 ┈┈┈┈┈┈┈┈┈┈┈┈┈┈┈┈ 445
종이 생산 ┈┈┈┈┈┈┈┈┈┈┈┈┈ 435
죄 고백 ┈┈┈┈┈┈┈┈┈┈┈┈┈┈ 323
죄의 죽임 ┈┈┈┈┈┈┈┈┈┈┈┈ 200, 203
주의 만찬 ┈┈┈┈┈┈┈┈┈┈┈┈ 197, 210
중생 ┈┈┈┈┈┈┈┈┈┈┈┈┈┈┈ 48, 203
집사 ┈┈┈ 252, 319, 337, 374, 375, 397, 402, 404

차

찰스 5세 ┈┈┈┈┈┈┈┈┈┈┈┈┈ 34, 223
참회 ┈┈┈┈┈ 63, 115, 206, 255, 277, 293, 322
철학 ┈┈ 38, 41, 58, 72, 86, 87, 88, 152, 166, 172
청교도 ┈┈┈┈┈┈┈┈┈┈┈┈┈┈┈ 238
춤 ┈┈┈┈┈┈┈┈┈┈┈┈┈┈┈┈ 442
츠빙글리 ┈┈┈┈┈┈┈┈┈┈┈┈ 220, 221
치리 ┈┈┈┈ 233, 255, 256, 294, 318, 321, 374,
399, 406, 480
친척 ┈┈┈┈┈┈┈┈┈┈┈┈┈┈┈ 409
칭의 ┈┈┈┈ 48, 131, 139, 159, 185, 201, 203

카

카시오도루스 ┈┈┈┈┈┈┈┈┈┈┈ 206
카이사르 ┈┈┈┈┈┈┈┈┈┈┈┈┈┈┈76
카토 ┈┈┈┈┈┈┈┈┈┈┈ 46, 71, 76, 436
칼뱅 ┈┈┈┈┈┈ 220, 222, 236, 238, 240
커티우스 ┈┈┈┈┈┈┈┈┈┈┈┈┈┈82
케임브리지 ┈┈┈┈┈┈┈┈┈┈┈┈ 225
케임브리지 대학교 ┈┈┈┈┈┈┈┈┈ 223
코르비누스 ┈┈┈┈┈┈┈┈┈┈┈┈ 436
콘라드 허버트 ┈┈┈┈┈┈┈┈┈ 236, 238
콘스탄스 공의회 ┈┈┈┈┈┈┈┈┈┈ 110
콘스탄티누스 ┈┈ 257, 260, 279, 331, 382, 384, 475
퀸틸리아누스 ┈┈┈┈┈┈┈┈┈┈┈┈40
크랜머 ┈┈┈┈┈┈┈┈┈┈┈┈ 224, 237
크리소스토모스 ┈┈┈ 204, 255, 328, 334, 372
크세노크라테스 ┈┈┈┈┈┈┈┈┈ 46, 71
크세노폰 ┈┈┈┈┈┈┈┈┈┈┈ 326, 436
클라우디우스 ┈┈┈┈┈┈┈┈┈┈┈┈76
키로스 ┈┈┈┈┈┈┈┈┈┈┈┈┈┈ 436
키케로 ┈┈┈┈┈ 40, 44, 45, 46, 71, 91, 125,
230, 231, 252, 361, 453
키프리아누스 ┈┈┈┈┈┈┈ 184, 206, 322

타

테렌티우스 ┈┈┈┈┈┈┈┈┈┈┈┈ 448
테오도시우스 ┈┈┈ 228, 255, 257, 281, 331, 463
토마소 라디노 ┈┈┈┈┈┈┈┈┈┈┈42
토마스 레버 ┈┈┈┈┈┈┈┈┈┈┈┈ 225

토마스 샘슨 ┈┈┈┈┈┈┈┈┈┈┈┈ 239
토마스 아퀴나스 ┈┈┈┈ 42, 71, 82, 122, 166
토마스주의 ┈┈┈┈┈┈┈┈┈┈ 221, 228
토마스 카트라이트 ┈┈┈┈┈┈┈┈┈ 238
통치자 ┈┈┈┈┈┈┈┈┈┈┈┈┈┈ 233
투옥 ┈┈┈┈┈┈┈┈┈┈┈┈┈┈┈ 477
튀빙겐 대학교 ┈┈┈┈┈┈┈┈┈┈┈36
티스베 ┈┈┈┈┈┈┈┈┈┈┈┈┈┈82
틸레만 플레테너 ┈┈┈┈┈┈┈┈┈┈51

파

파리스 ┈┈┈┈┈┈┈┈┈┈┈┈┈┈ 64
펠라기우스주의자 ┈┈┈┈┈┈┈┈ 68, 70
평화 ┈┈┈┈┈┈┈┈┈┈┈┈┈ 268, 490
포르츠하임 ┈┈┈┈┈┈┈┈┈┈┈┈36
프리드리히 3세 ┈┈┈┈┈┈┈┈┈┈┈36
플라우투스 ┈┈┈┈┈┈┈┈┈┈┈┈ 448
플라톤 ┈┈┈┈ 41, 46, 58, 71, 86, 91, 94, 225, 249,
346, 429, 444, 449, 457, 462, 465, 484, 486
플루투스 ┈┈┈┈┈┈┈┈┈┈┈┈┈ 437
피라무스 ┈┈┈┈┈┈┈┈┈┈┈┈┈82
피에트로 롬바르도 ┈┈┈┈┈ 38, 41, 42, 54, 132, 138

하

하나님 ┈┈┈┈┈┈┈┈┈┈┈┈┈┈ 84
하나님의 나라 ┈┈┈┈┈┈┈┈┈ 244, 299
하나님의 법 ┈┈┈┈┈┈┈┈┈┈ 96, 216
하나님의 사랑 ┈┈┈┈┈┈┈ 64, 68, 84, 121
하나님의 사역자 ┈┈┈┈┈┈┈┈┈ 250
하나님의 자비 ┈┈┈┈ 118, 153, 160, 163, 212
하나님의 진노 ┈┈┈┈┈┈┈┈ 127, 163
하늘의 왕국 ┈┈┈┈┈┈┈┈┈┈┈ 247
하이델베르크 ┈┈┈┈┈┈┈┈┈┈ 221
하이델베르크 대학교 ┈┈┈┈┈┈┈┈36
학교 ┈┈┈┈┈┈┈┈┈┈┈┈┈┈ 429
합당한 공적 ┈┈┈┈┈┈┈┈┈┈┈82
행정관 ┈┈┈┈┈┈┈┈┈┈┈┈┈ 459
헝가리 ┈┈┈┈┈┈┈┈┈┈┈┈┈ 286
헤라클레이온 ┈┈┈┈┈┈┈┈┈┈ 311
헤시오도스 ┈┈┈┈┈┈┈┈┈┈┈95
헨리 8세 ┈┈┈┈┈┈┈┈┈┈ 227, 236
황금률 ┈┈┈┈┈┈┈┈┈┈┈┈┈ 229
회개 ┈┈┈┈┈┈ 85, 132, 199, 203, 263, 321
회오 ┈┈┈┈┈┈┈┈┈┈┈┈┈┈ 204
희극과 비극 ┈┈┈┈┈┈┈┈┈┈┈ 444
히스기야 ┈┈┈┈┈┈ 228, 350, 393, 490
히에로니무스 ┈┈┈┈┈┈ 42, 53, 185, 372